U0735399

西山尚志　王震　主編

子海珍本編

海外卷（日本）

東京大學圖書館
早稻田大學圖書館

鳳凰出版社

圖書在版編目（CIP）數據

子海珍本編. 海外卷. 日本. 東京大學圖書館、早稻田大學圖書館 / 劉心明主編 ；（日）西山尚志，王震分册主編. -- 南京 ： 鳳凰出版社，2016.7
ISBN 978-7-5506-2403-0

Ⅰ. ①子… Ⅱ. ①劉… ②西… ③王… Ⅲ. ①古籍－善本－彙編－中國 Ⅳ. ①Z422

中國版本圖書館CIP數據核字(2016)第149825號

子海珍本編（海外卷・日本・東京大學圖書館 早稻田大學圖書館）

主編 劉心明
分册主編 （日）西山尚志 王震
責任編輯 吴瓊
美術編輯 姜嵩
出版發行 鳳凰出版傳媒股份有限公司
鳳凰出版社（原江蘇古籍出版社）
發行部電話 025-83223462
出版社地址 南京市中央路165號，郵編：210009
出版社網址 http://www.fhcbs.com
經銷 鳳凰出版傳媒股份有限公司
印刷裝訂 金壇古籍印刷廠有限公司
開本 十六開
出版日期 二〇一六年七月第一版
二〇一六年七月第一次印刷
書號 ISBN 978-7-5506-2403-0
定價 捌佰圓整

子海

選堂

國家社科基金重大委托項目『《子海》整理與研究』成果之一

《子海珍本編·海外卷》工作委員會

主　任

張棨孫偉

副主任

李建軍　韓聖浩　胡金焱　陳海燕　周　斌

委　員（按姓氏筆畫排列）

王　飛　王君松　王學典　方　輝　巴金文　邢占軍　李平生

李劍峰　佘江濤　宋春玲　鄒　難　劉　兵　劉丕平

工作顧問

林書香　謝玉堂

《子海珍本編·海外卷》（日本）編纂委員會

學術顧問

安平秋　周勛初　池田知久　林慶彰　安樂哲

總　編　纂

鄭傑文（首席專家）　王培源

副總編纂

劉心明　王承略

委　　員（按姓氏筆畫排列）

王　劍　杜澤遜　姜小青　高海安　深澤良章　張曉生

畢雪飛　劉　寧

執行主編

西山尚志　王　震

執行編纂（按姓氏筆畫排列）

王軍傑　李　莉　李軼群　周東娜　韋　希　晏　青　陳肖杉
張　偉　張　雲　劉　薇　潘肖薔　潘雲俠　蘇金俠　蘇蒙蒙

編　務

張　櫻　鄭珺霞　劉　端　孫紅苑

前言

根據文獻記載，自公元四世紀開始，中國的古籍就由各種渠道流傳到了海外。最初主要傳往朝鮮半島和日本列島，後來逐漸擴展到其他亞洲諸國。大約從十九世紀上半葉開始，中國的古籍开始流傳到歐美諸國。因爲這些古籍中絶大多數都是用漢字書寫刊刻的，所以被海外人士稱作『漢籍』。

由於各種主客觀原因，中國的古籍歷代都有亡佚。而中國本土已經亡佚的古籍品種或版本，有些可以在海外找到。所以説，海外所藏漢籍對於中國本土古籍的缺藏具有很大的彌補作用。《子海珍本編·海外卷》的編纂目的，就是要把存藏在海外的這些可彌補中國本土缺藏的漢籍珍本複製回來，影印出版，以滿足國人閲讀和學界研究之需。

千餘年來，流傳到海外的漢籍不可勝計。日本收藏漢籍多而且精，唐寫本、宋元刻本、明清善本甚多，其中中國本土缺藏者數量不少。《子海珍本編·海外卷》先由日本專輯開始，原因即在此。

《子海珍本編·海外卷（日本）》專輯收録日本内閣文庫、蓬左文庫、宫内廳書陵部、静嘉堂文庫、國立國會圖書館、東京大學東洋文化研究所及綜合圖書館、早稻田大學圖書館等八個著名藏書機構所藏一百五十種子部珍稀漢籍，内容包括儒家、兵家、農家、醫家、曆算、術數、藝術、雜家、小説家、譜録、道家等十一類，含有宋寫本一種、宋刊本三種、元刊本八種、舊鈔本一種、明鈔本九種、明活字本四種、明鈐拓本二種以及明刊本一百二十餘種。

這些書中有一半是《中國古籍善本書目》未著録之書，其中不乏孤本秘笈，如内閣文庫藏明顧錫疇編《鼎鍥二翰林校正句解評釋孔子家語正印》明天啓三年（一六二三）刊本、明謝九成撰《東山語録》明刊本等等，都極爲稀見。

特别值得一提的是，本輯中收録了静嘉堂文庫的藏書。衆所周知，静嘉堂文庫的所有者岩崎氏於清末收購了四大藏書家之一浙江歸安陸心源『皕宋樓』、『十萬卷樓』、『守先閣』的全部秘藏四千餘部，設静嘉堂文庫以藏之，成爲日本最大的私人漢籍文庫。雖然該文庫編製了《静嘉堂秘籍志》等書目，使我們可以大致了解其基本典藏情況，但國内學者終以無緣見到原書爲憾。山東大學與静嘉堂文庫經過多次磋商，終於在用書、影印方面達成協議。此次影印的十三部静嘉堂文庫所藏漢籍，計有影宋鈔本一種、影宋刊本一種、舊寫本一種、明鈔本二種、清文瀾閣傳寫本一種、明刊本七種，絶大多數爲陸心源十萬卷樓舊藏，其中明章懋《楓山語録》明萬曆年間刊本、明鄭瑗《蜩笑外稿》明嘉靖年間刊本，都是十分稀見的版本。

《子海珍本編·海外卷（日本）》專輯的順利出版，既要感謝日本内閣文庫、蓬左文庫、宫内廳書陵部、静嘉堂文庫、國立國會圖書館、東京大學東洋文化研究所及綜合圖書館、早稻田大學圖書館等藏書機構的大力幫助，還要感謝鳳凰出版社王劍編審和吴瓊編輯的辛勤編校。我們衷心希望在以後的工作中，繼續携手合作，爲承揚人類文化遺産，促進中日文化交流，造福全球人民而共同努力。

山東大學子海編纂中心

二〇一六年六月

總目録

内閣文庫

第一册

第二册

第三册

第四册

第五册

第一一册

大統皇曆經世

回回曆法　經度立成　緯度立成　大明大統曆法

七政全曆

花品

大禹九鼎圖述　歷代帝王鼎類

香雪庵美人鏡　怪石供

玄玄棋經集

爛柯經

春窗對偶　春窗聯偶

步虛仙譜

第一二册

石室秘傳

集古印譜　印正附説

顧氏畫譜

亘史外紀

第一三册

霞房搜異

見聞紀訓　董漢陽碧里雜存六事

廣艷異編

听子

心日山房評釋公餘欣賞金谷奇芳

第一四册

二俠傳

新鎸全像評釋古今清談萬選

藥房偶記

清閑供

第一五册

古今奇聞

花陣綺言

蓬左文庫

宮内廳書陵部

第一册

篡圖互注揚子法言

南華真經注疏解經

練兵實紀　雜集　類抄

新編潔古老人注王叔和脉訣

第二册

千金翼方

傷寒百問經絡圖

類證普濟本事方前集　後集

第三册

大德重校聖濟總録

第四册

嚴氏濟生方

新刊續添是齋百一選方

重訂丹溪心法

新刊子午流注鍼經

立齋外科發揮

第五册

古今言

新刊類編禽遁易見大全　禽遁補全

新編日用涓吉奇門五總龜

天象玄機

測圓海鏡

古今印則

第六册

天機會元

國立國會圖書館

第一册

江南經略

備書

是路録

第二册

古史海樓

新刊地理五經圖解

寶顔堂訂正丙丁龜鑒

天文略

學曆小辯

石品

静嘉堂文庫

楓山語録

神機制敵太白陰經

医經正本書

化書

元城先生語録解　元城行録解

東軒筆録

蜩笑外稿

清秘藏

焦氏易林

三辰通載

大衍索隐

曆體略

集異記

東京大學圖書館

關尹子

新鐫赤心子彙編四民利觀翰府錦囊

文苑豹斑

周易古占法

琴適

諸皋記

新刻增補出像夢解

早稻田大學圖書館

錢子測語

甲乙剩言

續耳譚

目録

關尹子

題（周）尹喜撰
（宋）陳顯微解
（元）朱象先箋釋
（明）唐從悌輯評

《關尹子》九卷，題（周）尹喜撰，（宋）陳顯微解，（元）朱象先箋釋，（明）唐從悌輯評。據東京大學東洋文化研究所藏明末刊本影印。

老子之道傳五千言之[illegible]
是書以曉天下後世而雲
言之所未述之旨然是道也不
可名言之道也而是書也所述
無言之言也則其言豈可以百
家窺哉空乎莊子聞其風而說

之自以其學出觀是書首篇之
言似發明五千言之旨而爲道
德經作傳也學者當與道德經
參觀之庶幾心釋神悟於是書
矣若夫因是書感悟之後而循
隨世俗一曲之士輕生[illegible]謗不

生恭敬侮聖人之言則其人亦
以心之神靈者悟是書之旨
復爲心之不神不靈者昧其性
天而隨失其悟矣是書之靈必
至如是讀是書者可不若葛稚
川愛之誦之藏之拜之哉有

宋寶祐二年歲在甲寅重陽日
抱一子陳顯微字道焚香再拜
謹序

凡例

一攷漢藝文志有關尹子九篇劉向序載之詳至元太定中始補入道藏稱爲文始眞經今以關尹子名篇從漢志也

一攷出世紀云屢有將彦作爲箋解然跋前疐後反爲書玷然則古之詿關尹者多矣前此惟牛道淳詿稱焉未若抱一子之跌宕超詣出神入天也故讀關尹詿者斷以抱一言外旨爲宗

一舊刻關尹子目録止分九篇近得吳興茅氏秘本始分章摘題而百七十卞章之義始備劉向序云篇篇叙異章章義異殆謂此也今從之

一舊本字句互有異同今從藏板一一訂正一字篇較郭本改一字三極篇改六字四符篇較郭本少九字改二字五鑑篇改八字少七字七釜篇改一字少十二字八籌篇少八字改二字九藥篇改二字少十二字較郭本共改二十二删四十八字

一旁引子史諸書地與關尹互印者則用按字訂

名家著述可借以發明本書者則用曰字其客諸名公家藏秘本手爲丹鉛者則用評字[illegible]

一二蠡測語則直以賤字標之不敢假附名[illegible]如近時混冐俗套致亂眞贋也

一出世紀元朱象先跋文始眞經者也見于道藏箋解澹而玄音釋簡而核可謂抱一之功臣矣故并附而傳之

一關尹散見于莊列者都本經所不載意關尹書或不止此九篇乎姑據耳目之所及暨古今論次關尹者別爲一集附于後其有掛漏俟後陸續補入以成大觀

一攷經籍志有老君授尹喜煉丹訣一卷然則關尹不止以服巨勝而得道明矣說者因其篇中有嬰兒蘂女等語遂疑其爲僞誤豈其然乎尹喜又有老君内傳三卷其叙次必有可觀惜俱未之見也姑志于此以俟補

蕉鹿主人唐從悌仲韡甫識

總序

抱一子曰宇者盡四方上下之稱也故以一宇篇首謂無是宇則無安身立命之地道則四方上下無不在焉無是道則天地造化或幾乎廢矣故一宇者道也宇既立不可無柱故以二柱次之柱者建天地也天地定位聖人居中聖人者道之體也聖人建中立極故以三極次之三才既立四象位焉故以四符次之符者契神之物故爲精神魂魄五居數之中心居人之中故以五鑑居中以明真心能照也然無形則心無所寓故以六匕次之匕者食也食以養形故形食一體形久則化故以七釜次之釜者變化萬物之器也釜中不可無物故以八籌次之籌者物也物物可爲藥藥可以雜治故以九藥終之九者究也盡也物至於爲藥功用極矣然藥之功復能活人有復生之理以明萬物皆是氣是性可以生物不逐形盡也故以藥終

凡九篇共一百七十章

出世紀

道行乎教非文不宣蓋將以詔衆而傳遠也故託文顯道因教明三者相須而不可偏廢也然有隱見教實與焉所以關乎道之興替也孔子著六經以鳴道天下宗之教已行矣秦皇出而儒書焚文既隱而教遂熄漢出屋壁而列之文既彰而道乃行是知文之隱見即道之晦明也故夫子有斯文衰末之嘆一皆推之於天信非人之智力所能及也我玄元道祖當周室之衰將有事乎西征而關令尹望雲氣知天眞至於是預期齋戒以俟應兆既至乃延而師之受道德五千之言及乎得其道乃祖玄述妙致大盡精而著爲是經將以擴明其教也按劉向言關尹子隱德行人易之蓋當時潛德不耀而教不大行今以莊列二書攷之列子則見而師之故多請問之辭莊子則聞風悅之遂稱之爲古之傳大眞人以二子之高致而推尊如是其道蓋可知矣逮秦漢之交有蓋公者方之人曹參嘗師事之事見於史以是書授參參既

用其道及毳與書俱棄弃武復得於方士又爲劉
安匿之吁玄聖之書何爵多而通鮮邪豈得之
懼夫漏神洩道實秘而爲獨善之計邪自劉向
進之後獨見於葛稚川之序目茲以後是書遂秘
由晉而來修文輔教如陶宏王尹李吳馬杜諸大
師德所著子集見於藏室者不啻千餘卷終未有
一言及於是書有朱碧虛先生教法中博贍者也
其註老莊引證百家無所不至爲道德纂微序乃
曰今之西升經即關尹子書也又莊列所引之句

是也或有之而亡也緣世亡其書道藏失載故斯
億度也徽皇御極大弘玄教政和中雕鏤藏經凡
兩詔天下蒐訪道門隱書甚至督責郡縣入進者
加以賞所獲雖衆而此書竟不出金源大定初重
陽祖師自秦抵海倡起全真追三代之淳風續無
爲之古教長春嗣教詔赴龍庭陳先王之道德慈
儉好生之諫切切而進妙沃聖心大加開納繇是
清淨之化雷動風行化洽華夷玄門大啓長春
仙之後清和與教名師高德輔玄翼德者珠聯玉

耀於一時通都大邑宮觀相望星弁肩摩霞裾式
接以至深山巖谷十百爲居草衣木食怡然有
許之風雖髫童樵汲者亦皆進德業談道性無
語一時教風之盛自三代而下未有如此時也歲
癸巳有羽客張仲才南游回詣寶玄堂求見於宗
師姪醴畢笈出一書將獻之衆師目之題籤曰關
尹子書衆猶卒然不爲意取讀之義奧文古詞徑
闢邃猶車行螳蜓觸途皆礙乃相與鉤索漸得所
指類推不已義大昭彰意至聖而言至希輕輕然

冷冷然使人如登虛無之景遊廣漠之世不知心
迹之俱超也衆師驚喜曰然則古有是書何絕世
無聞今何從而出詰之則曰遊之楚得於采山之
人蓋如李筌行隱待於石室也衆乃拜于宗師訴
以得經之由宗師漠然久之曰時哉時哉斯文之
出其天意乎是書不行於世盖千年矣今天元啓
瑞道化興行而此書出世者是其時也在吾門者
宜自幸自慶生斯時値聖教探討服行以致其
則聖人雖千古之遠遇之猶旦暮也嗚呼盛哉非

天所畀其孰能與於此是經之出其異者蓋有一全眞之敎千百世間然一出也此經秘絕亦千今矣今眞敎方隆秘經隨出不先不後同時相値者一異也清和典敎蓋三傳矣不出於前師如有所俟正清和典敎之年翻然而出是二異也旣出張君即得之自楚之燕踰二千里都無迂墜直獻于師如有所使者是三異也噫以千載之前之尹書付千載之後之尹氏惠然自至如芥投針以斯三者而驗焉蒼蒼之意不遠矣昔者河出圖洛出書

六經出於壞壁故先王之道明聖門恃之爲龜鑑今聖書出於道隆之世其萬世玄門之龜鑑乎緇而披雲天師刊鏤藏經即補入藏室稱爲文始眞經遵太上之命號也眞常眞人開置玄學才俊聚焉朝講夕演多及是經然其詞旨夐異自成一家畧無莊列寓言鶴辯乘風夢蝶傲世等語自宇至藥分次篇目極有與旨章章義異皆不失篇題中有書契以來未有如此書之淵奧也通玄而致命知天而盡神剖五常百行之精微超六籍名言之

迹演四句百非之要義異聲牙詰曲之辭窮益深測益遠若履横杖浮大海躡飛葉游大虛葛翁不

象之語

之慶有時彥探微索隱作爲箋節

然

臺後反爲書玷抱一子謂咸備天神至聖

四者之道如女嬰龍虎之語丹道之妙也鐘鼓舟車之語禪者之機也精水神火之語造化之秘也小隙小蟲之語人事之詳也我寓道寓之語無言之言也後學知其一者不知其二達其常者不達其變明乎空宗或昧於鍊養有無俱燭復疎於治

文故解之者未免有管中窺豹之誚也象先昨游浙右得抱一先生所著言外經旨其道眼高明學問富贍註文不爲正經文字所束皷舞變化指妙意於詞章之外而不失本旨故曰言外經旨所謂四者之道皆盡之矣其跌宕超詣出神入天亦足以起關尹於千載之下是註也惟曉於上智非訓詁之設也夫是經大教中不可闕者也抱一之註又是經中不可闕者也經旨旣明則使玄聖之言昭昭乎如天日在上有眼目者俱得瞻依所謂發

託文顯道因教明豈不信歟終南山樓觀宗聖
即真人受經結草樓之地也人世雖更山川良
象先來瞻靈境心醉聖風游之詠之不知在數千
年之外也因結廈是宮就出抱一之註札而傳之
冀乎若道若俗若智若庸因經悟道因道度世是
亦不辜大聖慈惠天下後世之心矣復慮得之者
昧知其來不知尊敬故序出世之詳使知爲希有
之遇而不自棄也凡我同志其勗之哉旹
至元十八禩歲在辛巳重陽節日茆山道人朱象
先稽首敬拜書于古樓觀之說經臺

出世紀　六

關尹子卷一

周關令尹喜著　宋抱一子　陳顯微解
元茆山朱象先道冲箋釋
明繡水唐從悌仲彝輯評
曹堯疇公壽參訂

一宇篇　宇者道也　凡二十八章

湯海若評關口鄙案見奇然已括乎言之旨幾乎錄之要矣

非有道不可言不可言即道非有道不可思不可思即道天物怒流人事錯錯然若若乎回也戛戛乎鬬也勿勿乎似而非也而爭之而介之而覗之而嘖之而去之而要之言之如吹影思之如鏤塵聖智造迷鬼神不識惟不可爲不可致不可測不可分故曰天曰命曰神曰玄合曰道

老子曰道可道非常道名可名非常名世之學者罕見關尹子書而多以百家之言及聽說解之愈不能明老子之旨關尹謂使有道不可言則道與言爲二惟不可言即道則言與道爲一學者槩觀非有道不可言多誤認爲有道可若有道可言則當云有道非不可言不曰非有

老子元評清淨經云觀空亦空空無所空以經解經痛快無比

道不可言也今日非有道不可言不可言卽者
是則發老子之言以明老子言外之旨也此
發之則曰非有道不可道不可道卽道既發出
不可道卽道則發出道可道非道矣道可道非
道卽是老子道可道非常道也或者猶疑可道
爲口道之道愚又發經言以曉之曰如曰空可
空非眞空使其可空卽是有物窒而不空之處
豈謂之眞空乎知空可空非眞空則知道可道
非常道矣或者喻曰如心心如性性皆可用功

以人爲而道獨不可以人爲故不可以道道也
向非發言外之旨吾終世不能明老子之經旨
矣世人又多被常字轉了將謂老子有非常之
道然老子立此常字者政恐世人疑吾所謂道
有異乎人也殊不知此乃遍天下之常道爾猶
強名曰道者遍天下之常名爾是道也遍天徹
地亘古亘今無往而不在纔開口言則去道中
矣故曰二也纔指此強名之名爲可名則非
矣惟不可名故假常名強名之猶曰非有名不

要歸只守得此天人二字醒豁一矩

[illegible]

可名不可名卽名也是則不可言卽道不可
卽名卽老子可道則非常道可名則非常名
意也然則老子大聖人也其言如天之不言也
言非有大聖人如關尹子者疇能復以不言之
言發明其言外之旨哉然關尹子既發明不可
名言之旨矣又恐世人謂道不可名言則可以
思而得之故又曰非有道不可思不可思卽道
與上意同噫可言可思皆人也不可言不可思
皆天也然則人與天果可以異觀乎曰人皆可

曰天然則人與天果可以同觀乎曰天物怒流
人事錯錯有相若而同者有相戾而闘者有相
勿而似而非者或爭而日以心闘或介而不交
於物或呪而呵叱之或嘖而呼喚之或去而離
之或要而合之天物人事不齊如此豈可以同
觀哉今欲以人之言思及之譬如吹影鏤塵徒
勞心耳是道也聖智造之猶迷鬼神測之不見
惟其不可爲故曰天不可致故曰命不可測
曰神不可分故曰玄合是四者強名曰道

無一物非天無一物非命無一物非神無一物
玄物既如此人豈不然人皆可曰天人皆可曰
人皆可致命通玄不可彼天此非天彼神此非神
彼命此非命彼玄此非玄是以善吾道者即一物
中知天盡神致命造玄學之徇異名析同實得之
契同實忘異名

老子言道繼之以常無欲以觀其妙常有欲以
觀其徼同謂之玄玄之又玄衆妙之門關尹子
恐學者徇異名析同實而並以天命神玄四者
異觀之故於此章重言即一物中可以知天盡

神致命造玄物物皆然人人本具不可彼天此
非天彼神此非神彼命此非命彼玄此非玄也
是則或曰妙或曰徼或曰玄亦物物皆然人人
本具惟得之者契其同忘其異謂之名
至於玄之又玄可以入道矣

觀道者如觀水以觀沼爲未足則之河之江之海
曰水至也殊不知我之津液涎淚皆水
觀道如觀水則我與水爲二矣所觀愈大
愈遠反照回光則吾身自有沼河江海也今
津液涎淚皆水非吾身中之沼河江海之發
者乎昧者不知耳

道無人聖人不見甲是道乙非道道無我聖人不
見已進道已退道以不有道故不無道以不得道
故不失道

有人則我與人爲二有我則我與道爲二我不
可有道可有乎我不可得道可得乎惟不有我
者然後能不無我惟不得我者然後能不失我

不有不無不得不失豈如事物之有成壞得喪
哉彼自執有所得者烏足以語此

不知道妄意卜者如射覆盂高之存金存玉中之
存角存羽卑之存瓦存石是乎非是乎惟置物者
知之

使置物者不置物於覆盂之下則徒勞射覆者
卜度矣是則甲置物而乙射覆爲兩人矣今此
甲自置之而甲自射之而不知所置何物何
以物徵爲盂以識陰爲覆雖有大智力亦不

射此覆盂而悟其置也何則併置之時忘之
自疑以爲他人置之而我射之卜度終身而（自疑二字正是良知道露處莫輕看過）
能得一旦揭去物欲之盂破除識陰之覆而曰（文勢如秋風捲籜迅）
其所置之物方悟置之者非他人而前日存金（表絕倫）
存玉存角存羽存毛存石之想皆妄意也噫覆（又是一句妙）
盂之下果何物耶學者毋以爲未嘗置而昧之
一陶能作萬器終無有一器能作陶者能害陶者
一道能作萬物終無有一物能作道者能害道者
謂之器矣焉能作陶焉能害陶謂之物矣焉能（此段用譬喻入親越無窮如水轉山迴愈幽奇）

作道焉能害道然器不作陶謂之非陶則不可（愈出愈遠）
物不作道謂之非道則不可況器不能害陶而
害陶者必器物不能害道而害道者必物然器
存則陶存物在則道在去是器則陶安在哉亾
是物則道安在哉果能去是器乎器成無盡果（玄之又玄）
能亾是物乎物生無窮惟不器器謂之善陶惟
不物物謂之善道善陶者陶乎陶善道者道乎
道陶乎陶者不知其陶道乎道者不知其道
知其陶者無器可作不知其道者無物可成（更玄）

（孫仲與評十年一壁水流物去）
（唐仲蔣評合三爲一復隔一重見一非三從何得實）

乎物乎陶乎道乎
道茲茲而無知乎心儵儵而無羈乎物迭迭而
非乎電之逸乎沙之飛乎聖人以知心一物一道
一三者又合爲一不以一格不一不以不一害一
見物便見心無物心不現見心便見道無心道
不見或曰先達以無心是道其說非乎又曰無
心猶隔一重關其說信乎曰見物便見心特汝（徐徐引入）
領會否曰會曰無物心不現時心安在哉或者（當頭一喝）
茫然自失他日復問曰心可見乎曰心不可見（會悉麼）

孰可見曰道可見乎曰汝以爲道與心一乎二
乎曰心與道可一矣物可與道與心一乎曰汝
欲以不一者害一乎或者唯唯而退（滿院木樨香）
以盆爲沼以石爲島魚環游之不知其幾千萬里
而不窮也夫何故水無源無歸聖人之道本無首
末無尾所以應物不窮（王五芝評末而不窮故無首無尾動而愈出故應物不窮）
有首有尾者應物易窮無本無末者應物不臨
傳曰如循環之無端孰能窮之哉嘗疑夫太
之先有太始太始之先有太初是則道未嘗無

孫元峰評：太易未見氣也，不可謂無一字矣，是謂玄牝，是謂天地根

李鹿門評：不離本情自然

本末也。太素者質之始，太始者形之始，太初氣之始。人能反本還源，自太素以至太初，如百尺竿頭，至矣盡矣，不可以復上矣。殊不知太初之外，更有所謂太易焉。太易者，未見氣也，是（衆妙之門）猶向百尺竿頭更進一步，方見太易，無首無尾（不見），無源無歸，莫知所終，莫知所始者矣。雖然，學者何百尺竿頭如何進步（已進之道，已退之道，使是進步）。

無愛道，愛者水也；無觀道，觀者火也；無逐道，逐者木也；無言道，言者金也；無思道，思者土也。惟聖人

大道故曰天有五賊，見之者昌

朱子曰：五賊言五性之德也，用不好心去看他，便都是賊了

湯海若評：波明食動[illegible]

不離本情而登大道。心既未萌，道亦假之。

愛、觀、逐、言、思五者出於心，心生則五者皆生，心冥則五者皆泯。經曰：五賊在心，施行乎天。世人有執一端以求道者，或以愛，或以觀，或以逐，或以言，或以思，起心動念，去道愈遠。惟聖人非不愛也，愛未嘗愛；非不觀也，觀未嘗觀；以至非不逐言思，而未嘗逐言思，故不離本情而登大道。

聖人本情，豈異於人哉？特心未嘗萌爾。

重雲蔽天，江湖黯然，游魚茫然，忽望波明食動，幸賜于天，即而就之，漁釣斃焉。不知我無我而逐物者亦然。

于天八字，寫食味在其如畫

唐仲龍評：此作詞結解意高妙

湯海若評：學[illegible]

逐者木也，心已萌也。有心逐道，或遇異景、異妙、異祥、異氣、異光、異明、異見、異趣、異靈、異通，橫執爲道，是猶魚望波明食動而就之也。惟知我無我，則心無心矣，安事逐？我或曰：進修亦逐也，精進亦逐也，皆非乎？曰：爲學日益，故須精進，進修以成其德；爲道則日損，損之又損，以至於無爲（經云：爲而不恃，用之不勤，當與此語參味），無爲無不爲，是名眞精進。

袁了凡評：心既未萌，從何有執？晦明強弱由執而生[illegible]

唐仲龍評：[illegible]晦尚弱[illegible]人尚明[illegible]是波明食動[illegible]一項人執之[illegible]尚生于執[illegible]生于逐

許方山評：谷神不死，何必善吾生？生尚不行，何以善吾死？特出善生善死可以[illegible]

方術（一作方士）之在天下多矣，或尚晦，或尚明，或尚強，或尚弱。執之皆事，不執之皆道。

修眞鍊性，圓通覺輪，所尚不同。或觀音聲而尚晦，或曜而尚明，或運動而尚強，或寂靜而尚弱。是數者皆可以入道，然執之則非道也，事也。苟不執之，皆可以入道。執不執之間，相去遠哉。

道終不可得，彼可得者名德不名道；道終不可行，彼可行者名行不名道。聖人以可得可行者所善吾生，以不可得不可行者所以善吾死。

洗塵局批精神

鄧定宇評天人界限是學問中人鬼關

唐仲祥評所以之人者變擬進言慮以無爲爲以無執執所以之天故聖人不務本情而務大道

道不可須臾離也可離非道也若夫可得可則可失可止可失可止則有時而離矣惟不得不可行者須臾不可離須臾不可離則我女無不在是矣易曰顯道神德行道固身道旣顯矣而德行尤不可不神也然且不名道有所得者皆德也於道有所行者皆行也所以積德而不敢失德累行而不敢失行功滿三千大羅爲仙行滿八百大羅爲客此皆以可得可行者善吾生也若夫不可得不可行者安有所謂生安

有所謂死哉此所以善吾死也

聞道之後有所爲有所執者所以之人無所爲無所執者所以之天爲者必敗執者必失故聞道於朝可死於夕。

道果可聞乎聞於心而不聞於耳道果可傳乎傳於天而不傳於人天其可有所爲有所執乎故爲者必敗執者必失皆人也以是知朝不聞道於天則人不眞死於夕

一情冥爲聖人一情善爲賢人一情惡爲小人

袁居一評自有之無所以之天也未嘗不知天盡神致合道玄

黃貞陽評用九見羣龍無首故不可得而示一情時乘六龍以御天故溥天之下道無不在

陸元評自無起有謂情無念惡忠告子情以論性便非

一情冥者自有之無不可得而示一情善惡者自無起有不可得而秘一情善惡爲有知惟動物有一情冥者爲無知溥天之下道無不在

文王之不識不知孔子之無知老子之能無知乎皆聖人之冥情也自有之無不可得而名狀其心蕩蕩乎豈可得而示哉若夫顏孟之仁善桀跖之暴惡皆自無起有昭昭乎不可得而秘也一情善惡爲有知動物皆然一情冥之爲無知無知則與太虛同體矣故曰溥天之下道無

不在

唐荆川評握發因矢矢存我以正如標指爲月亦從認月以指

勿以聖人力行不怠則曰道以勤成勿以聖人堅守不易則曰道以執得聖人力行猶之發矢因彼而行我不自行聖人堅守猶之握矢因彼而守我不自守

唐中評六龍有時聖人乘之行乎乘時人自勿而隨

時行則行時止則止聖人初何固必哉時乎用九則聖人自强不息非勤也因時而動不容自也時乎用六則聖人利永貞非執也因時而不容動也易曰動靜不失其時其道光明故曰

道有時節因緣聖人初何容心於動靜哉善

金○針○度○人○

聖人者觀其時而已矣

若以言行學識求道互相展轉無有得時知言如泉鳴知行如禽飛知學如攝影知識如計夢一息不存道將來契

言行學識可以進德修業不可以求道捨言行學識四者之外孰從而求之哉善求道者不即四者亦不離四者知言如泉鳴無是非之可辯知行如禽飛無善惡之可思知學如攝影無得

失之可驗知識如計夢無事理之可尋是則有言忘言有行忘行有學忘學有識忘識則幾於道矣曰然則道可求乎曰求則非求也不求則眞求也故曰一息不存道將來契

以事建物則難以道棄物則易天下之物無不成之難而壞之易

以事建物天下之人爭趨之而不憚其難蓋有爲之功有可把捉成之甚難而爲之甚易也道棄物天下之人咸畏之而不知其易蓋無之功無可把捉成之甚易而爲之甚難也大一建立世界次而建邦立國以至成家立身莫積德累功日將月就或經年或累歲或終身或積世不憚勤勞庶可晞冀信不易也至於一行之差一念之失一動之非一事之誤則隳壞世界喪覆邦國破家亡身可立而待故曰成之難而壞之易也至於懸崖撒手自肯承當不假修爲立地成道至易也非天下至剛至健之大丈夫孰能與於此

言○行○學○識○與○用○不○看

一灼之火能燒萬物物亡而火何存一息之道能冥萬物物亡而道何在

天下之物皆有形有形則有我矣若夫有形而無我者惟火爲然何也火不自立附物而現無我也使不附於艸木金石火果安在哉則是天下無復存火矣然擊之金石鑽之竹木則火不期至而至矣火果有乎火果無乎聖人以火喻道噫善喩哉

其○說○出○東○坡○夢○解○

人生在世有生一日死者有生十年死者有生一

死○者○謂○何○以○死○也○細○上○章○聞○道

年死者一日死者如一息得道十年百年死者歷久得道彼未死者雖動作昭著止名爲生不名爲死彼未契道者雖動作昭著止名爲事不名爲道

昔人謂方生方死方死方生蓋方生方死者生非眞生方死方生者死非眞死今有生一日死者生果眞生乎死果眞死乎以至十年百年莫不皆然何以知其眞死曰動作昭著者是也曰孰不動作昭著曰未死者止名爲生未契道者止名爲事而已噫安得眞死者而與之語道哉

不知吾道無言無行而即有言有行者求道忽遇異物橫執爲道殊不知捨源求流無時得源捨本就末無時得本

言行可以進德不可以進道以言行求道不惟不可得道併與德失之矣何則彼求道者過於求德則過用其心以善言善行爲不足爲必求奇言異行以爲躋德入道之蹊必有異事契其異言異物感其異行學者不悟橫執爲道未去不遭魔攝如道經佛典所云豈止無時得源無時得本而已哉其害有不可勝言者矣

習射習御習琴習奕終無一事可以一息得者惟道無形無方故可得之於一息

世事有爲用力甚難而人樂爲大道無爲用力甚易而人不爲何則世事如射如御如琴如奕有物有法可師可習故可漸爲之非積歲累月不能臻其妙大道無色無形無數無方不可師不可習不可漸造之有彈指頃立地成道者或累歲即日不得或一彈指頃得之相去遠矣此無他有爲之功與無爲之功不同也

兩人射相遇則巧拙見兩人奕相遇則勝負見兩人道相遇則無可示無可示者無巧無拙無勝無負

孔子見溫伯雪子於魯目擊而道存無可示者無可言者世有主賓相見勘辨正邪以較高下淺深之學者兩俱失之安得兩眼對兩眼者與之相見而笑哉

吾道如海有億萬金投之不見有億萬石投之不見有億萬汙穢投之不見能運小鰕小魚能運入鯢大鯨合衆水而受之不爲有餘散衆水而分之不爲不足

以海喻道可謂善喻矣言其體則金石汙穢鰕魚鯢鯨無所不納言其用則合受分散善利善藏無所不周大哉海乎大哉道乎雖然使海知有一物存留其中知有一滴合散其中則海之爲海宕矣問海知乎哉問道知乎哉

道不可以知知故曰一情矣爲聖人

吾道如處暗夫處明者不見暗中一物而處暗者能見明中區事

處暗則不見我而見物不見我則忘我而身隱矣見物則昭著而不昧矣能忘我而昭著不昧聖人之功也若夫處明則見我見我則見明見明則不見暗中一物是則衆人熙熙如春登臺我形俱顯寵辱皆驚昧於倚伏而不覺不知去矣奚取哉

實情去識　無爲之功　致明之會

小人之權歸於惡君子之權歸於善聖人之權歸於無所得惟無所得所以爲道

人皆有是權顧所歸如何爾權者謂無一定之稱也夫小人豈一定爲惡耶能遷就善則君子矣君子豈一定爲善耶苟造次爲惡則小人矣惟聖人權如虛空歸無所得學者於不思善不思惡之際而求其權之所歸亦幾矣

吾道如劍以刃割物即利以手握刃即傷

人患不達道達道之人斷天下之事無難無易莫不迎刃而解蓋精神剛明智慧照徹物來自明事至自判不知其所以然而然也豈容一毫人力於其間哉若夫揆吾精神察吾智慧何剛何明何照何徹是猶以手握刃不傷者鮮矣

籩不問豆豆不答籩瓦不問石石不答瓦道不失問歟答歟一氣往來道何在

奇精妙理觸手靈通

道無問問無應是則人與人居道與道會有問有答一氣往來爾胡不觀諸籩豆瓦石乎籩與豆終日講禮而昧者不覩瓦與石終日談道而聾者不聽然則籩之與豆瓦之與石有問有答

乎一氣往來乎

仰道者跂如道者駿皆知道之事不知道之道（望而歎故跂 借于聖故駿）是以聖人不望道而歎不恃道而豐不借道於聖不貴道於愚

道不可求也求之者不得道不可逐也逐之者不及道不可恃也恃之者不尊道不可衒也衒之者不貴世之學者未造道也仰而跂之望而歎然與夫師而資之如而駿之（求其相如而駿歎逐之）皆求之逐之者也既造道矣恃之而自豐衒之而貴愚皆不尊不貴者也是則知道之事不知道之道爾於道何有哉若夫聖人則不師而得不逐而及不恃而有不衒而貴前無聖人後無愚者獨往獨來知我者希則我貴矣

朱象先曰道妙于不可思不可言惟不可思故無可執惟不可言故無可示是以學道者貴于冥情而無為有情有為所以之人也以言行學識求道者也捨源求流捨本求末是射御琴弈之類也事也非道也無情無為所以之天也

彼而行我不自行因彼而守我不自守無人我無得無失契同實忘異名謂之知天盡神可也謂之致命造玄亦可也是真可以一日成者也又何所歎而借于聖又何所恃而貴于愚哉

箋一字

音釋

勿音忽　晛希見切下顧而叫也　嘖音責　要平聲

涎徐煎切口涎也　假音格　擷奚耶切說文曰持取也　跂音器擧足望也

駿音俊馬行疾貌　賈音古

關尹子卷之一終

關尹子卷二

周關令尹喜著　宋抱一子　陳顯微解

元茆山朱象先道冲箋釋

明繡水唐從悌仲韡輯評

姚　范紉肅參訂

二柱篇 柱者建天地也　凡十二章

若椀若盂若瓶若壺若甕若盎皆能建天地兆龜數著破瓦文石皆能告吉凶是知天地萬物成理一物包焉物物皆包之各不相借以我之精合彼之精兩精相搏而神應之一雌一雄卵生一牡一牝胎生形者彼之精理者彼之神愛者我之精觀者我之神愛爲水觀爲火愛執而觀因之爲木觀存而愛攝之爲金先想乎一元之氣具乎一物執愛之以合彼之形冥觀之以合彼之理則象存焉

此敘語萬物生成之原也木生物物生而不復成火金成物物成而金復生水生生不窮之義也

一運之象周乎太空自中而升爲天自中而降爲地無有升而不降無有降而不升升者爲火降者爲水欲升而不能升者爲木欲降而不能降者爲金木之爲物鑽之得火絞之得水金之爲物擊之得火鎔之得水金木者水火之交也水爲精爲天火爲神爲地木爲魂爲人金爲魄爲物運而不已者爲時包而有在者爲方惟土終始之有解之者有示之者

天地者萬物父母也萬物生於天地而各具天地之體而微也具是體則具是理雖椀盂瓶盎皆有天地龜蓍瓦石皆存吉凶物之無情者尚爾况氣血有情者乎况人爲萬物之靈者乎精神搏應形理愛觀執存因攝而生生不窮矣非天下之至達其孰能與於此人徒知神爲天而精爲地而不知神火自地升精水自天降欲升不升者爲木爲人欲降不降者爲金爲物金木者水火之交故各具水火之性運而不已四時生焉包而有在四方立焉四時既生四方既立則大中成焉大中成則土爲尊矣故始之終之解而分之示而顯之皆中土之功也自夫大中之氣周乎大空則天自中而升地自中而降一而天地之形分矣無有升而不降無有降而不升

目上下下自下上上之精神也故人之髮根於首而四肢垂下魂神自天而降也草木之根如在下而枝葉向上精魄自地而升也禽獸橫生則根亦在尾矣故雖具血氣之情而雜金木之性五行交雜則蠢動蟲豸異稟異根有不可勝窮者矣

天下之人蓋不可以億兆計人人之夢各異夜夜之夢各異有天有地有人有物皆思成之蓋不可以塵計安知今之天地非有思者乎

夢中天地人物與覺時天地人物有以異乎無以異乎皆思成之乎非思成之乎嬰兒未解思念之時彼見天地人物亦不知爲天地人物也謂之天地人物者係乎識爾嬰兒未識之時能夢天地人否乎彼初見之恐亦未識久而後凝心水印之夢斯著矣猶如玉石鱗角之中有山川星月凝而結秀則形狀具存也然則鱗角有思乎玉石有思乎知鱗角玉石之思則知天地之思矣

心應棗肝應榆我通天地將陰夢水將晴夢火天地通我我與天地似契似離純純各歸

純純二字妙天地相通之本

大地形之大者也人身形之小者也自形觀之則有小大之殊自神觀之則無離契之分天之日月明暗即人之精神盛衰豈特陰夢水晴夢火哉地之五味藥石即人之五藏好惡豈特心應棗肝應榆哉我與天地一乎二乎同歸乎各歸乎

天地雖大有色有形有數有方吾有非色非形非數非方而天天地地者存

生生者未嘗生死死者未嘗死是則天天者非天地地者非地也人徒見有形色數方者謂之天而不知非形色數方者能天天能地地能生生能死死也學者識認得真體會得實然後知不可以名言不可以形似昔人謂非心非物離性離相寒山子謂之天中之天亦強名也何可云謂哉

死胎中者死卵中者亦人亦物天地雖大彼固不

知計天地者皆我區識譬如手不觸刃刃不傷

識識易去識難稚年一見皓首不忘識之粘滯

於人如此可畏哉彼或胎中或卵中者不見天

地固矣然在胎在卵之時有識性乎無識性乎

胎卵識塵不啻龜毛兔角如此懸寃蒞否生花

苟無識性則胡爲而在胎在卵然則在胎在卵

之中果有天地乎果無天地乎釋氏以識爲五

陰之最後者以其難忘也使無識則不生矣不

生則不中胎卵濕化之陰矣今日計有天地者

皆我區識自計之天地何嘗期人之識哉故曰

手不觸刃刃不傷人

夢中鑑中水中皆有天地存焉欲去夢天地者寢

不寐欲去鑑天地者形不照欲去水天地者盎不

汲彼之有無在此不在彼是以聖人不去天地去

識

天地有大恩於人亦有大盜於人知其盜則不

爲其所盜矣天地本不盜人而人自盜之可則

胷中之天地萬物始如夢見中如鑑照終凝於

神水至或不能忘其爲盜豈勝言哉然夢因寐

鑑因照水因汲汲者取也夢生於覩覩生於要

取生於識故曰不去天地去識言天地則萬物

在其中矣

天非自天有爲天者地非自地有爲地者譬如屋

宇舟車待人而成彼不自成知彼有待知此無待

上不見天下不見地內不見我外不見人

老子歸之不自生子思子歸之至誠無息其

天不自天所以天長地不自地所以地久使人

義異其趣同

不自人我不自我則可以同天地之長久矣天

地果待人而成乎待人而成者成夫人之胷中

之天地爾待固在彼成不成在我故不爲天地

者上不見天下不見地內不見我外不見人

有時者氣彼非氣者未嘗有晝夜有方者形彼非

形者未嘗有南北何謂非氣氣之所自生者如搖

妙析奇致

箑得風彼未搖時非風之氣彼已搖時即名爲氣

何謂非形形之所自生者如鑽木得火彼未鑽時

非火之形彼已鑽時即名爲形

氣不能生氣生氣者非氣也形不能生形生形

者非形也或問氣不能生氣則不問敢問形不

能生形則人與萬物以形生形非乎日枯木𤈦
屎亦形也能生形乎今人與萬物以形生形者
蓋有非形者存乎其中雖金石艸木莫不皆然
故聖人獨以火而喻之以明形之最精者猶若
是況形之麁者哉非氣者搖動則生氣非形者
鑽磨則生形氣者天也有時也有晝夜也形者
地也有方也有南北也世有瓶時日擇方嚮以
求生氣生形者焉知時在天地未判之先方乃
自然南嚮之位也歟

寒暑溫涼之變如瓦石之類置之火即熱置之水
即寒呵之即溫吸之即涼特因外物有去有來而
彼瓦石實無去來譬如水中之影有去有來所謂
水者實無去來

愚解參同契嘗曰天地不能晝夜也以日月往
來而爲晝夜天地不能寒暑也以日月遠近而
爲寒暑也此言寒暑之常也若夫盛夏寒風三
冬暴煖此不正之氣非時之風倏往忽來非天
地有爲也客氣往來爾故曰如水中影有去有
來所謂水者實無去來

衣搖空得風氣噓物得水水注水即鳴石擊石即
光知此說者風雨雷電皆可爲之蓋風雨雷電皆
緣氣而生而氣緣心生猶如內想大火久之覺熱
內想大水久之覺寒知此說者天地之德皆可同
之

人之精神魂魄猶天之風雨雷電風雨雷電出
於天而人且能爲之而自己之精神魂魄豈不
能自生自養自存自鍊乎知搖空得風則鼓吾

橐籥可以生氣知噓物得水則胎吾之氣可以
化精知注水則鳴則鍊吾之精可以制魄知擊
石即光則鍛吾之魄可以益神是則觀天之道
執天之行而陰符之制在氣而氣之制在心想
火則熱想水則寒潛天而天潛地而地千變萬
化無不可爲矣德同天地信哉

五雲之變可以卜當年之豐歉八風之朝可以卜
當時之吉凶是知休咎災祥一氣之運耳渾人我
同天地而彼私智認而已之

五雲八風有災有祥皆人氣之運而預見休咎於天地者也然之爲然神矣哉靈矣哉而昧者不知也一人感之而五雲爲之變八風爲之遷蓋有至靈至神者存乎其中如是則曰人曰我曰天曰地莫不貫通而私智認爲已有安知虛徹靈通大同之道哉

右章末結到寓字如百川赴壑萬派歸源

天地寓萬物寓我寓道寓苟離于寓道亦不立

寓者在已無居之謂也昔人謂人生天地間如白駒之過隙忽然而已非寓而何我寓則天地寓天地非自成待我天天地地而成也故我寓則天地寓天地寓則萬物寓我與天地萬物皆寓矣而道獨不寓而長存焉則我與道爲二矣道何立哉其人存則其道存其人亡則其道息故曰苟離于寓道亦不立

朱象先曰天地一形氣也若莞若蚤若蘼皆天地也胎中卵中夢中鏡中水中皆天地也有所以天天地地者非形非氣而寓于形氣非色非數而寓于色數無上無下而寓于上下無內無外而寓于內外無人無我而寓于人我無去無來而寓于去來故必冥思去識似契似離而後可以渾人我同天地笺二任

音釋

椀 音碗木椀小盂也　抰 音圖擊也　卵 郎短切羽蟲所生　箑 音歃扇也又雙借切

呵 呼歌切噓氣也

關尹子卷之二終

朱巨川評聖人只是無我無我故無人無人故無功

袁一先評[illegible]子曰萬物動而不形者意也形而不易

[illegible]評天地萬物因天聖人因物

朱太復評此章宗旨條暢又是一手

李[illegible]評析治道三法凡四極而以二語括之文字㮣嚴

關尹子卷三

周關令尹喜著　宋抱一子　陳顯微解

元茆山朱象先道沖箋釋

明繡水唐從悌仲韓輯評

姚　汴子京參訂

三極篇 極者尊聖人也　凡二十七章

聖人之治天下不我賢愚故因人之賢而賢之因人之愚而愚之不我是非故因事之是而是之因事之非而非之知古今之大同故或先古或先今知內外之大同故或先內或先外天下之物無得以累之故本之以謙天下之物無得以外之故含之以虛天下之物無得以難之故行之以易天下之物無得以窒之故變之以權以此中天下可以制禮以此和天下可以作樂以此公天下可以理財以此周天下可以禦侮以此因天下可以立法以此觀天下可以制器聖人不以一已治天下而以天下治天下天下歸功於聖人聖人任功於天下所以堯舜禹湯之治天下天下皆曰自然（獨上一意）（極有深味）

老子曰功成事遂百姓皆謂我自然此去我字更徹

袁黍陽評無爲二字是聖人治天下一粒玄珠

唐仲韓評總是曰天下皆

曰自然此篇精妙今聖人之治天下法治曰長法日然便以自然爲功矣[illegible]未[illegible]此意

袁中郎曰聖王之治何法曰法天天何法曰法聖兒[illegible]何法曰[illegible]

陳眉公評[illegible]

天無爲而萬化成聖人無爲而天下治聖人何心哉人徒見夫制禮作樂理財禦侮立法制器周濟曲成而不遺將謂聖人物物思之事事計之而以一已之智力當天下之事物也殊不知聖人本之以謙含之以虛行之以易變之以權因人之賢而賢之因人之愚而愚之因是是之因非非之不以古今而先後其心不以內外而輕重其事而以天下治天下也天下歸功於聖人聖人不自以爲功而任功於天下是道也堯舜禹湯得之故皆曰自然

天無不覆有生有殺而天無愛惡日無不照有妍有醜而日無厚薄

聖人猶天也物有生殺天無愛惡聖人猶日也物有妍醜日無厚薄是蓋聖人無爲無心之治也（掄王手）

聖人之道天命非聖人能自道聖人之德時符非聖人能自德聖人之事人爲非聖人能自事是以

聖人不有道不有德不有事

聖人無我故道以天命不自有道也德以職得（二字又是無為源頭活水）不自有德也事以人為不自有事也彼執存道

有德有事者庸人爾焉能忘我哉

聖人知我無我故同之以仁知事無我故權之以義知心無我故戒之以禮知識無我故照之以智知言無我故守之以信

聖人之五常亦猶衆人之五常夫豈異于人哉特衆人之五常未能忘我而聖人之五常本於無我此其所以異乎人矣仁無我則同天下之我以為仁義無我則權天下之事以為義禮無我則戒天下之心以為禮智無我則照天下之識以為智信無我則守天下之言以為信此其所以不可跂及歟

聖人之道或以仁為仁或以義為仁或以禮以智以信為仁仁義禮智信各兼五者聖人一之不膠（大頭腦）天下名之不得（言神其用不窮）

以仁為仁天下之人能與知而與行至於以義以禮以智以信為仁則非天下之至聖其孰能與於此何則舉一（一為無數無量為一）常而五常備互換循環各兼五者觀賢哲之士厚於仁而薄於義智有餘而信不足者大有徑庭也易曰仁者見之謂之仁（轉是真仁智）智者見之謂之智然則聖人之道渾渾淪淪何可得而名狀哉故曰聖人一之不膠天下名之不得

勿以行觀聖人道無跡勿以言觀聖人道無言勿以能觀聖人道無為勿以貌觀聖人道無形

道無形無跡無言無為學者何從而求之哉不已則求諸聖人聖人者道之體也（聖人無能故無者聖人之體也）然果可求之於聖人乎求之於聖人者不過言貌行能而已愈失之矣捨言貌行能之外何從而求觀聖人哉善觀聖人者（觀聖人之心須以神明與心觀之）觀其心而不觀其迹然則聖人之心（掃盡根塵）果可觀乎果不可觀乎果異於吾心乎果不異於吾心乎前章有言曰不借道於聖此之謂也

行雖至卑不離高下言雖至公不離是非能雖至

神不離巧拙，貌雖不殊，不離妍醜。聖人假此以示天下，天下冥此，乃見聖人。（山色無迹可尋）

聖人本無言行貌能，不得已而假此以示天下。（聖人救世婆心，得此三字寫出）人徒見聖人言之工、貌之殊、行之卓、能之神爾，爾道在夫四者之間，而有是非、妍醜、高下、巧拙之并，愈不足以識聖人矣。（議聖難，以四者之間識聖愈難）學者冥此而於四者之外而觀之，斯善學矣。

聖人師蜂立君臣，師蜘蛛立網罟，師拱鼠制禮，師戰蟻置兵。衆人師賢人，賢人師聖人，聖人師萬物。

惟聖人同物，所以無我。

衆師賢，賢師聖，聖師萬物，固矣。然則聖人果師蜂立君臣，師蛛鼠蟻而置綱禮兵乎？聖人同物置作無我，天下之物皆聖人之師也。物生自然，聖人師其自然而已矣，聖人何心哉？（造語奇峭）

聖人曰道。觀天地人物皆吾道，倡和之，始終之，青黃之，卯翼之，不愛道，不棄物，不尊君子，不賤小人。（僮僮往來，光景如畫）賢人曰物。物物不同，旦旦去之，旦旦與之，短之長之，直之方之，是爲物易也。殊不知聖人鄙雜廁別分居，所以爲人，不以此爲己。

聖人道則如絲之紛，事則如碁之布。聲倡倡之，聲和和之，事始始之，事終終之，色青青之，色黃黃之，物卯卯之，物翼翼之。無愛道，無棄物，不尊君子，不賤小人，此則道如絲紛也。至於鄙雜衆物，廁別分居，或短或長，或直或方，物物不同，旦旦去取，井井有條，此則事如碁布也。聖人志於道，（主縱塵裏轉大法輪）無心無我，故不爲物易。賢人志於物，有心有人，故未免爲物所易。

聖人之於衆人，飲食衣服同也，屋室舟車同也，富貴貧賤同也。衆人每同聖人，聖人每同衆人。（呼牛呼馬，等同萬物）彼仰其高，侈其大者，其然乎？其不然乎？

聖人之處世，和其光，同其塵，惟恐自異於衆人，而其起居衣食、貧賤富貴，何敢異於人哉？使人仰其高，侈其大者，聖人之所懼也。士成綺見老子而問曰：「吾觀子非聖人也。（出莊子）鼠壤有餘蔬，生熟不盡乎前，而積斂無崖。」老子漠然不應。（喻自多也，去棄妹不仁四字更覺有妙。嗒然矣哉）然則聖人之處世，豈容衆人仰侈哉？

魚欲異羣魚捨水躍岸即死虎欲異羣虎捨山入市即擒聖人不異衆人特物不能拘爾

莊子謂昔吾聞之大成之人曰自伐者無功功成者墮名成者虧孰能去功與名而還與衆人純純常常削迹捐勢無責于人人亦無責焉此聖人不異衆人之說也若夫遊於雕陵而忘其身見異鵲之利而忘其眞虞人逐之以吾爲戮反走而三月不庭此魚捨水躍岸虎捨山入市之謂也雖然聖人處衆雖不自異物豈能拘之哉

關尹子　卷之三　七

道無作以道應世者是事非道道無方以道寓物者是物非道聖人竟不能出道以示人（不能示亦無可示）

道本無爲以道應世者是事也道本無體以道寓物者是物也聖人終不能將出此道以示人（六句皆老子之言見莊子）然則志道之士何從而得之哉昔人謂使道可獻人莫不獻之於其君使道可進人莫不進之於其親使道可傳人莫不傳之於子孫惟其不可出示於人故得之者鮮矣然則聖人終不示於人乎孔子不云乎吾無隱乎爾善觀聖人者當於事物之外觀之

如鐘鐘然如鐘鼓然聖人之言則然如車車然如車舟然聖人之行則然惟莫能名所以退天下之言惟莫能知所以奪天下智

謂鐘爲鐘人皆然之謂鼓爲鐘則人不測其言所以退天下之言也謂車車行人皆然之謂舟車行則人罔測其行所以奪天下之智也是猶犬可以爲羊輪不碾地之辨也其可以名言乎其可以智知乎

關尹子　卷之三　八

蝍蛆食蛇蛇食蛙蛙食蝍蛆互相食也聖人之言亦然言有無之弊又言非有非無之弊又言去非有非無之弊言之如引鋸然惟善聖者不留一言

夫大道無說善聖者不言非無說也不可說也不可說而言之則有弊何則言則不出乎有無也言有則無言無則有言非有則非無言非無則非有有無相吞互相爲弊猶蛇蛙蝍蛆互相吞食如引鋸然去來牽掣是則有言不如無言

終不能悟耳。唐仲輝評：今之人拾誦記辭闡衍而止，求其聞道而笑者小矣。老子曰不笑不足以爲道，然則相識與道者其道又寡也。批

袁若公曰：賢人爲蛟，又爲蛇爲龜爲魚爲蛤，飛越江河而不能升天濟世[illegible]

也。然則聖人果不留一言乎。聖人之言滿天下

學者苟以聖人之言爲言。不惟不知言。併與聖

人失之矣。

若龍若蛟若蛇若龜若魚若蛤。龍皆能之。蛟。蛟而（奇叙）

已不能爲龍。亦不能爲蛇爲龜爲魚爲蛤。聖人龍

之賢人蛟之（非秦漢以下語）

聖人能大能小。能智能愚。能垢能淨。能貴能賤。

能壽能夭。千變萬化。無可無不可。賢人則不然。

能大者不能小。能智者不能愚。昔孔子（見莊子）見老聃

關尹子　卷之三　九

歸。謂弟子曰。吾今於是乎見龍。龍合而成體。散

而成章。乘乎雲氣。養乎陰陽。予口張而不能嗋（讚歎至矣）

又何規於老聃哉。子貢曰。然則人固有尸居而（正也）

龍現。雷聲而淵默。發動如天地者乎。賜亦可得（非老子不足以當之）

而觀乎。聖人龍之。賢人蛟之。其是之謂歟。

在已無居。形物自著。其動若水。其靜若鏡。其應若（即上同物無我意）

響。芒乎若亡。寂乎若淸。同焉者和。得焉者失。未嘗

先人。而常隨人。

在已不自居。自居則有我矣。能無我則形物自（自然之功用）

唐仲輝評：未嘗先人是故然不動而靜而合衆隨人之感而遂通時

著。非我分別而著彼形物也。此靜也。靜極則動。

而其動也。如水之流。動已復靜。而其靜若鏡之

臺。是則雖有動靜。而何嘗動靜哉。其應物也若

響之應聲。則吾如虛空。虛谷矣。芒芴乎若未嘗

有。湛寂乎澈底。純淸同乎物。而不自異。則與物

和而不競也。蓋其得而不自有。出與道忘而不

失也。未嘗先人。常後而不先。不敢爲天下先也。

而常隨人。和而不倡。不得已而後動也。體用具

存。權實畢備。此聖人之所以爲善聖歟。

關尹子　卷之三　十

袁先父評：奇古峭特語轢先秦

吳思門評：極言道德之妙用

渾乎洋乎。游太初乎。時金已。時玉已。時糞已。時土

已。時翔物。時逐物。時山物。時淵物。端乎權乎。狂乎

愚乎。

唐仲輝評：已非物也，而金玉糞土之無足以汲汲也；物非已也，而翔逐山淵之同物故也。[illegible]

老子曰。吾游於物之初。孔子曰。何謂邪。心困焉（見莊子）

而不知。口辟焉而不能言。始終相反乎無端。而（此之）

莫知乎其所窮。謂之渾乎洋乎。游太初乎。豈不（謂大宗）

信然。至於如金在礦。如玉蘊石。則時金時玉也。

道在瓦礫。道在屎溺。則時糞時土也。鶉居而鷇

食。鳥行而無影。則時翔物也。呼我馬而謂之馬

呼我牛而謂之牛則時逐物也塊然如石槁然如木則時山物也如鱗之潛如魚之泳則時淵物也然則皆聖人之正行乎皆聖人之權變乎

大聖若狂大智若愚夫豈眞狂眞愚也哉

人之善琴者有悲心則聲悽悽然有思心則聲遲遲然有怨心則聲回回然有慕心則聲裴裴（一作奕奕）然所以悲思怨慕者非手非竹非絲非桐得之心符之手得之手符之物人之有道者莫不中道

人之善琴者得之心而符之手得之手而符之物而悲思怨慕之心猶足以感絲桐而聲爲之變而況有道之人動止周旋無不中道譽不感天動地康時豐物哉昔庚桑楚得老子之道居畏壘之山三年（無爲而化成）而畏壘大穰其是之謂乎

聖人以有言有爲有思者所以同乎人未嘗言未嘗爲未嘗思者所以異乎人

聖人終日言而未嘗言終日爲而未嘗爲終日思而未嘗思特人不能測識爾何以異乎人哉

利害心愈明則親不睦賢愚心愈明則友不交是非心愈明則事不成妍醜心愈明則物不契是以聖人渾之

衆人昭昭我獨昏昏衆人察察我獨悶悶昭昭察察則利害賢愚是非妍醜之心愈明矣愈明則親友事物愈離契睦矣惟聖人以無心渾之（無心二字是關竅）則彼利自利害自害賢愚自賢愚妍醜自妍醜如是則親無不睦友無不交事無不成物無不契（故曰聖人無常心）聖人初何容心哉

世之愚拙者妄援聖人之愚拙自解殊不知聖人時愚時明時拙時巧

聖人有大巧而若拙有大智而若愚世之愚拙妄援聖人以自解則愚者愈見其愚拙者愈露其拙豈能自解哉

以聖師聖者賢人以賢師聖者聖人蓋以聖師聖者徇跡而忘道以賢師聖者反跡而合道

有聖有賢之分者迹也未嘗有聖有賢之分者道也視聖人爲聖人豈可跂及哉是則徇迹而忘道也惟不知其爲聖而以賢師責之則智哉

於師庶乎忘其蹟而得其道矣而古人猶謂[illegible]

與師齊減師半德學者須見過師之智則幾矣

賢人趨上而不見下衆人趨下而不見上聖人通乎上下惟其宜之豈曰離賢人衆人別有聖人也哉

中人以上可以語上故賢人趨上中人以下不可以語上故衆人不見上皆偏也聖人渾遍上下無所不趨無所不見在賢亦宜在衆亦宜和光同塵所以異於賢人遠矣

關尹子　卷之三　十三

天下之理夫者倡婦者隨牡者馳牝者逐雄者鳴雌者應是以聖人制言行而賢人拘之

聖人言滿天下無口過行滿天下無怨惡何則任物理之自然而君臣上下父子兄弟貴賤尊卑之間感應貫通出於口而行於身譬如夫唱婦隨牡馳牝逐雄鳴雌應莫不順其自然之理也聖人初何容心哉賢人制禮法以防人心故不得不拘之至有言行樞機榮辱之戒善惡千里違順之幾故學者不得不謹言行也

聖人道雖虎變事則鼈行道雖絲紛事則棊布

前云聖人龍之如易之乾卦有大人飛龍之象今云虎變如易之革卦有大人虎變之象龍則言聖人之體變化無常飛潛莫測虎則喻聖人之道煥乎有文章之可觀凛乎有威風之可畏及乎行聖人之事則愚夫愚婦亦可行之而步履方拙如鼈初無甚高難行之舉也道則絲紛事則棊布者以言其道若渾而難理其事則有條而不紊也

關尹子　卷之三　十四

所謂聖人之道者胡然孑孑爾胡然徹徹爾胡然唐唐（又作堂堂）爾胡然臧臧（又作藏藏）爾惟其能徧偶萬物而無一物能偶之故能貴萬物

聖人之道如太虛孑孑然無與爲偶徹徹然無不洞貫堂堂然充滿乾坤臧臧然不容視聽唯其能徧偶萬物而無一物能偶之所以貴於萬物也老子曰有物混成先天地生巍巍尊高其是之謂歟

雲之卷舒禽之飛翔皆在虛空中所以變化不窮

潘海若評精無人神無我可謂微妙玄通

關尹子卷四

周關令尹喜著　宋　抱一子陳顯微解

元茆山朱象先道冲箋釋

明繡水唐從悌仲蕐輯評

姚　潘仲雷叅訂

四符篇　符者精神魂魄也　凡十七章

水可析可合精無人也火因膏因薪神無我也故耳蔽前後皆可聞無人智崇無人一奇無人冬凋秋物無人黑不可變無人北壽無人皆精舌即齒

牙成言無我禮卑無我二偶無我夏因春物無我赤可變無我南夭無我皆神以精無人故米去殼則精存以神無我故鬼憑物則神見全精者忘是非忘得失在此者非彼抱神者時晦明時强弱在彼者非此

一水析之置於金器石器瓦器至於萬器皆可也萬器之水復合為一水亦可也其水或在器析而為萬或離器合而為一其內景之德灼然無殊故我之精散於事物猶水之在衆器收視反聽猶合衆水而為一靈明絕待窅然長存故所見我獨蓋精無人也火因膏薪而後顯非膏薪則外光不存故我之神感而遂通應物而現非物感之則寂無所向故所見人同蓋神無我也辞而推之近身遠物莫不皆然耳屬腎雖蔽之前後皆可聞一也智於五常應水智崇一也冬於時應水冬凋秋物而歸根一也黑於色應水黑不可變一也北於方應水北壽一也一數奇獨也故皆曰無人水之象也精者水故曰皆

精曰可聞曰崇曰奇曰凋曰不可變曰壽又皆無人有我也舌屬心即唇齒而成言二也禮於五常應火禮卑二也夏於時應火夏因春物而榮華二也赤於色應火赤可變二也南於方應火南夭二也二數偶兩也故皆曰無我火之象也神者火故曰皆神曰成言曰卑曰偶曰因曰可變曰夭又皆無我也精無人如粟中之有米故曰米去殼則精存神無我如鬼無體附物則一見故曰鬼憑物則神見夫是非得失因待而有

是有斗也是執則知是有目也疑事則會遊物則趄是有是應也人其耳目思察者豈質之爲哉神也神不以其之成穰爲巳之存亾則人亦不皆以設之有無爲心之聲喜明於此可以証神無哉之說

鄭伯案曰一部易經始于乾坤終于既濟未濟坎離之功大矣許石城評精氣一滴存亾神無一欵起滅則吞神不死矣故曰知常容道乃久沒身不殆

無滿國曰水能生木木盛水絵木能生火火發木焚火能生土土多火晦土能生金金重土陷金能生水水盛金沉火能尅金金鑠火出金能尅木木堅金鈌木能尅土土厚木培土能尅水水流土潤水能尅火火熾水滅此五行互相生尅之大凡也

全精者以無人則無所待故忘是非忘得失猶米去殼而精存也曰在此者我也非彼者是非得失也時晦明時强弱者隨時之妄也抱神者既無我則常應常靜猶鬼憑物而神見也曰在彼者因時也非此者無我也學者知乎此則知所以無人無我全精抱神之道也

精神水火也五行互生滅之其來無首其往無尾則吾之精一滴無存亾爾吾之神一欵無起滅爾惟無我無人無首無尾所以與天地冥

精神水火也自水生木木生火火生土土生金金復生水則互生也自火尅金金尅木木尅土土尅水水復尅火則互滅也其來無首其往無尾滅已復生生已復滅則知精未嘗有一滴存亾神未嘗有一欵起滅惟無我無人無首無尾與天地冥契則精神長存矣

精者水魄者金神者火魂者木精主水魄主金金生水故精者魄藏之神主火魂主木木生火故神者魂藏之惟火之爲物能鎔金而銷之能燔木而

節木素問

高其良評述宜天地然後能合天地能配萬物一致能合萬物故日太易蛛有氣息若表合於精神魂魄暫是第二乘

燒之所以冥魂魄惟精在天爲寒在地爲水在人爲精神在天爲熱在地爲火在人爲神魄在天爲燥在地爲金在人爲魄魂在天爲風在地爲木在人爲魂惟以我之精合天地萬物之精譬如萬水可合爲一水以我之神合天地萬物之神譬如萬火可合爲一火以我之魄合天地萬物之魄譬如金之爲物可合異金而鎔之爲一金以我之魂合天地萬物之魂譬如木之爲物可接異木而生又生作植之爲一木則天地萬物皆吾精吾神吾魄吾魂

吾儕在育之旨大也

朱太虛評一五藏之心精講事易辭下火於木變則不定謝反爲龍虎神矣可不畏哉

扈希木評抱一子曰丹家于見道者盡論四象則以一五行之而制精鍊魄之功又全資于神火丹法之妙盡于此矣

何者死何者生

精水一合魄金四爲五神火二合魂木三爲五精藏魄而神藏魂是則四物雖居兩處可以一五擒之然魂木爲龍魄金爲虎使魂藏於神魄藏於精則二物分於二所終不能相制惟火能鎔金燔木故神可以制魂魄殊不知神寓於魂如火附於木而火二木三之五運於西北制精鍊魄使四象五行俱歸於土實資神火之功也故丹法始終全資火候者火之功用大矣哉至

吉凶 三昧 丙北乾金水旺 運以先天之良故可制精鍊魄

於合天地萬物之水火金木皆爲吾之精神魂魄譬如萬水可合爲一水萬火可合爲一火異金可鎔爲一金異木可接爲一木此則山河大地皆吾法身之妙用也安有所謂生安有所謂死哉

五行之運因精有魂因魂有神因神有意因意有魄因魄有精五行回環不已所以我之僞心流轉造化幾億萬歲未有窮極然核芽相生不知其幾萬株天地雖大不能芽空中之核雌卵相生不知其幾萬禽陰陽雖妙不能卵無雄之雌惟其來干

我者皆攝之以一息則變物爲我無物非我所謂五行者孰能變之

精神魂魄意五者回環相生不已則人之僞心輪回四生六道經幾億萬年未有窮極何則有此僞心則有此僞意有意則有魄有魄則有精有精則有魂有魂則有神有神則又有意矣彼空中之核與無雄之雌胡爲而不芽不卵邪蓋精不存也物則自淸而入濁故始因精而終成魄神則自微而入妙故始因意而終成神蓋意土數五而五與人俱生故首與四肢及手足之指皆五也使終能至神而不復生意則遇物對境當以一息攝之則變物爲我矣無物非我則五行皆爲吾用而不復有相生相滅之機孰能變之哉此永不輪回不受生之妙用也學者知之乎

衆人以魄攝魂者金有餘則木不足也聖人以魂運魄者木有餘則金不足也蓋魄之藏魂俱之魂之游魄因之魂晝寓目魄夜舍肝寓目能見舍肝

能夢見者魂無分別析之者分別析之曰天地者魂狃習也夢者魄無分別析之者分別析之曰彼我者魄狃習也土生金故意生魄神之所動不名神名意意之所動不名意名魄惟聖人知我無我知物無物皆因思慮計之而有是以萬物之來我皆對之以性而不對之以心性者心未萌也無心則無意矣蓋無火則無土無意則無魄矣蓋無土則無金一者不存五者皆廢既能渾天地萬物以

爲魂斯能渾天地萬物以爲魄凡造化所妙皆吾
魂凡造化所有皆吾魄則無有一物可役我者（郭本有火生土故神生意七字在土生金故意生魄之上）
愚解前章謂物之自精至魄從清入濁而魄盛
則死矣故曰金有餘則木不足若夫聖人自意
生身至於成神則木有餘金不足魂有餘者多
覺魄有餘者多夢覺之與夢皆能分别者非魂
魄能自析之也皆有真性存乎其中而狃習既
久而能生此分别識也惟聖人知我無我知物

無物皆因心意計之故對境忘識無意而對之
以性性者心未萌也無心則無意矣一意不存
五行皆廢斯能渾天地造化之所妙者皆爲吾
魂渾天地造化之所有者皆爲吾魄是萬物皆
爲吾役而不役於物矣
鬼云爲魂鬼白爲魄於文則然鬼者人死所變云
者風風者木白者氣氣者金風散故輕清輕清者
上天金堅故重濁重濁者入地輕清者魄從魂升
重濁者魂從魄降有以仁升者爲木星佐有以義

升者爲金星佐有以禮升者爲火星佐有以智升
者爲水星佐有以信升者爲土星佐有以不仁沉
者木賊之不義沉者金賊之不禮沉者火賊之不
智沉者水賊之不信沉者土賊之魂魄半之則在
人間升魂爲貴降魄爲賤靈魂爲賢厲魄爲愚輕
魂爲明重魄爲暗揚魂爲羽鈍魄爲毛明魂爲神
幽魄爲鬼其形其居其識其好皆以五行契之惟
五行之數參差不一所以萬物之多盈天地間猶
未已也以五事歸五行以五行作五蟲可勝言哉

譬猶兆龜數蓍至誠自契五行應之誠苟不至兆
之數之無一應者聖人假物以游世五行不得不
對
云白今之楷字也自秦之程邈變古篆爲隸王
次仲師隸成楷而後有也在當時字體與今不
同𠙵字古之云字白字古之白字是則𠙵鬼爲
魂白鬼爲魄於古文則然𠙵則從虛輕清故爲
風𠙵古風字白則從身重濁故爲氣白古氣字
然則古人製字亦或有道焉風屬木氣屬金木

王升、金王降、以五常而升者、爲五星之佐、反五常而沉者、爲五行所賊、楞嚴所述升沉之報與此同義。魂魄相半則在人間、然常人止有三魂七魄、故魂多者、爲貴、爲賢、爲明、爲羽、爲神、魄多者、爲賤、爲愚、爲暗、爲毛、爲鬼、而其識其好、皆契五行、惟五行參差不一、故胎卵濕化、有色無色、有想無想等類、衆生盈天地間、生生不已也、然聖人本無我、不假於物、則不能游世、如火不附木則無所託形、然物之在世、豈能堅久哉、聖人必以五行對之、然後生生不窮、如水火相剋、却成既濟、金木相剋、却成夫婦、皆對法也、是道也、如兆龜數蓍、至誠自契、誠若不至、則五行無一應者矣、

五者具有魂、魂者識、目者精、色者神、見之者爲魂、耳目口鼻心之類、在此生者、愛爲精、爲彼生父本、觀爲神、爲彼生母本、愛觀雖異、皆同識生、（郭本於此有皆同二字）彼生生本在彼生者、一爲父、故受氣於父、氣爲水、二爲母、故受血於母、血爲火、有父有母、彼生生矣、

惟其愛之無識、如鎖之交、觀之無識、如燈之照、吾識不萌、吾生何有、

目耳鼻口心、謂之五根、聲色香味事、謂之五塵、觀聽嗅嘗思、謂之五識、五根王於精、精有我無人之物也、五塵王於神、神無我、即物而見也、五識王於魂、故曰魂識、蓋根塵識三者具而後有魂也、父以精愛、母以神觀、愛爲水、觀爲火、木爲氣、火爲血、父精母血、交而識存乎中、此降本流末、生生不窮之理也、若夫愛無識而如鎖之交、觀無識而如燈之照、則吾識未嘗萌、吾生何嘗有哉、

如桴扣鼓、鼓之形者、我之有也、鼓之聲者、我之感也、桴已往矣、餘聲尚在、終亦不存而已矣、鼓之形如我之精、鼓之聲如我之神、其餘聲者猶之魂魄、知夫倏往倏來、則五行之氣、我何有焉、

精如鼓、神如聲、餘聲如魂魄、固矣、然則鼓不扣則不生聲、精不感則不生神、扣鼓以桴、桴亾則雖有餘聲、終亦不存矣、感精以氣、氣亾則雖有

魂魄終亦不存矣是則五行之氣倏往倏來衰
本無有而我之所有者如桴感氣者而已矣或
問曰今欲聲聲不絕鼓鼓長存畢竟以何道感
之曰請放下手中桴方向汝說
夫菓之有核必待水火土三者具矣然後相生不
窮三者不具如大旱大潦大塊皆不足以生物矣
精水神火意土三者本不交惟人以根合之故能
於其中橫見有事猶如術祝者能於至無中見多
有事

世之術祝能於無中見多有事如張諧作五里
之霧左慈擲詸上之杯是道也無出於精神意
三者合而為之如菓之有核必待水火土三者
具而後生三者不交則如大旱大潦大塊不能
生物然三者本不能自交惟人以根合之如男
女二根交精而生形也然天有天根地有地根
人有人根造化有造化之根人能於造化之根
上以起天地之根則能無中生有變化之道也
魂者木也木根於冬水而華於夏火故人之魂藏
於夜精而見於晝神合乎精故所見我獨蓋精未
嘗有人合乎神故所見人同蓋神未嘗有我
此章獨言木喻者發明上章言根之旨也蓋木
爲魂爲人也人之所以爲人以魂識晝夜隱見
精神之中而已矣精一也故魂識合精則所見
惟我獨神二也故魂識合神則所見與人同如
木之根於冬而榮於夏即魂之藏於夜而見於
晝也知夫木之根則知魂之根矣知夫魂之根
則知天地造化之根矣

知夫此身如夢中身隨情所見者可以飛神作我
而游太清知夫此物如夢中物隨情所見者可以
凝精作物而駕八荒是道也能見精神而久生能
忘精神而超生吸氣以養精如金生水吸風以養
神如木生火所以假外以延精神漱水以養精精
之所以不窮摩火以養神神之所以不窮所以假
內以延精神若夫忘精神而超生者吾嘗言之矣
人假精神以有生善養精神者能見精神而久
生陰符經謂天有五賊見之者昌是也能忘精

神而起生。陰符經謂人知其神而神。不知不神而所以神也。世有夢飛神而游太清者。亦有夢乘物而駕八荒者。此身此物皆如夢幻。夢而能之者。靈於神也。覺而不能者。拘於形也。惟能自見精神者。覺夢一致。可以飛神作我。可以寔精作物。是皆法之妙用也。至於吸炁吸風以益金木。於外激木摩火以養精神於內。亦皆足以延精神。斯術之麄者也。若夫忘精神而超生者。道也。是道也隱然遁於此書。又在夫人之自得而巳矣

人勤於禮者。神不外馳。可以集神。人勤於智者。精不外移。可以攝精。仁則陽而明。可以輕魂。義則陰而冥。可以御魄

聖人因人之常心之所固有者。立爲五常。皆自然而然。非有牽强。故曰常也。人能循此常而行之。至可以集神攝精輕魂御魄。蓋人之五神。主此五常。猶天之五星。主此五事也。火星主禮。禮主升。火亦升。神屬火。人勤於禮者。神不外馳。可以集神。其餘如木星主仁。金星主義。水星主智而木𤼵金冥水降。所以能輕魂御魄攝精。莫不皆然。只言四者。四物具。則土在其中。四常具。則信在其中。四神具。則意在其中。四方立。則中在其中。孟子亦只言四端而不及信。與此意同。

蜣蜋轉丸。丸成而精思之。而有蠕白者存丸中。俄去殼而蟬。彼蜣不思。彼蠕奚白

此章言感化之機。能動無情之物也。丸本無情而蜣蜋轉而精思之。則蠕生丸中。俄去殼而化

爲蟬。外爐金丹。生於金鼎神室之中。神室本虛器。全籍守爐之人神識不昧。晝夜精觀。而神丹生於虛器之中。外丹既熟。而內丹亦就。化形而化仙矣。參同契曰。萬象憑虛生。感化各有類。感化者。亦蜣精思之意耶。

庖人羹蟹。遺一足几上。蟹已羹而遺足尚動。是生死者。一氣聚散爾。不生不死。而人橫計曰生死

人以動物爲有生。今釜中之蟹已羹。而几上之遺足尚動。是則生者一氣之聚。死者一氣之散

爾彼非氣者何嘗有聚散生死哉人猶計之爾

有死立者有死坐者有死臥者有死病者有死藥者等死無甲乙之殊若知道之士不見生故不見死

世人不知我本無生而見坐脫立亡者以爲了達見臥死病死者以爲未了達殊不知均一死爾初無甲乙之殊惟知道者未嘗有生故不見其生未嘗有死故不見其死

人之厭生死超生死者皆是大患也譬如化人若

有厭生死心超生死心止名爲妖不名爲道

老子謂專炁致柔能如嬰兒今問嬰兒曰汝生乎則不知也汝死乎則不知也然則人之有厭生死心非大患乎有超生死心非妖乎

計生死者或曰死已有或曰死已無或曰死已亦有亦無或曰死已不有不無或曰當喜（一作幸）者或曰當懼者或曰當任者或曰當超者愈變識情馳騖不已殊不知我之生死如馬之手如牛之翼本無有復無無譬如水火雖犯水火不能燒之不能溺之

以馬之無手牛之無翼以况我之未嘗有生死也以水犯水火犯火以况我之入生死也然則既曰如馬手牛翼之未嘗有矣又何入哉曰以未嘗有生而入死以未嘗有死而入生是則入亦無入犯亦無犯若天以謂或有或無或幸或懼或任或超愈變情識而馳騖愈遠安足以知此哉

朱象先曰符者何合也以吾之精神魂魄合天

地萬物之金木水火則五行皆爲吾用而不復有相生相尅之機此永不輪廻不受生之妙用也然欲合天地萬物之金木水火須先合吾之精神魂魄精者水也神者火也魂者木也魄者金也金生水故魄能藏精而不能制精木生火故魂能藏神而不能鍊神金木間隔則坎離不交而生物之功廢故五行四象全藉三五一擒之五者何土也意也真土無位真意無形可以全精而攝神可以輕魂而御魄皆是物也參同

契曰負三五寸一分。即此意也。五曷爲乎有三也。天三木。地二火。三與二同性。爲一五。天一水地四金。一與四同情。爲一五。戊土居坎。己土居離。天五土爲一五。戊己合則金木會。金木會則虎龍交。虎龍交則三五合一。一者何也。太極也。造化之根也。五行合而爲一。則復爲混沌而生生不窮矣。由是則萬水可合爲一水。萬火可合爲一火。萬金可合爲一金。萬木可合爲一木。可以見精神而久生。可以忘精神而超生。故曰無

關尹子卷五

周關令尹喜著　宋抱一子陳顯微解
元茆山朱象先道冲箋釋
明繡水唐從悌仲韡輯評
姚　璐孟起叅訂

五鑑篇（鑑者心也）　凡二十章

（吳因之評：[illegible]）

心蔽（一作弊，下同）吉凶者。靈鬼攝之。心蔽男女者。淫鬼攝之。心蔽幽憂者。沉鬼攝之。心蔽放逸（又作逐放）者。狂鬼攝之。心蔽盟詛者。奇鬼攝之。心蔽藥餌者。物鬼攝之。如是之鬼。或以陰爲身。或以幽爲身。或以風爲身。或以氣爲身。或以土偶爲身。或以彩畫爲身。或以老畜爲身。或以敗器爲身。（遇精成形名爲魍魎鬼。遇幽成形名爲魘鬼。遇風成形名爲魃鬼。遇氣成形名爲餓鬼。遇物成形名爲怪鬼。遇明成形名爲役使鬼。遇畜成形名爲魅鬼——遇衰成形名爲癘鬼）彼以其精。此以其精。兩精相搏。則神應之。爲鬼所攝者。或解奇事。或解異事。或解瑞事。其人傲然。不曰鬼于躬。惟曰道于躬。久之。或死木。或死金。或死繩。或死井。惟聖人能神神而不神于神。役萬物而執其機。可以會之。可以散之。可以禦之。日應萬物。其心寂然。

（[illegible]）

（唐仲韡評曰：應萬物其心寂然，如鏡照物，影生于物，不生于鏡，故照不留影。）

聖人能神神而不神于神。衆人神于神而不能

神神能神神則日應萬物其心寂然神乎神則心藏事物而爲鬼所攝鬼亦神之純陰者也故亦無我而附物爲身既認物爲我身則精存於物物我相搏則神應之故爲鬼所攝者或能瑞異或知吉凶其人傲然自謂得道不悟魔攝久致喪身五行賊之隨類外物如釋教楞嚴所述二十五魔一同是說也在周末之時釋教未入中國已先述於是書矣較之釋經理詳而辭簡然則關尹子書豈一曲之士所能測識邪

無一心五識並馳心不可一無虛心五行皆具心不可虛無靜心萬化密移心不可靜借能一則二偶之借能虛則實滿之借能靜則動搖之惟聖人能斂萬有於一息無有一物可役吾之明徹散一息於萬有無有一物可間吾之云爲

聖人之心能斂能散斂則會萬有於一息散則敷一息於萬有初不待一之虛之靜之也苟用工於一則不一矣用工於虛則不虛矣用工於靜則不靜矣惟其不用工於一不用工於虛不用工於靜則此心未嘗二未嘗實未嘗動也雖日斂散何嘗斂散哉如是則日應萬變吾心寂然無一物可役吾之明徹無一物可間吾之云爲聖人以五鑑明心信乎其爲鑑矣

火千年俄可滅識千年俄可去

火本無我自清濁兆分而來天下未嘗有自生之火也必假人力鑽燧擊石而後生列子曰人生火是也夫火本無體雖燎爇千年而俄頃可滅惟識亦然自胞胎賦形而來此心未嘗先具

此識也蓋因根塵取受狃習而後生關尹子曰物交心生識是也夫識本無方雖認千年而俄頃可去然則滅火易不然難去識易不續難傳曰得道易守道難信哉

流者舟也所以流之者是水非舟運者車也所以運之者是牛非車思者心也所以思之者是意非心不知所以然而然惟不知所以然而然故其來無從其往無在其來無從其往無在故能與天地本原不古不今

心火也意土也思亦土也故所以思之者是意
非心也猶舟流因水車運因牛而心思因意也
昔人謂車不行打車卽是打牛卽是今夫心役
於思去心卽是去意卽是三教聖人皆主張無
意而不主張無心者旨必有在也學者當思念
之時推求意之所生則不知其所以然而然故
其來無從其往無在如是則意未嘗有意意未
嘗有意則思未嘗有思念未嘗有念而無思之
思無念之念與天地之本原不古不今而長存

關尹子　卷之五　四

矣觀夫絕思斷念心如土木者異矣
知心無物則知物無物知物無物則知道無物知
道無物故不尊卓絕之行不驚微妙之言
昔人有言曰若云他是聖自已擬成狂苟遇卓
絕之行而尊之聞微妙之言而駭之則循迹而
不見道矣蓋道無古今無聖狂無言行前無先
達後無作者知乎此則何者爲物何者爲心哉
物我交心生兩木摩火生不可謂之在我不可謂
之在彼不可謂之非我不可謂之非彼執而彼我
之則愚
心火也二也故物我交而後心生兩木摩而後
火生彼有執以爲心在我或在彼又執以爲火
在此或在彼者不然則或以爲非我非彼者皆
愚人也烏足以識心哉
無恃爾所謂利害是非爾所謂利害是非者果得
利害是非之乎聖人方且不識不知而況於爾
利害心愈明則親不勝是非心愈明則事不成
聖人方且不識不知而況爾所謂利害是非者

關尹子　卷之五　五

果得而利害是非之乎
夜之所夢或長於夜心無時生於齊者心之所見
皆齊國也既而之宋之魏之晉之梁心之所存各
異心無方
邯鄲之夢終身榮辱不知歷幾寒暑矣覺則
黃粱未熟特片時爾心豈有定時耶楚人之子
生長楚國引而置之莊岳之間數年雖日撻而
求其楚不可得矣心豈有定方耶世有執時執
方以求心者安足以識心哉

善弓者師弓不師羿善舟者師舟不師奡善心者

師心不師聖

輪扁斲輪之妙父不可傳於子得之心應之乎

豈可以師傳哉然則逢蒙學射于羿盡羿之道果盡乎曰使盡羿之道則不思天下惟羿為愈已也然學聖人者自以為盡聖人之道者如鼴飲河足厭其量爾今善弓者師弓善舟者師舟以喻善心者師心可謂善喻矣弓則有矢的步力之可師舟則有帆柂風水之可法至於心明

則覺昏則昧而已孰從而師之哉雖然學者於動靜語默之間向明覺昏昧處過得一線則心之法有餘師矣

是非好醜成敗盈虛造物者運矣皆因私識執之而有於是以無遺之猶存以非有非無遺之猶存無曰莫莫爾無曰渾渾爾猶存譬猶昔游再到記憶宛然此不可忘不可遺善去識者變識為智變識為智之說汝知之乎曰想如思鬼心慄思盜心怖曰識如認黍為稷認玉為石皆浮游罔象無所底止譬覩奇物生奇物想生奇物識此想此識根不在我譬如今日今日而已至於來日想識殊未可卜及至來日紛紛想識皆緣有生曰想曰識譬犀望月月形入角特因識生始有月形而彼真月初不在角胸中之天地萬物亦然知此說者外不見物內不見情

天地萬物古今萬事在人胸中如月形生於犀牛之角彼犀不望月而想則角無由而生月矣月形既存於角中則盡犀之形不可去也以喻

人之胸中萬物萬事忘不得遺不得如昔日曾游之景再游則記憶宛然皆識使然也且如今日見某事某物至於來日所見殊未可卜及乎來日紛紛想識皆緣有生若夫來日未至事物未有之時此想此識根安在哉然則今日想識皆妄想妄識明矣譬如無鬼思鬼無盜思盜本妄想也而能生懔生怖之妄情認黍為稷認玉為石本妄認也而能生真稷真石之妄識然則覩奇物見奇事何異夫妄情妄識耶執而有之

印於心府可謂不智矣知乎此則知變識爲智之說矣變識爲智則外不見物內不見情

物生於土終變於土事生於意終變於意知夫惟意則俄是之俄非之俄善之俄惡之意有變心無變意有覺心無覺惟一我心則意者塵往來爾事者欻起欻滅爾吾心有大常者存

識生於意意生於心善去識者去其識之所生（有去識之意即是識故去識先去意）之母而已矣譬如物生於土則終變於土識生於意終變於意事之是非善惡雖以識分辨之

而莫不皆隨意變也意在是非則識隨而在是非意在善惡則識隨而在善惡是則子隨母轉也然意雖有變心未嘗變意雖有覺心未嘗覺知心無變無覺則意如塵之往來事如欻之起滅皆不足以動吾心君而我心惟一蓋有大常者存焉爾

情生於心心生於性（斬盡多少葛藤）情波也心流也性水也來干我者如石火頃以性受之則心不生物浮浮然

後世言性者皆曰性生於心以心爲母性爲子謂如五常之性根于一心皆未達夫眞性之所以爲性三教聖人發明性眞如出一口而賢人彫之爲其所以未入聖域歟孔子言窮理而後盡性理者心也與孟子言盡其心者知其性知其性則知天意同釋氏言明心然後見性故直指人心見性成佛與今言心生於性皆以性爲（千古理）母心爲子也而尙恐學者未明又以水喻之曰性水也心流也情波也則本末次第歷然易辨矣苟事物來干我而以心應之不亦勞乎天下

之事物無窮吾心之精神有限以有限對無窮吾心殆矣惟聖人以性受之則心不生而事物浮浮然不能入吾之靈府矣

賢愚眞僞有識者有不識者彼雖有賢愚彼雖有眞僞而謂之賢愚眞僞者繫我之識知夫皆識所成故雖眞者亦僞之

人之賢者可慕可重愚者不必慕不必重事物（勘識字最難）之眞者易留意而難忘事物之僞者不甚着意而易忘所以區別賢愚眞僞者皆識情使然也

苟知識情所使則雖賢者亦愚之眞者亦僞之
則變識爲智而忘之矣
心感物不生心生情物交心不生物生識物尚非眞何况於識識尚非眞何况於情而彼妄人於至無中執以爲有於至變中執以爲常一情認之積爲萬情萬情認之積爲萬物物來無窮我心有際故我之良心受制於情我之本情受制於物可使之去可使之來而彼去來初不在我造化役之固無休息殊不知天地雖大能役有形而不能役無

形陰陽雖妙能役有氣而不能役無氣心之所之則氣從之氣之所之則形應之猶如太虛於一炁中變成萬物而彼一炁不名太虛我之一心能變爲氣能變爲形而我之心無氣無形知夫我之一心無氣無形則天地陰陽不能役之（郭本有於至無中變成炁八字在猶如太虛之下）

天地雖大陰陽雖妙能役有形氣者不能役無形氣者而我之一心無形無氣天地陰陽尚不能役而反受制於情受役於物何耶於至無中執以爲有於至變中執以爲常因識生情因情着物物來無窮造化無定使去使來不得自在
或者謂我之一心能變爲氣能變爲形既爲氣矣既爲形矣役於五行拘於陰陽盛衰往來初不在我造化役之安能自由哉噫如繪塑師幻像鬼神自生怖畏殊不知我之一心本同太虛太虛於一炁中變成萬物而彼一炁不名太虛昧者直以一炁名爲太虛焉能逃天地陰陽之役哉

人之平日目忽見非常之物者皆精有所結而使之然人之病日目忽見非常之物者皆心有所歉而使之然苟知吾心能於無中示有則知吾心能於有中示無但不信之自然不神或曰厥識既昏孰能不信我應之曰如捕蛇師心不怖蛇彼雖夢蛇而不怖畏故黃帝曰道無鬼神獨往獨來

瞪目發勞勞久精結故忽見非常之物與彼病目見空中花及第二月無以異也又有心有所歉忽見冤尤之形皆無中示有也既見矣既鹿

汞大夜評：見姹女青龍白虎亦是氣中有為[illegible]之然行功[illegible]甚有滯者[illegible]一象[illegible]入精定

唐仲舒評：謂心有可見，心與眼有二矣。如謂心不可見，如何[illegible]青非心而誰[illegible]於何處[illegible]欲心歸無一，心可見[illegible]一見非心[illegible]知即見即心見性，自然不動。

不信，如捕蛇之師，雖夢蛇不畏者，習慣如自然也。昔有人居山習定，而山精現怪異之形，變化百種，魔撓其人，其人瞑目不視，曰：汝之伎倆有（較勝捕蛇師）盡，我之不聞不見無窮。（一頭小鬼）山精退不復見。此即有中示無，惟不信之，自然不神也。若夫即吾心中可作萬物，而見嬰兒姹女、青龍白虎等物者，皆自我作之，有無在我，與忽見非常之物者異矣。然聖人觀此，猶且見如不見，何哉？黄帝不云乎，道無鬼神，獨往獨來，是也。

我之思慮日變，有使之者，非我也，命也。苟知惟命，外不見我，內不見心。（此便是獨往獨來的境界）

人之思慮，日日不同，莫之致而致也，孰使之哉？命也。既曰命矣，則由我乎？不由我乎？使我命在天，則思慮不由我，若我命在我，則何思何慮？故外不見我，內不見心。

譬如兩目，能見天地萬物，暫時回光，一時不見。

此章當連前章為一章，謂人有思慮，譬如兩目能見天地萬物，若能回光反照，則天地萬物一時不見。是則何庸思慮哉？但世人知此幾者鮮矣。

唐仲舒評：心不傷于思而傷于玄妙[illegible]

吳園之評：莊子曰[illegible]

下始人有其[illegible]

唐仲舒評[illegible]

[illegible]

目觀彫琢者明愈傷，耳聞交響者聽愈傷，心思玄妙者心愈傷。（此即老子五色令人目盲之意，故曰常為滅不常日）

此章亦與上章意連，謂目不能反照而觀雕琢者，明愈傷，耳不能反聽而聞交響者，聽愈傷，心不能無念而思玄妙者，心愈傷。三章相續，其義始圓。

勿以我心揆彼，當以彼心揆彼。知此說者，可以周

事，可以行德，可以貫道，可以交人，可以忘我。

若以我心揆彼，則人之識見各各不同，人我既分，町畦斯判，安能周事哉？事且不周，況交人乎，況行德貫道乎？惟以彼心揆彼，此聖人無我之學也。如是則何事不周，何人不交，何德不行，何道不貫哉。

天下之理，小不制而至於大，大不制而至於不可制，故能制一情者，可以成德，能忘一情者，可以契道。（篇終拈出忘字，是拈五鑑一篇）

[illegible]評但忌情欲能使天地萬物之微故一字爲日聖人不離本體而契大道[illegible]皆則天生情忘則心空天忘敵我爲物而不居心空故應萬物而不窮此節上聖人日應萬物其心寂然之意

天下之事無不起於小而至於大學者但知防患於微而不知制情於微能制一情可以成德能忘一情可以契道制一情者謂情始萌即制伏之使不致於爲惡故可成德忘一情者情未萌也情既未萌則不待忘而忘之矣情忘心空故可契道也

朱象先曰心敵于物則物物足以役心而五行賊之隨類成物非成于物也成于心也惟聖人能神神而不神于神是以日應萬物其心寂然

易曰寂然不動感而遂通謂惟寂而後能應也然何以隨應而隨寂哉以能一心應之二而不寂以能虛心應之實而不寂以能靜心應之動而不寂夫寂者心體也即物體也凡有應而不能寂者非心也非物也識也有彼我識而是非利害之意生有聖凡識而師邪師异之意生有常變識而無中示有有中示無往來起滅之意生識生意意復生識如水之流舟如牛之運車又如犀牛之意在月而月形之入角者不能除

故曰識去千年之識者亦去其俄頃之意而已矣意去而識自去識空而心自空不識也不知也無時也無方也此時情漠漠然心渾渾然物浮浮然總而寘之于性夫性吾心之大常也寂然反照寧獨不見天地萬物哉夫且外不見我內不見心心然其心而後可以忘我故曰能忘一情者可以契道契莊之應萬物而其心寂然者也 文五鑑

音釋

蘂 而悅切 爇也　然 音燃　逄 音蓬

瞪 音根直 視也　姹 音咤 美女也　町畦 音挺携 田五十畝曰畦

關尹子卷六

周關令尹喜著　宋　抱一子陳顯微解

元茆山朱象先道冲箋釋

繡水唐從悌仲韡輯評

叅訂

六七篇　七者食也食者形也　凡十六章

世之人以我思異彼思彼思異我思分人我者殊不知夢中人亦我思異彼思彼思異我思孰爲我孰爲人世之人以我痛異彼痛彼痛異我痛分人我者殊不知夢中人亦我痛異彼痛彼痛異我痛孰爲我孰爲人爪髮不痛手足不思亦我也豈可以思痛異之世之人以獨見者爲夢同見者爲覺殊不知精之所結亦有一人獨見於晝者神之所合亦有兩人同夢於夜者二者皆我精神孰爲夢孰爲覺世之人以暫見者爲夢久見者爲覺殊不知暫之所見者陰陽之炁久之所見者亦陰陽之炁二者皆我陰陽孰爲夢孰爲覺

昔人有不識我而求我者以色求之不得又以聲求之不得又於臭味覺意求之俱不得然後知我之爲我視之不見聽之不聞搏之不得而橫執以爲我者皆妄也安識所謂眞我哉今夫世之人以能思能痛者爲我以不能思不能痛者爲非我兩失之矣能思能痛者果我乎我本無意無念思從何來是則妄有緣塵於中積聚扭習爲思非我眞有是思也我本無相無體痛從何起是則妄有血氣於中假合假覺爲痛非我眞有是痛也然則不能思不能痛者果非我乎爪髮不痛手足不思亦我也夢中之天地萬物不思夢中之人神鳥獸不痛亦我也豈可以人我異之世之人以獨見暫見者爲夢以同見久見者爲覺亦兩失之矣獨見暫見者果夢乎我本無夢蓋因陰因夜因森與識相緣而有是夢也我本無覺蓋因陽因晝因寤與見相緣而有是覺也然則同見久見者果非夢乎神之所合亦有兩人同夢[illegible]夜者陰陽結習亦有天地萬物久見於夢者豈可以覺夢異之人與我不

李盧門評：人以心逐物，故物常據以役心；聖人以性攝心，故心自足以御物。如鑑中影，影移而鑑不移；如水中天，水動而天不動。

屠仲謀評：陰符經曰天有五賊，見之者昌。然則五行爲賊，人人自賊耳。[illegible]

異。覺與夢不殊，然後知遍虛空世界天地人物，

無一物非我之眞，無一物是我之己而已矣。

好仁者多夢松栢桃李，好義者多夢兵刀金鐵，好禮者多夢簠簋籩豆，好智者多夢江湖川澤，好信者多夢山岳原野，役於五行，未有不然者。然夢中或聞某事，或思某事，夢亦隨變，五行不可拘。聖人御物以心，攝心以性，則心同造化，五行亦不可拘。

世人不能逃陰陽五行者，以心有所思而役於事物也。傳曰：死莫大於陰陽，無所逃於天地之間。又曰：五賊在心，施行于天，是則五賊生於陰陽，而人之所思，不着事，即着物，事物不出於五行，所以爲五賊，所役而不能逃也。是賊也，在陽則爲覺，在陰則爲夢。在覺爲事，在夢爲物。如好仁者多夢松栢之類，皆役於五行也。雖役於五行，而夢中忽聞別事，忽思他事，識見變遷，則夢亦隨變，五行亦不能拘。知夢中之五行不能拘，則若事若物，皆可以御而役之，而不役於事物也。不役於事物，則陰陽五行烏能爲死爲賊哉。

朱太復評：此章似謂神心同造化，五行不可拘之意。

湯海若評：論亦奇，但[illegible]所思。

陳[illegible]評：[illegible]

陳賓王評：無可言故不能言，無可思故不能思。

聖人御事物不以思而以心，攝心不以念而以性，此其所以心同造化而五行不可拘歟。

汝見蛇首人身者，牛臂魚鱗者，鬼形禽翼者，汝勿怪。此怪不及夢，夢怪不及覺，有耳有目有手有臂，怪尤矣。大言不能言，大智不能思。

（言此怪不如夢中所見爲尤怪，夢怪不如覺時所有爲尤怪。）

天不言而日月運，四時行，天雖不言，而日月運，四時行，乃大言矣。聖人不思而得，聖人雖不思而能得，乃大智矣。今有人見夫未嘗見者，如蛇首人身之類，必以爲怪矣。不思夫形寢神息之時，忽有所夢，天地人物從何而生，從何而見，世人習慣，不以爲怪，細推詳研，吾之精神本自清明，寧一而化爲是夢，豈不甚可怪哉。（說得可怪。）知夢爲怪矣，今觀我之形，有耳有目，有手有臂，視聽動止，比之夢中所見，一一有實，豈不尤可怪耶？況口之能言，心之能思，其爲怪有不可勝言者矣。或曰：吾道與之貌，天與之形，雖具耳目手足，反而思之，不見其爲有也，如是則怪可去乎？愚答曰：道甚麼？或人再舉前問，愚曰：大言不能言，大智

不能思或者咈然而退

有人問於我曰爾族何氏何名何字何食何衣何友何僕何琴何書何古何今我時默然不對一字（大言不能言）或人扣之不已我不得已而應之曰尚自不見我將何爲我所

人有眞我雖聖智未易自見也人惟不能自見故或以色求我或以音聲求我轉不可得而見矣況問我以氏族名字衣食友僕琴書古今哉必乎聖人嘿然不對是不對也乃所以深對也（四時行百物生）

關尹子　卷之六　五

或者不喻聖人之意而扣之不已夫扣之不已者疑乎信乎以爲信耶彼之我即我之彼也彼之彼即我之我也彼彼不能相我則我我不能喻彼矣以爲疑耶則我以不我對而不對以我對我以對非對則以不對對又何疑焉而扣之不已耶聖人於是自其妄見而喻之謂彼以見我不以不見見我以見不見我見我之處不以不見見我不見之所乃應之曰我尚不見我將何爲我所噫是亦第二義矣

形可分可合可延可隱一夫一婦可生二子形可分一夫一婦二人成一子形可合食巨勝則壽形可延夜無月火人不見我形可隱以一炁生萬物猶棄髮可換所以分形以一炁合萬物猶破唇可補所以合形以神存炁以炁存形所以延形合形於神合神於無所以隱形汝欲知之乎汝欲爲之乎

學道有三品上品者以神爲主中品者以炁爲主下品者以形爲主以神存炁以炁存形所以

關尹子　卷之六　六

延形合形於神合神於炁所以隱形二者雖有徵妙之分然皆以神爲主上品也以一炁生萬物以一炁合萬物如採祖炁服元炁閉胎息嬰氣母之類皆以氣爲主中品也食巨勝則壽無月火則隱如服食金石艸木存意形中一處皆以形物爲主下品也然三者之中至清者神至濁者形半清半濁者氣夫以至濁之形猶可合可分可延可隱而況於炁乎而況於神乎學者欲知之欲爲之惟其志而已矣

王淡玉評凡物皆可見凡物皆可聞然一則熟視不見于形氣也然一則熟視不見大山之形靜聽不聞雷霆之聲此情見[illegible]見聞者去者在

無有一物不可見則無一物非吾之見無有一物不可聞則無一物非吾之聞五物可以養形無一物非吾之形五味可以養氣無一物非吾之氣是故吾之形氣天地萬物

五物可以養形五味可以養氣則天地之間無一物非吾之形氣也至於無一物非吾之見無一物非吾之聞則聞與見果何物耶以爲形可聞見乎則死屍胡不能聞見也以爲氣可聞見乎則嘘呵胡不能聞見也是則形氣之外別有

物焉爲之主張乎是維持乎是然則是物果安在哉經不云乎恍恍惚惚其中有物杳杳冥冥其中有精欲識是物精神是也然神無我也即天地萬物之色以見吾神精無人也即天地萬物之聲以聞吾精是故吾之形氣天地萬物吾之精神萬物聲色

耕夫習牛則獷獵夫習虎則勇漁夫習水則沉戰夫習馬則健萬物可爲我我之一身内變蛲蛔外烝蝨蚤瘕則龜魚瘻則鼠螘我可爲萬物

楊用修評牛哀化虎[illegible]

人之形本非我有習於物則與物俱化病於氣則與氣俱化昔人有犅虎入神化爲虎者是習牛則獷之意也昔人有患瘕破之其中皆蝨者是外烝變蛲蛔之類也習則與物俱化病則與氣俱化而世人執有其身妄認爲已有者又豈悟夫天地之委形哉

我之爲我如灰中金而不若礦砂之金破礦得金淘砂得金揚灰終身無得金者

不知我無我而盡智求我者如揚灰求金終身

不可得也知無我而不求我則如金藏於礦砂玉隱於石璞昔人以喻水中鹹味色裏膠青畢竟是有不見其形可謂善喻矣

一蜂至微亦能游觀乎天地一鰕至微亦能放肆乎大海

蠢動含靈皆具是心皆具是道昔人謂焦冥蟲向蚊蟲眉睫上建立世界蓋以形觀之則有巨細之分以心論之則無小大之辯故一蜂可游觀天地一鰕可放肆大海豈可以形微而輕賤

一壺光笑評東坡詩作春牛文云衣被升高亡行不出此炎威燥將使之閒潤爲甚能不獨寫飄赤進于碳矣

宋本徽評此章爲賢聖兩發心本無物無可逐亦無可執逐于外者吾見賢其隨風執于内者如鄉蘄妻火

王陽明評或問放下塵勞時此心空空蕩蕩的不識只是氣動又無回著如日先補實求進從實無塵勞虛處大巳諸身易爲熙依靜不日光六中添些一燈中消

唐仲聯評任合五行中炁

之哉。

土偶之成也有貴有賤有士有女其質土其壞土

人哉。句法。是豈等于人而貴之賤之哉

人之遇人有貴賤男女之相而起愛惡尊卑之念者分別於識而不照於智也今遇土偶之人亦有貴賤男女之相而不起愛惡尊卑之念者知其質爲土而有僞之之智也前章有言曰知夫皆識所成故雖眞者亦僞之此變識爲智之妙用也

目自觀目無色耳自聽耳無聲舌自嘗舌無味心自揆心無物衆人逐於外賢人執於內聖人皆僞之

目逐於色耳逐於聲舌逐於味心逐於物者衆人也目内視自觀耳反聽自聽舌收津自嘗心攝念自揆賢人也逐於外者固非執於內者亦妄先達有詩云雖然放下外塵勞内叉縈心兩何異是以聖人皆僞之

我身五行之炁而五行之炁其性一物借如一所

空江映月水波不定月影常圓我喻我言心何異我波映月

食了凡評愛頓遷言炁以五行逐要者也物物錯成意以五行執我者即是我者以物形係氣條然歸能用五行而不爲五行用

湯海若評春和秋節水流花開天地之化工無我無行者自行生者自生聖人無我故仁者勝仁智者勝智

可以取水可以取火可以生木可以凝金可以變土其性含攝元無差殊故羽蟲盛者毛蟲不育毛蟲盛者鱗蟲不育知五行互用者可以忘我 余其時月哉鄒與我原不在五行互用外

人一身之中具五行之炁所主所應岐之則五其互相含攝元一性也如金鋒之得木擊之得火木絞之得水鑽之得火是也至於鳥獸蟲魚莫不皆然比之人則有偏盛之稟爾偏於火者爲羽偏於金者爲毛偏於水者爲鱗朱雀在南白虎在西之類是也偏盛於此則不育於彼是

知人與萬物各具五行而五行之炁輪環互用囘觀我身皆五行之炁假合而成而執者執有此身豈不惑哉知此說者可以忘我

枯龜無我能見大知磁石無我能見大力鐘鼓無我能見大音舟車無我能見遠行故我一身雖有智有力有行有音未嘗有我

枯龜磁石鐘鼓舟車皆物也焉能有爲乎所以見大知大力大音大行者物感之故也人於事物未形之時無思無爲寂然何有一旦物感而

動事激而發則智力言行見矣智力言行雖見實事物也於我何有哉故曰未嘗有我

蜮射影能斃我知夫無知者亦我則溥天之下我無不在

通天地之間一氣爾豈有無虛實能間之哉世人執六尺之軀以痒疴覺觸者爲我之有且爪與髮我之實有也何割之而不痛影非我之實有也何蜮射之而斃我世人見之於著不見之於微知乎此則知無知者亦我也故曰溥天之下我無不在

心憶者猶忘饑心忿者猶忘寒心養者猶忘病心激者猶忘痛苟吸氣以養其和孰能饑之存神以滋其暖孰能寒之養五藏以五行則無傷也孰能病之歸五藏於五行則無知也孰能痛之

人之饑寒病痛皆出于妄心若夫心憶猶能忘饑之類是則以妄止妄之說也苟知夫我之妄心皆出於五行而以五行勝之則妄心可以消釋矣故吸氣以養和則可以忘饑存神以滋暖可以忘寒是則以金實土以火勝水之術也養五藏以五行可以愈病是則生尅補瀉之法也歸五藏於五行可以忘病是則形氣無我之道也若夫不吸氣而飽不存神而暖不養五藏以愈病不歸五行以忘痛非天下至精至通之士其孰能與於此

人無以無知無爲者爲無我雖有知有爲不害其爲無我譬如火也躁動不停未嘗有我

此篇逐章言形食而論無我之說詳矣聖人又

慮學者執無我如木石故於卒章重發明無我之妙用以爲譬如火也雖躁動不停未嘗有我若人達此妙用雖終日言行施爲不害其爲無我噫莊子所謂深知無心者矣

朱象先曰七者何食也食者何形也五味可以養氣五物可以養形無一物非吾之氣即無一物非吾之形也然則形果一乎非也我思異彼思我痛異彼痛彼之不可爲我猶夢之不可爲覺也然則形果岐乎亦非也異地而同夢千聖

兩一蜂孰爲我孰爲人不惟是也習牛則獷習
馬則健萬物一我也瘕則負之瘻則尻之我一
萬物也夫我與萬物則必有分矣而不免與物
俱化者何也知我之我而不知無我之我也且
所謂無我之我者又非不目而觀不耳而聽不
舌而嚐不心而揆之謂也孰我爲我猶楊灰而
求金孰無我爲我亦因噎而廢食也惟聖人能
即我而忘我即我而忘我故不以見見我并不
以不見見我雖謂耳目手臂之我非我而蛇首

人身鬼形禽翼之我是我可也雖謂智力行音
之我非我而枯龜磁石鍾鼓舟車之我是我可
也不我而我故無物非我我而不我故無物是
我故曰我與物不異夢與覺不殊　箋六七

音釋

呿 音怯 張口貌　徼 音叫又古弔反即竅字　獷 古猛切犬獷獷不可附也　蟯 如招切說文曰腹中短虫也

蝨 所櫛切 齧人虫　瘕 乎加切說文曰女病也　瘻 力豆切說文曰頸腫也　螘 魚綺切說文曰蚍蜉也與蟻同

鰕 乎加切說 文曰魵也　蜮 于逼切說文曰短狐也似鼈三足以氣射害人

關尹子卷之六終

關尹子卷七

周令尹喜著　宋　抱一子陳顯微解

元茆山朱象先道沖箋釋

明藕水唐從悌仲彝評

檇李潘家傑遇之叅訂

七釜篇 釜者化也　凡十三章

道本至無以事歸道者得之一息事本至有以道
運事者周之百爲得道之尊者可以輔世得道之
狥者可以立我知道非時之所能拘者能以一日

爲百年能以百年爲一日知道非方之所能礙者
能以一里爲百里能以百里爲一里知道無氣能
運有氣者可以召風雨知道無形能變有形者可
以易鳥獸得道之清者物莫能累身輕矣可以騎
鳳鶴得道之渾者物莫能溺身冥矣可以席蛟鯨
有即無無即有知此道者可以制鬼神實即虛虛
即實知此道者可以入金石上即下下即上知此
道者可以待星辰古即今今即古知此道者可以
卜龜筮人即我我即人知此道者可以窺他人之

[illegible]

[illegible]

[illegible]

脾肝物即我我即物知此道者可以成腹中之龍虎知象由心變以此觀心可以成女嬰知炁由心生以此吸神可以成爐冶以此勝物虎豹可伏以此同物水火可入惟有道之士能爲之亦能能之而不爲之

易曰知變化之道者其知神之所爲乎孟子曰聖而不可知之謂神今天下之學者去聖逾遠望道而未之見覬其庶幾聖人者絕代無聞焉而況不可知之神故言神者例以孔子不語怪

力亂神絕之故知道之上絕口不言至於生死之說亦秘而不傳矣且孔子果不言神乎果不言生死乎如曰知死生之說如曰陰陽不測之（張子曰兩在故不測）謂神鼓之舞之以盡神皆孔子之言也今聖人於七釜一篇備言變化之道蓋釜者資水火以變物之器也後世學者觀之不驚其言者鮮矣或者指爲異端僞書豈哉莊子有言曰瞽者無以與乎文章之觀聾者無以與乎鐘鼓之聲豈（千古名言）惟形骸有聾瞽哉夫知亦有之其是之謂歟易

[illegible]

[illegible]

[illegible]

[illegible]

不云乎天下之動貞夫一者也即以事歸道者得之一息之理也以道運事者周之百爲即能成天下之務一致而百慮也得道之尊獨者可以輔世立我即輔相天地之宜聖人之大寶曰位也道非時之所能拘非方之所能礙即通乎晝夜之道而知不疾而速不行而至之謂也可以召風雨侍星辰即風以散之雨以潤之可與佑神之謂也可以易鳥獸騎鳳鶴席蛟鯨制鬼神則精氣爲物游魂爲變知鬼神之情狀之謂

也可以入金石即兌爲金艮爲石山澤通氣然後能變化成萬物之謂也可以卜龜筮即卜筮尚占受命如響之謂也學者能知乾坤一闔一闢謂之變則知坎離交遇水火相射山澤通氣雷風相搏之機然後知我之震兌即他人之脾肝能入震兌之神則可以窺他人之脾肝矣我之魂魄即龍虎之精英能凝魂魄之炁則可以化腹中之龍虎矣坎之中有嬰兒離之中有姹女能取坎中之實以點離中之虛則女嬰相見

各現其形是道也因運神火照入坎中驅逐陰
中之陽飛騰而上至神火本位遇陽中之陰擒
制交結如金烏搦兎磁石吸鍼二炁紐結而生
變化或現女嬰之象或呈龍虎之形變化萬端
飛走不定往來騰躍不出鼎爐當是時則當鼓
動巽風助吾離火猛烹極鍛鍊成眞丹凝成至
寶是道也其中有觀心吸神二用皆助火候之
力者釋氏觀法觀心似是而非方士之服炁嚥
津棄本逐末安識運神火以觀眞心鼓巽風以

吸眞神之妙用哉丹成之後自然可以伏虎豹
可以入水火是皆性命之秘問有形於易書者
易不云乎非天下至神至精至變至通其孰能
與於此苟非其人道不虛行故曰惟有道之士
能為之聖人欲顯諸仁藏諸用以盡內聖外王
之道故曰亦能能之而不為之

人之力有可以奪天地造化者如冬起雷夏造氷
死屍能行枯木能華豆中攝鬼杯中釣魚畫門可（丹頭一點）
開土鬼可語皆純炁所為故能化萬物今之情情

不停亦炁所為而炁之為物有合有散我之所以
行炁者本未嘗合亦未嘗散有合者生有散者死
彼未嘗合未嘗散者無生無死客有去來鄰常自
若

列子問至人潛行不窒蹈火不熱行乎萬物之（而見莊列）
上而不慄何以至此關尹答曰是純炁之守也
非智巧果敢之列夫人拘於形則不能變化若（關尹語止此）
夫鍊形為炁使形盡化炁則聚成形散為炁矣
故能化萬物今觀雲之變化則知炁之變化也

且蜃之為物不靈於人而猶積氣之久可以化
樓閣人物以為海市至於鷹化為鳩豹變為虎
蟯化為蟬臭化為龍鳥獸蟲魚尚能奪天地之
造化人反不若何耶以六欲七情內賊其天眞
五行六塵外鑠其神氣雖間有知道者能制精
葆神鍊形化炁而作輟不常十寒一曝求其純（學人通病）
乎化炁雖億兆人中而求一人不可得矣是道
也賢愚貴賤皆可為之其道不遠今之情情不
停皆此物也蓋有非此物者存乎其中學者知（炁數為情）

乎此則知吾之所以行焉者。知所以行焉則知所以鍊焉。知所以鍊焉則知所以化焉。成醇矣。是實也。不隨焉合。不隨焉散。不逐形生。不逐形死。故曰客有去來。鄙常自若。

有誦呪者。有事神者。有墨字者。有變指者。皆可以役神御炁。變化萬物。惟不誠之人。難於自信而易於信物。故假此爲之。苟知惟誠。有不待彼而然者。

人之精神何所不至哉。惟昧者不自知爾。世有誦呪事神墨字変指之類。人以爲神靈。蓋信於

物。而不自信也。殊不知彼之神者靈者。皆我之至精至誠。役之御之。而能靈也。化書云（譚景昇所撰也。或曰宋齊丘作）神猶母也。氣猶子也。以神召氣。如母召子。孰敢不至。此亦役神御氣之道也。苟知爲我之精誠。豈區區信於物也哉。

人之一呼一吸。日行四十萬里。化可謂速矣。惟聖人不存不變。

天地之大。不可以程度計。今云一呼一吸日行四十萬里。則人一晝一夜。凡一萬三千五百息。

日行五千四百兆里（十萬曰億。十億曰兆）爲一周天。昔人以表影長短。驗日之行度遠近。亦以世之尋丈爲準。既可以尋丈計。則可以步里計矣。愚妄以謂日行四十萬里。豈得無奇。是蓋總其大數爾。若果有奇。則恐滿五千五百兆里之數。則與易之天地之數五十有五合矣。日月五星。離合順逆。聖人皆能測而爲曆。而昧者莫不見。莫能知也。故陰符經云天下莫不見莫能知者是也。夫速莫速於大化。昔人謂揭天地以趨新。負山嶽以舍故。造

化無斯須不移也。萬物無暫忽不變也。山川日更矣。而世人以爲如昨。時世日新矣。而世人以爲如故。今交一臂而失之者。皆在冥中去矣。故向者之我。非復今我。今日之我。非復故吾矣。是則我與今俱往矣。而昧者不知。橫謂今日所遇。可係而存。安知一息之頃。而大化已行四十萬里哉。惟聖人不逆化而存。亦不順化而變。故曰不存不變。

青鸞子千歲而千歲化。桃子五仕而心五化。聖人

宋本後行作盛異者至言皆神機妙法名聖日自教非盲宗之為豈生人自惑之非流流之然冠志人自賢之故賓事者事不能消去物者猶不盡義

賓事去物豈不欲建立於世哉有形數者懼化之

不可知也

有形有數者必化在聖人不欲苟免也何則既

謂之形必有數焉非我所有也天地之委蛻也

天地且不能停化而形豈能違化哉雖然聖人

假衆物以游世對五行以寓形應萬事不敢爲

天下先故不爲主而爲賓也御萬物而不爲萬

物所役故立於獨而無待也爲賓則如寄謂來

去自如爾無待則無耦謂存亡不二爾如是則

若形若數豈能拘哉而聖人猶不欲久立於世

者覩此形軀爲吾大患懼化之不可知也青鸞

子古之得道之士也在世千歲而千歲化即此

意也若夫桃子五仕而心五化者如孔子行年

六十而六十化曾子再仕而心再化意同

偉韓詩萬有化變遷物者不化化則有化者無化者然下非也經子既言氣絕二陰陽間本無光發可道今日隱明日有如形影一不可言今

萬物變遷雖互隱見然一而已惟聖人知一而不

化

此章意連上章謂有形之物雖互隱見而一然

在天地間未嘗化也一然猶且不化況吾之非

百有形明日有影故易日一陰一陽之謂道道非陰陽者所以一陰一陽者道也此所謂一而不化者也

焉者乎何謂非焉焉之所自生者（虛主神神主炁炁生形）前篇已詳述

之矣聖人此章明吾之真靈若寓於形則雖千

年亦化寓於焉則一而不化也

蟲異日老鯉化為野人伏翼化為蝶蝶無情而化有情者亦無化為貝石止斑化為百合有情而化無情無情不停故化化不止

爪之生髮之長榮衛之行無頃刻止衆人皆（一作能）

見之於著不能見之於微（郛本於此有賢人見之於微而不能任化雖十二字）

聖人任化所以不化（客有去來郛常自若）

衆人徒見天地日月化行之速此著而易見者

也而不知吾之榮衛晝夜之間行陰二十五度

行陽二十五度凡一萬三千五百息脈絡之循

環運轉無頃刻止故爪之生髮之長無暫忽停

此微而難見者也孰能逃之哉惟聖人不存不

變任彼自化所以無化

專方由此見聞各異見聞聞者不異故聖人動止有戒戒于不覩聞之時在此是吾儒慎獨之學

室中有常見聞矣既而之門之鄰之里之黨既而

之郊之山之川見聞各異好惡隨之和競從之得

失成之是以聖人動止有戒

渉淺者許衆人紙見聞為我如蒸蟻之赴羶賢人離見聞為我如

聖人之聞見未嘗異於衆人衆人之聞見隨處

變異而生好惡和競得失之心使聖人異於衆

人而隨處不生好惡和競得失之心則有心矣

李九我評聖人出門同人非同人也同理之不得不同者也故曰惟君子爲能通天下之志又曰以類族辨物不然而人號亦號人笑亦笑矣呼牛則牛呼馬則馬其與鄉愿之中無漢道之長矣不道之眞說相去正不啻遠矣

（痛以根在有我二字）有我矣此賢人不動心之學望聖人而未至者也若夫聖人則出門同人隨人好惡從人和競成人得失如老子之人號亦號人笑亦笑孔子之耳順從心列子從師三年心不敢念是非口不敢言利害從師五年心更念是非口更言利害此皆聖人不異衆人衆人不異聖人之說也何嘗以聞見自異哉聖人之所謹者不妄出戶庭而無咎不妄同人於莽而弗克攻不妄同人於郊而志未得危邦不入亂邦不居特以動止爲戒而已矣

關尹子　卷之七　十

焉且巨浮生於無形形散而無亦散矣推此義明之性不因形而有亦不隨形而滅如薪傳火薪盡而火皆常存如空與形形猶而空無不壞

譬如大海變化億萬蛟魚水一而已我之與物蓊然蔚然在大化中性一而已知夫性（提出性一與宗旨鎖形）一者無人無（錄無二一齊抹殺）我無死無生

唐仲樂評語云海魚終不出乎海魚不出乎海圖子因知太虛一性則何畫何樂不爲克有不爲繫

昔人有言曰魚龍不知水爲命猶人在空中不識空我之與物林然在大化之中性一而已猶蛟魚生於大海之中水一而已知大海爲一水則蛟魚相忘矣知太虛爲一性則人我相忘矣何者爲死何者爲生

孫石川評聖人之居常何也日用平常所當然之則爲物莫不然所以非之則萬物皆六不非變人之惡變何如日有機形者無攝心何日無而無攝化

天下之理是或化爲非非或化爲是恩或化爲讐讐或化爲恩是以聖人居常慮變（即前章不存不變意）

天下無有不變之事亦無有不變之理聖狂之相去奚啻天淵生死之不齊奚啻冰炭而聖罔念則化作狂狂克念則化作聖生極則化爲殺殺極則化爲生而况是非恩讐之間最似反覆豈不易變哉昧者執其自是如山之不可移恃其有恩如海之流不竭未幾是化爲非恩化爲讐而前日自是之我山俄而化爲衆非之海恃

宗方城評此篇摸人情物理之變又約恩讐句如飛石辭工天然奇崎

關尹子　卷之七　十一

恩之人海俄而化爲積怨之山如高岸爲谷深谷爲陵不期變而變也可畏哉聖人不執是不辯非不恃恩不念讐乎我山夷人海居天下（格句）之常慮事物之變未嘗先人而嘗隨人其要無咎而已矣

陸徐評處乎禍之變惧化之不可知息任化者不化惟能當而後能應變

人之少也當佩乎父兄之教人之壯也當達乎朋友之箴人之老也當警乎少壯之說萬化雖移不能厄我

吳子仁評此即上章任化不化之意少壯化老壯化老之形有移乎少壯也老忘少壯之神不移故曰萬化雖移不能厄我

人之處世未免有立身行己應事接物之爲苟

王陽明曰學者少壯師所謂不失赤子之心

朱太復評此輕者莫如天一之水一變而乾再變而坤乾坤三索而生六子自此積變化而環無窮故曰輕者易化極重者王也三數一家都歸戊巳

乾坤復始十發含存故曰重者難化

有我而自用則一動之頃吉凶悔吝隨之惟有一吉之利而凶悔吝三者厄我矣惟聖人捨已從人當少時即佩父母之教及其壯也達乎朋友之箴至於老也警其少壯之說是則自少至老未嘗有我萬化雖移安能厄我哉

天下之理輕者易化重者難化譬如風雲須更變滅金玉之性歷久不渝人之輕明者能與造化俱化而不留殆有未嘗化者存

輕者人之魂也明者人之神也魂爲木所以輕

也神爲火所以明也日出於卯而魂旺日中於午而神旺日晡於申而魂絕日沒於亥而神絕（木旺於卯 火旺於午 木絕于申 火絕于亥）是則一日之間而吾之魂神與造化俱化而不留矣惟精與魄重而且暗可以歷久故能胎魂胎神至於來日輕明魂神復自精魄因明因籍而復生復旺矣是則輕而明者假重而暗者爲之母也使魂神絕於申亥之間而精魄壞而不存則來日之魂神無自而生矣知道之士知乎此故鍊精鍊魄爲金爲玉使歷久不渝則吾之

上陽子曰火數金爲鉛土數水爲汞[illegible]

魂神可以永久乘負得其所託而長生矣參同契吉人相乘負安穩可長生是則鍊精魄爲金玉則吾身爲大吉之身而乘負吾之魂神矣所以太一火符修鍊金丹只鍊二物者鍊精與魄也并上爲三物爾參同契謂其本三遂不入火二與之俱者本三之魂與火二之神不須鍛鍊不入爐鼎而在爐鼎之外周天運火者乃神與魂也魂三神二合之成五所以能周天運火而不琢精水之一與魄金之四亦合之成五所以

能化金液以成丹如是四物俱能成五者寶假中宮土五以成變化張悟眞謂只緣彼此懷眞土遂使金丹有返還者此也又曰東三南二同成五北一西方四共之戊巳自居本生位三家相見結嬰兒知此理然後知吾身殆有未嘗化者存（木數三居東火數二居南木能生火二物同宮故二與三合而成一五金數四居西水數一居北金能生水二物同宮故四與一合而成二五戊巳本生數五是三五也三五合而爲一故曰三五一也）

陸子野曰三五一者[illegible]

二幼相好及其壯也相遇則不相識二壯相好及其老也相遇則不相識如雀鴿鷹鳩之化無昔無今

人之形體亦天地間一物爾無頃刻不與造化俱化者也幼時顛貌至壯則異壯時顏■至老則殊如雀鴿鷹鳩蜃四時陰陽之氣變化形體不得自知也安有今昔之同哉然則吾之形容與今俱往矣與物俱化矣可不覺乎

朱象先曰釜者何化也變化萬物之器也夫既謂之物矣曷爲乎化也以同乎物者化之既同乎物矣烏能化之以異乎物者化之既異乎物矣烏能化物乎且又烏知夫化物者之不與物

俱化乎自其化者而觀之爪之生也髮之長也是或化爲非而息或化爲佗也不化于形則化于情者也如是即謂之不化可也聖人知其然是以不逆化而存不順化而變二物不相識化于壯也而吾之不與壯俱化者不變二壯不相識化于老也而吾之不與老俱化者不變而不見夫情情不停者乎而不見夫一呼一吸日行四十萬里者乎如輕風挐雲倏忽萬狀而太虛不動也如客有去來郵常自若也故曰聖人任化所以不化不化者何知一而不化也一者何性也性一者無人無我無外無生化而有未嘗化者也易曰知變化之道者其知神之所爲乎神莫神乎化而不化之釜矣 箋七釜

音釋

搦 尼革切說文曰按也 窒 陟栗切說文曰塞也 蜃 時忍切說文曰雉入海化爲蜃 [illegible] 郎暴薄報切說文曰睎也

蓊 叶翁上聲草木盛貌 蔚 於胃切說文曰牡蒿也

關尹子卷之七終

湯海若評曰天地蓍龜神總參通一義示化不各爲其一齡不滿亦不各爲蓍故古自古今自今高自高下自下蓍之得不宗可析可合有可喻可思其中之不能維其常渾淪變化乃成

關尹子卷八

周關令尹喜著　宋　抱一子陳顯微解

元茆山朱象先道冲箋釋

明繡水唐從佛仲韓輯評

檇李朱茂時子葵　苕溪茅龢京子京　參訂

八籌篇　籌者物也　凡六章

古之善揲蓍灼龜者，能於今中示古，古中示今，高中示下，下中示高，小中示大，大中示小，一中示多，多中示一，人中示物，物中示人，我中示彼，彼中示我。是道也，其來無今，其往無古，其高無蓋，其低無載，其大無外，其小無內，其外無物，其內無人，其近無我，其遠無彼，不可析，不可合，不可喻，不可思，惟其渾淪所以為道。郭本有其本無一其末無多在其小無內之下

易曰：探賾索隱，鉤深致遠，成天下之亹亹者，莫大乎蓍龜。如是，則蓍之與龜可以喻道矣。是物也，木枯莖朽，骨隔靈從何來，聖從何起，今焉能於今中示古，古中示今，是則其來無今，其往無古，而彰往察來也。能於高中示下，下中示高，是則其高無蓋，其低無載，而上下無常也。能小中示大，大中示小，是則其大無外，其小無內，而齊小大也。能一中示多，多中示一，是則錯綜其數，一致百慮也。能人中示物，物中示人，是則其外無物，其內無人，而無有遠近幽深，遂知來物也。能我中示彼，彼中示我，是則其近無我，其遠無彼，而以言乎遠則不禦，以言乎邇則靜而正也。然則枯莖朽骨，何其神哉！是神也，存乎枯莖朽骨之中，不可析，不可合，不可喻，不可思，如妙道之存乎人之血肉形體之中，而不可析合，不可喻思也。易不云乎：蓍之德圓而神。惟其渾淪，所以為道。

李天因之評曰遠無思爲者況而能神者

思爲之用形韓有思爲者也而能如無思爲之天地然之不可知者也故曰非有道不可思非有道不可喻不可喻道

水潛故蘊為五精，火飛故達為五臭，木茂故華為五色，金堅故實為五聲，土和故滋為五味，其常五，其變不可計，其物五，其雜不可計。然則萬物在天地間，不可執謂之萬，不可執謂之五，不可執謂之一，不可執謂之非萬，不可執謂之非五，不可執謂之非一。或合之，或離之，以此必形，以此必數，以此

李仲蕃評曰子思論五行水火木金土[illegible]

半泉老評我為物役何嘗有我[illegible]

朱大夜評天地之氣五行潛之五行之氣五精五臭五味五聲五色蘊之孤池之氣賢人盜之五行之盜顛倒變化而不窮聖人之盜之故還元而返本

必氣徒自勞爾物不知我我不知物。

五行之在天地間其常五其變不可勝計其物五其類不可勝計總其綱領則水蘊爲五精火達爲五臭木華爲五色金實爲五聲土滋爲五味然萬物在天地間不可勝計皆自五行錯雜而生或合之或離之不可執謂之五不可執謂之萬不可執謂之一又不可執謂之非五非萬非一若分別某物必某數必某氣徒自勞爾故曰物不知我我不知物

紫陽先生曰物何物不知我[illegible]

袁了凡評悟真篇曰四象五行全藉土三元八卦豈離壬[illegible]

屠仰評蘂女嬰兒紅爐寶鼎鉛汞入手自見故曰皆此物有非此物存者

關尹子　卷之八　三

即吾心中可作萬物蓋心有所之則愛從之愛從之則精從之蓋心有所結（天一生水）先凝爲水心慕物涎出心悲物淚（淚又作泣）出心愧物汗出無暫而不久無久而不變水生木木生火火生土土生金金生水相攻相尅不可勝數嬰兒蘂女金（金又作）寶樓絳宮青蛟白虎寶鼎紅爐皆此物有非此物存者

陰符經曰天有五賊見之者昌五賊在心施行於天宇宙在乎手萬物生乎身然則五行之妙用靈哉神哉人患不知其機爾知其機而制之則五賊皆爲吾用而嬰兒蘂女金樓絳宮青蛟白虎寶鼎紅爐皆見其形而不能隱故曰見之者昌見之者見吾身之精神魂魄凝於神水結而成象現於黃庭之中也是物也猶在胷感愛而爲精在目感悲而爲淚在鼻感風而爲涕在身媿物而爲汗一同是理皆出於心有所之而神水隨應也如幼年所見景物至壯至老猶能夢見終身不忘者即入於心凝結神水無暫而不久無久而不變也但心有所之與心無所之

[illegible]

唐仲輝評張紫陽曰見之不可用用之不可見[illegible]

關尹子　卷之八　四

不同爾若夫擒制五賊鍛鍊五行惟一心不動神水自凝然後五賊見形千變萬化矣是道也雖皆五行之物所化而成然自有非此五行之物者存乎其中爲之主宰爾

唐仲輝評神水者即先天真一之氣也聖人以法大之故能鍛鍊五行千變萬化不然雖有[illegible]

馬獸俄呦呦俄旬旬俄逃逃艸木俄茁茁俄停停俄蕭蕭天地不能留聖人不能繫有運者存焉爾有之在彼無之在此皷不桴則不鳴偶之在彼奇之在此桴不手則不擊

唐仲輝評不為禍先不為福始[illegible]

聖人觀化所以無化化之運於形氣之間也天

地不能留聖哲不能繫今觀夫鳥獸呦呦而鳴
句句而來逃逃而去與夫草木茁茁而芽停停
而茂蕭蕭而枯皆俄然爾化可謂速矣然聖人
所以無化者如鼓不桴則不鳴有在彼無在我
也桴不手則不擊偶在彼奇在我也前篇曰手
不觸刃刃不傷人與此同旨

均一物也衆人惑其名見物不見道賢人析其理
見道不見物聖人合其天不見道不見物一道皆
道不執之卽道執之卽物

萬物盈天地間各具一名各具一理見其名而
不見其道者爲物所格衆人也析其理而不見
其物者能格於物賢人也聖人則不然不見所
謂道不見所謂物合其天而已矣若夫指一物
謂之道則餘物非道也惟不執之謂之道則物
物皆道也若執之以爲道卽物矣

知物之僞者不必去物譬如見土牛木馬雖情存
牛馬之名而心忘牛馬之實（對景忘心是修身煉己之學）

物之眞僞生於識聖人遇物眞者亦僞之去識
也眞者且僞之則舉天下之物皆僞矣知天下
之物皆僞則何必去物哉（若不必去識）如見土木偶形雖有
某物之形而心忘某物之實學道之士當對景
之時能如是乎

朱象先曰籌者何物也籌有形有數有奇有偶
故名也繫以八者何剛柔相摩盪爲八卦而變
化生焉引而申之觸類而長之而萬物之差數
睹矣故無以觀其妙不可喻也不可思也渾渾
爾淪淪爾有以觀其徼則凡五色五聲五臭五

氣五味其變不可勝計而不見夫呦呦句句逃
逃者乎而不見夫茁茁停停蕭蕭者乎而不見
夫嬰兒姹女金樓絳宮青蛟白虎寶鼎紅爐者
乎不執之皆道也在彼不在此也執之皆賊也
金丹卽毒藥也聖人知其然是以去識而合其
天不必見物而物不隱也不必去物而物不留
也如桴鼓鼓鳴桴停鼓寂手桴桴擊手止桴懸
近無我也遠無彼也往無古也來無今也合萬
爲五合五爲一合一爲虛窈窈冥冥仍歸渾淪

釜且不立。籌于何有。箋八籌

音釋

揲 時設反以蓍間而數之也　賾 音責　莖 音脛草木幹也　蘂 音蕤花蕋也

呦 音幽鹿鳴也　茁 音拙草初生貌又音札　涎 徐延切口中液也　奇 音幾

桴 音夫擊鼓之杖也又作枹義同

關尹子卷之八終

[illegible]

關尹子卷九

周關令尹喜著　宋　抱一子陳顯微解

元　茆山朱象先道冲箋釋

明　縉水唐從悌仲雜輯評

檇李高　涑水維　莆田林　幼良季眞　叅訂

九藥篇　藥者雜治也　凡三十一章

勿輕小事。小隙沉舟。勿輕小物。小蟲毒身。勿輕小人。小人賊國。能周小事。然後能成大事。能積小物。然後能成大物。能善小人。然後能契大人。天既無

可必者。人人又無能必者。事惟去事離人。則我在我。惟可即可。未有當繁簡。可當戒忍。可當勤惰。可。勤惰又作動靜

此一篇皆藥石之言。所以謂之雜治也。蓋人之處世。未能去事離人。則應事接物之際。一動一止。有吉凶悔吝存焉。聖人欲人避凶就吉。免悔吝之虞。故寓藥石之訓。使人服膺而對治之。非大聖大智。其孰能如是哉。且夫天既無可必者人又無能必者。事其敢輕小人輕小物輕小

智之極者。知。智。果。不。足。以。周。物。故。愚。辨之極者。知。辨。果。不。足。以。喻。物。故。訥。勇之極者。知。勇。果。不。足。以。勝。物。故。怯。

與卤說參看與前篇

智若愚大辨若訥大勇若怯者豈始爲是僞行哉蓋知夫智果不足以周物故愚辨果不足以喻物故訥勇果不足以勝物故怯爾傳曰其愚不可及則智不如愚十語九中不如一默則默不如訥柔能制剛弱能勝强則勇不如怯

子華子曰一爲衆行之宗媒道學之謂之太一天得之謂之天一帝得之謂之帝一

天地萬物無一物是吾之物物非我物不得不應我非我我不得不養雖應物未嘗有物雖養我未嘗有我勿曰外物然後外我勿曰外形然後外心道一而已不可序進

說了凡於分心我物爲三是以不一害一兩合心我物緣一是以一格不一也聖人無一故不以一格不一聖人無不一故不以不一害一

善應物者無物善養我者無我有物則不能應物有我則不能養我何則物非我物我非我我緣外物便是外我緣外我便是外心若作內觀其心外觀其形遠觀其物則分心我物爲三未免序進也道一而已直下便見不勞分別一空總空何必序進哉

鶡冠子曰一葉蔽目不見泰山兩豆塞耳不聞雷霆道開而未之謂也疑佃曰聖人之道持道而不作非而道

諦毫末者不見天地之大審小音者不聞雷霆之聲見大者亦不見小見邇者亦不見遠聞大者亦不聞小聞邇者亦不聞遠聖人無所見故能無不

見無所聞故能無不聞
人有所見則有所不見有所聞則有所不聞非
神有所限而精有所量也用吾精神不得其道
爾殊不知凡天地萬物方妙者皆吾之神凡天
地萬物之有者皆吾之精夫如是則聖人無所
見乃能無所不見無所聞乃能無所不聞學者
知之乎
目之所見不知其幾何或愛金或愛玉是執一色
為目也耳之所聞不知其幾何或愛鐘或愛鼓是
執一聲為耳也惟聖人不慕之不拒之不處之
是章義連前章之旨聖人慮學者不知無所見
無所聞為大也姑以所聞所見喻之如目之所
見不知其幾何色而視某物者執某色以拘其
見耳之所聞不知其幾何聲而聽某響者執某
聲以拘其聞惟聖人不慕彼之聲色不拒彼之
形響亦不處吾之見聞則吾之見聞大矣
善今者可以行古善末者可以立本
學者欲行古道必善今俗欲返本源須知末務

苟生於今之世而違今之俗則害生矣只知有
本源而不知有末務則難立矣故聖人和光同
塵以善今泛應尚當以善末者乃所以為行古
道立本源之地也歟
狡勝賊能捕賊勇勝虎能捕虎能克己乃能成己
能勝物乃能利物能忘道乃能有道
賊以狡勝虎以勇勝固矣然則己以何克哉己
者我身也克者能勝也知我身本何物則知所
以克之之道矣學者當觀我本無己因七情六
欲緣合而生欲克我身先克情欲前章不云乎
能制一情可以成德能忘一情者可以契道此
聖人成己之學也既能成己矣然後能利物苟
有一物存乎吾前則為物勝矣焉能利物哉既
能成己又能利物可以造道矣然則道可忘矣
道未能忘焉能有道
函堅則物必毀之剛斯折矣刀利則物必摧之銳
斯挫矣威鳳以難見為神是以聖人以深為根走
麝以遺香不捕是以聖人以約為紀

堅則毀矣銳則挫矣以深爲根以約爲紀皆老子之言而關尹子復以函刀鳳麟以發明老子之旨使學者盡守柔取虛韜光無藏之理以曲全免咎而已豈非藥石之言乎

瓶有二竅以水實之倒瀉閉一則水不下蓋不升則不降井雖千仞汲之水上蓋不降則不升是以聖人不先物

夫滿水於瓶閉一竅而倒瀉不下者何哉蓋水之氣不宣達而上升則水亦不能下降矣與夫

井之水俯而汲之水可上出不汲則亦不升矣聖人懷道抱德人能升進上求則必俯而接之不求則無由與之矣此不升則不降也聖人懷經濟之心雖才超伊呂非侯王屈已降志亦無由而強化矣此不降則不升也瓶以升而後降井以降而後升也聖人取物爲則迫而後動感而後起此聖人不爲天下先乃所以爲天下先也

人之有失雖已受害於已失之後久之竊議於未失之前惟其不恃已聰明而兼人之聰明惟其無我而兼天下之我終身行之可以不失

（只在無我中看出）

使睿智聰明如虞舜猶不自恃而捨已從人况餘人乎世人於既失受害之後平心自思公言自議所以受禍之端皆恃一已之聰明罔人忽理而致之也既知既悔聰明何恃焉往者不可以追矣而來者猶可爲也惟屈已待謙以貴下賤不恃已能不執我見納天下之聰收天下之明兼天下之我用天下之智終身行之故無弊

失如勾踐保國於會稽受辱之後秦穆納言於崤函敗師之年皆其類也

古今之俗不同東西南北之俗又不同至於二家一身之善又不同吾豈執一豫格後世哉惟隨時同俗先機後事捐忿塞慾簡物恕人權其輕重而爲之自然合神不測契道無方

隨時同俗先機後事捐忿塞慾簡物恕人是數者與孔子翼易隨時同人知幾成務懲忿窒慾易簡恕忠之言頗同而學者不知謂道家之學

衡尚無爲，是則將謂聖人執一，豫務從世。聖人何心哉，古今四方，一家一身，俗尚雖各不同，而聖人權其輕重而爲之制，可從先進，則從先進，可拜下，則拜下，惟其無可無不可，所以合神不測，契道無方也。孔子不云乎，竊比於我老彭。然則孔老之道，其可以異觀乎。

有道交者，有德交者，有事交者。道交者，父子也，出於是非賢愚之外，故久。德交者，則有是非賢愚矣，故或合或離。事交者，合則離。評：前面意完，何必譏絕交論

關尹子　卷之九　八

道交者，聖人也。德交者，君子也。事交者，衆人也。聖人之交，抱道德之至純，故天下和同，譬如父子天親，不但以是非賢愚而離間也。若夫賢人君子之交，必以德義相合，聲氣相同，故賢則親，愚則疎，是則合，非則離，不出乎賢愚是非之域矣。小人之交，非勢利不交也，有故而合，有故而離。莊子曰：以利合者，迫窮禍患害相棄也，其斯之謂歟。

勿以拙陋，曰道之質，當樂敏捷；勿以愚暗，曰道之晦，當樂輕明；勿以傲易，曰道之高，當樂和同；勿以汗漫，曰道之廣，當樂急要；勿以幽憂，曰道之寂，當樂悦豫。古人之言，學之多弊，不可不救。

古人之言教不止一端，在當時有禽滑釐、宋鈃、尹文、彭蒙、田駢、慎到、墨翟諸家之學，今其言不傳。至孟子之時，止有楊墨二家之言，則知禽宋尹彭田慎之言，至關尹仲尼之時已拒絕之矣。敏捷者，如今之禪學問答，所以尚口捷給也。輕明者，如今之騰身踴躍，習觀之類也。和同者，如

關尹子　卷之九　九

西域教之六羣和同也。要急者，如今之參一句話頭，以求頓悟也。悦豫者，如今之放逸曠達逍遥自在也。是數者雖非當時古人之教，而其事大率相類，學之多弊，亦不可不救也。

不可非世是已，不可卑人尊已，不可以輕忽道已，不可以訕謗德已，不可以鄙猥才已。

解道已德已甚奇

非世者，世亦非之，禍也；卑人者，人亦卑之，辱也。遇輕忽而能忍，自以爲已有道，淺也；遇訕謗而不辯，自以爲已有德，驕也；至於逢鄙猥之人，自

郭祈子曰：[illegible]

以爲已有才辯也。是五者皆學者之病也。空自藥之。

困天下之智者。不在智而在愚。窮天下之辯者。不在辯而在訥。郭本章末有伏天下之勇者不在勇而在怯二句

人之多智多辯者。病也。人之能愚能訥者。藥也。智不能困天下之智。辯不能窮天下之辯。以智攻智。以辯敵辯。如以火止火。以水止水。爾奚益哉。昔南唐選博學辯給之使使本朝。我太祖選如用不識字至愚至訥武夫對之。使辯博之使技無所施。即此道也。

吳因之評：易曰：大人先天而天弗違，天且不違，而况于人乎。天之所以不能違聖人者，因其自然之理也。聖人觀天之[illegible]天之行，只是而已矣。

天不能冬蓮春菊。是以聖人不違時。地不能洛橘汶貉。是以聖人不違俗。聖人不能使手步足握。是以聖人不違我所長。聖人不能使魚飛鳥馳。是以聖人不違人所長。夫如是者。可動可止。可晦可明。惟不可拘。所以爲道。

天下道術。或尚晦。或尚明。或尚動。或尚止。皆自然之理也。聖人觀天之道。以時吾神之晦明。察地之利。以宜吾形之動止。近取諸身。既如是。則遠示之人。亦莫不然。是則神宜明則明之。神宜合神不測。契道無方之意。晦則晦之。形宜動則動之。形宜靜則止之。爾吾之手不能步。足不能握。猶魚不能飛。禽不能馳也。天猶不可使冬蓮春菊。地猶不可使洛橘汶貉。而况違我所長乎。而况違人所長乎。苟違其形神之所長。而强爲之。斯害也已。道安在哉。

[illegible]子曰：[illegible]則神全，[illegible]則精全，[illegible]形全，合此章[illegible]生之[illegible]

少言者不爲人所忌。少行者不爲人所短。少智者不爲人所勞。少能者不爲人所役。

多言則爲人所忌。多行則爲人所短。多智則爲人所勞。多能則爲人所役。皆悔吝也。可不謹哉。

黃石子曰：神[illegible]志誠，吉莫吉于知足，明莫明于[illegible]

操之以誠。行之以簡。待之以恕。應之以默。吾道不窮。

應事接物。不可不誠。不誠則喪德。故於誠則操而存之。不可不簡。不簡則勞神。故於簡則行而宜之。不可不恕。不恕則怒。不可不默。不默則機不密。盡是四者。吾道何窮哉。

吳子[illegible]評：理者[illegible]天，故以人聽天，古有今之師，然古師乎

謀之於事。斷之於理。作之於人。成之於天。事師於今。理師於古。事同於人。道獨於己。

謀今之事當以今之事爲師如善弓者師弓不師羿善舟者師舟不師奡。其式則不遠也斷事之理當以古人爲師古人聖人於理曲盡非今人所及也事作於人不得不與人同其好惡也既謂之事矣作之於人成之於天在我何敢固必哉若夫道則在我獨行而已矣

金玉難捐土石易捨學道之士遇微言妙行愼勿執之是可爲而不可執若執之則腹心之疾無藥可療

關尹子　卷之九　十二

學者得一善言聞一善行則拳拳服膺而毋失可謂好學矣殊不知此可以成德不可以入道道則靈臺皎潔一物不留庶可聽覩若遇微言妙行執之於心是爲腹心之疾無藥可療何則土石易捨金玉難捐微言妙行入人心府終身不忘昔人謂一句合頭語萬劫繫驢橛信哉

人不明於急務而從事於多務他務奇務者窮困災厄及之殊不知道無不在不可捨此就彼

心外別無道道外別無心是道也散在萬物而聚見於人心是心也昭昭於日用之間起居食息無不在也故心爲學者之急務古人修心無剪爪甲工夫蓋將不待人不容緩也苟得其修大而化之而爲聖苟不得其修則流之於卵胎濕化舉諸世事復有大於此者乎世之學者殿常貴異急於所緩緩於所急貪多尚奇而從事於外務縱使得之遇窮困災厄且不能免況度世乎南華有言以隋侯之珠彈千仞之雀其捨此就彼棄重就輕倒置如是悲夫

關尹子　卷之九　十三

天下之理捨親就疏捨本就末捨賢就愚捨近就遠可暫而已久則害生

此章又重發明上章之旨謂學者亦有捨親就疏捨本就末捨賢就愚捨近就遠而於道有所得者可暫而已久則害生

昔之論道者或曰凝寂或曰邃深或曰澄澈或曰空同或曰晦冥愼勿遇此而生怖退天下至理竟非言意苟知非言非意在彼微言妙意之上乃契吾說

自古聖賢立言垂訓所尚不同同歸於道有言寂然寂默者有言澄湛虛徹者有言空無大同者有言晦冥息滅者學者遇此勿生退怖道不在言意言意豈能盡道耶在彼微言妙意之上乃契聖人之說

聖人大言金玉小言桔梗芣苢用之當桔梗芣苢生之不當金玉斃之

聖人之言精者如金如玉麤者如梗如苢昔人謂細語及麤言皆歸無上道有因麤言而悟道者有言細語而不悟者如用藥之常服草木生之不當服金玉斃之安取乎藥之貴賤哉惟其當而已矣

言某事者甲言利乙言害丙言或利或害丁言俱利俱害必居一於此矣喻道者不言

道與事不同事則有利有害故言事則有某言中利某言中害之理至於言道則終無某言中道某言不中道之理故善喻道者不言

事有在事言有理道無在道言無理知言無理則言言皆道不知言無理雖執至言為梗為翳

道與事相反如水火晝夜之不侔也學者言道如言事則誤矣言事則事有所在故事之言有理也言道則無在無不在則道之言安有所謂理哉若知夫道無理可言則言言皆道不然則雖執至言為梗為翳而已

不信愚人易不信賢人難不信賢人易不信聖人難不信一聖人易不信千聖人難夫不信千聖人者外不見人內不見我上不見道下不見事

學道自信門入信苟不篤道無由而入矣然而信聖賢易信狂愚難信至狂愚則吾之信可謂篤矣然吾之所謂信者非世人之所謂信也世人之所謂信者信之信也吾之所謂信者不信之信也若夫不信狂愚之人則世人皆能信吾之不信也至於不信賢人則世人未必信吾之不信也況乎至於不信聖人則豈世人信其不信者乎又況乎至於不信千萬聖人此則世人尤其難信之法也惟能信吾不信千萬聖人者

漆雕開已見大意

其信可謂眞信矣斯人也其亦外不見人内不見我上不見道下不見事者也

聖人言蒙蒙所以使人聾聖人言冥冥所以使人盲聖人言沉沉所以使人瘖唯聾則不聞聲唯盲則不見色唯瘖則不音言不聞聲者不聞道不聞事不聞我不見色者不見道不見事不見我不音言者不言道不言事不言我

昔有學者問於其師曰有一人負盲聾瘖三者之病來見於師師何以發藥師曰汝近前來學者近前而立師以掌示之曰此何物曰掌師此

曰汝非三種病人矣噫是人聞師語而近前則不聾矣能見掌則不盲矣曰掌則不瘖矣然其人始發問端似知此理及乎被師一勘則本情露矣參同契曰耳目口三寶塞固勿發通陰符經云九竅之邪在乎三要可以動靜與此同旨嗚呼安得不聞聲不見色不音言者與之默會哉

人徒知僞得之中有眞失殊不知眞得之中有眞失徒知僞是之中有眞非殊不知眞是之中有眞非

天下學者皆知僞得之中有眞失僞是之中有眞非故求眞得以爲得眞是以爲是也殊不知道無得失無是非纔有得失有是非則是事也非道也如人學道而忽遇異景異物而横執以爲眞得眞是者往往多遭魔礙而不悟其爲眞失眞非矣

言道者如言夢夫言夢者曰如此金玉如此器皿

如此禽獸言者能言之不能取而與之聽者能聞之不能受而得之惟善聽者不泥不辯

此一喻最善與人說道誠如說夢說者曰吾夢極富貴聽者曰吾且不見吾且不知說者曰吾眞有是夢不可不信聽者曰吾既不見不知何以生信說者不能取而示之則曰聽者不智聽者不能得而見之則曰說者不實如是則說者言之不如不言聽者聽之不如不辯昔人謂知道易不言難聞道易默會難故善聽者不煞言

下求道惟黙會其言外之旨可也苟泥其言而
辯其實烏足以爲善聽善學者哉關尹子特於
篇末吾此章爲訓者蓋欲學者觀此玄言不泥
不辯惟領會其言外之旨而已矣

圓爾道方爾德平爾行銳爾事

道不圓則不神德不方則不正行不平則不常
事不銳則不利關尹子遞微言妙義既終又慮
學者或志於道而忘德或立德而遺行或積行
而廢事是則知務本而不知務末未有不因末

而害本者也世固有因事之失而斷行者亦有
因行之虧而損德者亦有因德之損而妨道者
學者豈可只知從事於道而不資德行以相扶
助哉又豈可只知積德累行而遇事不加謹哉
世亦有志於道而關捉德行與夫失業廢事者
安知聖人立言吾訓體用畢備本末具陳如此
詳悉耶噫關尹大聖人慈憐後世之心至矣盡
矣不可思議矣學者可不勉旃

朱象先曰藥者何淪也治也九者何究也盡也
陽盡于九而陰可復也藥盡于九而生無窮也
雖然物物而治之不勝藥矣物物而藥之不勝
治矣又何以合神不測而契道無方乎聖人曰
道本無藥也凡宇宙間物我之相與夫是非得
失智愚勇怯之數執之皆病不執之皆藥也是
以下藥藥物中藥藥我上藥藥心何以明其然
也執一聲爲耳病不在耳也執一色爲目病不
在目也是舍本而就末者也聖人于是乎有不
先物之藥藥今而以古也藥同而以獨也藥人

而以天也若是足以明我乎未也微言非言也
妙意非意也泥微言妙行而眞得之是之猶
說夢中之言而器皿之禽獸之也故曰雖應物
未嘗有物雖養我未嘗有我夫既外不見物內
不見我矣方圓與平銳均也庸愚與聖賢等也
金玉與芣苢一也何也執之皆病不執之皆藥
也古人曰藥藥元無藥知無藥之藥則知無物
之物矣郎不言治可矣

音釋

新鐫赤心子彙編四民利觀翰府錦囊

（明）赤心子　彙編

《新鐫赤心子彙編四民利觀翰府錦囊》八卷，（明）赤心子彙編。據東京大學東洋文化研究所藏明萬曆十三年（一五八五）閩建明雅堂刊本影印。

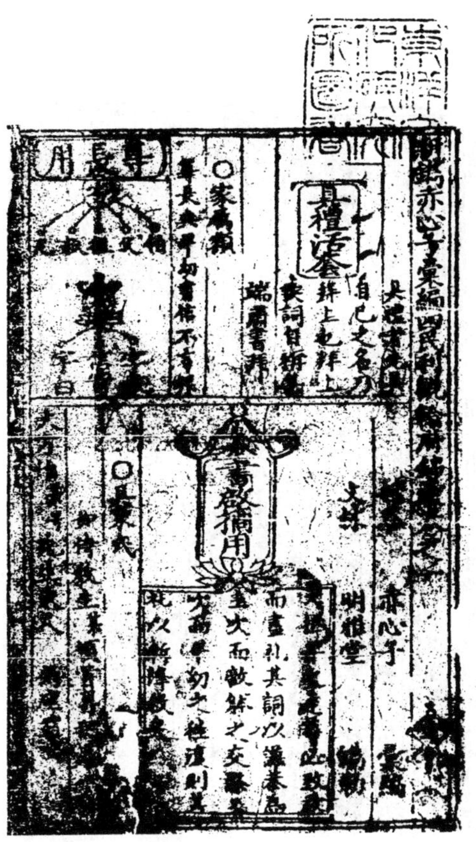

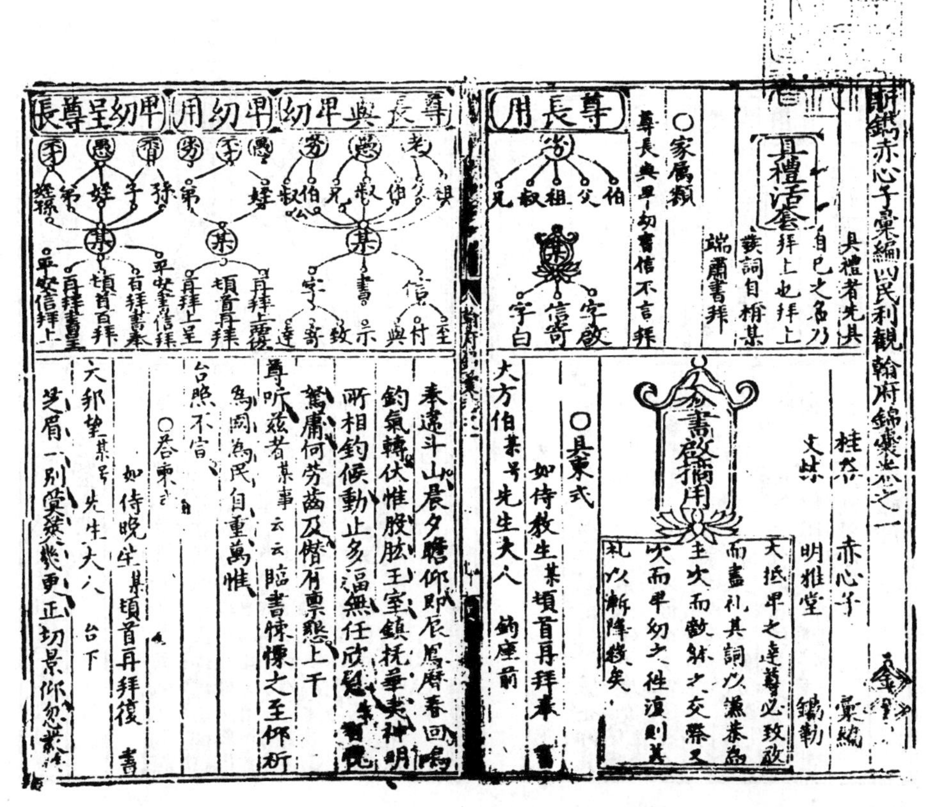

新鍥赤心子彙編四民利觀翰府錦囊卷之一

桂谷 赤心子 彙編

文林 明雅堂 鐫刊

具禮者先具

具禮活套

自己之名乃拜上也拜上

具詞自稱某

端肅書拜

○家屬類

尊長與卑幼書信不言拜

尊長用

書啟摘用

大抵卑之達尊必致啟而盡禮其詞以謙恭為主次而啟狀之交際又次而卑幼之往復則其禮以漸降殺矣

○具柬式

如侍教生某頓首拜奉

大方伯某號先生大人 鈞座前

尊長與卑幼

卑幼用

卑幼呈尊長

奉違斗山晨夕瞻仰即辰寫膺春回鈞氣轉伏惟服肱王室鎮撫華夷神明所相鈞候動止多福無任欣懇之至

鸞庸何勞齒及僭有稟懇上干尊听茲者某事云云臨書悚慄之至仰祈

為國為民自重萬惟

台照不宣

○答柬式

如侍晚生某頓首拜復 書

大邦望某號先生大人 台下

芝眉一別愛㦡幾更正切景仰忽荷

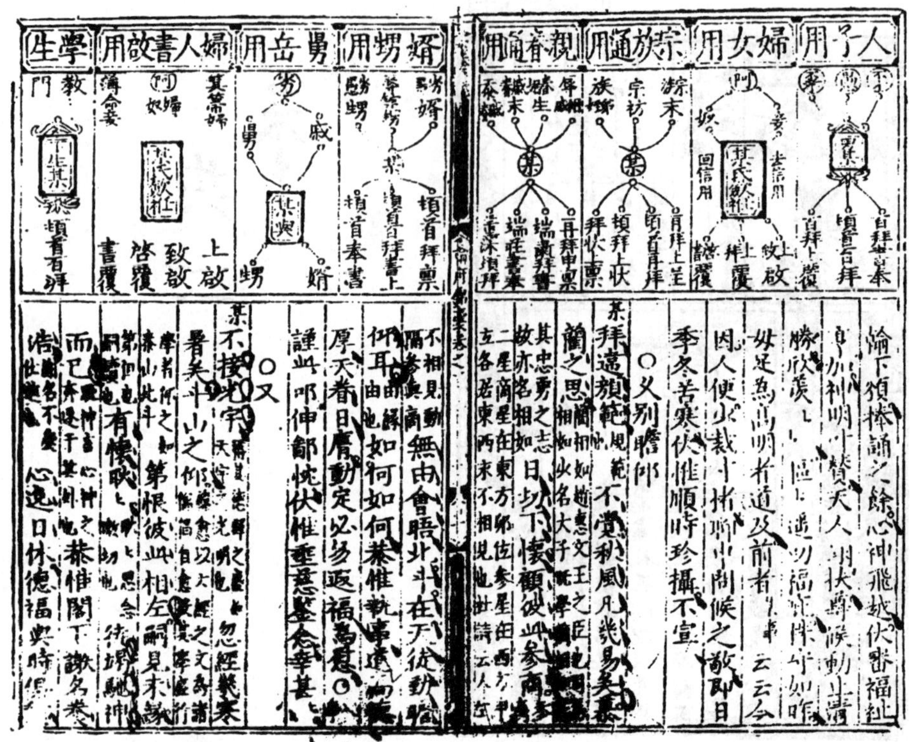

人子用　婦女用　宗族通用　親眷通用

婿甥用　舅岳用　婦人書啟用　學生用

諭下預捧誦之餘，心神飛越，伏審福祉……勝欣[illegible]……

季冬苦寒，伏惟順時珍攝，不宣。

○又別瞻仰

某拜違顏範，不覺秋風凡幾易矣……

不相見動無由會，晤北斗在天，徒勤[illegible]……如何如何，恭惟執事……厚天眷，日膺動定，必多遐福，為慰○……謹此叩伸，鄙悃伏惟垂慈鑒念，幸甚。

○又

某不接光宇……忽經幾寒暑矣，斗山之仰……第恨彼此相左……有懷耿耿……而已……恭惟閣下……心逸日休，德福與時俱[illegible]……

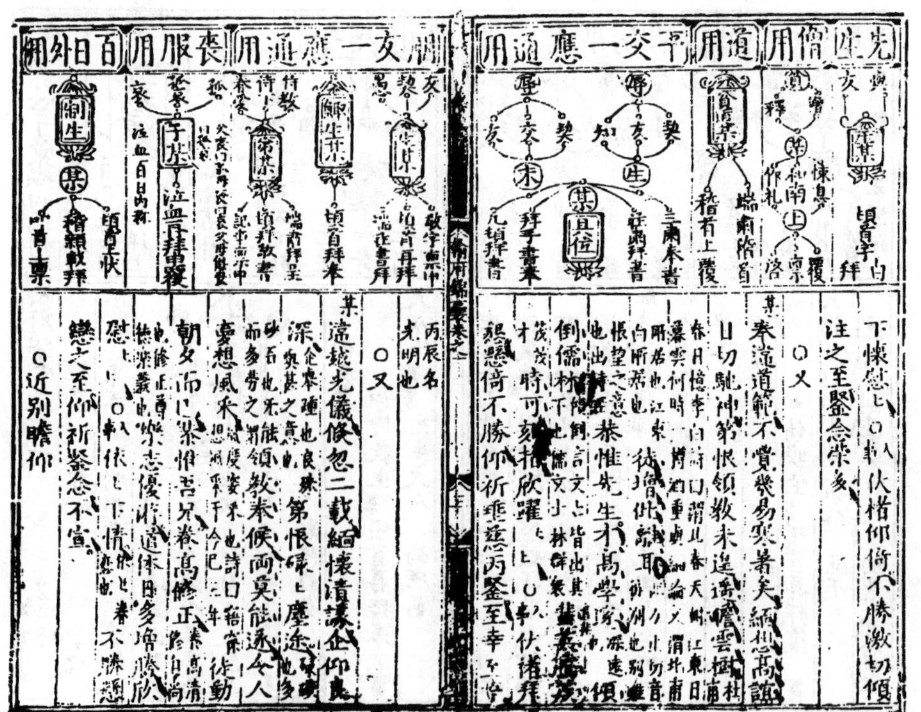

先生用　道用　平交一應通用

朋友一應通用　喪服用　百日外用

下懷慰慰。○事入伏楷仰倚，不勝激切，傾注之至，鑒念，榮多。

○又

某奉違道範，不覺幾易寒暑矣，緬想高誼……日切馳神，第恨領教未遂……恭惟先生……倒儒林……茂茂……時可刻指，欣躍欣躍。○事入伏諸拜懇，懸倚不勝，仰祈垂慈丙鑒，至幸至幸。

丙辰名光明也。

○又

某遠越光儀，倏忽二載，緬懷請誨，企仰良深，第恨碌碌塵途……而多勞之……領教，奉候而莫能遂，令人夢想風采……朝夕而已，恭惟吾兄眷高，修正……多增勝欣，慰慰。○事入依依下情……不勝戀戀之至，仰祈鑒念，不宣。

○近別瞻仰

私哀 承重 杖期 期服 孫某 泣血 拜覆

所言承重者，居祖父母喪之稱。百日內承重者用之，若祖父母在則不稱，只杖期。

稱呼活套

姓名同宗不書姓。本家眷不稱

祖曰 祖公 祖父老大人 尊座 尊前

祖母 祖母老孺人 懿德 台座

未受朝廷之誥命，以此通稱。若受命或安人或宜人或夫人，則當加一老字，尊之為老安人、老夫人也。

稱他人曰 令祖 令祖母

父曰 嚴君老大人 膝下

母曰 母親老孺人 膝前

稱他人曰 令尊 令堂

伯叔 伯叔父大人 侍前

姆嬸 伯姆嬸母孺人 尊前

伯叔公 伯叔祖老大人

伯叔婆 伯叔婆老孺人 台座

稱他人曰 令伯祖 令叔祖 令伯祖母 令叔祖母

兄曰 家兄 長兄大人 侍右

某違教左右，不覺已踰月矣。緬想高誼，每切一日三秋之思。不知我者亦念。伏承台馳翰，謹此奉候。諒惟德福相與時俱新，下懷慰悃。○入事

○又

某不接光儀，忽忽又半載矣。景仰盛德，允任依依。但奉候未能，殊為抱歉。恭惟居貞養浩，動定日膺遐福，為慰。○入事 拜申鄙意，伏冀尊慈丙鑒，不宣。

○又

某奉違道範，荏苒屢更，何流光之迅速也。景仰之念，日切依依。但曾晤未緣，抱歉弗已。欽惟德與時新，福隨川至，闔門居然稱慶，下懷慰甚。○入事 謹此拜瀆，惠申

嫂曰 家嫂夫人 粧次

稱他人曰 令兄 令嫂

已上啓外人曰家祖父、伯叔、兄嫂、母堂、伯姆嬸，俱用一家字

弟曰 賢弟幾舍人 文几

疏遠之兄如此稱，親兄年長者不用

弟婦 賢弟婦

稱他人曰 令弟 令弟婦

姪曰 賢姪　姪婦 賢姪婦

子曰 子某　子婦 兒媳

孫曰 孫某　孫婦 孫媳

稱外人曰 令孫 令孫婦

已上啓外人曰弟曰舍弟，弟婦曰舍弟婦，姪曰舍姪，姪婦曰舍姪婦，子曰蠢頑○小兒○豚犬，孫曰小孫，媳曰小媳，孫媳曰小孫媳

夫曰 夫君 良人

稱外人曰 令夫主

自稱曰家夫

妻曰 賢妻 某氏妻 芳卿 粧下

秋。伏惟順時自珍，以膺天寵，不備。

○又

某奉違德教，倏忽又逾時矣。景仰雅愛，懸懸不勝。但奉問未能，殊為抱歉。欣惟德重望隆，遠膺天寵，為慰。○入事 侍愛敢此拜瀆，百凡裏曲，不盡心書。

○父近通用

某父遠違道範，日切瞻依，嘗以會晤未能為恨。恭惟德高望重，福祉駢臻，下懷慰甚。○入事 筆者不端，仰祈照宥，是幸。

○又

某一別光儀，纍景之私，每勤夜夢。但奉候未能，多歉。恭聞道体咸亨，動定遠膺天寵，為慰。○入事 依依下情，伏祈尊照，至幸至幸。

某不接芝度，忽已多時，□之私□□□□。恭惟德業與時俱積，闔門日膺天眷之隆，慰甚。○入事 筆言不盡，乞賜照亮，荣多。

稱人妻曰 令正、令壼、
草閫、細君、內助、
自稱妻曰 家荊、拙荊、
俗房、賤妾、賤房、
稱人妾曰 令可、令寵、
如夫人
自稱妾曰 荊妾、小妾、
稱人女曰 令愛、
自稱女曰 小女、
凡書奉尊者不可稱其
名字更不須姓氏若達
家人卑者宜称名字或

○未識荊膽仰 [illegible] 奔走德望者
某 [illegible] 久矣 [illegible]
[illegible] 伏聞 [illegible] 接千度傾倒平生之意
[illegible] 迩令人起塵外之思其高致 [illegible]
真切く く 恭惟逸才雅思
[illegible] 擊節當路 [illegible] 美之高路同文
[illegible]
不知區々實勞亦能追附 [illegible]
言及此不勝雀躍 ○云く事 伏楮仰倚不 [illegible]

稱泒行亦不復言姓氏

外公	外祖某姓老大人 侍前
外婆	外祖母老孺人 侍前
母舅	母舅某姓老大人 侍前
母妗	妗母老夫人 侍前
妻父	泰山岳父老大人 門下
	或有誥命者称大封君
	未有誥命有子讀書者
	稱即封君
妻母	岳母老夫人 粧次
妻兄	尊舅某號先生 門下
妻姪	某齋茂才賢姪 文几

激切懸恋之至乞賜鑒念乖多
○又
某久服盛名。服信服也言尊信其盛德之名有日矣 景仰无
任菲薄不類 [illegible]
不能見人荊識未由 [illegible]
白與荊州書曰 [illegible] 不願封萬戶侯但願一識荊州
人之慕 [illegible]
而已恭惟閣下學冠三餘 [illegible]
[illegible]
声聞兩浙桂香挑浪時可刻期欣躍く
○云く事 伏楮懸懸無任不勝 [illegible] 仰

[illegible]	大德配某先生賢婿
	或稱某齋翰學賢婿乘龍
外甥	大宅相某英畏
	或稱某齋翰學賢甥過肖

稱人婿曰 令婿、令館甥、
自稱婿曰 小婿、門楣、
稱人甥曰 宅相
自称甥曰 外甥

姐夫	某堂某姓尊姐夫 侍右
妹夫	某齋翰學賢妹夫 執事
姑夫	某堂某姓尊姑夫 侍右
姨夫	某號尊姨先生 文几

乞鈞慈俯鑒幸甚く [illegible]
○又 〔[illegible]用〕
恭惟才高逸物色 [illegible] 英騰 [illegible]
霄而直上矣鎮鄉怪物豈能久埋欽羨
欽羨 [illegible]
○ 〔[illegible]用〕
某久仰高風德高望重日切景念但恨未
由荊識依く下情徬徨滿目風塵 [illegible]
向風塵中而竭目力以瞻仰也 恭惟才軼蕭曹 [illegible]
篤學併董賈 [illegible] 公家貴客 [illegible]
虛左以待閣下矣 公家王家也 他日相天下

表兄	某號表兄先生 文石
親家	某堂待聘尊親家碩德
	或某堂尊姻家 翰相閣下
親母	親家母老孺人 粧前
	凡書奉外姓親戚各宜
	書姓尊于己者不敢直
	名卑于己者称名不害
先生	大教録某號某姓夫子 函丈
	或某號尊師老大人 [illegible]
弟子	某字賢契
	或稱賢友英畏
長者	大卿望 大德望

有足勉者欽羨く 云く事 伏楮拜申下
情不勝激切懸倚之至仰祈鑒念乖多
○ 〔親家用〕
某景仰盛德日切慕藺之思者久矣但恨
庸劣无似 [illegible] 晉謁 [illegible]
謁見也遙瞻北斗徒 [illegible]
恭惟碩德重望策膺殊擢 [illegible]
非潤飾儀文光我昭代 [illegible] 行
且大拜 [illegible] 霖雨天下 [illegible]
早用汝作霖雨 其為世道之幸也何如欣躍く
○云く事 伏楮卬懸甚知干冒尊嚴悚懼 [illegible]

朝聘、大碩德、
大隱德、待詔聘、
有者 嗣封　封君　嫡封
舉人 大春元　大殿元
監生 大監元　大國學
生員 大秋元　大經魁
歲貢 貢元　賓興　道魁
讀書 大養元　大來元
武科舉歲次以職之
讀書監 文英　大英
詩士 大詩伯　文席
吏典 大邦振案前　或大掾史大佐理

諒不泚至望〻
〇又 **贈尹用**
恭惟才猷能貫學問兼貫英騰茂鬱當
匪遥行將崇膺冰衡儀天下區〻
豈能久淹耶欽羨
〇又 **贈仙用**
恭惟碩德重望朝野頸延識四方柱石百
世文宗也頓急流勇退浅舌水為華千
山希夷與一老僧雖地坐熟畫泉
日急流中勇退人也彼君休登耕隱
爲使年四養望林泉功名始終不謀昔
叶而致仕
人矣古之見幾功成身退若欽手〻
者張良二疏之類也

府日 大府振日　大邑振
都吏 督都　或京權
商賈 大泉伯　孔方伯
大肆長　承務　鄧幹
客商 大鄉親　大商望
郷官 即陳號某老大人前 約座
或大柱石號某老先生台座
官父 大封君號某老大人
隱者 待徵詔號某先生
顯者 大名望號某先生文旌
星士 洞微號某先生几下 或机某
醫士 大司醫號某先生座右

〇又事入 借倚及此甚知干冒伏乞俯鑒
衷至幸〻
〇又
某景慕盛德渴想一面爲榮者旧矣
天下之士得一面者嘉晉接无階
恨跨千人以爲榮
也斗山之仰徒切依〻耳恭惟閣下養
高修正德業日新福祉遠膺天寵欣甚
欣甚〇事入謹敢遥申鄙悃拜效布露腹
心之倚也諸惟台函不任感激
〇幸識荆喀仰
某久仰秀名今聞廣書之表名也常以不接風範爲

尊位 般師　丁師　新師
僧人 大神師　大蓮座　某號先生
國師 上人　監士
首座　山主
僧官 總攝　總統　僧錄
僧判　僧綱
道士 大真人　大道判　某號先生　尚部
高士　法師　鍊師
羽師　黄冠師
道官 天師使　宗師　正錄
道判　道正　講師
師人 某名某姓先生　法手

恨識荆頃一平生之願多矣非
天之賦成以良緣恭得以會此別後景
想益切依〻恭惟德業日新休光咸萃
舉集閣門居然稱慶欣甚〻〇事入伏
也
楮上懇懇戀不勝仰希垂慈鑒念至禱
〇又
某景仰高風常歡稱贊未能相見稱羨也古人
執以爲賛氣不相見必有所
日悅不勝稱贊進謁茲幸獲覩德輝大
義玄酒其德器淡雅之味也傾倒平生之望矣喜
當何如今人別後益切戀〻恭惟
〇又 **備帖用**

婦人 一夫人　恭人　孺人
安人　宜人　令人　貞人
寡婦 老太夫人　郡縣君
父喪 某人大孝　苫次百日內用　廬次百日外用
母喪 某人至孝　苫次　服次百日外用
凡稱朋友類謂因年之
長幼稱號稱宅或侍或
春侍生不可拘定
宰相 大贊元　大燮理　相君老大人
吏部 天官冢宰相君大人
户部 地官司徒相君大人
禮部 春官大宗伯相君大人

某久聞盛德常以造謁未緣爲恨
造謁每出所名紙
求役人遇晚亦不
風人日光庭在春風中坐一個月
朱光庭見明道先生語人曰光庭在春風中坐一個月
昔崇不棄幸生春
懷高誼令人塵慮洒然如濯如冰之洗
何慰如之第以嗣後
能殊渴抱歎恭惟先生學貫天人筆參
造化聲江湖而甲天下有足趨者欣躍
欣躍〇事入特爰敢此仰懇極知干冒不
勝伏冀俯鑒愚衷幸莫大焉
〇又別失候
某別又无任景念但悵碌〻落〻奉問

兵部 夏官司馬相君大人
刑部 秋官司寇相君大人
工部 冬官司空相君大人
都督 僉府都督相君大人
都御史 憲府相君總法大人
已上皆稱鈞座前
五府經歷都事 幕官贊畫相公閣下 並稱
都察院經歷 烏府幕賓相公閣下 並稱
翰林院 玉府學士大尊先生鈞座前
祭酒 國子大司成大人先生閣下

前緣為抱歉恭聞德福日增閫門吉慶下懷慰々○入事謹此布悃兼申候
秘伏惟順時自珍以膺天寵不備
○又
某別久問疎鄙悰殊為悵歉諒在高明固
知不深訃過而簡略廢禮何其
自文也負罪恭惟閣下德業與時俱新
福祉日膺天眷華甚々々○入事耿々鄙
衷筆言莫盡伏冀台炤以悉至幸々々
○又
某別後久疎候敬非敢忘大昧深安下而

司業檢討助教 國庠司教尊先生師席 並稱
中書 中書黃堂大人閣下
各衛分 指揮衛閫相公閫下
文官 文官者與府大恩官
布政 藩垣宰輔老大人鈞座前
參政 輔政老大人鈞座前
參議 贊省老大人鈞座前
經歷照磨知事等官 即署長司相公閣下 並稱
廉使 憲臺司憲執法老大人鈞座前
副使 憲副老大人鈞座前

恬污也素為貧病相仍塵紛日逐以故
罪歉至此欽惟閣下德膺天眷閫門咸
萃休光欣甚々々○入事臨楮不勝瞻悉
之至伏惟垂念不宣
○久別不及貢書
某自愧擾々風塵久失故人書問頑鈍
礼罪不可言矣緬想雅情高誼未嘗一
日不在心目也馳戀々々諒惟德厚福
隆動定遠膺天寵為慰○入事下情耿々
布露莫盡所言伏希尊照以悉至禱
○又

僉事 僉憲老大人台座前
經歷檢校等官 烏府星署大人 並稱
提學 大文宗大宗師老大人鈞座前
御史 大烏府大柱史老大人台下
行人 行使先生大人閣下
知府 方伯大守大人節鈴下
或方伯或郡侯老大人
知州 大國陳或郡侯或郡牧大人
同知 大同政大人台座
或同府別駕
通判 大郡丞大人或判府台座

某自遠儀形不覓許久迴風景想邇興日
切翹衷幾欲修誠奉候未之便風未果
寘滯僕礼罪不容文矣歉甚々々恭惟
閣下德與時新福膺天眷閫門萬然稱
慶下懷慰々○入事臨楮死任傾倚之至
仰祈俯垂鑒念不宣
○又
某奉違台範春秋忽幾越矣遙億盛德撫
景常為悵然也既循第恨假翼无由徒竭
馳神而已幾欲奉候乏便風耿々鄙
衷不知可傾倒于何日也注望々々恭

推官 推府老大人台座前
經歷知事照磨檢校等官 府幕長司贊理相公閣下 並稱
知縣 即御史大人台座前
或大執戟琴堂邑宰
縣丞 大襄政相公座前 或二尹
主簿 大佐理相公 或判簿 座前
典史 長史相公 或贊幕老大人 座前
府州縣首領官 俱稱 贊書相公
教授 掌教廣文先生 或大文翰
教諭 模範師尊大人閣下
訓導 司訓老先生門下

惟閣下英声茂實遐邇揄揚福祉之膺
有不可涯欣甚々々○入事意懸舌結猶
倚莫盡所言伏乞丙鑒以慰下情至禱
○又
某拜別光儀倏忽幾逾時矣懸河之仰不
勝依々
奈雲山修阻假翼无由幾歎飛越
一晤而不可得奉候與居而不可能
情悵然歎甚々々恭惟○下同前
○久別浮書
某奉違丈候不覺寒暑矣方切于仰

提控　巡宰相公　閣下
驛丞　驛宰相公　閣下
河泊茶塩運司等官　並称
數賦相公　閣下
參官　主稟相公　閣下
同年　庚兄　孟友　契兄
契友　良友　畏友
尊兄　仁兄　恩兄

小柬請召

請召小柬俗鄙敷欵隨宜採用

○請官長
謹訂某日敬潔菲酌奉扳
文旆過叙伏惟屈期
寵降不勝感荷之至

○請尊長
某日某刻謹具蔬酌奉送
高軒枉顧清叙伏冀
惠然光降不勝榮感之至

○請朋友
翌午薄治杯茗敢屈
文從
過舍清話不外幸大

○請常人
明午薄具小酌奉

辱華緘（辱恩也而有附緘也後並同意）有緘之詞言光德極承
而雅愛之情藹然若有溢于言外者令
人心神飛越恨不能假翼以罄衷曲也
柰何柰何（罄盡也）恭喜德福駢臻閤門日
膺天眷之重慰甚慰甚承委某事偶索
便紙拜復不端伏乞垂慈照宥至感

○又
某久違光霽（霽如光風霽月也）猶其德氣之中和常勤奉候
未能方切馳情忽辱來教而雅意諄然
兀盡宛如承顏色而接清談也慰我勤
中何如但恨會期未審可亀于何日耳。

注望注望恭詢德膺天春福祉咸臻欣
甚甚辱蒙見委某事冗筆未能布覆
鄙衷尚容載修短狀拜復不倫

○又
某睽（音揆）違光範方以音問久疎為根忽辱翰
貺（貺賜也）春頒之情弥至令人三復感佩
不勝恭審道体咸亨閤門日膺遐福慰
甚甚辱蒙見委某事（某人）以執事之高誼
昭人耳目而彼之聞命必躍然有悄○
（必欣然樂從）必欣然樂從○以遂所愿恐賤情不違○恐賤因不待于某之
有言矣但○斷文一家○親愛通家（背內一味○叙聯一杯）

屈一敘勿外爲感

○定親請人
某月小硯（小硯過價聘）特熱草酌
仰屈
惠据浮沐寵臨不勝榮幸

○娶親請人
某日（小貞　縣犬）畢姻聊陳庵具
僭邀
高車光賁寒門浮蒙
不拒榮幸何多

○接餘請人
明午聊陳杯茗敬邀
文駕過叙聊為洗塵之敬幸
毋佛（對芻芻韻爲采）

○送行請
即刻敘紫一觴奉屈
玉旌過舍少壯陽關行色
得沐賁臨无任欣慰

○答帰請人
生久踈情話翌午薄謀卮
酒聊叙久別之懷特此攀
迎光顧幸甚

○客中請鄉里小飲
異水人居睽叙情次即午

可盡力處自當委曲效勞决不敢負所
託也謹此拜復乞恕不端幸大。

○拜訪承擾
曩者（曩者昔日也）偶因俗事擅造貴境（貴境尊也）自其
情甚非浅也辱賜周旋又辱厚款盛
德盛情何以克當久稽裁謝（稽考也）謹
在海涵弗譴（譴責也　許信也）

○又
昔者不揣擅造高門甚知于冒非分豪以
事屬主維情不客已重辱盛宴曲賜負
融何幸如之銘刻銘刻謝情難以楮墨

伏乞鑒念不宣。

○又
曩因俗事微服晋謁過辱盛宴又辱尊義
使某不望愴人之計而得脫早污之
者皆明公之庇也喜幸當何如濡恩遠
海之感當永矢而弗諼矣（矢誓也諼忘也）謹此
中謝附具香帕侑緘照入為榮

○又
昔恃春愛敢以俗事造擾辱主維又辱
借濟望帰未能盡礼尚爲歉然凜蒙減
承數以下遺伯輿之薦也感刻感刻無

小酌少敘片時圖話非戒
所願也
○客中請友
千里相逢寸心甚慰敢謀
小酌少陪清話期在明午
勿外是祈
○客中請送行
榮旋在邇愧無厚贈即刻
聊置一盃少壯行色掃榻
拱俟
○客中請接鋒
昨
行旅久曠情話便中潦草一
盃欸與知己坐敘幸勿辭
嫌荷
○隨常請人小帖
即午薄酌奉扳
一敘伏祈
蚤駕無任欣忭
○又
是夕歡迓
玉趾過舍共論風月惟降重
是徼厚愛
○又

聞某氏子一疾不起試証先所賴矣既
入其囊者諒不可反也其交與中人手
者則不可更與也乞賜亮曲善處至幸
○拜訪不偶
別久思深遠感夜舟之興。王子猷居山陰夜雪初霽月色清朗忽憶戴安道安道在剡溪便乘小舟詣之僕從也不敢擅造門下。不值文從他出。以當舟之故曰文從令人歎
尽衷曲之心。付諸悵怏而回。柰何柰何
侍愛敢有俗事于冒。伏祈中處以副鄙
望至幸至幸。
○又
曩者晉謁。甚知侍愛于冐。仰惟執事。德高
望重。事在其家則曰一門之達尊也處事在其鄉則曰一鄉之柱石也處
事可否。皆藉權衡。茲有某中情理兩當
函抑是以敢妄借倚以雪其不平之鳴
不想車從他出。車從篤車之從者也令人抱快而
回。何天之慳我良緣者至此謹敢拜申
下情。伏乞概賜清目。以副懸恋之私。幸
甚幸甚。
○又
昔者偶值事起不虞不虞意料之所不及也侍愛敢
冐者必勝以罄衷曲心話也不
叩勝笑之謂也

少刻薄酌奉扳
駕臨幸毋以他故
見外是感感
○又
明午具酌恭候
貴臨一敘伏冀
忘然肯來迺感
○又
翌辰一敘萬乞
光臨是愛
○又
即日申刻奉延
清誨光降是幸
○又
即刻奉屈
清敘勿外為愛
○又
即辰奉
敘光降幸甚
○生子請人
寒門添累略伸告祖微儀
敢浼
高軒少欸片時不棄遐遺幸
即賜訪

意車從他出。令人抱悶而回。迄今如有
所失。痴欸再拜面尽所言。誠恐煩瀆
未尚肯垂念通家。微賜左顧。尤至幸也
鑒照是禱。長者尚火尚仙宿頗
○承訪失欸
昔蒙光貴甚感通家雅愛。第以村處荒凉
弗克少駐文從。匆匆茶話而別。心甚欲
然。仰惟知我者。弗以我吝見譴。幸
入事則于心甚歉然。下故曰諒知我者。必不我棄見
譴。某有事侍愛仰倚瞻恋不勝。伏祈俯賜
鑒念幸甚幸甚。
○又
昔辱枉顧有光蓬蓽多矣。但恨山廚冷落。
欵敬莫伸。殊為抱歉。幸有風月供送。聊
慰下懷。无端情話不知可再譪于何日
也。懸仰懸仰。茲有某事侍愛敢此拜懇
甚知干冐僭踰。伏乞垂慈俯鑒鄙悃。至
幸至幸。
○又
曩蒙貴臨話尽衷曲甚感親愛至情。柰回
從匆匆弗克少敘欸敬。心甚歉然。諒鯨
原宥弗譴。倘有暇乞再過我。以尽餘言。

○又
小兒幸已備月，偶其外家
有犀錢玉果之餽，輒敢坐
邀，聊以分井也，惠肯是望
○生女請人
寒家得女，雖徒為累，又不
計，愁然忘情，少刻敢邀
軒從，略過少款，惠然為寵
○又
洛女徒累人耳，借易午刻
幸盃款晚
過舍，聊聊陶悉酸之怀也

何如。至望〻〻　如欲入事，則于弟讀句下同前
○又
事過散坐，匆〻分袂，話情莫盡，簡褻良多。入
近今抱歉，无任諒，在海涵，必能見原。
事同前
○承訪失迎
曩辱左顧，遠慰鄙懷，懸恋之意也。不意偶
奔塵冗，失于候迎，是雖罪坐不知，而昏
昧簾礼，亦終无以自文，実負歉〻〻。恭
惟德業日新，休光咸華，喜慰〻〻。○入事
草率欠恭，原宥是幸。

○立嗣請人
分少克家，業此類，戚甚永
得已，略具草酌，少欵話言
即辱迂臨，幸甚
○又
丈人幹蠱，妄意祝嫡，略有
告祖餘饌，借屈
車從過此，得辱惠然，幸甚
○生孫請人
子舍添丁，乃蒙厚賜，祗增
汗顏，聊刻板屈，略過片晌
欽承誨益

○又
別後幾欲造拜，話叙鄙衷，奪于塵冗，未果。
茲幸左顧，実符我心之同然矣。不意又
偶他出，豈非事故悵欵未消息，抑天之
慳我以良會者。一至此乎，疎慢簾礼，罪
不可言，歉甚〻〻。恭惟德厚福曆，動定
日多清勝，欣慰〻〻。○入事冗，次拜瀆，肇
楮不端照，亮見原，至禱〻〻。
○又
昔辱賁臨，甚感眷顧，盛德豈偶他出，失候
而回，淺邁甫纔上雉，一茶亦弗能盡令

○又
近得孫子，少紓老懷，中有
吉祖餘饌，借敬屈得家慈
首幸甚〻〻
○生甥請人
近得甥孫，甚亦略有報喜
之餽，輒敢分年借屈少款
為望惠臨
○又
甥子弥月，近方還礼，然有
玉果之餘，輒敢分其少刻
屈過寒舍，以款為荷

人寰礼之罪，无以自逃，臨風悵快，不勝
戀〻。恭惟德膺天眷，福履勝常，下懷慰
慰。○入事謹此佈祈，善知非分，伏乞垂慈
俯鑒，幸甚。
○又
別後常仰面會以罄議心之私，不意貴臨
又失迎候，是雖隔于他出，而罪坐不知
之過也。然此心之缺然于簾礼者，若有
不能自解，歉甚〻〻。恭喜惟天眷德門
門咸萃休光，下懷慰〻。○入事伏楮瞻懸
極知僭踰，仰祈俯鑒見原，至幸〻〻。

新鐫赤心子彙編四民利觀翰府錦囊卷之二

桂谷　赤心子　彙編

文林　明雅堂　鐫勒

冠禮

首服之加，容体以正，敬孝弟，慎威儀，成人之德由是而著，為禮至重。近世士大夫家鮮克舉之，何哉？是編是刻文公冠礼，與夫明師良友詢為考纂，冠而家之之說，啟刻詩詞以次，而見方策在而政可舉，鱻乎存而礼又復扶植風化，豈云小補。

○請冠賓

成人有造，小子礼不敢輕出門，如見大賓，事將借重。恭惟古道啟迪後生，茲筮日之元，遽敢瀝風而有請，其月某日某冠，幸吾子來，令儀令德令容，惟見生擇。

○答

少不如人，有礼則主擇子重，有命令公從兒游，其戒有嚴，以詞不敢斯潔也，當敬詣於前，策非曰能之，願試從于後學。

○請冠贊

○文公冠礼儀 議式詞祝並載溫公冠

男子年十五至二十皆可冠。溫公曰：古者二十而冠，所以責成人之礼，蓋將責為人子、為人弟、為人臣、為人少者之行于其人，固不可不重也。近來人情輕薄，过十歲而總角者少矣。彼責以四者之行，豈能知之？往往自幼至長愚騃若一，由不知成人之道故也。今雖未能遽革，且自十五以上俟其能通論語、通經，粗知礼義，然後冠之，其亦可也。以父母無期以上喪，始可行之。大功未葬亦不可行。前期三日主人告于祠堂。古礼筮日，今不能然，但正月內擇一日可也。主人謂冠者之祖父，自為繼高祖之宗子者。若非宗子，則必繼高祖之宗子主之。有故則命其次宗子。若其父自主之，告礼見祠堂章。祝版前同，但云某之子某若某之某親之子某，年漸長成，將以某月某日加冠于其首，謹以後同。若族人以宗子之命自見其子，則祝版亦以宗子為主，曰使介子某。戒賓。擇但則友賢而有礼者一人可也。是日主人深衣詣其門，所戒者出見如常儀，啜茶畢，戒者起言曰：某有子某若某之親有子某，將加冠于其首，願吾子之教之也。對曰：某不敏，恐不能供事，以病吾子，敢辭。戒者曰：願吾子之終教之也。對曰：吾子重有命，某敢不從。地遠則書初請之辭為書，遣子弟致之。所戒者辭，使者固請，乃許，而復書曰：吾子有命，某敢不從。前一日宿賓。遣子弟以書致辭曰：來日某將加冠于子某若某之某親某之首，吾子將莅之，敢宿。某上某人。答書曰：某敢不夙興。某上某人。陳設。設盥帨于所事之處，以帟幕為房于所事之東北，或所事無西階，則以垩畫而分之。後做此。厥明夙興，陳冠服。有官者公服、帶、靴、笏；無官者襴衫、帶、靴；通用皂衫、深衣、大帶、履、櫛、掠，皆以卓子陳于房中東領北上。酒注盞盤亦以卓子陳于服北。襆頭、帽子、冠并巾各以一盤盛之，蒙以帕，以卓子陳于西階下。執事者一人守之。長子則布席于阼階上之東少北，西向；眾子則少西，南向。主人以下序立。主人以下盛服就位。主人阼階下少東，西向；子弟親戚僮僕在其後，重行，西向北上。擇子弟親戚習礼者一人為儐，立于門外，西向。將冠者雙紒、四襖衫、勒帛、采屐，在房中南面。若非宗子之子，則其父立于主人之右，尊則少進，卑則少退。賓至，主人迎入升堂。賓自擇其子弟親戚習礼者為贊冠者，俱盛服至門外東面立，贊者在右少退。儐者入告主人，主人出門左，西向再拜，賓答拜。主人揖贊者，贊者報揖。主人遂揖而行，賓贊從之，入門分庭而行，揖讓而至階，又揖而升。主人由阼階先升，少東西向；賓由西階繼升，少西東向；贊者盥帨由西階升，入立于房中，西向。若非宗子之子，則其父從出迎賓，入從主人後，賓而升，立于主人之右，如前。賓揖將冠者就席為加冠巾。冠者適房服深衣納履出。賓揖將冠者出房立于席右向席，贊者取櫛掠置于席左，興，立于將冠者之左。賓揖將冠者即席，西向跪，贊者即席如其向跪，進為之櫛，合紒，施掠。乃降。主人亦降，賓盥畢，主人揖升復

生子不才，將責成人之道，擇賓有礼，敢煩協贊之功，愧以坐邀，幸而終教。綱維是主，張是與先生，行輔翼之，自得之，惟君子使。

○答

恭惟令子命以成人，嘉卉後生，俾之相礼，惟長幼卑尊，君之所自擇，若奔奏先後，予也敢不從，赤爾何如？既願為于小相，雖不敏，當如見于大賓。

○賀人加冠

恭惟執事天成美質，爭誇冠玉之姿，首服荣加，遂喜成人之道。某謹當趨賀，偶以冗羈，茲陳微意，聊表慶悅。

○答

不才成人之道，未之克盡，而三加元服，竟尒濫膺，厚貺攜分，奚當？郤失不恭，惶恐拜領。

○賀子加冠

令郎首服荣加，成人礼具行。
將大魁天下，頭角暫見其
峥嵘矣。笄儀引意，笑入奎。
○荅
童子何知，謬加元服，威儀之
則，仗賴教言。過蒙厚施，愧
感交集，謹謝。
○賀人孫冠
恭喜令孫元服始加，頭角之
異，年爱此長，德浸此新，可
一獻可賀，微物引忱，希郵享之。
○荅
自愧小孫幼志未去，二祝徒
行，佳惠下頒，不敢不受。
○賀人女笄
恭諗令愛笄服荣加，風有閨
中之秀，德容茂著，乃多林
下之風，欽承寸芹，而效獻
第愧四壁之荒凉，貴以微
儀，笑入為幸。
○荅
兹以小女及笄，靡習閨容，于
此日大家重訓，尚貴嬸訓，
于他時何當親謹之過臨。

位執事者以冠巾櫛進賓降一等受冠
中櫛之正容徐詣將冠者前向之祝曰
吉月令日始加元服棄尔幼志順尔成
德壽考維祺以介景福乃跪加之贊者
以巾跪進賓受加之興復位揖冠者適
房釋四衩衫服深衣加大帯納履出房
正容南面而立良久 再加帽子服皂衫
然行再加之礼
革帯繫鞋賓揖冠者即席跪執事者以
帽子盤進賓降二等受之執
以詣冠者前祝之曰吉月令辰乃申尔
服謹尔威仪淑慎尔德眉壽永年享受
斯福乃跪加之興復位揖冠者適房
釋深衣服皂衫革帯繫鞋出房立 三
加幞頭公服革帯納靴執笏若襴衫納
靴礼如再加惟執事者以幞頭盤進賓
降没階受之祝辭曰以歲之正以月
之令咸加尔服兄弟具在以成厥德黄
耇无疆受天之慶贊者徹帽賓乃加幞
頭執事者受帽徹櫛長子則階
櫛入于房余仝上 乃醮 席于堂中間少
西面南向 衆子則仍故席 贊者酌酒于
房中出房立于冠者之左 賓揖冠者就
席右南向乃取酒詣席前北向祝之曰
旨酒既清加薦令芳拜受祭之以定尔
祥承天之休壽考不忘冠者再拜升席
南向受盞賓復位東向荅拜冠者進席
南向受盞賓復位東向荅拜冠者進席
前跪祭酒興就席末跪啐酒興降席授
贊者盞南向再拜賓東向荅拜冠者遂
拜贊者賓左東向少退荅拜
賓字冠者 出就次 賓降阼階東向主人降
階少東西向賓字之曰礼仪既備令月
吉日昭告尓字爰字孔嘉髦士攸宜宜
之于嘏永受保之曰伯某父仲叔季惟
所當冠者對曰某雖不敏敢不夙夜祗
奉賓或別作辭命字之亦可字畢主人
請退主人請礼賓〻出就次 一主人
以冠者見于祠堂 如祠堂章生子而見
之仪但告詞曰某之子某若某之子某
今日冠畢敢見
冠者見立于兩階間再拜若冠者私室

特辱賀言之寵，制兹衆厚
貺。適重汗顏，拜領之餘，感
激无任。
○新冠請人
小學生年方可冠，涓吉某日。
恭講重事，尊祖之礼。欽乞
崇重，以任冠賓之職，少賜
持誨，將遂成人，敢不知所
自也。
○自冠請人
不肖謹卜某日，初加首服。特
此奉迎，少叙併領成人之
教也。謹謁。
○子冠請人
小子有年，將放三加之義。佳
賓翌日，願重一頋之榮。甚
愧坐邀，尚期惠肯。
○孫冠請人
小孫子初加首服，欲望成人，
暮做冠醮之仪，欲乞崇重
賜訪，提撕而教之，是幸。
○總荅
三加筮日，喜已遂于成人，五
采飛堂，招乃承于尊使。

有曾祖以下祠堂則各因其奉于兩
見自為繼曾祖以下之宗則自見之
冠者見于尊長 父母堂中南面坐諸叔
父兄在東序諸叔母
南向諸兄西向諸嫂東向冠者北向拜父
母為之起同居有尊長則父母以冠者
詣其室拜之尊長為之起還就東西序
每列再拜應荅拜者荅拜若非宗子之
子則先見宗子及尊于父者乃堂乃就
私室見父母 及諸餘親
乃禮賓 主人以酒饌延賓
及賓贊者酬之以幣而拜謝之多少隨
宜賓贊各有等差 冠者遂出見于鄉
先生及父之執友 冠者拜先生執友皆荅拜成有誨之則
如對賓之辭且拜之先生執友不荅拜
○若宗子已孤而自冠則亦自為主人
但祝辭云某將以某月某日加冠于首
首底賓之辭則改云某將加冠下自陳
設則如長子之席少南服如將冠者面
就主人之位則賓揖之就席賓降盥
主人不降見祠堂則改祝版云某今日
冠畢敢見遂自拜降復位見尊長如有
母則見于母如仪族人宗之者皆來見
于堂上宗子西向拜其尊長每列
兩拜受尊幼者拜餘並如前仪
○文公笄禮
女子許嫁笄 母為主 年十五雖未許嫁亦笄宗子主婦則于
中堂非宗子而與宗子同居則於
私室與宗子不同居則如上仪 前期
三日戒賓 一日宿賓 賓亦擇親姻婦女之賢而有礼者為
之以牋紙書其辭使人致之辭如冠礼
但子作女冠作笄吾子作某親或某親
陳設 厥明陳服 並如冠礼但于中堂布
席如衆子之位用背子
冠笄 序立 主婦如主人之位將笄者雙紒衫子房中南面 賓至主
婦迎入升堂 賓為將笄者 如冠礼但不用贊 主婦升自阼階

容從赴觀禮為榮。
○新笄請人
弱女及笄。隨宜總髮。无非親戚之及。望午時祗草酌。仰承華裾。衍沐寵臨。不勝感。
○孫女笄請人
小孫女年及笄。皆出親戚之及。眷且告祢之禮。僭易攀承。衍辱賜。頓是幸。
○總答
令愛新加笄服。盛設華筵。辱有命寵召。尚容趍赴以

笄者加冠遵旁服皆于客。如冠礼。但祝用初加之辭。不能則乃醮乃字乃禮。賓皆如冠儀。改祝辭髪
士為女士。凡婦人自称于己之尊長則曰兒。卑幼則以稱于人曰某。尊長則曰新婦。卑幼曰老婦。非親戚而生來者。各以其黨而稱焉。
○字朱元晦祝詞　劉屏山
冠而欽名。粵惟古制。朱氏子熹。幼而騰異。交朋尚馬。錯祝以字。字以元晦。表名之義。木晦于根。春容曄敷。人晦于身。神明内腴。昔者曾子。稱其友曰。有若[illegible]若虛。不斥厥名。而傳于書。雖百世之遠也。揣其氣象。知顏氏如愚。迹参並遊。英馳俊驅。宜无他人。夫誰敢居。自諸子言志。回欲无伐。一宣于声。終身弗越。陋巷闇然。其光烈烈。從事于茲。惟参也无。斷冑道雖一。省身則三。夾輔孔門。翱翔兩驂。學的欲正。吾知斯之為指南。惟先吏部。文儒之粹。彪炳育珍。又華其繼。來茲講磨。融融熹熹。真聰廓開。如原之方駛。望洋瀰瀰。老我飾氣。古人不云乎。純亦不已。悵友道之衰變。切切而唯唯。于德不日新。則時予之恥。勿謂此耳。充之益充。借曰合矣。官。養于家。言而思毖。動而思

觀笄禮之成。
○沁園春　賀新冠
髡彼兩髦。未幾見兮。突而弁兮。記昔年犀玉。奇資秀質。今朝簪佩。豐頰修眉。滿面春風。一團和氣。發露胸中書與詩。人都羨。是君家駒子。天上麒兒。○畫堂人物煕煕。會簪纓雜遝舉慶宜。看筮日禮賓。陳鐘列俎。三加致祝。一獻成儀。緑鬢紅顔。未類弱角。早有君臣慶

會覩紫冠帶。看纓懸若若。印佩纍纍。
○滿庭芳　賀人生日新冠
月傍重三。蓂開二六。千門車馬駢闐。祥麟高誕。金鴨噴祥煙。試問誰來瑞世。人都道。蓬島神仙。非凡子。年纔志學。勲業已精專。○坐聽湯餅客。傾銀注玉。盛展華筵。羨麯冠初冠。氣宇飄然。底用遐齡頌祝。但願双親未老。富貴双全。功名事。查

躋要平步。惟曾頗是之畏。
○名二子說　蘇老泉
輪輻蓋軫。皆有職乎車。而軾獨若不所為者。雖然去軾。則吾未見其為完車也。軾乎吾懼汝之不外飾也。天下之車莫不由轍。而言車之功。轍不與焉。雖然車仆馬斃。而患不及轍。是轍者。禍福之間。轍乎。吾知免矣。
○名二子說　吳遜齋
吾觀人之名其子。與其子之自名。僭擬聖賢。則堯舜淵思。不以為懼。妄攀高遠。則

家旧物。早共復青氈。
○童氏子去疾字序
故人童氏子。曰去疾。請于予曰。始名祁之。後入庠。庠使更是名。願有以字之。余曰。凡人四肢有風寒燥濕之攻。若皆疾也。而心志之間。偏私邪妄之起。亦疾也。然風寒燥濕。感之于外。去之為易。偏私邪妄。作之于內。去之為難。外之疾去。則身康寧。內之疾去。則心康寧。

星斗雲月。不以為適。下此則功名富貴之為慕。志愈陋而名亦隨之。嗟夫。盍思人之所以為人者。其本安在。所謂本者。天性民彝。三綱五常之理而已。捨此不事。而競虛逐浮。惟美名是冒。何異羊質而虎皮。鳳鳴而鷙翰也。孟子曰。孩提之童。无不知愛其親者。及其長。无不知敬其兄者。此所謂天性民彝三綱五常之理也。昔我禕洵氏之言曰。兄弟其初一人之身也。世之忿爭于利欲之微。沉溺于妻子之愛。縱肆于血氣之暴。薄恩篤

請字曰伯康伯康勉之哉
八物者世人皆有其疾也
頤先去其内焉斯為學矣

○江仲龍字説　蒼山

陶靖節心與天一神遊天外
俯視六合何物茫茫始淵
明而終元亮君子憐之菊
豈頤為隠逸哉以靖節而
隠顯之者亦靖節也建安
江君自名應隆自號曰菊
隠求字于余孔明長嘯隆
中時人皆以伏龍待之宜
以仲龍字大丈夫生于乱
世消息盈虛唯天所命窮
則晋處士達則漢[illegible]相吾
俯仰无愧怍矣孟子曰易
地則皆然韓子曰有為者
亦若是或曰予言善矣彼
豈有此志乎噫不志者不
志之必有志者志之矣

冠禮終

愛等之途人藏怒宿憾視犹仇敵安知
所謂一人之身其有朝夕相與處而出
實劍佩言語笑貌若相親而内實城府
其為不知一身之義一而已矣吾家自
先世以來実寡兄弟至吾世而二人至
汝兄弟亦如之幼則傳衣長則共食又
長則同師而受業兄之年三十有五季
亦三十有一矣昔幼而今也壯固无可
指之隙然吾歉其綢繆于手足之情[illegible]
慊歉于骨肉之誼長而深篤久而不替
故于友愛恭順之道深有望焉今易兄
之名曰克友弟之名曰克恭孟子曰順
乎親有道又曰悅親有道故字友以伯
順恭以仲悅友乎其思吾弟則愛之乎
恭乎其思庸敬之在兄乎庶幾无愧乎
深恩大義而不失其所以為人之本者
矣今而後有自易斯名者是為不友不
恭不順悅其親之人雖然友恭之名易
稱也友恭之実難克也惟能以愛親為
心斯能友于其弟恭于其兄吾今日望
汝兄弟之心則汝兄弟他日望汝子之
心心相傳友恭順悅萬于孫永保之

婚禮

婚姻古有六禮文公家礼務從簡便自議婚而下首
曰納采問名附焉次曰納幣請期附焉次曰親迎納
采即今求親問名即今紫牋納幣即今定聘請期即
今催粧親迎則婚礼成矣今事類文類一是以此
為目以存礼也今世俗反是其事亦存之為底云耳

媒妁

○托外翁

婚先媒妁誼篤本源蘿蔦披
高玉樹依榮于玉潤柯承
任大氷言托重于氷清

○托母舅

渭陽義重宅相親隆惟男甥
之間為肺腑之至戚則塞
修之下自心氣之相投

○托兩姨

誼屬連襟姻資引線大喬作
小喬之伐東風祈借便于
周郎新好聯旧好之親扯
斗覲重光于韓矣

○托表兄弟

姻屬天緣事資眷庇絪惟執
事為中表兄弟之親仰伏
甄陶締東西秦晋之好

○家禮儀節

婚也者昏也必以昏也者取諸陽往陰
來之義也取諸陰陽交際之間也陰陽
倡和交而後人道成故昏礼人道之始
也君子重之是以昏礼納采[illegible]
擇問名問女母名氏納吉卜吉[illegible]
幣者婚姻之徵也○孔氏曰請之[illegible]
妻之礼以昏
為期因名焉

○請納采日期啓

伏承親恩以令愛既下聘小兒无任欣感
兹以某月某日為定盟之期敢用預告
者伏以道亨于吉禮謹于成惟時月合
天地之禎故男女順陰陽之義兩家合
慶萬嗣蕃昌伏惟親仁俯垂照納不宣

○納采書式即今之過聘也

鸞書 聘書 内封
鳳凰 回書 内封
鴛鴦 下聘書 外封

忝眷生某里某姓名端肅拜啓
大徵君某號詩伯翁老大人　臺下
伏承媒議不棄寒微許以
令郎
令姐某號尊姻家大人　門下

○托斷文

絲綸康濟之猷，佇覩大行。仁
邦罔發賁卓成之化，先期
小試于家庭。寅貢莞撼拜
千柯任

○托兄

襄陽上娶姻誼司權男室女
家惟大雅能叶小雅之謠
氣求声應則伯氏自孚仲
氏之心

○托弟

仲奕親隆季友德美緣諧道
韞仰東山叔父之親庇伏
宜尼祈南容兄子之妻。

○托叔

仰德晋隆徼婚齊大阮林日
永冀弘敷照亮之光謝砌
風高祈廣沛吹噓之澤。

○托姪

親孚小阮賢惕阿宜揆府卑
然祈引鄙肱之赤竹林聚
首仰垂阮眆之青。

○托尊長

長次令愛與舍弟長姪幼男為百年篤屬
友者敢將籍貫三代年庚命名開具
于左

籍貫　隸某府某邑某都某里
三代　曾祖父某 大父某 父某 外族某氏
年庚　某年某月某日某時生
命名　某字某

謹具聘儀　寅書別楮 此二句分作兩行寫

右締姻盟 如行數單可將姻盟右締字寫 時維
皇明○○某年某月某日某頓首再拜聘書

○聘儀狀式 凡儀狀不必書于婚者名

忝眷生某姓名端肅狀上
某號某姓先生尊姻家大人　翰相閣下

○一聘儀

鸞書一緘　壽帕一幅　鵝黃表裏
鴉青段匹　戒指幾對　耳環一雙
先春茶封　團酥餅事　王塵麵帖
時菓幾品　家鴈幾翼　剛鬣圈
柔毛幾羫　司晨幾翼　司箋啟籠

右不腆輕微專人馳[illegible]冀
親慈俯電　鑒格
大明○○某年月日眷生某頓拜謹狀

不揣寒微，敢扳閥閱。雖姻嫁
為月書然定，固由月老之
傳頓眷丈。乃天分尊親，尤
伏天成之賜。

○托士夫

大丈夫意氣相期，側陋小嬿
祈脫略于寒度包容之下。
士君子斯文相與，姻嫁大
彝與叶許于朱樓聚首之間。

○議姻過諸托友維持

伏蘭金之契，聯葭上之姻，作
砥柱于中流，賜千金于片
言之下，運姻婕于掌上，回
萬鈞于一挽之間。

○托斯文

以名家之領袖，為陋室之憐
幪，呼而称左叶諜坐取
安劉之勝，両言而堂上定
討行成妥趙之成。

○托尊長

曾杅每挍于三至，婪淡常吠
于両言。仰春仁德望之俱
隆，家邦攸賴，雖令某心情
之犹豫，意氣可孚。

○回聘書式 回書每依來書格式

忝眷某里某姓名端肅啓　復
朝聘某姓某堂第幾位尊伯叔翁大人翰相
兹辱不鄙蒙允以
令姪舍某堂第幾位尊姻家大人翰學
賢閨容與舍姪女為百年佳耦若邀
承禮聘寅具鄉籍家譜庚名以獻

一世居　某郡某邑某都某里
一世系　曾大父某 大父某 父某 外族母某
一天賦　某年某月某日某時
一定名　某

姻盟具復于前　回貢別陳于緒 此二句照來書分作兩行寫如行數單加時維二字作一行寫
皇明○○御極某年月日某頓首寅復

○回儀書式

忝眷某姓名端莊狀　進
某號某姓尊姻家大人　台下

一回儀

鸞鳳婚書　鴛鴦詩帕　鵝黃表裏
鴉青段匹　先春幾封　王胥麵筐
赤金頭袋　赤金條環　白銀絲條
松江青烟　銀瓷鴈爪　象牙兜頭

○托議聘礼

君子仁人不以浮華是尚大家世族惟取氣味相投邇古道于赤繩之中契今情于白壁之外

○托媒定聘

鳳卜徵姻深荷昌言之賜鸞書請命敢祈金諾之頒專小僕以肩輿仰大人而即駕千希首肯万冀心涵

○訂盟啟

詩首關雎朱傳明三綱之始

剛鬣柔毛　家鴈 各物必有方寫

右不揣菲薄即使馳復幸乞

親仁　俯賜　鑒納

龍飛○○某年月日某頓首再拜狀復

○龔侍郎聘書式 凡式皆寫主婚者及不用另备仪狀

某邑某里忝眷末某頓首再拜啓

某號某姓某堂碩德尊姻家　閣下

某之子某乃某家先祖某之曾孫某某之孫也 若在當陰去先字 係某正室某氏所出以某年某月某日某時生茲以媒妁之言舉以令愛與小兒締百年鸞鳳者

礼先贄鴈戴經謹二姓之交諾乞下金姻聯百世

○托媒催親

宜家宜室桃夭歌賦新詩善始善終柯伐當緣旧德爰修霜染仰賴天成

○星期啟

天道主陰陽周易嚴資始資生之義人倫始夫婦齊詩記侯堂侯著之文故鴈奠之仪歎陳于旭旦而鸞書之稟當貢于先期

自念小兒詩禮少聞未曾伉儷輒敢採擇名宗闔秀伏蒙俯從惠莫大焉謹效鳳凰于飛協吉之兆茲有聘儀具于左方專人馳上因以問名且納吉焉伏惟親慈俯賜鑒納謹啟

一聘儀　禮書鸞緘　金鳳釵環

花銀表裡　玉屑牙春

時○○某年月日　忝眷某再拜　啓

○回書式　具礼稱呼如前

某之女某乃先祖某之曾孫先父某之孫也係某正室某氏所生以某年某月某

○攔門致語

伏以天開地闢便有人民女嫁男婚方為夫婦茲值才子小登科之日正當新人大車駕之時朱門深鎖夜迢迢銀燭高燒光炯炯觀三星之在戶迓百輛之盈門喜氣雲屯歡声雷動瞻玉闕封金鎖新人少許千階前乘紫鳳跨彩鸞玉女暫停于門外正所謂一夫當關萬夫莫開者是也然

日某時為造　茲憑紅葉之傳以令郎與小女同百年姻好者自念小女出自蓬門未沾姆訓辱使擇之以配名家固紫荷蒙採擇願相承焉敢效雎鳩和樂配德之歡敬有回仪具于後以復問名之意 云云 伏惟親慈俯賜鑒納回啟

一回儀　回書鸞封　金段壹對

金花表裏　文房四宝

時○○某年月日　忝眷某再拜　回啟

○過聘新式 四大作格

貫某府之某邑某鄉某都某里某姓名

而官不容情私通車馬銀河氷澗全憑烏鵲以填橋蓬島路遥也仗彩雲而促駕若有花紅傳信息請將洞府會神仙

○攔門請花紅詩

仙娥嫖姒下人家　咫尺榮歸洞府天　今日攔門多喜色　花紅利市理宜然

○攔門詩

今夜攔門第一重　玉門金鎖不開封　藍輿要入桃

曾大父某大父某父某母某氏

右本宅小女某名命屬某年某月某日

某時今憑媒議與某都某姓

某親家有子者加俟令愛為百年偕老者

皇明○○某年歲次某月某日

忝眷生某姓某名頓首拜啟

○聘書式 四平頭六出脚格

貫某府之某邑某鄉某都某里

忝眷生某姓某名端肅書拜

某堂尊伯叔翁　待聘 [illegible]

某堂尊姻家　文幕

源路　莫惜纏頭利市紅
○又
新人簷裡獨徘徊　莫怪朱門久不開　與我天孫机上錦　便教仙女入蓬萊
○又
牛郎今夜會天孫　吉日良時好合婚　何事媒人无利市　大家攔住不開門
○開簷詩
良宵之子喜于歸　正是歡聲合巹時　况值滿催銀箭急　簷門揭起莫教遲
○與新人食飯詩
五夜乘鸞降到時　鸞和香飯少充飢　朱唇嚼入紅羅帳　飼長夫君百歲期
○下簷詩
英煙花燭影搖紅　孔雀屏開喜氣濃　敬請新人歡下簷　輕移蓮步出堂中
○又
新人一出簷門初　忽覩嬌姿世上无　脚小鞋弓行

伏承不鄙寒微俯從永議允以舍姪長男某名與姪女為百年伉儷若遂佰過聘之期謹具家譜年庚如左物仪另緘
一三代　曾大父某大父某父某母某氏
一年庚　某月某日某時
大明○○年月日吉旦某端肅書上
聘仪照前另寫此不重贅
○回書式
貫某府之某邑某鄉某都某里
忝眷生某姓某名頓首書復
某堂尊姻翁　輪學
某堂尊姻家　侍右
仰蒙不陋過听媒言肯納舍姪第幾房次長女某名與令姪孫為百世偕老者茲承締定之來謹具家譜年庚如左回仪并狀
一三代　曾大父某大父某父某母某氏
一年庚　某年某月某日某時
大明○○年月日吉旦　某頓首書復
回儀照前書茲不再錄
○聘定啟
茲者伏蒙高誼許以長院微愛既室僕之長子某生于某年某月某日吉時謹敗

不穩　安排玉女兩邊扶
○迎新郎詩
花燭迎郎出洞前　潭潭華閣艷神仙　裴航穩步藍橋路　此去方諧月老緣
○拜天地詩
福德香火在堂中　資謝神祇福壽隆　來歲即生麟鳳子　管教隨步玉堂中
○拜堂致語
切以禮重婚姻實關人倫之大義當配偶乃承宗祀之傳繚緲清烟煇煌花燭姐供蘋藻肴嚴見禰之仪贄脩棗榛聊拜先堂之礼集珠履玳簪之客環金釵玉珥之賓慶會良宵觀光盛事炉薰空鴨已拈沉水之香步擁金蓮請下寅君之拜
○鷓鴣天
婚禮今朝講拜堂　誠心全仗玉炉香　神祇上下同昭格　王母玉公共降祥　魚得水　鳳得凰　勿

納徵問名具啟以聞者伏以乾健坤化理運生成之妙陽倡陰和人文肇配合之名亘古如斯于今為烈恭惟閣下閥閱名家俊造後先之繼照份求寒微未族詩書慚讚述之未究姻蒙許弃不遺以致松蘿有托自天合好先訛酬恩澤念諾既奉于千金深愧敢莫忖丁雙璧聊通一介用效納徵伏冀鷹佳亘來劉范之世姻不絕鳳飛鸞台嬌姜之雅好連綿某下情戰慄不勝仰祈仁慈鑒納不宣
○回聘啓
伏承尊慈不棄寒陋擇僕之長女某生于某年某月某日吉時作配賢郎茲沐問名謹具啟以覆者伏以時占小春通萬皇太和之會陽當初復正君子道長之幾恭惟閣下文學醞藉于三餘声譽馳揚于四海天朝貴客百世文宗矧閨賢郎文犀良規早承詩礼之訓小女綠窓鄙習何能巾櫛之供分揣奚宜事知俯就既聆一語安用多儀鴈幣箴誠令朝之意色練裳竹笥以俟他日之慚赧倚

喜氣藹蘭房 百年夫婦
今宵合 夢叶熊羆草弄璋

○夫婦交拜
切以男遵乾道女順坤仪禮
有尊卑拜无先後男先下
膝女畧沾裙雖相見之如
賓效齊眉而到老可无拙
句少賛容儀

○詩
男才女貌両堂〻 銀燭高
燒徹夜光 敬請夫妻齊
下拜 匆〻喜氣入蘭房
拜儀已畢礼意云過伏願筐
篚奉祀格祖祢以埀恩眞
箒掃塵事舅姑而尽礼室
家雖蘩琴瑟和諧夢叶熊
羆即見多男之喜吉占鸞
鳳永傳百世之昌暫別佳
賓退歸香閨

○飲交盃詩
玉女朱唇飲數分 盡邊惟
見有盃痕 仙郎故意留
殘酒 為惜馨香不忍呑
○索花紅詩

无解鄭之嫌當永秦晋之好某氷兢无
任電覽有祈不宣
○又聘啟 通用
伏以奇偶者太極之俤然婚姻者吾人之托
始故易重咸恒之義禮謹大婚之儀意
在聖人良有以也風于天下道莫大焉
頓族望之非華愧声猷之弗競荷蒙閤
下不鄙寒陋俯録頑豚幸出自天恩感
无地謹稽先典聊通一介之誠仰鑒徽
忱求締両家之好告于廟告于堂喜訂
宗祐于今日宜其室宜其家頓開禎祥
于萬年某无任氷兢有祈電覽不備
○回啓
伏以律應黃鍾托葭灰而借暖春生白屋
領藻翰以傳音幸承柯斧之勞獲締姻
婭之美第某家非右族粗守清白遺風
閤下裔出名門以義声猷奕葉娟閑賢
郎穎悟魁梧必遂凌雲之志小女眞煩
甕萊奚通詠雪之才蒙賜幣以昂來苑
媧君而壯色令朝納聘愧无余綾以為
資仰日于歸當效練裙而從事敬承命
矣永為好兮伏惟仁慈俯賜丙鑒不備

飲罷交盃喜氣濃 願君再
賜好花紅 今宵喜作登
科客 早生一子步蟾宮
○撒帳致語 管牌名
伏以古来周礼定人倫洪範
九疇意更深春夏秋冬分
日序人和天地按君臣山
八三十二翁〻按河圖
十五二百二十七點點〻
叙三綱五常你看綉屏前
才子佳人渾如金菊對芙
蓉畫堂中嬌賓賀客恰似
龍虎風雲會賀新郎的似
群鵶噪戲弄氷人的如寒
鵲争梅進洞房二龍入海
恋綉幃双蝶戯梅乱慌〻
楚漢争鋒忙迫〻賓鴻中
彈喜孜〻新郎要平么十
七點羞答〻新人只斜么
八不就費多少二十四氣
綵粧勾天負地方如獨龍
戯珠進九溪十八洞進一
進雪消春水来退一退落
花紅滿地秃底龍似蜻蜓

○朋友結姻定啟
一道相孚素結金蘭之契而情好合妄扳
秦晋之盟且事在于人緣而緣實本于
天定茲蒙盍簪之雅重承柯斧之臨兹
定厥祥兼禮聊陳于今日瑟琴歡洽至
頓頒于異時用締新姻毋忘旧好
○答啟
管鮑義交著芳声于殊代朱陳締好重顯
迹于今時除古為難于今匪易今某一
介寒微敢蒙二難優寵相知有素誠无
物我之形婚礼偶成頓同琴瑟之詠幸
承多儀之將愧无厚報俟行六礼之舉
自有成規不腆芹忱奉申別楮
○納幣啓 封名
乾為陽坤為陰奉交而泰震索男巽索女
咸悦而隨志貴合于同人吉叶歸于有
漸閨令愛内正得家人之義必巽随而
光遠而學生事未諳幹蠱之能徒困李
而為坎荷謙光而與親比在賁帛而戔
過需諒盟言不替于中孚必受帛乃為
之悦豫愧将意不如于豊享惟表忱无
黎于常仪託蹇修而致言雖大有以何

忙煞小双胸撋如楼蝴急
撑波恼頳生下小不同观
燈十五試扳龍蘊泰节斂
為卿相將軍掛印滿堂紅
○撒帳詩
撒帳東　可並巫山十二峰
二十八了桃源洞　新人
樓進錦屏風
撒帳西　好似花開蝶恋枝
待等漆黑一錠墨　烏龍
醮賬鳳嘴珠
撒帳南　双く取下八珠𨆪

孟辛鍚晋而勿拒实過蒙于見存。
○回啓　剉名
旣尊以势图知揣分以随宜龟筮叶從輙
敢因親而比附伏蒙媒妁既济姻缠彼
美裳男音風全于始蠱乃生巽女道已
叶于咸坤必大壮然後漸歸于禮鄭未
尝需索言可復也信先合于中孚受不
泰亨聘皎綈于大有謙㧑俯逮于深衷
○入贅聘定啓　贅京雅之家
歌維鵲之有巢既諶則就害登龍之淂地
奚贅之為盖由絃斷則膠投邦亦先

輕く紫却隔了眼　扯下
二四錦襠襠
撒帳北　任意推班便出色
天地交泰兩和諧　皆教
生下孩兒十
撒帳上　五枝梅花四枝放
一枝花向狀元開　結子
調羹為尚相
撒帳下　十枝桃花一枝謝
櫻桃九熟正天く　浪暖
桃香争变化
撒帳前　七朶荷花兩朶鮮

而薪析求凰奏曲古有嗜音致魁傳系
今宜納婿贅以身而為贅居就尔以婁
居匪人所能实天之合出如泰子豈焉
身体之贅疣戒匪越人或判形骸于肥瘠。
○回啓
凝年向晚方為佚老之謀息女未笄遂有
致夫之願偶承媒妁求締姻婣念壮而
出贅從古而然而老有所依于吾何幸
一時真鳳跂聚金石之盟異日乘龍當
遂門闌之真
○過衣啓式

二三劈破蓮く子　双く
解語並頭蓮
撒帳後　九位神仙八不就
上天梯去取蟠極　献與
君家祝眉壽
伏願撒帳之後始嫜交慶家
室攸宜。擁綬懷誤說粲
航之奇遇五双白璧可知
雍伯之陰功綬石爛而海
枯諒天長而地久螽斯秩
秩麟趾振く
請召小柬

某春某端肅状　上
某堂尊姻家　翰墨侍右
一引盤一禮状一緘　時菓幾品
一首飾　百花簪頭　茶罐盖頭
一身章　官緑團襖　大紅段裙
右不腆輕聊尊人馳上聊為小児令
愛從料之儀
伏以赤繩繫足曾申一札之書紅葉題詩
將合二家之好禮陳鴈奠期得鳳鵉孟
冬之月惟良戊寅之日惟吉理雲鬟于
子刻恭家俞于寅時幸毋一刻之竟永

○新娶請人
某茲幸勾有室家聊慰并臼
蘋蘩之望矣第以親知之
庇悦无奉酌翌午謹具野
蔌山殽少伸謝意併求宜
室宜家之教也貞臨是禱
○客居新娶請人
某托庇千里繫緣信知赤繩
之素定矣但恨萍水為家
有戾大婚之礼也幸荷他
鄉故知愛同骨肉深愧无
以奉謝翌午謹具菲觴聊

結百年之好逑所頋也不亦宜乎伏異
親慈俯垂海納不宣。
○回式　具礼稱呼如前
右不愧輕菲托使奉上少充回筐之儀
伏以秉上題詩數載之墨香猶潤梅邊索
句小春之暖氣重催正詠雞嫁之詩忽
拜及時之請謹依嚴命何敢愆期宜室
宜家优儷百年諧老俟堂俟著緣雜五
世其昌達此頎予誠為美矣伏異
親慈俯賜晃鑒不宣。
○礼斯文作伐啓

效勇非之教，亦賜肯臨，幸甚。

○再娶請人

某不幸久虛中饋，深恨家政之日紊者，頗然茲獲偶爾續絃，雖兒破鏡之重，添帶之識矣。枯楊新稊之愧，殊為慷慨。辱賜衾褫，益增汗顔。望午灣具名觴，少叙謝敬，光賁為榮。

○娶子婦請人

某自愧未能為父，而輒效向平之志，惟恐吾兒不知者代之憂者，心常悚然。無念知我者鮑子。望日敬具菲酌奉屈，仰亦大婚萬世之嗣，不可不重，而使吾兒當知敬承之意也。肯臨幸幸。

○答赴

恭聞禮醮醴庭，樂迎鸞決，以祥光燦于花燭，而佳氣藹于蘭房者也。方切奉賀，忽辱寵招，不勝愧感。謹當說濯塵襟，趨侍琴瑟和鳴之宴，長歌熊羆叶夢之詩矣。

恭惟耀秀家邦，鶚薦超三千之選；駿奔科第，鵬摶奮九萬之程。某光仰斗中，幸承風下。襃崇菲學，櫻櫟樗材。異蒞潤馨餘芋借好。故卑修楮，仰伐主柯。量己量人，雖懸蔦松之判；與進與潔，敢稽陰槐棘之光。斯文胃同大一家，幸无千里以拒人也。有道襟懷，包四海。頓擴萬間而庇我，烏欽伐桂之餘鋒；權為作伐，轉調梅之巨手。俯易和調，倘蒹葭之微，得依榮于玉樹；則葵藿之念，當效祝于莊椿。結草將忱，仰荊軫念。某兄任千胃之至。謹啟

○託外翁作伐

恭惟憲度天寬，智水仁山，舒眼界，頤懷月霽。禮門義路，養心田。某慕閥情深，識荊願切，愚頑沖稚，器匪凌雲，窈窕甥賢，声傳詠雪。爰兹斗膽，敢修霜染之書，仰仗天客盟註月囊之牘。女有家，男有室，竊有志焉。事未可功，求成因所願也。伏望明垂電矚，俯賜冰言，倘寒陋之家，得秉光于日照，則報稱之念，當並戴于乾元。

○托外母作伐

喜甚、、

○答不赴

恭惟丹桂傳芳，金蓮刻炬。是誠榮誇百輛，吉應三才。子也深喜光戚，協奏于篪歌，香霧生輝于珠翠。笑未能趨賀，反辱罷招，不勝愧感。敢當領命，奈值蝟芬偶阻，今朝莫赴綺羅筵，惟頗熊愛早符，他日當為湯餅客。銘刻至望。

○賀人新娶

恭惟吉協鳳占，歡諧鸞偶。而洞房之佳氣藹然，不減桴呈三星在戶，榮誇百輛盈門者矣。欣羨何如。兹賀才能殊，為抱歉。謹具菲物，聊助冬廚之供，更祈肤受。卑符庠錢，速賜允至望也。鑒納榮多。

○答受

某自分為養而婚，尚完室家素願，而及期之迎，式叨長者鴻休，趨謝未能，反蒙厚

恭惟秀毓名門，懿德協春融之雅；芳儀嫩敫慈閨懿，畫永之光。奚雀躍馳，情鴻麻望幸。某禎深慚，駑劣方承，孔鯉之趨庭；甥愛喜叶鳳占，欲效梁鴻之受室。鶼鶼小鳥，期附翅于鳶倩；覘覘細鱗，敢揚鬐于鯉沼。爰修庶札，仰叩魚軒，命出中閨，諾訂鴛盟之牘；言申內閫，祥呈鳳卜之緣。因親致親，射雀能諧；中目以德報德，將兔詎敢忘蹄。

○托諸眷

星辰可摘，須憑百尺危樓；蓬島難通，在伏八風迅楫。爰陳小柬，仰叩多賢。王操金声，拆奏大成之集；埴唱篪和，異黙相應之乎。倘承一德之包涵，實切二天之感戴。

○謝作伐

蔓附蘿枝，深藉栽培之力；葭依玉樹，實叨接引之功。謹賀荊儀，聊申芹意。窮家光開潤，局面另作眼看，感德有敘，達襟懷，幸毋心郤。

○謝贊娶

屋烏推愛，荷大人一視之仁；屏雀諧緣，成小子三生之幸。依松依柏，親上得加親

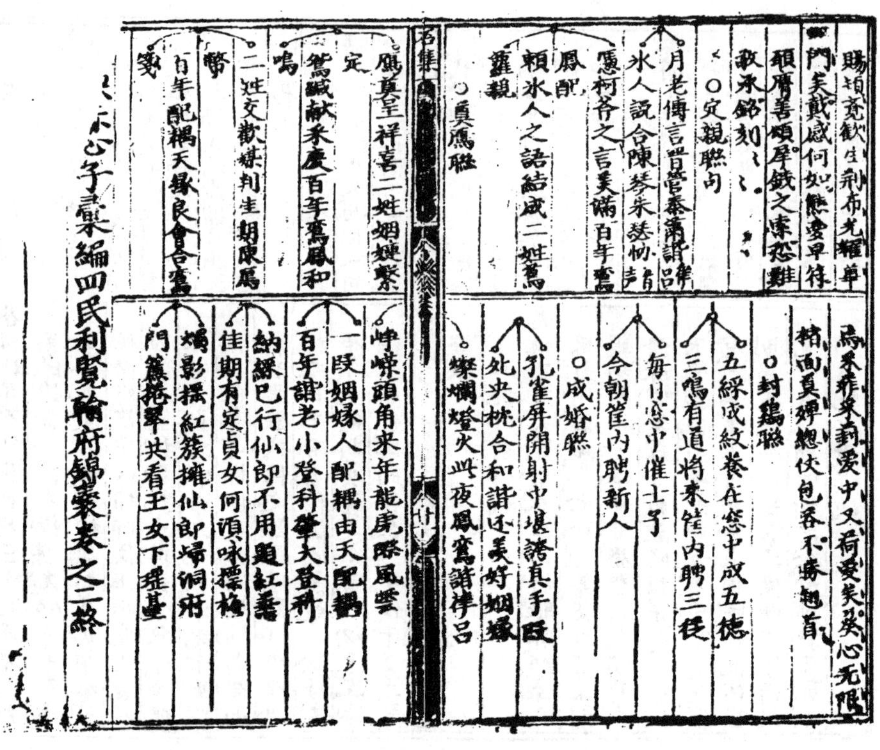

賜頌竟欽生剌布光耀華
為采疳采剌愛中又荷愛矣癸心无限
門美戴感何如態雲早待
精面眞婢總伏包吞不毒勉首
頓膺善頌犀鉞之凍恐雖
○封鷄聯
敢承銘刻々々
五綵成紋養在窓中成五德
○完親聯句
三鳴有道将来筐内聘三徒
月老傳言晋管泰甯諧呂律
每日窓中催士子
冰人說合陳琴朱瑟協声音
今朝筐内聘新人
憑柯斧之言美滿百年鸞
○成婚聯
鳳配
孔雀屏開射中堪諸真手段
賴冰人之語結成二姓鴛
処央桃合和諧还美好姻緣
羅親
爍爛燈火此夜鳳鸞諧律吕
○奠雁聯

雁奠呈祥喜二姓姻婭繫
峥嵘頭角来年龍虎際風雲
定
一段姻緣人配耦由天配耦
鴛鳳献禾慶百年鸞鳳和
百年諧老小登科華大登科
鳴
納綵已行仙郎不用題紅葉
二姓交歡媒判生期康寓
佳期有定貞女何須咏摽梅
幣
燭影摇紅簇擁仙郎婦洞府
百年配耦天緣良會合鸞
門簾捲翠共看王女下瑤臺
箋

新刻四民利覽翰府錦囊卷之二終

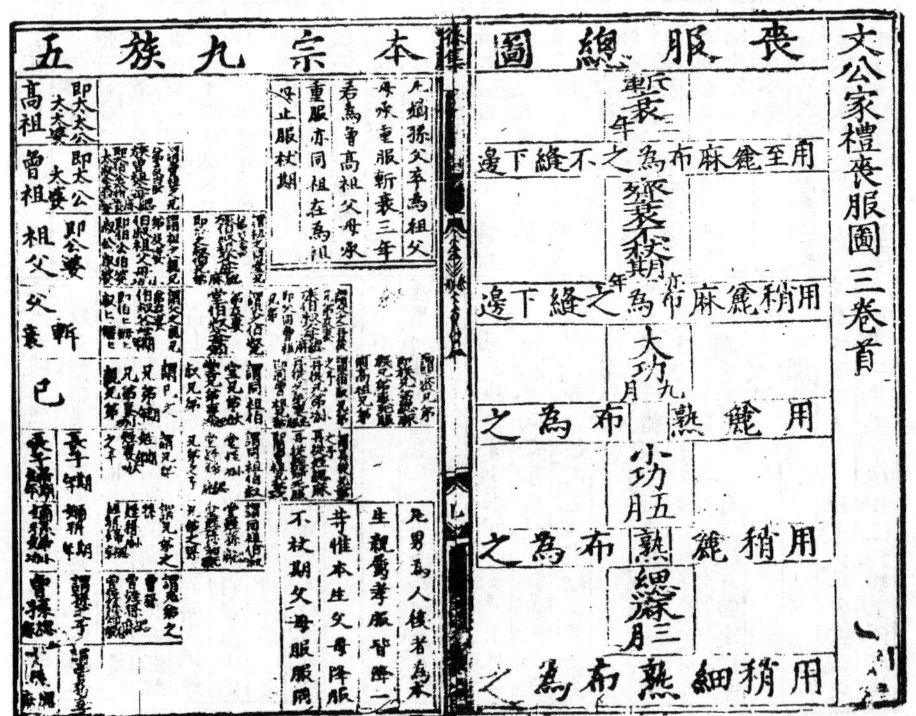

文公家禮喪服圖 三卷首

喪服總圖

斬衰三年
用至麤麻布為之不縫下邊

齊衰杖期
用稍麤麻布為之縫下邊

大功九月
用麤熟布為之

小功五月
用稍麤熟布為之

緦麻三月
用稍細熟布為之

本宗九族五服

高祖 即太太公 太太婆
曾祖 即太公 太婆
祖父 即公婆
父 斬衰
己

凡嫡孫父卒為祖父母承重服斬衰三年
若為曾高祖父母承重服亦同祖在為祖母止服杖期

凡男為人後者為本生親屬孝服皆降一等
惟本生父母降服不杖期父母服服期

服正之圖

父母父母　齊衰三月

父母父母　齊衰五月

母　齊衰不杖期

母　三年

身

妻子　期年

子婦　大功

衆子婦　大功

孫　大功

衆孫　小功

孫婦　緦麻

曾孫　緦麻

曾孫婦　無服

玄孫婦　無服

謂曾祖之姊妹即太姑婆　族曾祖姑　在室緦麻　出嫁無服

謂祖之親姊妹即姑婆　從祖姑　在室小功　出嫁緦麻

謂祖之同堂姊妹即父之堂姑　族祖姑　在室緦麻　出嫁無服

謂父之親姊妹　姑　在室期年　出嫁大功

謂父之伯叔即同曾祖姊妹　堂姑　在室小功　出嫁緦麻

謂父之再從姊妹即同高祖　族姑　在室緦麻　出嫁無服

謂己之親姊妹　姊妹　在室期年　出嫁大功

謂同祖伯叔之女　堂姊妹　在室大功　出嫁小功

謂同曾祖伯叔之女　再從姊妹　在室小功　出嫁緦麻

謂父三從姊妹　族姊妹　在室緦麻　出嫁無服

謂兄弟之女　姪女　在室期年　出嫁大功

謂同祖伯叔之孫女即兄弟之女　堂姪女　在室小功　出嫁緦麻

謂再從兄弟之女　再從姪女　在室緦麻　出嫁無服

謂兄弟之孫女　姪孫女　在室小功　出嫁緦麻

兄弟之孫女　堂姪孫女　在室緦麻　出嫁無服

謂兄弟之曾孫女　曾姪孫女　在室緦麻　出嫁無服

凡姑姊妹女及孫女在室或已嫁被出而歸服並與男子同出嫁而無夫與子者為兄弟姊妹及姪皆不杖期

凡同五世祖族屬在緦麻絕服之外皆為袒免親遇喪葬則服素服尺布纏頭

妻為夫

婦為祖父母及曾高祖父母承重者並從夫服

夫高祖　緦麻

夫曾祖　緦麻

夫祖　聚大功

夫父母　斬衰三年

妻為夫　斬衰三年

夫長子婦　期年

夫衆子婦　大功

孫　大功

曾孫　緦麻

玄孫　緦麻

夫族曾祖父母　無服

夫伯叔祖父母　緦麻

夫伯叔父母　大功

夫兄弟　小功

夫姪　期年

夫姪婦　大功

夫姪孫　小功

夫曾姪孫　緦麻

夫族伯叔祖父母　無服

夫堂伯叔父母　緦麻

夫堂兄弟　緦麻

夫堂姪　緦麻

夫堂姪孫　緦麻

夫族伯叔父母　無服

夫再從兄弟　無服

夫再從姪　緦麻

夫族兄弟　無服

族服圖

夫為人後其妻為本生舅姑服大功

父母　緦麻

父母　緦麻

父母　大功

姑　三年

夫為曾祖母　齊衰杖期

夫為高祖母　齊衰不杖

衆子　期年

衆子婦　大功

孫婦　緦麻

孫　緦麻

玄孫　緦麻

夫曾祖姑　無服

即夫之姑婆　夫祖姑　在室緦麻　出嫁無服

夫堂祖姑　無服

即夫之姑　夫親姑　小功

在室緦麻　夫堂姑　出嫁無服

夫族姑　無服

即姑　夫姊妹　小功

夫堂姊妹　緦麻

夫再從姊妹　無服

夫族姊妹　無服

在室期年　夫姪女　出嫁大功

在室小功　夫堂姪女　出嫁緦麻

在室緦麻　夫再從姪女　出嫁無服

在室小功　夫姪孫女　出嫁緦麻

夫堂姪孫女　緦麻

夫曾姪孫女　緦麻

張春生　來

妻為家長族服之圖

家長父母　期年

家長　斬衰三年

正妻　期年

家長長子　期年

家長衆子　期年

為其子　期年

九一

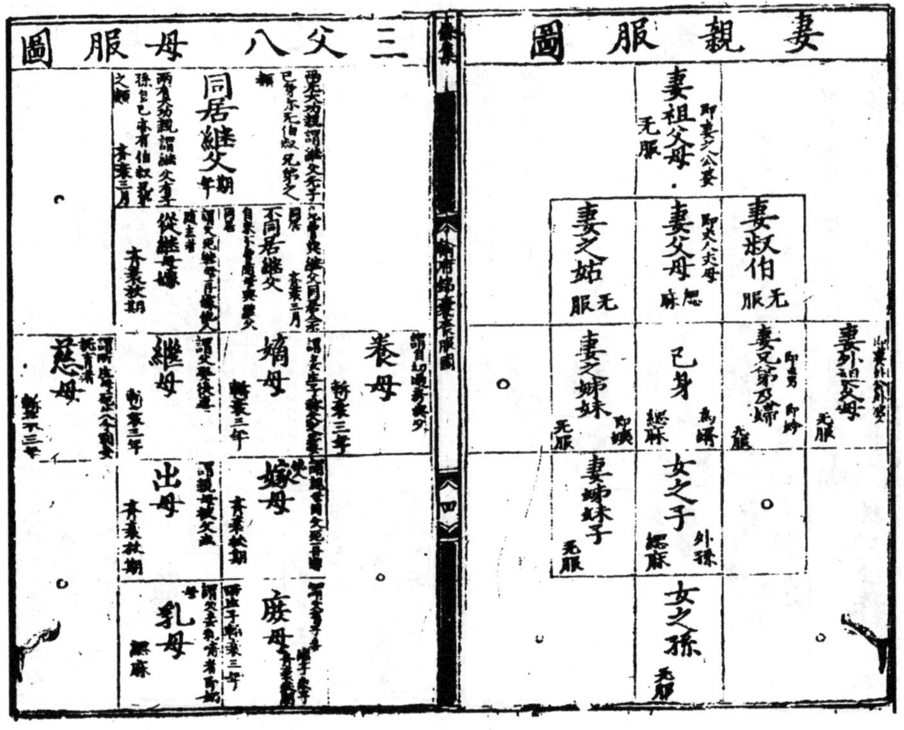

三父八母服圖

同居繼父 期年
不同居繼父 齊衰三月
從繼母嫁 齊衰杖期
養母 斬衰三年
嫡母 斬衰三年
繼母 斬衰三年
慈母 斬衰三年
嫁母 齊衰杖期
出母 齊衰杖期
庶母
乳母 緦麻

妻親服圖

妻祖父母 无服
妻伯叔 无服
妻父母 緦麻
妻之姑 无服
妻外祖父母 无服
妻兄弟及婦 无服
己身
妻之姊妹 无服
女之子 緦麻
妻姊妹子 无服
女之孫 无服

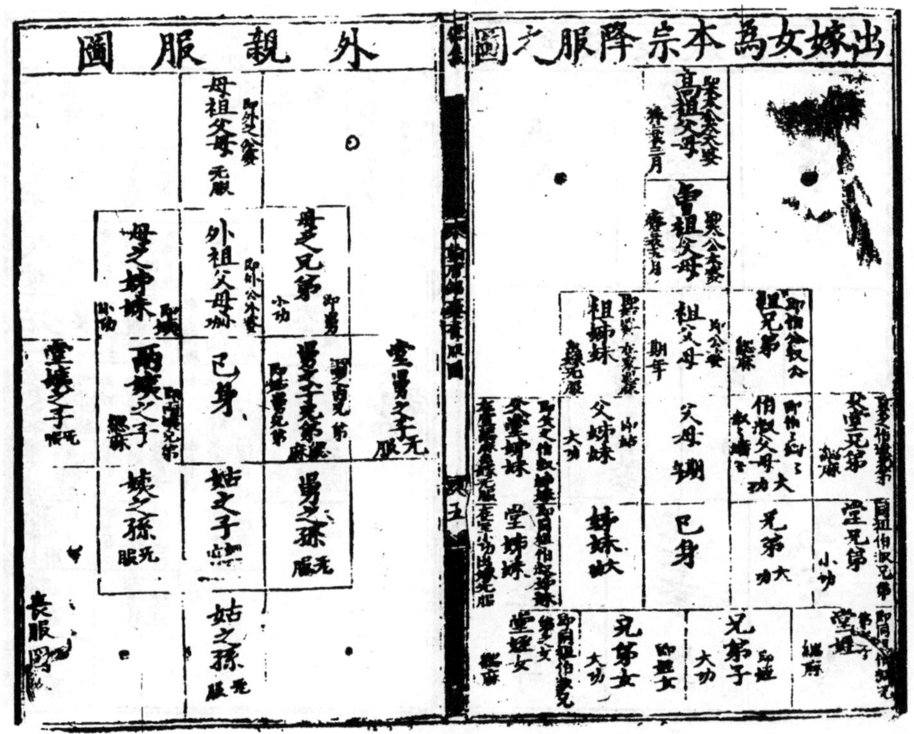

外親服圖

母之祖父母 无服
外祖父母 小功
母之兄弟 小功
母之姊妹 小功
兩姨之子 緦麻
舅之子 緦麻
堂舅之子 无服
堂姨之子 无服
己身
姑之子 緦麻
舅之孫 无服
姨之孫 无服
姑之孫 无服

出嫁女為本宗降服之圖

高祖父母 齊衰三月
曾祖父母 齊衰五月
祖父母 期年
祖兄弟 緦麻
祖姊妹 无服
伯叔父母 大功
父姊妹 大功
父母 期年
己身
姊妹 大功
兄弟 大功
兄弟子 大功
兄弟女 大功
堂兄弟 小功
堂姊妹 小功
堂姪 緦麻
堂姪女 緦麻

新鍥赤心子彙編四民利觀翰府錦囊卷之三

桂谷　赤心子　彙編

文林　明雅堂　鍥勒

喪禮

三年之喪天下之通制夫居官不奔喪乘凶行嫁娶飲酒食肉不服衰麻者

聖有明訓

固有常條凡有血氣者宜知遵守云

○墓誌狀式

賜進士出身第 某姓某号某名 謹撰

某人某号某姓名 篆文

書文

按狀某公某姓名某號迺某之子也。生于某年月日時。父某母某氏。已娶妻某氏。生子幾人。長次某名。各娶某氏。今不幸于某年月日。以疾告終于正寢。卜葬某山某向。兼某向幾分。概昔某公之生也。座居某族。詩礼名揚。經史飫飫。推重鄉邦。持己有勤儉之德。御衆有寬猛之良。礼役儀大賓

○訃書式 古狀當以孝孫行書為子者無嫡及無兄孫継者可

某親某號某姓先生 几下

杖期孫某稽顙再拜

某門衰祚薄。禍蒙攸鍾。不幸 祖父 祖母 某月某日。一疾終于正寢 男曰正寢 女曰内寢。奄在至戚。敢不訃聞。

某月某日再拜謹狀

○又式

孤哀子某姓某泣血稽顙拜

某親某号某姓老先生大人 几下

某罪逆不孝。禍患所鍾。不幸延及 先父 先母 於某月某日辭世。攀號絕。赴愬无門。仰恃親誼。謹敢訃報 如欵則曰吊則曰 路遥屈重。罪逆益增。毋勞玉趾。伏乞照察。

某月某日哀謹狀

考庸庸鄰守君叔度之任。子姓頼其彪育。郷荷其恩光。幸义方之有成。書蘭桂之飄香。正擬遐齡而期頤。遐不以疾而云亡。今卜宅于某地。咸以為之允臧。姻親猶送于熄痛傷厥美氣之攸萃。頭以長發其祥。銘明銘旌于不朽。後世毋得而遂亡。銘曰

於維某丘　山水悠悠

神人協吉　天降其休

死者安妥　生者无憂

後嗣昌隆　福祿来求

列于山縣 ○熊氏令人陸氏孺人墓表

建寧已酉歲。余兄侍郎從戎川陝時。余嫂熊氏。已嬰病。明年冬十一月十一日卒。侍郎書来曰聞汝嫂訃誅剩傷悼。哀其疾也。屬吾在行。不得視其棺斂。以是為恨也。吾帰而塟之。慰夫亡者。又明年春三月也日。余室陸氏病卒。侍

○又書 稱呼同前

某罪逆深重。不自殞滅。禍延 先父 先母 不幸于某月某日棄世。萬死莫贖。赴愬无門。擗地號天。徒竭板奈何奈何。泰辱至戚。謹具訃聞 如欵則曰吊則曰 路遥屈尊。益重罪逆。幸弟有勞玉趾。鑒照是禱。

○唁書式

眷生某頓首端拜

天眷某 堂尊眷丈 函次

日者虔門道變。尊甫某先生某親遽焉云亡。眷雖福壽俱隆。全而帰之。夫復何憾。然善人之萎。行道咨嗟。而况宿德旧愛。為姻婭中所瞻念者乎。又况天性懿親。孝心純至者。此時此情。何增堪處。但死生有命。禮制有哀。惟執事樽衷順變。以襄大事。毋重貽逝者之戚。則至禱也。當俞來奠即晉省。謹先此申言。不具。

○報奠式

孤哀子姓某名某 已卜某月某日安厝先親于某所。恭於親眷不敢不以申聞。伏乞 台鑒。 年月日孤哀子某 狀

郎書朱曰國事未濟懷恩則爵義矣戎則失武一集吾私二蔽深矣何以婦乎時方艱虞塗殯非衆汝嫂汝婦可共營窆嗄祖妣惟吉涓日惟良送終之礼惟尽則猶吾歸也于是葬于建州拱辰山開善髯之東原熊氏建州建陽人故朝奉郎安行之女也慈懿知善年二十為侍郎之配生二男五女長男拱承務郎

○賻奠狀式

某具某物若干右謹專人上某官某 公靈筵聊備賻儀香茶酒食則云奠儀伏惟歆納謹狀 叅眷某哭踊再拜

○又謝代答頭 近體多用此

某哽塞再拜言某為天不佑先祖考奄棄棄背痛苦不自堪勝過蒙珍翰遠賁存殁同一感德家父荒迷中不能詣謝謹具疏代露謝悰餘存尊狀不宣謹疏

○慰夜父

文思院知縣官之亡封孺人享年三十六以紹興二年十月十七日卒陸氏家越州左丞佃人之孫奉直大夫寘之女謙淑能琴年十八歸余生一女夫之享年二十四先熊氏六十二日而卒畢事瘞于侍郎兄仍刻文以表之時曰熊氏居左陸氏居右異穴同丘辞昭厥後

○弔教官妻書

仰聞忽聞尊甫先生大人遽違色養令人不意心傷神驚若有所失者久之痛甚痛甚諒執事天性誠親孝心純至此時此情追慕忍不能堪但生寄死歸數莫能逃又况尊甫年高德邁行立名成全而歸之夫復何恨惟執事斷哀順变善繼善述之所貽遐之妻則事死如生孝莫大矣礼當趨弔縻命未敢謹具香燭工尊聊表永訣終天之情兼致拜慰之意也臨風長吁無任悵憶之至

○答

某景仰盛德日切依依但晋謁未由徒勤斗瞻而已恭惟先生大人学臨三餘文宗百世而賢良才甲天下名魁儒林點着有年春官雀羅〻〻方切雲泥異路南北各天趨賀莫所為恨修問鼓盆之感元任驚嗟者久之鄙意拱俟灵駕言旋戒途迎慰少伸執紼之私不想身羈重役延今方得解負即欲趨詣兼稱遠

某深恨自叢罪逆天不殞滅以致禍延先舅君百指痛心萬死莫贖奈何〻〻過蒙弔慰甚感愛厚但天親至情自有難于強釋彼蒼之恨恐無以身相終始也謹此奉謝次筆不端爾甫是幸

○慰長母

太夫人奄棄榮養不覺驚傷之至者久之諒惟執事孝心純至哀慕過情其痛可有不可言者但生死天也非人能為惟為國養身以大顯揚之績御哀順变弗至毀滅之傷則執事之孝有餘恩矣

望至情又恐重勞哀沒謹具香燭紙帛聊效生芻一束之意也伏乞上存灵右幸甚〻〻

○吊義士書

某幸辱尊甫知愛別後日切懸〻遥仰獻識采回拜賀功德兼叙親故至情也倏聞盡謝姤數令人心駭神驚若有所失者久之深恨跼局莫前徒付哀泪千行〇〇日不知其幾耳懸俟

謹具香燭聊致一束生芻之意伏乞上薦灵右幸甚〻〻

○答

某自恨罪戾逆天禍貽老母棄世极號莫想踴踊无追此身不容于兩間矣荷蒙賜慰深感教愛至情但痛心之傷難以自解仰顯親之孝恐非所能稽顙拜加哀感无任陳言不次謝意莫伸兼肴尋

○慰長兄弟

昨會某令親詢知執事風摧棣萼而鴈行失序之憂痛傷不能以已此固友于之

爰裁言旋躬迎道左少伸執紼之私豈圖不知情礼兩失罪歉〻〻所可慰者尊府以忠報国深得殺身成仁之道流芳百世永祀萬年雖死猶不死也父歟拜吊奈哀感採薪方覺未能謹具香燭上荐伏乞拜覽鄙意如此庶尊甫之靈亦可以知區〻悲哀之万一也其間哀慟必為国惜身以大謝錫之恭此又下

受先盡情所難但修短之數有定台亦可易伏乞節哀保重恤寡存孤則生順死安而執事手足之恩至矣謹此拜慰趁吊奠前情希是幸

○答

自恨家遭不造手足俱喪一体之分若至此情何以忍此罔區〻罪戾之貽而天一道之元知亦未知之何矣痛甚〻〻辱蒙賜慰又辱教言深感親愛之至但悲跡痛味有孤存念厚情敢不銘心勿護淚筆失次謝意不端索宥是幸

情仰慰之至帷冀強釋自珍不宣

○吊兩姨丈書

某久違道範日切馳情欽承候奈為歷冗所奪仰惟天眷盛德尊閫貴恙必獲弗藥有喜也條聞鼓盆之感不勝痛悼者久之即欲俯匍趨吊眾謝舍甥固辭敬奉尊命但拙妻骨肉至情哀傷不能自已冀生冀吉樂臨之萬一者又負恨

○慰喪妻

某聞尊閫貴恙方切辦香少伸請禱之私忽驚絃斷絶响不勝痛悼者久之諒惟愛根合体永訣之恨固難為情但修短命也數歸于天人力無奈伏乞割恩自愛不忘遺体之珍則九泉之寢者安矣此則區〻奉慰之意實亦執事保重之道也謹具冥錢一陌仰祈上荐柔君幸甚

○答

某不幸變生炊臼而椎中饋失主之百憂甚情甚為難堪方嘆在生之善不幸

爾悵甚〻〻謹具白金一封望置香燭紙帛上荐灵右代道拙妻之意如此為幸所仰慰者壽天命也乞以礼自損為国惜身弗至過于哀慟此又區〻拜禱之意至望〻〻

○吊友妻書

某拜違道範不覺已經半載緬想雅懐高誼日切瞻依但恨離群索居不能時挍吾兄之顔向耳尊閫貴恙

顯之怨辱賜吊又辱慰言益增哀感摧淚來謝笔楮不端原宥是幸

○慰喪子

某夙仰賢郎青年懿德嘗以遠到是期豈意遽遭大變至此聞訃驚悼有不可言以執事骨肉至情痛心其能以已但觀天殀壽天道之倒置亦無可奈何伏念喪明之累徒過悲傷乞割不忍之恩以礼自愛此實鄙意仰慰之至也謹具香燭聊效永訣之私伏代上荐是幸

○答

我欲問安奈以病懶相仍竟不吝志非敢自處于寡薄也忽聞鼓盆之感令人驚悼不勝即欲趨吊恐勸哀茂謹具香燭上荐臨風長吁无任悵憶之至所仰慰者生寄死歸修短之數莫逃伏乞節哀順変不忘遺体之珍而刻期封莹之責則執事合体之愛追慕有餘地矣至禱〻〻

○吊表兄父書

某自恨不德禍及小兒此固區〻之罪戾難逃而天人之不祐也亦未知之何矣深知夜雨讀昌黎徒然揮淚者也但骨肉傾割其情甚為不堪璧玉塵土之悲一旦安能以已辱家吊慰深感厚情淚笔悵〻謝情莫尽原宥是幸

○慰喪孫

某方喜閣下祥呈麟紱秀發孫枝尺慰娛月之樂也不意露冷階庭風摧玉葉後失抱孫之望天道之無知至此誠為可恨聞知哀慟過情骨肉之恩固須割

某憶昔晉謁荷蒙尊府扶病寵遇而親故話情不能自已者竊然令人感佩迄今無盡仰祈天人祐助必獲勿藥有喜而後會之慶未涯也豈期遽至損養欷歔趨吊柩側少伸真哭之私奈賤体久處困落病疾相仍以致因循歲月然後便不敢付香燭者鄙懷常期躬尽下情弗意竟不吞志是在高明固知不深訃过

但高年痛感必致有損元和仰祈強釋自珍以保貞固之体而衍長年之休此則區區拜慰之至意也況閣下德掛天遭蘭桂之芬芳于堦前尚未可艾後慶之正又足以自慰者也香燭奉吊伏乞代存是祈幸幸。

○答

某自愧老落旁年方嗟餘髮之種種而翁為姥出閉戶之計也不虞門祚衰薄延遭大變禍及小保者如此之甚深恨老死无他求續無階辱賜慰言極知愛予。

而寘德勝礼茌某終无以自文矣多罪多罪。謹具白金一星聊置香燭上存且白某之鄙意如此庶令先尊之灵聞之而某之悲懷亦少有所解也遲慢負歉惶汗不勝伏祈原宥是禱

○吊友母書

晉者生以不才誤獲賓典之選辱勞王祉左賚又辱飛賜孚仪感佩迄今无尽第慙非劣不能努力求前多

但痛心之切不知何辜于天而強釋之情不覺難忘于己如何如何揮淚奉謝筆楮不端原宥是幸

○慰喪女

某忽聞令愛鳳臺月冷一旦飛星墜玉塵土之埋此情良可于悒諒在骨肉其痛必不能堪但國色天香群芳莫競朝榮夕悴造物猜嬰此実命之無如之何伏乞力自寛釋保養蘭桂之芬芳佇看階庭之出色此則區區拜慰之意也香燭奉吊上存是幸

一厓執事令郎非歟非歟嗣後彼此濶絶音問久疎此病懶相仍之過非敢忘深昧大变下而慎污也方切斗仰忽聞太夫人捐養令人驚悼不勝即欲携豚児趨吊用訣終天恐勤兵厨未敢望風長吁千情歉歉謹具香燭聊將萬一莫意伏祈上存并右其鄙窺勝喪諒高明素熟道又當自有節度也希勿至于毀滅

○答

某自恨門闌衰薄以致犲息不保此固天也命也実亦不肖罪戾之貽也但滿醬兼鬚忽隨塵泥而楼魚之淚不斎為之潸然況其田德之係足慰所望痛心之難排又莫知其如何辱賜吊慰甚感厚愛今哀奉謝乜恕不端幸幸

○慰喪妻

某忽聞執事燕子楼中斜陽妻断深慨明珠百斛莫買風光其為可惜也如何但花雨月雲往往如此萬[illegible]弗以情之所

是禱

○吊友子書

某幸辱通家愛厚又辱賢郎垂慈盛德盛情鏤刻在心胃者日常感念但奉候之歉晉悟之私而情久未能前殊為抱歉方切賢郎閑戶旁經充養日裕雄才雅恩當路声聞秋鶚騰空魁捷有足翹者不意倏尔聞訃令人痛傷無已德必有壽何天道之不足徵也如

鍾而此心常抱戚戚且蝮蛇螫手壯士解腕則今日之變故雖為執事憂亦未必不為執事喜也乞自珎愛趨慰未能鑒念是禱

○答

某自愧妄意買妾非敢為娱樂也姑為并臼之代而亦為嗣續之謀耳豈期悲歡變故倏忽有如此者雖然朝雲之戚賢者不免況區區乎但悵煩惱無根自我自種幸辱賜慰又辱教言深感君子之愛以德者至矣謹此奉謝不恕不端幸

此礼宜備閒趣吊奉往寒疾吞志未能永訣終天之恨。不知可忘于何日也。謹具香燭上薦，聊伸奠哭之情。伏乞代道鄙意，如此所仰。愆者頻天賜壽，数莫能逃。希鄙哀衰重，带致貽逝者之憂，而徒取喪明之累，此又下情拜禱之至也。鑒照幸甚。

○謝人吊賻會葬不行謝

某罪逆深重，不自死滅，禍延先考。幸而克襄大事，皆賴諸親相助之力。既蒙垂吊，又賜賻典，遠其送往，又辱寵臨，感德良深，莫知所報。欲效世俗，具衰絰踵門拜謝，柰縲然重服，哀疚在躬，遠離几筵，非獨占死此礼，亦恐賢人君子之不忍見也。故不敢以俗礼上瀆高明。伏惟尊慈特賜鑒察哀感之至。死任下誠謹此代謝。荒迷不次謹疏。

○慰女將嫁死來香燭祭礼

某幸荷不棄，獲遂種玉之緣，深喜家室生光。宗枋出色，有久矣。豈期真德難膺，享福之休，以至變及令嫒者如此。恨甚痛甚。謹具香燭紙帛，交贈庶饈，聊表終天永訣之情，兼致百年幽慕之意也。伏乞上着靈右是幸。

○答

某自愧菲薄，辱蒙不棄，叨獲倚玉之榮，惟與小女奉執箕帚，以酬百年姻眷之報也。不意區區菲質忽遭大變者至此，否哀感念日夜遑遑，方切有負仁慈所謂恐當報無地，重辱諭祭，厚礼以卑承尊，小女何以克當。盛德盛情，幽明均感。謹此申謝，哀緒不恭，原宥是幸。

○賻葬

恭惟公占符龍耳之祥，宅兆叶牛眠之勝，是誠德膺天眷，故獲福地。福人之応者至此。虞祀不偵，襄事告成。某幸亦親知，不勝欣羨。謹具菲礼，以伸執紼之私，甚效仰祝之意也。伏惟造化鍾神秀，何有好龍[illegible]小水濡清，輝求[illegible]之教，鑒納是幸。

祭文

夫祭者，先王追遠報本之意，傳祭之時三日齋七戒，以致其誠也，然後祭之。故夫子曰：吾不與祭如不祭。誠為實，礼為虛也。然祭必夫婦親之，故則使人可也。所謂水流思源，木落滋本，豈可人而不如水木乎？故累言之，餘詳載于文公家礼。

○祭田橫墓文　昌黎

貞觀十一年九月，愈如東京，道出田橫墓下，感橫誼高能得士，因取酒以祭，為文而吊之。其辭曰：事有曠百世而相感者，余不自知其何心，非今世之所稀，孰為使余歔欷而不可禁？余既博觀乎天下，曷有庶幾乎夫子之所為，死者不復生，嗟予去此其從誰？當秦氏之失鹿，得一士而可王，何五百人之擾擾，而不能脫夫子于劍鋩？豈所寶之非賢，抑天命之有常？昔闕里之多士，孔聖亦云其遑遑，苟余行之不迷，雖顛沛其何傷？自古死者非一，夫子

○子祭父文

嗚呼哀哉！父兮恩極昊天，胡天不恤兮，命不少延，使我兒輩兮空期百年。趨庭仰企兮詩禮無傳，陟岵瞻望兮風木堪然。音容何遠兮，舘舍棄捐，我身無倚兮空淚如泉。靈輀既駕兮即彼九原，父其此往兮竁窆長眠，使我徬徨兮如狂如顛。撫膺呼號兮欲見無緣，生死永訣兮千萬斯年，猿驚鶴怨兮芳艸芊芊，天長地久兮抱恨綿綿。父有靈兮鑒此芳筵，嗚呼哀哉！伏惟尚饗。

○又

嗚呼！九天蒼蒼，九原茫茫，父兮何之？歎從無方。言念故歲，侍奉湯藥，衣不解帶，食不盈匀，問者方至，而吊者踵門，崩摧殞絕，遭此沉屯，鑽燧改火，一時天變，追慕音容，不可復見，憂心如割，血淚如傾

至今有耿光聽陳辭而荐酒醴髣髴而來享

○祭張敬夫文 朱文公

嗚呼自孔孟之云遠聖學絕而莫繼得周翁與程子道乃抗而不墜然微言之賴嚮今未及乎百歲士各私其所聞已不勝其乖異況惟我之與兄脗志同而心契或面講而未窮又書傳而不置蓋有我之所是而兄以為非亦有兄之所然而我之所議又有始所共向而終悟其偏亦有早所同脩而晚得其味蓋繳紛往返者幾十餘年末乃同歸而一致由是上而天道之微遠而聖言之秘近則進修之方大則行藏之義以兄之明固已洞照而無遺若我之愚亦幸竊窺其一二然兄喬木之故家而我衡茅之賤士兄高明而宏博我循次而迂滯故我

于餘生與死為鄰仰而覆天〻高莫□俯而叩地〻〻厚莫听春風翔和兮春日麗空春草搖瑱兮春水溶〻抱遺恨兮曷終哀有尽兮無窮伏惟一奠鑒此情衷尚享

○祭母文

嗚呼痛哉百年華屋千載山立慟哭辭堂毋也不留音容杳邈永訣千秋嗚呼痛哉遲瞻衡宇粗蔽風雨憶昔吾母行笑坐語今辭而去誰為同處嗚呼痛哉我遊中庭天香有堂憶昔誦書吾母今辭而去冷〻泉泚〻嗚呼痛哉我奉重闈依光有闇憶昔吾母侍側笑樂今辭而去原野寂寞嗚呼痛哉人皆有此獨抱恨以終身者我幼亡父母恩甚勤孰為三遷為我擇鄰孰為剪髮為我延賓教我誨我命我成人今我三釜不能及親嗚呼痛哉宜安之原墳土三尺哉惟吾母殯墳旣側有泉有池有松有栢一別一終天神安其宅嗚呼痛哉

○女祭父

惟父之存鞠育我等飲之食之長使修整

常謂兄宜以是而行之當時兄亦謂我盍以是而傳之來裔蓋雖隱顯之或殊實則交須而共濟不惟相知之甚審抑亦自靖而兄愧嗚呼孰云乃使兄終在外以盡其心予亦見察于斯而所傾將不遂也政使得聞以毓其書是亦任左肱而失右臂也傷哉吾道之窮予復何心于此世也惟修身補過以畢餘年庶有以見兄于下地也聞兄之塟而不得臨獨南望長號以寄此酹也惟兄憐而鑒之尚陰有以輔予之志也

○送延平李先生祭文 朱文公

山頹梁壞歲月不留即遠有期親賓畢會柳車既飾薤露懷悲生榮死哀孰不排慕某等久依教育義重恩深學未傳心言徒在耳載瞻繐帷弥切痛傷槃室三年莫酹風志牽觴一慟永

迨其長成締結勤省使配之家不忘□敬年雖既高更歎尚穫豈意一疾淹頓今長逝泣血皆言淚既隕矣尚享

○女祭母文

惟女子有適人之道所膝下無終身之期北方克謹乎戒敬之訓蓋未有暇乎歸寧之儀何彼蒼之不仁使我妣之遽逝嗟薤露之朝散信舟壑之夜移念我父我弟兮既已失望使我姊我妹兮又將何為觸緒增感痛心摧腸奠桂酒兮三酌揮血淚兮漣洏

○妻祭夫文

嗚呼我夫終身之托百年是約胡為棄我一疾殂落嗚呼我夫君有幼子嘗養未學何忍去之虐使我之肝腸痛著嗚呼我夫君有室女嫁訓未若君何別之確使我之血淚頃落嗚呼我夫君其有靈兮使我子之有成而才綽君其福祿兮使我女之有歸而不錯嗚呼我夫听君之遺言兮德音之在耳者洋〻何以覩升玉眂降視君之遺像兮衣裳之文身者楚〻何以形役而影藏嗚呼我夫覡

訣終天嗚呼哀哉

○祭杜祁公文　歐陽永叔

士之進顯于榮祿者莫不欲安享于豐腴公為輔弼飲食起居如陋巷之士環堵之儒他人不堪公處愉愉士之退老而歸休者呼以私自放于閑逸公居于家心在于国思慮精深言辞感激或達旦不寐或憂形于色如在朝廷而有官責嗚呼進不知富貴之為樂退不忘天下以為心故待于已者若益篤而信于人者久愈深人之愛公寧有厭已壽胡不多八十而止自公之喪道路嗟咨況于愚鄙父事公知繫官在朝心往神馳送不臨穴哭不望帷御詞寓恨有涕漣洏

○祭歐陽文忠公文　蘇東坡

嗚呼哀哉公之生世六十有六年民有父母国有蓍龜斯文有傳學者有師君子

物與思兮切如生之慕于違違對詩感兮抱終天之恨于茫茫憶嘻嘻一去不歸茫何之在前在後我如疑地以天長情難盡枕冷衾寒我自持卮酒滴瀝報君知君其鑒我來歆斯嗚呼哀哉

○大祭妻文

嗚呼宜人毓秀名門于歸于我相敬如賓宜家宜室百爾事與既生既育萬事足申百年夫婦齊眉共珍豈期一疾散魄飛魂嗚呼哀哉我心獨苦恨不同木我兒徬徨頓以一死瞻何天不可以言告命不可以力復嗚呼哀哉徒使我之神魂夢遂徒使我之傷心淚目徒使我很悠悠無窮之憂切痛痛如見六歎寃哉寃哉幽明隔別死生永訣酷哉酷哉乎毋中分夫妻半折否可磨兮泉可竭此情此恨難雪敢告于灵惟灵鑒格

○祭表兄弟文

嗚呼人之降生于世賦厥性由彼蒼理一定而無厚薄兮屬天而有短長嗟我兄也安分痛我兄也謙常和以處衆睦以居鄉失怙恃也癸歲會泊仲也厲行蹟

有所恃而不恐小人有所畏而不為譬如大川喬岳雖不可見其運動而功利之及于物者蓋不可以數計而周知今公之歿也赤子無所倚籍而朝廷無所稽疑斯文化于異端學者至于用夷君子無與為善而小人沛然自以為得時譬如深山大澤龍亡而虎逝則變怪百出舞鰌鱓而號狐狸昔公之未用也天下以為病而其既用也則又以為遲及其釋位而去也莫不冀其復用至于請老而歸也莫不悵然失望而猶庶幾于萬一者幸公之未衰孰謂公無復有意于斯人也奄一棄而莫予追惟世之涸濁潔身而逝乎將民之無祿而天莫之遺昔我先君懷寶遯世非公則莫能致而不肖無狀因緣出入受教門下者十

百年之上壽胡罹疾于高旨逢長夢之昧醒寞情痛而逾傷背伉儷而何往使孤子之斷腸噫噫嘻嘻兮風慘月黯然兮天凉冷冷清清兮霜露凜冽冽兮夜霜凝斯時也華萎鱗斯景也不貞鶴怨咦也慶切傲哀嘯也悲傷痛我兄也我孤情感慨也恫惶礼再拜也表意酒三奠也椒漿灵有知也來格與歆鑒也哀章嗚呼哀哉尚享

○弟祭兄文

嗚呼吾兄其才惟俻設施大畧出人頭地嗚呼吾兄其德惟良忠孝大節一生不忘嗚呼吾兄其名赤顯秋榜春闈海內爭羨嗚呼吾兄其位方崇九載三遷蘇寺懋功以兄之才胡施弗究以兄之德胡報弗厚以兄之名胡壽弗長以兄之德胡祿弗昌二嫂蹐踊諸孤哭泣旅櫬雖還相見何日兄産既薄兄蓄亦微俟父兄後天豈無知其也不肖兄愛兄教開訃千里空爾悲悼牲醴束香遥寄痛心吾兄有灵庶幾來歆

○兄祭弟文

有六年于斯聞公之喪義當匍匐往吊而懷祿不去愧古人以忸怩緘辭千里以寓一哀而已盖上以為天下慟而下以哭吾私

○祭張魏公文　王龜齡

惟公學造明誠才全文武忠孝根于天性節操貫乎歲寒社稷之功業高覩常捧日君父之仇未復誓不共天二十年見斥權臣五百載重逢圣主夷狄服汾陽威德兒童知司馬姓名意若天必相之嗟乎命何止此方渡江而擊楫慨樂聖以啣盃宣室興思蒼生望想雖曰閉戶絕粒不忘憂国愛君中山功未及成誹謗之書盈篋武侯死有遺恨英雄之淚滿襟一老不遺百身莫贖其盬此假守驚聞訃音忍覩絕筆之餘愧阻臨棺之奠嗟吾道之窮已甚非夫人之慟而誰

嗚呼某遽止於耶以君之志遠大自期君之才無不可為官雖進而未達位已陟而危早晚忽若是斯其可悲高堂老母深閨狐發二難飲恨于終養百年應悔丁結褵萬事無成一婁具追驚遠訃之來報亦將信而將疑感同胞之旧誼愴涕淚之空垂聊緘辭而一奠庶幾少慰于遠思嗚呼哀哉尚享

○姪祭叔文

嗚呼吾叔之材也杞梓合抱不足以言其良吾叔之行也精金百鍊不足以言其剛吾叔之器宇也夏瑚商璉不足以言其雅重吾叔之度量也長江巨浪不足以言其汪洋吾叔之于麟經也不啻庖丁解牛而烘爐中之雪吾叔之于科名也不啻壯夫拾芥而探囊中之藏吾叔之擢秋官也覽諸司之斷案吾叔之遷外臺也肅百僚之紀綱吾叔之陟方伯長大藩也可以以治而一面之寄無忝吾叔之蹐畨即登台輔也可坐以待而四海之望未償吾叔之命嗟止于下壽也揮涕泗之交傷吾叔之神灵不昧鑒哉

○祭蘇子美文　歐陽脩

哀哀子美命止斯耶小人之幸君子之嗟子之心胸蟠屈龍蛇風雲變化雨雹交加忽然揮斧霹靂轟車人有遺之心驚膽落震怛如麻須臾霽止而回四一作顧百里山川草木開發萌芽子于文章雄豪放肆有如此者吁可怪耶嗟乎世人知此而已貪悅其外不窺其內欲知子心窮達之際金石雖堅尚可破壞作碎子于窮達始終仁義惟人不知乃窮至此蘊而不見遂以沒地獨留文章照耀後世嗟世之愚掩抑毀傷譬如磨鑑不滅愈光一世之短萬世之長其間得失不待較量哀哀子美來舉予觴尚享

○祭石曼卿文　歐陽脩

嗚呼曼卿生而為英死而為灵其同乎萬物生死而復悦也酹萬里之一觴嗚呼尚饗

○父祭子文

嗚呼父死子葬乃理之常子死父葬其情可傷言之至此痛切心腸官一命而留受予數歲而先傷固有無功無祿無德而壽此今人所以難諶乎蒼蒼松山之高江水之長萬事已矣歸于幽堂有肉在俎有酒在觴魂兮有知庶其來嘗

○父祭女文

嗚呼諸子我之鍾愛汝可達人我遂擇壻于婦高門家道不寒既生既育我心則安父母愛汝期汝百年如何以疾月缺花殘言猶在耳宛生則異我之哭汝痛徹腸肺嗟乎汝兮夫婦之義生已不然憐汝孤兒今亦失所我心之憂涕泣如雨

○得廉祭祖文

嗚呼某之生也適時方將三歲而際我祖之不穀不得親承我祖之心畜不得耳聆我祖之教讀以至不肖不以不克自立而自淑惟賴我祖之書香一脈之垂統者猶有可聞而可續薰陶于德澤之沾溉父於風声之隙幸得與于冠裳之

歸于无物者乎。暫聚之形。不
與萬物共盡。而卓然其不
朽者。後世之名。此自古聖
賢。莫不皆然。而著在簡策
者。昭如日星。嗚呼曼卿。吾
不見子久矣。猶能彷彿子
之平生。其軒昂磊落。突兀
崢嶸。而埋藏于地下者。意
其不化為朽壤。而為金玉
之精。不然。生長松之千尺。
產靈芝而九莖。奈何荒烟
野蔓。荊棘縱橫。風淒露下。
走燐飛螢。但見牧童樵叟。
歌吟而上下。與夫驚禽駭
獸。悲鳴躑躅而咿嚶。今固
如此。更千歲而萬歲兮。安
知其不穴藏狐貉與鼯鼪。
此自古聖賢亦皆然兮。獨
不見夫纍纍乎曠野與荒
城。嗚呼曼卿。盛衰之理。吾
固知其如此。而感念疇昔。
悲涼淒愴。不覺臨風而隕
涕者。有愧乎太上之忘情。

○祭劉巡官文　李翺

榮膺于天祿是宜我祖澤仁之篤范
後人之福夫豈孱懦之才所能續嗚呼
恩光煌煌祖德穆穆月窺高攀桂香馥
郁天衢自上而下宴優渥又惟我祖次吹
嘘復有尼酒一觴虔誠萬斛靈其有知
鑒此哀祝。

○祭外父文

嗚呼念我公之生也秉氣清奇念我公之
性也煦若春曦其接人也威儀敬謹其
處事也用舍得宜和鄉鄰也禮遜謙讓
睦宗族也友愛和施訓男女也務守本
箴規諧伯仲也烏乎乎倫叟視宦田升若
浮雲也胸襟坦夷藐功名如草芥也好
爵自縻樂優游于林壑依泉影以自怡
擬百年之上壽胡彼蒼之不憖遺奚提
攜之孤子背伉儷之齊眉乎黍公之鍾
愛洒涕淚以交頤兹卜良晨出殯嗚呼
惜別靈輀今清〻兮霜華凜寒凄〻兮
日色淒慘鴻哀慾兮情慘切猿啼啾啾兮
兮意傷悲思斯時兮林木哀悽斯景兮
野草萋萋酸辛兮傷肺腑復何日兮見
容儀敬陳菲禮以表寸心之微俯垂鑒

元和七年歲次壬辰九月
丙辰朔十五日庚午觀察
判官攝監察御史李翺等
謹以清酌庶羞之奠致祭
于劉君之靈我等與君同
列賓筵共食偕行歲辰再
遷公事多暇嬉遊有般御
重于塘荷秀于川或泛在
水或祭在山飲酒終夜觴
詠徃還笑言無虛咸盡其
歡若實盛時維壯年宜
就壽考福禄來臻奈何遘
疾針藥弗瘳日冀返初憂
危遽傳長路未極琴書忽
捐嗚呼哀哉堂有老母室
有少妻稚男幼女或童或
孩發声哀切吊者酸悽祔
塋舊城隨喪以歸已矣劉
君自古如斯有肉在豆有
酒盈卮歆来一別去〻長
辭嗚呼哀哉尚享

○弟紀信文

維年月日某官名恭吊漢忠
臣將軍紀信公曰皇綱絕

納兮與靈有知臨文嗟悼兮嗚呼噫嘻

○祭妻父文

嗚呼泰山其頹哲人其萎我雖半子情實
傷悲嗟今之人俯首徇世逐腴棄瘠乃
其常態惟公操尚激烈慷慨擺脫塵俗
傲視天際予當少年知音者稀公獨藻
鑒東床是依之子于歸來我慈幃倚公
之德始與山齊奈何微恙遽即長逝嗟
乎寸寸兮腸斷滴滴兮血淚酌以卮酒
千秋萬世

○祭妻母文

嗚呼鵲巢之風久矣其亡有德斯潛亦輝
于鄉宜其家人退食廟堂壽考而終令
聞不忘某忝半子情實悲傷嗟乎紅塵
杳兮路茫〻白雲去兮之何鄉涕淚交
流兮雨霏〻有殺在俎有酒在觴靈其
鑒之尚享

○祭舅文

嗚呼我舅負英邁之資稟剛毅之性立而
有禮於立乎中流缺而好學超出乎凡
類慷慨為人挽何衰世余方擬其為亞
王之中興詎意不就乎炳先之大志噫

兮帝紐頹王風悲兮世道衰天運促兮周以覇秦德衰兮漢業集一作開何項王鼂負作驪除于雲雷茫淵海之飛盜資拔小之儒才於是左契歸夢群雄泰職皇矣漢祖獨負其自矧桀陽之圍城兮既孤而逼儒將軍之天誘兮矯奪其識彼見危而授命兮亦各有時兮振古以爲相兮罔極帝基威將軍之孫憤兮壯大義之在兹仰前修以砥節兮頓市同而馬遷嗚呼身既焚兮業既焉焚歌絕兮漢道光君不涯兮史不揚功不錄兮歿不傷爲孤墳以載壑集作禋于祀而爲荒皇周敷訓兮澤及枯嗣伊予寡德兮忝宰兹地奉宣加獻兮懼尸厥位將軍兮允忠且義託神交于萬古兮實獲心志乃斷石于他山兮式表墳以貽貴

良玉不堅兮蘭易焠雖莫之爲而爲異非所致而至嗚呼高堂白髮雖若弛之有子終養可慰同衾綠髮雖若離之有子定省有特骨肉親戚雖若指之有子親愛不替吁富貴浮雲之若付諸東流而詩禮樂傳家之望已貽後裔諒汝抱死窮之恨失志于平生冀汝魂不昧之靈祐子以科第生也有聞死也無愧予忝姻婭情敦同氣遂觀汝嗣箕裘可繼汝願可酬永安泉世謹陳薄奠神其鑒之

○祭親友文

嗚呼公吾親友之執志者也其共學也以志同方而道同術爲務其出處也以久相待而遠相致爲碩其制行也以篤孝弟而明信義爲慎豈我之不肖也學而庇于身笑事以自愚自廢而自誤而有終身萬事之懼所賴以諒我者公之心不衰慰我者公之德日富孝友慈愛而人無間言規矩準繩而身有常度有源有委者其文章之華有綱有紀者其議論之布是宜名實之孚于上下也請嘉而褒書之來于龍錫也焉固曰德

詞曰擁提貞歲兮奉揚仁風駿波草兮希詞所紀公善彼勇兮毅身爲忠九原不作兮予將焉同金石刻名兮千萬歲魂魄光烈兮爲鬼雄

○祭李司徒文　白居易

維大和四年歲次戊戌七月癸酉朔十九日辛卯大中大夫守太子賓客分司東都上柱國賜紫金魚袋白居易爲重表弟朝請大夫守少府監上柱國李朝謹以清酌庶羞之奠致祭于故相國與元節度使贈司徒李公惟公之生樹置集作制名節忠貞諒直天下所仰惟公之殁逢集作遭雖禍變京本作非究竟痛哭天下所知雖千萬其言亦不能盡於集作故兹莫次但寫私誠居易應進士以鄙劣之文蒙公稱獎在翰林日以拙直之道蒙公扶持公雖徇

曰壽之稍增以福以祿之特遇夭何言之卷方霄而歸全之命忽赴嗚呼鵬失羽則失溟柱崩則山顛木誰其兩衛川華表誰其再樹紛緒善垂繼述可擴喜有英郎丕承丕著公歸九原安寢何慮我辱公知謹此銘墓灑酒一慟永訣之付公其我臨不忘平素嗚呼尚享

○祭宦官文

嗚呼惟公之生負陰抱陽胸襟洒落氣宇軒昂存心而恕處事而剛孝弟于家和睦其鄉親賢友善扶弱抑強轟轟烈烈做過一場小人爲之屏迹貪暴以之退藏從訟不能理者公爲之解釋宿冤不能伸者公爲之分張不求聞達而姓自彰不慕人爵而名自揚爲一鄉之領袖真其邑之賢良正宜應安車玄轍之詔而入廟廊胡爲白玉樓成而召作賦章訃音飛墜靡不悲傷其忝在眷念涕淚傍徨不辭路遠薄奠一觴靈其不昧來格來嘗烏乎尚享

○清明祭文

嗚呼惟水有源惟木有根顧我曰人可忘

公愚則受賜或中或外或合或离契濶綢繆三十餘年至于豆觴之會軒蓋之㳺多奉光塵最承歡忠眷遇既深於常荓痛憤实倍于衆情永訣奈何長慟而巳翔情兼中外分屬眷知綿以歲時積成交用敢中薄酬庶鑒微衷嗚呼哀哉伏惟尚享

○挽聯

子恨我時休涕淚每隨連

○夜雨

母歸何処去夢魂不醒五更天

○細織杼間絲割断錦衣賢

母訓

○慈縫衣上線牽開血淚孝

○見情

○花落土埋香不見芳菲春寂寂

鏡孤鸞分影可憐消索夜

○迟迟

其親狐死丘青鳥哺義深報本反始人道大經玆惟氣序清明甫臨雨露濡兮怵惕我心丘壠登ミ感傷断魂青山助哭緑水吟ミ嗚呼痛哉何以追尋豆肉一几卮酒一鋤掃松前荊祗荐哀忱神子不昧來格來歆

○祭墓告祝後土文

維某年歲月日某官姓名敢昭告于后土之神某恭修歲事于某親某官府君之墓惟時保佑实賴神休敢以酒饌敬伸奠獻尚享

塵掩鏡中花夜夜空來蝴蝶夢
淚沾坟上艸青青化作杜鵑紅

夢入華胥椿徑梅披失色
淚分春雨蘭亭桂砌生寒

空谷風生鶴夢难醒長夜冷
高山日落猿號不尽断腸声

痛堅老夫兩眼淚垂雲雨地
傷親孝子千声啼破雪霜天

慈母夢中魂不見
孝兒衣上線尤存

新鍥赤心子彙編四民達觀翰府錦囊卷之三終

新鍥赤心子彙編四民利觀翰府錦囊卷之四

桂谷 赤心子 彙編

閩海 青崖子 綉梓

慶賀絶句

詩不分今古有押于風化者脩録惟此為然

○賀壽 詹陵

勘破功名鹿覆蕉古今天地有漁樵醉餘扶月歸鄰舍吟袖携春過野橋閒砌其香專淑氣栗欄香雨長靈苗我无春酒為公壽借得源頭水一瓢

○賀夫婦同年月日生

風世姻諧信不誣生同年月日允俱霞盃獻壽東西進綵服承顔左右娛星燦長庚聯宝婺門懸錦帨映桑弧矜懷此日宜舒展賀客三千任醉歸

○賀四十 王賓

昔年嶽降産英標誕節奇逢日正東鶚薦作基天必壽一恒立性德何窮文章五色鳴時鳳豪氣千尋貫斗虹四十古來稱始仕桂秋留意為君紅

慶賀啟劄

芝卷備紀慶賀數條刻季常套宜而用不可緊而施

○賀人祖父生日

恭審令祖父大人桑弧紀瑞壽軸呈祥彩服輝煌欣欣遍舞重堂内管絃具備熙熙迭奏繼庭中特貢羽儀少旌賀意祝之眉壽等南山高並崆峒山六六

○荅

祖父康強深喜生期將至孫家寒陋慚无奉樂牲儀蒙頒厚礼蓬室增光垂首登之益切感謝如云眉壽深拜仁者之言又曰南山多荷至親之祝

○賀人祖母生日

恭審令祖母老孺人繼庭再世錦帨初辰天上桃花欣待瑤池之宴人間蘭封笑看王砌之春富貴華堂周旋珠履既此修于慶賀敢薄獻于慈懃堂北之萱月佳誰如此樂澤中之芹不少更寓吾私

○荅

○賀五十　戴君賜
四月薰風解醞凉壽筵酒衆
嫩荷香天邊客送千秋節
庭下人酬五色衆桂子養
成黄甲紫椿萱特報紫泥
章人生五十非高壽还慶
褒封百歲長
○賀六十　亡名氏
緑鬓朱顔甲子週喜逢初度
菊花秋玉壺酒瀉玻璃盞
金菊花簪紗帽頭紅袖霓
裳遶王席鳳笙龍管翥朱
樓頭言鶴算齊方朔王母
蟠桃任意偷
○賀七十　亡名氏
七十年来鬓未皤林泉真樂
養天和函関老子騎牛度
蓬苑神仙戲鶴過庭外彩
雲飛白晝滕前班綵繞青
羅淺今盡得長生訣惟有
高人壽最多
○賀八十　亡名氏
八十年垂白待文王倏爾春秋
壽届當天理人心涵動静

兹奉老親又見初度陳情讀表深知祖母
之恩見而開緘重辱故人之惠亟其下
拜感以有慚千歲蟠桃何敢望仙家之
日月重闈萱草頗相期壽域之春秋
○賀人父母雙壽
恭惟椿萱偕壽弧帨同春具慶之樂深為
可羨敬裁蕪語效祝南山薄具微儀莞
尔而納幸莫大焉
○答
高堂父母又當眉壽之辰巨族姻朋且拜
多儀之賜金蘭篤契蔽水增光下拜登
嘉豈勝感激
○賀人父生日
椿庭日永華誕天開彩服承歡樂覩春光
之有慶壽文呈瑞喜瞻星彩之生光泰
在眷知罔不欣賛兹若薄貢微仪少申
賀敬伏冀麾納无任幸孔
○答
兹若家父　荷天所祐幸假以年况當初
度之日而某為之子者深愧无能尽其
道也承頒儀禮優厚多光拜而受焉重
增慚赧姑此申酬尚圖面謝

高山流水和宫商滿庭芳
草如生意一律梅花見石
腸今際太平開壽域更期
鶴算等陵岡
○賀九十　梁銛
七旬八袠皆難得况復遐齡
九十年談笑眼中无故旧
往来膝下有曾玄朱顔不
改原非藥緑鬓長春恐是
仙更愛諸児老还健綵衣
能戲畫堂前
七言四句　○賀五十
一曲清歌酒一壺桃黄賓友
恣歡娱無因縮地称遐壽
遥誦南山望六都
○賀七十　王賓
人生以百歲為期五十方週
半百時後五十年仍半百
一年来壽一篇詩
○賀六十丈人　詹儀
南極光臨荷甲境蟠桃會長丈
人健頭將海屋添籌祝同
作長生不老仙
○賀七旬　宗甫　王賓

○賀人母生日
恭審萱花稱觴錦帨生光不老仙姑祗献
水桃延鶴筭長生王母欣呈雪藕長龜
齡歡声雷動喜氣雲屯某恭在葭莩之
末忱不可勝奈為塵俗之拘賀慚在後
輒有薄儀馳貢莞尔海納為荣
○答
小人有母適逢初度之辰仁者贈言且拜
多儀之貺甚感蘭金之契頗增菽水之
光佩此盛意銘諸丹衷對使鞠恭拜謝
尚思晤面申酬
○賀外祖生日
恭諗外祖大人鄉邦推重邑里馳名茲值
幾旬壽且争誇五福兼全第礼當趨詣
称觴奈因俗冗以絆簡慢罪不可逭某
物專人馳貢聊表寸忱乞希麾納為荣
○答
老矣老夫揆予初度正慚潦倒莫能為親
友之歡重辱慇懃時錫有壺觴之惠雖
祝之而何益寧獲此以為加
○賀母舅生日
日逢初度天錫遐齡南極星辰茂衍春秋

喜慶宗翁壽古稀笑摩老眼
看孫枝頗言益點雙瞳添
看到曾玄白髮時。

○賀八句　王賓

七月竞奠一葉生仙翁八十
酒如渑泰鋳上祝无疆壽
台背黄眉百福并

○賀百歲

種菊南山下秋風百度花鞴
此間氣江漢淩誰家管禍輕重
散陶泓巳上加海壽仍下乘陸銜家

○賀新婚　實禪名　王賓

閙沽美酒賀新郎燭影揺紅
畫錦堂連理枝開端正好
洞天春鵲踦羅香銷金帳
暖雲初合玉漏遲催夜未
央好事近符天巳定等閑
蘭桂滿庭芳

○又

洞房法曲献仙音鸞遇竹雲綾
缕金金盞見交雙勸酒香
羅帯結兩同心江頭金桂
花應早水底魚見意更深
宜尔室家天下樂千秋歳

之筭東風賓客宏覌詩礼之庭椿桂歡
騰梓桑慶集特貢菲仪聊申片敬千希
見納榮幸

○荅

浮生擾擾俄驚耳順之秋老景駸駸條入
古稀之境兹蒙專惠㥯領懇情無勘述
壁目入幸幸

○賀人生日

恭惟天錫遐齡星開初度繁禧弥介壽域
有光竊以冗拘弗獲躬賀敬陳菲礼上
祝長生浔沐莞留不勝榮幸

○荅

兹以老而且衰苟延歳月適逢初度正自
可慚過沐眷存多儀寵貺再拜登加深
切感謝

○賀姑丈生日

恭惟星開今日南山壽祝于十千天錫遐
齡北斗光样于三四姪在姻縣之末共
增欣慶之私莫效單忱敢陳微礼伏望
麾領无外為幸

○荅

自惭无德可肢无善可稱火生无益浪消

月共調琴。

○賀及第　羅洪光

天撥錦綉富胸衿文字三塲
抵萬金此日共瞻登第喜
平生不負讀書心墨題金
榜声名重宴鋪瓊林寵渥
深池日致君堯舜上九州
四海是甯謌

○賀姪游泮　詹儉

故家有德種以田家家衣冠
克紹賢胸仰弟兄三進士
新添叔姪両生員律身矩
範師前輩喠手功名属少
年看取當途勁翮鍛秋風
聯響鹿鳴筵

○賀游泮　王賓

亥唾珠璣氣吐虹長才獨壓
萬夫雄主司有眼識吾子
天意留心報若翁燐挂功
夫燈火上塩梅辛苦雪霜
中蛟龍不是芹池物早際
風雲上九重

吊挽絶句

吊挽詩非有稗于風化者不録

虚年何足為世輕重也辱加賀意喜愧
交臻領加面謝

○賀朋友生日

恭審紱麟紀瑞之日玉燕開祥之辰莫不
欣慶忝在契末恍乏將誠敢修芹礼之
恭聊祝椿齡之永尚祈鈞重曲賜矜容

○荅

某碌碌庸流韶華浪度寸德未進一事无
成羞為知己者道也叨遇誕辰奚足祈
慶承貺厚儀曷勝感德尚容拜謝謹此
申復

○賀人妻生日

錦帨門懸懋衍壽于鶴齡宴啟瑶池想生
歡于鴻案某托在眷末贊賀宜先遮偶
逢于蜎冗賀莫效于凫趨惟獻芹藻之
仪聊致椿松之祝浔蒙笑納為幸何多

○荅

眉齊梁案喜逢剃布之生辰榮染吴霜已
責紛絲之可恥祗拜賀言珍重俯登錫
札豈㮚敬州中酬尚圖面叩

○賀二十

執事初度二旬正終軍請纓之日也壽山

○哭文丞相　王磐

大元不殺文丞相，君義臣忠兩得之。義似漢王封齒日，忠如蜀將斫顔時。精神貫日華夷見，氣節凌霜天地知。卻恨史書編不到，老夫和淚寫新詩。

○岳武穆王墓　趙子昂

岳王墳上草離離，秋日荒涼石獸危。南渡君臣輕社稷，中原父老望旌旗。英雄已死嗟何及，天下中分竟不支。莫向西湖歌此曲，水光山色不勝悲。

○哭孫許二忠臣　郭希顔

一言觸犯虎狼威，劍下忠魂浮好歸。自我到頭成個是，任他平地做揚非。黄雲黯霧群鴉散，白日青天兩鳳飛。訣負微誠何物是，汨羅江上首陽薇。

○憶介子推　洪鍾

血食綿山數頃田，英雄堪恨未堪憐。公侯好爵須志我，父母遺骸不值錢。一攝既光旋焉蛇，五湖終有釣魚船。書生獨立青山外，四代名臣姓什標。

○探詹恒齋父　王賓

濟濟衣冠羨鶴姿，天胡不憖負何爲。泰山頹日高山石，斷秋風消水盡。白首典刑天此老，青雲事業有佳兒。他年無下英黄日，始是去生瞑目時。

○挽秦朴齋　王賓

百畝高腴一草堂，游心不到利名場。眼高計簡空千古，詞吐天葩壓衆芳。中夜盈雖曾有識，疾風吹鴈不成行。落花兩血情何極，點點飛紅過短墻。

○悼妓人　朱宗周

濺濺香魂歸返難，忍看白骨瘞青山。生憐樹倒春風迴，醉眼花摧夜雨寒。寶匣空凉鸞鏡暗，錦幃寂寞落殘。五陵年少重來此，躊躇。

由此以基福海，作此以拾卿。具菲儀，用伸芹敬，頌希笑留，不勝榮感。

○答

年雖弱冠，惜無路以請纓。幼心如故，視志學尚未能也。蒙賜厚禮，恐返璧還爲不恭，對使領訖，容日申謝。

○賀三十

恭惟足下壽屆三旬，年已富而力已總，德可修而業可進，正卓然有立、毅然不回之際也。某忝愛下，聊具筐篚之儀，敬致岡陵之頌，惟冀麾納，不勝榮幸。

○答

年登三十，叨承知遇之隆，志射四方，甚愧桑蓬之設，誠樗櫟之材，虚生之器也。重承多儀，焉敢方命，另容報謝。

○賀四十

恭審日逢令旦，天錫遐休，盤捧蟠桃，宴金盃之壽酒；庭森玉樹，戲綵服之香風。柰阻蝸末，遑燕賀，薄言菲禮，聊祝椿年。

○答

德未立，道未明，不惑深慚聖訓，言莫知命，莫養動心，負恥輒年，兹承禮厚意懇。

豈文煥號有悶也，尚圖再謝，感感不一。

○賀五十

恭惟頌翁天啟令名，嘉壽知命，星文炳曜，平德躬瑞，氣藹然千，仁宅佔斯，景而誠可賀焉。某忝以事緣，莫能趋賀，不揣菲之儀，聊致岡陵之祝，深慚不恭，是祈。

○答

某自分碌碌浮生，而虛閱流光者已半世矣。深愧无德，以无聞也。方切揚勵之不暇，有何足賀而足言。過辱寵衆貺出色，但恐偃蹇行年，難副昔人之考云。故當因時自守，姑安晚節之願，敢拜領頌言，不勝悚反，愧感感。

○賀六十

恭惟桑弧紀旦，龜鶴呈祥，若屆耆年壽域，是誠得四印五官之養，而遂迎鳴檐之休者矣。禮當奉賀觴，快覩綵衣之榮也。但限未前，詸爲抱歉，謹具芹儀引致，伏祈椿齡永翔之慶，比海之欽，倉曆重新，年年上南山之祝，鑒納幸甚。

○答

[illegible]不復伸

○挽鄭烈女　無名氏

夫顏夫面縱夫亡不入蕃當
女子行白髮尚雖全晚節
紅顏誰肯奐春光洪遊地
下乾坤老名在人間節不
香我涙浮來不斷洒為他
千古立綱常

○笑鄭堂　代父死代夫世其節

父成灰夫成了代死婦緣夫入
玉門㘴煙隨我馬悲風慘
雲深旅舊白日閒。　點孝

心堅鐵石。百年負義重立
山。討多怕死偷生者閱道
清風亦厚顏

○挽縣尹　無名氏

四万人家未易齊，不歸一握
古提撕。祇存鶴在琴邊録。
不許鶯遷耳畔啼。化雨當
年多潤澤。即星半夜攜沉
迷。可憐骸骨斑斑白，不帶
康山半點泥。

○吊李白墓　吳源

百年長醉豈時醒，千古泉臺

某幸逢初度，惟、惟、生而有稱无成
之羞，慚然莫能自已。乃承家遠善，寵賜多
儀。何以克堪，愧感愧感。謹當佩服。善頌
以圖因時自有。但恐暮景頹齡，有負桑
弧之志，何遑辰征博。此孤矢中之執也。
厚意拜誠，悚乏无任。

○慶七十

恭惟春生海屋，數衍龜齡。天開七袠之令
日，是誠備五福而躋上壽，實古今之所
稀者。其樂何如。札當趨賀，偶阻未獲。
具菲儀，聊效拜奉王尼之意。伏望乞寸

不踰矩。惟孔夕，全至聖之功。八千九歲
言。想莊子有養生之道。此又下情私禱
之至也。鑒入幸幸

○答

某自分七十曰老，方嗟暮景之死，何而八
千為春，敢望遐齡之可擬。過辱寵褒之
至，益愧年德之浮矣。頹影龍鍾，深懼偷
安歲月，未審能苟延乎殘。曲蒙肯遠效
一洛社耆英，時賜同盟，以集或憶小陸旧
友，日與衆異，而來此。以弛老耄忘年之望
也。知我者以我為何如，拜加刻感懸望

永日荒草又隨新雨綠。
窮碑空對四山青。雲松錯
落悲秋夢，風月淒涼吊夜。
靈燄浮辭章天地裡。流光
耿耿燭文星

○哭嚴方伯

老我交游徧天下，眼中人少
夢中多。平生與子有深契。
後死番予作挽歌。絮酒无
由澆宿草，封何處問烟
夢。重泉會有相逢日，浮世
殘年无幾何

○哭蕭巡案

昔西江老帶冠白雲乘去
不知還縛惟夜捲霜風冷
華屋秋扃曉月寒，遺蹟定
應歸太史芳名，長是在人
間。明時有子終三事，永感
終天淚不乾

○哭李主事

鶴去无城不可招。海天涼月
夜蕭蕭。誰從載酒尋山寺，
无復攜筇過野橋。黃髮交
游紛雨泣，白楊阡隴颯風

馳神

○賀八十

恭惟杜結商山，壽同四皓。此誠星見南極
之祥光，而人醉東風之佳景者矣。其慶
延四世，樂及一門者，何如。禮宜躬獻霞
觴，效戲班衣之舞也。偶阻未能為歡，謹
具芹儀引敬。伏念安車滿輪，寧无心于
駟馬而投竿，渭水實有兆于飛熊。鑒納
幸甚

○答

某自分衰邁老身，幸及浮生之八十。而將
來暮景因未知其幾何。深懼昏耄益增，
而年德之不稱者。心常悚然。過辱寵褒
情文越礼，何以克當。愧感愧感。切念僅
僂頹齡，尚難苟延乎蓬戶，而龍鍾故態
安敢覬望于滿輪。仰惟耆英之會，實吾
人忘年之義也。倘肯弗外，則為衰朽之
助者多矣。登嘉感激，馳恋不勝

○賀九十

恭惟德齡衍數，鶴算呈祥。而壽開九旬之
令旦。此非德膺天眷，而深得長生不老
之術者，何以有此。可謂真是地行仙者

賤貴郎驄馬椎恩日定有
鸞封下九霄
○哭東園
人間八十歲吟翁一槨頭來
夢幻空化鶴何心悕世外
騎驂无信到江東香名分
別仙班上老氣猶横詩卷
中如此英靈元不死梅梢
月落响松風
○哭蔡西山
鵂吽春林存嬎詩應横霜月
復傳悲鬮枯蕙死迷三峽
雨暗雲昏滞九疑早歲力
辞公府徽暮年名預黨人
碑嗚呼季子延陵墓不待
鐫碑行可知
○哭陳亮
主恩前後許登瀛君在同官
是老成千里鶯花南國夢
兩途歌酒故人情流光過
眼成今昔别路傷心隔死
生吽夜玉堂風露裡不勝
清淚歆沾纓
○哭汪文定公

矣此惟生五世而光耀一門者何如茲
其芹仪聊引敎丘之祝伏祈俾熾俾昌
更有仁狄之後望而善頌善禱尚祢三
肅以前陳鑒納幸甚
○答
其自分老耄頹齡幸挨九旬之初度深愧
年德不稱空為一生形役而已矣有何
足賀而足言迫辱寵褒似文越禮益增
惶汗之无任也竊惟桑榆暮景但覩一
日之苟安而滿百為期奚敢望張倉之
壽八千致祝豈能識莊叟之言百拜啓
嘉不勝則感
○賀僧生日
恭惟上人雅清淨身壽域本竺天之降誕
來妙善国祥光見震旦之傳宗此誠浮
金蓮湧地之神際白象來空之妙者矣
其緣積善果而天錫鴻禧也何如礼當
拜賀冗奪未前謹具菲仪聊效献芹之
意仰祈千年歲月鉢中飛身于優曇億
劫河沙世上航登于般若鑒納是幸
○答
其自分一身如寄雖知出世以為脚但愧

四海膺門峻親承二紀中論
交淡父祖受教自兒童此
岳千尋上江河萬折東微
言識肺腑歎吐與誰同
○哭李尚書
永漢常山寶況埋京兆阡同
盟會五月筆表記千年謝
漫野中州徹怀空裡烟共
悲人事绝惟對杜陵田
○哭學士
沈約多清瘦文園仍病痛共
說天上召更欲水邊招金
馬人相吊長沙物易妖愁
風吹越樹啼旋自飄飄
○哭陳海岳
白雲送秋老一暴海門邊花
憶鶯啼日風悲種樹年人
間餘翰墨天上有神仙淚
此遼東鶴千年更一旋
○哭父詩
太師騎汗漫二紀似眺九第
妹俱成立家鄉忍破殘衣
冠晨月暗放墓夜風寒萬
里逢先忌无言把淚彈
萬法俱空奚謂浮生而可賀幸辱遠惠
光貴空門愈篤蒲鄉之賀雖故松椿之
質也銘心披頌稽首皈依謹到當處倍
緣慧永明於法界由來頓力慈雲遍
覆於神天感甚感甚
○賀道士生日
恭惟玉籙真宗六甲風雷延福極紫霞閭
氣一壺天地衍長年此正桃熟瑤池千
載見仙家春色蓮生陸地萬古耀靈種
祥光者美其樂閒中之日月而餐物外
之烟霞也何如爰辱通家礼宜趨賀偶
竊塵冗未能克前謹具芹仪引意仰瞻
道德五千衍老子之言遥祝壽齡八百
擬籛鏗之算鑒納幸甚
○答
其自愧托跡林泉敢擬能超于塵世埋頭
歲月豈謂上继于真風忽揆初度之辰
正切浮生之感也辱賜褒寵情文孔嘉
間戒心印之浔者多矣其為小道生色
也何如詰朝小集愧无烹龍炮鳳之羞
側候降臨乞訂抹馬膏車之約感甚感
甚

〇哭親
兒女含悲莫壽觴洋洋精爽
在冥鄉花前笑語渾成夢
眼底風光總是傷萬卷遺
書新德澤一時生業尚棋
桑沾濡升斗知何日負米
今應欲斷腸

〇哭叔祖
世態紛紛幾未流惟公正氣
振神州果知自然綱常死
秀實終存社稷謀皎日精
天心獨苦秋風白鶴悲難
休傷哉鸞鳳逢鷗鷺誹表
孤忠達聖旒

〇哭伯父
憶昨行邊別相期到鶴州秋
風驚過眼落日賴回頭華
屋空遺恨佳城足遠謀无
從扶柩哭揮淚寄江流

〇哭叔父
道義時推重功名志洽如
乖元亮徑既別扎明廬荣
事千鍾酒生涯萬卷書騎
箕天上去斜月照寒墟

〇賀入學
恭惟先生執事抱經濟之才蘊淵源之學
筆鋒洶湧勝如大海之波濤文氣清新
浤似中天之月露烏臺小試鴻漸高昇
送入芹宮連登雲路某忝姻婭之雅不
勝雀躍之歡敬具小詞兼陳魯酒聊旌
別意希鑒芹忱

〇答
某自愧初學書生卒忝文衡之謬選爾名
庠序深慚宮牆之難窺鴻漸有心鷄群
未遂方感餘輝之疕未展裁謝之私衷
辱寵褒盈增愧汗登嘉悚眾銘刻勿諼

〇賀入太學
潛跡虎闈騰声帝學已知交善天下行見
高占文場矑礼將誠吐入為幸

〇答
樗櫟庸材充階仕進問津璧水濟礪文鋒
重辱厚遺足微雅愛

〇賀人子進學
恭審令嗣器識宏聖津秀出儒林快覩斯
時鯤鯨浪期看異日鵬搏風実由義方
義訓積德弥深之所致也忝屬眷末欣

〇哭姊 節婦
菓硌別去晚風酸守把孤貞
一寸丹矢志當年淚自易
个歸今月始為難青妙紋
邊川色淡黃蒿尚上雨声
殘鵑鴻不盡此間恨在文
熊熊白日看

〇哭弟
樹好連枝折身危半臂存乾
坤欽晰歲骨肉一生恩愛
質室殘語蒼茫有斷魂哀
鳴時自獨痛極本无言

〇哭倪恭人
方喜年登度古稀忽驚仙馭
逐雲飛萱花无力柔枝萎
鳥鳥長悲對落暉寒景
泥藏宅面那堪白雪點斑
衣背前蘭桂森如玉申国
声名賸有輝

〇哭女姜
夜堂嬌語坐生顰看目分明
書裡身誹恨一朝為骨肉
極知千古共埃塵回頭尚
覺功名誤入想抗疑見面

悖不勝特陳菲礼聊聲賀悰一笑留之
萬斯幸矣

〇答
小頑初試偉入黌宮抑亦眷庇之餘波教
誨之所致也過蒙旌賞重貺珍儀再拜
肅入自感交生如此申謝尚需嗣駢

〇賀補廩
恭惟上賢崇德文衡司掄選之明激勵栽
成天朝重祿養之勤執事學冠天下望
參造化頌江浙而甲天下固林之挺
先亦不負之風望也區區得祿特餘
耳然所以養翔天之氣而壯萬里扶搖
之翮者此亦其一助也欽羨欽羨芹儀
奉賀聊徵下情鑒納幸甚

〇答
某自愧未學庸材幸叨文衡之誤選乎
一暴深惧盛名之難孚方切得祿之羞
皇堪過情之言九天雨澤仰荷福庇之
餘波萬里雲程尚賴吹噓而益力盛仪
拜領銘刻不勝

〇賀人應舉
恭聞閣下窮經父美當路之擧節為才深

眞識慨哀業不成調他手
空憶辨絃人
○哭夫
三十功名四十亡有才无壽
兩堪傷夫妻鏡裡鸞分影
兄弟群中鴈失行數尺紅
羅書姓字一堆黃壤葬文
章寂寞來不敢高聲哭只恐
猿聞也斷腸
○哭夫人
杜宇一聲春已殘斑衣忍見
後麻衣妻風前自知人意
萬點楊花帶兩啼
○哭族人
白髮无情容易老青山有恨
幾難收半方殘月寒雲裡
不盡人間今古愁
○哭族叔
春歸更有重來日人去怜无
再面期今日送春兼送叔
一番花柳一番愁
○哭姪
桂嶺風烟暗灘波瘴癘深可
怜千里足遽負九原心東

學風似大將之登名發喜棘試賓興識
英賢頼此之時也月桂一枝紅可看
攀折□□□已必自此飛騰謹具芹
儀聊微贍敬薦鄙祝之意兆鑑納菜
多酉門三級當預占爭地之階鄒林一
枝應自長崑山之玉○盛世掄才賓興
棘試賢侯勒駕祖餞祝封偕拔群英而
將頴出連城定價必獲賞音
○答
某自分嗷奏鹿鳴誤中賓興之選書簷儒
辞敢期鄉貢之登兹荷提撕幸叨鏖戰
姑倚自試其深淺庶可益增于磨耳
丹桂天香深愧庸才而難折雲程鵬翮
尚期長者之吹嘘尊意敢承慄忝无任
感謝之之
○賀中舉
恭惟粦懿燈火十年筆硯藏修鵬路風雲
萬里天衢直上身躋月窟名刻玉庭可
謂不負所學之志者矣甚爲鄉邦出色
門第增光也何如他日大廷獨對超多
士而甲天下又可稱于今日也雀躍之
之謹具芹儀少伸賀敬鑒納幸甚

雪飛萬里涙颸動竹林夜
來望斗牛劍氣未銷沉
○哭孫
有約隨楓陛无緣動疏歌去
年書札在人月詠飛多同
計錢神疑留名石片嗟騎
驛何太遠不待毀双鱗
○哭母
手持桐杖意皇皇白晝如无
日月光心亂易忘吹欲淡
鬢毛敗作九秋茫荐饉又
兒升新鼓制服俄驚到小
祥罔極終天无以報此時
哭痛幾時忘
○哭妻
一月兩度撫弱棺一度看叫
一度號三十月怜依旅夢
百年何處再追歡乾坤畫
目愁无限兒女成行涙未
乾果爾業進修續繼來生
骨肉再相看
○哭隱翁
山林富布一閑人去看蓬萊
閬苑春輸勝象棋忙放手

○答
某自分朱衣點頭実頼祖宗之錫祐棘闈
占捷良荷文衡之誤推萃然偶然榮叨
望外方抱名实不稱之恥豈堪錦衣過
譽之隆厚儀昂來汗顏无地登嘉慄忝
刻感不勝
○賀中進士
恭惟登雲折桂已喜月殿之傳名走馬看
花更承春風之得意斯文慶事吾道怡
顏誠得幼學壯行之心不負題親揚名
之上心者矣甚爲天下拭目鄉邦增光也
何如忝居叚筆不勝雀躍謹具芹儀聊
微賀敬鑒納幸甚
○答
某自分科名濫授実頼親庇之餘波學庭
荒疎深荷文衡之謬選恩出望外幸獲
偶然方恥杏園錫宴之榮豈堪彝器紀
一美之書且一生書債雖得此日而息肩
而一身許君又將從今而重負承懷蒙
褒奬賀貺、謝拜登嘉无任刻感
○又賀中科甲
硯不知心尺器晚成君不惑風雲借便明

仙凡偶杖使随身八仙會
上添壽客九老山中失旧
賓惆悵佳城何處是朔風
勞歎共埃塵

○挽友

梅花朶々竹蕭々断送長松
轉寂寥謾說始終能共友
誰知生死不同條月峯瘦
影思方切風鼓寒声恨只
消庭下深根還有在共将
鄧繁僚層胄

○哭葉知府　胡敬斎

訃聞只到讀書台太守須歸
更不回五老樵峯天柱折
萬春山折棟梁材白頭應
舟垂珠淚烏帽郎官奠玉
盃明月書通同榜輩共悲
天喪狀元才

○武夷校官汪頤陽捐館

勛破乾坤造化机古今生死
事難齊百千萬億終歸尽
六十一年容易悲趁入泥
槃真受用全拋幻世假東
西懸崖撒手歌歸去一任

時深隱乎何須卅日看花柰我杏園之
聚宴他時夢寐朋君楓陛之登名

○賀朝京

恭喜九霄日月遠頒上國之絲綸萬里風
雲擬踏東華之鵬上可謂不負弧矢四
方之志者矣忻羡何如謹具芹儀聊伸
賀敬伏祈付賫宸宸上陳北闕之書早
待錦歸共剪西窓之燭鑒納荣多

○答

某妄意萬里宸京方感离情之落寞而恨
行色之匆々者殊為悵然忽辱寵褒情
文溢美益增顏厚檀根緑蠟頓覺言過
之宜光薪桂紅金不患旅途之落魄笑
第念回頭頃後忽已隔千里之片雲渥
足高歌惜不共新豊之斗酒也感甚

○賀朝京回

恭惟玉京入覲珂里榮歸此誠九陌鶯花
正春風得意之日而萬方玉帛不負觀
光之志者矣其榮何如趍賀未能殊爲
拘歉謹具菲礼火燭下情仰祈北海秋
風已遂壮圖于萬里西窓夜雨願同佳
話于一樽惠留幸甚

傍人說是非

為人子弟者
不可不觀此

戒勉絶句

○戒子姪　吳布政

銀缸剔盡倍咨嗟富貴榮華
有幾家紅日不消頭上雪
黄金都是眼前花時来言
語風前草運去田園浪裏
沙寄語吾家諸子弟各人
尋個活生涯

○又

光陰迅速急如梭莫把青春
錯放過架上詩書勤誦讀
增頭田地莫蹉跎夙興夜
寐思繩祖東蕩西遊莫學
他多少世人慵懶者老来
无奈一身何

○子為吏父作詩戒之

詩示吾兒身奉公兒心要與
我心同紅炉火熱休添炭
白雪天寒少作風船到江
中牢把舵箭横弦上穩持
弓當權正好行方便琴竹
常防有蛀虫

○答

某嘗以丹禁九重難近龍顏之咫尺紅塵
兩袖敢論鵬運于三千不意山澤之鄙
庸獲京師之佳麗亦出望外幸矣偶然
過蒙寵褒登嘉刻感輕裘肥馬亦富
貴之在天狐館青燈自分凄凉之在我
心私未展面聲是祈。

○賀受官

恭惟閣下覲龍衮于九重恩沾雨露展鵬
程于萬里氣貫虹霓可謂遂得時行道
之心而不負遠大之期者矣欽羨何如
謹具芹仪奉賀兼效祝之私伏乞開誠
心而布公道展抱負而大設施務使德
化有成不待三年而大治政声上達會
看一日而九遷惠留幸甚

○答

某自愧半世讀書幾嘆儒冠之誤一朝射
策幸躋仕路之榮实賴提撕尚祈裁誨
重辱褒寵益增汗惶又況酒與詩盟恨
乏故人之談笑而朱出墨入羞與俗吏
以浮沉仰惟雲案螢窓不忘寸陰之共
惜玉堂金馬願期一日以同登感謝

○勉學　杜庠
平地登天莫道難燈窓黄卷
要勤看聯前朱紫裏裏者
未必生成便是官
○又　吴康斋
為學如登萬仞山層崖須用
小心攀前頭儘有无窮趣
只在工夫不斷間
○又　亡名氏
恠石驚疑似虎眠挽弓挾矢
竟當前豈應頂石能吞矢
有是心堅石也穿

○示內教子　張汝弼
四兒六歲五兒三莫與肥甘
習口饞清白家風无叔愧
詩書担子要人擔三餐白
飯何須肉一筋黄齏署用
塩聞說古人曾餓死笑來
原不為官蔗
○勸學　吴夢舍
愁懃習讀莫蹉跎成器皆因
肯琢磨凡遇詩書須力勉
每逢花酒莫相過閑人淂
失先量巳見彼非為莫[illegible]

○賀赴任
絶推魏科聯登甲第榮膺寵命出宰大邦。
誠所謂上光宗祊下福民社者。状某屏
姻婭不勝歡忭土儀特貢笑納為幸
○荅
茲者猥忝薄禄亡及瓜期行矣未遑告别
又蒙愛厚寵賜爐儀拜登嘉貺感愧
○賀陞官
儒者逢時生灵之幸今聞高遷大位獲展
大才勉加清勤忠其受祉輔物泰賀庶
入為榮。

○荅
自慚線才叨居寵秩忽蒙擢遷驚喜過望
勞人勞費豈予所安耶
○賀官婦
恭惟龍幡虎踞榮膺萬里之風雲鸞鳳序处
行光近九重之日月此正調鹽梅而登
鳧舄朝野頌延胥慶之時也頌延急流
勇退養望林泉功名始終不讓昔人矣
欣羡何如謹具芹仪聊伸賀悃仰覩華
堂彩服一門之喜氣葱葱紫綬金章千
古之家声奕奕鑒納荣多。

他多少時人慵懶者老來
无柰一身何
○潭氏送夫勉學
自古男兒志四方出門何必
淚雙行聖朝天子文章貴
夙世夫妻歲月長衾暖不
如桃浪暖衣香難比桂花
香郎君早赴鰲頭選衣錦
榮歸汻綵堂

獻上絶句
言言刺口
字字匠心
○神童上巡案

幾歎烏台見相官心驚膽戰
事多端九重雨露三春暖
一道風霜六月寒術仰文
星冲斗喜看明月照氷
盤已知海上金鰲見頓賜
書生一釣竿
○上周知縣　梁重一嫂
東鄉百姓笑顏開接得重生
父母來重整一天新雨露
掃除千里旧塵埃明如秋
夜當空月响以春天動地
雷只恐小民留不住飛黄

○荅
管愧久客京華幸忝班聯于王筍思歸鄉
故敢請畫行之錦衣方喜遂解負之
心尚歎未悟形骸之說也歸與素志自
分猶漁樵之侶耳奚以賀為優游故鄉
幸遂趣有耕釣之地道選賽㝠惟親故
結洛社之盟稽首拜嘉銘心企仰感謝
○賀充吏
胸蟠材略媲美何參發軔簿書投身刀筆
可羡可賀貢儀不腆總乞見容
○荅

給事侯門自知卑賤累知律法敢擬何參
重蒙多仪含恩欽謝
○賀省祭回
恭惟執事以儒就吏蹕迹蕭曹美三考之
功成沐九重之恩命烏紗角帶錦榮
歸真可謂刀筆之豪傑矣誠為可賀忝
在姻婭仰覩榮耀不勝歡羡敬貢薄仪
聊致賀意伏惟笑留幸甚
○荅
其就吏棄儒有愧下喬入谷德凉位薄何
勞盛札褒許雖叨寵命新頒難蹕蕭曹
旧業濫承厚貺增我汗顔

騰踏上烏臺

○上韓都憲

志氣凌雲貫斗牛八車暫駐
解民憂恩回暖日三春景
令肅風霜九月秋懸馬出
時山岳動繡衣立處鬼神
愁夜来声欲峯頭望月霖
江南数十州

○告考上御史

寄跡芹宫四十秋衣冠落魄
愢儒流三塲特地開賢路
万里長風起潤舟花滿玄
都緣客種珠遺蒼海賴天
收一縅敬拜霜台下自古
功名有白頭

○上姜知縣

莫謂郎官居大才顯途多自
此途來化行天下風中桃
香滿人間雪裡梅龍袞天
成居鳳閣豸冠先整出烏
台太和已去唐虞遠却被
賢侯挽将回

○賀入學

錦鱗吹浪躍中洲又逐東風

○賀人訟勝

執事之訟將以鳴其心之不平今公庭奏
凱天地昭然戚里騰歡深爲可賀悠貝
微物聊表寸忱

○答

受人之侮安敢侮人曲直是非難逃公論
厚儀辱惠銘刻難忘

○賀創屋

新起甲第壯觀鄉閭風雨相安燕雀来賀
外進魯酒聊獻微忱台照何如

○答

苟矣苟完聊蔽風雨重惠重愛何感如之

○賀居新屋

高飛燕雀已賀新成君子攸居後人永賴
菲儀馳奉不吝爲榮

○答

衡門卑陋無可棲遲小結數椽敢望燕賀
辱加厚惠感何可言

○賀壽官

大人天錫鶴齡恩分肅路烏紗白髮榮耀
一時敬献輕儀專人馳上

○答

泮水遊路接龍門知咫尺
桂枝蟾宫待高秋文光焜
燿騰宵漢劍氣縱横貫斗
牛多少長安金馬客看花
不負少年[illegible]

○贈庠生

天挺英標膽氣豪詞傾三峽
湧波濤劍光横凛神龍吟
文焰逼人奎壁高閣步青
雲折月桂笑依紅日醉仙
挑明年專听傳胪捷頭擂
餘香到瀛洲

○贈入學

淮海惟揚美丈夫青錢入選
萬中先千金價重文裁錦
九澤光浮蚌蠣珠天榜題
名期二宋雲衢飛步駕三
鵷明年好擬長楊賦獨把
乾坤赤手扶

○賀舉人

文運常隨氣運隆循環原自
待英雄三千歲後初交締
五百年來又見公麟鳳歡
收室谷内風雲已讓日江

幸蒙天寵優礼高年先德可承。忸怩甚矣
拜加多仪銘感〻〻

○賀當役

柒奉邑差魏充里正。小資大富悉歸宰制
之中公入私両尽經綸之妙。某来縣
面賀敢控心期。悍吏之来吾鄉本無宰
迹寒士之滑大厦或可撑頼浩有歟言
專規侍既

○答

室巳磬垂才雖鞭策今蒙上邑俾承都正
之權古語擬児莫了公家之事正棋鬪

水之隕敢薪火之燃子謂執頓舟不幸
偶逢于末路吾淂君重矣尚祈其濟于
巨川

○賀役滿

花封董役瓜戍及期施江海之楫舟魚龍
光事爲鄉閭之保障雖犬不驚以劃煩
治劇之才而履險如夷之福及茲義滿
衆所欣愉泛古所言門户正關卿事自
今以往風雨不動如山申賀率然而融
幸甚

○答

東狀元宰相真餘事早建
虞廷補袞功
〇賀中舉
秋闈一舉占秋魁海內方知
倚馬才千載秀鍾君子出
九重夢見狀元來此時到
手天蟾桂指日調羹雪裡
梅不信但覩天意在風雲
常護讀書齋
〇賀援例
書琴囊飯少年遊延日春風
一客舟色上桃花如索笑

幸脫役名火寬憂責可憐劬瘁方弛擔以
息有誰免此亡真医瘡而剜肉又使我
之至此可弔也而賀之未究驚魂尚有
賴雲天之匠於苟無敗與當共吟風雨
千重陽率具中酬併千丙炤
〇生日辭賀客
疏者老夫年登七袠先妣之服未終悲可
泛吉敢謝賓客者伏以天地生我壽已
齊宣聖之從心父母棄予制未及子羔
之見齒素衣冠詎堪燕樂老歲月何足
歡娛情知親族之垂青特抒愚衷而拜

香分竹葉且忘憂三千烏
道憑過見九萬鵬程已待
秋莫莢黃金買身當年
卜式豈吾儔
附 〇題舡峯　洪汝元
萬仞峰頭駕石舟謾傳仙子
半空遊長羅作纜牽雲浪
喬木為竿礙斗牛重載難
教風鼓動真形惟許月移
遊幾回翹首烟波裡恍若
天河自在流

白壺觴若至擬喻于木之垣牲幣或屋
定返相如之璧礼誠所制罪安所逃言
須練服之告除庸備乾餱而奉逐頭明
鄙意毋謂後時謹啟
附 〇答高解元謝解啓　王十朋
游翰墨之場俊同子羨登賢能之籍名出
收之有司其明亡論元與解元家声克
肯經學又丈手鉤登瀛作平原定從之
客作鋒麼戟斷澶淵却數之風試高
闈嗹手魏第

新鐫赤心子彙編四民利觀翰府錦囊卷之四終

來共二

正法寺

新鐫赤心子彙編四民備覽翰府錦囊卷之五

撫東　赤心子　彙編
文林　青峯子　梓行

天文絕句　記將古詩千百首不會吟詩也會吟

○毛伯温征安南先以浮萍爲詩探之云
隨田逐水胃秧針到處原來種不深也有根而生有葉敢生枝節散也心寧知幾處爲知散但識浮時不識沉大抵中天風色惡掃歸湖海莫離群

○安南八和
錦鱗密密莫疎針常與蓮根不計深常與青天爭水面宜容明月隆波心乎係雨線紫難破爲頃風濤滌不沉多少魚龍藏水面滔郎无計把釣尋

○過惶恐灘　文天祥
辛苦遭逢起一經干戈落落四周星山河破碎水漂絮身世浮沉浪打萍惶恐灘頭說惶恐零丁洋裡嘆零丁人生自古誰无死留取

五　祝讚詞箋
是春與唐東老先生書
啓初學不得忽畧

○賀宰相生日啟　張王已
五百年之名世有開合德之符八百歲以爲希頌蔡太年之祝紛賀儀于太府錦俗物十公朝四海傾心一詞贊喜喜官稟天地中和之氣膺聖賢亨泰之賦如在國書風號中書之佐志安社稷絹不世之功援斯民于水火塗炭之深登太平于私樂文明之盛壽域亘八荒之表金城爲萬世之安方国家百世以來疆宜福禄自天之未艾慶傳家歸封爵山河讚誥海之水不足以歆公之勲勞南山之竹不足以紀公之德皆符同耀扶宸極以常尊神島叱崇鎮坤輿而益固永陰国壽共對天休某猥以么微久叨鈞播望公孫之資闔奠剛下僚歆史克之頌詩第傾真祝

○賀帥府啟　方馬山

丹心照汗青
天河釣叟奉題
世宗皇帝徽號　李然
長安百尺倚雲浮，獨泛仙槎
犯斗牛，拱极象星為上餅
懸空新月作銀鉤，攀開雲
霧三千仞，釣住江山百萬
秋，料見皇加有開紙綸
羲黃大明兩之。
○題楊妃　楊維禎
輕按霓裳舞袖盤，消身香汗
怯春寒，淡步小月三千
傾国貌嬌庥一團，楊妃卧
眠風不定，海棠無力雨初
乾，風流自占迷醒眼，莫笑
三郎倚醉看
○漁　羅倫
不顧高封萬戶侯，一絲牽動
滿天秋，長長芽竹寸寸釣
短短義衣小小傷，量起向
三枝蘆葉驚飛四五個沙
鷗，浮魚換酒江邊飲，醉卧
芦花雪枕頭
○樵　羅倫

鳳紀嘉平，天生耆舊，大夫桑蓬弧矢，寔兄
山瑞毓之年，元郎札樂詩書，新衍奇情
開之景，春行洲小流，鈔下其宮望重
華夷，功在社稷，贊皇宵衣之宗，謝獻
以不忘，奚勞晝錦之榮，尉朝廷翹起
當此搖中之旦，巍乎岩石之瞻，數協義
經，益衍三百六爻之爽，嗷騰音頌，競歌
篇有千歲之詩，某献覆情深，私鷂路隔
哦至禹規懇，非郢客之工，祝祭菜峰堂
斌周邦之頌。
○賀處使生日啟
帝賚弼，而將說以輔商，宗嶽降神，而及申
用張周室，凡際中興之運，挺生傑出之
才，大火既流，颺凉颷而屆候，長庚入夢
鍾仙胄以呈祥，振古如茲，猗天所授
景星之下，燭屬誕日之載臨，切在府庥
伏深忭賀，恭惟某官學優聖域，文擅儒
宗，早登府王之科，素積橫金之譽，言不
懇而行不恥，沛然所養之醇，仁也柔而
義也剛，名矣兼資之美，道直而施謙，尊
而光大，声遺郎奉之問，生空出雕鐫之
外，傳境激薄成，惟長者之風，忍垢納汙

不釣江湖不種畬，生涯山北
與山西，樵柯猶拙桃難起
長短芽柴搆不齊，木担遥
敲黃葉雨，芒鞋穩步落花
泥，幾回事罷歸來晚，愁鄉
高低下石梯
○耕　羅倫
懶把窮通事問天，生涯持倒
在良田，坐坐綠水忙分種
瘦瘦黃牛怕着鞭，髮度烟
蓑和濕着，犁春雨帶泥
有等閒耕罷歸來夜手捲
柴扉伴月眠
○畋　羅倫
牧向東風處處坡，無拘無束
豕時過，相邀砍竹斷新笛
對坐分茅補破蓑，嘡手叠
嗟牢情索，調腔学唱飯牛
歌，幾番笑指紅塵客，兩脚
奔波為甚麼
○張學士歸隱
紅塵不到靜中飛，懸水青山
傍隱居，栽一二根樓鳳竹
養三四個化龍魚，人來求

深嗣大臣之体，青持金節，染煥繡衣，觀
愛日于三冬，妳無霜露，泛汪陂之萬頃
不起風波，手反蜀鄉少寬民，閱釋弄兵
之赤子，豈暮官顧，衆恐失事，理翰當兮
四海，澄清不忘攀縣務，衡衡于中逍
不求索索之成名，諒看陰功，自延遐壽
惟尊德則享其福，故作善者降之祥，衛
武公九十五齡猶陳懿戒，廣成子千二
百歲坐進長生，將敬此方，寔為倫叢，京
闈四方之士，益積有年，濟萬世之阨，勸
見今日自周歷埃之後，步披雲霧之樣
恭遇生朝，敢陳吉語，嘉有濟濟，須信鶴
盖之陰，大廈沉沉，竊信燕巢之賀
○賀路官生日啓
虎符瑞節，麟紱佳辰，當甫及中天，陽鳥宣
之奇，前召後杜，民懷父母之恩，愷悌慈
祥，康寧福壽，某更致奉觴之拜，敢陳献
頌之言，慶成千二百年，常聞其語，賀侯
萬有千歲，今屬之公。
○賀丞相啟　唐子西
顯奉制麻，延登宰席，播騰九有，歡慶一時
切聞考元龜以斷大謀，不如旧德，指

春拈〻筆客去閑門看〻
書眼裡乾坤只如此何須
更上帝王都

○黃尚書自述

亀因刃殺髯因毛鷄為頭紅
死為毫花有色嬌遭採戀
鳥多声巧被籠羅以能出
衆先招禍馬健長途卻受
勞會事不如推不會平生
安樂最為高

○安樂窩吟　邵堯夫

物如善得終為美事到巧圖
安有公不作風波於世上
自无冰炭到胸中灾殃秋
葉霜前墜富貴春花雨後
紅造化分明人莫會枯
榮消得幾何功

○龍門道中　邵堯夫

物理人心目可明何嘗戚〻
向平生卷舒在我有乘筭
用舍隨時无定名滿目雲
山俱是樂一毫榮辱不須
驚侯門見說深如海三十
年前掉臂行

木而称故國。未君世臣。才猷風著于斯
堂名实已降于天下。戰社稷因之而倚
重。朝廷恃此以稽疑。恭惟某官器重瑚
璉神清玉粹天資欽稟有仁民愛物之
心家學所傳曾論道經邦之術謀猷合
闢坦談事途須任樞曜謀已深于帷幄
出臨閫寄擇未普于商霖攻也又虚金
言允屬。值聖朝之嗣服。思賢輔以建[illegible]
召還三遜遂宅百揆書手盛事固允協
于古人房杜全功誠責全于今日。盍[illegible]
盡發胸中之蘊。廣敷大惠施及之心[illegible]

承之瑕。敢側聞除目阻遠淨〻之府賓
趨兩〻之階。囊抃寸誠雖形尺牘

○賀丈丞相除太師　李成季

光膺策命。入拜師臣。三公備人大庾有據
梁之任。一相處內四方知泰華之安天
扶聖君人望元老猷兼精神之會流通
上下之情。礼无與除時開罕遇恭惟
某官孕灵岳秀。配德坤元。器深量而有
容。忠直方而不撓。武足以勘定亂暴文
足以潤色。聖躬可託大事。則社稷之臣。
不親細務。贊帝王之佐。進人如己愛物

○内宴應制　曹翰

三十年前學六韜英名常得
與時髦曾因國難披金甲
不為家貧賣宝刀臂健尚
嫌弓力軟眼明光識陣圖
高庭前昨夜西風起羞覩
蟠花旧戰袍

○蒲劍　解縉

三尺青〻古太阿舞風砍碎
一川波長橋有影蛟龍畏
流水无声晝夜磨兩岸帶
烟生殺氣五更弾雨和漁
歌秋来只恐風霜惡銷盡
鋒稜恨轉多

○月桂　張無為

上界誰將此樹栽廣寒高處
古香来根淡天地分時種
花在山河影裡開玉兔守
殊依宝闕青鸞啣子下瑶
台不知砍尽吳剛斧天上
浮雲幾変回

○又　夏桂洲

亭〻獨占廣寒鄉大地山河
風露凉天上有根誰覔種

以情頑畫荻謨撫寧于華夏愴功懸象
孚感于神明故能業亮四朝身兼五福
出入將相幾四十年古今勳光一二輩
蜀真人之嗣服攬庶事以圖新謂國君
禁令有未决之疑左右輔弼皆後来之
俊俾鈞當輪人造內朝集冠蓋于都門
羅饗饌千侯館衮衣已徃雖當洛水之
出邦皓首復來共識仁皇之真相龍光
叠被衢路榮觀于今燕河之餉饋甚艱
邊夏之疆隅未復不足者九年之食已
傷者百姓之財將亢而卒驕吏察而貪

濫求賴著龜之旧德克開社稷之遠圖
俯陪調吕之司猶践位䙴之地壽考之
福方迈德于汾楊礼樂之功更仰承于
姬旦某素惟鄙味久荷奬提合座贊煌
帳披雲之在望駑駘疲曳但服篤以長鳴

○賀軍官啓

光膺寵命榮戀元戎士卒騰歡藩維倚重
某官韜略縱横衍猷機特奮揚英武旗
旂日月之光輝振起威權号令肅風
霜之凜冽未息入提覺闕以旋衞宸嚴
宜出滇边屯而謹固封守暫司推鎮未

人間見影不聞香素娥接跡來花下玉兎分陰憩樹傍寄語吳剛休砍盡一枝留待狀元郎

○集古句悼亡四首　立齋

其一

吳姬肌骨綠雲鬟傷別傷春更萬端去日漸多來日少別時容易會時難春蠶到死絲方盡滄海揚塵淚始乾死可奈何花落去五更風雨五更寒

○其二

一別音容兩渺茫不堪端坐細思量雲收雨散知何處燕語鶯啼亦可傷誰愛風流高格調我憐真白重寒秀愁來散奏相思曲祇恐傍聞也斷腸

○其三

雲想衣裳花想容幾宵魂夢與君同望調恨譜參商度錦疊空床委墜紅千古愁魂消不得一川秋帥恨无

恢輿情佇听褒遷即彰勲業

○謝貢舉啓

望道未見方規夫子之藏在邦必聞又玷諸侯之薦衆口謂如拾芥我心悅若負芒竊以周公居而四国是訓孔父在而九夷何陋貢儒所出美化自成故汝上文風之興以歐陽子而洛中士俗之厚由司馬公自昔傳聞于今親見惟建支郡受宋累朝綿綿秀氣之興森森異才之出由一介言天下事四首擢于楓庭掉三寸為帝者師五身躋于槐位雖賦家尚有存者而後世乃无傳焉昨因公袞之臨頓使儒冠之盛如某者天資澳濟地胄伶俜生平固頑于激揚進取每傷于遲鈍凡再舉于礼部未一第于太常壯懷之耿耿何存窮態之棲棲已甚方欲慕茂陵之藁守遺說而究終葺汾曲之廬分愚分而置窮達偶因詔下復與朋來雖狗掌綴拾而成章亦底滯迂疎而取笑豈圖收于旧物仍竊占于上游此蓋恭遇某官茂業格天元勲蓋世故国非若喬木時則有若函貫學者

窮任風落盡深紅色一片西飛一片東

○其四

腸斷春風為玉簫我心懸旆正搖搖一派心事難消遣萬片香魂不可招慘慘悽悽乃滴滴霏霏拂拂又迢迢砌成此恨无重數娛浔春風不肯消

○中秋　解縉

天風吹我上南樓為報嫦娥浔旧遊宝鏡瑩光開上匣桂花沉影入金甌清溢宇宙三千界冷浸山河百二洲醉倚欄杆吹鐵笛一声驚破楚天秋

○題扇面醉隱舟中

歸隱清風一棄舟五湖煙月任遨遊但將酩酊忘身累不記人間春與秋

○題便面漁者

休問尊翁姓甚麼船頭几坐釣清波倘逢覓餌吞鉤者任是龍孫不放他

仰如泰山切自比于孟子力興古道樂取人材採其毫髮之長振以齒牙之重遂致猜中之斷亦然席上之珍某敢不推師友之淵源振文章之光艷先進于礼樂後進于礼樂固有擇焉知我惟春秋罪我惟春秋豈無識者

○謝登第啓

射策楓宸已并退黜第名桂籍尚獲采收切彼寵榮唯知感慨切以文章君子之餘事忠義天下之大閑国之休戚不係于文章士之進退莫先于忠義方夫子臨軒而策士豈徒求摛藻之華而諸儒充賦以在庭蓋亦取初時之論欲效終身之節必觀筮仕之初宜有讜言少裨睿听如某者少不好學老方讀書左右圖史者十年涉獵經傳者萬卷杜心浸淫實性成癡雖今古成敗之原粗知其畧而篆刻雕虫之學本非所長妄意嬰金謾求市璞青天蜀道堪嗟蜀道之難白雪一声難和郢中之曲年異好水石雖投自知與世不諧幾欲拂衣而去因緣附驥悅梓化鵬入瞻天日之光覩

〇釣魚畫　詹同文
虹作絲綸月作鉤五星爲餌
斗爲舟蓑衣借得雲霞看
釣取銀河一片秋
〇題梅便面
幾年未見玉人面常憶深冬
雪裡看今日相逢當六月
冰霜依旧逼人寒
〇題扇面故事
江頭獨立看風波看定風波
始渡河行止一生居實地
怕將身向險中過

〇金門待漏畫　王看
声殘玉漏月痕光照見梧枝
立鳳凰五色雲開閶闔曉
一鳴紅日上扶桑
〇淮府殿下蒲萄畫
蟠龍老幹託深根吐出明珠
顆顆圓高架任風吹不動
枝枝葉葉盡擎天
〇商山四皓便面
四海英雄逐鹿時釆芝歌外
未曾知漢成楚敗渾閑事
是我山中一局棋

奉絲綸之詔周詢要務皆獲至言頓爲
學之荒疎愧予無補若與時而高下誠
所不爲姑盡職以惓惓亦抱關而碌碌
夫何獻白亦預拾青此蓋伏遇某官匠
石群材鎔鑄衆彥與人而不求備加善
而矜不能苟有寸長未加尺退謂其詞
雖鄙訥然其論不將迎棄在边庭必能
褁尸于馬革置之言路必能碎首于龍
墀薄示甄收或堪器使某敢不冰霜志
操金石肝腸敬諾簿書豈辭勞于今日
功名事業將有望于他年庶免小人之
歸。永爲国士之报
〇生日謝送物啓
托跡。二天。太守寔深于知己強顏半世小
人安有于紀年忽驚軍將之扣門傳道
府公之賜翰華其初度錫以多儀宝重
犧炬之交輝錦帳春纏之相映花葉釀
椒塗之賜鏽修分犀筋之珍拍矣厨之
蟻浮帨仙家之鹿下措大眼幾爲塞破
黔下足莫不胥覩切水降私端爲榮遇
某百拜歎列三生感銘設醴酒于白生
不圖今鼻援況塗之絳老惟祝公歸函

〇九鷺蓮便面
此九鷗亦彼九思良工用意
默能知丈夫即此能彼一
握之間便有師
〇昭君出塞圖二首
淚眼双垂玉珮斜含情馬上
撥琵琶一心羞作胡兒妻
故將哀音轉漢家
〇又
莫恨丹青誤冶容正宜尤物
未和戎若將西子爲前鑑
必興今黃金賞畫工

〇漁父扇面　程楷
鰍鰕不受釣且傍柳陰濃肯
把絲綸理浸今晉釣龍
〇月下蒲萄鼠畫
暗尋山下路飽飫跡平生莫
謂无人見當天月最明
〇秋胡戲妻畫　趙子昂
相逢桑下說黃金料得秋胡
用計深不是别來渾未識
黃金料識別來心
〇題扇面小景
萬里江天草閣虛青山紅樹

某票聞專容謝謝一
〇生日謝送詩詞啓
壓外花村已厚春風之一曲雪邊逆又
壓秋月之兩章拜君貺以何多恔予初
而增感恭惟某官詩書元帥翰墨宗工
歷年捫參捡長庚之律月鏡箕把斗契
韓子之生辰歌貽一唱之三復界七言
之二拊躬感紫拜賜便蕃某攻爾暄喧
又蒙委重自爲青城客愧擬任之未飲
贈我翠織成欲捲還而安敢
〇謝寄衣
高文大册賜教甚寵熏句誦之如遊雲夢
如入周南。如觀秦阿房漢建章唐華清
也心目如洗歆以半語強名之無所麗
勉承雅意見之別楮然一髮何足爲千
鈞重耶元帙歸九格容稟謝
〇謝稱揚文章
某惟執事我輩人于文墨以所許何不自
意依下應酬之作偶留奇胸刻畫无孟
政恐不滿西家林一笑耳巢端有恩頡
言揮斥他日何知定吾者乃出郢匠之
手也。至悃。

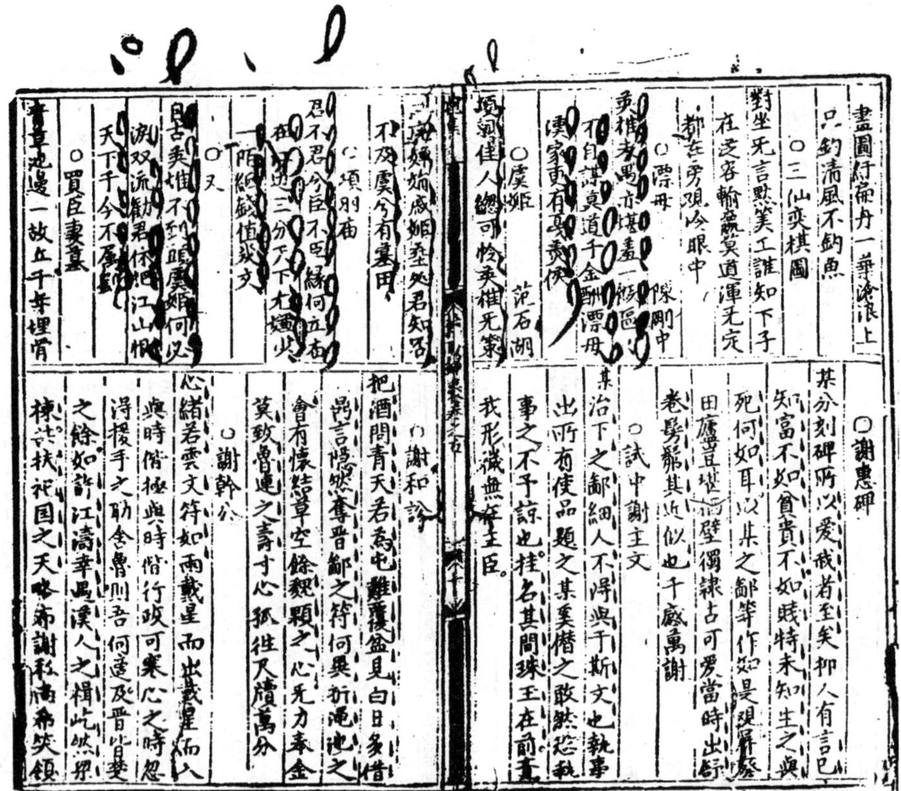

畫圖何扁舟一葉滄浪上
只釣清風不釣魚
○三仙奕棋圖
對坐无言默笑工誰知下手
在從容輸贏莫道渾无定
都在旁觀冷眼中
○漂母 陳剛中
勇猶老嫗亦堪羞一飯區區
不自謀莫道千金酬漂母
漢家更有受恩侯
○虞姬 范石湖
項羽佳人總可憐英雄无策

○謝恵碑
其分刻碑所以愛我者至矣抑人有言曰
知富不如貧貴不如賤特未知生之與
死何如耳以其之鄙筆作如是覩屏驚
田廬豈堪?壁獨隸古可愛當時出行
巻舅翳其近似也千感萬謝
○試中謝主文
其治下之鄙細人不得與于斯文也執事
出所有佳品題之其奚僭之歎然恐我
事之不予諒也挂名其間珠玉在前者
我形穢無主臣。

[illegible]婦嫺感姬?死君知否
不及虞兮有墓田
○項羽廟
君不君兮臣不臣緣何立廟
在吾邑道三分天下大梟?
一陌紙錢值幾文
○又
自古英雄不到頭虞姬何以
淚雙流勸君休想江山恨
天下千今不屬劉
○買臣妻墓
青草池邊一故丘千年埋骨

○謝和詩
把酒問青天若爲也難覆盆見白日多借
留言悠悠奪晉鄙之符何異祈?池之
會有懷結草空餘靦顔之心无力奉金
莫致魯連之壽寸心孤往尺牘萬分
○謝幹公
心緒若雲文符如雨戴星而出戴星而入
與時偕極與時偕行政可棄心之時忽
得援手之助舍魯則吾何適及晉皆婁
之餘如許江濤幸遇漢人之櫓屹然界
棟?扶社国之天哆希謝秋希笑領

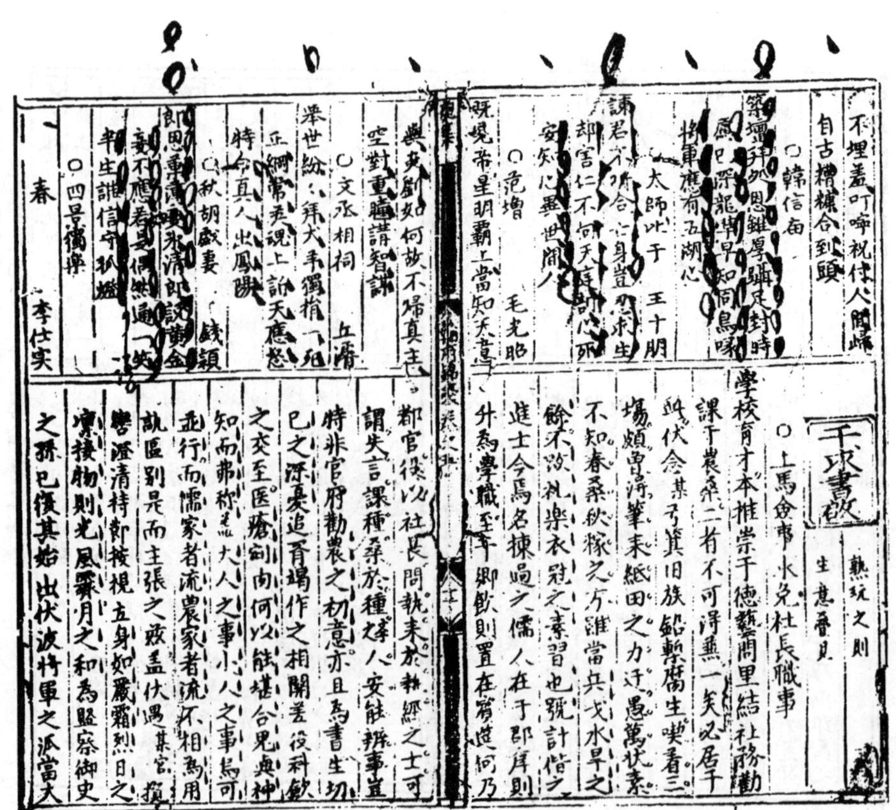

不埋羞可嘆祝使人聞歸
自古糟糠合到頭
○韓信廟
築壇拜將恩雖厚躡足封時
慮已深龍未早知同鳥喙
將軍應有五湖心
○太師比干 王十朋
諫君不聽合亡身豈忍求生
却害仁不向天庭剖心所
安知仁異世間人
○范增 毛光昭
既見帝星明霸上當知天意

千求書啟
熟玩之則
生 意 晉 見
○上馬僉事以免社長職事
學校育才本推崇于德藝閭里結社務勸
課于農桑二者不可得兼一矣必居于
此伏念某孑眞旧族鉛槧腐生喫著三
場頗曾得筆耒紙田之力行愚篤状索
不知春蒸秋獮之方雖當兵戈水旱之
餘不改礼楽衣冠之素習也縣計偕之
進士今焉名捷之儒人在于郡庠則
升爲學職至于卿飲則置在賓筵何乃

興楚劇如何放不歸真主
空對重瞳講智謀
○文丞相祠 丘濬
舉世紛紛拜犬羊獨指一死
正綱常英魂上訴天應怒
特命真人出鳳陽
○秋胡戲妻 錢穎
郎思妾意兩茫茫[illegible]一笑
○四皓[illegible]
羊生[illegible]信守孤燈
一春 李仕実

都官復以社長問執耒於鞍纓之士可
謂失言課種桑於種棉人安能辨事宜
特非官府勸農之初意亦且爲書生切
已之深憂追胥塌作之相關差役科斂
之交至医痊向何以能堪台見興神
知而弗称焉大人之事小人之事焉可
並行而儒家者流農家者流不相為用
訛區别是而主張之致盖伏遇某官揔
轡澄清特躬按視五身如嚴霜烈日之
懷接物則光風霽月之和為監察御史
之孫已復其始出伏波將軍之派當大

一二〇

壓邊恰有三分地，檻內眞栽百樹花。也只閑看與閑坐，分明別是一人家。

○夏

杏花村裡白家池，池上陰陰楊柳枝。一片湖光却无價，懶心惟有白鷗知。

○秋

王宇无塵白露寒，小樓出有小闌杆。一湖秋水浸明月，人不來看我自看。

○冬

一夜溫溫雪滿山，梅花正在半開間。獨騎瘦馬前村去，尋見梅花即便還。

○松　無名氏

石上青松百尺長，輕花落間水上香。可嗟樵子休成伐，留待他年作棟梁。

○竹

新篁解籜拂雲稍，暑雨秋晴長鳳毛。待得明年堅似玉，截竿東海釣金鰲。

○畫梅

其家。一弭斷于青泉，屢下上于白屋。遠念畸賤，亦遂遭逢。尚念寒士之微，未脫齊民之役，敢干使判，特送司存，照例學不征之制，而移其名。蹤同里有舉之家，而代此職。不可耕，且為也倘不妨暇日之琴書，尚有道而正焉。誓不負大鈞之陶冶，其為依倚，未易名言。

○為父辨訟謝郡守

大倉公當刑在緹縈，豈得自已；公冶長非罪，惟宣父獨能知之。大賢既死，不容人[illegible]其責，感恩有地，謝過以文。竊惟橫逆之生，雖吾聖哲不免；顏淵未嘗竊飯，其如吾黨所訕；不疑莫肯盜金，終為同舍者誤；劉寬亦解牛而去；孟軻莫窺發而來；率賴英豪，始逃謗讟。竊是長廉之筆，可無特達之知。竊念某至鄉童蒙，陋巷愚魯。早被一經之訓，未收三釜之榮。夫何嚴君遽陷讒口，坐囹圄而荷校，對刻木之吏。毛行客得牛，而邑人有災；城門失火，而池魚受害。日起无辜之顰，誰與不忍之懷。誓為剌虎，以救親肯效撫手而謠。父幸逢愷悌，曲賜憐撫，赦其

謾把孤根紙上栽，瓊花錯落帶晴開。天教預報春消息，占斷江南第一枝。

○墨梅　王冕

我家洗墨池頭樹，個個花開淡墨痕。不要人誇好顏色，只留清氣與人春。

○移梅　亡名氏

幾樹梅花雨裡移，移時還有未開枝。不知帶得春多少，便問梅花也不知。

○紅梅　方鶴

自是花中第一紅，莫疑顏色問東風。認桃辨杏淺人眼，看到調羹自不同。

○蕨　亡名氏

一拳打破地皮穿，拿住東風不放春。直待子規啼徹後，展開仙掌去朝天。

○紅菊

陶令歸來晚，異濃移鑄終日對芳叢。餘香滿存樵斧，騎渴黃花朶朶紅。

○干松

已往之愆，尤許其自新之悔，悟濡雨澤于雷霆霹靂之後，布仁恩于雪霜凜烈之餘。不徑群議之風波，俾脫窮途之水火。茲遇某官，胸吞雲夢，量闊滄溟。出當可為之時，大推有用之學。人不及者能以情恕，事既過則但竟心涼。唾面自乾，大度未餘于師德；攜手以上，片言不妄于駿明。自此變寬聲作歡聲，得不銷愁氣為和氣。諒公輔之器，自已可卜；而州縣之職，豈能久留。結草以抗社，回誓效嫁婦之老。倒餞以出，趙盾[illegible]為翳桑之人。庶畢餘生，以酬厚德。

○為子辨訟上縣官

頑為龍伯高，勿為杜季良，方冀兒曹之知戒；吾學柳下惠，莫如魯男子，不虞物議之難逃。非神明之政，不可得而證；恐真偽之情，終無白而白。敢陳尺素，少露寸丹。伏念某名忝士流，世修儒術，橫絲馬帳，且思以叔諸人；垂訓鯉庭，烏有不教其子。初意克家之寄，台尸幹蠱之勞，豈期莫遠于嫌疑，乃不自羅其禍。讒被救卹鄰之閑，周已速；撻秉燭當里歸之

五百東分五百西，搖牙不與
衆芳齊，自從老鶴棲來後，
不許山禽再乱啼。

○松　　胡敬齋

一夜風霜萬木枯，崴寒惟見
老松孤，秦皇不識清高操，
强欲煩君作大夫。

○落花　　王直

最愛東园飛乎花，可怜飄泊
委泥沙，人生榮謝皆如此，
不用臨流起嘆嗟。

○畫菜　　程九逵

春盤風味有餘丼，底事移來
畫裡看，應是黎元无此色，
要教人識聖恩寬。

○笋　　費秉

天下妖魔尽畏雷，龍孫獨肯
出頭來，看看長大誰為友，
岩上青松岩下梅。

○李花　　方博

恥學桃花醉艷陽，生憎柳絮
太顛狂，東風不賞狐光凡，
也被牆頭蛛網過墻。

○夾竹桃花　　方博

前誰其取信，事聞官府，累及私庭，入江
渺曰我非漁，豈群疑之能釋，在縲絏謂
非其罪，舍大聖以孰明。

○蓋伏遇某官
璠璠硌硌之丈夫，赫赫岩岩之相種，未
復青鐙之田物，暫膺墨綬之新除，方報
政于五月之間，已回春于一雷之地，不
以王公大人之勢而陵物，一以君子長
者之道以待人，謂頑民弗靖，姑惟教之，
而童子雖言，與其潔也，雖衡鑑之下，莫
之能隱，然天地之量，何所不容，致兹寬
瓊，雖化之限，亦須生成，莫大之賜，某敢
不懲其跡，仰賜以自新，因其人之所不
及，而恕以情，已蒙寬宥，不以子之不肖
而黜其父，尚賴優容。

○因告上知縣脫罪

伏以賢宰當衡，四境謳歌之化，良臣輔治，
退方荷訟獄之明，故剖雞以决民之訟，
治若神灵，鞫虎以衛民之寃，皆稱仁政，
恭惟桂石大人，學本淵源，才優經濟，洪
恩丕冒，同覆載之無私，大德光輝，若秋
陽之暴物，筮仕建城，暫停駐驛，早膺台
鼎，變贊化元，刑以不殺為威，恩以博施

兩竽濃綠間深紅，難点春光
籍化工，君子小人何处辨，
只消一夜落東風。

○浮萍　　陶賀

本是楊花幻化成，顛狂漂泊
一般情，若教前度梅花種，
未必隨波到處生。

○楊梅　　亡名氏

折來鶴頂紅猶濕，劍破龍睛
血未乾，若使太真知此味，
荔枝焉得到長安。

○杏花　　周端臣

暖律潜催次第春，梅花已尽
杏花新，半開半落閒園裡，
何異榮枯世上人。

○葵花　　劉潜夫

植物雖微性有常，人心翻覆
至難量，李陵衛律陷山死，
不似葵花識太陽。

○桂花　　鄧士寬

兩過西風作晚凉，連雲老擘
出新黄，清芬一日來天闕，
世上龍涎不敢香。

○芭蕉　　張横渠

為病明見萬里，折檄片言，春生滿院，再
生一念，某貧乏寒生，孤寠窮旅，為貧居
外，訓蒙治生，某遭毆打，情切易明，奈夫
緣由究，舍郎辨牽告之情可憫，縲縲之
計可矜，分割一時，恒見幽明荷德，情僞
各協，當思犬馬報恩，伏冀廣恤刑之仁，
普陽和之澤，宥過无大，象刑惟明，容物
休休，如乾坤之覆載，存心炯炯，似日月
之照臨，俯賜涵容，深虞冒犯，再伸鄙句
上瀆高明

○上某縣取東脩啓

伏以六龍扶帝，厥萬方仰堯愛之仁，五馬
立侯門，百姓沐龔黄之德，一時盛事，千
載奇逢，恭惟大人先生，水壺丰姿，鳳凰
儀表，文光射斗牛，胸中吐萬丈之長虹，
浩氣隘雲霄，心上運一輪之明月，豪傑
人中第一，英雄天下无双，宰相之材，圣
賢之學，恭嵗推允，于上国暫時居守于
南邦，皂盖朱旛，矛九重之雨露，金章紫
綬，凜一路之風霜，豺狼屏跡于四方，絃
誦聲傳于千里，恩威隨處去，神欽鬼伏，吏
心寒詔勅，自天來，虣滚蝗飛，兵騰碎持

一二二

芭蕉心尽展新枝新展新心
暗巳隨頓學新心养新德
旋隨新事長新知

○春艸　劉元父
春草綿綿不可名水边原上
乱抽荣似嫌車馬繁華外
繞入誠門便不生

○楊花　楊誠斎
只道楊花管別离楊花一去
不思歸浮踪浪跡无拘束
飛到蛛絲也不飛

○蓮花　[illegible]頤
源頭活水满方塘净樹学亭
與衆芳世上凡庸恐
不知今日為誰香

○牡丹　无名氏
千古芳名出洛陽身居苑囿
合稱王王欄杆外東風軟
日映紅雲一朶香

○海棠
高燒銀燭照紅粧不與乾坤
入睡鄉卯酒醒來春思好
君王带笑坐沉香

○賣花

政何殊于伊呂守道不讓于夷齊作霖
雨作塩梅佇得奠誥于紫閣安国家
安社稷指看扶紅日于青霄褒崇莫
賛誦不勝

○上知縣取來脩啓
伏以雲龍風虎百年興豪傑之期舟楫塩
梅千古仰明良之盛謳歌戴德蠢動欣
生恭惟即男大人先生才過賈董學隘
程朱賢科發迹于王庭花縣旬宣乎至
化孕自下車之始仰瞻涖事之初鶏鳴
霜曉月映霽秋剖决如流而案無留牘
照臨若鑑而事詆隱情畏在四知慕集
三善多而不乱老子之烹魚緩而能生
宗馳之種木與其利除其害民獲以穌
舉其綱張其目政声懋著犬無夜吠之
虞人有夕眠之慶傷禽振羽沐百里之
春風病樹沾春沃一時之膏雨凡有血
氣之屬孰无尊親之懷莫不翼必須更
之生思見德化之盛牛刀小試枳棘暫
棲太阿以射乎斗墟鸞鳳終陵乎霄漢
龔黄之績不日上聞于魯之膺于時下
及愚借寇而弗違以番陳而莫得徵書

薰紫于紅色色新橋頭桃李
洛陽春一声啼入紗窓內
惱殺梳粧對鏡人

○叩臘雞之謝　解縉
曾向金門報曉籌溫泉湯裡
脱毛裘只因誤入凌烟閣
惹得勳名遍九州

○画馬　丘濬
冀北由来是馬鄉壽常十尺
九飛黄不知地產隨時变
剛把凡駒總作良

○鴈　程楷
秋風已占江南景春日還搏
冀北雲嘹喨一声明月下
人間何處不驚眠

○魚　董璞
海門萬丈浪如山一轉身來
咫尺間昨夜陽雷催雨急
做龍不似做魚閑

○一鯉升天　董璞
鼓鬣揚鬐吸曉風長江淡淡
水滔滔禹門應有朝天路
一轉身來便是龍

○燕　洪瑞

遠至循良閩伏湛大加龍遷崇登治
高吳公之望是則垈有雨洪而亦事无
足與其雕出小技傳榛樗材幸伏大海
之濱亦欲餘波之潤際會雖奇揄揚莫
既切念某劣經壯歲期預脫于青雲慕
志頻年近治乎于綷帳學未飽于三餘
心徒為乎寸進周身寡策展足無階顧
東修以上雖可藉于斯文而掉臂以行
反見欺于極恶倒懸之名何以解之交
徧之責不可緩也自愧見之不早可堪
控訴有門謹詞上瀆負罪弥深伏乞大
張日月之功弘擴天地之量誓雅負于
華奸之典蘇涸以泣罪之人庶幾究
抑可伸而鬱結莫替威嚴不勝越殞之至

○上知縣啓
伏以琴堂布政深懷慈父之仁綉水涵春
咸服神明之化謹輸卑懇冒瀆崇嚴恭
惟某剛毅果断正大從容德望高明誠
同銀漢之月襟胸瀟灑瑩比玉壺之秋
舉直措枉以无偏治劇剸繁而不紊二
一萬家安于里野感沐甄陶数百里頌以
一弦歌均叨化育元甥炯炯藏錦綉于胸

窗掩東風巢半差新泥温染
旧泥香欲知安不忘危意
桑土工夫合早防
○画虎　方博
磨牙張吻欲吞人不欲吞人
人心嗔却笑画工真似拙
當初何画麒麟
○画牛　方博
牧童見領主人辞牛瘦牛肥
信你為㕘者㕘牛他㕘骨
素飡愧尔牧牛兒
○借馬　梁銛
明朝訪旧到文溪頓借双翻
璐玉蹄非愛惜々過閩里
只愁前路鷓鴣啼
○化龍魚　程文衡
風雷鼓舞浪滔々一躍龍門
萬丈高從此濡魚天上物
八荒霖雨莫辭劳
○木猫　程畧
不劳畜養不劳呼鼫鼠君看
動也死却史鄰家鼠咸陣
空將魚飯飼貍奴
○杜宇　亡名氏

中浩氣洋々起風雲于筆下春後有人
耕緑野撫字惟新月明無犬吠花村穿
竊巳息斯民幸甚樂土雷霈某講渠新
梗齊上塵珉燈火寒窓讀父書三復井
棠之詠里胥新役入河陽一見花縣之
春深惧駑蹇之姿恐負驅馳之役倘蒙
報効之一念並皆感戴于二天再伸鄙
悃之恭上瀆高明之听深虞冒犯俯賜
涵容
○因在四上郡守
范睢詐称張禄蓋有所謀少游郎是太歷
别无他意但可辨薰蕕之有臭不當使
玉石之俱焚輙攄屈抑之情上瀆神明
之听伏念某廬陵生長湖海倦游鼓行
之老氣不衰疾悪之剛腸猶在漢廷重
賈太傅上曾覽積新厝火之書江南有
賀方回人争誦芳草斷腸之句敢期无
謂亦到有司困一身于囹圄之中不勝
塗炭被五木于拘挛之下正值氷霜累
知已以併臨辱長鬚而下及若不擢髮
而尽數其罪雖有百口而莫辨其辜横
逆之来哀鳴有以恭審某官位列三公

人物榮枯同一夢乾坤回首
幾興亡當時去国元堪酌
莫向東風怨短長
○燕　劉後村
曾容烏衣看落飛春風吹影
傍天涯春亦有家来処
何必王家與謝家
○白鷺　蘇東坡
鉄為双足雪為衣終日贏魚
立小溪一拍不知何処去
晴空㕘破碧琉璃
○鷹　无名氏
八月秋高天氣清孤飛萬里
羽毛軽有時獨立喬林上
常使風前燕雀驚
○鶴
仙禽胎骨本清臞縁羽還能
與衆殊腥倚兲陰初醒後
海天雲浄月輪孤
○題鴈飛鳴宿食
飛過南来数百洲高鳴天下
尽知秋傍時獨揀芦叢宿
啄食相依不举頭
○艦　汪春江

之数副為諸道之尊文翁闡儒学于蜀
都不闡着述常秉振文風于嶺嶠所欠
威名惟道德兼数者而有之故位望之
高列諸藩而未巳金章茅土與国同休
王樺券書共門益大此乃今時之間有
若夫前世之所無公獨一人名高千古
骨法壽天人之相精神行地上之仙不
以身為将相敢忽于細微不以才兼
文武而尤動于学問性魁佳句无非人
間未見之詩真草行書更作天下不刊
之字尊君親而弥敬遠形勢而自疎公
為戚畹之範模可作世家之龜鑑有如
廉劔尤戒多門若某委巷匹夫窮閭下
走棄母親而弗侍冒国恤以圖歡揮賈
笑之金動櫱百萬磨折晉之王苟合再
三積威暴如虎狼怨交游如蜂虿嬌毒
一妾寔蝕肩痛心但知浮花浪蕊之足观
誓同穴死不悟治葉倡條之微意父欲
斂分氣一怒而火攻星[illegible]歌而飯舞況
婚者如此者蜂蛭讒敢當哉韜擒况在
門頹萑葦而對惑陶朱公有意与西子
以偕来共擒其非合污以利枚数赦前

听得春雷震太字甲鱗頭角
勢英雄乘雲帶雨飛千里
吸霧呼風上九重擲杖為
波仙法木點青僧寺巧人
同春江桃浪溶溶暖一任
遨遊四海中

○画竹　蔡克廉

箴牙露爪下慕山谷翰墨淋漓
尚未乾小小身材心膽大
冊冊毛尾肚量寬未曾行
處山先動不作威風草自
[illegible]前竹一步當數

之小過。歷陳試後之匿名者生如謝安
石何事无難處。汝意識表彥道否。王有
假時尚褒小人之多性。或脩君子于不
義。望冰鑑妍媸之察。使權衡无輕重
之差。曾參雖未嘗殺人。縱信尚生于慈
母。赤壁若果然放火。跟腳亦走于阿瞞
況在留都。实非細事。倘強橫稍加乎裁
抑。則善良始可以保全。郎生在獄中而
上書。始從究抑。名伯懸其案而聽訟。終
觀寘乎。過此以還。未知攸措。

○訟庭下人求公庇

聳[illegible]骨頭顱

○題素扇　赤心子

形兮類中秋之月。素兮比三
冬之雪。行藏抄寒暑之機
動靜合陰陽之德。其体掛
琅玕而剪雲箋。其用引清
風而部炎熱。遇其時若丞
原見弃于楚庭。逢其時若
賈生見用于漢闕。嗚呼。惟
我與爾秉此宗節。

某命塞數奇。觸事不偶。茲因某事罣連訟
庭。未分皂白。足下過知。當路欲求一紙
致之究轉。使得早決。实出庇休。

○求書與官長

某大人是先生同年故交也。茲有事懇下
无階可叩。告懇一言。吹噓枯朽。彼此感
恩于无涯矣。

○旅中干人

流落羇旅中。所恃者賢主人耳。途窮金盡。意欲
然辛有孟嘗。請彈吾鋏。惟惠全之。幸甚

新鐫赤心子彙編四民利觀翰府錦囊卷之五終

新鐫赤心子彙編四民利觀翰府錦囊卷之六

撫東　赤心子　彙編
潭城　青崖子　繡梓

清裁選

供歷代詞宗初學當與歌說閱

○問師帖　楚成王告齊桓公

君處北海。寡人處南海。唯是
風馬牛不相及也。不虞君
之涉吾地也。何故

○請盟帖　晉大夫請秦穆公

君履后土而戴皇天。天孚
土。实聞君之言。羣臣敢在下風

○辭命帖　晉侯辭諸侯

大夫人[illegible]矣而又命孤。[illegible]
[illegible]経之中。其以嘉
服見。則喪礼未畢。其以喪
服見。是重受弔也。大夫將
若之何。

○請成帖　吳王夫差請成越子

孤臣夫差敢布腹心。異日嘗
得罪于會稽。夫差不敢逆
命。得與君王成以歸。今君
王舉玉趾而誅孤臣。孤臣惟命
是聽。意者亦欲如會稽之
赦孤臣之罪乎。

○諷去帖　越范蠡遺大夫種

先儒文翰

前輩先生著自有一種典妙不可學處

○勸學峻書　司馬遷

聞君子所貴乎道者三。太上立德。其次
立功。其次立言。伏惟執事材能絕人。高
尚其志。以善厲身。冰清玉潔。不以細行
荷累其名。固已貴矣。然未盡太上之所
由也。願先生少致意焉。

○報司馬遷書　摯峻

摯聞古之君子。料能而行。度德而處。故悔
吝去于身。利不可以虛受。名不可以苟
得。漢興以來。帝王之道。于斯始显。能者
見利。不肖者自屏。此其時也。周易大君
有命。小人勿用。徒欲偃仰。從容以[illegible]

○與司馬温公　蘇東坡

某啟。謫居窮僻。如在井裡。杳不聞京洛之
耗。不審近日寢食何如。某以愚暗獲罪
咎自己招。無足言者。但坡及左右爲恨
殊深。雖高風偉度。非細故所能塵垢

蜚鳥尽良弓藏狡兎死獵狗烹越王為人長頸鳥喙可與共患難不可與共安楽子何不去

○忘勢帖　東方朔與公孫弘

爵禄不相責以礼同類之遊不以遠近為故東門先生居蓬戸空穴之中魏公子一朝以百騎造之呂望未嘗與文王同席而坐一朝談以天下丈夫相知何必撫塵而游垂髮齊年

○論文帖　司馬相如答盛覧

詞賦者合綦組以成文列錦綉而為質一經一緯一宮一商此賦之迹也賦家之心包括宇宙總覧人物斯可得之于内不可得而傳

○諷臣帖　蘇武與李陵

足下一為世英器為時出語曰夜行披綉不足為栄況于室家孤城棄在絶域衣則興制食味不拘其捐功名雖尚視息與亡死異何

某愚之不超若背耳寫告去江干無求山風濤烟雨火文百變江南諸山在几席下此其未始有也雖自省之之處亦布褐藜藿而已瞻晤無期臨書惘然伏乞善加調護

○與王荊公書　蘇東坡

某近者經由屢獲請見存撫教誨恩愛深厚別来切計台候萬福某始欲買田金陵庶幾得陪杖屨老于鍾山之下既已不遂今儀真一住又以二十日以求田為事然成否未可知也若幸而成扁舟往来見公不難矣向屢言高郵進士秦覌太虚公亦粗知其人今得其詩文数十首拜呈詞格高下固亦以過于五右獨其行義修飾才敏過人有志于忠義者某請以身任之此外博綜史傳通暁佛書閑習医薬明練法律若此類未易以一二數也才難之嘆古今共之如覌詩篁実不易得願公少借齒牙使增重于世其他非所望也秋氣日佳微恙頗已矣去否伏冀自重不宣

○與程輯齋　張平洲

使君服鄭死雖書功竹帛傳名千載茅土之封永在不朽不亦休哉嗟乎李卿事已去矣先之毫運差之千里將复何言

○求薦帖　張衡

蒼蠅之飛不過十步自託騏驥之尾乃騰千里然亦猶于騏驥使蒼蠅絶群也

○漸進帖　孔臧與子琳

告琳頃来聞汝諸友生講肄書傳滋滋夜行不怠善矣人之進退惟聞其志取必以漸勤則得多山淵至柔石為之穿蠍虫至弱木為之弊豈非漸之致乎

○美賦帖　揚雄答桓譚

長卿賦不似從人間来其神化所至耶大諦能讀千賦則能為之諺云伏習象神巧者不過習者之門

○閑学帖

若夫發于者絶圣矣智修生保真清虚澹泊帰之自然

雖家郷幾過一月懷朋友勝隔三秋奈從新傳声名旧在故縣人貴客接連登楼而巨賈豪門分頭置酒備擧紅之樂何日无之揮毫染翰之勞幾時休也曾被笙歌悞綺羅視要更因文賦唖出錦綉心腸閑闥門邊被溪山消磨了漫興長洲苑外使花鳥負着深愁縱皂囊滲一文錢也能在筆頭間鑄出任紅裙淺半点意只須把舌尖兒挽回盖平生以許多翰墨是名家非近来得少相公隣增重無奈何群小子辱鋒重斂故蹈前程要端的目擧耳聞猶先生堪為証佐感吾兄賞良言屢迪吾含数荊妻遣嬌子遠到蘇州備有个報先生諶為不執也無端濃已意信作真情雖相感君厚意鄙友至焉全不想使區區做人[illegible]陳左右請自斟量

○上于襄陽書　柳柳洲

伏蒙示文武順圣樂詞天保樂詩蔡揆胡笳[illegible]詞稜族迭弁與京兆書手披目視口咏其言心惟其義且恐且懼忽若有得不知馳馬之動道途之遠也夫淵默

徑師友造化而不為世俗
所役者也不然吾人之網
不難驕君之鉀蕩然肆志
談者不得而名焉故可貴
也今吾子已貫仁義之鼺
絆係名声之韁瑣伏周孔
之軌躅馳頼閥之極摯既
係牽于世數矣何用大道
為自晴曜昔有学歩于邯
鄲者曾未得其彷彿又復
失其故道遂匍匐而帰耳
恐以此類故不進

之水深不過尺尽丘垤之小高不踰尋
丈人狎而玩之及臨太山之嶫峩巨
海之驚瀾莫不戰慄悔惑而自失所观
變于前所守易于内亦其理宜也

○與富鄭公　欧陽文忠
某啓暑雨不審台候何似有蜀人蘇洵者
文学之士也自云奔走德望思一見而
死所求然洵達人以謂某能取信于公
者求為先容既不可却亦不忍欺輙以
冒聞可否進退則在公命也

○答周主簿啓　王梅渓

○乞帰帖　方望渓　傀畫
范蠡收青句践乗扁舟于五
湖舅犯謝罪文公亦逡巡
于河上夫以二子之賢勤
名両国犹削跡帰然請命
乞身望之无若固其宜也
望聞烏氏有龍沙之山微
徑南通與漢相為甚易時
有奇人聊及間暇廣求其
人頭将軍免之

○追念帖　漢光武帝賜王常
王廷尉良苦每念往時共更

行夏之時允協三陽之應履端于始光膺
百福之来德荷過謙礼蒙倒屣荃官望
隆越絶秀蘊剣鋏鵬躍天池儁美周郎
之年火鳶栖枳蕀蔚然執賢之才華某
叨預同年獲伊巨麻賦擲花之詠献雕
後于元正占筆猶之交享必同于他日

○答莫守啓　王梅渓
氣肇黄宮六琯以始見日行北陸君子
之道将亨某官治有先大夫之風民樂
賢帥之政茂對一陽之復歡騰千里
之謡某待次衡門限趨賀宇邊錢緘封

艱危何日忘之莫往莫来
豈違平生之言乎

○報忠帖　漢明帝報耿[illegible]
補公家之闕不累清白之素
斯善美之士也似史苟合
阿意而進无蹇蹇之志
郤充退思之念患之甚久
惟今所言生其勉之

○懐思帖　明帝與東平王蒼
辞別之後獨坐不樂因就車
帰伏軾而吟瞻望永懐実
労我心誦及采菽以増歎息

之賜倍増感愧之懐　伏侍下煩

文翰接尤

首喩牘者

○寝轄南道　東州侍御　頴陽許國
往自矜佩以及謬領纓組皆泛長者後種
七繖憑旃不能宜恭惟南臺即真欣欣
伊迩丈大慷慨談天下事為國家揚激
清濁以吝明時幸甚幸甚豈独為桑光
重瑶函錦幣璀璨照人伏讀登嘉目眴
神竦所為奨借不肖者萬倍逾遥恍
汗浹衿敬因使謝南中諸君子朝夕過

○辞辟帖　蔡邕辞辟
中磨嬌禀氣方妙性敏心通
登観尽礼幾于毀滅至行
美誼人所鮮能安貧樂潜
味道守貞不為燥湿軽重
方之于邑以歯則長以徳則賢

○棄斥帖　黄允妻與夫
棄妻斥女敬白黄生卑賤鄙
陋不如貴人妻日以遠日以疏
以親何所控訴仰呼蒼天
悲哉黄生衣不厭新人不
厭故悲不可忍怨不可去

從倘垂念不肖而齒及焉為道區區之
相憶也

○再辞旅幣　東濱閣所　頴陽許国
翁垂意桑梓之末推奨過標鄙人実不敢
當伏憶風神王立北有月端甚且
増重矣其員乗鸞鶴竟未知所税駕也
翁何以辱教之華礼再領意已辱又
重以旅幣萬萬不敢承謹附使納總惟
尊慈亮宥

○卜分庭菊　東曹礼部　白兄何其贈
不肖傾者低回于公庭佳菊把玩久矣所

彼獨何人而居我處。

○寄物帖 秦嘉與妻徐淑

車還空返，甚失所望。兼敘遠別恨恨之情，顧有悵然。間得此鏡，既明且好，形觀文彩，世所稀有，意甚愛之，故以相與。并寶釵一雙，好香四種，素琴一張，常所自彈。明鏡可以鑒形，寶釵可以耀首，芳香可以馥身，素琴可以娛耳。

○謝惠帖 徐淑答夫秦嘉

既惠令音，兼賜諸物，厚顧殷勤，出于非望。鏡有文彩之麗，釵有殊異之觀，芳香既珍，素琴益好。惠異物于鄙陋，割所珍以相賜，非豐恩之厚，孰肯若斯？覽鏡照釵，情想彷彿，操琴詠詩，思以成結，粉以芳香，馥身喻以明鏡鑑形，斯言過矣，未獲我心也。昔詩人有飛蓬之感，班婕妤有誰榮之嘆，素琴之作，當須君歸；明鏡之

也。香已盈抱矣，鄙意似有不當居第四者。下，然後為已物也。夜來頹然，酣枕不齋，又入夢思，故是蒼頭敢分庭前上品。想翁日夕流連，僭恋已得，悠然見南山餘意，亦當稍慰乞者。俾野人亦得為娛晚計，正見翁亦物我處也。幸幸，諸惟入面叩，不盡不盡。

○賀再繼子 宋金峰 胡省 曾源舒邦儒

竊聞鳳麟瑞美，鳳之毛羽儀朝著，麟之趾昌熾公孫，以類𤨏也。鈞臺固熙朝之麟鳳也，長者穀似，濟芸青而上之，奴論已茲兩重慶，熊羆胥產圭璧，卜食牛千餅標中，實為國家儲材也，豈翅亢宗昌後已哉？肅具菲儀，用伸賀敬，伏惟台鑒，康甚幸甚。

○謝賀登科 宋程文峰 古宁方揚

走不佞漫作書生語，落莫群諸名儒，歲後歲矣。即郡邑大夫若鄉中桀桀者，咸五樂之譽，諸櫪下駒，逡巡康莊，旧矣，豈復能展足有千里一息耶？茲幸附驥，慨然且汗愧，无以叩首諸大方間，重荷高憐，及對增慚，愧忝命過，豫非喋喋者所能

鑑，當待君還。未觀光儀，則寶釵不列；未侍帷帳，則芳香不發也。

○撿身帖 杜泰卿寄子元桂

中人情性，可上下也，在其撿耳。君放而不撿，則入惡也。昔西門豹佩韋以自寬，安于賤佩弦以自急，故能改身之恒，為天下名士。

○安貧帖 戒子 司馬徽

聞汝充役，室如懸磬，何以自辨？論德則吾薄，說居則吾貧，身以清而志不壯，貪而竹不高也。

○戒悛帖 董卓

昔伊尹霍光，權以立功，猶可寒心，足下小醜，何以終此？貨者在門，弔者在廬，可不慎歟？

○方人帖 諸葛亮

孟起兼資文武，雄烈過人，一世之傑，黥彭之徒，當與益德並驅爭先，未若髯之絕倫逸群也。

○誡子帖 諸葛亮

承也何如何如。曹儀登鼎，謹致謙悰。

○叙私喜 員東明 分杜史 春台張應元

當天下被簡擢，咸嘗而南，即在吹聞之報，沾沾喜與法座言，得以攄生平吞主丞。其在孩乎三載，哀哀日力先人墳墓一切多疏，即坐失修賀，乃拜命之辱，至于再三，感荷則深，竊有愿焉。念不肖碌碌然尤叢集，何致英声籍籍如足下負才卓犖，而濟以春融，此真名實相符，蒼生之托也。對使馳情，附申謝悃，南望顒布，不盡致言。

○談論時事 宋明侍御 南明汪道昆

傾得白下書，本本具報，末不悃欵，輝傳一二時事，皆草菅所樂聞，大都激而言，不見韙君過而推國体，往不佞常與使君言之矣。頤為風為，母為昭明，斯言果得一當，使君否乎？司徒京兆二公旬日避癸白下，鄉里衣對之盛，僅見此時。即不佞宕栖川遊，知大澤之將至矣。鬱將生入太學，紹介起居，春晹不若積雨繫人，路而金陵，无任動性。

○述宦通問 宋采 南明汪道昆

一二八

夫君子之行靜以修身儉以養德非澹泊無以明志非寧靜無以致遠夫學須靜也才須學也非學無以廣才非靜無以成學慆慢則不能研精險躁則不能理性年與時馳意與歲去遂成枯落悲嘆窮廬將復何及

○惠杏帖

素以見饋今則冬生物以非時為珍恩以絶日為季

○勸仕帖

敝郡彈丸地耳天不爽其赤子以僉諧星照臨之蕞訟之風自此以洗幸之幸者也不肖有事疆場自在牛馬走中聞訊起居一切發格爵疆事始拔敢戒堅子私布下情伏惟台亮春和幸自珍衛為蒼生福不盡欲言

○叙濶慰望 宋張 文學 屬泉吳文佳

往歲比四未幾遂有南行人事劉手握毛不遑傾倒此心悵然迄今有餘歎也新祿新安計將一載邇來兵戈侵尋郡役役案牘匆遽尺寸負愧々々回首

緊環而處奏德星仁宛齊在上許由之志于世濱昊㬎乎鄭真求足論比思請見于達者之側歟途宛由托思晨風

○戒子帖

張子臺視之似鄙朴人然其心中不知天地間何者美好作人如此自可不富貴然患禍當何從而來

○審己帖

明睞還示知来度

頓成夭濕追感今昔无任側々又當秋存知公接振有期矣幸俾安靈以膺大受一時之遇何足計焉望之々冗次勒狀不及縷懷諸異炤亮前高

○賛美勲業 宋胡 邑宰 屬泉吳文佳

自驅車而南嵩閣驗平載矣尺風塵来緑化膝則時々望斗山微之門下憩蓋卓犢為諸邑先當道噴々不容口頃歲之春當有特召幸左右少需其由日夕望之草狀馳獻台端并以為候惟炤亮不盡欲吐不盡欲吐

疾苦何乃爾耶蓋張樂于洞庭之野鳥值而高翔魚聞而深潛豈絲簧之響異英之奏非耶此所愛有殊所樂乃異君能審己而恕物則常无結滯矣

○公賢帖

頻見亮公非常人也比日閒所樂閒不覺歲之將暮珠生合浦魏人取以照車璧在邯鄲秦王請以華國天下之宝當與天下共之非

○頌美期望 東湖 侍御

法星久伏新安寓内蒼生迂望使車早出以沛甘霖有日矣茲喜鄉當送吉烏台方屈萍以待驄馬之臨蓋雖百里開增輝而國是民生將均有賴也知惠衢台速否交譽老日積所冀一侍清光以消鄙吝則才百倍于恒情乎真切々尊惠劄仪高誼鍼心感之而拜賜過觀珠不勝姚汗耳鴻旋肅此附謝莫罄欲陳伏惟垂炤江天回首神爽俱飛

○未別懷思 東湖 侍御 修吾馮汝吉

遠工人貴所宜專也

○作忠帖 諸葛亮 張裔

去頑不顧門委雖不入園以頌人之情草菜之賤猶有所恥想忠壯者意何所之

○勉學帖 文集

昔公孫弘皓首入學顏淵五十始附師門朝聞夕殞聖人所道足下之年甫在不惑加以學藝何晚之有若能上追甯忘食之樂下踵寧于夜之勤窮文盡

不佞之役于貴郡寔我首明公周旋其間有陰賜焉不佞之竊翺而東寔一飲食不敢忘明公矣而有捷奪之未逞一介則心知而未吞也罪死何言頃蕤什西郡之楮於明眛恋々焉計公車且當北脂矣敬布諸薰陳不腆倘幸鑒存着任荣施

○叙别述懷 東周 黃門 修吾馮汝吉

奉違忽三歲矣竊以小郡宂々中不能通一候抱罪抱歉亦何可言聞荣拜在郢賢公于學業大進觀知之慰无踰此矣

義无微不綜視富貴之棄取金紫之爵是夏侯勝拾芥之謂也。

○勒銘帖（趙伽子）

大丈夫既无箕山之渫仕无呂望之勳天不我與復何言哉可五一圖吾于吾冢前側刻之曰漢有逸民姓趙名嘉有志无時命也

○擇主帖（韓禪子）

枯澤非應龍之淵棘林非鸞鳳之窟昔食其自通壁門

某狐旅京邑宦況蕭落長安紅日隔雲遙。天綱何故人能不耿耿入賀之兩歲附與活不悉所私仰祈台照

○久間叙私悰（承靳）　　脩吾馬叔吉

都門別來遂作殊途江北江南一官數載近乃上石與活子矢為伍故人何在知我其誰慮不出疆閉門越境即吾老大榮落已久尤未能通一字缺情爲札詞明何方然同病相憐豈以為罪耶書瑱名公撥鄭江局風雖英采借萬恒侶望之三輔能幾何哉恭論歲發揮翁

非高祖不長揖孔明長稼南陽非劉氏不馳驅望雲霄而俯翮騁長途而高鳴知其驥騄之北足

○定分帖（孫權報）

甘德昔覺孔明至吳孤語子瑜卿與孔明同產且弟隨兄于義為順何以不留子瑜荅言弟亮以委質定分義无二心弟之不留猶瑾之不往也。

○大受帖（鍾繇與魏烈帝）

之新綸且即下矣惟翁早秉樞衡沉抑无憾也鳳翁歸述吾老丈恋恋之雅敢走一力致茲凋愫欲此情事當有須之不言者勿敢效鄙大雅之如何柰尹之事幸聞借重面請有緣願企諸惟台涵不任感激

○拜惠論文（刑部張某）　　寅所方其工

某自慚淵陋罪譴是甘木瓜之投頌季瑤之貺高懷諒爱何以當之義不敢郤謹對使拜嘉併謝佳製擬案大嚼行空流水知者弗舍雖頑石亦滋潤矣誠式

賢士元非百里材也使處治中別駕之任始當展其驥足耳

○遺物帖（諸葛恪什）

鏡與粉盤與郎香奩與君歟其行身如明鏡純如粉香如香

○榮歸帖（許名）

鎮地須文吏而都與一方念足下衰年鼓建朱節歷本州此所謂着繡晝行也

○喻才帖（孫權付長史）

騏驥不遇能乎伯樂良宝不截擢于卞和美以輝光夜

後學之師範也伐木有懷聊寄

○頌德叙懷（宋胡邑宰）　　忠菴秋隨鄉

某銓伏維封幸沾波潤高情雅誼感服切袁恭聞史帛微賢清華伊迩塩梅丹楫康濟明時寰宇蒼生徯望久矣風辱知爱如鄙人者慶藉曷可以言函撰登龍一愉捆素而魏絮之跡不究浚心延遡光塵增恋而卩址上偹由斯已當迎送郊亭為原十日之歡也載此尊人奉候並具芹私伸賀臨書慄慄懸惟鑒涵

○慰問困疾（宋朱午叟）　　瑤泉申時行

射作儐送泰鎮飛馬絕影終朝千里物尚有之士亦然

○青了帖（[illegible]）

汝為吏以官物見餉非惟不能益吾反以增吾憂也

○羨書帖（王羲之庾翼与）

吾昔有伯英章草十紙過江忘失常嘆妙跡永絕忽見足下荅家兄書煥若神明頓還舊觀

○聞達帖（陶潛与了）

少來好書偶爱閒靜開卷有

驟足鳳毛冏于幹龍亡論誼篤者樹心即海內紳笏重為不直謂麗日中天何翼桃有抱背陽之嘆逵論洞曠復翼展芘當不令門下負此丹青也登堂宴笑即須之事幸毋咄咄作向隅悲耳追念不能去心頃問則鈌然坐次大以痊欲非復居常腸腹幸門下以此原我不則何自解于怨誹耶尊先之餞況高情乃示何得使人忘使返馳此

○稱荐見當（宋胡邑宰）　　念渠箋

相逢恰晚相別殊忽種種高懷

得便欹然忘食見訪。本欲
一㩀。時爲麥声。亦復歎不有
喜。崇亦五六月中。此窓下
卧。還凉風暫至。自謂羲皇上人。
○勸止帖 晁谷子 蔡泰孫儀
二足下功名赫赫。但泰華至
秋不淨。久茂今二千好朝
一顧露之葉。忽長久之功。乾
一松之祝。此賞一日之浮爵。
夫女爱不極席。男歡不畢
輪痛哉 一
○宣志帖 王羲之 答殷浩

吾素志无廊廟。正丞相歎内
吾誓不許之手跡猶存。由
十來尚矣。不于足下參政而
方進退。但兒婚女嫁便懷
一尚子平之志。數與親知言
一之非一日也
○遂心帖 王羲之 與謝萬
古之辭世者。或被髮佯狂。或
汚身穢跡。可謂艱矣。今僕
坐而獲遂。遂其夙心。其爲
慶幸。豈非天賜。違天不祥
頃東睢。迟修治桑果。今盛

良遲。嗣遠来秋爽。株守都門。越[illegible]
極口德望。及讀汪老荐章。津津不去手。
始信。字青夜光。到處珍重。計清而明堂
登之。倒[illegible]之右在旦夕。爾方與陳君講
室之推。乃雲章燦然。又忽還及傾蓋之
交。斷金之誼。感誦何忘。不倚蒲團俟命
當中。竣事可八月。亦明也。還使足報。挽
棠操毫。不盡懸思。側身東望。惟風便寄聲之
○叙別覩 野侍御 念渠蕭彦
汪君處。剪燭數論。待王人竟不来。良用惆
悵別緒莫舒。潤懷如熾。今早復復。後不

遑窮送。偶覩到蘭。猷味絶香。美割奉行
臺。火供清與珍重。長途前程萬里。指日
遂朝晤教有期。試束裝以俟。餘不盡。
○感恩引達 徐洲公 吴阜喩時
伏荷聲音下賁。我翁局外。惓惓引達之盛
心。某非木石。寧不感切。但愧无以報也
矧鶖雁孤豪之人。嵩萊畎畝。樵之外。史
不能一有所事。是煩有道者齒頰矣。翹
跂鍾阜。雲泥與逝。種種有懷。統惟公鑒
更愿崇補以對上簡。幸甚臨書處禱之至
○頌政謝惠東陵 邑侯 石[illegible]

敷榮。率諸子抱弱孫游觀
其間。有一味之甘。割而分
之。以娛目前。
○保愛帖 王羲之
吾服食久。爲劣劣。大都比之
年時。爲復可可。足下保愛
爲上。臨書但有惆悵。
○有得帖 張天錫 答索商
吾昨好行行有得也。觀朝榮
則敬才秀之士。玩芝蘭則
愛德行之臣。觀松竹則思
貞操之賢。臨清流則貴廉

介之行。覽蔓草則賤貪穢
之吏。逢飆風則惡凶狡之
徒。君子引而伸之。觸類而長
之。庶无遺漏矣。
○遊豫帖 宋文帝 與魏世祖
自頃歲成民阜。朝野无虞。春
末當巡吳會。以盡遊豫。臨
滄海。探禹穴。陟姑蘇之臺。
搜長洲之苑。舟楫雖盛。實
于良駟。想勝患以逸足。
○督子帖 孝武帝 下皇太子
書不長進。此是一條耳。聞汝

頃從諸大夫後。許一堂。須迄別[illegible]遲
聖。夏初賭望。冷臺從人。來述鄙人索居。
兩坐馳警教之。則恍焉親炙。坐中對客
誦。郡邑德政光不。不嘖嘖。陳使君陳使君
忽枉緹函。煥借除重。拜奉周旋。不任悚
感。光筆初事。句讀未勝薪水。明公過聽
而重明之。藉以勉旃。屢幾長進。安能虛
大君子。與可那。使者無持重問為竟辱
檄鄙人。藉天子之寵靈。以有馳封徼賜
公之大惠。以完館。典宜攝鄙史之盛。其
自先大夫以下。俱寵嘉之矣。使吏勒狀

致謝。于下執事。臨楮惶悚。
○叙歸意凉 宋臣元達 長谷徐獻忠
昨承冒雨臨視。濡及從者。通宵話言中
激歎。意情無況。既暑世途使紛囂之士
聞之。解悟。又不但與賈生之慨攬濁世
之悲也。山人勉思作吏。一出潦倒嗒伏
衡茨。旧宇頹壞。徑中之松。栢雖存。意
之猿鶴已逝久矣。遂使巢穴莫[illegible]
屋无往杜。蒱軒空閑。偏未皇恐謹[illegible]
○約賞庭花 黃東門 傳 金[illegible]
自別中春。倏忽入夏。署中杜丹[illegible]

素多懈怠，猜疾日甚，何以
禎固乃爾耶。
○知遇帖 王徽之
吾與義異直，恨相知之晚。每
惟君子知我，吾夫嘉我小
善，矜我不能，惟賢叔耳。
○辞禄帖 張融与王吏部僧虔
融天地之逸人也，進不辨貴，
退不知賤，实以家貧累積，
孤寡傷心，豈能山海陋禄
申情累院，錯慶東風
十餘亦證，晉平閣外。

○追遊帖 劉善明遺崔思祖
昔時之遊，于今鞅矣。每携手
春林，或負杖秋澗，逐清風
于林杪，追素月于園垂。如
何故人徂落殆盡，足下擁
旄北服，吾剖竹南甸，相去
千里，間以江山，人生如寄，
永會何時。
○蜀望帖 元帝与劉孺
鄧禹文学，尚或執戈；葛洪書
生，且云破賊。前修未遠，屬
望良深。

賢賞，恨不得一執盃竿，陪樂[illegible]之自
飲也。湖上蓮花今如何，備花神已誤。
千萬見報，康即過歸同賞，毋負此光
景耳。炎炎竹吹，暢和飲犬山斗，有懷未
鑿，頓惠德音，外書二種，聊見愨懇，惟鑒
之幸甚。
○自述缺問帖 張東問年　和齋葉逢春
落落窮戕，區區瑣守，幾二遍寒暑，自分朽
櫟，固所甘之。弟竊一第，竟五歲不入仕
籍。昔人云，坎壈誰復信，狂亩坐自悲哉，
之謂矣。秉置如茲，飛翻幾時，念吾同年

兄弟，海内骨肉也。坐此寥寥，阻絕[illegible]
及之，寸心歆析。吾兄神駿天馬，射日騰
空，日置青雲之上矣。碩念置泥淖否。僻
郡隱吏，吾无事事，終日惟閉閣偃卧而
已。偃塞中養成疎懶，故至知如吾丈者，
亦絶无片紙修候。所幸諒在漂籍之塵，
不敢上沾清几耳，不致深譴也。往主簿
南還，欸勤短状，伏承動静，嵩所延结。
○對景恨別帖 中字東余　和齋葉逢春
今春自東邑長驅矣，由此日遠光芬，言念
如何。兩日内，蠢稍稍止，凉秋漸浸，人遊

○絹賞帖 沈約
素采冰華，縑文霜潔，变澣暑
于闌閣，起涼風于襟袖。
○聆教帖 陶弘景与梁武帝
去年耳聞音声，兹辰眼受文
字，将由頂礼歲積，故使真
應来仪，正不整拂篠蒲，具
陳花水，烟襟飲思，[illegible]錫也。
○閨秋帖 何遜为衡山侯与妻
帳前微笑，涉想猶存，幄裡餘
香，從風且歇。掩屏為[illegible]
頓成芳[illegible]，分為[illegible]

寉心，如膏煎，獨夜自煎思，
等流波，終朝不息。
○謝緇帖 劉孝威
邑華，玉封味，緘[illegible]出暢
池閒之童，約千為哭，散浮
自莊篇，起后江淮泰公，海
東丹厥，水羲莫敢相華。
○双美帖 劉孝標与何炯
詩起之越，俗如半天朱霞，㪍
嬌之出塵，如雲中白雀，許
儉歲之粲，稷寒年之纖纊。
○謝草帖 劉孝儀謝[illegible]

子何不夢焦熱于途，時念故人此際[illegible]
綿並陳五色，耀目方憶，不得一葉生腸
之而菓生者，對影獨酌，一觴一嘆，悵不
浮與故人共此，光边皓魄，倍景也。此書
乃第五紙矣。下筆点点，俱是别淚。兄知之否。
○頌美德業侍御帖　龍泉胡謨
隸人自燕来，捧頌手教，腆腆情誼，溢于毫
楮。長者用意厚矣。南老吏荷推轂，夫不
斥其妄僕，幸矣，而分外施腸，隨紫烟蒼
華之華也。慶為何如，恭惟長者，碩望弘
才，魏然獨步，名世具也，乃今借重南臺。

南臺即稱嚴翻然，群然在列，類皆新安
英豪，坐而進德，坐而修業，三不朽在長
者矣。若僕華則卑卑，銅墨日逐牛馬耳。
何説焉，何説焉。南望紫荆，心神飛越，百
不衷曲，不盡尺書。
○促駕征西帖 東茅　藻泉凌約言
足下高情種種，在臆自蘭，言遠仰望雲
鴻，殊心之勞，積佩若裂，向缺致箋，謂兄
征驂將已駐，臨西擴，逢遂雁信，知仙馭
尚恋故園，未及祖帳郊外，夫宜風遐
固不待金門詞客，然丈夫壯遊，辞[illegible]

一三二

麗蕪桃象問洽昏明便竟叜至巳寒冬乘可袋雖九日煎沙香粉犲矣三旬沸海團扇可揃

○謝柑帖 刘孝仪 晋安王

便浔削彼金衣咽踪玉液廾喻萍实冷亚水壶立消煩餌頓除酲酊非唤豨相進不副之实遠咲魏君逸裂牙之味

○謝馬帖 刘孝仪 豫章王

岑自賛比长志東道僻越丙里雖宣尼父亦東西南北人耳知江中之勝髙軒経過甘入而亦可增瀟詩囊且夕内乃掌制刻成採緬一二百卷亦不休之盛事也頌即命篇

○謝錫猷頌 東陽 鄭瀧 金峯胡宥

某以浦城田吏侮老公祖知爱有日矣先蒙重荷槼莫慰章之錫泉壤生光存殞啣戢日仰台旌按臨小郡浔以傾倒風心為新都上民祈充疆福惫聞报

委天子方慎專城之寄暂于老公祖借重之行且轉傺肅之霜咸為涵濡之霖

驂軾同小踩循坂且属充滚良樂之鳴長楸可裁不假鞭策之策

○題墓 刘之遴 皇太子

之遴尝聞夷叔柳惠不逢仲尼之言則山西餓夫東国黜士名豈施于後世信氏生有七尺之形終為一棺之土不朽之事寄之題目竊痛友人沛国刘显韫櫝藝文研精覃思聰明特達出類拔群關柁郢都帰魂有

潤五馬所臨將兩岐獻頌而萬姓懷春矣旦夕崇陟上台持衡秉軸社稷蒼生胥焉賴之匪值匹匹岳倚云也天雲修

阻瞻晤何期寤寐森茂芹恍莫展葵以在疚未便徑達轉借道封治役馳送繞冀台原不尽鄙衷臨書曷任翹仰之至

○叙别頌 德東王 太尹 平麓范應期

閣下分秩倏復越歳去冬寓有短啟拜致風積乃承手翰还答蕪春雅儀饋承拜賜益增慚感明公德惠隆洽華声飛照司銓大夫方採臺官之議参洛展之情

日須鑄基板之遊已畧撰其事行今輒上呈伏願鳴慈降旌睿藻崇其枯骨以慰幽冤昌昧塵閏戰慄 和 晚

○謝曆帖 庾肩吾

凌渠所奏絃望既符鄧平之言錙銖皆合登臺視朔拗雲物之必書拂管移灰識權衡之有度初開卷始暫謂春蔨未覧篇終更傷冬及排細孚游此日為節

○謝賚炎帖 庾肩吾

為天子急拾遺補闕之迹積日如叩下者當省歴綸召晋列諫垣晤對之期可屈指計矣徒帰草布謝私穜穜之衷即圖而傾不尽

○通候謝惠忠推府 東吴 王臯 林應訓

山野窮庐多沐井澤口碑籍籍声動京畿鎖闥久歴不日當首召矣生叨庇盪竿久稽裁候復辱加惠多拜髙析剪陋何以乃克堪此感愧并生鏤篆肝鬲遥望南天瞻依山斗和風布謝不竭鄙悵

○較諭人已 東江太尹 秦太尹

上林芳樹推藻而供浮雲亭清池開芙蓉而外發凌霜朱橘愧此開顏含露葡萄慙其不餚

○思鄉帖 徐陵与 揚州

袁有旅雁心起江淮昏望牽牛情馳揚越朝千悲而掩泣夜萬緒而迴腸遂使東平祖討長懷向漢之悲西路孤墳恒表鄉思之夢

○與見帖 王肅 高祖暘

不見君子中心如醉一日三

驅隙如流萍踪无定秉憲顏範寒暑荏苒眷言長路益有馳越耳矣公中外聲歴勳績茂著即今四方多故時當寧每干老成側席専城之寄豈能久淹公我僕謭陋无所表見徒恋恋五斗譬則衣食碩鼠然真不可與公同日語也風便何以教之

○頌政乞言 東林 侍御 給東虞德燁

未涣旬而珍翰三至惓眠兩及犬之私懷不佞良孔孚矣碩謭陋曷以承之感激盟心愧圖報无地耳緬惟我大政行日

感我勞如何餙館李林甫
席相待卿欲以何日歎汝
墳也故復此勅。
○部求帖 李絳答崔群
翅有六翮飛則沖天藥有四
足走便下海下官身体疎
懶手足遅鈍不能逐飛逐
走遠事佞人
○委任帖 後周太祖與唐宋
聞公有二子曰陵曰瑾陵縱
橫多武畧瑾雍容富文雅
可從逸民翔孤欲委以文
武之任可乎
○賴輔帖 唐太宗賜魏徵
漢之太子四皓為助我之頼
公即其義也知公疾病可
臥護之。
○寡言帖 唐太宗答劉洎
非慮無以臨下非言無以述
慮此有談論遂致煩多輕
物驕人恐犹茲道形神心
氣非此為勞今聞讜言虚
懷以改。
○賦扇帖 玄宗與張九齡

弘声華赫甚。閟章説諭弟已三復欽嘆
美他川垂青簡帛直震寰宇為諫官之
赤幟者必有敵无疑也如弟宾碩守拙
切慚思欲一言塞責又以知識未周无
益国事而閉牧輕率以貽門下羞幸指
迷而教之微惠大矣謹因吴使之便修
此馳候臨風悵然有懷莫罄緒衍
○憶川布衣帖 東胡侍御 秋巖張一桂
不佞奉教于左右者旧矣数年間濶睹對
無由握手幾時又復分袂悵不佞之悲
悲于懷知丈之不惹鄙陋當更切也每
明寄□□□臺肯何殊南北丈鳴獸倩
浪特術間倫无論栢府烏台藉以為重
儻寨帷攬轡之暇訪所謂燕磯鳳山者
時登眺焉即山川遂重矣每憶憲節嵩
發以莫仲悽歎為歌迴舜翰既頻須歎
懸隆渥啓函沐誦感戢无量使旋爾此
布復并攄謝悰諸凡莫尽頭言更祈
始臨楮岂勝瞻翹
○謝存請教帖 東胡侍御 柳洲葉時新
自法尽展候以後日事奔走不遑煖席惟
是公私雜遝冗懶尋候不敢造次與居

頃賜扇聊以滌暑卿宜賦之
且見情素詞高理妙詳之
久矣然惟彼勁翮方茲利
用再夫奕指篋笥兼不當也
○嘉忠帖 武后答劉仁軌
吕后見嗤于後代祿産貽禍
于漢朝引喻良深愧慰交
集公忠貞之操終始不渝
勁直之風古今罕比初聞
此語能不罔然静而思之
実為亀鑒
○榮寄帖 韓愈與崔群
談諧轉係〻歎〻漸成狂
人飾智求仕者更晉僕以
悦譬人之心。
○苦諳帖 韓愈與李建
譬如囚拘囹圄土一遇和景出
負墻搔摩伸展肢休當此
之時亦以為適然顧天籟
地不過尋丈終不得出豈
能久為舒暢乎
○叙景帖 白居易寄元稹
僕去年秋始遊廬山到東西二
林間香炉峰下見雲水泉

卿鳥間則謂非詠何遽拔宋大人嘉惠
道吾丈推較小弟盛心弟果何修而得
此也感在赤牘永言無斁碩弟以粗拙
之人脩此煩劇之郡終日陸陸泛泛如
大海卒莫知所舍筏俯仰上下救過不
暇何状為長者道乎弟聞刺船而泛風
波則必問之長年二老浅所習也明下
幸然以誨之當敬奉以周旋矣爾使裁
書展訊下吏率亦短叙不宣鄙悰不勝
之懐榮在鑒納
○視事請益帖 東林侍御 來山何起鳴
久欽芳名昨幸登龍未幾云別无間請益
罪歉何言頃仗尊庇濫竽問政自辞
陛以來畏此簡書已于是月二日入縣
視事咫尺光仪未敢渡江叅謁用增觖
渴謹勒状颙吏中白惟望垂仁不吝
陋大恵緘砭豈直不肖將有所憑依以
少省㣲愆而根本重地亦幸甚矣其臨
楮不任瞻㘅懸祈之至

明賢副帖

我 明吳文儒東帖李
若不可不觀
○與鄭叔度安貧帖 方孝孺

石勝絶因置草堂前有喬松十數株修竹千竿青蘿為墻垣白石為橋道流水周于舍下飛泉落于簷間紅榴白蓮羅生池砌每一徘徊動彌旬日平生所好盡在其中不惟忘歸可以終老

○寫意帖 崔氏寄張生

玉環一枚是兒嬰年所弄寄充君子下体之佩玉取其堅潔不移環取其終始不絶兼寄亂絲一絇文竹茶碾子一枚此數物不足見珍意者欲君子如玉之貞敝志如環不解淚痕在竹愁緒縈絲因物達誠永以為好耳幽憤所鐘千里神會春風多厲強飯為佳

○寬逕帖 蘇軾與楊元素

近聞小人輒瀆左右此何品類也乃敢如此信知困中凡種不有想以道眼觀之何啻蚊蝱一笑可也

○郤求帖 蘇軾答李方叔

拙益甚家並沒不田數十畝小民見其不以為輕重矣不為佃菜挾盈嗤家人報絶粮慨笑曰古人有三旬九食餅無儲粟者豈我獨耶且天下之不得其願者皆是也吾縱自憂其如衆人何因相與大笑而止

○與徐溥稱老帖 楊守陳

平昔才無半斗而喜作文飲僅可數合而喜爲賓客筵酬行不能里許而喜遊陟今皆不復耳入朝班滿前皆少年新貴人戲以一白髮青衫厠其後雖未謀引去寔況已索然矣

○答李璇決隱帖 何喬新

歸田以來憂患不干其心毀謗不入于耳視陸宣公在忠州盖過之矣方少壯時猶不如人況老且疾豈可再起以取後生描畫耶尚相知有問及者煩告之曰老病日侵不堪當世用矣自古及今再起者既能善其終耶寇萊公王三原且然況其他乎

○與丘學正原仕帖 羅倫

人生行樂耳須富貴何時倫風慕斯人而戲以虛名過實上大夫不察責望逾涯朽鈍不能副其求復致紛紛歎暫駐省靜寘過之地以餞餘年不知果此願不故人見愛以德不應更虛華粉飾以重其不幸承示諭但有慄汗耳

○思歸帖 蘇軾

人生悲樂過眼如夢幻不足追惟以時自娛為上策也軾名位過分日負憂責惟得幅巾返鄉平生之願足矣幸公千萬保愛得為江边籍草之游樂如之何

○賞春帖 秦觀柬邵彥麟

春色遂尔藹然草木魚鳥各有佳意廣陵多登臨之美臨風把盞所得故不貲

○慰貧帖 黃庭堅與元不伐

所論家四壁應舉瞻貧者士之常富貴在天安可人力較耶知寸心不與萬物俱盡則在此不在彼矣千萬開拓胸次衡門之下古顛沛一出昔淵明之出為飢所驅約僉驅者寧飢已乎

○與楊仕德攻心帖 王守仁

即日已抵龍南明日又巢四路兵皆已如期並進賊有必破之勢憶向在横水嘗寄書仕德云破山中賊易破心中賊難區區翦除鼠竊何足為異諸賢掃之

○奉邃菴評文帖 李夢陽

其身處堂下眼在管中乃敢横肆訓評點竄名作謬擇明珠假指完璧某誠死罪夫果然之色不以指而指美者以其璧真淵然之光不以擇而亡固者以其珠神也我公神珠真璧幸無怒于妄人轅門萬里無由質疑以助諸旨西瞻太華吳岳之峻不勝仰望戀慕之至

○答張秀才論文帖 徐禎卿

大都欲務為文者先勿以耳目奴心守人餖語假人脚汗不能自詩觀宋人文無若觀唐文觀唐文無若觀六朝晉魏並而上之以極六籍元典本朝雖佳者亦毋必多視其否者請遂絶跡毋令廁我面側終日騰塞駁不越數帳一乘飛黃

人不逹

○告老帖 朱熹答辭仲孚

衰病沈痼日甚一日告老之章且幸得請將謂世已相忘賤跡未脫誰何之域尸位餘氣似延加念彼亦正自過慮也

○辭召帖 文天祥答鍾洪任

杜門避影久矣此山一事不到耳夢寐間聞命誤𨛀湘羅哭人方循墻而祠以安丰敍倘拜俞音春暮花陰徐崔鮑卧亦五雲之餘蔭也

○又謝暑儀 文天祥答

寒窘積雨抖摟无悰得書而讀之昏眼為拭天祥落〻白雲間一吟春緑自飯吾犢浮世榮辱事付之山外痴惜所蒙君言過矣

○隱樂帖 文天祥与鄧知府

天祥茅屋三間在萬山深处借書沽酒外一毫不以為公私擾歐詩松百畝日騎牛扣角其間天惠仁庚自

便有千里一安可怒許

○與王中丞論功帖 文徵明

伏惟卧護閩浙甫及歲期風声所被遐近肅清爾兹多事獸難祈衝良亦勞止比聞江皋撤警幕府無開台候萬福徵明犬馬之齒八十有四客髮衰変日益頹墮待尽林間无足道者

○與聶豹主靜 羅洪先

在山在家无所去取內境外境本自相緣心既有擾須以靜除欲其尽除必令尽忘內外俱忘動始不動

○與周中即瞻悳帖 薛應旂

兩年在浙塵垢滿衣每一對公則若洒然醒〻僧冬病卧辱公特過榻前从容數言不覔深痾頓什是迂僻之性蓋不可一日无公也今春聞報即晞不及告別而瞻忽之間則恒在左右內外両忘超然物表熙〻春台公其獨造矣僕近来无事蓊坐林栖雄雌白黑亦一切置之特未能時常侍公執正猶齋惆〻耳余生行便謹托附訊

○與李于鱗悲嘆帖 宗臣

自此吏不打門犬不夜吠猿呼虎嘯各遂其適則某受賜多矣

○規矢帖 朱熹与

伐木而剪其枝葉不若斧其根塞水而捍其波流不若塞其源鳴金鼓耀戈甲而嗥呼以逐虎不若柔其方穉而殺之〻速也今執事則既撫而柔焉執又优緩視之雖以苗其根蚁咷裂之勞未有事者是

○謙作帖 秦少游

頃蒙不鄙令賦黃樓自視溟以發揚壯觀之萬一然加命毋雷霆屬歟冒不遑撰成篇寫且完且也何入冰鑑比之途歌野語群致一哭可也中間郤忌李生肰冢府几視者不欺觀仍重門下矣

憶昔五子結盟義猶白日風波中鼓羽翮衛輩〻人白髮負心衆生青蠅長往俯仰人事但可悲嘆矣生亡頓耳目縱横愚常僞僕〻髮短心長頗得意于世生此生矯厲非僕當之幾負矣

○報趙山人感深帖 宗臣

公老矣猶能時〻過我談上様連賦新詩非常遭逢感也幾暮別公〻不忍別哉乃又冒霜雪而躬之惟〻波濤叱之公情誼小矣名乎分袂一〇來在念公逺殘心雖共往春来起居何似倚枝吟窗中詩芳當與蘇先共探之佳趣逸僕即為公精之公可无慮奴歸寄此區區遠適欺情聊飯目愛

○報張幼于揄揚帖 李時

不使知幼于以元美哉自幼于可知耳吾儕論豈敢忘之頗命行实諸君揄揚其是矣无事将焉着而使不佚操臂共問宜不唯乎其為後乎然幼于共元美命也雖僕筆纖以藉諸君矣

新鐫赤心子彙編四民利觀翰府錦囊卷之六終

新鍥赤心子彙編四民利覽翰府錦囊卷之七

往返鱗鴻

書信偹款
以利用也

○奉業師書

覲炙門下有日矣感蒙德教之深情愛之厚寔啻春風之披育化雨之沾濡故廸勤渠渠引諄切此皆赤心之推置青目之相視誠非泛泛者之可比倫始信父則師生恩同父子惟于先生足以遠配古人矣然知刻肝腑難以云諭嘶環之報失在他日但愧駑駘之材不足以鞭策有負先生之教而不敢自畫也百尺竿頭擬進一步尚期以副先生之望矣茲因翔便盥手拜緘敬候問安恍外奉微儀聊伸遠意仰尊照不具。

○師與弟子書

自辭幃之後每憶諸友在門之時過承推尊第死道以相傳不知能有一字之益

撫東 赤心子 彙編
閩建 青崖子 梓行

雲翰助

是卷偹採書言初學欲能熟記臨楮之時則筆陣自生風矣

○君臣

主聖臣賢龍虎風雲之會。時亨世泰鳳麟呈宇宙之祥。

天子龍飛大人虎變帝稱楓陛后號椒房而治分內外太子東宮妃嬪後院而礼別尊卑嵩岳鍾靈萬歲慶帝皇之壽前星耀采千秋祝太子之年宗室懿親衍天潢于萬派絲綸渙汗頒鳳詔于九重帝言為聖旨后言為懿旨詔命固有一者之殊超陞曰欽取常陞曰行取名稱亦有兩端之異楓宸卜相金甌覆宰相之名棘院求賢王管題魁元之姓宰相調和鼎鼐尚書燮理陰陽三公九卿百司庶府分職列官承流宣化四岳分權唐虞盛治六卿掌屬周祚靈長秦易丞相以建干漢龍外戚而致篡蜀漢陵夷而六朝虎踞唐臣跋扈而五代瓜分偏聽成奸宋因君臧權姦蔽主元為臣亡

○父子

親闈具慶人和名天地之和。嗣胤聯賢衆樂得心之樂。

于賓筆否也臨行時又重承厚仪感佩奚勝自行束修未嘗先誨豈必專處其厚而又從其薄哉在賢輩雖不失其隆師之心而在則不可以是而望于人也多致意于東館主人雖然人惟其情不惟其物嗣是果能以心照亮之以學加勉之此則區區所望于賢輩之至意也

○朋友叙情

寥遍山窓乘月四壁雖留宿一夕而情弗能罄其萬一也柰何昔茅容殺雞為黍以食親而用菜蔬以飯客林宗不以為迂而茅容不以為嫌然亦有見于此而君豈无見于此乎邇來情思寥寞不能以披所懷聊收拾緒餘以泄薄遇并叙東歸之意耳。

○子家寄父書

大人離家之後忽經數月時

父曰嚴君子曰国器椿萱挺秀須嚴慈之永齡橋梓交輝稱父子之同德父存謂椿庭晝永子秀謂桂萼秋香父母俱存錦堂具慶子孫衆盛仙桂聯芳父得子謂添丁子過父曰跨灶父亡曰失怙母殞曰悲屺子遠歸曰拜家慶母榮贈曰紫誥封文王三分有二翼子貽謀常林七歲孩童字父不拜。

○兄弟

二難濟美仁和叶棠棣之芳。一德同輝叢樂爭荊之茂。

称人兄曰元芳称人弟曰貴介王晃兪兄弟齊芳伯塤仲箎聲氣相應扶顛持危名曰鶺原協誼異居各爨謂之雁陣分群兄弟出衆謂馬氏之白眉郷里称賢乃荀邦之巨擘庾袞疫熾獨扶危楊椿官京律先可味孝礼逢協爭死歎殺身以成仁祥覽異母所生猶同心而協力

○叔姪

秀叶根枒欲羨竹林之勝。精分脉派共占荊樹之賢。

叔稱亞父姪稱猶兒義重竹林阮門咸籍親黙蘭王謝室安玄公綽居官視叔猶父伯道遇寇棄子存綏阿大中郎道韞稱王羲之為賢叔父真宗華宅家正存姪衷簡有宰相材

无易過有如是我切思地各一方定省曠而音問疎其心皇皇实懸于寤寐也今家下賴明明之主持人人協吉犬人在外母劳遠慮但江山脩阻音信難通不知大人外居身体清泰及買賣利息何如是以不肖之心无時不憾憾也奈何為所告者惟大人寫手容郎使身体不失寒暄之宜迯苦亦済調和之節客

○【朋友】同心曰朋合志曰友父之朋友曰父執友之弟子曰朋徒朋友有信能堅金名之交道義相成仰拜芝蘭之化善人久處如入蘭室俗香惡友同居號為鮑魚共肆結綬彈冠喜良朋之並荐落石下穽訊惡友之相擠分袂分首動隔參商德高心情同冰炭是謂口頭之交豈為腹心之友平生歡丰面識均故旧之相知忘年交青雲交皆仕宦之相與[illegible]淡交如水[illegible]篤分金[illegible]

氣求声應詩讚伐木之歌意氣心乎易辞金蘭之説

小中之安樂亦如家中之安樂然後不肖之心始寧而一合家之心亦慰也家務紛紜難以言尽便中畧具欲報平安餘事歴歴不備

○子遠遊上母氏書

某久寓湖湘間旅况甚悪日念撫置復帰故郷看斑襴隨兒孫戲舞侍旁真一樂也第東人善留頓其満替同帰以是久不容辞惟日日整衣服観針綫未嘗不

称曹鮑情乎膠漆漢羨雷陳相如[illegible]刎頸堅交孫策周瑜總角締好張[illegible]惠相思處處中相尋韓愈君[illegible]未第時出謁更僕

○【夫婦】鳳侶鸞儔蕭史娶秦弄玉琴書瑟奏相如叶卓文君婦稱夫曰藁砧夫稱妻曰裙布妻子好合謂之同心夫婦不和名為反目樛木推恩美嬌妻之處妾蘭花叶夢美偏妾之生兒結髮前緣續弦再娶夢炊臼中張[illegible]織錦文迴錦蘇氏遇夫孟光齊眉以[illegible]慶鴻夫之得賢莊子鼓盆

寸寸斷腸也

○父家寄子書

讀聖賢書而學何事孝弟而已矣舍身出外滔滔不返老年耳目屬望何人他鄉寄旅臨風對月寧不翹首思及到此乎歳值凶荒家給不足而糟糠婦釵梳典賣以奉侍吾耳目者堪憐老年荷天庇佑吾猶故旧也倚門望眼益切懸懸火速收拾回歸利名自有一

金悲火憔之夫婦

○【外戚】外戚內親礼尚往來汝稚論新姻旧好須諧秦晋締加盟通家戚萬之烟是為古戚肺腑葭莩之眷乃係至親丈人為冰清女婿為玉潤婿稱岳母曰泰水甥稱母舅為渭陽新婿曰嬌客貴婿曰乘龍女子作門楣唐譽貴妃之美外甥為宅相晋羨魏舒之賢誼篤連襟兩姨姐妹親聯姑舅中表兄弟

○【婚姻】礼重婚姻為萬世彝倫之始事先媒妁作百年好合之根紅葉題詩婦因由于天定藍橋搗藥[illegible]係于人為陳同村而締好秦晋[illegible]

定之分奚必他鄉淹滞醵成不顧之憾筆不尽言言不尽意惟我体之至祝祝

○子弟居官上叔伯書

某辟居山縣官况殊悪所幸民訟簡寡落得吾日垂簾也簿書填委若但秋賦要歳計等事而已賦入甚薄上供頗重未免勞心力于此近書一考幸免曠貴黄堂與庚甚俱有刻章之衰皆乎貴尊長之蘭督物之[illegible]

以聯姻林甫女宝窓自選[illegible]貞女執綵曾求賢婿郭元振繡幕牽紅祖歎屏中目畫得貴妻坦腹東床羲之諸姻官府拂衣西席劉廷明作婿師門温太真下鏡台而娶姑女蘊老泉重母黨以婚男兒紅樓乃富室婢婢綠窓為貧家布侯高為其女擇婿曰吾女不與凡了李劉暮儲盧為婿云此人必為狀頭郭稱覓一快婿歐陽修[illegible]

○【媒妁】月下老[illegible]冰上人與冰下語判合[illegible]良媒代柯用斧[illegible]線因針執柯操斧尽是為媒

○姪寄伯叔書（為商寄）

自拜違德範，焉死相催，不覺中暑往寒來矣，而寸衷悵德未嘗頃刻忘也。奈天各一方，徒能起臨風對月之想，不能盡晨昏恭侍之礼，特長嘆而已。遐想德躬必獲天相，死待預祝。愚姪漂泊江湖，踮以微利所關，身体苟安，亦皆吾祖宗神明默助也。其家脉大華幼小未娶，細故蓦煩大人早晚耳提面命，孔失教誨。硯田瘦地，念其力勤生理，不可廢時失事，庶有秋可望。姪回日自當報吞。今因人便，特修寸楮，以代問安之懇。

○姪與叔書（居家寄）

自叔父商家往京，月某尚胎謦。今忝受成人之責，屈指來歷十八九載矣，想儀容，極切衷懷。但自京來者，不憚遠涉，亦奔走往問，知叔父貴体清加，甚喜慰，而

掌判塞修，皆言作伐。婚書曰月書，婿諸曰冰語。亦繩係足，帛問資月老；以撿書白璧求婚，湯維伕冰人而締好。

○【嫁娶】宜室宜家，若木成行年卿春。赤璋拜光，祈光續萬世宗祊。

嫁女曰于歸，娶妻曰受室。賀嫁女曰樂遂結婣，賀娶妻曰荣諧伉儷，賀娶妾曰納盛寵，稱寵妾曰如夫人。聘儀稱為雁奠，婚啓号作星期。親迎曰敬迓魚軒，交盃曰礼行合巹。賀成婣曰諧嫁倚玉，婚巨族曰締好華腴。執巾櫛以回定，聘妻曰第而吞求。親嫁後送物名為餞女，母家謂之歸寧。三周展御而請罪，姻百兩盈門而誇奩盛。以谷求婚，紅纏酒而定聘。戴良嫁女，練裳竹笥以遣行。斥去羅幔，文正清貧更着布裳。少君婉娩，丹桂近姮娥；袞鈎中後婚娶，金屋著阿嬌，漢武幼歲戲言。敬仲卜鳳鸞之占，子平畢婚嫁之頋。

○【生子】荀業拓箕裘，以八龍養成国器；薛門多闘闕，由三鳳振起家声。

生男曰弄璋，生女曰弄瓦。生貴子曰喜叶丸間，妾生兒曰祥開後院。養子曰螟蛉，長子曰震器。晚年得子，老蚌生珠。父子

一家中少長相將，喻日惟朝夕引領。叔父向鄉，不啻大旱之望雲霓也。今因人行，敬修尺楮，表厥問安之敬。惟冀宝重德躬，尚乞挈家鳳駕旋車，以慰家人懸望，是幸也。

○姪與伯書（為訟事）

自詞入憲台之後，人情冷煖，街言巷議，皆以我家必不能勝。然此難以口舌争也，唯听天而以倚官法，不失公道，而消其情。其想吾家斷不落于人下，萬望伯父秉中流砥柱之志，一以與存没者之争光，二以破奸凉人之私論。其寄来盤費之物，一一撿入家中，事粉有姪輩在，頋死患焉。其事稍有消息，賜字示慰為幸。

○弟與兄（文公）

某拜稟三六兄長尊前：六十即来，伏領賜書，恭審動静之詳，不勝感慰。信後漸正

供賢藍田生玉。三朝湯餅會，慶賞佳兒；週歲試周盤，驗觀壯志。有子萬事足，東坡賀子由之詩；听声知英物，温嶠嘆桓温之語。

○【女子】賢全四德：德容、德言、德功。訓協三從：從父、從夫、從子。

稱賢女曰閨秀，賀貴女曰門楣。婦人行曰金蓮步，寵妾多曰内屏風。稱婦年曰慈幃萱茂，頌婦德曰懿德蘭馨。傾城尤物，非婦所貴；長舌多言，惟厲之階。儒門細秀，謝道韞有咏雪之才；婦數傳芳，周太姒有俔天之德。子貧乏餜，侃母剪髮以延賓；夫學懷歸，孟母斷机以激志。先雞之晨鳴，武王識妲己之亡国；河東獅子吼，東坡誚季常之畏妻。

○【賀壽】人生五福壽為先，龍不頓多福多壽；士貴萬年名不朽，尤當全令德令名。

賀男子生曰懸弧令旦，慶女人壽曰設帨佳辰。綵麟誕聖，嵩岳生申。蟠桃之实三千，以賀婦人之壽；靈椿之枝八百，而慶男子之生。祝壽曰廣成子。上壽用地行仙，安期與羨門皆堪上壽。籛鏗即彭祖，亦可慶生。冰桃雪藕，火棗交梨，雖皆是天仙長生之物；麟脯青精，麻菇壽酒

伏惟即日尊候萬福。但聞叔母大孺所苦未平，甚以為念。又聞兄長少間亦曾不快，今想已全然平復矣。某兩年疾病，至好而恐近日愈衰，血氣衰耗，易得疾痛。六十郎在此，備見曲折。甚思一歸鄉里，與尊長相聚，而貧匱日甚，舉動不得。後月宮祠當滿，又且看如何也。承惠果子，拜領多感。今有荔枝少許，謾付回便。六十郎說叔母要藥，謹內上附子四枚、沉香一兩、木香半兩，乞視至，黃法已說與六十郎矣。六十郎此回相見，意思甚好，已囑其勉力學問矣。五四郎以次諸姪，房下一一安佳。塾等列拜問禮。餘乞保重為懇。不備。

○與弟提點　范文正

青春何苦多病，豈不以生為意耶。門戶才起，立宗族未受賜，有文學稱，亦未為

可為人世慶壽之言

○凶變　雲暗瑤池鶴去遠謾勞仁壽淚沾雲　月明華表鶴歸遲空使杜鵑啼月

慰問喪憂曰荼毒之苦。自言疾患行將漸之憂，疾甚曰病在膏肓。平安曰喜勿藥。就木、屬纊、易簀，謂病臨危。捐館、見錄，合棺言人已死。與人助喪物曰賻賵。謝人送喪儀曰脫驂。粉帛題字曰明旌。墓前開路曰神道。引棺之索曰紼。弔帛之布曰淚巾。執紼以送葬。祖餞而出柩。華表乃墳前石柱。翁仲即墓畔石人。地美牛眠，墳封馬鬣。穴曰金井，黃白佳城。墓曰壽藏。尸塟曰窀穸。香帖曰誠意。[illegible]書曰唁狀。祭文曰奠章。既塟曰襄事。父制稱大孝，母制稱至孝，蓋取大哉乾元、至哉坤元之義也。未塟讀喪禮，既塟讀祭禮，故叙喪者起居有讀禮餘閑之說。

○弔慰　送死慎終子事親孝當竭力　慰生弔死人情禮貴伸情

慰喪父曰慶門凶變，椿甫仙遊。荅曰罪逆深重，禍及嚴君。慰喪母曰萱堂仙逝，陟屺生悲。回曰家門不幸，变起慈幃。慰喪子曰桂苑寒生，奇花早委。慰喪女曰[illegible]起紅樓，塵埋白璧。慰喪兄弟曰棠棣

固家用，豈肯徇常人之情，輕其身，汩其志。乳皆弟請寬心將息，雖請貧，但身安為重。家間苦淡，士之常也。省去冗口可矣。請多著灸，看道書，見壽而康者，問其所以，則有所得矣。

○與姪書　歐陽文忠公

吾在此，哀苦如常。歐陽氏自江南歸明，累世蒙朝廷官祿，吾今又被榮顯，致汝等兼列冠裳，當思報效。偶此多事，如有差事，盡心向前，不得避事。至于臨難死節，亦是汝榮事。但存心盡公，神明亦自祐汝，慎不可思避事也。昨書中言欲買硃砂來，吾不闕此物。汝于官下，宜守廉，何得買官下物。吾在官所，除食物外，不曾買一物。汝可觀此為戒也。寒暑將息，不具。吾書送通理十二郎。

○又　司馬溫公

萼，雁[illegible]分群。慰喪孫曰蘭砌風寒，孫枝凋秀。荅曰不意老年，惟此變故。慰嘗人曰敢異御哀順變。慰士夫曰伏願為國惜身。挽文士曰白玉樓成，修文地下。挽婦人曰青鸞信杳，丹夏瑶池。

○教子　鯉訓詩禮文子文孫承奕世　熊丸作範佳兒佳婦兼名家

公教曰訓鯉。母教曰和熊。三徙擇鄰，賢哉孟母。一經教子，偉矣韋賢。靈椿一株老，竇燕山丹桂五枝芳。聯名雁塔，荻筆畫地，惟賢母教篤于貧時；草詔金坡，故永叔學魁于盛世。

○勸學　雪案專心傾硯春塘風[illegible]　螢窓肆業天驥成帝[illegible]之材

范希文苦學，畫粥斷虀。司馬光攻書，圓木儆枕。祖瑩幼學，藏火燃燈。匡衡家貧，引光鑿壁。孫康映雪以堅心。車胤囊螢而勵志。游楊侍伊川，不知雪深門外。光庭見明道，自謂坐春風中。

○科第　鵬搏天池萬里風高搏客健　龍乘禹浪三春雷震躍鱗新

科舉年謂大比賓興。科舉近謂槐黃近眼。賀發舉榮捧鄉書。賀赴省看穩雲路。試官稱為座主。同官乃是同僚。舉子進京，郡守餞行曰勸駕。進士及第，金殿唱名。

叔五月二十三日到京。與八哥以下俱安。飲食起居甚徤。不似去年在鄉里一時。不用憂得。光近蒙圣恩除門下侍郎。此皆祖考餘慶。家門享福。致𢪷忝叨。誠為多幸。然光素无才能。加以衰老。久在冗散。絶望显榮。一朝除擢。出人意表。举朝之人。悉非旧識。見忌疾者。何可勝數。而欲以愚直之性。處于其間。如一黃葉在烈風中。幾何其不危墜也。是以受命以來。有憂无喜。汝輩當識此意。倍須謙恭推讓。伏弱于人。不得恃賴我声势。作不公不法。撓擾官方。侵凌小民。使為鄉人。則我之禍必起。汝輩如曹侍中姪兒帶累曹侍中。貶隨州自縊死也。且當共相爱惜。我身若危。則汝輩亦不如人也。我待櫟縣令榜街市。䝉光約束汝輩。否

曰傳胪。中太魁。謂獨占鰲頭。[illegible]取青拾芥。破天荒。謂方初發科第。登科録。叙中者籍貫姓名。桂籍秋登。鹿歌鳴。鹿桃香春暖。賜宴瓊林。中举附家書。曰泥金捷報。標名歸故里。謂書錦荣旋。前三名皆曰及第。後二等。同謂出身。托人情。曰賄行關節。入貢院。謂鏖戰棘闈。花樣不同。謂文章異衆。文星暗昧。言不第而歸。孫山外。廉了中。皆言下第。蟾宮。登虎榜。盡捷高科。文章自古无憑據。惟願朱衣点頭。科第由来[illegible]青錢中選。則董重晉公之名。[illegible]頳標致試官。頭腦冬烘之誚。藉軾擢朱室之賢才。而忌取方叔。因自吟眼迷日色之詩。梁灝中狀元。喜青雲生于足下。太宗試進士。云英雄入吾彀中。紅箋名紙。裴思謙遊妓之榮。白髮青衫。宋徐適得官之晚。楊億主試。念鄉情。丕休中選。李邰登科同謝語。我輩享頳

○【仕進】出君澤氏。孔相魯卯誅正卯　尊德樂義王卿齊因抑工雜

賀聘名。曰除書到門。賀得遇。曰見知當路。納粟買官。受錢賞爵。到任曰下車。加[illegible]

以曲相保全。使不陷于利法耳。可且莫怪也。時熱各好將息。叔押振五通直以下。

○與姪三直講　范文正公

京師交游。慎于高議。不同當言之地。且温習文字。清心絜行。以自對立平生之稱。當見大節。不必竊論曲直。取小名。招大悔矣。京師少往还。凡見利処便須思患。老夫歷經風波。惟能忍窮。故得免禍。三郎寄人。昨得書。知在官平善。此中亦如常。只是純佑未全安。汝守官処小心。不得欺事。與同官和睦。多礼。有事只與同官議。莫與公人商量。莫縱鄉親來部下興販。自家且一向清心做官。莫营私利。汝看老叔自來如何。还曾營私否。自家好家門。各為好事。以光祖宗。頻寄書來言。彼動息。將息將息。不具。叔押振。十

曰增秩。賀得差。曰荣膺美調。賀赴任。曰美赴瓜期。仕官不起。陸沉下職。受父官蔭。叨荷餘恩。叙同官。曰幸獲同寅。賀考滿。曰荣書上考。任滿。曰及瓜。去任。曰解組。京官九品。王㡳領蔭補之荣命。娘七階。金花鍚她封之誥。

○【致仕】疏臣盧國。淵明知止樂田園　新法援氏。君實見机旋洛浦

官満知足。曰見機。年老休官。曰致仕。五日京兆。三日僕射。譏為官之不久。墨突不黔。孔席不暖。謂去国之甚忙。既廣識漢元之懦弱。乞骸而歸。逢萌視王莽之奸邪。掛冠而去。從赤松子遊。[illegible]以辞高祖。餓乞惠州飯。山谷吟詩賦而美。東坡卧輙扳轅。漢民苦留侯霸。援鞭截鐙。唐吏泣送姚崇。

○【隱逸】抗志巢皇。巢父隱箕山而晦迹　忘情季宰。閔損辞汶水以堅辞

泉石膏肓。叙不仕。禄考槃。栖迹隱。不求名。江湖散人。乃陸龜蒙之号。烟波钓叟。即張志和之稱。獵小非熊。太公栖身渭水。羊裘垂釣。子陵晦迹嚴灘。仲放隱南山。謂一片野心。已被白雲引去。陳摶辞宋祖云。九重恩詔。休教丹鳳銜来

五日新頫孩兒各安好。寸叔房下如何。弟兄还漸識好惡否。

○夫寄妻書

自別之後，日月如梭，不覺一載餘矣。每念賢妻之情，拳拳于心，未嘗有置也。想賢妻在家，必勤家業，須盻男女和睦親族，守貞婦道，必不使我念慮也。吾身居千里，兩地相思，如河漢之在天，可望而不可即也。某辭

居一方，耿耿于懷，未知何日得返，惟望賢妻早晚奉事舅姑，允諧娣姒，屢常奉書，未知到否，勿惜家音，回示以慰彼此，可也。决于某時歸省，效孝案齊眉之樂。茲因人便，略修數字以來結髮之情，伏惟心照，不宣。

○妻寄夫書

良人別後，歲月屢更，不覺幾載矣。君碩夷人兮天一方，妾憶夫君兮情兩處。妾雖

○廉貪（避名讓義，占今廉德顯者；逐利爭財，罔昔貪声聞播者）

公而不賍，曰清慎；清而有政，曰廉能。懸魚杜意，羊續斂詩，番積还官，時苗示潔，范達五袴，劉寵一錢，楊震畏四知而辭餽，歆以清白傳家，姚崇守三法以涖官，嘗以氷壺作誡，鄧侯挽不留民，權请攻謝令推不去人，獄賍污金釵十二行，史朝僧孺之寵妓，胡椒八百斛，唐籍元載之家財，林甫為明皇之相，人皆賄賂公行，賈謐諂大臣之貪，名為蠱篋不飾。

○富足（華封祝堯，祝多男先富；大李言德，言潤屋先富）

財物積多，曰紫標黃榜，錢穀餘積，栗陳多物不施，守錢虜，置産業為地癖，務晟內臺盤使，衆妓各執有饌不樂，錦莰障身，貴戚共鬬家財，楊同忠設雜春繼以隨身，唐元寶錦纏頭而賞宴，膠脊為獸炭，王琇驕奢，錦彩時卑申王修肆。

○貧乏（子肯孫賢，多讀孔書，方是富；簞食瓢飲，縱居陋巷，不為貧）

家貧曰懸磬，飢餓曰鵠形，死米曰在陳，破衣曰藍縷，家徒壁立，乃相如之貧，雖炊[illegible]百里，負米之孝，[illegible]秦民地，死且雖

有孟光之本，豈烏能得侍于左右。君雖有張敞之描畫，亦何能贈于粧台。臨行呈祝，妾不敢遠，慕貞潔之心，未嘗忘也。奈何雲封蒼茫，江山阻隔，炊臼浣衣，兩情雖尽，頭蓬砭早着歸鞭，以效齊眉之樂，而消外央之恨。茲托鱗鴻，稍書遠達，伏惟珍重，不宣。

○婿與岳書

久不聆教音，仰德殊甚，所恨者，累歲湮泊江湖，不能朝夕侍側，徒負半子之名，何足道哉。每有人到，詢及貴体，有加善慰。某在旅邸，為利所關，其于風晨月夕之際，眉愁不展，况來往水陸，无限関心，安有片時樂意于胸中哉。家中老幼早晚乞頻過訪，回日叩謝。今因人便，修數字先附問安，餘情伏惟尊照。

○岳與婿書

食其家貧落魄，韶貧曰窮到骨，濟貧曰哀王孫，韓文黎覓賜之詩，因悲乏食錢，令首蓿盤之詠，自嘆窮官，緩步當車，韻獨安分，求田問舍，許汜貪心，衣食一生不愧，火游足矣，齊脛百頃，歆為張禹何耶。

○瞻仰（泰山北斗，韓文歷後學之瞻；春樹暮雲，杜甫切躺仙之仰）

求見曰嘗切仰，剌未見曰徒懷慕，間相見曰幸接高標，見教曰得聆清誨，寸心千里，相思一日三秋，懸念光風霽月之姿，翠竹瑲梧之操，久已拜違，玉海金山之韻，瑤林瓊樹之資，深慚睽[illegible]，以想手姿，落月屋梁而思顏，雲樹[illegible]會，杜甫送寇九載相逢，韓文别友叔師席之久疎，拜違函丈，嘆朋友之離會，未篁盍簪，尹喜瞻紫氣以候老君，仁傑望白雲而思父母。

○干求（虞淵轉日揮戈，借力于陽公；漢客春之問津，求助于卿子）

求薦達曰幸賜先容，望造端曰煩為倡首，說作文乞煩大手，托改詩添異鼓推敲，難云蒙為辭，念獻書云望垂電炤，迷悟人云望包荒，寬容戒曰寬宏度，求看承曰吳垂一顧，求恩澤仰庇二天，托人說事

刻父家山候経幾載百歲光陰屈指于今分過矣又况堂上慈親垂老室中弱媳欠嗣為之子者碩肯遊之若是之遠為之夫者其忍去之如是之久乎第不知仰事俯畜將誰是資田園畊作將誰是託雖然斗亦犹之可也但不孝有三无後為大之說不可不知也錦城雖云樂不如早还家之句不可不誦也易曰書不尽言言不尽意尚在賢婿深思而自得也

○與親情書　駱賓王

風壤一味山河萬里或平生未展或睽官累年存沒寂寥吉凶阻絕死由聚洩每積凄凉近緣之官佐任海曲便还故里樂叙宗盟徒有所懷未必斯頭不意遠勞折簡奉遠遲倫雖未叙言整如披面晚夏炎贊並相履宜其初至卿間言尋

借重罚言说人親行到華王趾微恩卿叩朱門謝恩蒙施青眼傾北海樽為東道主俱荷招延公門桃李樂籠参苓詢叨荐引衆賢荐士濫承推轂之仁帳滞起幽重荷明揚之典向陽花木易為春穠鱗千求范荐道側奇宝不忍美韓愈推薦樊師

○酬謝　人各有能有不能難免干求之举　我當以德而報德必仲酬謝之忱

謝人過訪深辱照臨謝人款留重蒙接待人見責深蒙訓誨謝人指教仰荷指南人遠訪曰千里命駕人同到曰連袂賁臨蒙恩曰萬間之庇謝恩曰寸草之忱謝饋稱厚貺踰華袞謝庇爱厚賜吹嘘肖謝曰兵厨之援乞自謙曰草具之疎謝詩詞蒙示珠玉謝文字承賜珠璣白飯青蒭蒙承僕馬之厚炊金饌玉謝賜款待之勤銘心鏤骨感德難忘結草啣環知恩當報送財物曰献芹不受覥曰返璧受羞反歸卻重而取輕投瓜報瑤瓊薄而得厚張蒼為相父事王陵韓信封王金贈漂母

○遲早　命窮發運呂望八旬遇聖主　功名成早甘羅十二相秦皇

旧友耆年猶化為異物必壯者咸為老翁山川不改旧時亦能多為陳迹感今懷古撫存悼亡不覺潸之矛茂也詢問子姓彼亦凋零永言傷情增以悲痛雖死生之分同尽此途而存亡之情豈能无恨終期展接以申潤杯取此月二十日栖桐成礼事過之後始可得行祇叙尚賒傾係何極各頓珍𠨘遠光所詮

○子姪宦業叙書

為人祖宗父兄者惟願有好子弟所謂好子弟者非好田宅好衣服好官爵一時誇耀鄉里也謂有好名節典日月爭光足以安国家風四表貫蒼生重後世若只求飽暖習勢利則所謂惡子弟也在家足以辱祖宗殃子孫害身家出而仕也足以污朝廷禍天下貽後世此豈祖宗父兄之所

稱人老曰洛社耆英自稱老曰桑榆晚景稱人幼曰髫齔童齡稱幼聰曰顏悟天性宰馨兒以羨必俊鏤錬翁而誇老健據鞍顧盼馬援六十尚行兵安車蒲輪申公九旬尤應聘漢世顏駟龐眉皓首唐朝裴相濟倒龍鍾克岐克嶷后稷幼儀魁岸魁梧江克童相白樂天七月孩兒便識之無二字李長吉七歲稚子作高軒過一篇回首白雲低举頭紅日近寇莱公八歲吟詩鸚鵡言争似鳳蜘蛛巧不如蚕王禹偁童年對句

○人物　古今人物當從眼底別賢愚　言行是非宜於胸中知勸戒

稱好子曰撞破烟樓稱好孫曰瑤环瑜珥稱有德曰天挺英豪稱鄉賢曰月評推重西家愚夫不識丘常稱孔子為東家丘南阮咸籍獨居貧豈如諸人居北阮富戴安道恥受人役不為王門伶人漢韓信降爵列侯羞與噲等伍列投筆立誓班超銳志封侯甯聲習勞陶侃堅心輔主王猛庸心論事旁若无人敬宗傲性忽人暗中摸索公孫述盛陳陛衛以見人馬援訊其修飾边幅唐宋璟到処

頭扎吾頭叔父听之子姪戒之共從心戒我做成天地間一個完人盖未有治國不用齊家者何謂齊家不爭田地不占山林不尚鬭爭不肆强梁不欺鄉里不凌宗族不擾官府不尚奢侈弟讓其兄姪讓其叔婦敬其夫奴恭其主只要將一忍字一讓字便齊將家也若使我以區區官勢來齊家不以和柔相告便成下等人耳

○寄友勉歸書

時光迅速天道循環春秋緬想德模我心徒懸于晝夜仰惟執事奮志江湖家視海宇所識既得其名又獲其利老兄真天下丈夫頑生起居山林家為碌碌不啻膏壤之間我懷渴仰欲得继見侍教第以遠隔山湖地分彼此更加食務所羈以致不得相親

施恩而愛物時人稱為有脚陽春淹胸中有甲李林甫笑裡藏刀无面見江東項羽不能忍恥是口尚乳臭柏直安可将兵

○忠孝 主義主恩天倫中君親最大 為臣為子八世上忠孝當全

謨陳治世陶美純忠道化頑親舜稱至孝比干直諫剖心子胥忠言抉目惡辭違侫朱雲折殿檻以捐軀愛國憂君廣德擋車輪而碎首三釜養親百里負米孝篤生前風木悲嗟哀慰悲孝雖死後香七歲扇枕温衾葬乜旬衣戲彩劉氷求鯉事继母如事而生郭巨埋兒養食親心孝如存孝義棒檄為親歡伯俞泣杖因母老

○節義 指身翊水節全生死義峨夾 垂涓岐山義賓陵夷雅重收

宋弘辭光武不棄糟糠廷試中狀元先嫌贅女召忠符節楚后弃溺危臺詩賦栢舟共姜堅持雅操斷髮却嫁夏侯女不以存亡易心劉目辭婚宋弃妻豈為富家奪志

○宮室 雲梯有路潛岸水可通蟾宮 隔斷牽門非由堂當入孔室

朝廷前殿曰紫宸御行中途曰複道禁門

者之何如生殊執事契結金蘭生同不能為執事之益友執事當為生之良朋生有一言進耳不知兄肯垂听否也無違小价所附候問得知令宅清吉甚慰何如茲所讀者因令尊令堂年垂天逾其半令郎令愛婚配又當其時執事雖效古云以四海為家說持男兒之大節但天倫之情之好亦有所不容已者况令尊積德之累累致使恒敬敬共夫圖謀之功功者甚于兄有李望而兄亦宜攄江湖之大志為家庭之一樂回歸整頓綿綸一洗風水之妙一際風雲之會一捷米科大魁非特慰尊府合宅之望亦足以慰生之望也今因鴻便謹栽寸楮聊申問候之私草草煩瀆不恭伏乞照亮

○友春書

曰青瑣御砌曰丹墀禁門曰禁闥御駕曰鑾輿乘輿翰林院曰玉堂中書樓曰秘閣都堂府曰憲臺御史院曰烏府稱市井曰寰門戚貴族曰閥閱賀新居曰甲第稱美屋曰奐輪衡門說隱逸之客環堵稱仕宦之家草屋為蓬蓽蓬戶小屋為蝸舍蝸廬門館曰家塾古敎攸與精舍乃學堂晦菴所創絳帳為師席青衿乃童蒙黌所曰琴堂客舍曰逆旅貨財出入市廛物價之評商賈壟來壟斷致罔利之譏

○身体 頭廣性天雙立虎觀賢聖 仁義心施襲皮郎鑄作晉公

身白曰冰肌指尖曰春筍眉鎖遠山眼秋水雪鬢為白頭雲鬢乃黑髮侏儒為身矮魁岸乃頎奇形貌曰不揚貌美曰冠玉目眊曰短光耳聾曰重聽期期艾艾口訥之稱喋喋便便言多之狀狗竇諷人口缺兔缺譏人缺唇嘲人縮頭屋漏中來作事不精鹵莽滅裂善譜曰口給過札曰足恭虎頭燕頷班超萬里公侯鳳目獐頭元載一生奸惡狼子野心亾宗敗族鳳婁目表??世安民断送羌

正切景仰恣蒙遠賜手教不慰下懷所勉者非執事之厚情必不下示倘生不能厚報負愧何如竊惟人居塵世間處廟廊之上則憂其國處江湖之遠則憂其家生今長途久困浪蕩天涯名不成而利不遂非憂國亦非憂家則見試于時士甚矣其拙恥于先人多矣緬想執事家居安樂矣高堂一吟一樂如冰炭之不相侔但天下之事有人所深願而不可必得者有人所深避而不肯為者生值此時此際事之不如意者十常八九正人所深避而不肯為者未敢冒然為之況父母妻子未免不以是而嗟哉也兄弟朋友未免不以是而笑哉也彼蒼天者何其困人之若是耶生之情其苦如此若于執事不訴聞此先可道也不

頭皮楊𣗳裏丐夫之詩新刻雕頭肉明皇狀貴妃之乳凡夫肉眼不識貴人旁相骨頭自撕皮華

○文字 文教泄天精奎璧光燃沐泗水 字形呈手巧能縱勢影鍾王書

音書曰鴈帛翰牘曰魚箋書翰曰尺素家書曰萬金牙籤乃標書之顏黃卷是總書之名瓊琚玉珮稱人文字之奇金薤琳琅獎士文章之妙看柬曰三吹圭復收書曰付襲珍藏謝人惠詩謂白絹斜封之賜稱人書翰云華星秋月之章求柬曰龍頌藻翰去書曰聊寄平安无書曰消息茫然寒書曰柬札楷頁呆書卽翰卽常涉之五綵嬰箋遊雲驚龍乃森之八法草字試筆書永八法之勢能通學守臨池一塘之水皆黑博覽則曰涉獵書聲則云吾伊遊學曰負笈請教曰執經黃絹色絲稱文之絕妙銀鉤玉吐謝翰之精奇五鳳樓手韓愈誇羨文辭七步高才曹植吟成詩句錦心繡口太白才華鐵畫銀鉤羲之字法對句抽黃柳子厚文昭駢儷八音五色皇甫湜學羨文章擲地金聲謂辭能盡善盡美陽

卜歸期未審何日企所翰示戚戚于心謹當速叢貲物急亦行囊秋風啼鴈鄉思其曷忘乎便中草此拜復不宣

情詞

○喜輅端肅書奉

王真小娘子粧次輅世忝姻緣之契締結絲蘿叨因叔姪之情寓居門館詎意天緣合會新逢曠世之嬌娥人意交孚果是前生之配驟榮生意外喜溢目[illegible]緬想叔候蘭閨其芳冰霜其豔秋水為神玉為骨傾國傾城芙蓉如面柳如眉歎花欺月柳絮因風起韻然謝道韞之才華寒藻漣漣漪燦若朱淑真之文采誠所謂天上之神仙君子之好逑者也輅一寒如此百技無能才匪遠人貌非出衆忝得一親手雲階幸已足矣何況側身於玉樹恩莫大焉粉身不足報深恩

春白雪褒詩為難和難賡遏雲逸梁奏清書留錦囊得句李賀佳今詩成倚馬李太白敏捷之才賦號三都溫庭筠俳源之學壓倒元白楊汝復醉誦己詩楓落吳江崔信明僅有好句虞世南學博太宗號為行秘書高仁裕才高唐人稱為詩窖子墨池變化易得成名作文得錢名曰潤筆襪線糟粕學學淺才疎記問學童子師尋章摘句文抗其質吞[illegible]丕子才能青出于藍弟子勝如師傳

○飲饌 飲食觀頤徒識骨[illegible]為美味 饌[illegible]如[illegible]以探吾[illegible]

豆酒謂平原督郵好酒云青州從事醇酒為魯水御酒為黃封惡酒曰茅柴厚酒曰桑落美酒謂久醞仙酒謂流霞五斗解酲劉伶縱性三盃軟飽東坡成詩竹葉清狀元紅俱為好酒真珠紅葡萄綠悉是香醪瑞草魁龍團鳳髓露芽皆是茶品紫雲推雀舌搶旗筍乳亦皆茶名送茶與人曰酪奴煎茶款客曰當酒膓名淮南術筍名玉板師米曰長腰又曰白粲雖曰饋萬菜魚曰水梭花多食謂饕餮如饕曰大嚼

萬姬实難酬厚德捫心有愧揣己何堪曩聞太夫人因親致親之言婦心如箭今見椿府君執柯伐柯之舉喜意若川倘若叔嬸再不他辞想應爾我心諂所願百歲婚姻在此一舉千年會合於此片詞專望竭力賛襄毋使青蠅諧白玉同心竭力庶教丹桂近姮娥則平生之心願足矣月下之深盟遂矣叔因妹氏之行敬緘寫而申徵意特訢鳳以候佳音即辰天地皆春山川自秀伏乞保重千金之体永終百歲之期不宜

○妾瑜斂衽拜覆

華兄閣下 伏自一别倏爾旬餘蝴蝶之粉未乾麝蘭之香尤在松竹之表當彷彿於目睫之間金石之盟每念召于心胸之内忽喜冰人之傳事又兼雲翰之飛来

○道釋 騎青牛而出函關[illegible] 坐白蓮而度亡[illegible]

龍虎天師漢張道陵為始虛無大道司李伯陽為先道士曰羽客黃冠道觀曰玄壇真宇佛在西天祇園演教礼行南国傳奕開端漢明夢金仙飛殿而遣使傳經梁武因妬石變蛇而命臣作懺坐禪募道須絕六根秉教為僧當全五戒般若臺般若航度亾可用兜率天兜率兩追薦當言沙門乘門俱為僧也檀那檀越乃施主焉伊蒲饌為齋供香積飯為齋饍解結可以解冤誦經曰翻貝葉人請和尚曰戒[illegible]倡度徒弟曰[illegible]傳燈佛寺曰梵刹宝坊僧房曰方丈禪室祝髮乃剃頭僧亾為圓寂

○時令 天干地支五運納音分甲子 陽律陰呂六宮[illegible]貞元

握月擔風約人遊春之意傍花隨柳自叙遣興之言春盤薦菜土牛鞭春慶展礦端進椒觴而祝壽時逢元旦屠蘇酒以除瘟火樹銀花迎千門之燈火金吾不禁慶十五之良宵節對中和宜春送酒社宴雞豚花朝撲蝶上巳流觴端陽角黍盾日揚虞風解愠西渚聯星唐賦

千欣千喜恭惟文候學冠天人傳通今古風采賈少年之弱冠李長吉之奇才誠所謂文苑中之英華士林中之翹楚者也貌体无艷才非道韞自謂於世而无取夫何在兄而見憐幽谷發陽春多感吹噓之力葵花傾曉日幸蒙光照之私祇庇二天已非一日詎意人心有欲天意果從因親復得致其親莫非命也裝頑竟能諧所願不亦宜乎忽然手舞足蹈而不自知自此生順殁安而死復憾事已成矣言更何去惟尊所聞行所知盍勵占鳌之志宜其家宜其室訂看協鳳之祥不須待乃於西廂正好挑燈于江牖毋徒前人獨專其美免俾獻弱以喪厭功伏乞恩調以副時望不宜

○又俞書

乞巧南樓玩月庾老陶情囊萸落帽必是重陽登日詔朝俱為明日月屆小春稍二年之好景日逢南至轉六律之新陽蠟行臘月竹爆除宵道隆宣聖二社祭丁孝感楊修一卿韓社介推焚綿寒食禁火屈原溺汨龍舟吊忠明皇遊月幽繫霓裳恒景登高火行曠室

○地理 智水仁山名數中俱為樂地 礼門义路摩由下不是坦途

滄海桑田言山河之改變経丘尋壑乃遊覽以自娛安穩不出高卧東山遠望難行如隔弱[illegible]仲舒下帷發憤又不窺園列禦寇[illegible]人知埋名鄭圃水過盜泉孔丘忍渴巷稱勝母曾參回車盖惡其名耳召巡南国人愛其棠祐遊峴山民哭碑不非思其德乎

○花木 梅桃春秀蓮荷[illegible]永之香 桂蘭秋芳松栢挺歲寒之節

菊為花中隱逸海棠花内神仙竹稱君子松号大夫橘熟曰霜滿洞庭牡丹曰天香国色須隱士松菊主人美忠臣歲寒松栢棟梁稱大材蒲柳言弱質絲桼春好樗櫟庸材海棠嘆不足唐明皇稱美貴妃材大難為用杜子美傷嗟諸葛亾

妾瑜盖嘗因親致親雖有慚于聖訓以義結愛豈有負於初心敢陳悃愊之誠上達高明之听伏念妾瑜三才末品一介女流愧无傾国傾城之姿且有至愚至陋之累叨蒙不弃結眷緣復感納聘重申結好感恩有自報德无由豈期凶变于门山崩水竭遂使言沉潮水鴈杳鴻稀一別倏然三年在此寸心千里眼

寵雲海之微沾一日三秋腸断光陰之迊轉前言難践後會何時風風雨雨不曾停悶悶愁愁何日了整南山之竹管寫意无窮决東海之洪波流情不已愁如雲而長聚淚若水以難乾春花開悵滿記腸之景夏凉熱乳情[illegible]長養之天秋觀明月倍傷神冬玩香梅增感慨徵於心觸於目无非惆悵之時俯乎地

田夲下事避嫌疑桃春菊秋時来遅早南枝先北枝後庾嶺梅花朔橥發望橥凋蓂階蓂荚道傍苦李衆人皆共嫌之荔枝紅塵妃子乃獨嗜焉

○器用 器貴成良明堂器要成君子不器 材當大用棟梁材須用天下全材

銀管毛錐子中書君管成子皆笔之名馬肝即墨侯石虚中石卿侯乃硯之異墨爲松使者紙号楮先生龍多客卿並墨剡藤玉板紙也仁風便面俱扇之名巨闕龍泉亦劒之号如充長青蚨錢皆身銀也孔方兄阿堵物豈非錢乎嫋嫋乃燭基之名鮫宮即鍾聲之响

○鳥獸 日月交輝鳳弄鸞翔盛世 風雲際會龍吟虎嘯明時

蛟龍得雲雨勢際奇逢打鴨驚鴛光夹心懐疑畏刻鵠類鶩謂学将成畫虎類犬而反居下附孟嘗强是為虎生羽翼倚藉權势謂之狐假虎威妄為增加名曰畫蛇添足不能進退云乃羝羊觸藩打草驚蛇懲此儆彼杯中蛇影事涉相疑投鼠忌器恐有所傷窮猿投林势不暇擇塞翁失馬禍福难明狙公養狙術相欺晉灵暗虐嗾獒殺臣趙高奸謀指鹿

仰乎天盡是相思之處一心快快兩淚汪汪一日十二時時時悵望五更兩三點點點生愁坐如尸立如齋形同枯木睹在前忽在後目似紫芝聲折瘦沉月下以韋前日約香消玉減鏡中无復旧時容容約成虚伯過旧時遊處歡娛陳迹難期後會何時深懐千言千語共誰說說決盡一言一意惟予㬎淚頗若果

乖離生死盟情如不遂使宛何娀豈拋彩鳳文鸞去逐山鷄野鶩父然許盟于異姓妾肯委質於他人誓于此生彼敢失節皇天后土实所鑒臨碧落黃泉要同一處天作比翼鳥地成連理枝兒副王郎之願生爲同室親死爲同穴鬼毋遠居易之言勉璧重完尚希躬往右結再合早致良圖勉共就鵲君之車廢凫

爲馬海翁好鷗相時以爲動止見彈鷸鷸物而有貪心蟜蚌相持謂兩敝而不放蝸角争訟因小事以成非以蚓投魚被人之誘餌守株待兎突人之痴呆情爱雖捨犹生龜脫筒事势雖爲謂不及馬腹軽家雞愛野雉獸常喜新草化螢矛放光势不長久馬首是瞻隨人所往燕巣于幕處身不安窮乏鉠剎曰懸鶉顛倒失措白狼猘蜀犬吠日爲山高而罕見吴牛喘月因畏熱以驚心踏虎之魚猶豪猿之肆惡中天之鵲言忘

之非常馬耳之鈬事非偶然牛耳之盟情有所主聞風而起百犬吠声不落于人毋為牛後殃及池魚謂无故而受禍心懐犹豫乃不决而多疑涸轍鮒魚求恩一勺之濟龜魚尾影狎庇蔦閭之餘愛屋及烏因彼以推此隋珠弾鵲得少而失多托雁傳書蘇武教漢使以誑單于養虎遺患張良激漢高而追項羽犬予作春秋獲麟絶筆仙人乘鶚當崔楊州鄭當作㕵首畏虎漢武稱爲轅下駒劉实世献諫敢言宋臣号爲殿上虎文

飛旅之恨憤忍死苟之
情莫負錙銖永終彝鶴之
齡長堅金石誠肤如此妾
雖埋首九原之下亦且甘
心矣惟兄之圖之毋使落
他人之手也臨書妻新不
知所云

○又喻妾

同生死人妻喻我決舍涕謹
布心声特令▢▢為申
情微意以賣情人幸兄妾
惟悲歡相継雖専勢之必
然生死同念实人情之至
願皇天后土鑒一生无二
之心霜竹雪梅秉萬古不
移之節春眠如鐵不怕餂
鍾盟誓君山何由轉動但
恐情長命短物在人亡空
垂首于祈杖分身于两
泵為何悲痛豈不傷哉妻
今去矣奔何殊地欲吞声
更咽絶知注血之于槻樍
影悲吟恰似失群之孤雁
欲因遠脱命親郎不使怜

公勉韓符之律業謂凡人不學如馬牛
襟裾鳥韓生訊項羽之思帰云楚人无
謀乃沐猴而冠耳羊質虎皮有文無实
酒囊飯袋少學多餐管窺豹而見小井
底蝸而志微斗筲小器之人糊塗不明
之事黔驢之技詘才踈魋巢之飲訊量
小淵不無縱鱗風林无寔翼謂不善之
徐尾以移人傷弓鳥高飛驚餌魚深逝
言避患之心生于所長伯牙弾琴六馬
仰秣巴鼓瑟游魚出听何子期無死
而世无知音耶

○珍宝

積玉无如積善高　備金不若遺子▢

金給物主五子登科帯还鄉▢▢▢
代錢不言陳重之義甚至汚衣无▢
寬之量何寬不疑償金讓稱長者如
全璧趙任上卿

○藝術

利從勤上得人生智藝可防身　慶自善中來▢▢▢▢▢▢

神樓散肘後方医困手歐青囊経登龍耳
天子當臨郭璞地仙叔和医士鄭詹尹
昧吵疑嚴君平賣卜百丈穿楊由基
善歌橘中奕樂仙叟高棋獨般乃樗蒲
樂句即拍板陳平作傀儡解漢高白登

賓娥徽雖死又不至傷心
積恨豈止一端残喘微軀
惟欠一死感兄不棄幸特
百里而来嗟妾无縁不
浮一朝而相見室邇人遠
空懷恨焉月缺花残是可
傷也近得情書飛墜華翰
傳来浏亮新奇悽凉慘切
备盡悲歡离合之状極夫
風流慷慨之言纍頌開緘
含淚披讀泄胸中之苦衷
聊筆下之陳言奈何紙短
情長未克言窮意盡状之
未之突為幸也

○小妹麗貞斂衽遥拜

大文元子稱兄長前嘗昔之
心豈敢自昧擲詩之念実
忌人知月色空梁不見知
心到眼聞声浩樹徒悲觀
悲傷神近知徃漢天鑒誠
惟才之可豪今又入山續
志知學力之有成但情在
于心終難自慰人隔千里
心鄉難通烟雲山何處是

之國韓信扯飛鳥散項羽義兵之計

○待人

忠草不擾高皇計聞楚君臣　良金贈行宜帝恩難離父子

蔡邕倒屐以迎賓陳蕃下榻以待士公孫
弘開東閣以招賢人漢文帝設前席而
延賈子掃逕迎賓擁篲迎友說思朋而
道連席夜雨謙援人而留坐春風從
張子千里之交雞黍相待官雲致一時
之筵鋪開相畫醴酒不設志息尊前
豚肫云心懷見丕

○通用

文章段中興如親聞身歷　意逐心上無贈人當面離

問人詩曰春秋幾何問人齡曰椿根何地
問人疾曰貴体欠和自稱疾曰小恙有
限問舟行曰何日掛帆問商曰▢▢▢
稱載早行曰戴星同行曰附翼而人▢
遇曰班荊二客同至曰連璧▢▢▢▢
以贈竹唱陽関曲而送別學問只一日
舌耕詩書為活曰糊口不識人而者
心曰責沈將遠去而先来稽曰治任曾
参入相將進而促装辭廣辞官送行而
祖餞弥謝人云而慢侍人笑曰餂順事
歡娛曰快心物好食曰可口語遇瞎謂
言人瞎馬覔遇賢謂往主覔當守儒業

愿厭穢止一天星斗晝時成斗女數期頃刻相思須更長嘆倘兄肯顧片時小妹終身佩德妹貞再拜啟

又王勝書

兄去後妾嗔刻在懷仰聆婦期有續旧好不意秦晉道盟相累食嘉故人千里會晤兄晴每秀妹為妻心願勸妻且淺覩令妻亦勸秀一番事吾兄輩自年少秀亦鍾情者也妾與兄秕邊恩

而不敗数硯未穿求功名而易成滴

打破家賜指數曰發眠悔事不及曰嗟

耕為謀不忠曰尸位食祿无功曰素餐

安命曰樂天盡誠曰塞責逢人說項斯

不忘人善名下无虛士果不虛傳榮人

過曰求疵遂所望曰如願漸入佳境而

到好處司空見慣不以為奇富春乃

妙年閉茅塞以求教道听塗說不轉其

心鼓舌搖唇妄生非是非人惱人曰

訕謹言避謗曰三緘結冤仇曰構

是非曰嫁禍解蓋云雪恥報冤曰

晉懷想召君今皆付秀吳一君善為之妻亦何言但此心懸懸欲将一函兄兄妻旧之心妻有倩門之望音儀愁枉顧矣再萬

○勸兄喪勿用浮屠書

業喪尊相礫情同休戚以執事有天倫之变当嫁禮之時鄰以數言陳于左之閨喪礼之廢久矣世俗信浮屠誑誘于始死以百日期年再期除喪不

失信曰食言偶普曰首事芒刺在背

俱不安內祖負荊怀慚請罪大笑

倒衆笑白晝堂務多曰事冗命

奇流養曰恩澤勞碌曰奔波

賓火神曰回祿康寗之指小人

上君子問人訟鼠牙雀角之挽于

一維紆岸獄之爭求小利曰錐刀求高

曰火室人亦婦一中江

南客有言口中雌黃論已定而事

多反覆皮陽口不言而心有褒貶

墮不心棄而不再思明珠投暗見

供佛飯僧或寫經造像修建塔廟云為亡者滅罪必生天堂不為者必入地獄受无疆之苦殊不知人生含氣血知痛痒死則形体消滅與木石等其神飄散風火雖有剉燒舂磨亦无所施且浮屠所謂天堂地獄者亦以勸善而懲惡也苟不以至公行之雖見神可得而治乎故唐李舟與妹書有所天堂无則已有則君子登地獄无則已有則小人入世人親死而禱浮屠是不以其親為君子而以為積惡之小人也何待其親之不厚哉使其親實積惡有罪豈賂浮屠所能免乎此則中智所共知而舉世溺之信奉之何其易惑而難曉也彼天堂地獄若果有之當與天地俱生自佛法未入中國之前人亦有死而復生者何故無一人誤入地獄見閻羅等十王者耶此在不學者固不足責若讀書通經以古礼為明之亦尼父設先進意也不可

行不通補偏依以而

罘車之戒謂懲前而毖後膠柱鼓琴瑟

拘執不通依樣畫葫蘆蹈襲旧本

入室學道之忘恩曲徒薪謂防患

之竽鼓瑟事不投机作舍道傍

白心无定意自矜有恩曰德色為人話柄

口實倡端不善云作俑效人過事曰

尤強效人行曰效顰預為移地曰

處事而可曰模棱首鼠學術失据曰下

喬入幽不從人請曰方命違背曰

寒盟将人說曰借春為喻自增

曰又生一秦檜惡以為非之

禁為屠犯好人而取名為而

德不乃國以身國

為恩而念德引類人曰

始曰且為矣

新鍥赤心子彙編四民利覽卷之七終

新鍥赤心子彙編四民利觀翰府錦囊卷之八

撫東 赤心子 彙編
閩建 明雅堂 綉梓

請餽

中多儉句 採擇而用

○立春請人

梅呈報春，葭灰噓煖，此天時泰始之候，吾人亨道之期也。迎新之喜，諒哉故人必先我心。謹具辛盤奉屈，同迓天官之錫福也。何如攤鑾拱迎，速降是幸。

○荅赴

陽當來復，正喜芳華之更始，而羨君子之道長也。敢歲之致，方切我心，忽辱寵招，忻慰無任。謹當趨侍，飽醉德醉東風，以分樂事長春之勝。感甚〃〃。

○元宵請人

月朗燈明，天街弛禁，良宵美景無踰此時，實吾人遊志之期也。敢邀執事，邀月色，迓燈光，以收長春之勝，而盡不夜之歡也。何如一樽發興，重惠然肯來，至望〃〃。

○荅赴

燈月交輝，笙歌迭奏，實物壺天之不夜也。方切故人之想，忽辱寵召，殊慊鄙懷。但愧吾心無水晶之燈籠，恐玷春台玉燭之佳景。尊命莫違，敬當趨侍，俯沾樂事之平分也。至幸〃〃。

○送春請人

雲淡風輕，已覺春歸，紅紫賞心樂事，俟我故人。謹具茗觴奉屈，偷閒此日，行看醉帽挿名花。生之有心，君識之矣，君其弗外。何如拱俟〃〃。

○荅赴

春霖初霽，紅紫競芳，問柳尋花，正其時也。方羨光景無边，而恨偷閒吴遂，幸辱寵召，忻慰何如。敬當趨侍花歆，酬帷從歡，笑捲于珠簾，月斜歸鞍，不用行扶于紅袖。喜甚〃〃。

○端午請人

節届天中，角黍包金，投瑤浪

師儒交際

學者留心于此，熟必遇之

○請師

伏以師道立則善人多，教化行而風俗美，故欲親師而教學，必賴施教之有方。恭惟先生學貫天人，筆參造化，誠儒林之儀刑，後學之山斗也。寔虜小子向慕爲式者多矣。敬肅修誠，頓請郎祈扶籍斯文，天賜明教，俯許破愚而進，則爲雲路之光也。何如絳帳賢襄，候侍春風之凡席；青衿雲集，拱立暮雪之門墻。下榻以迎，命駕爲幸。

○荅

伏念拙庭詩禮，仰惟奕葉之宗風；用世文章，當自碩儒之矜式。使非道宗濂洛、才駕歐蘇者，不足以與此。區〃如某，末學庸材，尚勵成己之未信，豈憤悱奚能成物之是填。但以師不必賢于子弟，而子弟亦未必不如師，頓在授受之有亦惟心契之自得者何如耳。倚蒙簡命，情難固辭。青〃子衿，擬報知于群彥；渠渠厦屋，仰借庇于萬間。感甚〃〃。

○約友從學

某自愧不學無能，深切面墻之悔者甚矣。茲聞某先生道學淵源，行誼質直，誠吾人之矜式也。謹卜某日負笈拜從，重念友以輔仁，直諒多聞如執事，不肖之尊信者也。敢扳相向鷄窗，共同筆硯，以取抽薪對白之益。何如吾兄弟以不如己見遺，則幸莫大矣。伏楮不勝懸戀，敬當擁篲焚香以俟。

○荅

某自分蠢愚末學，無以一暴十寒，深惧日究汚下者，此心方切悚眩，忽辱指示朋師受業，非愛人以德，曷能至此。又況獲侍仁兄，則領悉全好，得于切磋琢磨，如入芝蘭之室，而不覺與之俱化者日者矣，幸當何如。區〃如某，惟曰他山之石，亦可以攻玉云耳，奚足爲執事有無也。即當摳衣趨後，希弗以續貂見遺。感甚。

○先生辭館

菖蒲切玉泛黃流，楚俗弔忠之思。我心不覺惻然而作，午刻敢邀左右，聞百草纏五綵以虔叨，民同戲之歡而結長生不老之縷也。惠然是禱。

○答赴

門懸虎艾，渡競龍舟，方思獨醒之風而深羨弔古之意也。忽辱寵召，欣慰何如。歌金縷，倒金樽，坎會放傾于今日，綰綵絲扶綵袖醉歸，更約于明年，感甚感甚。

○請看龍舟

節屆天中，人思奪錦，旗飛彩電，鼓喧神雷。競渡誠弔古之偉觀也，矧風臨流試看極泥撈波之風，而爲心目一醒之助也。何如？携壺下榻，以俟惠然是祈。

○答赴

龍舟噴水，浪滚銀花，千古弔忠之意悚然，方思爭錦奪標，其勝良可驚。月忽辱寵

技守雕蟲，声擲蟀川之地。生同洞[illegible]，恩造潢浦之波，慕藺相如不亦久乎，非[illegible][illegible]知何以主此。恭惟某人襟懷冰雪，志量江湖。奮素譽于月評，近又聞于風謡。庫充廩實，既富庶何加焉。德重望高，曰津渙尔游矣。輕利勢如草芥，重道義如丘山。秋水精神，勝喜徐卿有徐麟之貴；城南燈火，請誦韓公訓符之詩。行當醉素志于槐庭，而日記遺風于蓮幕。切念某性資不穎，學識无長，雖恥爲轅下駒，柰未變霧中豹，借曰味道，足以忘[illegible]悅哉口，然未往教何以利吾家利吾身。忽荐剡于南陽，遂上登臺之東閣，一自業傳于桂子，遂知學甚于藍青。大抵速肖之效，要在得人。毋謂束修以上未嘗无誨，有不待十年而成，賦但不可一日而无師。牙能推九十以學易之心，子豈有三屆而舍王之意。

○托薦王辭館

開御下惠風，久遂扣門之願，使漆雕開仕，特蒙推轂之恩，雖冰清玉潤，言固易發，而木屑竹頭，心是未稱，蓋可止則止，不

召，何喜如之。即當趨侍，共拜獨醒之風，而舒我感懷之慨也。幸甚幸甚。

○七夕請人

天仙會偶，宮女穿針，此天上佳期，人間乞巧之候也。一番秋景，殊動我心。故人之會不覺愀然而作，謹盥[illegible]觴奉屈清話，聊效五縷相羈之私，光賁是幸。

○答赴

天上銀河，人間綺席，佳期美意，君而擅之矣。命及鄙人，何以克堪？敢當趨侍，拜領慶庭之樂，而識心知兩暫之意也。感甚感甚。

○中秋請人

桂子飄風，梧桐掛月，一天夜氣洒然，想悟真者必深有所領也。敢屈貺清光，歌北曲而奪取霓裳，以效廣庭之遊，何如？一樽拱俟，惠然我來，至幸至幸。

○答赴

仕則仕，仲尼必謹于行藏；而素富而富，素貧而貧，孔伋惟審于進退。歆仲惆悵，先貢絨簽。恭惟某人請白家風，衣冠世族，丰韻風淸，于冰雪襟懷，素蘊于瓔珮。薦賢引能，不靳一舉手一投足之力；折節下賢，何辭三吐脯三握髮之勞。彬彬然君子之質，君子之文，藉藉乎國人曰賢，國人曰可。如某者才非吐鳳，技守雕蟲，讀書素勵于着鞭，遇敵遂爲之折矢。家貧親老，每嗇飯飲水而尽其懽命，奈時諫未免，負笈擔簦以求所售，自顧拙工之繩墨，叨承君力吹嘘，然尚懷荊山璞玉之羞，莫稱泰山北斗之望。繼此已周于一載，萍蹤何定于來春，未知東壁之去晉，惟待南陽之消息。易通則變，其敢萌出谷遷喬之思？王如用予，却當誦解帶食倉之句。

特授

○荐未達七

別來蹤跡不常，竟成悚懼，然景仰之念則无日忘之。近來吾兄声聞益隆，遠近稱述，天錫之寵，端可俟矣。徒羨徒羨。茲有

桂香拂座，仰覩明月之當天，逸興滿懷，方羨南樓之盛事。辱賜轉開北海，喜浮于感。多矣，敢當趨侍，直探玉宇瓊樓，而盡樂飲，庶且之情也。希弗以狂浪見哂，荷。

○重九請人

香浮陶徑，菊屆重陽。傳孟落帽之風，興不覺油然而作。思我故人，不勝戀戀。欲釀菊英，奉屈遠追彭澤舊遊，更續杜陵佳句也。何如。賁臨是禱。

○答赴

陶菊秋色，幟圖晚香，囊黃獻勝，泛菊延年，久羨昔人之盛事矣。幸辱見召，何喜如之。但愧鄙庸，恐污綺席。折花插鬢，當盡君今日之清歡；對酒忘形，毋笑我平生之俗態，幸甚幸甚。

○客中重陽請人

秋風故國，我經對菊之秋；今日天涯，殊動思鄉之感。但

其人養粹寡言，蘊深不曉，非我公垂青，則彼無上進之階矣。謹薦之左右，須一着眼覩之，勿俟其貴顯而後物色也。

○薦人從師

奉別顏範，倏忽經旬，懷想之私，多同兩地。近來道体有加，所得諒益無涯，行當見重要路，不卜可知矣。伏羨茲為某志切上進，恒慕盛德，但資屬庸凡，非春風長育，其何以自得乎。茲彼負笈遠來，謹與為之先容，幸歸斯受之，毋使不得其門而入也。

○又薦師

別久無任景念。諒惟德福兼隆，下懷慰慰。茲聞高門西賓未定，某宅某表兄某，學博古今，筆參造化，文章行誼，殊為可人，而德性之冲和，氣度之雅飭，又加常人一等，誠當世之師模也。高門子弟穎異，而尊師重道，克盡其誠，西賓之居非表兄不足以稱其任，非高門不足以容其才。故敢妄意推薦，束修之禮惟在道義之自盡若何，如表兄諒不以為意也。伏乞尊裁，以副鄙望，至幸至幸。

恐醒眼負黃花，又如美景之虛度何。謹潔黃觴，奉屈聊效延年之意，兼叙鄉曲之私也。勿列，幸幸。

○賞雪請人

卯日屏翳驅雲，奇花六出，豈年之瑞已聲于弦矣。斗酒之藏，不惜與君傾倒，幸勿東郭履穿，為辭掃徑以俟。

○答赴

藏者六花呈瑞，三白兆豐，正起袁門高卧之思，忽承玉樓清賞之召，敢不趨侍，以聽清談。

○請親家

某幸辱聖慈，獲叨倚玉，私慶為榮久矣。對時常切感念，茲遇陽當初復，君子道長之時也。翌日謹具蔬觴，敢屈高軒枉過，聊伸長至之慶，賁臨幸甚。

○婚娶接親請友

生幸賴親愛鴻庥，詩遂室家之願，茲喜今日親迎届期，

○薦醫士

貴恙未痊，恒切在念。然藥餌問功者，以国手之難遇也。某先生者，持名最久，敢薦諸左右，以侍湯劑，立見沉痾之去体矣。幸麾而進之。

○薦星士

星術有家，吾見罕矣。惟某人學繼壺中，璁水分魚，百無一失，請嘗試之。幸毋曰君子不言命而麾之也。

○薦相士

人之妍媸莫逃風鑑，矧彼慧眼物色塵埃，請嘗試之，以決青雲何時發軔也。

○托荐舉

傷弓之羽，雖遠到之未能；然東風借力，猶可以少展也。不揣干冒，幸毋惜舉手之勞，庶涸轍之魚，可以少展于瑤波矣。

○謝荐舉

轅不遇何乎？不遇貌，終于亡命而已。某雖不才，誤蒙推轂，今幸獲知遇，則何貌所自，其可背乎？薄儀引敬，幸笑而置之。

○謝醫

憂抱採薪，幸緣再造，則自今以往之年，皆

即刻薄具蔬肠敢屈光賁
以壯籬落门色郛外榮多
○請親友陪客
翌日具小宴請某姓親家謀
念非大君子不足以樂佳
賓也忝辱眷知敢屈陪叙
以光賓筵希勿見外至幸
○請賞梅花
踏雪孤山看花東閣乃知玉
骨氷姿已無月香水影矣
可人清味无踰此時敢屈
對賞酬吟共發滿懷之春
意也貴臨幸〻
○答赴
日行北陸梅綻南枝已覺春
報先天之消息矣月香雪
態之蕊芳動我心辱招請
賞不勝欣慰敢當趨侍細
看月下之精神而期調羹
中之滋味也感謝
○請賞海棠
春色方融喜遇東風佳景矣
一姿絶艷幸逢西蜀名花此
吾人對景賞心之時也敬

我公之所賜也洪恩河润豈區〻一人
仰戴私別具貢上希叱留為幸

假借

○借文章
某側聞聚筆知對面墻无任悚又執事
送才雅思挍出儒林閑選時義若干篇
辞意兩得誠小子之軌範也恃愛敢借
抄習倘得開心醒目必有破愚之机督
執事扶對之恵也幸當何如伏乞慨然
見賜感甚〻〻
○借書屋
杜公廣廈懷你久矣朋輩謀習无所願借
庇佑伏乞慨然毋使有外望之嘆
○借轎
偶欲遠行苦于徒步告假藍輿以代一日
之勞倘允我乘自當珍護幸毋謂犬夫
不可以徒行也
○借馬
僕務奔馳苦于勞頓良羸駿騎不揣敢借
代勞倘蒙俯肯喜占風之作于今也
○借騾
倅厲衙門家務紛雜偶有一事欲得白金

樂醼觴來在今宵對飲不
妨銀燭之高燒明日相逢
只恐綵雲之易散速降善
○答赴
春滿乾坤花傳西蜀妖嬈知
冠于群英矣辱招燕賞殊
樂我心第慚衰朽之姿恐
玷春台之富也金盤花華
屋頭陪花裡之神仙銀燭
照紅粧喜把樽前之歡伯
感甚〻〻
○請賞蓮花
愛蓮作說入社繙經欽羨昔
人之趣者久矣今觀綠荷
池內宛然欲語之嬌姿也
對賞之與不竟油然謹具
蔬觴敢屈執事作花前之
主燕效花比君子之意也
拱俟〻〻
○答赴
蓮房過雨一洗紅妝濯〻芳
姿深喜有香而有色也信
乎謂花比君子者執事有
之矣辱命佐花何之酒是

否于以利用倉皇难以措办斗膽敢恳
執見貸未知尊意何如迫推鄰里之情
以為相周之义執事大丈夫也于理在
所當求也且急時无也于情在所當濟
幸勿以他故為辞容後出息奉償倘如
此頗幸莫大焉拱听嘉音何如
○聘親借礼物
小兒幸叨福庇聘某氏雀屏璚者納采
克期愧无双璧之美敬仰閣下忝辱親
故聞有金花錦段盈篋敢痴借以壯
大觀顏色即當珍重璧歸必不敢久稽
也伏乞垂慈鑒念以副愚衷幸甚
○借做戲物飾
小兒幸畢婚娶敢歆會親知愛奉謝舍親
特命梨园子弟侑食缺少戲舞冠裳等
愛敢借某物某件以壯大觀喜色此雖
為樂宥進之供而亦實快衆目之觀者
也伏乞慨然勿吝至禱〻〻
○借花园會宴
某欲具雞黍之筵稍聚親朋之叙緣无
佳境以尽其歡思惟執事名园亭榭清
幽假山曲水豈所奇花怪柘虬松不啻

識得近君子之光也何幸
如之敢當趨侍折琹筒而
痛飲想金莖仙露之盈盃
揮主麈以高談把珠封香
風之滿座欣感、、
○請賞菊花
涼入芳蓀香生菊徑不意又
際秋光之暮矣節物驚心
而故人之念悵然敢擬英
枝釀醱醅屈翌日花前共
留晚節之芳而遠效延年
之歡也勿外幸、、

如金谷之園林洛陽之臺榭也敢遣卜
僕馳書詣前告假倘肯允足見善與
人同樂與衆共而佳境不爲私有矣不
識何如翹首是俟

静裡謾書

此係鄉民案
要故並書爲一

○鄉方禁約
朝廷有法律鄉黨有禁條法律維持天下
禁條糾束一方分有公私事無緩急每
年鄉禁雖設恨貪者以利散懦者以捺
敗卒致禁令敗壞習俗頹人畜交相

○答赴
秋風黃菊我怀靖節之高矣
兹幸樽開北海燕賞東籬
甚喜趨侍座上之香風而
細嚼花心之甘露也第念
岑生多新詩慨之此時之
佳句陶後無知已喜逢今
日之故人庶甚、、
○正旦送礼、、
三朝肇建青陽散輝此萬宝
咸和之候君子享遍之期
也對時景想無任作、謹

爲害不暇悉數兹者　某等目擊斯禍風
俗日偷世道愈下居民受害滋爲未便
爲此置酒會衆寫立禁條以儆後患凡
有犯者與衆共罰、、之不服會呈之經
不許避嬿受錢賣放又不得欺善畏惡
挾仇排陷一有于此天日鑒之神雷擊
之同盟之輩一心罔私禁令自此修明
人心自此改華上下相安道德一而風
俗同矣謹約　此條禁逐一開具于後
○墳山禁約
蓋萬物本乎天人本乎祖墳山之柴木

具等仪聊效區、獻歲之
勤乞賜惠納榮多
○答受
銀幡綵勝宜春書入于新年
此君子道長德福逺膺天
寵之候也方歡進賀未能
反辱禺仪下賜何感如之
登加之餘頓覺春盤之暴
富矣銘刻、、
○元宵送礼
燈入梅簷吹生花市良辰美
景無踰此時謹具芹仪聊

庇蔭猶祖宗之神灵藉變也故墳山之
薪木榮則祖宗之神灵安祖宗之神灵
安則子孫之福祥應今　某有墳山坐落
某處屢被鼠日寸光小人利己害人不
顧廉恥不時偷伐思驚動祖墳人口
多災是伐山木即所以伐祖宗伐祖宗
即所以伐身家矣利害昭然人易不知
重乎今　某自擊斯弊痛思無奈只得齋
設一禁凡係公衆墳山各處不一再有
仍前盜砍者捉獲不拘內外人民會集
族衆拘究重則告官罰治輕則罰銀贈

引共對賞心之意也諒惟
燈月櫻臺實物外壺天之
不夜笙歌院落頭人間福
地之長春惠留幸甚。
○答受
燈月交輝笙歌迭奏此三千
世界盡陽春十二樓台皆
勝景者也對時景想方切
依依忽辱寵須甚慰良宵
之冷落矣敢當傾倒樽罍
之賜而拜領長春之意也
感謝、、

謝坟墓使彼懼然改曰所得者小所失
者大而今而後吾知勉夫如是則物得
所養坟得所安自然災害不生福祥自
至而民俗不益厚乎咨爾同盟守此禁
約堅如金石信若四時毋隱毋縱斯不
負于所舉者
○禁盜田園瓜菓菜蔬等物鄉約
某保爲禁約事切照本保民居四散業在
田園故於東作方興之時雨露沾濡之
際其于蔬菜等物必時常不種栽于中
預備急濟日食方今蔬果成熟采不一國

[illegible]清明請人
梨花落院楡火改烟時値清
明不可无酌聊沽杏村之
酒敬延梓里之朋賁然來
思光任馳卬
○答赴
我年逢熟食万里遍清明陽
火令辰何可有負佳宴見
召忝命即趍
○清明送礼
楡柳笼烟青梅垂豆時當
茂育吾人樂事同春之際
也謹具芹仪引意但恨于
規声裡鶯業漸老于東風
鸚鵡盃中佳會尚齒于後
日笑留幸
○答受
芳草鋪茵鞦韆駕彩不覚又
際清明之節正怜春風庭
院之寂寞也荷蒙愛篤金
蘭香分杏酪壯我踏清好
景之色多矣幸當何如敬
再登加光任刻感
○端午送礼

家窩遠巡顧週却彼連边居民多有凰
竊狗盗之輩輒起貪心擅入田园之中
採取蔬果等物以為己有甚于縦任擾
掠鄉村人人无不受害照此惟圖一時
之小利以順口腹之所欲損物害理不
仁勃甚理合給約通禁俾各洗心滌慮
中間再有以前術盗不悛者即許被害
之人緝拿擒解赴亭從公審治仍罰若
若干入于其處充會以禁其餘的不虐
示須至約者
○分異閞書
且夫創業重統者父作之仁而光前裕後
者子述之孝故張公藝九世同居歷朝
旌表而田眞兄弟感荊復茂友愛尤隆
追念吾父母之治家也晝夜營謀勤儉
是務家業昌隆生男我人某某娶某氏
婚配已訖父母不幸棄世茲因人衆事
煩難以總理是以和同商議邀請親姻
尊長等各将祖父典父續置宇地基田
産財物等項品搭均分稿神拈閹為定
无得争長竟短一一必令各子之券一以
余我弟兄之義然于異居之後俱隨業竟

挑風舞夏榴火燒空此節佰
天中一陽雅致之極也對
景賞心之樂不覚油然諒
我故人沸怀佳勝无尽謹
具菲物聊致延年九節之
蒲千秋九子之粽也惠留
是禱
○答受
門懸虎艾渡競龍舟不覚重
午之復臨矣觀物驚心而
深慨專于千年省悚然忽
辱寵頒情文兼美物感愧
醒之感者殊甚蓬前金縷
想不忘宴樂之歡天上宮
花頭早被恩榮之賜感謝
○中秋送礼
梧月當樓桂風拂座兩萬里
雲无点翳一年美景今宵
好此其時矣第恨隻影山
林而南樓之興徒切故人
之恋恋耳謹具芹仪聊引
一共飲達旦之意也惠留幸
○答受
秋分天上喜素娥之氣方中

差務使兄友弟恭不可以強欺弱嘴利
忘义凡有物件亦須看骨肉同氣之情豈
得以路人相視今閞書憑衆寫立我張
一樣各执一紙以為子孫世守之計如
有争競執此閞書赴官明究令恐无憑
故立此閞書為照
○工師上梁致語
【起梁語】 棟隆植立列森烏革翬飛滿耶
前瑞慶大來山[illegible]黄龍揭起萬斯年
【左执瓶祝】 我手執東君一把瓶滿兩黄金
巧打成上良[illegible]卿手盞下[illegible]
繡巾。
【右执壺祝】 我手執東君一隻壺蒲萄春醪
滴眞珠今朝洒向雲霄下化作甘霖遍
帝都
【祝五酌酒】
一酌東方甲乙木人間構作成華屋震凰
凌雨永无驚積玉堆金真是福
二酌南方丙丁火神仙預種金蓮朶待君
鶴筭八千秋夫婦齊眉諧到老
三酌西方庚辛金傳流国器買光陰心田
鋳淡三冬之機沐君恩似海深
四酌北方壬癸水貽謀决嗣並蘭叢烏鶯

月満人間想廣寒之遊如
在根負南樓之勝遊分北
海之樽寵賜過多愛存踰
制拜加之際愧感莫量。
○重陽送礼
鷔菊舒金囊萸係紫此時當
九日之候也楨孟登高之
興油然我心遥仰故人莫
逐同樂之願謹具芹仪引
意伏念烏帽西風恐易歎
于白髮清樽此日期莫負
于黄花惠晋是禱。

○答受
丹楓染錦黄菊泛金久羨昔
人登高之趣也方切馳仰
忽辱寵頒深喜携壺覧勝
之有賴矣銘刻〻〻
○除夕送礼
三陽開太萬宝比輝君子道
長之期也對時景想竊歎
共入春風之域者油然但
恨一水之遥而未能移雪
夜之舟耳謹具芹意聊效
随首梅花先寄一枝消息

秋色共聯芳香藹庭階花燭最。
五酌少火戊巳土安貞不動占王母東君
住此産賢郎吳日潭〻居相府〔大上梁云〕
升梁東巍然日貫錦霞紅朱簾盈幕相輝
映均被乾坤五福中。
升梁西燗〻長庚耀太虚掩映東君雙眼
碧綠衣歡笑壽山齊。
升梁南文峰高峙瑞岑㳡来科擢作三場
笔一掃龍蛇練圣鑒。
升梁北歆瀲虹霓掩玉色門闌喜氣自天
来九族怡〻沾慶澤。

升梁上蟠宫丹桂高萬丈東君折取〻一
枝飛黄早副蒼生望。
升梁下自斛龍煙書滿架文光直射斗牛
墟衣錦帰来客駟馬。
伏願升梁之後富如倚頓壽比籛鏗户衍
螽斯之蟄〻慶延瓜瓞之綿〻子孫雲
集五福駢臻天送人頭木听匠言。
○買田契
某里某人承父祖置有晚田某段坐落某里
某處原計若干種年供苗米若干桶鄉
即目東至田某人西至田某人南至田某人北

杯中柏葉容陳五福頌言
鑒納幸甚。
○答受
百世良緣幸風依于玉封而
一年好景春又到于梅花
正喜天時之泰如仰惟君
子之享加也方切瞻依忽
辱寵賜深感樂事之平分
矣此情此誼芳盟厚不攺
于歳寒明日明年宜春頌
早題于綵燕感謝〻〻
〔東物〕

○書
義理无窮開卷有益近得某
書奉納文苑以供繙閲
○謝
歳月駒馳又理茅塞某書厚
惠牖我聰明不勝感荷。
○笔
茲有中書君數輩雖无尖齊
堪作揮染敬獻記室以掃
千軍麾置何如。
○謝
握毫染翰必用毛錐忽辱惠

至田某人為界已上俱出四至分明今来
不成坎業情愿托得知識人某為中将
前項各至内田出賣典某里某人為業
當三面言議定時値價銀若干両正自
立契書之日一應交領足訖不欠分厘
自賣之後請買主一任前去管業所賣
其田的係承父祖置下産業與内外親房
伯叔弟姪人等並无干涉亦无重復典
當准折債負之類此係正行交易并無
自賣其田該載産米若干候在大造黄
冊之年自用收割産畝〻户當差扁年

津貼粮役與出産人了納粮差不致番
難向後再无異説动㦧之理今恐无憑
故立契書為照
○佃田文約
某里某人置有晚田某段坐落某里某处
原計田若干種年該苗米若干桶鄉原
有四至分明今憑某人作保引進某人
出賠價紋銀若干當日交收足訖明白
自給曆頭之後且佃人自用前去管業
小心耕作亦不得責失界至移坵换段
之類如遇冬成倫办一色好穀若干挑

此愧元鍾王大手，以副雅意。

○墨

偶得客卿，不敢自秘，敬以數笏奉置文房，試而研之，則筆鋒生香，墨花飛霧，不為無益矣。乞留荷荷。

○謝

書室頻開，松使遠至，管城子見此，頓覺開顏矣，銘感銘感。

○硯

小硯一泓，端方堅潤，雖非有玉署金鑾，謹貢臨池，以資擇涵，使漸磨之下，可知其為耐久朋也。

○謝

昨承惠府石，悅藏匪才，試用磨研，頃覺白水浮香，墨清池滿，是愛者也。

○鉞

久不奉教，心甚歎歎，昨有精光生自南而來，敬遺之以供納，字寺母曰秀才人情也。

○謝

東書積案劉補書之

送本主倉，使交納不致拖欠，不限年月，佃人不願耕作，將田退還業主，接取前銀兩相交付，不致留難，今給曆頭一紙，付與執照。

○買牛契

某處某人，有家欄某色牛一頭，見年若干歲，今來要得銀兩用度，托得某為牙，將前項牛特賣與某人耕田，得時價銀若干，其銀當立契之日交足，所賣耕牛的係自家欄所養，牛並無倚[illegible]來歷不明，如有，自認知當，不干買主之事，恐後[illegible]留此為照。

○買馬契

某處某人，有某色馬一疋，見年若干，今憑牙人說合，出賣與某處某人為業，當日議值銀若干，其銀隨契交足，其馬好歹，買主自見，如有來路不明，賣主自理，不涉買主之事，今恐無憑，立此賣馬契為照。

○買屋契

某都某圖某人，今因缺銀，將祖置有房屋一所，坐落本都某處，計開房屋幾椽，幾植，幾間，其屋東至某，西至某，南至某，北至某，

來則筆頭到處，掃遍青天萬里秋矣。

○扇

炎州一團月，能令九夏生寒，謹進之故人，俾仁風廣播，而炎熱可除也。

○謝

仰聞承惠清風，頓覺故入來矣，奉揚之餘，先拜仁風之賜，敬謝。

○琴

遠得徐桐，美善兼該，試一彈之，則高山流水，朗朗自有，可以娛耳，謹獻之左右，頌太和之音，遠播于寒谷也。

○謝

蒙賜焦桐，一鼓之餘，清韻朗然，風前月下，未必不為君出色之，謹謝。

○棋

事雖小數，然為之猶賢，至有明訓，苟專心致志，亦可以挽此心之鴻鵠也，判存[illegible]

○畫

界已上，俱四至明白，今來不成次業，自愿托到某人為中，將上項四至界內房屋，上連蓋，下連地基，門窗戶扇，一任完全，寸土木石不致損折，出賣與某里某人名下為業，當即三面言定時值價銀若干，正歸身應用，成契之日一應交足，不欠分重，自賣之後，得業人一任前去照管住宿，所賣其屋的係自己分內物業，與內外親族兄弟等並無干涉，亦無重復執占典賣之理，所買所賣二家情愿，故無相逼，恐後無憑，立此賣契[illegible]

○賣田吐退

某都某為立吐退人某，今將[illegible]一段坵，載[illegible]畝，賣與某人，自己佃種，當日憑中議得價兩相交付，即行脫業，賣主佃人不得[illegible]摞佃，今恐無憑，立此吐退為照。

○僱工說帖

某縣某都某，今為無活，情愿將空身出雇于某縣某都某家，佃田生理一年，當日議定工錢文銀若干正，其銀定限按月支取，所有主家什色動用家伙，毋得疎失，如有天行時氣，禍疾，係自己命，

遠浮古畫斂福烟雲來春起
出尋常寄貢大庭以供清玩
○謎
孚惠山水妙墨入神不出門
庭江山聚目宗為衡門之
衆也謎謎
○書齋對聯
宰相須用讀書人黃卷中
狀元本是磋礪喉青燈下
復尋義理
研微藉精、、
丹桂根生黃史中冬心結

貴實路在燈窓下著意尋
究未到聖賢關頭直尋向
上去
理不尽摩庭事務且都再
那管
古利遠紛華特使坐探心
上學
大學端向往直數推破面
前墻
作先來問說借主意
讀浮捲听鳥說天機
○入學聯

並不干主人事今恐無憑立此為照
○雇腳夫契
某處腳夫甲頭某今將某處行李某人保
委承攬到某人貨物裝挑搭至某處店
內交卸議定每挑工食銀若干每名先
借上期銀若干餘者候在挑到地頭筭
明交足自上路後小心看管貨物不敢
失落損壞如有一名肩挑不到其將已
銀另雇人去前到地頭如有閃走且併
人跟尋下落照依地頭貨價賠還今立
腳契文約為照用

船戶河交
某處船戶某今將保領認某河下將自己
船一隻攬載某人貨物并行李若干立
至某河下交卸議定每挑水腳銀若干
其餘沿路該借候載到地頭結筭交足
所載貨物須會小心搭蓋不許上漏下
濕中間或有損貨物又或盤灘傳淺如
有疎虞船戶等認照依地頭責價賠還
恐後無憑立此河交為照
○限單依準
某都某里某名今當 官實依準充當某

身着藍袍看今日浴池出色
手扳丹桂期他年雁塔題名
發軔在今時喜隸奔執推
上蹊
步雲期後日笑扳桂子擢
魁名
登科聯
鵬海擊高青萬里雲間之翼
龍庭日煖會九重天上之
津津桂風會見鵬搏萬里
路路桃浪佇看魚躍三千
○壽聯

和氣集春臨日醉蟠桃紅
欲度
佳辰逢岳降時培椿對瑞
○手壽
耆德慈親滿面春風生福壽
少年令子一團和氣藹家庭
○架造聯
鳥革翬飛喜棟宇增一番
光彩
竹苞松茂為兒孫立百代
規模
小構庭堂地理因人生色

年分里長糧長收分一名依期徵納輪次書押卯酉照
依分數完納顆粒不致違誤依準是实
如不係閑毛不必用輪次照依分數等字
○錢粮收帖
某都某圖粮長某今收到本都某圖甲
排年戶首某戶丁某名下官米若干及
甲下處莊或有無不可拘丁口一應則收完恐
後無憑立此收帖為照
○錢粮呈子
某都某圖里長排年某人耽役某處呈為
恃頑不服催辦錢粮事戶下甲下

等拖欠錢粮若干家
去催攢殊某不行交納反強磨情
先伸只得具情呈上如蒙准呈乞詢到
案追納庶免本身受責实為便益理具
呈須至呈者
○盜賊呈子
某都地方某等呈為被盜牛隻事本都某
人於本月某夜某時分被賊盜去耕牛
一頭當投地方某跟尋至某處地方挀
獲及時現贓是的係干賊盜事情不敢
隱匿擅和理合呈 官懇究為此具呈

大開門户欸風為咸掃蛛
富倉箱里人齊問錢數
新棟宇児孫進紹箕裘

○迁居聯

遺後業儒風笲軸牙籤藏
旧僕
移居在仁境一團和氣藹
名門

○雜聯

春運辭換爆竹數声昭滿處
來客至霽梅花数点淺天執
陋室滿條天佩紅塵出色

寒門冷淡地教綠竹生蔭
咏四好讀書好學好便好
創業難守成難知難不難
數訟旧生涯皆僕辭勤春起早
一經新事業深光燈火夜眠遲
頭上有青天視听自民聽
眼前皆赤子飢寒由己溺
道宗一头千年心法卷書香
數演六經萬古斯文齊序脉
綿世澤无如為善
大家声还是讀書

○上元聯

慣里里者

○地方執結

某都某崗里老總甲某某等今於　與執結
為地方事遵依結到見本里地方並无
面生可疑之人在彼地方頓歇中間不
致欺瞞如遣事發甘罪所結是实

○童生執結

某都某崗某為歲考童生事本生自幼在
家習讀經書身家並无刑喪過犯又非
曾經出退人數今豪取隣所結是实

○農民執結

某都里長某等　呈為舉報農頭安寧
事茲者奉各該都選報識字農民各消
本都内有某躰通書算亦充公私通記
人才頗堪選用理合具呈須至呈者

○領状

某都某崗某等今當　本縣老爺台前受
領某人某某云云中間並无冒領是実　所領

○祠堂聯

華于斯于一堂序昭序穆
祀祖宗于百世報德報功
祖德難忘願某些遺恩澤大

千門燈火夜如年天開美
景
一曲笙歌春似海人度良
宵
燈燭交輝門閭中十分光
彩
楨祥集聚家庭裡四季平
安
月皎燈輝昨夜不如今夜
好
風調雨順新年还勝旧年
豐

燈燦元宵光彩高連雲漢
碧
人立盛世樂心俱付管弦
守
金鼓歡声一陣陽春生里
社
銀燈焰照十分光彩耀門
閭
花燭映銀燈点々光通歡
夜月
鶯声諧鳳管声々吹出太
平歌

孝思不匱源深時薦小泉香
感風木以興思覩思罔極
瞻雲山而悵望孝常存
來藻來蘋重春秋報本之典
孝物孝豆盡子姓追遠之誠
報德報功爰祖時思心不殺
致誠致慤敬神如在孝常存

○隱居聯

名利兩忘詩酒陡為賓主
乾坤一覽山溪不換王侯
笑傲林泉一窓風月啸情雅

盤桓洞客幸觴豕書遊趣濃
避隱林泉草堂中賞心樂消
躬耕畝畆綠野外烟雨一蓑
隱几養詩懷便養泥頭生草
杜門樵俗累任教籬外飛花

○書舖聯

藏探詩書鈐今古聖賢事業
藻門冠蓋華國坤人物英華
綠史成家價炎附風攀龍客
文章竟標高聲登天摘月梯
積案叢編收藏古今書籍

○水閣聯

佳景天成滿眼山川圖畫
雅懷自得四時風月樓臺

閣架空中萬点星辰可摘
窗通野外四時花鳥同春

注水養魚活潑地天机自動
登樓望月照臨爲氷鑑无私

夜靜樓臺迎月上
晝長窗戶借雲封

○橋梁聯

橋立古溪鎖山川之一脉
水環曲澗漾風月之双清

固祚綿綿永保皇圖鞏固
文光燦燦遙瞻奎壁升騰

橋拱文峯古木森森環梓里
賢由義路高車濟濟入名邦

曲路紆弯超百徑
虹橋一帶駕波濤

○寨院聯

布德推恩激揚中和風井
迎來送往結交天下斯文

○酒館聯

醁蟻香浮始信神仙當玉佩
紫霞盃泛曾聞卿相解金貂

解悶消愁遠客強吞盃內酒
陶情遣興高人暢飲甕頭春

內對神仙愛飲酕醄忘過洞庭
九縱學士貪盃酩酊懶歸臺閣

○医士聯

橘井龍蟠一脉泉香施澤溥
杏林虎入滿腔春意活人參

術紹岐黃妙藥掃開千里霧
藝傳盧扁金針点破一天雲

杏林中生意不息
橘井內活泳長流

○星士聯

鐵筆无私君子喜吾談造化
直言不隱鬼神怕我泄天机

造化理微塵埃中能識宰相
先天數定笑談下立辨公卿

一枝鐵筆分生死
三個金錢定吉凶

雨

發號施令振肅下烈日嚴霜
威振乾坤天借風霜消惡草

恩施雨露人淺愛日詠甘棠

○布政司聯

屏翰一邦海晏河清千古治
旬宣諸郡民康物阜萬家春

以民酷暑正逢六月雨
澄清郡邑和風自作一番春

○黃堂聯

凡事可對人言所訟但憑三尺法
此心求合天理臨民渾是一團春

雨後有人耕綠野
月明无犬吠花村

新鐫赤心子彙編四民利觀翰府錦囊卷之八終

八個字中分貴賤
五行數內辨榮枯

○相士聯

洞察如神滿眼公卿皆是友
鑑觀有術馳名湖海已多年

術紹郴庄黑髮叢中知壽夭
藝傳冰鑑白衣隊內識公卿

○坐賈聯

貨自天生樂守一生素分
貨依時價难欺五尺幼童

稱物平施兩面春風自得
生財有道四時生意无窮

富貴天生謀利何須登壟斷
窮通命定求財不敢昧靈臺

○客商聯

寄跡江湖楚水吳山頻奔傲
陶情詩酒清風明月任吟哦

滿目无親長望白雲思故里
舉頭有伴時邀明月到孤窗

萬曆乙酉冬月明雅堂梓

亀甲山

文苑豹斑

（明）沈思永 撰　陳繼儒 删定

《文苑豹斑》十二卷，（明）沈思永撰，陳繼儒删定。據東京大學東洋文化研究所藏明萬曆三十四年（一六〇六）沈禛重校刊本影印。

沈裕父文苑豹斑序

余於崑山有讀書臺干將山有讀書郵秀林山居則在季孟之間近買小艇倣玄真子天隨生故事釣竿詩卷往来三山中而於干将尤數晉與沈裕父周旋耳裕父結茅巖曲水竹岑藥稱之而喜讀異書每當纖林月出群峰雪霽與余杖履相耦坐鮮石臥花茵或間出家釀及園

序 一

果以佐譚談則裕父霏霏如屑其言皆有根抵貫串古今經緯方内方外之事由學博而識老故也久之出文苑豹斑見示索余叙余迺知裕父帳中之秘蓋在是夫處士不讀書與老農牧豎何異有如裕父沉湎文苑真能組繡烟霞繪畫泉石干將山以裕父重非以山重裕父者也陶淵明云聞多素心人因來卜

序 二

其宅元次山以雲陽有譚子曰吾則往而家矣余且老著書已倦但願冠襌衣紙白牛驂乘童子挾文苑一編自隨有疑義者則質之裕父未知天壤樂何以勝之淵明次山有靈將無妬我

眉公陳繼儒題

文苑豹斑序

竊聞仰屋著書達人所笑余曰攄精秇圃將同於嗜痂之癖矣顧山居無事野服逍遥興寄泉石空翠爽我肌骨清風盪我心胸而幽華野鳥新我聽覩不有著述銷此清福何以酬山靈耶癸卯冬蕉葉抄完抱瓮多暇又纂成是編題曰文苑豹斑謂豹以管窺僅見一斑而是編零星無次在有用無用之間誠無異於一斑之窺耳管見如斯又何以稱焉雖然狐白之裘製于群腋則學不貴博乎鴻鵠之

旨嘗於一臠則學不貴博而要乎余志在曠覽又欲便于檢閱故類分而字解之如此時一開卷庶當握管吐詞無杕杜金根之謬蹲鴟伏獵之譌藉此爲蒿矢矣倘有罪余者曰夫夫也井觀蠡測而烏知天海之大又何以自解云

裕甫沈思永譔

校刻姓氏

陸萬言君策　楊王猷顯甫
施大諫叔顯　呂大章伯聲
路可成行之　鍾允善繼甫
王士英華伯　姜大仁元甫
吳世縉伯文　徐邦奇孟含
呂大咸和叔　吳世纏仲武
林鳳翔仲舉　周天駿雲沖
吳世纓叔清　楊開美韜玉
周天驥漢沖　李黄裳章甫
楊向榮韜奇　葉文華質斯
焦肇元開之　陸釋麟性叔

呂大用公亮　呂廷宣君調

重挍姓氏

張嘉遇清臣　杜長林時美

沈　鴻伯高　楊修林元長

男沈禎玄成

文苑豹斑目録

文苑豹斑卷之一

雲間沈思永裕父彙纂

陳繼儒眉公删定

天文

北辰是北極非北斗北斗七星北辰五星以北辰之位言謂之太乙以所居之處言謂之北極以衆星皆動而此獨不動言謂之天樞

日初出爲旭日昕日晞日晛日在午曰亭午在未曰昳日晚曰旰日將落曰薄暮日西落反照於東在上曰

反景在下曰倒景

春爲蒼天夏爲昊天秋爲旻天冬爲上天

廣雅曰日名耀靈一名陽烏一名朱明一名大明一名太陽一名朱羲一名陽光一名東君一名朱光一名陽景一名扶光一名離光一名靈暉

素娥氷輪金丸太陰夜光圓景俱月名

玄霜絳雪西王母曰仙之上藥有玄霜絳雪

日西垂影在樹端謂之桑榆

燭龍天不足西北無陰陽消息故有龍銜火以照天門

又山海經云鍾山之神名燭龍視爲晝瞑爲夜

月御名望舒又曰纖阿日御名羲和

吳剛月中斫桂人西河人也學仙有過謫令伐樹

羿請不死藥於西王母其妻姮娥竊之以奔月是爲蟾蜍又云爲虛上夫人

卿雲即慶雲亦曰景雲王者德合於山陵則慶雲出天文志曰若煙非煙若雲非雲郁郁紛紛蕭索輪囷是爲卿雲

符瑞志黃旗紫蓋見於斗牛之間東南有天子氣則知

黃旗紫蓋氣也

飛廉風伯封姨風神

豐隆雲師雲一作雷屏翳雨師又名玄冥見風俗通屏一作荓

星占曰箕星一名舌動則大風至風俗通曰箕星風師也畢星雨師也

二分二至占雲氣青爲蟲白爲喪赤爲兵黑爲水黃豐年

江東俗正月二十爲天穿日以紅縷繫煎餅置屋上名爲

秭天寀又云廿四
端月正月也秦始皇名政故讀正爲平聲又改爲端月
正月又名孟陬孟陽仲陽令月俱二月蠶月即三月
首夏維夏俱四月又謂除月七月爲蘭八月爲桂月
又曰仲商九月爲菊月玄月季商十月爲陽月良月
十一月爲暢月
晉董勛云正月初一爲雞二日猪三日羊四日狗五日
牛六日馬七日人八日穀其日晴明所主之物育否
則災

浴佛會四月八日名龍華會忌孫賭天中節端陽
寒食冬至後一百零四日五日六日蓋清明前二日也
爲介子推故事斷火冷食故秦人呼爲冷節子推二月初一焚死人哀之爲禁烟
冬至後三戌爲臘遇閏歲則以第四戌爲臘不可在十
一月也見叢語
上官者忌正五九月或謂宋朝火德火生於寅旺於午
墓於戌此三月爲災月官員例減祿料無俸故謂無
羊之月衆皆避之我明亦以火德王故亦忌焉又云

四不祥日每月初四初七十六十九上官犯之不終
任又有入金門即死之說只有八月辛酉未時忌上
官
年十干別名甲閼逢乙旃蒙丙柔兆丁強圉戊著雍己
屠維庚上章辛重光壬玄黓癸昭陽
年十二支別名子困敦音混沌丑赤奮若寅攝提格卯
單閼辰執徐巳大荒落午敦牂未協洽申涒灘音吞
炭酉作噩戌閹戊一本作閹茂亥大淵獻
十二月干支別名甲畢乙橘丙修丁圉戊厲己則庚窒
辛塞壬終癸極子畢丑涂寅陬卯如辰寎巳余午
皇未且申相酉壯戌玄亥陽如十一月甲子則爲畢辜十二月乙丑則爲橘涂正月甲寅則爲畢陬二月乙卯則爲橘涂之類

周益公日錄云吳諺云正月逢三亥湖田變成海謂水
大也若乙亥在立春前則無水災
俗諺云逢庚則變遇甲方晴蓋逢庚於雙日則變遇甲
於雙日則晴多驗
少微處士星
不宜用亢鬼牛星直日百事忌名大金剛日

占雷雷初起在東西二方執此主水南主旱西北東北
主病東南主風西南主虫
巽二風神青女霜神滕六雪神雲太平廣記名六出公
五夜甲乙丙丁戊如一更甲二更乙三更丙四更丁五更戊
申旦達曙也
寺隆甲子神呼之入水不溺執明甲戌神呼之入火不
燒
小重陽九月初十
參商高辛氏二子閼伯實沈日相征伐帝乃遷閼伯於

商丘主辰遷實沈於大夏主參辰爲商星參見參爲
晉星曉見二星晝夜不相見故今人不合名參商
芒種逢壬立梅逢庚出梅今俗交夏至即爲出梅交時
頭時三日中時五日三時七日共半月
藥水十月爲小春節此月內雨謂之液雨百虫飲此水
而蟄謂之藥水至二月雷鳴起蟄
謝仙火雷部司掌火者阿香行雷雨者列缺電名
上元夜豎一丈竿候月午影七尺大稔六尺人尺小稔
九尺一丈大水五尺旱三尺大旱

俗以初五十四廿三爲月忌蓋三日乃河圖數之中宮
五數耳五爲君象故民庶不敢用
冬至後餘一日則閏正月餘二日則閏二月餘十二日
則閏十二月若十三日則不閏又云只筭是月無中
氣爲閏
二十四番花信風始梅花終楝花
日晡時至隅淵日高春未瞑時也晡後至連石日下春
欲瞑時也
金雞星現必有大赦故京師肆赦必立雞竿詔書於五

鳳樓金雞口銜下
冬至廣莫風方屬坎音屬革立春條風方艮音匏春分
明庶風方震音竹立夏清明風方巽音木夏至景風
方離音絲立秋凉風方坤音土秋分閶闔風方兌音
金立冬不周風方乾音石是爲八風以配八方八音
清明前後曰杏花雨三月曰榆莢雨三月三日曰茜容
雨夏至前曰梅雨五月分龍雨六月濯枝雨八月豆
花雨九月黃雀雨
冬雷地必震教令撓則冬雷民飢

方諸山真人呼日爲圓羅耀

鬱華又名鬱儀奔日之仙結隣奔月之仙七聖記鬱華赤文與日同居結隣黄文與月同居皆日月之神名隣一作瞵

淮南子曰日中有踆烏踆趾也謂三足烏也

望氣經曰六月三日有霧歲熟

冬至日立八尺之表視其晷如度者歲美長一尺日食短一尺月食長則水短則旱

虹蜺雄曰虹雌曰蜺陰陽之精也虹云天弓又云帝弓又云螮蝀一名挈貳

心火星天王星也前星太子星也後星庶子星也

農祥房星也名天田星立春晨見於南方故國語曰農祥晨正

冬至後丁巳日有風從巳上來必有大赦又風角書春甲寅日大風從申上來必大赦期六十日

爾雅曰春爲青陽夏爲朱明秋爲白藏冬爲玄英秋爲白藏故云素節又西方其色白故云金素

孟秋之月其神蓐收西方之神天之刑神也

金波月名玉繩星名謝朓詩金波麗鳷鵲玉繩低建章

堯元年至萬曆元年癸酉計三千九百六十二年六十七甲子

天開甲子至嘉靖四十三年甲子計六萬九千一百五十八年

洪武十七年甲子爲中元正統九年甲子爲下元弘治十七年甲子爲上元嘉靖四十三年甲子爲中元

仲春祭馬祖季春祭先蠶皆爲天駟房星以蠶與馬同類也

正月一日爲三朝歲之朝月之朝日之朝又爲三元歲之元月之元日之元又爲四始歲之始月之始日之始時之始

雲房通明殿俱玉皇所居常有紅雲繞之

六月六風爲濯枝風雨爲濯枝雨

樹稼木上生氷花也木少陽人將有害陰氣脅木得雨而氷曰樹稼又曰木稼木氷木巂又云水兆又云樹若介達官怕主損大臣

櫻筍厨四月十五

春興秋駟春雲爲興秋雲爲駟

浹日十日浹辰一月浹旬十二日二時六閱月

冬至後一百零三日爲炊熟日以將禁火故先具饗飧也

日南至冬至也

古今消日外事用剛日内事用柔日如甲子爲剛乙丑爲柔以陽爲剛陰爲柔也又云五剛日甲丙戊庚壬五柔日乙丁巳辛癸

闞駰九州記云正月凌解水二月白蘋水三月桃花水

四月麥黃水五月瓜蔓水六月山礬水七月豆花水八月荻苗水九月霜降水又曰登高水十月復槽水十一月走凌水十二月蹙凌水

牽牛謂之河鼓今轉聲爲黃姑云古樂府云黃姑織女時相見

扶輿鬱葱佳氣也沆瀣夜半氣也氛祲妖氣也

雪多作於戊巳日趙雲洲云凡遇戊午巳未日天必變雨遇亢壁二宿直日則免餘宿不可免

石尤風打頭逆風也融風東北風也

正月朔爲天臘端五日爲地臘七夕爲道德臘十月朔爲民歲臘十二月正臘日爲王侯臘

蔚藍天青色也神仙有三十六洞天八十一福地蔚藍天洞天之名

九土鬼乙酉癸巳甲午辛丑壬寅己酉庚戌丁巳戊午凡事有始無終其日與建破魁罡相并大凶餘不妨

論衡曰日旦出於扶桑暮入細柳扶桑東方地細柳西方地山海經云大荒之中暘谷有扶桑木淮南子曰日出於暘谷入於咸池拂於扶桑蓋扶桑日出處金

樞月沒處又云西汜日入處見謝宣遠詩又云崦嵫日落處飛谷日所行入道

一線長唐宮中以女工揆日之長短冬至後日晷漸長比常日增一線之工

欲知時辰之陰陽當别以鼻陽時在左陰時在右如子爲陽丑爲陰寅爲陽夘爲陰之類若亥子之交兩鼻皆通丹家謂玉洞雙開是也

太平玉燭應邵曰泰階六星天之三階上階爲天子中階爲公卿大夫下階爲士庶人三階平則天下平四

時調曰玉燭

三伏夏至後第三庚爲初伏四庚爲中伏立秋後初庚爲末伏金畏火故至庚日必伏庚金也

歷代臘名夏曰嘉平殷曰清祀周曰大蜡秦始皇復更名嘉平漢改曰臘

十齋日初一初八十四十五十八二十三二十四二十八二十九三十日

幹枝自甲至癸爲十幹自子至亥爲十二枝後人省文以幹爲干枝爲支非也

黎明黎黑也與明相雜欲曉未正曉也猶曰昧爽昧暗也爽明也又云爽旦遲明未及明也厥明質明則已明也

端午以粽葉長者爲勝爲解粽節

自子至亥每一時八刻子午卯酉四正每一時多一刻故一日一夜共一百刻

太清天也又云紫冥

債不星季例戊癸季坤庚方甲巳辰方乙庚兌坎寅方丁壬乾方動作忌犯此方

債不星逐月定局大月初三初六十一十四十九二十二二十七小月初二初七初十十五十八二十三二十六犯之還債不了不音頊

天酒甘露也見神異經

三垣二十八宿中外宮計二百八十三座一千五百六十五星皆守常位是謂星

舶趠風吳中五月時東南風也海外舶船禱於神而得之乘此風到江浙間故名

清都帝之所居見列子

北斗七星第一爲天樞二璿三璣四權五衡六闓陽七招搖

京房易候公何以知賢人隱師古曰四方常有大雲五色具而不雨其下有賢人隱

退氣方馬前一位是也如申子辰年馬居寅則卯方是退氣寅午戌年馬居申則酉方是亥卯未年馬在巳則午方是巳酉丑年馬在亥則子方是犯之十二年不利擇建祿日則不妨以馬得祿而止也如甲年取寅日乙年取卯日之類

喜神方甲巳日東北屬寅卯乙庚日西北屬戌亥丙辛
日西南屬申酉丁壬日正南屬午未戊癸日東南屬
辰巳其日喜神時亦然如甲巳日即卯寅時
花朝二月十五日東京以爲撲蝶會今俗以二月十二
爲花朝
四象青龍東屬春朱雀南屬夏白虎西屬秋玄武北屬
冬〻四象即四時也
吳俗正月十四以糯穀爆於釜中以花多少卜一歲之
休咎名孛羅又名卜畱

上元正月十五日中元七月十五日下元十月十五日
上日朔日也
緒風餘風也
平晝猶平日
日未出地二刻半而地上已明日入地二刻半而地上
明始盡故晝常多夜五刻
定子時一時八刻前四刻屬本日後四刻屬明日故凡
交節氣曰夜子則屬本日
求龍治水自正旦數至辰日是如初一得辰即一龍治

水
凡花五出惟雪花六出太陰之數
重喪日正月甲二月乙三月戊四月丙五月丁六月戊
七月庚八月辛九月巳十月壬十一月癸十二月巳
三六月一作巳
天牛不守冢日庚午辛未壬申癸酉戊寅巳卯壬午癸
未甲申乙酉甲午乙未丙申丁酉壬寅癸卯丙午丁
未戊申巳酉庚申辛酉開收修墓並吉
匈奴呼天曰祁連西域曰提婆胡元曰統格落

古言天者三家一蓋天二宣夜三渾天周髀即蓋天
月朝見曰朒訥夕見曰朓挑宋以朓字避僖宗諱改爲
朏
晦灰也月光盡也朔蘇也月死復生也弦月形如弓弦
也望月滿之名日月遥相望也
東風曰谷風南風曰凱風西風曰泰風北風曰涼風
師曠云春雷初起其音洛洛霹靂者所謂雄雷旱氣也
其鳴依依不大霹靂者雌雷水氣也
提要錄云社公社母不食舊水故社日必有雨謂之社

翁雨陸龜蒙詩幾點社翁雨一番花信風
范蠡云當寒而温穀暴貴當温而寒穀暴賤陽主貴陰
主賤也、
天有六氣陰陽風雨晦明也
天賊日孟滿仲破季開
赤口辰戌位上是以月建位上起初一順數如正月建
寅從寅上起初一初二卯初三辰即赤口初九戌十
五又是辰廿一戌俱是又如三月建辰從辰上起初
一即赤口矣餘倣此葢辰爲天罡戌爲河魁謂之天

羅地綱貴人不臨之地犯之主口舌
荒蕪孟平仲破季收、
小耗執大耗破
正月朔雨春旱若霧歲必飢五日雨主大熟若五日内
霧穀傷民飢、
麥秋百穀以生爲春熟爲秋故麥以孟夏爲秋、
四時纂要四月朔雨蝗虫二日雨旱五穀不成三日雨
小旱四日雨穀貴五日六日雨有旱處八日熟、
八月盲風爲麥花風九月爲鯉魚風、

風土記鳴鶴戒露此鳥性警八月白露降即鳴
穀雨雨字當作去聲雨落也自雨水後土膏脉動可以
雨穀於水也芒種種字當作上聲芒種種之有芒者
麥也言至此時麥已熟也、
冬至日行遠道周四極命之曰玄明天
淮南子冬至日在狼駿之山故郭璞客傲云狼駿之長
暉玄陸之短景、
淮南子曰以冬至日數至來歲正月朔日五十日者民
食不足不滿五十者則食計日而減惟有餘則食計

日而益
靈曜天也又名泰元蔡伯喈陳太丘碑云苞靈曜之純
文選束晳補亡詩又名天爲大圓顏延年曲水詩序
又名上靈宋曆志祖冲表又名圓儀顏延年文元后
哀策又名圓精周武帝詔又名蒼靈北齊詔又名玄
儀封禪書又名顥穹班固名顥蒼、
謝莊月賦柔祇雪凝圓靈水鏡李善曰柔祇地也圓靈
天也
大斷日子虛丑斗寅室卯女辰箕巳房午角未張申鬼

酉觜戌胃亥壁論伏斷忌辰魁干日如庚午丙子戊
寅已卯辛巳癸未甲申乙酉丁亥壬辰是也若其時
又值亢牛婁鬼宿極凶乃犯金伏斷時必須忌之
九陔陔重也謂九天之上見漢書九閡九天之門見揚
雄解難
九霄九天也謂神霄清霄碧霄丹霄景霄玉霄瑯霄紫
霄太霄
纂要云東西南北曰四方乾坤艮巽四隅曰四維天地
四方曰六合天地曰兩儀以人參之曰三才四方上

下曰宇往古來今曰宙或謂天地曰宇宙日月爲二
曜亦曰二紀五星爲五緯日月星爲三辰亦曰三光
三靈三精日月五星爲七曜又謂之七政太白爲金
星歲星屬木熒惑屬火辰星屬水鎮星屬土是爲五
星
天精爲日地精爲月又計然曰日者火精也史記月者
金精也物理論曰月水之精
海賦翔陽逸駭註翔陽日也日中有烏故云
大荒之中有山曰含虛所月所出

陽精爲日分爲星故其字日下生爲星
孝經內事曰昆弟有親親之恩則鈎鈐不離房鈎鈐星
名
漢武帝時彗星見野獸皆鳴或謂爲獸鳴星彗星一名
欃槍
北斗九星七現二隱其第八第九是尊帝二星人若見
其光明非常壽可千歲見則當拜之
大陵星見主死喪國必大疫一名積尸卷舌
金鷄箕星玉羊狼星旄頭昴星
天潢謂之銀漢銀河河漢絳河明河許洞謂爲銀灣李

賀謂爲銀浦又名潢
夜半天漢中有黑雲或黑氣相逐謂之天河作堤俗謂
黑猪渡河雨候也或黑雲覆北斗亦主大雨
少陽爲春太陽爲夏少陰爲秋太陰爲冬
真誥曰正月庚申日上帝殺害日不可請乞百事無益
登真隱訣曰正月午天地凶門日不可建造穿鑿正
月亥地破日不可開山動土
二月上午日取土泥爲室宜蠶上辰日取道中土泥門

辟官事、

正月朔謂三微之月陽氣始施微而未著也又云正月朔爲七十二候之初三百六旬之始

正月十六謂耗磨日官司忌開倉庫

公羊傳提月六鷁退飛何休註提邊也是月之幾盡謂晦日也

道經以六月六日爲淸暑之日此日北極府君生

道經以八月十八日四海龍王神會之日

稷雪霰也形如米粒故名見毛詩疏

白駒日影

五曉五更也

雲片片相逐聚散不常其色潔白圍繞日光主大風禽鳥鵲飛天色昏淡主風鳶高飛主風雲脚黄日色赤主大風雲行急星搖主大風日月昏暈主大風太白晝見參宿動主大風人首煩熱主大風燈火焰明作聲主大風曉望氣色大白大風微白小風俗名風花白

履端之慶元旦也左傳履端於始

二月朔爲中和節起唐肅宗李泌議是日賜大臣尺尺謂之裁度民間以青囊盛百穀瓜果種相問遺號爲獻生子祭勾芒神以祈豐年百官進農書以示務本帝乃著爲令與上巳九日爲三令節又道經爲天正節蜀中風俗以二月二日爲踏青節道經以二月八日爲芳春節

金門歲節曰寒食裝萬花輿煮楊花粥

風土記正月元日食五辛盤以助發五臟

天官辨方如申子辰年忌亥方巳酉丑年忌申方寅午

戌年忌巳方亥卯未年忌寅方於此方動土立見官符亡

三台斗魁下六星兩兩相比曰三台台本作能音台

五紀歲月日星辰五辰四時也金木水火土旺於四時而土寄旺於四時

二十四氣立春驚蟄淸明立夏芒種小暑立秋白露寒露立冬大雪小寒爲十二月節氣雨水春分穀雨小滿夏至大暑處暑秋分霜降小雪冬至大寒爲十二月中氣

十一月冬至一陽生復卦十二月大寒二陽臨卦正月雨水三陽泰卦二月春分四陽大壯卦三月穀雨五陽夬卦四月小滿六陽乾卦五月夏至一陰生姤卦六月大暑二陰遯卦七月處暑三陰否卦八月秋分四陰觀卦九月霜降五陰剥卦十月小雪六陰坤卦蓋一月一變俱從中氣起

天富星每月滿日是極富星陽年取後三辰如子年戌寅年子辰年寅午年辰申年午戌年申陰年取前三辰如丑年卯卯年巳巳年未未年酉酉年亥亥年丑

天地轉殺春卯夏午秋酉冬子天地正轉殺日春癸卯夏丙午秋丁酉冬庚子天轉春乙卯夏丙午秋辛酉冬壬子地轉春辛卯夏戊午秋癸酉冬丙子其日起手修造動土犯有禍與月建同尤凶

頹陽落日也見謝宣遠詩

利眼見陸機演連珠謂日也天有日月猶人有眼

金樞穴月窟也見選海賦

識人星不患瘡

貫索九星賤人之牢明則天下獄煩

箕星為敖客張主觴客翼主遠客胃為天倉

畢旁小星為附耳揺動主讒臣在側

辰星入五車大木

石氏經云東壁之星主文籍晉天文志東壁天帝圖書之府

正月朔名獻歲又名獻節開歲肇歲

星分夜也見周禮

京房曰凡日食不以晦朔則曰薄言陰氣盛薄日光也

佛經云白月黑月註白月月半黑月月半後白月前黑

月暗

三垣上垣太微中垣紫微下垣天帝

凡雲仙人亦重之號天公玉戲

世傳大羅天放榜於蘂珠宮故稱蘂榜李義山贈同年詩曰同語太羅天上事謂此唐進士必以淡墨書榜以名第陰施陽受若鬼神之迹也

漢書玉衡杓建天之綱也故名北斗為天綱玉衡斗杓也

又記黄帝記旁羅日月旁羅乃測天地之器如今之日

咎地羅也旁羅尚書考靈耀又作旁蠡鄭玄註盡行
十二項中十二項十二時分爲十二方也
星有注張柳星也周禮註注味也鳥喙也音咒南方朱
鳥七宿柳爲鳥之咮也
九宮七色之說出於乾鑿度伏羲時龍馬出河戴九履
一左三右七二四爲肩六八爲膝[illegible]中謂之九宮
其色則一六八爲白二黑三綠四碧五黃七赤九紫
今大統曆每月列於下方謂之飛九宮
冬至用書雲事按春秋感精符冬至有雲迎送日來歲

美宋忠註云雲迎日出雲送日沒也又易緯通卦驗
云有雲送迎歲美民人和不疾疫否則德薄歲惡又
云赤者旱黑者水白者兵黃有土功
禊水上祓除也然有春禊秋禊春用三月上巳秋用七
月十四
今之易卜以甲乙起青龍丙丁起朱雀戊日起勾陳巳
日起螣蛇庚辛起白虎壬癸起玄武此遷就之弊戊
巳同爲土何分爲二螣蛇爲水獸何以移之中央今
當以戊巳同起勾陳而壬起螣蛇癸起玄武且壬爲

陽水以螣蛇之雄配癸爲陰水以玄武之雌配不易
之道也此悞千餘年矣卜之不驗豈不由此
天官書正月初一朝占四方之風風從南方來者旱從
北方來者湛湛即有水也
天文織女主貴女須女主賤女貴女嫡也賤女妾媵之
類
啓明金星即太白長庚水星實二星也後世訛以爲一
故太白毋夢長庚因名白字太白
五月五日爲浴蘭節

杓虛杓爲天獄中星虛則四開出
每歲曆有三滿手主大稔
立春日甲乙主豐年丙丁主旱戊巳歉收庚辛主兵壬
癸主水
太陽過宮立春在子雨水壬驚蟄在亥乾春分清明在
戌穀雨辛立夏在酉小滿庚芒種在申夏至坤小暑
在未大暑丁立秋在午處暑丙白露在巳巽秋分寒
露在辰霜降乙立冬小雪卯乙臨大雪在寅冬至艮
小寒大寒丑癸尋

小兒殺方陽年正中二乾三兌四艮五離六坎七坤八辰九巽十中十一乾十二兌陰年正離二艮三兌四乾五中六巽七巽七震八坤九坎十離十一艮十二兌

今黃曆臺曆有二事人都不識其一日躔某次宜用四時四隅之時也其一義專伐制寶五字訣也日支下生上爲義如甲子日是日干上生下爲寶如丁丑日是日支下尅上爲伐如庚午日是日干上尅下爲制如乙丑日是支干比和爲專如戊辰日是惟相生日宜用

支機石昔有人尋河源見婦人浣紗問之曰此天河也與一石而歸問嚴君平曰此織女支機石

歲有一歲之生氣干支生辰是也凡事宜向之

尚書考靈曜曰中央鈞天其星角亢東方皞天其星房心東北變天其星斗箕北方玄天其星須女西北幽天其星奎婁西方成天其星胃昴西南朱天其[illegible]狼南方赤天其星輿鬼東南陽天其星張翼軫[illegible]之九天亦曰九靈

神之大而最尊者曰昊天上帝其佐曰五帝東方青帝其神勾芒南方赤帝其神祝融西方白帝其神蓐收北方黑帝其神玄冥中央黃帝其神少皞

天上有[illegible]之殿彌羅之宮上帝所居常有紅雲擁護雖真仙罕見其面

紫微垣爲帝星太陰星爲后星

招搖一星在梗河北主夷狄

鵲橋七月七日烏鵲填河以渡織女

狐南老人星名

虹歆晉義熙初薛願家虹歆其釜噬金于器唐韋皐鎮蜀虹垂首于庭歆其酒旬日拜中書

一終晉侯曰十二年矣是謂一終一終歲星也歲星十二年一周天

中秋無月則兔不孕蚌不胎喬麥不實

大鈞天也大鈞播物言造化猶鈞之造瓦

正四廢春庚申辛酉夏壬子癸亥秋甲寅乙卯冬丙午丁巳

[illegible]春分秋分夏至冬至前一日是

四絕立春立夏立秋立冬前一日是

陽貴人庚戊見牛甲在羊乙猴巳鼠丙鷄方丁猪癸蛇
壬是兔六辛逢虎貴爲陽

陰貴人甲貴逢牛庚戊羊乙知是鼠巳猴鄉丙猪丁鷄
辛遇馬壬蛇癸兔屬陰方

天喜春正月戌二亥三子夏四丑五寅六卯秋七辰八
巳九午冬十未十一申十二酉

杜詩吹葭六琯動飛灰密室中以琯置葭灰埋於地緩
以素緹冬至則灰飛而衝素矣

漢天文志中宮天極星其一明者太乙之常居旁三星
三公後勾四星子屬末大星正妃餘三星後宮之屬
環以匡衛十二星藩臣皆曰紫宮

晉文志勾陳六星在紫宮中武衛近臣之象

文苑豹斑卷之一 終

文苑豹斑卷之二

雲間沈思永穉父彙纂
陳繼儒眉公刪定

地理

慈母山在江寧縣南四十里生簫管竹自伶倫採竹嶰
谷後唯此幹見珍王褒洞簫賦所稱即此俗呼爲鼓
吹山

脂粉塘西施浴處

空桑地名出善木可爲琴瑟故郊祀志云空桑琴瑟結

促成列子謂伊尹母居伊水上既孕夢神人曰臼出
水而東走明日告其鄰東走十里顧其邑盡爲水身
化爲空桑有莘氏女採桑得兒空桑中命曰伊尹寓
言也

芙蓉城石曼卿死有人見之乘青騾如飛曰我今爲仙
所主芙蓉城

李賀卒母夢賀曰上帝遷都丹圃建白瑤宮召作新宮
記又凝虛殿使吾輩纂樂章

長白山在冷山東南白衣觀音所居其山禽獸皆白歟

陽仲醇父嘗夢命爲長白山主明年仲醇父亡

高郵即杜郵白起死處宋改爲高郵

山簡鎮襄陽多之習氏池上置酒輒醉名高陽池

十洲祖洲瀛洲玄洲炎洲長洲元洲流洲生洲鳳洲麟洲聚窟洲

晉顧榮字彦先陳敏反假榮丹陽内史榮以白羽扇揮之其軍自潰因名麾扇渡

遠法師送客不過虎溪過則號哭一日送陸靜修陶淵明不覺過之因相與大笑而別世傳以爲三笑閔

五湖即太湖周五百里故名禹貢名震澤周官名具區又名笠澤又虞仲翔云太湖之水通五道故謂之五湖又韋昭云胥湖蠡河桃湖滆湖幷太湖而五

桐君山有人採藥結廬桐木下指桐爲姓故名桐君山亦因以得名

金山舊名浮玉裴頭陀開山建伽藍得金於江表聞故賜名金山寺

侯山記曰王玄奕隱於此山景帝再徵不至就其山封侯因以得名

禹登衡山夢赤綉文衣男子稱玄夷蒼水使者謂禹曰欲得吾山書者齋于黄帝之岳禹乃退齋三日登宛委發石得金簡玉字之書言治水之要益宛委黄帝藏書處也禹使伯益記之爲山海經

河津一名龍門大魚上者爲龍不能上者點額而暴腮

庭州灞水金鐵皆漏鄭延之川晝夜[illegible][illegible]水沉毛黑溪墨足悉唐制象跡怯腐手水性之別也

廬山即天承山天將雨則有白雲出峯頭謂之山帶唐詩風吹山帶遥知雨

太和山晉咸和中歷陽謝元捨羅邑宰隱於此山故又名謝羅山即武當山又名參嶺言武當謂非眞武不足以當也

虚牝壑中窟穴故古詩云哀壑扣虚牝

襄陽峴山有羊叔子碑吳興峴山有李適之窪尊在焉東坡守吳興嘗登此山作詩東陽峴山宋商仲文爲之郡郡人愛之如襄陽之於羊叔子因名

雲閒天馬山頂相傳有雙魚石風雨化去

東陵盜跖所居

負丘之國其民不死、
十洲記曰瀛洲有玉膏山出泉如酒味名爲玉酒
漢鄭弘靈文鄉嗇夫行官京洛至一埭逢故人四顧荒郊無處酤酒乃以錢投水中依口而飲飲盡酣暢而醉因更爲沉釀川、
天下瀑布皆有聲惟雁宕者無聲、
朧州有魚子石置書籍中可辟蠹、
五嶽東嶽泰山隷山東泰安州南嶽衡山隷湖廣衡山縣中嶽嵩山隷河南登封縣西嶽華山隷陝西華陰

縣北嶽恒山隷山西渾源縣、
四瀆江淮河濟、
廣雅曰陽侯濤大波也、
淮南子曰歷陽之都化而爲湖歷陽淮南國名昔有老嫗常行仁義有兩書生顧謂曰此國當没爲湖視東城門閫有血便走上山勿反顧自爾嫗往視門吏問而知之夜殺鷄以血塗門明日嫗早往見血便走上山國没爲湖、
菟裘魯邑名魯隱公曰速營菟裘吾將老焉

董仲舒墓在長安過者必下馬致敬名下馬陵今誤爲蝦蟆陵、
越中會稽山陰縣有戢山王羲之居於此爲老嫗書扇處墨池鵞池在焉今戒珠寺是也又曰歸宗寺戢葉如蕎麥蔓生莖紫赤色吳越春秋云越王嗜戢嘗采于此山故名有臭氣根可食今所謂魚腥草也、
宮亭湖即鄱陽河一名彭澤湖、
三吳漢分姑蘇爲中吳丹陽以西爲東吳檇李以東爲西吳、

烏衣巷即諸王謝所居在金陵、
武丘山舊名海湧山在吳縣西吳王闔閭葬處後秦始王至求寶劍金精化爲白虎居其上故號虎丘虎丘西走二十五里至虎疁而失唐諱虎錢王諱疁改爲滸墅而虎丘亦改爲武丘、
成都記琴臺以司馬相如得名而非舊臺乃梁蕭藻鎮蜀增建元魏伐蜀下營于此掘塹得大甕二十餘口、蓋以響琴也、
堯遭洪水民居水中高地故名曰州、

漢梁孝王兎園多植竹故又謂修竹園、

越絕書句踐封范蠡子於苦竹城

雲間九峯鳳凰山第一峯陸寶山第二峯佘山第三峯細林山第四峯即神山薛山第五峯機山第六峯横雲山第七峯天馬山第八峯小崐山第九峯三泖名谷水長水即泰由拳縣亦云囚倦泖有上中下　即圓長大故名三泖

金陵古名爲伏龍之地句曲山爲句金之壇以積金山因以名山生黃金漢靈帝採之以充武庫孫權遣人

採金屯伏龍之地因改今名又云金陵楚武王所置秦始皇以金陵有天子氣埋金玉雜寶於鍾山乃掘斷連岡改名秣陵大帝祖名鍾因更名蔣山蓋因漢末金陵尉蔣子文討賊戰亡靈發於山遂立蔣侯廟故號蔣山

句容有吳續塘有湖水半冷半熱皆有魚交入則死

錢唐按史記始皇至錢唐臨浙江上會稽西漢地里志會稽有錢唐縣今以唐爲塘非其說本於世說曹華信築塘以錢易土之說誤

五花館在荆南待客之上地也、

小酉山山上石穴中有書千卷相傳秦人學於此因留之故梁湘東王云訪酉陽之逸典故叚成式以之名書若二酉即大酉小酉也在辰州府城西、

青草湖北名洞庭南名青草湖、

潤州城號鐵甕城孫權所築、

南東在日之南故戶北向爲暖、

隋志弋陽舊名曷陽開皇十二年改今名以縣東南有弋湖也、

楚湖廣晉河南秦陝西又名關中閩福建蜀四川齊魯山東趙山西燕北直隸吳南直隸越浙江、

渤澥海名又名百谷王一曰朝夕池一曰天池一曰大壑巨壑、

天山祁連山雪山白山寔一山而異名、

酒山南昌國僊山泉酒泉涼州地水、

大復山一名胎簪山故何大復仲默稱胎簪子霍山一名媧宮普陀山一名梅岑青城山一名天谷

眢井無水井也

雉堞謂一雉之墻長三尺高一丈以雉之飛高不過一丈遠不過三丈也

莊馗大道也瀉鹵鹽地也

嵩高山東爲太室西爲少室相去七十里嵩高總名謂之室者以下有石室

姑射海外山名

崑崙山一名玄圃一名崑峇一名積石瑶房一名閬風臺一名華蓋一名天柱皆仙人所居

九原晉卿大夫之墓地

常熟海隅山有石室十所昔太公避紂居之孟子所謂居東海之濱是也

三臺魏武於鄴城西北立三臺中名銅雀南名金幾北名氷井

陽關在遼西去長安一萬里漢將楊典敗出此關故名

青門長安城東覇城門其色青故名青門

句容縣東有龍岡岡頂有龍沸潭周十三丈聞人聲水便沸動常日則不動

山遠望則翠近之則翠微此古詩翠微之義

八荒八方荒忽極遠之地

丹徒秦皇東游至龍目湖觀地勢云此有天子氣使赭衣徒鑿斷湖中古岡因改名丹徒

合浦南有都盧國其人善緣

奇肱國民能爲飛車乘風而飛禹時曾至

阡陌南北曰阡東西曰陌

紫泥海東方朔出經年一歸母曰汝經年一歸何以慰我朔曰兒暫之紫泥海有紫水汚衣過虞淵湔洗朝發中還何云經年

五陵謂長陵安陵陽陵茂陵平陵而灞陵杜陵不與以五陵皆在長陵北而杜灞二陵在南也

吳小城白門吳王闔閭所立秦始皇守宮吏燭燕窟失火燒宮而門獨存

金城漢元始六年置應劭曰初築城得金故名

海內之地東西八萬八千里南北二萬六千里

齊地記曰不夜城在齊陽還東南古有日夜出故春秋時萊子立此城以不夜名異之也

華山與首陽本同一山河神巨靈擘開以通河流今河

中府有巨靈廟、
白帝城公孫述所築述至魚鳧有白龍出井自以承漢土運故以名城
雨花臺昔有僧講經於長干山天雨寶花故名
衡山有朱陵之靈臺太虛之寶洞赤帝館其顛祝融其陽有三峯極秀一日石菊二日芙蓉三日紫蓋
巖邑巖險要也　　廣莫曠絕之地
齊州中國也
陰山盛夏積雪山海經云由首山小咸山空桑山並冬

夏有雪
武都紫水有泥其色紫而粘貢之用封璽書故詔誥有紫泥之諭
一統志云大江中有蟂磯南有石穴蓋蟂居也蟂老蛟在今蕪湖江口有廟俗訛爲喬姬廟
白下城本江東之白石壘因山爲城世稱石頭城唐武德九年改金陵曰白下吳曰建鄴晉曰建康漢曰秣陵唐爲昇州宋爲江寧府元爲集慶路又置江南諸道御史臺於此謂之南臺即今之南京

秦所築長城土色紫漢塞亦然故稱紫塞
虎丘東西二寺晉司徒王珣及弟司空珉各捨宅爲之
崑崙有瓊室仙居之所西方有金室佛居之所
無錫開利寺相傳爲王羲之宅有觀鵞亭洗硯池池水嘗黑
漁隱叢話吳興謂之水晶宫
子游武成今兖州嘉祥縣曾之西郊狩而獲麟之地
蘇嶺山昔光武幸黎丘與習郁通夢蘇山神即命郁立蘇嶺祠刻二石鹿夾神道百姓稱鹿門廟而蘇嶺山

亦呼爲鹿門山
汲冢魏襄王墓
武林本名虎林避唐高祖諱改之
常州晉曰毗陵東海王越世子名毗中宗爲越所表遣渡江故改毗陵爲晉陵又無錫隋亦曰晉陵
華陽有讀書臺孔明相蜀築此臺以集諸儒兼以待四方賢士
九峯山峯巒異狀其數有九故號九子李白以九峯如蓮華更號九華劉禹錫云九華山自是天地一尤物

天下之險在山曰太行、在水曰呂梁、合二水而爲一曰
馬當、
秀峯寺即吳舘娃宮
珎珠河陳後主泛舟樂游於河、忽遇大雨、浮𪓟生宮人
指曰瀨河珎珠、因名爲珍珠河
柯亭一名高遷亭、一名千秋亭、
孟康曰龍泉宮西平界其水可用淬劍、特堅利、古龍泉
之劍取於此
升陑音而地名湯升自陑伐桀所

黃浦開於黃歇故名
雲間昔晉陸雲會荀隱於張華坐、華曰今日勿爲常談、
雲曰雲間陸士龍、隱曰日下荀鳴鶴、士龍雲字、鳴鶴
隱字也、華亭稱雲間始此
辟雍水四周於外、閒居賦謂之圓海
孫子荆九野清太、九野八方中央也
黃帝厭世於昆臺乃鼎湖峻處
采地采官也、因官食地、
三峽巴東巫山明月也

博物志云、地以石爲骨、水爲脉、土爲肉、草木爲毛、
春秋朱方、即今丹徒、
泰伯初奔荆蠻號句吳句音鈎夷俗發語聲猶越爲于
越、
邀笛步在上元縣乃王徽之遇桓伊吹笛處
九嶷山在營道北縣北九山相似行者疑惑故名
句曲山源曲而有容故號句容里
許詢嘗登山憑林築室蕭然自致因號蕭山
謝家青山在蕪湖謝玄暉築室于此山因名李白葬于

此
爛柯山在衢州南晉時王質遇二仙童奕棋之所
三川涇渭洛也三江荆江松江浙江
秦更名河曰德水
紫貝闕河伯所居
銷夏灣在洞庭湖中吳王游觀之地
越來溪在吳縣越王由此至吳
五雲溪即若耶溪徐浩惡其名改之
浣花溪在益州西郭外亦曰百花潭

浙江吳喜志林云錢塘江口有浙山因以爲名
荆州記宮亭湖湖神能使中湖分風而上
東坡愛玉女洞泉日致兩瓶恐爲使所紿因破竹爲契
使寺僧藏其一爲信謂之調水符洞在大秦寺
黃祖殺禰衡埋於沙洲之上後人因號鸚鵡洲以衡嘗
作鸚鵡賦也在鄂州
天台鴈蕩天台山在台州天台縣鴈蕩在温州樂清縣
三輔黃圖云阿房以磁石爲門懷刃者止不能入
星子縣有陶令醉石

金谷園石崇有金谷園廣陵王琰亦有金谷園在蘇州
府城內清嘉坊之北後爲朱長文宅名樂圃
孔融告高密縣爲鄭玄特立一鄉曰鄭公鄉
吳王有織里因以名橋今訛爲失履
隋時因處士星現改括州爲處州今城內有應星橋
雁橋在承天府景陵縣世傳得陸羽處初見鴻雁集西
陂覆一小兒於下僧史積收育之因以雁名橋後長
筮得蹇之漸曰鴻漸於陸其羽可用爲儀遂定姓氏
函東有殽函之固謂函谷二殽也

王仲宣登樓作賦是荆州當陽縣城樓
淮安漢廣陵地
若溪在長興縣南南曰上若北曰下若下若水釀酒甚
美韋昭吳録云烏程有下若酒烏程因居人烏氏程
氏得名
慈溪董黯因母病思飲此溪水遂築室溪濱以便汲故
名黯字叔達鄞人
漏天在蜀地其地常雨
丹丘千年一燒黃河千年一清

街彈按大司徒里宰以歲時合耦于鋤鄭玄註曰鋤者
里宰治處若今街彈之室蓋周名鋤漢名街彈今之
申明亭也
白虎通諸侯之學曰頖宮半者象璜也今書作黌非宜
作黌
漢有牂牁郡一作戕戨字從弋弋杙也繫船木也郡即
今貴州地其江水迅疾難渡立兩杙於兩岸中以繩
絚之舟人循繩而渡古人制字之義取此若從戈謬
矣

魚鳧澤在蜀彭山縣彭祖生於此
滕王閣序梓澤丘墟梓澤石季倫別墅金谷園也在河
陽去洛城六十里
述異記雎渙二水波紋皆若五色其人多文章故名績
水陳琳書云遊雎渙者學藻績之綵杜詩衣冠迷適
越藻績憶遊雎
柴門晉儒林傳贊抗志柴門又漢書漢中之俗蓬戶柴
門食必兼肉
海曰天池江曰天塹鹽曰天藏

曇礦鄉山陰道士所居見文房四譜
巫山者巫咸以鴻術爲帝堯醫師生爲上臣死爲貴神
封于斯山因以名之
勾欄沙州記吐谷渾于河上作橋一百五十步勾欄甚
嚴飾勾欄之名見此唐人詩屢用之宋世以來名教
坊爲勾欄
茨簷蒂菴茨簷賤士見晉書草菴漁父見廣異記
太極泉水仙藥益神瀵盎齎之類
嘉興名檇李云府城西南地產佳李因名越絕書作就

李又云吳王常醉西施於此號醉里
按浙志嘉興秦由拳縣春秋時地名長水秦屬會稽縣
東漢屬吳黃龍三年由拳野稻自生改爲禾興赤烏
五年立太子和改曰嘉興據此則長水非縣而由拳
至黃龍年猶故也未縣稱長水既縣稱由拳耳
按長泖考之搜神記名爲谷水稽陸機詩而知谷水陽
即崑山陰徵之寰宇記而知谷水即華亭谷今以谷
水即長水謂泖爲由拳縣基悞甚
吳王獵場舊圖經在華亭谷東吳陸遜生此子孫嘗所

遊獵後人呼爲陸機茸今稱五茸城本此
五溪蠻五溪謂雄溪樠溪酉溪沅溪辰溪也
千里湖在溧陽縣陸機云千里蓴羹即此至今產蓴
桃葉渡在南京秦淮渡王獻之妾名桃葉常渡此獻之
作歌送之因名
樵風涇在紹興府城南鄭弘採薪得一遺矢頃之有人
來覓弘與之問弘所欲曰苦若溪載薪不易願朝南
風暮北風乃便後果然遂號樵風涇
紹興府南有蘭渚王右軍建亭其上上巳日與謝安孫

緯許詢輦四十一人會此修禊事

寧波府定海縣招寶山山半有碁子坪凡欲取去先以白飯撒之次日可得白子次以黑豆撒之次日可得黑子

盤古墓在河間府青縣

北京古幽薊之地即遼金元舊都

北京城九門城四十里九門南正陽左崇文右宣武北之東曰安定西曰得勝東之北曰東直南曰朝陽西之北曰西直北曰阜城

南京城周九十六里門十三南正陽南之西曰通濟又西曰聚寶西南曰三山曰石城北曰太平北之西曰神策曰金川曰鍾阜東曰朝陽西曰清凉西之北曰定淮曰儀鳳今鍾阜儀鳳塞

瑕丘昔公叔文子登此曰樂哉斯丘我死必葬于此在大明府開州

山西霍州南亦有赤壁

太湖石出洞庭西山生水中者佳牛僧孺家諸石以此為甲

思溪石近出太末深在土中堅貞溫潤文質俱勝抑之如鍾四面可觀其姿栽明秀結氣高妙出諸石之上靈壁太湖俱不及

聖賢冢墓記黄城山即長沮桀溺偶耕處下有東流即子路問津處按括地志黃城山在河東葉縣

管子曰天下名山凡五千二百七十

米元章墓在丹徒黃鶴山

韓熙載墓在南京聚寶門外雨花臺側

杜少陵葬耒陽有碑在上

洞庭湖一坡有范少伯石床石硯

貞嶠山西出爛石常浮於水色紅質虛似[illegible][illegible]之香聞數十里烟氣升天則成香雲遍潤則成香雨

杜工部舊居在秦州東柯谷今為寺山下有大木至今以為子美樹

吳王避暑水殿離宮凡三十六處惟太湖銷夏灣最勝

泉出於山正出曰檻泉懸出曰沃泉旁出曰氿泉同出異歸曰肥泉異出同歸曰灉泉

和神國李元之遊和神之國人皆一百二十歲二男二

女地產大瓠瓠中皆五穀不種而實水泉皆如美酒
飲多不醉氣候皆如深春樹木皆生綵絲可爲衣
蘇州陽山吳越春秋名秦餘杭山夫差伏劍死越以禮
瘞之卑猶吳地記曰卑猶餘山別名也
玄墓山相傳郁太玄葬此故名一名萬峯山
鄧尉山俗名光福山
蘇州靈巖山又名硯石山吳王館娃宮故址上有西施
洞浣衣池採香徑及琴臺響屧廊諸勝下瞰太湖望
洞庭兩山滴翠浮碧在白銀世界中

洞庭山一名包山道書第九洞天
蘇州城門曰閶門者夫差以天門通閶闔故名曰胥門
者子胥死抉眼以觀越兵之入也曰盤門者吳嘗刻
木爲盤桃又云以水陸縈曲名曰齊門吳聘齊女女
思齊而病乃起望齊門令女游其上曰破楚門子胥
出此破楚
狼朧國與漢人交關常夜爲市以鼻齅金知其好惡
饔國食器皆以金爲之
市巷謂之闤市門謂之闠市中空地謂之廛

蠑山辨雪
芝圃仙都有芝圃萬區圃見崑崙山第九層有芝田數圃
滄洲隱處七元藏機望海中一洲鳥人曰此滄洲也去
中國數萬里洲方千里人多不死无思歸洲人寔變
風觴送之激水如箭旬日達東萊
杜甫浣花溪又名濯錦江
海中三山方丈曰方壺蓬萊曰蓬壺瀛洲曰瀛壺即三
島一云渤海東五山岱輿員嶠方壺瀛洲蓬萊
封禪文云登介丘介丘太山也

孟子去齊宿於晝晝當作畫史記樂毅聞畫邑王蠋賢
劉熙註畫音獲齊西南近邑後漢耿弇討張步進兵
畫中遂攻臨緇即此可証
甌窶高田汙邪低田
康莊爾雅曰五達謂之康六達謂之莊
影國附庸也　鼓樓後魏李崇爲兗州刺史始置
赤壁在蒲坂縣周瑜破曹兵處今鄂州上流八十里與
百人山相對石皆紫赤色非黃州也東坡賦誤
三農者平地山澤也又云原隰及平地

博物志禹作三城淮南子鯀爲三仞之城此城之始也
麗譙戰樓也謂美麗而嶕嶢
女牆城上小墻也即城垣言其卑小若女子之於丈夫
也亦名睥睨言于牆上睥睨人也亦作俾倪又名陴
堞
匽湢浴室也
闤闠櫃之垣門即今之術門
宋有龍坡山子茶龍坡是顧渚之別境
六幕謂上下四方

杜甫詩云萬古仇池穴潛通小有天則仇池者必眞仙
所舍之地東坡在潁州夢至一官府顧視堂上牓曰
仇池自後作詩往往自稱仇池按唐書志成城同谷
縣有仇池與秦州接壤
列子渤海之東有大壑名曰歸墟
衛室晃走爲求言之所
馬邑秦縣名秦築此城將成而崩者數矣忽有馬周旋
馳走反復父老異之因依以築城乃不崩故曰馬邑

文苑豹斑卷之二終

文苑豹斑卷之三

雲間沈思永裕父彙纂
陳繼儒眉公刪定

人物

顓頊以少昊氏四子重爲木正曰句芒該爲金正曰蓐
收脩與熙相代爲水正曰玄冥又以炎帝之後句龍
爲土正曰后土而顓頊之孫黎爲火正曰祝融是爲
春夏秋冬中五官故後世祀句芒爲木神主春祝融
爲火神主夏蓐收爲金神主秋玄冥爲水神主冬句

龍能平九州辨土地之宜祀爲社又炎帝別子曰柱
佐帝播種五穀祀爲稷自夏以來祀之蓋稷官名周
棄亦爲稷自商以來祀之又云祝融顓頊氏後老童
之子吳回即回祿也修與熙又作循
唐薛元敬薛收及族兄德音齊名世號河東三鳳
十八學士杜如晦房玄齡虞世南褚亮姚思廉李玄通
蔡允恭薛元敬顏相時蘇勗于志寧蘇世長薛收李
存素陸德明孔穎達蓋文達許敬宗後薛收卒以劉
孝標補之

竹林七賢劉伶字伯倫山濤字巨源向秀字子期阮籍字嗣宗阮咸字仲容王戎字濬沖嵇康字叔夜

建安七才子劉公幹楨應德璉瑒陳孔璋琳王仲宣粲徐偉長幹阮元瑜瑀孔文舉融

香山九老前洛社耆英白居易七十胡杲八十九吉皎八十六劉真台八十七鄭據八十四盧慎八十三張渾七十李元爽一百三十六僧如滿九十六於東都履道坊作尚齒會盧貞秋兼謨年未七十與會而不在列

後洛社耆英會建大厦曰耆英堂繪像堂中文彥博七十七富弼七十九馮行己七十五楚建中七十三席汝言七十七王尚恭七十六趙丙七十五劉幾七十五王謹言七十三張燾七十張問七十王拱辰七十一出鎮在圖而不與會司馬光年止六十四用唐狄兼謨故事在會而不與圖

至道九老李昉七十一張好問八十五李運八十宋琪七十九武允成七十九魏石七十六楊徽之七十五朱昂七十一僧贊寧七十八

宓妃伏羲氏女溺洛水而死遂爲洛神

陽侯海神又云海神曰海若江神曰奇相

蘇小小錢塘名妓南齊時人

眞武即玄武宋眞宗諱玄改玄爲眞即斗牛女虛危室壁七宿如龜形位居北方屬水其下有騰蛇星火屬故祀之以厭火灾繪爲龜蛇蟠蚪之狀晦庵云青龍白虎朱雀玄武非有物以角星爲角心星爲心尾星爲尾是爲青龍虛危星七星如龜蛇故曰玄武玄武即龜蛇別名參星有脚如虎故爲白虎翼星如翼軫星

如項下嗉井星如冠故爲朱雀

馮夷弘農華陰人八月上庚日溺河死天帝署爲河伯又云服花八石得爲水仙郭璞江賦水夷倚浪以傲睨山海經云水夷即馮夷又作氷夷無夷馮遲又云河伯姓呂名公子夫人姓馮名夷

木公亦云東王公名倪字君明又云東王君又號玉皇君男子得道者名隸木公

西王母金母也姓緱氏又云姓楊名回女子得道者名隸金母

家讀姑

樊夫人劉剛妻

顓頊有子曰蒼舒隤敳檮戭大臨尨降庭堅仲容叔達
齊聖廣淵明允誠篤天下謂之八愷其不才子曰檮
杌

帝嚳庶子曰伯奮仲堪叔獻季仲伯亮伯熊叔豹季貍
忠肅共懿宣慈和惠天下謂之八元其不才子曰寔
沈閼伯

石敢當五代劉知遠時勇士謂其勇無人能當耳

厠神姓郭名登是游天飛騎大殺將軍不可觸犯凡祭

祀亦不可呼神名又曰名項又曰名後帝大厲疫鬼
名伯強狂鬼名獝狂井鬼名瓊

玄冥爲水正故爲水神又名愚強天吳又云川后波神
水伯

班昭字惠姬彪之子適曹世叔早寡兄固著漢書未竟
而卒和帝詔昭踵成之數召入宮令皇后諸貴人師
之號曰大家作女誡七篇

張商英字天覺號無盡張唐英字次公商英之兄仁宗
明道中狀元

張天師漢張魯子道陵自漢中徙居信州龍虎山一云
學道於蜀鵠鳴山至宋眞宗賜號眞靜先生是後嗣
位者皆賜以先生號無階品至元以爲眞人給以銀
印視三品始有階品我　明亦然道陵名輔又云名陵字輔漢妻雍氏子名衡

杜詩有花卿歌花名驚定

伯陽父周柱下史老子也

崔豹字正熊晉惠帝時官至太傅燕國人作古今註

李白天才絕白居易人才絕李賀鬼才絕

八達晉胡毋輔之謝鯤阮放畢卓羊曼桓彝阮孚光逸

說苑衛靈公有士曰王林國有賢必進而仕之無不達
也不能達退而與分其祿

南霽雲子承嗣七歲爲婺州別駕

子產一字子美　施延字君子　許由字仲武　孤竹
君姓墨名台伯夷名允字公信叔齊名智字公達中
子名伯遼　彭祖姓籛名鏗顓頊玄孫　箕子名餘
胥　易牙姓雍名巫　伯尼字孟皮孔子兄　接輿
姓陸名通　伯樂姓孫名陽　師曠字子野　管仲

字敬仲、莊周字子休、孫叔敖名饒又云蔿氏名
艾字文獵蔿賈之子敖楚官名、計然姓辛名妍字
子文或又爲計倪妍一作研漢書作鉴研鉴音計義同
文種字子禽、范蠡字少伯、介子推姓王名光
杜康字仲寧、鬼谷子姓王名詡、詡一作謝晋平公
時人、陳仲子名巳字子終、漢高祖父太公名嵩
或曰昷字執嘉母曰昭靈后名含兄仲名喜又云弟
仲名交、曹參字敬伯、申公名培、項伯名纏字
伯、叔孫通名何、四皓東園公姓唐名秉字宣明

襄邑人夏黃公姓崔名廓字少通又云名廣綺里季
姓朱名暉字文季又云姓吳名實字子景甪里先生
姓周名述字元道、壺關三老姓令狐名茂、楊王
孫名貴、伏生名勝字子賤、文翁名堂字仲翁又
云名黨、鄭子真名朴、嚴君平名遵、庚巳字鋪
子、丁公名固、衛夫人名鑠字茂漪晋太守李矩
之妻中書李充之母廷尉展之從妹、綠珠姓梁
呂安字仲悌、君苗姓應瑒從弟、竇滔字連波
失馬塞翁姓李、壺公姓施名存孔子弟子又云姓

謝名玄、華周名旋杞梁名殖、李陽氷字少溫
朱張字子弓、
孟明伯里奚之子、
曹志植之子、
范文正公仲淹父名墉爲錢俶掌書記仲淹二歲而孤
隨母陳嫁朱氏以朱說登第後乞還姓表志在投秦
入境遂稱乎張祿名非霸越乘舟偶效夫陶朱。
汪童䀹童子汪踦仲尼曰能執干戈以衛社稷、
大曆十才子盧綸吉中孚韓翃錢起司空曙苗發崔峒

耿緯夏侯審李端別本有冷朝陽、
无莊古美人、
九烈君柳神、
浪士元結字次山祿山反逃難自稱浪士又稱漫郎野
客潘扆逍遙子潘朗玄真子張志和天隨生陸龜蒙、
洪皓爲海寧尉秀州水移粟活九萬五千人人呼爲洪
佛子三子适邁遵皆登科、
花蘂夫人蜀主孟昶妃徐匡璋女有詩名陳無已以爲
姓費愼、

晉二陸陸士衡機士龍雲陳二陸陸温玉琰幹玉瑜宋
二陸陸子壽九齡子靜九淵皆兄弟皆以文學名
馮立字聖卿與兄野王代爲西河守歌曰大馮君小馮
君兄弟繼踵相因循後魏鄭道昭與子述祖相繼爲
兗州百姓歌曰大鄭君小鄭君相去五十載風教猶
尚存
蹇修古賢媒
北齊崔陵與弟仲文同日受拜時云雙鳳齊飛
靈芬善卜人

巫咸古靈巫姓季鄭人堯臣也初作筮以鴻術爲堯醫
李寄愛姬雪兒善歌見賓僚文章中意者即付雪兒歌
之
老子乘青牛出關徐甲爲御
赤帝女瑤姬未行而卒葬於巫山之陽名神女
浮丘公姓李洪崖先生姓張俱仙人
王喬即子晉周靈王太子好吹簫浮丘公接以上嵩高
山三十餘年後告桓良曰告我家七月七日待我於
緱山頭果乘白鶴舉手謝時人而去與柏人令天淮玉搢者是兩人

又有服玉芝王喬皆神仙也又裴秀冀州記云緱氏仙人廟者昔有仙人王僑攘爲武陽人爲柏人令于此登仙則又以子晉七月七日事附于柏人令也似誤用
容成公黃帝師
甯封子黃帝時人積火自燒隨烟上下
邵平爲東陵侯秦破後爲布衣於長安城東種五色瓜
瓜美俗號爲東陵瓜又曰青門瓜以城東門青色也
又云青門即東陵
嫫母醜女落英美女黃帝時人陽文美男敵洽讐靡醜
男陳侯時人支離疏衛靈公時醜人又駿莨醜男孟

娵美女隴廉醜女故語云陽文與駿莨爭麗孟娵與
隴廉競妍又云黃帝愛嫫母之醜貌不易落英之麗
容陳侯悅敵洽之醜狀不貿陽文之婉容
賢宦宦晉勃鞮楚管蘇秦景監趙縿賢漢元帝史游和
帝鄭衆後唐張承業
倖宦宦漢文帝趙談北宮伯子武帝李延年
顏丁合禮顏丁魯人居喪合禮
二連善喪二連少連大連善居喪少連孔子所稱逸民
也

韓承退之孫狀元及第爲時聞人又云退之子䄵改金
根車貽笑於世二子縮袞俱擢第袞爲狀元
地鏡曰入山未到山百步呼曰林林央央此山王名知
之却百邪
洪武中張中字景華撫之臨川人精太極數學嘗戴鐵
冠人號鐵冠道人
蒯瞶以南子與宋朝亂欲使戲陽速殺之瞶與速見南
子三顧速速不進南子見其色走訴靈公瞶出奔宋
蒲衣八歲爲帝舜師項槖七歲爲孔子師睪子五歲而

贊禹言
公孫尼子作樂記及詩緇衣宜從祀孔廟唐宋以來失
之
東方光明電王名阿揭多南方光明電王名阿抵嚕西
方光明電王名主多光北方光明電王名蘇多末尼
善男子女聞是名字及知方處者遠離一切怖畏雷
電灾橫之事
南海之神祝融東海之神勾芒北海之神顓頊西海之
神蓐收見太公金匱書

語忘敬遺。治產二鬼名。臨產呼之不害人。
秦始皇時大人十二見臨洮身長五丈足履六尺皆夷
服始皇以爲瑞鑄之高二丈重千石號翁仲置長樂
宮門外又云阮翁仲安南人長二丈三尺始皇使守
臨洮聲振匈奴及死鑄銅爲像魏明帝鑄銅人二列
司馬門外亦號翁仲今借以稱冢間石人
玉環楊妃小字號太眞又曰玉真
屠牛坦一朝解十二牛今俱作垣
潯陽三隱劉程之字仲思號遺民周續之與淵明同隱

于柴桑
睢陽五老杜衍八十七王渙九十畢世長九十四朱貫
八十八始平馮公八十七爲五老會錢明逸序之
馮楊漢宣帝時爲弘農太守八子皆爲二千石號萬石
君石奮漢景帝時爲九卿四子俱爲二千石并奮祿
萬石亦號萬石君後漢秦襲任潁州太守群從爲二
千石者五人號萬石秦家
熊宜僚楚人善弄丸鈴八個在空中一個在手楚與宋
戰將敗僚弄丸軍前一軍停戰視之

吳中四士賀知章張旭張若虛包融

荀淑子八人並有名稱號八龍宋徐偉子八人亦號八龍

殷踐猷字伯起博學賀知章號爲五總龜以問無不知也

宋田況治蜀明察人號照天燭

晉收刁協等賢俊百餘人時號百六掾

王勃與兄勔勮並著才名人稱爲三珠樹

漢光武時洛陽令董宣能搏擊豪強京師號曰臥虎

李邕父善淹貫古今不能屬辭號書簏

馮婦徐夫人皆男子（馮音平 燕太子丹得趙人徐夫人利匕首 蓋徐姓夫人名）

漢許負善相河內溫人老媼也高祖封爲鳴雌侯則知婦人亦有封邑

宋封伯夷爲清惠侯叔齊爲仁惠侯

宋真宗朝蔡伯晞三歲應荐爲祕書正字歷州郡至八十以列卿致仕

家堂吳史孫皓病甚忽有神憑小黃門云金山鹽塘風潮爲害海鹽縣治幾壞陷我霍光也當統兵鎮之翌日皓愈遂立顯忠廟今吳下家堂神祀霍光始此

宋孝宗朝呂嗣興四歲爲從政郎伴讀皇孫後無聞

欲長生者先去三尸三尸常以晦朔月望上天白人罪過蓋三尸欲人死爲鬼歆享祭祀又云庚申日上天白人過七守庚申三尸滅三守庚申三尸伏上尸名清姑中尸白姑下尸血姑又云三尸卽三彭上尸彭琚中尸彭質下尸彭矯

王子年名嘉晉人

佽飛楚勇士入江斬雙蛟者

祠山張大帝張秉武陵人一日行山澤間遇仙女謂曰帝以君功在吳分故遣相配生子以木德王其地故且約踰年再會秉如期往果見前女歸子曰當世世相承血食吳楚後生子名渤爲祠山神始自長興身疏聖澤欲通津廣德化爲豨從使陰丘後爲夫人李氏所見工遂輟故避食豨

飲中八仙賀知章李璡李適之崔宗之蘇晉李白張旭焦遂

萼綠華九疑山得道女羅郁也

纖阿古善御者

干將吳人歐冶子越人古善鑄劒者

薛燭秦客風胡子楚人古善相劒者

婁逞本東陽女子能棊而文變服爲丈夫仕齊至楊州
從事後事發始作婦人服嘆曰有如此技還爲老媼

趙宋劉隨爲通判明達號水精燈籠

皓華肺神字虛成蒼華髮神丹元心神字守靈龍煙肝
神字含明玄冥腎神字育嬰常在脾神字魂庭龍耀
胆神字威明又云脾神曰黃野腦神曰覺元字通都

目神曰靈鑒舌神曰始梁鼻神曰沖龍丹田下神名
桃康又青童肝神黃童脾神精根腦神字泥丸嬌女
耳神字幽田

玉姜秦仙毛女字玉姜

三魂名爽靈胎光幽精嘗呼念其名則寬安胎光延生
爽靈益祿幽精絕死

七魄一名尸狗二伏尸三雀陰四吞賊五非毒六除穢
七臭肺此七魄身中之濁鬼也

還俗道士唐魏證盧程後唐孫晟仕宦爲道士者梁伏
挺唐賀知章鄭詵郭仙舟

還俗僧宋湯惠休唐賈島宋蔡京元劉秉忠仕宦爲僧
者南齊劉虯梁劉之遴張續宋饒德操

汪罔防風氏之君名

陵陽子和封陵陽侯

兩朱買臣一漢武帝時人墓在嘉興府城東福城寺之
雷音閣後一梁人請湘東王繹誅宋懍黃羅漢者墓
在虹縣之朱山北虹屬鳳陽府兩王珪一唐太宗時
人一宋神宗時人兩李綱一唐高祖時人一宋高宗

時人

元日俗于門上畫虎頭書聻字聻謂陰司鬼名可息瘧
疾

陽阿[illegible]古名妓

智囊秦樗里子漢鼂錯

玉卮娘子王母女

戀童蒽子皆美童名總音

蕭山北嶺將軍廟是秦人厲狄與項羽起事山陰功不
竟而死有德于民故血食于此土

符堅拂蓋郎夏默申香護磨邪三人長至一丈九尺每
食飯一石肉三十斤
王蒙長三尺張仲師長二尺五寸
安祿山三百五十斤司馬保八百斤孟業一千斤
趙翁伯腹大夏月袒臥爲孫兒緣其腹上戲納李七枚
於臍不覺後李爛紅汁出泣謂家人曰我腸爛將死
矣及核出方知孫兒所納李也
晉蔡裔聲如雷震有二盜入室裔撫牀一呼二盜俱殞
鮑昱吳祐爲太守憐囚無後令妻入獄生子
杜度即杜操字伯度以名同魏武帝故以字行而去伯
字
蒼梧丙娶妻美以與其兄故語云蒼梧丙之讓讓之不
以禮者也（丙一作饒）
徐夷門神名
黃道真武陵漁人入桃源者
无支祁淮水神禹鎖之龜山之下
五月五日生田文崔信明胡廣王鳳王鎮惡紀邁廣本
姓黃父母以五月五日生惡之藏葫蘆棄之河流居
人收養以托葫蘆而生故姓胡又湖廣志胡寵太傅
廣父也仕至交趾都尉蔡伯喈爲墓誌墓在岳州華
容則又非葫蘆爲姓矣
三茅君長名盈次固次衷盈司命真君固定錄真君衷
保生真君
史漢稱兩韓信一淮陰侯一韓王成子成爲項羽所殺
立其子信劉知幾正史漢之誤曰韓王名信都今按
王充姓氏論沛公令韓信畧定韓地立橫陽君成爲
王使張良爲信都註信都司徒也蓋司徒之聲轉然

則信都乃張良官名非韓王名知幾亦悞而無兩韓
信明矣
唐崔覲無子分奴婢業
羊祜前身李氏子鄗功父前身李白蔡邕前身張衡房
綰前身智永邊鎬前身謝靈運蘇東坡前身五戒禪
師范祖禹前身鄧禹劉沆前身牛僧孺韋皐前身諸
葛武侯王十朋前身嚴伯威趙鼎前身李德裕張方
平知前生寫楞嚴經未了文濬知前生失五色香囊
在杏林中

離朱卽離婁、
茶神祀唐陸羽以羽嗜茶著茶經也
朱晦庵晚號滄洲、
漢慶安世爲成帝侍郎善爲雙鳳離鸞之曲齊人劉道疆能作單鳧寡鶴之音趙飛燕能爲歸風送遠之操皆妙絕當時、
莫瓊樹薛夜來俱魏文帝寵妃
手指復生唐范敬儒喪親刺血寫經斷二指輒復生改所居曰成孝鄉、

佛圖澄姓濕
匏邑師文師襄成連伯牙方子春鍾子期皆善鼓琴者、
四輪王銅鐵金銀四輪王治天下也
尙長字子平、范曄尙作向、
馬援路博德俱爲伏波將軍、
八仙鍾離名權呂洞賓名喦李鐵拐風僧歌藍采和玄壺子曹國舅韓湘子、
邵康節其父得學士江隣幾婢而生、
靈芸魏文帝美人

元張天雨字伯雨、
姓一字而名三字令尹子文姓三字而名一字矦莫陳悅、悅一作崇
山長五代蔣維東好學能文隱居衡岳受業者號爲山長、
周公謚文、
老子之師名釋迦見符子、
佛印禪師名了元、
古今口吃者韓韓非漢周昌楊雄晉鄧艾宋王汾、

老而學如孔子五十學易曾子七十荀卿五十乃學公孫弘四十方讀春秋皇甫謐二十始受孝經、
蘇軾妻王氏名閏之字季長王方女年四十六卒繼王卽其堂妹王君錫女、
元顧瑛號玉山吾松沈粲號簡庵、
玉奴謂楊妃花奴謂汝陽王璡、東坡詩玉奴絃索花奴手是也、和濟梅花詩玉奴終不負東昏倶按史潘妃名玉兒
五賞唐左拾遺叔向子國子祭酒常司業半容管經畧

群婺州刺史庠武昌節度璺宋諫議大夫禹錫子端
明學士儀禮部侍郎儼起居傀参知政事偁補闕僖
今人但知燕山事耳
閹兒今謂之淨身人即唐稱白者
景泰帝之崩爲宦官蔣安以帛勒死
鮌即鯀字熙任堯封于崇謂之崇伯鯀死化爲玄魚
故合而爲字
禹母有莘氏女曰志是爲修已修已見流星貫昴夢接
意感孕歲有二月堯帝戊戌五十八載六月六日生

禹于僰道之石紐鄉
女岐無夫而生九子釋家號九子母
老子始生母名之曰玄祿父名乾字元杲
梁簡文云船神名馮耳五行書云下船三呼其名除百
忌又呼爲孟公孟母
女夷花神淮南子女夷鼓吹以司天和
閭娵古美女見楚詞
堯徙居者左傳作祁以祁爲姓舜姓姚禹姓姒名禹字
高密湯姓子名履一名天乙

昔有飂國君收安有裔子董父實好龍能求其嗜欲以
飲食之龍多歸焉乃擾畜龍以事帝舜後夏劉累學
其術孔甲封於鬷川賜姓董
祖士稚祖逖字也作士雅者悞
紫珍鏡神脫光刀神飛揚劍神大將戟神映蹺矛神曲
張弓神望遠弩神續長箭神
周越善艸書不及懷素
僧一行本名燧俗姓張後出家改名敬賢謚大惠禪師
九方皋名歅

老子姓李名耳字伯陽謚聃
方秋崖宋人諱岳字巨山
蕭史善吹簫秦繆公以女弄玉妻之蕭史教弄玉吹簫
作鳳鳴感鳳凰來集繆公爲作鳳凰臺後蕭史乘龍
弄玉跨鳳白日昇天
風俗通曰按禮傳共工之子曰修車好遠游故祀以爲
行神
唐閭丘均以文名四海碑碣多出其手號大手筆
女侍中魏元義妻胡氏女學士孔貴嬪女校書唐薛濤

女博士宋韓蘭英女進士宋林妙玉女狀元蜀黄崇
嘏
偓佺䰟里採藥父食松實形體生毛能飛行
帝王世記曰瞽瞍之妻握登生舜于姚墟故姓姚氏
伯施虞世南字信本歐陽詢字登善褚遂良字虔禮孫
過庭字紹京鍾紹字泰和李邕字伯高張旭字清臣
顏真卿字誠懸柳公權字景度楊凝式字幼安索靖
字
涓石梁好畏見巳之影以爲鬼而驚死

諸暨太陰將軍盖諸暨是太陰之名隱形之神也
蔡襲蔡邕子襲子名睦又按羊祜邕外孫則女亦不止
文姬母袁曜卿之姑女也
文信國公天祥我朝景泰中賜謚忠烈
元紐憐太監請于朝謚杜甫爲文貞見張伯雨䟦語
樂説告韓信反封慎陽侯享國五十一年至孫買之棄
市國絕
賁赫告英布反封期思侯享國二十九年無後
王郎名昌

韓會字朝宗李白上韓荆州書卽其人
尨延之名衮號錫山
古聖人稱神者三神農神堯神禹
張熹字季智爲平與令天旱熹積柴自焚主簿宗小史
張化從焉焚後靈雨澍應
曹曾積石爲倉以藏書名曹氏書倉
戴封字平仲爲西華令旱自焚天雨火滅
七命有命支離飛霜鍔離古之屠龍人也
石崇字季倫以生於青小字齊奴山簡亦字季倫

陶穀本姓唐避晉祖名而改焉小字鐵牛
衛青父姓張
巫覡男曰覡女曰巫
象胥譯語人也
苦吟孟浩然眉毫盡落裴祐袖手衣袖至穿王維至走
入醋甕
壬夫玄冥之子丁芊祝融之女
范汪瞰青梅能盡一斛又云范信
岳飛死獄卒隗順負其尸踰城至北山以葬後朝廷購

求葬處隗之子以告及啓棺如生乃以禮服斂焉
許邁字叔玄後名玄字遠游許詢字玄度許真君名遜
遠游弟
胡寬漢高祖時營新豐匠人
素王孔子素臣左丘明明爲魯左史丘明其姓名也
申棖史記作申黨家語作申續續即黨也後漢王政云
無申棠之欲其爲悞寫無疑今棖黨並祀是以一人
爲二人也黨字子周
縣亶孔子弟子字子象史記作縣豐向未從祀

闞止宰我與田常作亂夷其族見史記按左氏無宰我
與田常作亂之文作亂者乃闞止止字子我字與宰
予相似故悞以爲宰我
宋劉温叟之生父岳曰吾老矣他無所欲但與世治民
和與此兒俱爲温洛之叟耕釣烟月酣咏太平足矣
故名温叟後温叟憶父語遂爲名臣
人化物鯀化黃熊望帝化杜鵑褒君化龍牛哀化虎黃
母化黿徐伯化魚
戰國時信陵君平原君孟嘗君春申君爲四豪晉石崇

王愷何曾羊秀亦爲四豪
南華老仙唐天寶元年封莊子爲南華真人故名
韓衆仙人劉根初學道見一人乘白鹿從十餘玉女根
稽首乞一言其人曰爾聞有韓衆否我是也
衛叔卿漢武時中山仙人
西漢書壽陵餘子學步邯鄲失其故步匍匐而歸耳
羅敷夫名王仁敷邯鄲秦氏女
齊田駢好議論齊人語曰天口駢天口者言不可窮
騶衍善言天事故號談天騶衍

莊子林回棄千金之璧負赤子而趨人問之曰彼以利
合此以天屬言愛子重于愛璧也
荆軻衛人衛人謂之慶卿
夷光即西施修明即鄭旦俱吳王美人又云旋波移光
越之美女與西施鄭旦同進于吳王肌香體輕飾以
珠幌若雙鸞之在雲霧
南岳魏夫人任城人晉魏舒女名華存字賢安適南陽
劉文字幼彦生二子曰璞曰遐二子粗立乃齋於別
寢太極真人來降授神真之道在世八十三年白日

昇天領上真司命南岳夫人
王質入石室採藥觀二人奕不知斧柯已爛
王羲之七子凝操徽渙獻五人書迹傳世惟玄肅二人
不見
元黃公理字子久以丹青名別號一峰自稱大癡道人
夷羊土神商將亡見于牧野淮南子曰夷羊在牧
倉海君張子房所從得力士授以椎法者
元里公大倉公所從受方者
泰豆氏造父之師

田連成竅二人古善鼓琴者
韓昭矦與棠谿公謀終身獨寢慮夢言洩於妻妾也
紫姑萊陽人姓胡名媚字器鄉壽陽刺史李景之妾正
月十五日妻妬殺之於厠今之紫姑仙是也
涓沙古善漁者見詹連子玄洲古善釣者見宋玉釣賦
秦王次仲弱冠變倉頡舊文為今隸始皇徵不至命檻
車送之化為大鳥飛去落二翮今為大翮山
咸黑帝嚳歌者
麥神名福習旦神名靈殖

倪說宋人善辨服齊稷下之談者
趙飛燕體輕能為掌上舞梁羊侃妾張淨婉腰圍一尺
六寸亦能為掌上舞
鬬穀於菟父伯比通於邧子之女生子文邧夫人棄於
澤中虎乳之楚人謂乳為穀謂虎為於菟故名
司馬相如小名犬子楊雄子小字童烏相如後學慕藺
相如之為人改名相如
黃靖國死見冥間治武后獄以大瓮貯萬蝎螫之
扁鵲姓秦氏名緩字越人長桑君取懷中藥飲以上池

之水悉取禁方書傳之鵲飲藥後三十日盡見五臟
癥結特以胗脈為名耳
修塞堯后名
卻缺文公賜冀為采邑因稱冀缺
王羲之得筆法於白雲先生先生遺之鼠鬚筆
左伯字子邑能為帋故王僧虔書云子邑之帋妍妙輝
光
蕭何昴星精張良感弦星樊噲感狼星
王延壽字子山一字文考作魯靈光殿賦

呂望行年五十賣食于棘津行年七十屠牛于朝歌行
年九十爲天子師
李林甫小字歌奴
賁育夏育衛人力舉千鈞孟賁齊人生拔牛角
成荆韓勇士任鄙烏獲秦勇士
孔叢子名鮒字子魚秦始皇焚書鮒收論語尚書諸經
藏之壁中後爲陳涉博士
老彭即彭祖
呂尚姓姜氏因其先祖佐禹平水土有功封於呂故曰

呂尚
文彥博本姓敬曾祖避石敬塘諱改姓文
孔子年十九娶开官氏之女一歲生伯魚伯魚始生魯
昭公遺之鯉夫子榮君賜因名鯉字伯魚
真武淨樂國王太子遇紫虛玄君授以道術東游遇天
神授以寶劍入武當山修道久之無所得遇一老嫗
磨鐵杵以作針曰不亦難乎嫗曰功至易成真武感
悟遂精修四十二年白日沖舉奉天帝命統玄武之
位此道家傳會之說

吳孫休太子名𩅦彎字𧠳迄次子名𩃎觥字𠂜賢次子
名壾莽字昷舉次子名𡕰褒字㒕擁
李邕前後碑文撰八百首
甘茂自號樗里子范蠡自號鴟夷子計然自號海濱漁
父
白澤圖故井之精名觀狀如美女好吹簫呼其名則去
一云井思名璚
樂彥引道德經月中仙人宋無忌按白澤圖無忌火仙
也

王良晉大夫善御九方郵之子良一名郵無正爲趙簡
子御死精托於星爲天帝御
菑丘訢東海勇士過神淵飲馬馬沉拔劍入淵斬二蛟
龍雷神隨而擊之十日十夜眇其左目
三官周厲王時諫官唐宏字文名葛雍字文廣周武字
文江累諫不從棄職游吳得道宋祥符元年封三元
真君
微生高畝一人畝名高字也
湘纍屈原也不罪而死曰纍

京房字君明本姓李推律自定京氏以精於易故號易
京
束晳本姓踈避亂改姓去踈之疋爲束
張孟爲灌則舍人因姓灌孟灌夫父也
是儀本姓氏孔融嘲之曰氏字民無上可改爲是遂改
焉
棗據本姓棘避仇改爲棗
嵇康本姓奚避怨嵇山因以爲氏
韋昭字弘嗣史爲晋諱改爲曜

君平子陵皆姓莊東漢避顯宗諱遂易莊爲嚴如宣帝
諱荀改荀卿爲孫卿卿名况
西門豹性急佩韋以示緩范丹亦然
滑能善奕忽有一小子自云張肅與能對奕思甚精敏
能異而詰之曰我非世人天帝召公着棋能忽奄然
唐明宗淑妃王氏有美色號花見羞
天寶中都下有妓楚蓮香國色無雙每出蜂蝶相隨聞
其香也
晋惠帝后賈氏名南風故洛中謡曰南風烈烈吹黃沙

逢蒙荀子王伯篇作蠭門淮南子王褒頌作逢門七畧
作蠭蒙
漢高帝諱邦之字國惠帝諱盈之字滿文帝諱恒之字
常
漢呂后名雉字娥姁
說名曰杜康即夏時之少康
滑釐即慎到
蕭推歷淮南晋陽吳郡太守所至必赤地名旱母
山海經曰山神耕父嘗游淸冷之淵出入有光註耕父

旱鬼也
俱題請雨土人
唐鍾紹繇十三代孫善州隸時呼爲小鍾
李陽氷善小篆自謂蒼頡後身時謂之筆虎
官奴王子敬小字右軍樂毅論後題云書賜官奴
貞觀中西京道士張惠元忽謂門人曰吾被天書徵爲
八威觀主居數日無疾而終
張伯雨墓在武林南峰靈石山玉鈎橋之傍橋爲伯雨
貴玉鈎所建墓久頹廢明姚公綬重葺之

謝靈運襲爵康樂公故稱康樂
鄧艾號伏鸞陸雲號隱鵠
史通子王莽求封司馬遷後爲史通子
三教布衣唐陳陶以詩名兼釋老學自稱三教布衣
王子晉初游洛濱年十五張辟疆爲侍中亦年十五
吳越錢仁傑忠懿王之從兄酷好種花人號花精
趙飛燕名宜主
北齊後主馮淑妃名小憐以五月五日進號曰續命宮
曰瓊宮

代宗唐諱世故曰代世太宗名
伊尹卒大霧三日
薛允恭能賙人之急人號及時雨
始皇遣徐福入海率童男女各五百尋瀛洲遂不返福
道士也字君房
四岳即許由故曰許太岳之後堯讓位於四岳岳不受
與廷臣同辭薦舜
夏啓爲東明公文王爲西明公召公爲南明公季札爲
北明公主四方鬼

六丁丁卯神司馬卿丁丑神趙子壬丁亥神張文通丁
酉神臧文公丁未神石叔通丁巳神崔石神見黃庭經
海童馬御水怪也見海賦
堯教丹朱碁以文桑爲局犀象爲子
太容黃帝之樂師
焦先字孝然作蝸牛廬呻吟其中俗呼黃犢廬
李白人號醉聖白樂天自稱醉王皮日休自稱醉士
犀首魏官公孫衍爲此官故名
負局先生謂隱于磨鏡者

何仙姑增城何泰女食雲母粉得仙唐天后時人
杜荀鶴牧之微子也牧之妾有娠出嫁杜筠而生
宋鮑蘇之妻不妒宋公表其閭曰女宗
蟬鬢始魏文帝夫人莫瓊樹望之縹緲如蟬翼
帝魁神農名
先天太后老子母也有李母墳
七十三歲楊雄擬經六十三平津對策
賈生弔屈原賦謂蹠蹻爲廉莊蹻楚莊王時盜也又漢
西南夷傳莊蹻莊王之裔以其衆王滇去莊王時百

年蓋兩莊蹻云

山海經云稷之孫曰叔均始作牛耕註始用牛犂也

倪偰售妹於韓侂胄而得府蘇師旦獻妻於侂胄而入臺

宰我問五帝德篇堯舉舜彭祖而任之論語註老彭商賢大夫則世傳彭祖年八百歲此一證也莊子註彭祖餌雲母御女凡數十晚娶鄭氏妖淫敗道而死則非壽終也

仙家稱鍾離先生蓋唐人鍾離權與呂喦同時世俗稱

漢鍾離蓋因杜子美元日詩近聞韋氏妹遠在漢鍾離傳之悞遂以唐鍾離權爲鍾離昧矣可發一笑

仙傳云劉綱與妻將飛昇庭有皂莢樹妻令綱昇樹數丈方能飛今俗稱畏內者曰上皂莢樹本此

商伊尹壽百有五歲見竹書記聞周太公壽百有十歲見金石録漢竇公本魏文侯樂官至文帝時二百八十歲傳樂記見懷瓘書北魏羅結壽百三十歲領三十六曹事見北史李元爽百三十六歲爲耆英首見白樂天集蜀范長生先事劉玄德至李特時一百三三十餘歲宋譙定百三十餘歲猶横經授易見蜀志則彭祖之壽非誣也

注疏中有蜀才宋儒謂范長生陳子昂集有曰襄陽龐德公谷口鄭子真東海王霸西山蜀才皆避人養德躬耕樂志則范長生與蜀才是二人 蜀音

青城山隱士董仲舒非三策之仲舒也

孔子弟子商瞿世本作商矍上文翁石室圖亦然蓋蜀人也

唐人目武后之世爲牝朝

嚴子陵新野人避亂江南娶梅福女因居會稽

後周韋孝寬爲學士考校圖籍唐薛仁貴著周易新生本義四卷二子皆勇將而精意經術如此

小說載劉伯玉妻聞其夫誦洛神賦遂投洛水而死名妒婦津婦女盛飾過者必風濤大作

後漢西域傳馮夫人名嫽漢宮人也善史書秉錦車持節和戎而歸此事甚奇而錦車事唐人已入詩篇

成都浣花溪有石刻浣花夫人像三月三日爲浣花夫人生辰傾城出游按地志夫人姓任崔旰之妾旰爲

成都節度入朝楊子琳乘虚突入成都任氏出家財募兵數千人自帥以擊之子琳敗走朝廷加旰尚書賜名寧封任氏爲夫人

戰國時有董之繇菁董姓之繇菁二字名也三字名始見此

韓非子以王良字子期左傳杜預註以王良爲郵無恤未知孰是

晉苻堅改姓以應圖讖字從艸不從竹而苻亦音蒲

趙師睪字從善號墻東睪卽古擇

梁昭明太子蕭統集文選聚文士劉孝威庾肩吾徐防江伯操孔敬通惠子悅徐陵王囿孔爍鮑至謂之高齋十學士

鍾繇字元常取咎繇彰厥有常之義今以繇音由非

唐盧鴻乙隱嵩山名鴻乙者尸子云鴻飛天首高遠難明楚人以爲鳧越人以爲乙今通鑑綱目書嵩山處士盧鴻誤脫乙字

光武姊河陽公主鄧晨之妻也卽宋弘辭婚者

蔡邕父名稜字伯直見後漢書註今傳奇以邕父名從

簡非

呑人姓音天氏族書有呑景雲晉有呑道元與呑公峩者今類書改呑爲杳蓋不知古有是姓也

史記仲雍字孰哉隋人魏鸞字雙和隋宗室楊淪字斌籀楊温字弘籀哉字籀字取爲字僅見此乃唐登科記韓湘字北渚又似今人之號矣

魏初有侯莫陳崇掌府兵侯莫陳三字姓崇其名也趙宋有侯莫陳利用是其後裔讀者以爲二人誤

同姓名湯有臣扈太戊又有臣扈詩有家父春秋又有家父楚有兩莊蹻漢有兩王莽樂府有兩莫愁南朝有兩劉琨文人有兩王褒兩蘇子卿五代梁有王彦章吴亦有王彦章

漢食貨志臨菑人姓偉註姓其姓也周易集解所引姓名晉人有宋衷宋音森則姓與宋皆希姓

蕭方等著三十國春秋方等事出佛經猶云平等世界也

唐歐陽詢爲率更令率說文作衛省作率太子官屬主于諏夜行以備非常

裴松之字世期註三國志其子駰字龍駒註史記博洽雅麗可謂父子繼美

倉頡沮誦共造文字今但知倉頡不知沮誦

施全刺秦檜不克而死朱晦翁云舉世無忠義這些正氣忽自施全身上發出來亦正語也今岳廟鑄賊檜轉跪階下亦宜鑄全持刀斫檜像坐檜上庶爲得之

李白友東岩子梓州鹽亭人趙蕤字雲卿同隱岷山之陽則指康山也其廣漢太守蘇頲薦之曰趙蕤術數李白文章

後漢張仲景名機南陽人也師張伯祖

太倉公姓湻于名意爲齊太倉長漢高帝時人

雍樂成漢人以賈致富故貨殖傳行賈賤行也而雍樂成以饒販脂辱處也而翁伯千金販脂販牛羊也

春秋傳公羊名高受經於子夏齊人也穀梁名淑字元始魯人也一名赤亦受經于子夏

後漢崔篆作易林六十四篇用决吉凶多所占驗

白太傅女金鑾十歲忽書北山移文樂天方買終南紫石將開文士傳遂輟以錄之

作太玄經前有楊雄後有楊泉泉字德淵晉人

歐陽公稱醉翁林中子稱醒老

歐陽詢長子名肅次名通皆工艸隸

唐僧能書者三人智永懷素高閑

唐記玄宗得太真時年五十七

唐文皇虯鬚上可挂一弓

論衡云子路感雷精而生尚剛好勇

莫愁子名阿侯白太傅有姬善舞名春艸魏夫人有弟子善種花名花姑

諸葛武侯父子右軍大令皆長于画世所不知將毋以功業書名掩之耳

唐末有喬子曠能詩善用僻事時號狐穴詩人

劉秦妹善臨寫右軍蘭亭及西安帖足奪真跡

朱鬱儀玄覽靈異篇韓衆服菖蒲十三年舉體生毛日誦萬言陵陽子仲服遠志廿年生子廿七人覽書輒記不忘

柳子厚女名和娘得病更名佛婢既愈去髮爲尼號初心

薛濤字弘度晚年居碧雞坊刱吟詩樓偃息其上太和末卒年七十三歲時段文昌鎮成都爲撰墓志

隋智永名法極王右軍七世孫唐清書字皎然謝康樂十世孫

李易安趙清獻胄之子明誠婦易安又工画莫廷韓有其墨竹一帙趙挺之字清獻與胄謚同

顔真卿小髮曰剪綵童曰銀鹿

太平清話云黃大癡九十而顔如童米友仁八十餘神明不衰無疾而逝盖画中之烟雲供養也

採蘭雜志西施舉體異香浴竟宮人爭取水積之罌甕用洒幃帳滿室皆香甕中積久下濁滓凝結如膏宮人取曬乾錦囊盛之佩于寶袜香踰于水

退之云李供奉仙去元和初有人自北海來見太白與一道士在高山笑語

東坡書當時有高述潘岐僞爲之

歐陽文忠公婢曰盧媚兒姿態端秀口中常作蓮花香散越滿室

班彪壽之子

李白每作一詩輙洗其筆

鮑照字明遠避武后諱減爲昭

董仲舒讀書不窺園者三年法真趙里歷年桓榮十五年何休十七年

安祿山押字以手指三撮而成

蘇子由之子與米襄陽小米皆字虎兒

荀子言有若惡卧而焠掌言學之勤也焠音出

宋榮次道以錢三百萬買虞世南夫子廟初刻碑

硯神曰淬妃墨神曰回氏紙神曰尙卿筆神曰昌化又

曰佩阿

陶靖節爲柴桑令劉遺民亦作柴桑令見白香山詩註

趙子昂書多茅紹之刻毫髮不差以此技致富晚有會稽李瑋尤勝茅

王元之有童名青猿梅聖俞有馬名鉠獺

顔真卿刻姓名于石或置高山之上或沉大湖之底云安知不有陵谷之變耶

貴妃宿酒初醒苦肺熱曉起口吸花上露以潤肺

馬遠進御及賜貴戚画寧宗每命楊妹子題署有楊娃

印楊娃寧宗恭聖皇后妹也書法類寧宗以秘文供
奉內庭其跡惟遠画見之
謝靈運半日吟詩百篇頓落十二齒
東坡祖名序故爲文多名引或作敘
李北海書多自刻又多假刻人姓名如伏靈芝黃仙鶴
是也
宋人書習鍾法者五人黃長睿伯思朱敦儒希真李處
權巽伯姜龍堯章趙孟堅子固
造紙廟祀蔡倫倫宦者也字敬仲漢文時人廟在大東

門雪峰禪院
管輅頓仰三斗而清辨綺粲楊雄酒不離口而太玄乃
就
歐陽詹韓愈李觀等聯名登第時稱龍虎榜
懷素居零陵庵東郊種芭蕉幾數萬取葉代紙學書號
綠天庵
房老石季倫有妾名翔風及色衰退爲房老今可以爲
婢妾年長者之通稱
孔子主癰疽癰疽趙岐以爲癰疽之醫按說苑雍雎人

姓名趙岐傳之誤
李林甫婿鄭平鬢斑明皇賜甘露羹飲之一夕鬢復黑
三清天寶君爲大洞尊神號玉清宮靈寶君爲洞玄尊
神號上清宮神寶君爲洞神尊神號太清宮此道家
三清之別號也
女媧氏繼伏羲以王天下後世以爲古聖女誤即如左
傳稱女艾莊子稱女偊女商孟子稱馮婦之類豈皆
婦人乎
赤松子有二其一張良師其一即黃初平成仙後易姓

爲赤曰赤松子即叱石爲羊者
沈瘦事前有約後有昭畧望塵之潘前有黨後有岳書
紅葉之鄭前有虔後有谷致冰鱗之王前有祥後有
延雪中高卧前有袁安後有胡定看竹事前有王猷
後有袁粲啖炙事前有顧榮後有何遜
孟激字公宜孟子之父母仉氏孟仲子名睪孟子之子
見譜朱子從趙氏註以仲子爲孟子從昆弟與此不
同 仉音掌
堯封禹爲夏伯故謂之伯禹天下宗之故謂大禹

顏回二十髮白又云十九
王昭君名嬙以觸晋文帝諱改名明君亦曰明妃
杜康善造酒以酉日死故酉日不飲酒會客
蘇武李陵世稱蘇李唐蘇味道李嶠蘇頲李乂亦然是
三蘇李也李白杜甫世稱李杜漢李固杜喬李雲杜
衆李膺杜密亦然是四李杜也
七貴謂吕霍上官丁趙傅王也五侯成帝封諸舅王譚
爲平河侯商爲成都侯立爲紅陽侯根爲曲陽侯逢
爲高平侯五人同日封故世謂之五侯

張易之得幸于武后朝退詔令居樓而去梯易之毋恐
絶嗣使女奴騈珠梯樓與寢有娠既而騈珠出嫁楊
生國忠
三宗殷太甲爲太宗大戊爲中宗武丁爲高宗
傳稱范雎入秦變姓名爲張禄不知秦先時自有張禄
也初孟嘗君柄齊悦張禄之教奉黄金百斤文織百
純禄不受但求書入秦因大遇考之田文之卒在雎
未入秦之先則張禄之入秦在雎前久矣雎入秦踵
名張禄豈禄嘗有聞于諸侯秦故令雎冒其名以誑

隣國耶
宋崇寧祀歷代帝王皆以功臣配而女媧氏獨無予覩
緯書女媧命娥陵氏制都良管以一天下之音命聖
氏爲班管以合日月星辰名曰充樂又命隨作笙簧
是三人皆女媧之臣也豈傳記闕乎
周有八士按汲冢周書克殷解乃命南宫忽振鹿臺之
財乃命南宫百達史佚遷九鼎尚書又有南宫括則
八士者南宫氏伯達即伯達南宫忽即仲忽也蕭given
士蒙山詩子尚捐俗紛季隨躡遐軌隨即八士中人

蒙山有隨隱跡亦奇聞
馮京父名式而不名商爲左司禁京生雋邁不群式一
日取所誦書題其後曰將作監丞通判荆南軍府事
馮京式退官十一年京舉進士第一爲將作監丞通
判荆南如式言時人謂式知子無還妾事事乃狀元
馬涓父從政無子買妾見妾髻中係白訊之乃自鬻
以葬親者傷之即歸妾不問前直後夢女父來謝曰
公德已奏上帝令君家富貴涓不竭故得子名涓中
狀元而非京

宋贈鄂王岳飛謚忠武按始謚忠愍旋更武穆繼改忠
武今岳祠皆稱武穆此未定之謚當稱忠武爲宜
左傳皋陶庭堅不祠忽諸蓋設爲鑒戒之言如云若敖
之鬼不其餒而之比也按張平子思玄賦咎繇邁而
種德樹德懋於英六英六國名楚末乃滅抱朴子云
秦乃伯益之後益即皋陶子也
梓童帝君按圖誌英顯王廟在劍州即梓童神姓張諱
亞子其先越巂人因報母仇徙居劍州之七曲山仕
晋戰没人爲立廟宋封英顯又按文昌星在北斗魁

前爲天之六府道家謂上帝命梓童神掌文昌府事
人間禄籍故天下學校多立祠祀之則文昌星與梓
童無干不宜合而爲一
神荼鬱壘黄帝時兄弟二人性能執鬼今桃符上神又
山海經海中有鬱壘山山有桃木下有二神能啖不
祥之鬼
曼倩死爲華陽主韓魏公爲紫府真人白傅爲海山院
長東坡爲奎宿石曼卿爲芙容館主
甄皇后生每寢家人髣髴見人持玉衣覆之

荼顛陸羽嗜茶人曰茶顛
度尚字博平爲上虞令出俸粟使吏焦夫改葬曹娥
道家謂門神左曰門丞右曰門尉本自桃符以神荼鬱
壘邪之故
吴嶠善天文袁天罡師
夏侯湛綴雜花以爲蓋謝萬幕豐葉而爲幄
張奐長子芝字伯英弟昶字文舒俱善艸書
杜伯度崔子玉工艸書趙襲羅暉亦以能艸自矜故張
伯英與朱賜書曰上比崔杜不足下方羅趙有餘

文王四乳范鎮兄鎡亦四乳鎡子亦然唐高祖三乳
韋渠牟初曳羽衣號遺名既攝方袍號塵外及披儒服
更名渠牟其詩爲李白陸鴻漸所賞唐詩人周流三
教惟此人
客兒謝靈運小字熊兒杜甫長子
樂府歌云名倡劉碧玉
韓文公夢人與丹篆一卷吞之羅含夢吞五色鳥自覺
頓有文章
昔有陰康始教民舞又山海經云帝俊八子始為舞又

帝俊生晏龍始爲琴瑟呂氏春秋顓頊令鱓先爲樂
倡
東東妓名賓華悼妓詩惟有側輪車上鐸耳邊常似叫
東東
衣服鬼名甚遼　山神曰雲陽又曰俞兒
風伯方道彰雨師陸華夫見道經
黃頭郎擢船人以黃布裹頭黃者土也取土尅水之義
俞兒黃帝時識味人
嗇爾音太丙古善御馬人

曾参参音叅故字子輿今讀作深非曾參叅参當作深
今讀爲叅非
梁麗人王金珠作子夜四時歌八首冶而不淫
王績號東皐子戴叔倫亦號東皐子
石崇妾綠珠姓梁
蒲苴古善射者
范曄父名楚金故爲文多以今爲茲
杜甫二子宗文宗武
鍾離春無鹽邑之醜女詣齊宣王嘆五殆立爲后

謝惠連改詩既罷遇好句自吟而已
吳絳仙才調女相如也
馮偃自恥短陋爲子伉娶長妻伉生勤長八尺仕至尚
書
贅壻淳于髡齊之贅壻
石雁楊裕出部有人云北岳賜汝一物可跪受之裕歸
焚香啓之得二石雁一雄一雌後生一男一女男爲
宣徽使女爲漢祖妃
白樂天詩雞林國相募求之每篇易一金

善富史記任氏善富者數世皆折節力田先公後私也
西子母夢翠雞五色自空而下化爲鶡飛去生西子
竈神姓張名禪字子郭一名隗又云名禳子六女皆名
察又云祝融主火化故祀以爲竈神鄭玄以竈神祝
融是老婦非已丑日卯時上天白人罪過此日祭之
得福又淮南子炎帝作火故祀以爲竈神五行書云
五月辰日猪頭祭竈治生萬倍
卿忌竈神夫人又五經異義云竈神姓蘇名吉利夫人
姓王名搏頭

志奇云絳樹一聲能歌兩曲二人各聽一曲一字不亂
有黃華者雙手能寫二幅或楷或艸揮毫不輟各自
有意
司書鬼曰長恩除夜呼其名祭之鼠不敢嚙蠹魚不生
義之年三十七書黃庭經空中語曰卿書感我而況人
乎吾是天台丈人也又三十三書蘭亭
下山楚王廟碑記梁簡文帝作盛言事佛不殺唐丘除
有項王蔬食文則羽亦事佛者
董北苑云劉德升爲書
鍾繇胡昭皆受其學昭

肥鍾瘦各得一體
黃帝命俞跗岐伯雷公察明堂究息脈巫彭桐君處方
餌
顓頊玄孫陸終第三子籛鏗封於彭是爲彭祖自堯歷
夏殷周壽八百喪四十九妻生五十四子又云隱雲
母山
吾明劉太師徤年一百七歲林太守春澤一百四歲王
太史革一百歲雲閒陸宮保樹聲九十七歲富貴功
名文章或兼或獨皆足流芳爲文獻中全福

屈原名平楚武王子假之後食采於屈因氏屈爲懷王
左徒猶今左右拾遺
漢宣帝以蘇武著節老臣令朝朔望號稱祭酒
楊雄字子雲谷永亦字子雲便於筆札故時人云谷子
雲之筆札樓君卿之唇舌
世傳張仙乃蜀王孟昶挾彈圖也初昶妃花蕊夫人昶
敗入宋宮夫人念故主画此圖奉祀一日太祖幸而
見之致詰焉夫人跪曰此蜀中張仙人祀之有子實
非真有張仙也

顏淵爲地下脩文郎
龍伯國人長三十丈𠑽人國人長三十丈五尺支提國
人長三丈二尺
僬僥國人長三尺廣延國人長二尺陁移國人長三尺
鶴國人長七寸

文苑豹斑卷之四

雲間沈思永務文彙纂

陳繼儒眉公刪定

文史上

椒花頌劉臻妻陳氏元旦作頌云旋穹周迴三朝肇建青陽散輝澄景載煥美哉靈花爰採爰獻聖容映之永壽於萬

漢高帝時田橫死從者不敢哭隨柩敘哀故承以爲挽歌按左傳吳子伐齊將戰公孫夏命其徒歌虞殯示必死也此爲挽歌之始漢武時李延年分爲二薤露送王公貴人蒿里送士大夫庶人

薤露歌薤上朝露何易晞露晞明朝更復落人死一去何時歸

蒿里歌蒿里誰家地聚斂精魄無賢愚鬼伯一何相催促人命不得少踟躕

西廂記王實夫撰至郵亭夢而止又云碧雲天黃花地而止此後乃關漢卿補

琵琶記唐人小說牛僧孺子繁與蔡生避逅文字交尋同舉進士繁才蔡生以女弟適之蔡已有妻趙力辭不得後牛氏與趙甚相得蔡後官至節度副使益托名伯喈也又見一小說元有書生王四者棄前妻而贅於不花丞相家不花漢音牛也故以琵琶記爲名字有四王字即暗指王四云　當是後說

黃帝臣蒼頡作字　大篆周宣王太史史籀作變科斗文　小篆秦丞相李斯作　隸書秦程邈作改籀文　章草漢元帝時黃門令史游作章帝時杜伯度採工此章帝愛之故名章草　飛白漢蔡邕作在鴻都

學見匠人施堊帚遂創意焉　穗書神農因嘉禾八穗作穗書　今隸即楷書秦王次仲變蒼頡舊文爲今隸　行書漢劉德升造胡昭鍾繇師之　草書張並作又云杜操　八分王次仲作存隸八分就篆二分　鍾鼎書夏后氏作　龍書太昊作　虎書史佚作　鳥書黃帝史官蒼頡因鳥跡作又云文王因赤爵銜書武王丹烏入室作　蛇書曾人唐終作　龍爪書王羲之作　虎爪書王僧虔作　轉宿書司馬子韋以熒惑退舍作　科斗書高陽氏作　龜書堯

因龜負圖作　蟲書嘗秋胡妻玩蠶作　雲書黃帝
作
字數沈約韵一萬一千五百二十字廣韵二萬六千一
百九十四字
尚書徵召用虎爪書告下用偃波書以防矯詐
五言詩始漢蘇武李陵六言始漢谷永七言始漢武帝
柏梁臺成詔羣臣能爲者得上座離合詩始漢孔融
四言離合詩始枚皐麗人歌挽詩始魏繆襲廻文詩
始晉溫嶠三言始夏侯湛四言始常孟諫楚王戊九
言始魏高貴鄉公

武經七書孫子吳子司馬法唐太宗李衛公問答尉繚
子黃石公三畧太公六韜總一百十四篇
巾箱五經衡陽王鈞手自細書五經置巾箱中以備遺
忘賀玠曰殿下家富墳索何復須此答曰巾箱有五
經檢閱既易且一經手寫則永不忘耳諸王聞而效
之巾箱五經始此
黃竹歌周穆王獵於平澤大雨雪乃作黃竹歌三章
三墳三皇之書五典五帝之書八索八卦之說九丘九
州之志又八索淮南子以爲八澤
九流儒家流道家流陰陽家流法家流名家流墨家流
從橫家流雜家流農家流
七畧六藝畧諸子畧詩賦畧兵書畧數術畧方技畧
壁經魯共王欲壞孔子舊宅於壁中得古文尚書論語
孝經
白雲謠西王母爲穆天子作詞云白雲在天山陵自出
道里悠遠山川間之將子無死尚復能來
桼歌董仲舒集酒賦鄒陽作皆逸人之務

母昭裔貧時借文選不獲發憤曰異日若貴當鏤板以
遺學者後爲宰相遂踐其言印行書籍始此
五車書莊子曰惠施多方其書五車
甘泉賦魚頡而鳥䡴斯樂願同
武夷君等於山頂奏仙樂唱人間好曲
伊吾讀書聲
笑林晉孫楚賦曰信天下之笑林調謔之具觀笑林本
此
鄴架李泌封鄴侯子繁繼之好書家藏書插架三萬軸

以牙籤别之經書紅牙籤史書緑牙籤子書碧牙籤

集書白牙籤

戴逵總角時以雞卵汁溲白瓦屑作鄭玄碑又自爲文

而自鐫之詞麗器妙故丁用晦序云學衞見獄智之

雞碑

晋何秀爲莊子解義大暢玄風未竟而卒郭象取以爲

已註

柏葉銘周庾信元日作

召南申人之女許嫁於酆夫家禮不備而欲迎之女曰

夫婦者人倫之始不可不正輕禮違制不可以行夫

家訟之於官故作行露之詩今詩註不詳

轆轤韵单轆轤单出单入兩句換韵雙轆轤雙出雙入

四句換韵

次韵是依其韵用韵是同在一韵中

元符三年十二月十九東坡生日置酒赤壁下酒酣聞

笛聲起江上乃進士李委聞坡生日作鶴南飛曲以

獻

草木疏陸璣作非士衡也

絳州碧落碑乃高祖子韓王元嘉四子訓誼譔諶爲先

妃所製陳惟玉書又刋於澤州亦名碧落碑李陽氷

嘆其高古

汲冢書魏安釐王時衞郡汲縣耕人于古塚中得之竹

簡漆書科斗文字雜寫經史耕人姓不名准不音彪

明月吹廣陵散俱琹曲見謝靈運詩

白雲緑水楚上曲名

蘇代謂田珍曰公常執左券以責秦韓又平原君傳事

成操右券以責券者取合符之義曰左曰右皆可

淮南王安好士分其所著詞賦曰大山小山猶詩曰大

雅小雅也

鏖糟俗云不爭儭㩼雜和不潔也㩼音閘

至竟即畢竟見杜牧之詩出漢樊英傳

經中無嬸妗字嬸乃世母字妗乃舅母字叠呼聲稍急

合兩字爲一音也

柢柱銘說禹挂冠莫顧過門不入按淮南子禹之趨時

履遺而弗納冠挂而不顧桓寬塩鐵論禹感洪水身

親其勞蹔墮不掇冠挂不顧銘語出此

佾喈曲浪暖桃香欲化魚期逼春闈難捨親闈郡中空

有辟賢書心戀親闈難赴春闈今本誤

行李左傳李本作岑岑古文使字宋方勺云按黃帝有

李法一篇師古曰李者法官之號則李與理通人將

行先治裝也

卯本柳字後借爲辰卯之卯北本別字後借爲南北之

北

墨尿眠娗出列子音䏠㾊緬潣今人猶以之稱柔媚不

任事者

病從口入禍從口出出傅子口銘

漢有青烏子善數術有青烏子三卷

敬字從著音棘非苟也從攴非文也

皐古罪字秦以皐似皇字改爲罪

對下從口漢文帝以口多非實改從土

劭從刀劉宋太子名劭而悪字文爲召刀改刀爲力

杜詩用遮莫猶言儘教

楊雄作甘泉賦夢口吐白鳳

稗官小說者流稗細米街談巷語細碎之言也

鮻音雖或作朘赤子陰也老子云未知牝牡之合而鮻

作精之至也

淳化帖宋太宗纂王著模絳帖潘思旦潭帖希白大觀

帖蔡京太清樓續閣帖劉燾戲魚堂帖劉次莊星鳳

樓帖曹士冕寶晉齋帖曹之格又有紹興監帖周世

子東書堂集古帖玉麟堂帖吳琚模百一帖王萬慶

模又有二王帖武岡修內司福州諸刻又有鼎帖

慦音癬瑧聲不和也

蒙家去塵也邋遢音辣撻不修整也

謚法司馬法俱周公作

敬空前世卑者致書於尊長書尾作敬空

文詞詩詞當作詞言辭當作辭辤受當作辤

杜子美詩空留玉帳術愁殺錦城人蓋玉帳乃兵家厭

勝之方位主將於其方置軍帳則堅不可犯其法出

黃帝遁甲以月建前三位取之如正月建寅則巳爲

玉帳

太公六韜龍韜虎韜豹韜犬韜文韜武韜黃石公三畧

上中下三畧也

藍縷言衣敝也本作襤褸
跅弛跅落無檢束也跑放廢不遵禮度也
左道邪術也牟利射利俱營財也搉會計筭也
書字之訛有以魯爲魚帝爲虎亥爲豕陶爲陰
琢音篆玉不琢不成器琢當作瑑
滃濁音擺採木浮貌縮朒怯不進也木彊質朴也
柔曼又澤也言其質柔細而肌理光澤也
痠瘵音酸西疼痛也佁儗上音熾下音義固滯也呰窳
音子雨短弱也

慶音羌經文中慶字多音羌如易必有餘慶詩豈夫之
慶
銃音迸使令人循謹偏便利也負俗受訊于世也
類齘切齒怒貌
請成講好也 疊古從三日新室以三日太盛改從田
隋古用隨楊堅以其近遁走去辵作隋 齋
衰喪毋服今作齊〻 陣古用陳王右軍小學章旁作
車爲陣 影古用景葛洪撰字苑始加彡爲影 佟
㑥猶零丁也流落貌

淮南王劉安有枕中鴻寶苑秘書並道術篇名藏在枕
中存録之不漏泄也
留落不偶霍去病諸宿將嘗留落不偶註留謂遲留落
謂墮落今作流落誤
古語併當當去聲猶言收拾
王衍見錢堆床曰舉却阿堵物去阿堵猶今語那箇唐
人曰這箇近世不解遂謂錢曰阿堵如佛經曰理亦
應在阿堵中顧長康曰妙處正在阿堵中謝安謂桓
溫曰明公何用壁間著阿堵輩豈亦謂錢耶

蝶粉蜂黃道藏言蝶交則粉退蜂交則黃退故周美成
詞蝶粉蜂黃都退了用此而說者以爲宮粧誤矣
音塵信也 不訾無量也 惻愴悲傷也 抗旌抗舉
也
狼籍以狼多藉草臥故名
秋駕秋二馬騰驤貌莊子秋駕之法以善御不泥逸也
蘧廬莊子仁義先王之蘧廬猶傳舍也
瓠生小人也
初度始生也楚辭皇覽揆余於初度兮

牛馬走走僕也謂掌牛馬之僕謙辭也
河清難俟逸詩曰俟河之清人壽幾何
藁書半真草也
樂毅書故鼎返乎磨室徐廣註磨歷也戰國策新序作
歷室
阿濫堆蘇幕遮俱曲名阿濫堆山鳥也明皇采其聲爲
曲蘇幕遮胡服
名諱生曰名死曰諱
蹇不載姓苑下有寋字音義同註曰姓也則蹇當作寋

春秋蹇叔亦應作寋傳寫之誤耳
揚搉揚舉也搉引也舉而引陳其義也
老杜吾聞天子之馬走千里當作天馬之子
韓文石鼎聯句序云長頸高結喉中作楚中語結字斷
句結音髻西漢髻字皆作結退之正用此
飲泣泪入口也　雋永雋肥肉也　椎埋椎殺人而埋
之　瞖眺瞖眼稍眺目匡也　城旦城旦春旦起行治城
舂　鬼薪取薪給宗廟　酎金三重醇酒爲酎以祭
廟八月嘗酎諸侯出助祭金　玉卮無當當底也

宋程際雜識云世謂蘭亭不入文選以絲竹管絃爲重
用天朗氣淸不當於春時韓子倉云春氣多昏是時
天朗氣清故可述如杜子美夏日風日冷之義絲竹
管弦乃班固西漢張禹傳中語梁以前古文不入選
者多何獨蘭亭記耶
鬖髿髮亂貌　縷煩絲言也　奇羸奇音畸殘餘物也
一說謂有餘財而蓄奇異之物　羸粮羸擔也　陸
離參差也見大人賦注　阡眠望遠貌　擅樂竹美
貌　弭節弭按也弭節徐行也

尉薦猶安慰而存達之　樵蘇樵取薪蘇去草　孟浪
輕率也　誰何譏呵也　逌爾笑貌逌古攸字
亭毒化育也亭謂品其形毒謂成其質
衷甲甲在衣中　侵牟言如牟虫之食苗　承乏韓厥
攝官承乏言當缺官時
濫觴家語云江始出岷山其源可以濫觴及至江津不
舫楫不可以濟
[illegible]麼小也　選耎怯不前也　腹果然果飽貌
齮齕[illegible]咬爲齕也　糾纆絞索也　齟齬齒

不相值亦作岨峿　雗既釋蹻槀蔬食釋草屩也
受室娶妻也　瘐死死於獄也　拳音拱罪人兩手
共一木也　兩造原被告　飛書匿名帖　上服重
刑下服輕刑
顧山錢贖徒罪也法比則例也求比尋例也具獄成案
也末減末薄減輕也用法恕也平反平亭理幽枉也
莊子和之以天倪註自然之分也　居間居中關為道
地也　接武堂上禮也布武堂下禮也
骫骳屈曲貌骫古委字　卮言語漸出也　窶語窶言

也窶音矩亦作𡟋
乾沒得利為乾失利為沒與陸沉義同又裴松之云謂
冒險趨利不計乾燥沉沒也
甚口有口辯也　無噍類言無有活而噍食者　磬折
曲躬如磬也
鬢種種髮短也見左氏又云黑白二種也
旁午一縱一橫也猶言分布
朗鑑明鏡也　飣餖種種食品韓詩肴核分飣餖　股
弁弁撫手也股戰若弁　賜餔餔音逋　神名同荼

餔而會飲也
屈原賦棄周鼎兮寶康瓠康瓠瓦盆底也康一本作甈
甈陶器也　稅駕稅舍息也謂車所止處
漿酒藿肉視酒如漿視肉如藿藿豆葉也
氷蘖飲氷食蘖言清苦也　聲名藉甚言狼藉甚盛也
子姓謂衆子孫也
不佞佞才也不佞即不才也
下走謙言供趨走之役
落魄魄音薄失業無次也即落拓落薄

鄭重頻煩也　首鼠兩端鼠首行必一前一却故多疑
不決者為首鼠兩端　骯髒亢直貌　責家債主也
䙰襹上音曾委曲貌又云䙰作䫜神志昏亂也
闌入妄入也　請室請罪之室漢獄名　慮囚慮謀議
之也
賈誼傳獵纓正襟獵攬也
千金之子坐不垂堂垂堂堂外邊恐墮瓦石也
乗呰逐北北音佩敗也　蒿目欲閉不閉也與逢心俱
[illegible]之稱　衆口鑠金顏師古曰美金見毀衆共疑

之數被燒煉以至銷鑠　溟涬自然元氣也
白銅鞮曲名
紅梅詩云玉人頩頰固多姿頩怒色普庚切見神女賦
婦人怒則面赤
弔字矢貫弓也古者瘞棄中野禮貫弓而弔以助驅鳥
獸之害今從口從巾失其義矣
葳蕤草木初生貌　毿毿散毛貌　沕穆深微貌　淩
洋饒廣也　騰蹋暴貴也　沆瀣北方夜半之氣
倜儻不羈也不羈言才識高遠不可羈係也

人物辟易辟易開張而易其本處
晉桓伊善笛撰折楊柳落梅花尤盡巧妙　阿彈迴亦
曲名
清商曲有子夜即白紵在吳歌爲白紵在雅歌爲子夜
金夫易娶女見金夫蠱賂之以金而挑之者
左次易師左次退舍也　童觀猶百姓日用而不知也
遒人書孟春遒人以木鐸徇於路蓋宣令之官
觀火言明於人情也　孟侯孟長也諸侯之長　翼室
旁屋也

藝人技藝之人　表臣外臣也　寵人寵倖之人　疆吏疆邊
也
末命臨終之命　治命猶言治命疾未困時命也
籧篨惡疾不能俯　戚施惡疾不能仰
鬒髮鬒黑也　仳離別也　發夕離於所宿之舍　好
弄弄遊戲也　蠶妾養蠶之女　勦民勦勞也
蘊年蘊積年穀不散　班荊班布也藉地而坐也　執
牛耳挿血而盟則主盟者執牛耳　彌甥彌遠也
淺丈夫淺小也　典謁問士之子長曰能典謁矣幼

曰未能典謁也謂主管人之來謁者即接客　夫夫
上音扶　洴澼絖洴澼絖絮也洴澼打絮也　漱裳漱浣
也
欻字古作[illegible]省作[illegible]五臣注誤以爲弁字　崖畧大畧
也　副主太子也　請霽祈晴也　偏盲盲一目
貌侵形短小也
無狀子即不肖子　介子次子也
圜牆獄也又名圜土圜犴獄門名圜扉又獄夏曰均臺
商曰羑里周曰囹圄均臺一作夏臺

賣區賣物之區　轉規即轉圓　鴻生大儒也　甌脫

匈奴中土室　甲體鞠躬也

流尢止於甌臾流言止於智者甌臾地之坎處

長者家兒謂權要子弟　末規下計也　稟學受學也

家公即家父

石畫謂善謀堅如石也　石交謂厚友

天弢莊子解其天弢弢藏弓之室

奓戶奓推開也　鼠肝虫臂至小之物也　蘧然睛覺

貌　化人有幻術者　雪涕拭泪也

稚齒美女少者　侍兒婢也　明瓊骰子也　皇輿君

道也　編愁編結也　超乘軍士之超躍而上車者

恥門羞恥所由出秦伯曰恥門不閉

名寶重寶也　神叢灌木中有神靈者　四輪之國輪

通也　草具草不精也具設也　收責取債也　結

闕結交也　約食約節也

薄故猶細事　孿子一乳兩子孿古作孳　家督家長

子　色許公孫座曰王色不許我　玉貌猶玉顏

稚箽稚素也　䟡爵分爵也　蓐食床蓐中食　視日

擇日也周文爲項燕軍視日

曹耦同輩也　面謾謾欺也　好內耽於妻妾也　儀

禮云羨定定熟也

白虎通曰凡送死者乘馬曰賵玩好曰贈衣衾曰襚貝

玉曰含錢財曰賻春秋說題辭曰知生曰賻知死曰

贈

文帝受釐宣室釐祭餘肉祭天地五時帝不自行故還

致福釐

礔礰音線𢊁電光也　㡯音執几也所以㡯物也

汝陽王璡有酒法名井露經

良賈不以折閱不市閱賣也謂折損所閱賣之物

蘭亭會者四十一人王羲之作序用蠶繭紙鼠鬚筆遒

媚勁健絕代更無

虞卿以窮愁著書號虞氏春秋

七緯易書詩禮樂孝經春秋

尚書尚上也上帝之書也

楊子雲作法言太玄張伯松不肯一覩

漢周長生作洞歷十篇上自黃帝下至漢朝事無不載

人稱爲文士之雄

沈隱侯約曰文章當從三易易見事一也易識字二也易讀誦三也

韓詩有美一人碩大且𩔖𩔖重頤

听然而笑听音銀笑貌　絕倒倒於地也韵府平子絕倒下註極笑誤　井謎一八四八葢合則五八五八四十也四十爲井字又一本云二八三八意同

祭風曰磔磔破牲以祭也

成公子安椒花銘云肇惟歲首用正元日厥味惟珎蠲

除百疾

上冠祝詞加爾元服惟茲令辰匪餙其外貴乎成人昔未有知德或未備人曰童子宜未有至旣栽爾弁而童厥心人謂之何責望也深一言之善終身行之今我告汝尚慎厥思

鹵莽耕不善滅裂耘不善莊子云耕而鹵莽之則其實亦鹵莽而報之耘而滅裂之則其實亦滅裂而報之

孔道小徑　巖廊岩峻之廊　嶕嶢山高貌　首路初起行也高訾多財也　居無幾未多時也　奚官養馬之官　起家免官家居後起爲官

狗監主天子獵犬　執斲木匠也　殊庭仙人庭也

踵武即步武

枝梧小柱曰枝斜柱曰梧又云猶枝幹也

干何言更無餘事　曼漶不分別貌　大抵猶言大畧耐可言如何可也　於邑短氣貌　螽午猶雜沓

登年高年也頹齡老年也

發軔軔止車之木將行故發去　末民爲工商之業者

八體書秦廢古文一曰大篆二曰小篆三曰刻符四曰

虫書五曰摹印六曰署書七曰隸書八曰行書又云篆籒八分隸章草也草也飛白也行也通謂之八體

文章爾雅言近正也　蠁音𧒂一足行也

暍死暍音謁中熱而死也即傷暑

泯命泯没也　不𨅊𨅊是也音俻　充斥言多也　彌縫補合也

上下相蒙蒙欺也　澒涊穢濁也　誇詡詡大也

歍音鳥嘔吐也春秋聲子襪而登席哀公怒曰臣有疾異於人若見之君將㱿之

賦後有亂曰亂理也總理賦中之意

若干若如也干箇也謂當如此箇數也

一切如以刀切不顧長短縱橫但取整齊也

秦得百二二萬人當諸侯百萬人也齊得十二二十萬人當諸侯百萬人也

關中人謂好爲塩故隋曲有踈勒塩唐曲有突厥塩阿鵲塩薛道衡昔昔塩皆言好也樂府有魏俞吳俞矛俞努俞俞美也

伐閱功勞伐積功閱經歷伐閱功勞經歷狀也

胥靡胥相靡隨言相從以服役猶今之役囚徒以鎖聯綴耳

左驗言當時在其左右見此事者也

和囉聲相雜貌　陸梁跳也

姑蘇府學西北隅土阜上刻漢壽亭侯畫竹一枝左右多唐元名人題跋

物故謂死言其同於鬼物而故一說不欲斥言但言其所服用之物皆已故耳

匋鈞陶家轉者名爲鈞葢取周回均調耳

陶冶陶以喻造瓦冶以喻鑄金

陵夷夷平也言若丘陵之漸平也陵遲意同遲言卑下也

孋屣謂納屣未正曳之而行言遽也

五鼎食謂牛羊豕魚麋也

褚衣漢文帝遺尉佗者註以綿裝衣也阿縞之衣齊東阿出緗帛

投壺失箭曰枉矢

課殿最殿後也最先也謂考功之先後也

陸農師以說詩有名著爾雅又著埤雅

三易夏曰連山商曰歸藏周曰周易

魯頌四篇史克所作

三墳孔安國曰三皇之書也以山墳爲伏羲之書言君臣民物陰陽兵象謂之連山易而姓記皇策之篇附焉以氣墳爲神農之書言歸藏生動長育謂之歸藏易以形墳爲黃帝之書言其目而傳以申之

道書云牽牛娶織女取天帝錢二萬備禮久而不返被驅在營室故劉子儀云天帝娉錢還得否晉人求富

是虗詞
淮南子曰禹爲水以身請於陽肝之河湯苦旱以身禱
於桑林之野
程邈幽繫雲陽獄中覃思十年益小篆方圓而爲三千
奏之始皇用爲御史以爲隷人佐書故爲隷書
魏受禪碑王朗文梁鵠書鍾繇鐫字謂之三絶
方舟並舟也
洪筭即大筭有壽之稱
崔瑗字子玉手刃兄讐蒙赦而出作座右銘以自戒

人死壽考曰卒短折曰不祿
漢武帝時有李氏得周官五篇闕冬官一篇河間獻王
千金購之不能得遂取考工以補其闕
陸贄奏議聖人之於天下人有不得其所者若已納之
于隍又曰嘗軫納隍之慮
遺占遺命也顏延年誄陶靖節云式遵遺占
寒耗火鬼火也
古之帝者必居上游謂水之上流也
劉孝標見任昉子西華兄弟冬月着葛帔練裙莫有收

卹作廣絶交論
管子左手執燭右手折堲堲亦作即燭頭燼也
鶴頭書古者用之以招隱士漢謂尺一書
管子言與人交多詐僞無情實謂之烏集之交
表合表外也謂外合而中異
駱賓王謂盛饌曰炊金饌玉
火劑言煎熟滋味也
六德智仁聖義中和六行孝友睦婣任恤六藝禮樂射
御書數

爾雅徒歌曰謠說文謠作䚻註云䚻從肉言晉孟嘉言
絲不如竹竹不如肉唐人謂徒歌曰肉聲是也
楚騷漢賦晉字唐詩宋詞元曲
謁通名刺也上謁即今通名也
屑越猶言狼籍而棄之
古人書札稱信徃信至信謂使者也
筆陣圖乃羊欣作李後主續之今陝西石刻李後主書
也以爲羲之悞
文選七發弭節五子之山通厲骨母之塲骨當作胥按

史記吳王殺子胥投之江吳人立祠江上因名胥母
山古字胥作胥其字似骨故誤耳
笨音奔去聲粗率也俗作坌
文字指歸云支財貨搿曰賖今倉庫收帖曰串单蓋省
貝字也
刊𠜾也削也楊雄曰不刊之書言不可削除也今誤作
刻梓之用是乃削除非梓行也此誤雖大方家亦然
緗青絲綬也音關爾雅緗組皆草色緗鹿角菜組海中
菩今之燕窠菜詩人白緗巾紫緗巾皆合用此字而

俗多作綸綸緗二字豈可通用
穴中曰窠樹上曰巢
太白詩用泉明字泉明即淵明唐人避高祖諱改淵爲
泉也
佛書云樂行不如善住富客不如貧主洞山語録破鏡
不重照落花難上枝絕似唐人樂府
千家姓䨺音萬軒音呼禓音喧厙音赦余音蛇若嵐䍐春炅本桂姓
而分爲四他若礬音盤學音拱攲音亥撤音昨俞音丑覞音貞卤音邪
曳音紫賫音孤受音倒求之音義了不可知又萬俟音木其

冐頡音墨特此實不可施楷書況篆乎
李邕書雲麾將軍碑已斷裂在蒲城縣正德中劉遠夫
御史謫爲蒲城簿訪出以鉄索錮之復爲完物
漢書趙曄撰吳越春秋晉書楊方亦撰吳越春秋今世
所行曄耶方耶
汲冢周書史記解一篇穆王大命史臣戎夫歷陳古亡國
二十八君以爲覆轍而鑒戒之朔望以聞今太史公
周記不著其事
檀弓云細人愛人以姑息註姑且也息休也其義殊晦

按尸子云紂棄黎老之言而用姑息之語註姑婦女
也息小兒也義始明白
置郵置驛也郵馹也置緩而郵速也置遲而郵疾也漢
制四馬高車爲置傳皆君與大夫所乘其行安舒一
馬二馬爲軺車軍書使命之用故不得不疾
杜律註乃張伯成爲之相傳以爲虞伯生註非也其牽
強附會不惟晦杜意亦汚虞名
越絕書東漢會稽袁康作而共著此者則吳平也而王
充論衡按書篇云臨淮袁太伯袁文術會稽吳伯(?)伯何

豈即其人乎見楊用修跋

綱目朱子門人趙師淵奉師命所編

華牘芳訊艮書寶札瓊音瑶緘慶削蘭訊胥指書札宋人四六多用之

文選冥火夜火也楚辭縣火今之提燈也六韜雲火施于雲梯之上者

戲魚堂帖宋劉次莊謫居東山下鑿池數畝因名堂曰戲魚手摸淳化帖刻石名戲魚堂帖

韓信以蒯徹計定齊徹自序其說號曰雋永徹字文通

孔子歌唐虞之世麟鳳遊今非其時來何求麟兮麟兮我心憂此不夢周公而修曾史時也

孔子將修春秋使子夏等十四人求周史記得百二十國寶書又與左丘明乘如周觀於周史乃作春秋既成以授游夏令參正之對曰不能贊一辭已而稽之卜得陽豫之卦此漢儒之言去聖未遠宜信

聯字成句聯句成章積章成篇積篇成帙

疏說夷狄雖有君而無禮義中國雖偶無君若周召共和年而禮義不廢故曰夷狄之有君不如諸夏之亡也

自秦之漢而書乃得於伏生之傳自漢之晉而書乃出于梅頤之所獻又自晉之齊而舜典一篇得于大衍市中又自齊之隋而舜典一篇乃得列于篇中

黃帝內經一帙帙九卷其義難究秦越人採精要八十一章爲難經

事悔不及曰噬臍言以口咬臍不可及也

脉經出晉王叔和病源出隋巢元方湯液出商伊尹傷寒論出漢張機千金備要出唐孫思邈外臺秘要出

唐王珪宋朝集天下名方爲太平聖惠

八刑不孝不睦不婣不悌不任不恤造言亂民

五禮吉凶軍賓嘉六樂雲門大咸大磬大夏大濩大武

唐呂向工草隸能一筆環寫百字若縈髮然號連錦書

易伏羲氏因河圖而畫八卦因而重爲六十四周文王拘於羑里作卦辭孔子作彖辭象辭文言繫辭說卦序卦雜卦謂之十翼名周易者卦雖畫於伏羲至周而文王周公孔子數聖相傳其道大備故曰周易

周正建子而孔子彖象皆建寅故以復爲十一月姤爲

五月正孔子行夏之時也

秦焚書孔子末孫與秦博士伏勝各藏其本於屋壁漢興伏生求其書亡數十篇得二十九篇文帝時求治尚書者伏生老不能行使晁錯往受之

詩六義賦比興風雅頌也亦曰六詩四始關雎爲風始鹿鳴爲小雅始文王爲大雅始淸廟爲頌始又云詩有五際君臣父子兄弟夫婦朋友也四分謂毛齊韓魯

魯國毛亨爲詩訓詁以授趙國毛萇時人謂亨爲大毛公萇爲小毛公河間獻王得而獻之以小毛公爲博士故曰毛詩

十六國春秋魏崔鴻作虞氏春秋虞卿作呂氏春秋呂不韋作吳越春秋趙曄作楚漢春秋陸賈作漢春秋後漢春秋魏春秋孔衍作魏氏春秋晉陽秋孫盛作漢晉春秋唐春秋常述吳兢同撰又習鑿齒亦有漢晉春秋

咄喏而辦言呼應之間物已備也今作咄嗟非

晉戴顒作中庸義二卷梁武帝撰中庸講疏二卷又

制旨中庸義五卷表而出之不待宋儒矣

蔡忠襄書韓魏公晝錦堂記每一字必寫數十赫蹏俟合作而後用之故書成特精絕世謂之百衲碑

江南李後主作大字用布帛隨手爲之號撮襟書

孔氏雜說司馬遷叙三千年事五十萬言班固叙二百年事乃八十萬言

司馬相如死文君爲作誄柳下季死妻自誄門人不能增損一字

馬援上書言伏波印文之訛下大司空正郡國印章乃知漢士識字者多

書八體之外又有龍爪科斗玉筯偃波之類共五十二家

陳壽卒洛陽令張泓遣吏齎紙筆就壽門下寫三國志

子瞻與姪書云爲文當使氣象崢嶸五色絢爛漸老漸熟乃造平淡

張飛不特有八分刀斗銘又有流江縣記功碑云漢將張飛率精卒萬人大敗賊首張郃于八濛立馬勒石

陳後主常令八婦人劈綵箋製五言詩

董比苑云劉德升爲書家祖師鍾繇胡昭皆受其學昭
肥鍾瘦各得一體
太平清話云書画爲柔翰弱翰故開卷張冊從容爲上
右軍告誓文今所傳是其草藁不具年月日朔其眞本
云維永和十年三月癸卯朔九日辛亥而字亦眞小
開元初潤州江寧縣瓦官寺修講堂匠人于鵶吻竹
筒中得之與一沙門至八年縣丞李延業以獻岐王
便留不出十二年王家火圖書悉爲灰燼云
智永寫眞草千字文八百本律召調陽爲眞本也其文

以閏餘對律召耳俗作律呂誤
石鼓文謂之獵碣共十鼓其文史籀所篆周宣王所創
米元章稱法書曰墨王
馬融與竇尚書曰孟陵奴來賜書見手跡歡喜何量次
於面也書雖兩紙八行七字七八五十六字百一十
二言耳孟浩然詩家書寄八行本此
眞書鍾繇宣示力命尅捷右軍樂毅画贊黃庭告誓霜
寒、大令洛神六朝不知名氏曹娥手叔子遺教陶弘
景、　舊館壇智永千文虞世南孔子廟碑歐陽詢

九成宮化度寺虞恭公褚遂良哀冊聖教張旭郎官
顏曾公麻姑仙壇放生池中興頌干祿字東方朔贊
柳公權陀羅尼
行鍾丙舍吳人羸頓雪寒長風右軍蘭亭極寒麥熟官
奴快雪來禽奉橘聖教序開元寺大令地黃歲終衛
軍授衣阿姨鵞群歲盡夏日奉對思戀天寶吳興黃
門山陰東風轉勝相過鵞還觸事夏節悢深蕭脊暑
石駱驛月內尊體謝安八月五日褚遂良枯樹李邕
婆羅樹張從申玄静

簰音排一作稗桴也
詩墓門刺陳佗也今註云不知所指防有鵲巢陳宣公
信讒今註作男女有私而憂或間之衡門誘陳僖公
也今作隱居自樂宛丘刺陳幽公今作刺此人而無
所指
主臣主繫臣伏言繫伏惶恐也　佶屈聱牙艱澁也
度音庋積藏也晉書傾篋倒庋又云庋設架以置物也
炮章今作炊
八[illegible]亦左丘明作春秋傳左氏傳有[illegible]訓詁

服虔杜預註公羊傳有何休解詁穀梁傳有范甯集
解當其念至忘所之適
賈山傳祝饐在前祝鯁在後老人食易鯁饐故祝之
砦音豸木柵也　膴仕美官也
綹音柳十絲爲綹今人破衣取物謂之剪綹
漢韓安國強弩之末不能穿魯縞縞素也曲阜之俗善
作之尤爲輕薄故云
三商商刻也日入三商而昏
莊子處壙埌之野壙埌曠蕩也

齔音忖男八月齒生八歲齔女七月齒生七歲齔
鴻蒙見莊子在宥自然元氣又云海上氣
婥妁三用人月竹也
入間榮顯付苓通苓猪矢通馬矢
驪駒詞逸詩也詩曰驪駒在門僕夫具存驪駒在御僕
夫整駕故送別用之
文選哲匠感蕭晨秋晨蕭索也
百年壽之大齊
儲[illegible]待也儲須也儲蓄以待所須也又[illegible]
儲胥
相如賦偓佺之倫暴於南榮榮謂屋梠之兩頭起者
晏晚也宴醼同飲醼也
膠西先生趙明叔飲不擇酒嘗云薄薄酒勝茶湯醜妻
惡妾勝空房
東坡廣之云薄薄酒勝茶湯麄麄布勝無裳醜妻惡妾
勝空房又云薄薄酒飲兩鍾麄麄布着兩重醜妻雜
異醉暖同醜妻惡妾壽乃公
度人經云䰟度朱陵受鍊更生故陸龜蒙傷顧道士詩

多憂白簡迎將去即是朱陵鍊更生
青龍經王積薪夢青龍吐棊經九部授巳其藝頓精
溪刻孤高刻厲也晉王敦曰於陵仲子溪刻自處
史記漢書大功小功作大紅小紅景帝紀纂組害女紅
則知古功字與紅通
傳致其罪師古曰傳音附謂益也益其事而引致於罪
也
文字命題篇章悉有所本自孔子爲書作序文遂有序
自孔子爲易說卦文遂有說自有考工記學記之

文遂有記自有經解王言解之類文遂有解自有[illegible]
政辨物之類文遂有辨自有禮論樂論之類文遂有
論自有大傳小傳之類文遂有傳自有曾子問哀公
問之類文遂有問
[illegible]也以文書換口辭也
目矐音角以馬糞薰之使喪明也
君髮當額前髮侵下而生也
清盧盧目童子也
來訪曰臨況漢灌夫謂田文曰將軍肯幸臨況魏其侯

況貺通賜也
折芰燔枯後漢鄭敬折芰而坐蔡邕曰酌麥醴燔枯魚
樂在其中
耏刑去頰旁毛
揶揄拍手笑也或作邪揄又作歋歈
一寤[illegible]瞌一覺也寤又作痦　左傳心之精爽是爲魂
魄
以進須臾也　韓詩外傳云辨言巧辭善毀者治[illegible]
言之上

大禹觀于濁河而受緑字
釭音公車轂中鐵俗謂金釭爲燈音杠又書作缸字義
意音聲皆誤
凡稱此箇曰者箇此回曰者回今俗改者爲這這音魚
戟切迎也非
魚肉曰肴菜蔬曰蔌　大暮長夜也謂死就木入棺也
糊口寓食曰糊傳糊口四方是也
齒本曰哂笑而開口則見故哂爲笑也
北史斛律金不識文字初名敦苦其難署改名金猶以

爲難神武指屋角令識之陸渭南曉晴詩屋角明金
字溪流作縠文用此事也
晉司馬彪傳云春秋不修則仲尼理之關雎既亂則師
摯修之此以亂爲治亂之亂與註異
司馬景王命中書郎虞松作表再呈不可意鍾會爲定
五字松悅服以呈景王曰不當爾耶松曰鍾[illegible]
王曰如此可大用沈佺期詩五字擢英才本此
李廓王建皆有鏡聽詞鏡聽即今之響卜也
黔首即黑白

汾穆言未有分別也
更僕數見禮記謂更代其僕猶未能悉數之也
毛舉刑法志毛舉數事言事之至微者
佔俾見禮記佔視也俾簡也
草昧雜亂不明意
死綏謂執綏而殊死戰無退志
鱗次仕進有序如魚鱗有次
疑承周官左輔右弼前疑後承蓋取有疑則質之意俗
作凝承誤

鼎鉉易鼎卦六五鼎黃耳金鉉鉉貫於兩耳以舉鼎者
喻大臣佐主之象[illegible]釜屬喻小臣
周禮以九式節財用八曰匪頒之式匪音分讀作斐音
皆誤
元元元善人也元元非一人也
[illegible]也覬欲也謂幸得所欲
[illegible]劾按[illegible]也按罪曰劾自劾有過也
[illegible]言象其人物顏色而求之也
[illegible]服從也

文苑豹斑卷之五

雲間沈思永裕父彙纂
陳繼儒眉公刪定

文史中

古樂府頭上金釵十二行蓋一人插十二行金釵古婦
人髻非今比也今以為金釵者十二行誤
陸機對張華云千里蓴羹末下鹽豉千里末下俱地名
今末下屬平江世多以末字作未字謂蓴羹未用
鹽豉誤

申生縊死鄭注曰雉經孔氏釋雉性耿介被獲必曲折
其頭而死言申生以介死也
秦無人秦伯遣士會行繞朝贈之以策曰子無謂秦無
人吾謀適不用也
漢武帝怒內史鄭當時曰局促效轅下駒轅下駒低頭
于轅下隨毋而已
三關口為天關手為人關腳為地關
天官吏部地官戶部春官禮部夏官兵部秋官刑部冬
官工部

駕部兵曹比部刑曹民部戶曹水部虞部俱工曹祠部
膳部俱禮曹

吏部冢宰戶部司徒禮部宗伯兵部司馬刑部司寇工
部司空

祝鳩氏司徒鵻鳩司馬鳲鳩司空爽鳩司寇鶻鳩司事

青號祠部爲氷廳言其清且冷也

黃帝以雲紀官春官爲青雲夏官爲縉雲秋官爲白雲
冬官爲黑雲中官爲黃雲

養生篇雖有嬰兒姹女須藉黃婆嬰兒心血姹女腎精

黃婆脾中涎

書後稱謹通其事於左方方板也古者以木爲方寫書

後魏每戰克欲天下聞之書帛於漆竿上名爲露布

蒯緱蒯茅類可爲繩緱把劍處蓋謂劍頭繩也

如夫人妾也左傳齊桓公多內寵有如夫人者六人

華陀曉養性術名五禽之戲謂虎鹿熊猿鳥也體有不
快起作一禽之戲

春秋燭之武曰若舍鄭以爲東道主以鄭在秦之東也
故世稱主人爲東道

欸乃欸音靄乃如字吳歌也又作暖廼今誤以欸爲款
音襖靄者非

火炙青竹簡令汗出取易書不蠹謂之汗簡又曰汗青
殺青殺治也

周靈王太子晉七月七日於緱氏山頭乘白鶴仙去故
稱太子駕曰鶴駕禁曰鶴禁

鄭光業狀元及第有人謝曰當時不識貴人凡夫肉眼
按肉眼出金剛經

六典治典教典刑典禮典政典事典

剛卯王莽傳剛卯長三寸廣一寸四分或用金玉刻作
兩行書曰正月剛卯又曰疾日剛卯凡六十六字以
正月卯日作此印佩之以祛除不祥漢姓劉以劉字
卯金刀使金刀之利不得行也輿服志長一寸二分
方六分又云剛卯漢制莽禁之金刀莽所鑄錢後復
禁之

屠龍技朱平漫學屠龍於支離益殫千金技成而無所
用

都下目軍人爲赤老以尺籍得名

敝帚曹植書文非一體鮮能尽善各以所長輕其所短語曰家有敝帚享之千金不自見之患也

投刺公侯

古無紙以竹木書姓名故曰刺䰟禰衡始于紙上書名

烽燧書曰烽夜曰燧葢積薪寇至焚之使人望而知也

十六至十九死者曰上殤十二至十五曰中殤八歲至十一歲曰下殤七歲以下曰無服之殤

周禮九拜之儀拜至地曰稽首拜頭扣地曰頓首拜奇拜一拜也又云屈一膝褒拜再拜也肅拜俯下手即

今之揖拱而拜曰端拜拜不至地曰空手拜拜後稽首曰吉拜

顧愷之倒食甘蔗曰漸入佳境故老年曰蔗境

蕭湘八景山市晴嵐漁村落照江天暮雪烟寺曉鐘平沙落雁遠浦歸帆瀟湘夜雨洞庭秋月 在荆州

殺風景清泉濯足花上晒褌背山起樓燒琴煑鶴對花啜茶松下喝道

李藩問卜於葫蘆生曰紗籠中人也葢位宰相者冥府必以紗籠護其姓名

古錦囊李賀出騎弱馬小奚奴背古錦囊隨後遇所得詩投其中奚大腹也

宋太宗立郡國戒碑爾俸爾祿民膏民脂下民易虐上天難欺乃景煥野人閒語書中語也又云摘蜀王孟昶之文按歐陽集古錄戒碑起唐明皇特不見其詞耳又云宋高宗頒是黃庭堅書

急急如律令令平聲律令雷邊捷鬼欲疾速如此鬼之疾走也

費文禕得道登仙駕黃鶴返憩鄂渚故建黃鶴樓

路振宋淳化中登第時小錄用綾人謂之金花帖

雷震百里故縣令稱雷封

黃堂即吳郡廳事乃春申君子爲假君之殿也後太守居之數失火塗以雄黃故名或謂以黃歇之姓名堂或謂太守黃堂猶天子之黃闥三公之黃閤給事舍人之黃扉也

今官府移文以上臨下皆用仰字按北齊孝昭記部定三恪禮儀體式亦仰議之仰字始此

孔頴達曰古人不騎馬故經典不見至趙武靈王詩胡

服騎射以教百姓李牧日殺牛饗士習騎射始見於此又宋劉炫謂左氏左師展將以公乘馬而歸此騎馬之漸予按古者服牛乘馬馬以駕車不单騎也至六國時始单騎

王昭君嫁單于單于死子逹立昭君謂逹曰將爲漢將爲胡曰爲胡昭君乃服毒死葬黒河之陽胡地草多白惟昭君塚上草獨青故謂之青塚爲胡者胡俗父死其子妻群母也

唐玄宗遣使擇天下姝好納後宮號花鳥使宋徽宗垂意花石命朱勔總其事號花石綱

唐文宗太和九年王涯獻榷茶之利以爲茶之有税自涯始按德宗貞元九年張滂請税茶以代水旱之賦是歲得錢數十萬則榷茶始于滂不始于涯

魯與趙俱朝楚獻酒魯酒薄趙酒厚楚酒吏求酒于趙不與吏以趙酒易魯酒楚王以趙酒薄圍邯鄲故今薄酒稱魯酒

雕蟲揚子雲好賦曰雕蟲篆刻壯夫不爲也

弁髦弁緇布冠也髦童子垂髮冠禮先用緇布冠斂括垂髦三加之後不復用故以爲喻

白眉後漢馬良兄弟五人皆有才名諺曰馬氏五常白眉最良良字季常眉有白毫

吏隱汝南先賢傳鄭欽吏隱於蟻陂之陽

元日飲屠蘇酒從少者起宋有問董勛者曰以少者得歲故賀之老者失歲故後之

褰幃舊典傳車驂駕垂赤幃裳迎于道賈琮爲冀州刺史曰刺史當遠視廣聽糾察善悪反垂幃裳以自掩乎命褰之

鈞天廣樂秦穆公夢至帝所觀鈞天廣樂

東方朔神異經東明山中有宮焉青石爲墻有銀榜曰天子長男之宮故太子稱青宮又曰東宮春宮

朱博爲御史府中列柏樹常有野烏數十棲其上朝去暮集因名烏府烏臺又名柏臺

賈充始生父逵曰後當有充閭之慶因名充故今爲生兒美稱

湯餅會劉禹錫送張盥云爾生始縣弧我作坐上賓引筯舉湯餅祝詞天麒麟

今人呼妻父曰岳翁曰丈人匈奴傳曰漢天子我丈人

行世故呼爲丈人又以泰山有丈人峯故又呼丈人
曰岳翁亦曰泰山

新進士以泥金帖子附家書謂之泥金信又曰喜信

買山錢于頔與符山人

元結以不飲者爲惡客後人以痛飲者爲惡客

桓溫有主簿善別酒好者爲青州從事惡者爲平原督郵青州有齊郡從事謂到臍下平原有鬲縣督郵言止到鬲上住

投瓊即今擲投子投今作骰非也蓋取投擲之義而骰字即股字不音投又杜詩馮陵大叫呼五白五白即五采即今骰子

漢婁君卿遊五侯之門每旦五侯各餉之君卿合而煎和之名五侯鯖鯖與脠同音征

甘羅十二爲秦相非也羅事呂不韋因說趙有功封上卿相秦者羅祖茂

文君當壚壚字不從土蓋賣酒區也顔思古曰賣酒之處累土爲壚以居酒瓮四邊隆起其一面高形如鍛壚故名非溫酒火壚也

首級秦法斬敵一首拜爵一級故謂一首爲一級

漢惠帝賜金不言黃謂錢也食貨志黃金一斤值萬金錢盎一金與萬錢等也

禮年八十有秩故以八十爲八袠

行枚者曰五百本作五陌伍當也陌道也使之導引當道也即今之皂隸

祖道黃帝子纍祖好遠遊而死于道故後人祭之以爲行神因饗飲也方相氏黃帝次妃嫫母纍祖一云帝元妃

羈縻羈馬絡頭縻牛靷

寢廟有東西廂曰廟無東西廂曰寢

無恙恙毒虫也能傷人古人草居露宿故早相見問勞必曰無恙乎又曰恙憂也又猛食人獸

鴟夷榼形今盛酒者吳王取馬革爲鴟夷受子胥沉之江

乘傳傳以木爲之長五寸書符信於上又以一板封之皆封以御史印章所以爲信也如今之驛乘傳依乘符傳而行

正月十五夜金吾不禁謂之放夜

經書稱夏后氏殷周皆曰人白虎通曰禹受禪爲君故曰后殷周順人心征伐天下故曰人舜曰有虞氏亦以受堯禪也

燕昭王築臺置黃金其上以延天下之士故號黃金臺

禮樂太常稱容臺以商容爲商禮樂官故名

唇以上謂之人中蓋自此以上眼耳鼻皆雙竅自此以下口及二便皆單竅成泰卦云

諸侯罷戲下各就國戲音麾謂軍之旌麾也

阿瘖瘖吳下方言

三姑道姑尼姑卦姑

六婆牙婆媒婆師婆虔婆藥婆穩婆

潮候午未未未申申卯卯卯辰辰巳巳巳午朔望一般輪夜則對衝若是如初一晝午則夜子初二晝未則夜五十六又從午數起

拾芥夏侯勝曰士病不明經經術苟明取青紫如俯拾地芥耳

少陵曰常時車馬之客舊雨來今雨不來故呼舊友曰舊雨新友曰今雨

方外子桑戶死孔子使子貢往待事子反琴張鼓琴相和而歌子貢反以告孔子曰彼遊方之外者也而丘遊方之內者也

陸沉東方朔歌陸沉于世言人中隱譬無水而沉也

竹素劉向爲孝成皇帝典校書籍先書竹刊定可繕寫者以上素也

墨子泣素絲爲其可以黃可以黑也

楊子悲岐路爲其可以南可以北也

北海術北海營陵有道術能令人與宛人相見

周亞夫次細柳註一宿曰宿再宿曰信過信曰次

陽九陽數之極也百六陰數之極也即陰六又云一百六歲曰陽九之厄又漢書云陽九之厄四千五百歲爲一元一元之中九陽厄五陰厄四陽爲旱陰爲水又云初入元百六歲有厄故曰百六之會

三冬東方朔上書曰臣學書三冬文史足用

三餘冬者歲之餘夜者日之餘陰雨者時之餘

先犬馬列女傳虞貞節曰人命長犬馬命短妾之夫先犬馬死矣

東陵死利盜蹠死利于東陵之上

冥間録人罪大者奪紀紀三百日小者奪筭筭一百日

郢斤莊子郢人堊漫其鼻端使匠石斲之運斤成風堊盡而鼻不傷郢人立不失容

鼓盆莊子妻死惠子弔之莊子方箕踞鼓盆而歌

懸車謂所乘之車懸而不復出也

易名謂謚法也公叔文子卒子戌請謚于君曰日月有時將葬矣請所以易其名者

漢制通判從事史一人刺史行部别乘一車在後故曰

别駕

王衍口有雌黄謂俟駁也

易曰家人有嚴君井竈之謂也是以父喻井竈蓋以竈有釜故子過父爲跨竈

莫逆交子桑户孟子反子琴張三人相視而笑莫逆于心

文臣賜謚自永樂間姚廣孝胡廣始

孔叢子子思告齊君先君生無鬚髯天下王侯不以此損其敬今像多鬚誤

御史初入臺滿直二十五日爲伏豹取不出之[illegible]

豹直

晉伐偪陽諸侯之士門焉叔梁紇抉之以出今韓非呂氏書並言孔子力能招國門之關而不以力聞誤

度相之士不足與求人才夜羅之人不足與論國是痴人謂之夜羅

壽上壽百中壽八十下壽六十

喪禮稱哀子不稱孤子今人父喪稱孤母喪稱哀相習已久不可改

濫竽齊宣王好竽吹竽者三百人南郭先生不知竽濫食禄於三百人中宣王薨後王立曰寡人欲一一吹之南郭乃逃

趙襄子殺智伯漆其頭以爲飲器注飲去聲溺器也横吕氏春秋襄子與魏斯韓康擊智伯斷其頭以爲觴則是酒器也

[illegible]槎無乘槎事乘槎是海上客

[illegible]孔安國晉安帝德宗恭帝德文會稽王道子[illegible]

[illegible]孟浩然顏見遠田承嗣張[illegible]

史蔡興宗皆以名爲字

毛寶無放龜事放龜是寶所統之人武昌軍

王羲之子徽之徽之子禎之王允之子晞之晞之子肇之王宴之子崑之崑之子隱之三世用之字胡毋輔之子謙之吳隱之子瞻之顧悦之子愷之兩世用之字

老郎署領駟事今作馮唐用由左太沖詩誤

諱名司馬遷父名談故史記無談字季布傳趙談改名同范曄父名泰故後漢書無泰字故郭泰鄭泰皆改作太今人與父同名者改曰同本此

天幸霍去病事今作衛青用由王維詩誤

射策者難問疑義隨其所答以觀優劣對策者顯問政事經義使各對之以定高下也

彈琵琶本送王昭君之人今作昭君自彈誤

鳳毛有兩出處人知謝超宗而不知王劭二人皆晉人

劭導子字敬倫風姿似父桓溫曰大奴固自有鳳毛

晉用人士稱桃李皆謂狄梁公桃李公門事按説苑楊貨見簡子曰自今不復樹人矣簡子曰樹桃李者夏得休息秋得其實樹蒺藜者夏不得休息秋得其刺今子之所樹蒺藜也非桃李也事蓋始此

六律黃鍾十一月太簇正月姑洗三月蕤賓五月夷則七月無射九月屬陽大呂十二月夾鍾二月仲呂四月林鍾六月南呂八月應鍾十月屬陰

王姬周姬姓故王女皆稱姬如陳嬀楚芊齊姜之類後世凡婦人皆稱姬誤又云黃帝姓姬炎帝姓姜其後子孫盛其家之女美者尤多故以姬姜爲女子美稱

王忱醉輒經日自號上頓故世以大飲爲上頓

禮釋奠於學釋奠即舍菜舍菜即祭菜又云古者士之見師以菜爲贄始入學者必釋菜以禮其先師菜芹屬

韋皮繩弦弓弦西門豹性急故佩韋以自緩董安于性緩故佩弦以自急

王父祖父也大王父曾祖也外王父外祖也

即官上應列宿天文志郎官十五星在帝座東北依烏即府是也非二十八宿

齊侯使連稱管至父戍葵丘瓜時而往曰及瓜而代

今稱任满當代曰及瓜攄傳乃一年戍守耳今例稱瓜期不當况至又當代謀作亂非美事

塵世刼道謂之塵儒謂之世釋謂之刼

圍棋王中郎以爲坐隱支公以爲手談

鵲起莊子曰鵲上高城危而巢於高枝之顛城壊巢折凌風而起故君子之居世得時則蟻行失時則鵲起

借書三瓻瓻酒器大者一石小者五斗古之借書盛以酒瓶則借書三瓻當用此字或又用鴟字鴟亦盛酒器也作癡嗤者非又集韵釋古人借書餽酒一瓻還

亦餽酒一瓻故山谷詩不辭借我千卷他日還君一瓻此說還有理

蹻屩擔簦屩草履簦有柄笠也

尋時禁書疏非弔喪問疾不行尺牘故義之書首云死罪

唐故事凡拜相府縣載沙填路自私第至於城東街名沙堤

元旦冬至朝會百官已集宰相方至列燭多至數百炬謂之火城宰相火城至則衆皆撲燭避之

吴王葬女舞白鶴于市萬人隨觀之因以爲殉

伍子胥出昭關吹篪乞食於吴市

殿試唐武后天授元年始武舉唐武后長安三年始

州縣六曹兵刑工禮户吏宋徽宗設

天地之數極於十二萬九千六百年

我明天下税糧二千九百四十三萬餘浙江二百七十五萬二千餘蘇州二百八十萬九千餘松江一百二十萬九千餘

長物長去聲剩也

舞象象美文王之詩十五以上爲成童歌象爲節而舞舞勺勺美武王之詩十三年歌勺爲節而舞二十舞大夏

呼庚癸庚西方主穀癸北方主水言水穀皆無而求得之也

鑿凶門制閫外淮南子國有難則君召將授之以鉞從凶門而出古者天子遣將推轂而命之曰閫以內寡人制之閫以外將軍制之

觚觚木之方者古人用之以書猶今之簡也文選註

爲筆誤

移天婦人在家天父嫁則天夫移天謂嫁夫也

真泠遺命也莊子山木篇桑雩曰舜之將死真泠禹也

汝戒之哉

孔安國撰孔子弟子七十二人劉向撰列仙亦七十二
人皇甫士安撰高士亦七十二人陳長文撰耆舊亦
七十二人

龍鍾竹名年老者如竹枝葉搖曳不自禁持

莊子攙槁梧而瞑梧琴也又曰木几

論語禮記中束修修脯也十挺爲束延篤曰吾自束[illegible]
以來爲人臣不陷于不忠註束帶修飾也李固奏記
梁商曰王宮束修厲節晉荀羨擒賈堅堅曰吾束修
自立君何謂降耶皆檢束修飾之義與論記不同

龍蛇厄鄭玄夢孔子曰起起今年歲在辰明年歲在巳
玄知命當終也讖云歲在龍蛇賢人嗟蓋以辰年居
龍巳年屬蛇

佳倩女夫美稱

[illegible]歲不熟曰荒五穀不升曰大侵

禮天子六馬左右驂三公九卿駟馬左驂又云漢制九
卿則二千石亦右驂太守駟馬而已其加秩中二千
石乃右驂故以五馬爲太守美稱又王羲之守永嘉
庭列五馬後遂援爲太守事又遁齋閒覽與學林云
漢時朝臣出使爲太守增一馬故云五馬

堪天道輿地道今稱堪輿家明於天地之道者也

手指五巨指食指將指無名指小指

驕子匈奴者天之驕子

觥録事監令者酒令曰觴政

款識古器款識有二義款陰字凹入者識陽字凸出者

功臣封爵鐵券文曰黃河如帶太山若厲國以永存爰
及苗裔

澆書東坡名晨飲

攤飯太白名午睡

晏駕晏晚也天子當晨起方崩稱晏駕者臣子之心猶
謂宮車晚出也

漢昌邑王賀清狂不惠注如今白癡也清狂對白癡字
新

宮中以椒塗壁辟蛇虫故皇親名椒房之親

梁武帝改稱臣爲下官

傾蓋孔子之剡遇程子于途傾蓋而語顧子路取束帛以贈先生蓋即今之傘

牙即本作互即取互市之義今訛爲牙即儈

唐劉蛻爲文不忍棄草聚而瘞之曰文冢作銘

僧智永瘞舊筆頭號退筆冢

唐肆今過路亭無壁者

熊衮事親孝貧無以葬天雨錢三日

蒼頡作書天雨粟鬼夜哭

張仲舒在廣天雨羅箋甚多

翁仲孺渭川人天雨金三日家富與王侯等

宋神宗問吕惠卿曰蔗字從庶何也曰凡草木種之俱正生蔗獨橫生蓋庶出也故從庶

山陽笛向秀與嵇康善康與吕安灌園于山陽後康被誅秀入洛鄰人有吹笛者發聲寥亮秀追想嵇生游宴之好作思舊賦

騎箕傅說騎箕尾上昇

騮膝之馬良馬低頭口至膝故云

玉魚符唐李廸夢黃衣曰未須死待玉魚符下也後於龍尾道見一玉魚把玩至家數日卒

六宮心爲絳宮肺爲玉堂宮肝爲清冷宮膽爲紫極宮脾爲中黃宮腎爲牧宮

古享禮猶今前筵古宴禮猶今後筵杜預曰享有禮貌設几而不倚爵盈而不飲肴乾而不失宴則折俎相與共食

屈原以五月五日投汨羅江人以舟爭先拯之今競渡

戲是遺俗

雙鴻舞虞國守日南行惠澤雙鴻隨軒而舞

尺牘漢遺單于書以尺一牘中行說教單于以尺二牘報漢

玉粒桂薪蘇秦曰楚國之粒貴於玉薪貴於桂

道家以兩肩爲玉樓以兩目爲銀海

唐人與親別而復歸謂之拜家慶

屬纊纊新綿入死置口鼻以候氣絕否

疾稍侵漸篤也

紅纏飣定親以紅綵纏酒壺故云

㓹揄揄音投漢石奮洗親中㬻廁牏顏師古謂汗衫非也青箱雜說以蘇林說牏爲溷是也

委禽即奠雁

裝潢潢音黄染黄紙修治書画之名本齊民要術又唐六典潢音光上聲謂裝成以蠟潢紙也改爲裝池謬甚

潮汐早曰潮夕曰汐

隋高帝從蘇威議以百家爲里置里長一人

進士科隋煬帝大業元年始後世因之

拱手曰交手

三池黄庭經膽爲中池口爲華池腹爲玉池

祝鷄翁居尸鄉山下善養鷄鷄數百群皆有名字呼名則種別而至今人呼鷄曰祝祝始此又風俗通鷄朱氏翁所化故呼鷄曰朱朱祝古字作州

泉臺夜臺黄壚玄廬俱墳墓名又云復真堂鮑溶詩又謂青松宅

葭莩之親葭莩蘆管中白衣至薄者也

絳帳馬融坐高堂施絳帳前授生徒後列女樂

尊章猶言舅姑見廣川王去姬陶望卿詞

孔子號夫子以常爲魯大夫故弟子連官稱之尊以別餘人也故後之尊師者例曰夫子公羊傳子沈子子公羊子何休云加子姓上名其爲師也朱子稱子周子子程子葢尊師之

巨擘虫名舊擘地以行即蚯蚓之大者故孟子又云必蚓而後充其操今註以爲大指誤

小祥喪朞年大祥喪再朞禫除服闋俱終喪名

旣入其笠笠香白芷之類豚之所甘今註以爲攔非也

朱衣點頭歐陽公知貢舉每閱卷坐後覺有朱衣人點頭其文始入格

滑稽轉注之名也器物底下穿孔注之不已類人言語捷給應對不窮故辨捷之人稱滑稽滑音骨

蚩尾蚩海獸也是水精能却火故殿角用之作鴟尾非

王元寶富厚人以錢有元寶字因呼錢爲王老

破瓜乃二八十六歲也

[illegible]有汗絆變月事也

巾車周禮巾飾也又巾猶衣也以衣飾車故名
王祥臥冰按晉本傳及陽秋祥至孝繼母朱疾欲生魚
天寒冰凍祥將剖冰求之冰忽自解雙鯉躍出臥冰事
膏沐膏所以澤面沐潘也潘米汁可以沐頭左氏遺之
以膏沐曾展喜以膏沐勞齊師則非專婦人用也今
之賜面脂是也
尺籍伍符伍符五五相保之符
頭會箕斂從人頭數出穀以箕斂之
緯蕭織簾也河上翁家貧緯蕭而食

九日登高費長房謂桓景曰汝家九日有厄當作絳囊
盛茱萸繫臂令家人登高飲菊酒如其言還家鷄犬
牛羊一時暴死
珥筆戴筆也出選珥筆華軒泚筆蘸溼筆也本文本命
吏泚筆口占簪筆插筆於首
綿蕞立竹及茅索營之以習禮也
風景不殊舉目有山河之異此新亭語蓋洛陽四山圍
伊洛瀍澗在中建康亦四山圍秦淮直瀆在中故云

漢武帝時致支國貢馬肝石搗以和丹服之彌年不饑
渴拂髮白者復黑時公卿語曰不用作方伯惟須馬
肝石
擘張手張弩也蹶張足踏弩也
叔孫通起朝儀設九賓臚句傳上傳語告下曰臚下告
上曰句九賓謂公侯伯子男孤卿大夫士也又言句
字衍文臚傳即傳臚殿榜唱名曰臚傳本此
詩云夏屋渠渠夏屋大俎食具也註作巨室非
遠法師在廬山修淨土之社凡百有二十三人謝靈運

為鑿東西二池種白蓮求入淨社故名蓮社
王莽曰延士不及白屋師古曰白屋謂庶人以白茅覆
屋也
獻芹獻芹列子宋國有田夫東作自曝于日謂妻曰負
日之暄人莫知之以獻吾君當有重賞妻曰昔有美
芹莖萍子者對鄉豪稱之鄉豪嘗之螫于口慘于腹
衆哂之
銜環後漢楊寶七歲行華山見黃雀被傷墮地收於巾
箱中瘡愈旦去暮來忽一朝變為黃衣少年見寶下

拜持玉環二雙贈之曰俾爾子孫世世爲三公後寳生震震生秉秉生賜賜生彪皆爲三公

結草晉魏武子有妾無子武子疾命魏顆曰必嫁是疾甚則曰以爲殉及卒顆嫁之及敗秦師獲其將杜回顆見老人結草以亢回回躓故獲之夜夢老人曰余爾所嫁婦人之父也爾用先人治命余是以報

天子嫁女不親主婚使同姓諸侯主之故謂公主諸侯即自主婚故曰翁主翁者父也亦曰王主言王自主婚也娶天子女曰尚公主娶諸侯女曰承翁主尚承

皆卑下之稱尚配也承奉也

親孫之子爲曾孫曾孫之子爲玄孫玄孫之子爲來孫來孫之子爲㫤孫㫤孫之子爲仍孫仍孫之子爲雲孫言輕遠如浮雲也又云玄孫之子爲耳孫言去高曾遠但耳聞之

髭鬚眉髮皆毛類髮屬心火也火炎上故上生鬚屬腎水也水潤下故下生眉屬肝木也木傍敷故側生貴人勞心故少髮婦人宦者無勢故無鬚癩者風風盛木落故先禿眉

夢蘭鄭文公賤妾燕姞夢天使與己蘭曰以是爲爾子旣而文公與之蘭而御之辭曰妾幸而有身將不信敢徵蘭乎後生穆公名蘭

彈冠相慶漢王吉字子陽與貢禹爲友世稱王陽結駟貢公彈冠喜其必能荐己也又蕭王結綬朱貢彈冠蕭育朱傳亦相友善

媽媽北地馬群每一牡將十餘牝而行牝皆隨牡不入他群故今稱婦曰媽媽蟻亦不入他群故爲馬蟻一名玄駒

嬰兒男曰兒女曰嬰

燕石宋之愚人得燕石于梧臺之側藏之以爲大寳周客聞而觀焉主人齊七日端冕元服以發寳革匱十重客見俛而掩口胡盧而笑曰此燕石也與瓦甓不殊主人大怒曰盲瞽之言藏愈固守愈密

[illegible]士言荐舉人如車轂之輪轉

[illegible]晉侯疾秦伯使醫緩爲之未至公夢疾爲二豎[illegible]

[illegible]焉逃之其一曰我居肓之上膏之下

[illegible]曰不可爲也在肓之上膏之下

不至焉公曰良醫也
進士不第者親知供酒肉費號買春錢
桃蘭九畹十二畆爲畹九畹百畆也
流黃機間色有緋紅縹紫流黃流黃機中所織絲色也
秦始皇上泰山立封祀風雨暴至休于松樹下封其樹
爲五大夫五大夫秦官名第九爵也今以爲五松樹
誤
士人稱措大謂能舉措大事也
學羊欣書者爲重臺重臺者婢之婢也

八尺曰尋丈六尺曰常五尺曰墨十尺曰丈一手盛曰
溢兩手曰掬掬一升也
三尺法謂以三尺竹簡書法律也
令人稱法令曰令甲出漢宣帝詔蓋是法令首卷觀江
充傳註令乙章帝詔令丙可知想漢律有十卷耳
大椿以八千歲爲春秋故用以祝壽稱父爲椿庭萱草
婦人佩之宜男有母道焉故以母爲萱堂
[illegible]繻帛邊關出入裂繻頭以爲合符也
[illegible]長老種芝蔴未見得以芝蔴必得夫婦兩手同種

則倍收長老僧也獨種則無得收之理[illegible]
荆叔世所稱布裙猶是嫁時衣胡麻好種無人種合
是[illegible]種時底不歸胡麻即芝麻
[illegible]即舞簫
含香漢置尚書郎四人含鷄舌香奏事欲使氣息芬芳
又云始侍中刁存桓帝以其口臭故賜含之後遂爲
故事
晬日謂子生一歲
懸弧之辰禮男子生以桑弧蓬矢射四方示有四方之

志故稱人生日又云男子生設弧于門左女子生設
帨于門右
搢紳謂插笏于紳紳大帶也搢插也今作縉紳帛赤色
非
秦繆公時有人掘地得物若羊將獻之道逢二男子曰
此名爲蝹又名[illegible]像在地食死人腦若殺之以柏東
南枝插其首自此墓皆植柏
舉白服虔曰盃有餘白瀝者罰之孟康曰白見驗乾也
又按魏文侯飲酒令曰不釂者浮以大白於是公乘

不仁舉白浮君則白者罰爵之名

內子細君皆妻名側室小妻俱妾名

痀瘻丈人之承蜩猶掇之也掇言取之易也承蜩即粘蟬見莊子

百勞名梟以其食母不孝故古人賜梟羹又縣其首于木故今人標賊首以示衆曰梟首

追蠡趙希鵠云追琢也今畫家滴粉令凸起猶謂之追粉蠡剥蝕也追蠡言禹之鍾款文追起處剥蝕也今孟子趙岐註非

左傳鄭莊公寤生驚姜氏杜氏註云生之難死而復蘇也風俗通云兒生未能開目視者曰寤生爲是

遼東豕朱浮責彭寵曰伯通自伐功高天下往時遼東生豕有子頭白異而獻之及至河東群豕皆白慚而退以子功論於朝廷則遼東白豕也

越有處女善劍術道逢老人自稱袁公與處女比試處女舉劍擊之袁公飛上樹化爲白猿故曰學劍白猿公

太祖孝陵洪武 成祖長陵永樂 宣宗景陵宣德 英宗裕陵正統 景皇無廟號景泰 憲宗茂陵成化 孝宗泰陵弘治 武宗康陵正德 世宗永陵嘉靖 穆宗昌陵隆慶

世傳七賢過關圖或謂即論語作者七人或謂竹林七賢皆非也乃開元間冬雪張說張九齡李白李華王維鄭虔孟浩然出藍田關遊龍門寺鄭虔圖之

唐世五月五日揚州於江心鑄劍以進故詩家端午多用其事

穀不熟曰饑連歲不熟曰荐饑

禹治水胼手胝足病偏枯足行蹇澁故至今人稱禹步

杞人之憂列子云杞國有人憂天崩墜廢于寢食

詩木瓜美齊桓公也衛敗于狄處于漕桓公救而封之遺以車馬器服衛人嘆服之故作此詩今註以爲男女贈答之詞誤

顔回望吳門見一疋練孔子曰馬也然則馬之光景一疋長耳故後人稱馬爲一疋

王玄云武帝得論語于孔壁中皆名曰傳至孔安國以教魯人扶卿始曰論語

春秋繁露曰凡贄用羔羊有角而不用如好仁者執之不鳴殺之不號類死義者羔飲其母必跪類知禮者故羊之爲言祥也故以爲贄又云婚禮之用羊自漢始

洪武中戶部侍郎郭桓等犯贓事覺連坐者衆因此作大誥頒示天下令官民戶有一本犯罪者每減一等無者加一等後來斷獄遂有大誥減一等誤

漢制天子封諸侯以五色土爲壇東方受青土南方受赤土他各如其方色藉以白茅歸國以立社故曰分茅祚土

孟氏譜云孟子周定王三十七年四月二日生即今之二月二日赧王二十六年正月十五日卒即今之十一月十五日故至今冬至廢賀節之禮

九錫一車馬二衣服三虎賁四樂器五納陛六朱戶七弓矢八鈇鉞九秬鬯

齊宣王稷下談天尤盛

文苑豹斑卷之五終

文苑豹斑卷之六

雲間沈思永裕父彙纂
陳繼儒眉公刪定

文史下

周官太宰以正月懸治法於象魏象魏闕也上垂法象巍巍高大謂之象魏曾人因謂教令之書爲象魏

曹操伐吳見孫權舟船器械徒伍整肅嘆曰生子當如孫仲謀如劉景升子豚犬耳故今謙稱子曰豚犬

大學經文無闕特錯簡未釐正耳首章明明德三綱領

下即繼以欲明明德以下八條目此經也自知止連下節及聽訟章至此謂知之至也正釋格致

蘇門嘯阮籍嘯歌酣放聞蘇門山中有真人籍登嶺從之箕坐相對乃商畧終古以問之仡然不應籍對之長嘯彼亦斷然笑曰可更作籍復嘯意盡退還半嶺忽唒然有聲若數部鼓吹乃向人嘯也

祏宗廟之木主也藏于戶外北牖下有石函故名宗祏

尸子曰黃帝曰合宮唐曰衢室虞曰總章殷曰陽館周曰明堂明堂天子太廟也所以宗祀而配上帝明天

氣統萬物也
楊德祖與曹孟德讀曹娥碑娥上虞人今曹娥江在寧
紹兩界中孫權據越孟德何緣至此
道德經曰谷神不死是謂玄牝玄牝之門是謂天地根
玄天也於人爲鼻牝地也於人爲口口鼻通天地之
氣故云
楊震客居于湖有雀啣三鱣魚飛集講堂前都講進曰
鱣者卿大夫服之象數三者法三台也先生自此升
矣後果居台輔故今學宮稱鱣堂

金液太乙所服而仙者
白龍魚服制於豫且吳王欲從民飲伍子胥諫曰不可
昔白龍下淸冷之淵化爲魚漁者豫且射中其目白
龍上訴天帝帝曰是時若安置爾形白龍曰吾下淸
冷之淵化爲魚天帝曰魚固人所射也豫且何罪
甲第漢書音義曰屋有甲乙次第故名
諸侯朝於天子之所立宅舍曰邸諸侯王朱戸故曰朱
邸
壁經魯共王治宮室壞孔子舊宅以廣其居於壁中得

古文虞夏商周之書
庖丁爲文惠君解牛奏刀莫不中音合於桑林之舞桑
林舞名
三花聚頂五氣朝元道家修養法也三花落則死矣故
太白詩三花如未落乘興一來過
妾一男漢武帝時田千秋以訟太子寃拜相匈奴單于
謂漢使曰漢置丞相非用賢也妾一男子上書卽得
之矣
大方家莊子秋水時至百川灌河涯涘之間不辨牛馬

河伯欣然以天下之美盡在己順流至于北海不見
水涯望洋而歎曰吾見笑于大方之家矣
千金不顧楚成王夫人鄭子瞀成王登臺子瞀不顧曰
顧與汝千金子瞀遂行不顧
金門卽金馬門宦者門也武帝得大宛馬鑄銅使立于
司馬門故以爲名又馬援傳武帝時相馬者東門京
鑄銅馬法獻之詔立魯班門外更名金馬門又謂之
黃門
漢明帝詔曰尊事三老兄事五更三老知天地人之事

者五更老人知五行更代事者蔡邕以更當作叟、
山獵春曰蒐夏曰苗秋曰獮冬曰狩獮音跣、
古史考曰柘樹枝長而勁烏集之將飛柘樹反起彈烏
烏乃號呼此枝爲弓快而有力因名烏號之弓、
檄以木簡爲書長二尺以徵召有急則插以鷄羽謂之
羽檄、
竹符漢以竹箭五枝長五寸鐫刻篆書銅虎符上刻虎
頭各左畱京右與郡國當發兵遣使至郡合符符合
乃受、

杜舉知悼子卒平公飲酒杜蕢揚觶以示罰故至今獻
畢揚觶謂之杜舉
韓非子人有鬻矛與楯者譽其楯之堅物莫能陷也又
譽其矛之利物無不陷也人應曰以子之矛陷子之
楯何如其人不能答故今人言行前後不相顧云自
相矛盾、
天子以四海爲家故所至曰行在所
王元長曰小兒五歲曰鳩車之戲七歲曰竹馬之戲
下蠶室宮刑也[illegible]欲其溫則早成爲蠶室以養之[illegible]

人畏風入蠶室則不死故云、
禁中漢門閤有禁侍御之人不得妄入孝元后父名禁
改名省中、
病有六不治一驕恣不論於理二輕身重財三衣食不
適四陰陽并臟氣不定五形羸不能服藥六信巫不
信醫、
周禮曰泉泉即錢也如泉之流行于世
詔勅紙用黃起于唐高宗以用白紙多有蟲蠹故也
近代通稱府庭爲公衙即古之公朝也字本作牙訛爲
衙蓋取牙爪之義故軍前大旗爲牙旗出師有建牙
之事、

世傳臣見君呼萬歲自漢武登嵩山聞山呼萬歲者三
遂爲故事按優旃侍秦始皇置酒有頃殿上呼萬歲
則秦時已然但無山呼字耳、
吾明欽天監每年二月初一進曆樣十一月朔頒大統
曆于百官進內有上位曆七政曆月令曆王遁曆又
上吉日十二紙每月粘一紙于宮門御賜諸王府中
曆各布政司則皆禮部降鑄欽天監印以造曆遍及

民間無欽天監印者爲僞造律處斬
吾朝封爵母雖以子貴然嫡母在則不敢並封然母未
封則子婦亦不受封、
吾朝天下歲運米至京師有四百餘萬石民糧不在數
內
吾朝在京倉糧每月放二十七萬石承運庫每歲散軍
職折糧銀十二萬兩其軍職通計二萬七千餘
古人藏書皆作卷軸鄴侯家多書插架三萬軸是也此
制在唐猶然其後以卷舒不便因而爲摺而摺斷又

分爲薄帙以便檢閱葢愈遠而愈失其真耳
舜典歲五月南巡狩至于南岳史言舜南巡狩崩於蒼
梧之野今塚乃在零陵之九疑山按九疑去南岳千
餘里蒼梧在廣西域內去九疑又數百里孟子言舜
卒于鳴條鳴條在東方東服不聞有舜塚今將何所
據乎、
孔子沽酒市脯不食鄭康成註沽爲榷沽之沽朱子曰
沽市皆買也毛氏註一宿酒曰沽又茸露經云酤酒
一宿之暴煮酒也葢三代無沽酒者至漢武帝方榷

沽當以一宿酒爲是、
鄭春蔡山出大龜尚書云九江納錫大龜即此山之龜
也故龜名蔡
詩燕婉之求得此戚施薛君曰戚施蟾蜍喻醜惡也
詩相鼠有皮人而無儀不死何爲按相地名相州有大
鼠見人即拱手而立故取譬焉今詩註以相爲視則
視物之有体有皮者皆可以喻禮何取于鼠哉
日者占候卜筮之通稱
唐人呼縣令爲明府丞爲贊府尉爲少府

五十曰艾六十曰耆七十曰耄八十曰耋九十曰鮐背
百歲曰期頤、
侍御在殿柱之間故周謂之柱下史秦改爲侍御史故
法冠一名柱後惠文即獬豸冠也又云惠蟬翼冠細
如蟬翼也又云進賢冠文臣冠惠文冠武臣冠
禁門曰黃闥故給事中有事黃闥之內號黃門郎又曰
黃扉唐郭承嘏爲給事中文宗曰承嘏久在黃扉漢
儀每日暮兩即入對青瑣門外名曰夕郎即今之給
事中也、

舜命伯夷作秩宗掌三禮即今之太常卿周時曰宗伯

周曰掌客秦曰典客漢曰鴻臚魏曰主客今　明亦曰

鳴臚

秦符璽令漢爲符節令唐爲符璽郎天后更爲符寶郎

吾　明爲尚寶司

武帝置博士取學通行修博識多藝曉古今爾雅能屬

文章者爲之朝賀位次都官吏稱先生不得言君其

子弟稱門人先生門人之稱始此

王元長曲水詩序入虎闈而齒胄註周禮師氏以三德

教國子居虎門之左虎闈教國子之學所也

漢京兆少尹魏晉以來治中之任

正周正建子之正也始皇以正月旦生于趙因名政後

以始皇諱故音征然老子天得一以清地得一以寧

侯王得一以爲天下正已讀征音矣

漢景帝諱啓史記微子啓作微子開武帝諱徹以徹侯

爲通侯蒯徹爲蒯通宣帝諱詢以荀卿爲孫卿明帝

諱莊以莊光爲嚴光莊君平爲嚴君平

晉簡文鄭后諱阿春以春秋爲陽秋富春爲富陽

冠準當軸人避其諱去十爲准至今文書承用之

草之精秀者爲英獸之將群者爲雄故人文武出類者

取名焉

古人以石爲針不用鐵說文有砭字許慎云以石刺病

也春秋美疢不如惡石服子慎註石砭石也季世無

佳石故以鐵代之耳

星貨鋪言列貨叢襍如星之繁今俗呼爲星火鋪誤也

三族父母兄弟妻子也或謂父族母族妻族非漢誅英

布而不及吳芮可知矣布芮婿

曲禮生爲父母死爲考妣

爾雅姑之子外兄弟也舅之子內兄弟也

鼻一名天臺一名玉盧

天子稱大家謂天子以天下爲家也又稱大家又稱天

辟又稱官家以五帝官天下三王家天下猶言帝王

也亦稱宅家即天下爲宅四海爲家之義又稱鉅公

以天子父天下也漢霍禹又稱爲縣官

周厲王流于彘諸侯奉共伯和行天子事號共和按左

傳及曾連子呂開春諸書則共伯名和遷史以爲周

召二相行政號曰共和無所擾也、
宋世以駙馬爲粉侯文及甫抵書刑恕謂駙馬韓嘉彥
兄忠彥爲粉昆、
按左傳楚子入陳因陳縣縣名始此國策中楚有新城
令趙有上黨守大事記春秋時郡屬于縣趙簡子所
謂上大夫受縣下大夫受郡是也戰國時縣屬于郡
所謂上郡十五縣是也司馬索隱云漢景帝始稱太
守然賈誼傳河南守吳公又先於景帝矣是郡縣守
宰俱不始于秦也、

春秋國語有寓望謂今亭也、
屠蘇草菴名昔有人居草菴中每歲除夕遺里人藥一
貼令囊浸酒中至元日取酒合家飲之不病瘟疫今人
得其方而不識其名但曰屠蘇四時纂要云屠蘇者
思邈菴名、
左傳及史記並無介子推被焚事按周書司烜氏以木
鐸循火禁于國中註云爲季春將出火也今寒食准
節氣是仲春之末清明是三月之初然則禁火蓋周
之舊制、

世說有枇杷黃醫者忙橘子黃醫者藏李太白回醫生
書云遺白金三十兩以備橘黃之需蓋橘黃時人食
新稻百病皆除也、
后羿死于桃棓棓大杖以桃爲之以擊殺羿由是以來
鬼畏桃、
蕭何封酇侯今世家作鄼侯字相似而誤也酇七何切
班孟堅十八侯銘文昌四友漢有蕭何序功第一受
封于酇又唐詩麒麟閣上識酇侯按酇在沛鄼在南
陽何起沛封邑必近之且孟堅去何未遠聞必真師

古云何封南陽之鄼亦未深考也、
豎扈猶言強梁扈竹籬也水未至先作竹籬候魚之入
水退小魚獨留大魚則跋籬扈而出故云、
天子之三公稱公王者之後稱公諸侯之入爲王卿士
亦曰公有土封其臣稱之曰公尊其道而師之稱曰
公楚之僭凡爲縣者皆爲公古之人通謂年之長老
者曰公
成均五帝學名
皇堂堂無壁曰皇、

羊祜爲荆州卒後人爲祜諱故以户爲門

禮布席席間函丈註函容也謂講問之時其席相對可
以指畫

富者無禄之奉爵邑之入而與之比者命曰素封

蝸國見莊子 蠅舘見宋玉賦 蝸廬見魏畧 蓬廬見平子歸田賦
俱鄙人所處之小

灌夫傳適有萬金良藥金或作全言得之者必生全也
其言萬金者言價之貴

寒疾曰陰淫熱疾曰陽淫四肢疾曰末疾腹泄注疾曰
雨淫又云河魚之疾

鉺鈦鈦音弟鉺在頸鈦在足桎梏桎在足梏在手

漢呂后紀未敢訟言誅之註訟音公

漢太初元年五月正曆色上黄數用五註用五謂印文
也若丞相曰丞相之印章諸卿守相印文不足五字
者皆以之字足之後世印文榜額不論三字四字五
字皆用之字非本意矣

在牀曰屍在棺曰柩

東方朔瑣語曰木屐起晋文公以介子推逃禄抱樹焚
死公撫木哀嘆遂伐木爲屐每懷從亡功輙視其屐
曰悲乎足下足下之稱亦此始

按神農本草論酒之性味與致用致病之詳軒轅記王
母會黄帝于嵩山飲帝以護神養氣金液流輝之酒
則酒之來久矣非始于儀狄也

芸臺秘書監謂以芸香辟蠹魚也槐廳唐學士院有巨
槐故名

花甎指縣以潘岳宰河陽一縣皆植桃李花也花甎唐
殿中御史得立五花甎

秘書閣下雲陛高敞謂之木天

雲門黄帝樂咸池堯樂又曰大章舜曰大部禹曰大夏
湯曰大濩武王曰大武

夏曰歲商曰祀周曰年唐虞曰載

年號起漢武帝建武元年

釋氏智度論天帝以大寶鏡照四大神州每月一移察
人善惡正五九月照南贍部州故唐制此三月不行
死刑今俗名三長月

鞦韆武帝後庭之戲本云千秋訛轉爲秋千後人不本

其意又旁加華

五祀門戶井竈中霤註古者穴居故名室中爲中霤

君子曰終小人曰死

在遠聞喪曰承諱

有父母憂曰家艱父憂曰外艱母憂曰內艱

詩稱后稷誕彌厥月誕發語辭彌月過十月之期也後人因謂生日爲誕日甚失旨

重膇之疾足腫也

天子崩未有謚號稱大行蓋不反之辭也

北齊楊愔御鄴都故事云御史臺在宮闕西南門北開取冬殺之義今不北向不習故事矣

舊有尚食尚冠尚衣尚帳尚席主天子物又有尚書主文書又有尚符璽郎皆以奄人爲之尚平聲今六部尚書則爲文官在三公下而尚璽郎則爲尚寶司矣

尚主也

通侯舊曰徹侯避武帝諱曰通言其功德通于王室也後改爲列侯列見序列也

關內侯言有侯號而居京師無國邑也

郡將太守也以其兼總武事

左傳云三折肱知良醫折非斷折之謂蓋言不輕用藥取藥欲下復止此譬屈伸也

杜詩才大今詩伯張植謂機雲篇章藻麗謂友人曰二陸乃今之詩伯也

三冊田各方一寸故曰寸田尺宅面也

官銜選曹補授先具書官次書擬官新舊相銜故曰官銜亦曰頭銜如馬之有銜以制其首

淳于髡智如炙輠輠車中盛膏器也炙之膏流無窮

後漢順帝記註云妻父曰婚婿父曰姻

吾朝公侯伯歲支米多五千石少七百石正一品月支米八十七石從一品七十四石正二品六十一石從二品四十八石正三品三十五石從二十一石正四品二十四石從二十石正五品一十六石從一十四石正六品十石從八石正七品七石五斗從七石正八品六石六斗從六石正九品五石五斗從五石未入流三石

湯環古者大夫有罪待放于境三年君賜之環則還賜

之抉則去、

古者一國嫁女同姓二國媵之儀禮有媵爵謂先飲一爵後二爵從也又江海間有魚遊必三如媵從妻人號爲婢妾魚故楚辭魚鱗鱗兮媵予

心腎相去八寸四分天地相去八萬四千里人肖天地也

世傳范蠡挾西施扁舟五湖不見所出只因杜牧西子下姑蘇一舸逐鴟夷之句而附會也近見修文御覽引吳越春秋逸篇云吳亡後越浮西施于江令隨鴟

夷以終葢子胥之譖死西施有力焉胥死盛以鴟夷今沉西施所以報子胥之忠故云隨鴟夷以終葢蠡去越亦號鴟夷子故杜牧誤用耳而墨子曰西施之沉其美也亦是一証、

東觀漢記應奉嘗詣袁賀賀時將出行閉門造車匠于閤內開扇出半面視奉去後十年奉于路見車匠識而呼之今人云半面之識本此、

登科故事分甲第自興國八年王世則榜始御殿唱名自雍熙三年梁灝榜始賜晏自太平二年呂蒙正榜始給金吾衞士送歸院自蔡齊榜始刻登科録自霍端友榜始

東方朔客難云以管窺天以蠡測海張晏註云蠡瓠瓢然字從虫似與瓢字不合今閩廣之地以螺魚殼爲瓢江淮之間用大螺是以虫殼代瓜瓠用也故蠡之取義兼之

宋玉九辨圜云方枘而圜鑿吾固知鉏鋙而難入今舉子文習用枘鑿不相入夫枘鑿本相入之物惟方枘圜鑿則不相入今去方圓字義之不通甚矣更有寫

枘字作柄字尤可笑

古傳羿射日落九烏一日落九烏言射之捷也後世遂以爲射九日誤矣、

孔子題季札墓嗚呼有吳延陵君子之墓君字今誤爲季非也君字作咼形按篆書郡字有從咼作偏傍者則爲君字無疑、

四皓有羽翼太子之功其後文帝爲置文立碑此人主賜葬人臣恤典之始見任昉文帝縁起

書曰尸位詩曰素餐商君謂之荒飢吳起謂之枝官史

曰冗官、又曰游手、一也、

道書以一卷爲一弓音同、與軸通佛書以一條爲一則又佛典云多羅樹葉書凡二百四十縛縛古絹字亦借爲卷、

今之塲屋有巡綽官綽寬緩之意則巡綽當作巡逴樂府伏志道五更轉一更刁斗鳴、校尉逴連城正是巡警之義、

秦政二十六年庚辰盡滅六國稱皇帝至沙丘死爲辛卯僅十二年胡亥子嬰共三年甲午秦亡則一統之

日十五年耳後世謂秦享國三十六年因杜牧阿房宮賦而不考其實也

宋代役夫之名有衙前今內班門子有散後今外班皂隸

逸元實詩話白樂天長恨歌工矣而峩眉山下少人行當改爲劍門山以明皇幸蜀不行峩眉山也七月七日長生殿夜半無人私語時、當改爲飛霜殿以長生殿爲齋戒之所非私語地而華清宮有飛霜殿乃寢殿耳良是、

金膏水碧唐詩多用之穆天子傳示汝以黃金之膏東晳云金膏可以續骨水碧水玉也山海經耿山多水碧、

蘇老泉云自婦人有謚周景王之穆后始匹夫有謚自東海隱者始宦官有謚自東漢孫程始蠻夷有謚自東漢沙車始然黔婁謚康則匹夫之謚不始東海矣

張衡傳云蘇武以禿節效貞故杜少陵詩云禿節漢臣歸今集改作握節誤

古彈文白紙爲重黃紙爲輕故今御史爲白簡

凡死忠不得屍者得血以葬曰碧葬萇碧化萇弘之血義

周襄王之出春秋書天王居于狄泉註天子以四海爲家故所在稱居嘗昭公之出書公居于鄆鄆魯邑也其後書公在乾侯乾侯晉地故不得稱居耳綱目書帝在房州房州乃唐一統之地豈得以乾侯爲比當書居房州爲是

廣文選中山王文木賦乃以文爲中山王名而題作木賦南宋王微詠賦乃誤以王爲玉而題云微詠賦式沉

步兵碑乃東平太守嵇叔良撰而妄作叔夜皆謬

晉書云初玄石圖有牛繼馬後故宣帝忌牛氏遂爲二榼共一口以貯酒帝先飲佳者而以毒酒鴆其將牛金而恭王妃夏侯氏竟通小吏牛氏而生元帝通鑑遂云通小吏牛金蓋誣辭也魏道武名犍繼晉受命此其應乎

易曰天一生水地六成之鮑景翔曰神爲氣主神動則氣隨氣爲水母氣聚則水生人之一身貪心動則津生哀心動則淚生愧心動則汗生欲心動則精生可

以爲天一生水之證地六成之如上天雨雪至地則六出六爲陰地數也太陰玄精石亦六稜是其證

佛書引李密陳情少仕僞朝作荒朝蓋密之初文也僞朝字晉改之以入史耳

卦者圭也古者造律置量六十四黍爲一圭則六十四卦總名爲圭可也

十黍爲絫十絫爲銖八銖爲錙二十四銖爲兩十六兩爲一斤一斤凡三百八十四銖或問程子易重兇何答曰易重一斤蓋言易有三百八十四爻也

書王朝步自周大夫不徒行王何以步也黃公紹曰步步輦也謂人荷而行不駕馬也

國策美人充下陳下陳猶下堂也

夜漏五五二十五點宋有寒在五更頭之讖遂去五更後二點并初更去其二以配之首尾止二十一點至今不改云

尚書太師太傅太保曰三公書太傅曰太師天公也太傅地公也太保人公也後漢張角作亂稱天公將軍人公將軍竊此義也

說築傅岩之野註築居也今言所居猶謂之卜築

帝王年數唐堯甲辰年即位凡一百三年舜丙戌年即位凡四十八年大禹十年成湯十三年武王七年

一丈爲板言其長五板爲堵言其高五堵爲雉雉長二丈

牛羊豕爲牲繫養者爲牢熟曰饔腥曰餼生曰牽殺之犧

胡康侯曰聲罪致討曰伐潛師掠境曰侵

二十曰弱冠然少昊十二而冠曾襄公亦然三十曰壯

有室、文王年十四而生伯邑考、四十曰強仕、禹荅治水、皆年未二十五十曰艾、言髮蒼白如艾也、然又曰少艾、

伶官 伶氏世掌樂官、如黃帝時伶倫吹律、景王時伶州鳩論鐘、故後世樂官多稱伶官、

天不足西北 西北方陰也、故人右耳目不如左明、地不滿東南 東南方陽也、故人左手足不如右強也

三陽 太陽陽明少陽也、手陽明大腸經也、手太陽小腸經也、手少陽三焦經也、足太陽膀胱經也、足少陽膽

經也、足陽明胃經也、三陰 者太陰少陰厥陰也、手太陰肺經也、手少陰心經也、手厥陰心胞絡也、足少陰腎經也、足太陰脾經也、足厥陰肝經也、

鼻屬肺、目屬肝、口屬脾、舌屬心、耳屬腎、齒亦屬腎、鬚亦屬腎、髮亦屬心、眉亦屬肝、毛亦屬肺、髮者血之餘、爪者筋之餘、

三部 寸關尺也、五臟 心肝脾肺腎也、六腑 膽胃大腸小腸膀胱三焦也

春牛 以十二月建丑屬牛、寒已極、爲其像以送之

祭先聖 取春秋二丁、禮記內事用柔日、丁陰火也、又曰先庚三日、後甲三日也

史奉陽君捐館舍 言捐棄館舍而死也

塋曰窀穸 長埋曰窀、長夜曰穸、又塋曰歸窆、窆下棺也、執紼引柩 車之索、發引引即棺索也、故起棺名發引

賭錢 囊家亦謂之錄事、亦曰公子家、

爾雅 父之晜弟、先生曰世父、伯也、後生曰叔父、叔也

氷人 晉令狐策夢立氷上、與氷下人語、索紞曰、陽語陰、媒妁事也、氷泮婚成、後果爲田豹子求張公徵女、仲

春成婚、

月老 唐韋固遇月下老人向月檢書、曰天下婚牘、問囊中何物、曰赤繩子、以繫夫婦之足、雖仇家異域、終不可逭

媒曰掌判 周禮媒氏掌萬民之判、判半也、主合其半成夫婦也

反璧 晉重耳至曹、僖負羈饋盤飧致璧焉、公子受飧反璧

禮部 爲南宮、唐開元中謂尚書爲南省、門下中書爲北

省開元二十四年移貢舉于禮部以侍郎主試故會
試云赴南宮
天子[illegible]曰璧雍又曰泮宮泮水璧池璧沼曰璧者以水
環遶如璧也
古人用黃蘗染紙寫書以辟蠹故曰黃卷有誤字以雌
黃滅之與紙相類故可否文章曰雌黃
潤筆隋文帝令李德林作詔復鄭譯爵高熲戲譯曰筆
乾答曰出爲方岳杖策言歸不得一錢何以潤筆
少年曰春秋富見漢齊襄王傳皇帝春秋富言比之于

財方未匱之
人一呼一吸爲一息一日一夜凡一萬三千五百二十
息行五十度周於身漏水下百刻榮衛行陰陽各五
十五度爲一周也
醫用艾一灼謂之一壯以壯人爲準也老幼羸弱則量
力爲之
黃帝命雷公岐伯教制九鍼此鍼灸之始
醫家鍼灸之穴爲偶人點誌其處曰明堂按銅人俞穴
圖序曰人之經絡血脉陰陽之理盡著其言藏之金

蘭之室洎雷公請問乃坐明堂以授之後世言明堂
以此
高氏小史曰黃帝作藥方以救時疫
中古有巫妨撰顱顖經以占壽夭自此始有小兒方
毛詩序出漢儒衛宏作或以爲孔子子夏非也後漢儒
林傳可考
習閉氣而吞之名胎息習漱舌下津而嚥之名胎食
焦弱侯叢談毛詩報之以瓊玖玖黑玉也可以作鏡今
永昌産

吾子行謂嵇康養生論齒居晉而黃五臣不能解按晉
說晉地多棗人每置懷袖間如南越人噉檳榔則紅
齒棗則黃齒蓋味甘傷脾也
倚馬萬言人知有李白而不知前有袁虎後有劉原父
也
臨川人應柳之天文圖有匏瓜星註云論語吾豈匏瓜
也哉正指星言蓋星有匏瓜之名徒繫於天而不可
食與維南有箕不可以簸揚維北有斗不可以挹酒
漿同義

黠竄出三國志曹操與韓遂書多黠竄黠謂藏去竄謂

添入竄說文七凡切

唐宋時仕宦皆有旬休沿官九日賜一日洗沐世所言

上澣中澣下澣本此

始皇衡石程書石百二十斤也言始皇省讀文書以百

二十斤爲程

唐禮部員外謂之中儀主事謂之小儀見鄭谷詩

碑碣之制五品以上碑七品以下碣隱淪道素孝義著

者雖不仕亦用碣

石能醒酒則李衛公平泉莊物也草能醒酒則開元[illegible]

慶池南物也醒酒石德裕醉則據之

毋持布鼓過雷門見漢書王尊傳按雷門在紹興府城

五雲門謂此上有大鼓圍二丈八尺聲聞洛陽晉末

爲亂軍所破有雙鶴飛去遂不鳴

筆譜人有以綠沉漆筆管遺王逸少武庫賦綠沉之槍

以綠飾其柄也杜詩苔臥綠沉槍本此今人稱綠之

濃者猶曰沉綠云

人胚胎鼻先受形故謂始祖爲鼻祖

宰相曰堂老

李商隱詩郎君官重施行馬行馬短木也互其木遮閑

于門

上壽酒樂奏介雅取詩介爾景福也

閤下古者三公開閤郡守比諸侯亦有閤故以爲尊稱

足下古人上宰相及大臣書皆稱[illegible]今不然矣

漢建尚書百官府曰南宮杜審言吏部南宮吾故人舊

注以南宮爲禮部非也

漢宮殿多植楓故曰楓宸

高手鵶術俱稱醫高手見續漢書鵶術見郭璞賦序

賈餘勇齊高固入晉師桀石以投人以狗衆曰欲勇者

賈余餘勇

李詩江城五月落梅花梅花吹笛曲名也

世嘗言金井梧飄以禁上有黄圈文如井故云非井欄

也

月令水澤腹堅冰初凝水面而已至大寒則上下皆凝

故云腹猶內也

我朝兩京十三布政司凡爲府一百六十州二百三十

四縣一千一百五十四羈縻府十九州四十七縣六

段成式云木蘭篇顧馳千里明送兒還故鄉明多悞作鳴不知馬臥腹不貼地故屈足漏明則行千里千里明良馬名

道家以人頂門爲泥丸口爲華池舌爲赤龍喉爲重樓心爲靈臺又爲絳宮臍內一寸三分爲丹田又名土釜又名黃庭

瘂瘢謂之天𩭤男子不生鬚謂之天宦男子娶婦終身不生子謂之天閹

西域記鼓小者聞五百步一弓長五肘五百弓二里半也

漢哀帝傳博士弟子父母死予寧三年謂許寧家持喪服也

崔顥黃鶴樓詩題下自註黃鶴人名也其詩云乘白雲則非乘鶴明矣圖經載費文褘登仙駕鶴於此不同當以顥自註爲正

淮南子晝生者類父夜生者類母

王莽時作酒二千五百石爲一均

女子月事謂程姬之疾史記程姬以月事有所避不敢進註天子諸侯群妾以次進有月事者不言以丹注面名的子令女史見之的的紅也古賦稱玄的云

鳳曆鳳知天時故以名曆

南司御史臺

風角觀四隅之風占之

唐則天封嵩山壇南有大槲樹赦日置金鷄於樹杪賜號金鷄樹又唐史省中有鷄棲樹

少陽東宮也梁簡文表正少陽之位主承祧之則

茂才舊言秀才避光武諱改稱茂才

市井古井田因井爲市故稱市井

雲間初無志胡林卿與知縣楊曆同邑林至朱端常修爲三卷蓋淳熙時也

臨摹臨謂置紙在傍親觀其大小濃淡形勢而學之摹以薄紙覆上隨其曲折婉轉用筆也

緑池池者緣飾之名謂其形象水池耳左太冲詩衣被皆重池是也今被頭別施帛爲緣俗爲被池宋子京春寒到被池是也

宋時士大夫騶從華繁者號半里嬌、
木匠揔號運金之藝又曰手民手貨、
世人陰陽之契有繾綣司揔領其長官號氤氳大使諸
宿緣當合者須鴛鴦牒下乃成雖伉儷之正婢妾之
微買笑之冢偷期之秘仙凡交合華戎配接率由一
道焉、
饒子卿隱廬山康王谷屋皆茅茨每年一易謂之屋龍
更衣、
唐崔昭泉卒錄云見冥間列榜書人姓名將相金榜
次銀榜次州縣小官鐵榜、

九九筭法也如今九章五曹之類、
筋斗教坊記教坊一小兒筋斗絕倫能緣長竿倒立
今稱人外甥曰宅相按晉魏舒少孤爲外家甯氏所養
甯起宅相者云合出貴甥舒曰我當爲外氏成此宅
相、
弟之妻曰娣兄之妻曰姒、
學記云良弓之子必學爲箕良冶之子必學爲裘弓[illegible]
屈曲有似爲揚柳箕補器者金柔乃合有似爲裘故

先學之今稱繼父業者曰紹箕裘本此、
掣肘子賤爲單父宰[illegible]其君曰使善書者而有人掣之
肘則書不成矣、
煬竈彌子瑕專寵衛國侏儒見靈公曰臣夢見竈君爲
見公也公怒曰吾聞見人主者夢見日對曰日兼照
天下一物不能蔽竈一人煬之則後人無從見矣今
或者有煬君者乎煬炊也
上公車漢有公車令乃受奏對之所一說公車公家之
車凡徵對者乘公車以至京師

趙高以蒲爲脯以鹿爲馬獻於二世群臣言蒲鹿者皆
除之今人知鹿馬事而不知蒲脯事、
金莖玉瀣漢武帝起柏梁臺以銅爲之上有仙人掌以
承露和玉屑飲之云可以長生金莖謂銅柱玉瀣即
露也亦云沆瀣又沆瀣隋煬帝所造酒名
成祖於建文巳卯七月起兵宸濠亦以正德巳卯六月
反、
成祖起自北藩征誅而得天下壬午年即位後一百二
十年　世宗起自南藩揖讓而有天下壬午年改元

魏孝文以北方酋長及侍子畏暑聽秋朝洛陽春還部落時人謂之鴈臣

宮苑之中爲掖庭

漢名奴爲蒼頭服純黑以別於良人也

光武賜桓榮輜車駟馬軿車有衣蔽無後轅者謂之軿車大夫以上駟馬所以通四方也

文苑豹斑卷之七

雲間沈思永裕甫彙纂
陳繼儒眉公刪定

花木

杜甫母名海棠故詩中不及之唐賈耽修百花譜以海棠爲花中神仙

山石榴山躑躅映山紅俱杜鵑花別名

蔓菁即蘿蔔又名土酥蜀人呼爲諸葛菜以亮所止必令兵士種之也本名來服言來年所服今訛爲蘿蔔

張騫使西域得塗林安石國得榴故名安石榴榴千葉者名實珠榴

鄭玄教授山中山下生艸如薤葉長尺餘細韌異常土人呼爲書帶艸

乾占年師曠曰歲欲豐甘草先生薺也歲欲苦苦草先生葶藶也歲欲惡惡艸先生水藻也歲欲旱旱艸先生蒺藜也歲欲雨雨艸先生藕也歲欲病病艸先生艾也歲欲流流艸先生蓬也

牡丹一名鼠姑一名木芍藥一名鹿韭一名百兩金

菱芰、四角三角曰芰、兩角曰菱、一名水栗、一名薢茩

來禽、即花紅、

芙容一名拒霜、一名木菡萏、一名木蓮、

鶯粟一名米囊花、見唐雍陶詩、

蔡朗父名純、因名蓴菜曰露葵、

堯韭、菖蒲、見呂氏春秋、冬至後五旬七日菖蒲生、蓋百艸之先生也、又名昌陽、又名昌九、又名蘭蓀、切之爲菹曰昌歜、菖蒲放花、人食之長生、又屠蘇酒、廣韻云即菖蒲酒也、歜、音

竹祖、初稚、竹也、龍孫、笋也、又名竹胎、竹萌、

蹲鴟、芋也、有人誤識芋爲羊字、謝惠芋啓云、損惠蹲鴟又名土芝、蹲亦作踆、烏芋即菇、

華芓、雙蓮也、王者德至於地、則華芓應、又名嘉蓮、

鬘華、即茉莉、水華、即菡萏、海紅花、即山茶、錦帶一名髮嬌、

文章艸、即五加皮、異名金鹽、食之可以長生

黃獨、一名土卵、

瓜兩蔕兩鼻者殺人

瑞葉、天上瑞木花開六出、故咏雪者用之、

楊州瓊花、即陳後主所謂玉樹後庭花也、王介甫名瓊花、山谷名爲山礬、以可以染也、王汝玉名玉蘂、即唐昌觀玉蘂花、

芸香、置書帙中無蠹、置蓆下即去蚤虱、葉類豌豆、作小藂、遇秋則葉上微白如粉汙、即今之所名香艸

木奴、橘也、

雕胡、菰米、即今之茭苗米、又謂之蔣實

唐蒙、即兔絲

蓱、一名水花、又曰水白、其大者曰蘋、

益智、龍眼也、一名比目、一名亞荔枝、一名荔枝奴、以荔枝熟後龍眼方熟也、又本艸南海產益智花、實作長穟而分爲三節、能治氣止水、無益于智、即盧循寄劉裕益智粽是也

芭蕉、又名芭且、且平聲、又名芭苴、又名甘蕉、

軒于、蕕艸名、臭艸也、亦名蔓于、

艾納、松皮上蘚衣、合諸香燒之、其烟團聚、青白可愛、

銷恨花、千葉桃花開、明皇曰、不獨萱艸忘憂、此花亦能

銷恨、

芍藥一名將離故送別贈之本艸又名黑牽夷

菱寒而芰煖以菱開花背日芰向日也

梔子名林蘭又名越桃木丹佛經名薝蔔相如賦又名鮮支、

栟櫚椶也椶櫚一名蒲葵一名鬣葵、

南廒即橄欖又名青子又名餘甘子、

丹若石榴兩浙避錢鏐之名改爲金櫻石蜜櫻桃木蜜棗子令艸宜男花、

日及木槿花見嘆逝賦又名舜華舜英朝華又莊生以爲朝菌、

不耐癢花即紫薇花爪其本則枝葉皆動

江蘺杜蘅杜若俱香艸見騷

尭時蓂莢艸生于階有十五葉從月一日生一葉至十五日日落一葉月小則餘一葉覩之則知曆日故一名曆莢一名仙茆黃帝時有草生庭佞人入則指之名曰屈軼

乃東即夏枯艸冬至後生五月枯

師曠曰杏多實不蟲者來年秋禾善五木者五穀之先欲知五穀但視五木故五果分五行所以表五穀也

交趾有蜜香樹本心與節堅黑沈水者爲沉香與水面平者爲雞骨香根爲黃熟香幹爲棧香細枝緊實未爛者爲青桂香根節輕而大者爲馬蹄香其花不香成實乃香爲雞舌香

烏頭毒藥蜀中產其銳而修者爲天雄兩岐爲烏喙岐八角老者爲附子

土蛹又名地蠶今謂之甘露子

[illegible]音文麻子

鴛鴦梅千葉紅梅也一蔕結雙梅

桑惟翰曰唐末文人謂芍藥爲婪尾春盖婪尾酒乃醉後之盃芍藥殿春故名

隋煬帝名茄子爲昆侖紫瓜人間稱爲昆味即落蘇本

昆侖二字從山

葱和衆味如藥劑必用甘艸也故文言曰和事艸

蚕豆苗葉嫩時可煮食東坡稱爲元修采

酸柿甜梅[illegible]山

栁花與柳絮不同生于葉間作鵝黄色者花也花既褪

亂飛如綿者絮也

唐段成式云釋氏言須彌山閻扶樹月至樹影入其中

花魁梅艸魁茶又雲腴紫琳腴俱稱茶

聖僧楊州人呼楊梅

蘭俗呼爲燕尾香一名水香一幹一花香有餘者爲蘭

一幹數花香不足者爲蕙

矦桃辛夷花

冬青一名女貞木一名萬年枝

豫章即梓樹一名楸

金鈴子楝樹實

灰野之山有樹名若木日所出處

石髮水苔也又云菭蘚一名綠錢

苜蓿一名懷風又名光風又名連枝艸

文无一名當歸合歡一名青棠即夜合花地黄一名地

髓

丹棘一名忘憂艸牛棘即薔薇懷香子即茴香灵蟲實即

馬蘭假蘇即荆芥菝艸根即香附子

帝休不愁芍藥養性皐蘇釋忿甘棗不惑樹有長生木

有無患

隱夫果名平仲木名長卿蕳子藥名

麪樹南中桄榔

肉樹端溪豬肉子大如盃炙食之味如豬肉而美

酒樹椰也似酒甘而薄亦不堪飲若頓遜國樹葉汁取

停之數日即爲佳酒枸樓國仙漿取之樹腹中青田

核以水注之少頃成酒乃真酒樹也

枳椇子美如飴能令酒味薄以其木爲屋柱一屋之酒

皆薄

石脾入水則乾出水則温獨[illegible]風不動無風則搖

礬石人食之死蠶食之不飢巴椒魚食之死鼠食之肥

鉤吻人食之死羊食之肥巴豆人食之瀉鼠食之大

莽艸魚食之死人食之美木鱉子犬食之死人食之

無毒

西瓜出自西域宋洪忠宣皓傳種歸種以牛糞結子大

如斗

茶樹初採爲茶老則爲茗今俱稱春茗是錯用

燕脂米紅藍花汁凝作脂以爲桃花妝起自紂以其爲燕所生故名燕脂又作燕支烟脂

紅梅種來自閩湘中故有福州紅邵武紅潭州紅等號

枇杷白者爲上黄者次之無核者名椒子

瑶艸山海經姑瑶之山帝女死焉名曰女尸化爲瑶艸其色黄其實如兔絲服者媚于人

朱實果柹也説文又云赤實果

蓮花其葉荷其花菡萏其實蓮其根藕

柹樹有七絶一壽二多陰三無鳥巢四無蟲五霜葉可

玩六嘉實七落葉肥大

巨勝實胡麻也老子與關令尹喜俱之流沙服之莫知所終

金光草廣異記謝元卿至東岳夫人所居有異草葉如巴豆花正黄色光可鑑曰此金光艸

凡蘭皆有露珠一滴在花蕊間此謂蘭膏甘香不啻沉瀣多取損花

灌木叢木也散木無用之木

巴旦杏仁出哈烈國

典術云桃者五木精故厭伏邪氣制百鬼盖仙木也酒浸桃花而飲之除百病好容色

蕭瑀陳叔達於龍昌寺看李花論李有九標謂香細雅淡潔密宜月夜宜緑鬓泛酒無異色

閩有紅茉莉蜀有紫綉毬楚有紅梨花燕有黄石榴天台有黄海棠白海棠白紫碧桂花白玫瑰洛陽有黄芍藥昌州有香海棠

梓爲木王木莫良於梓故書以梓材名篇周禮以梓人名匠

山海經云三珠樹出赤水上樹如柏葉皆爲珠

層城有木禾珠樹玉樹不死樹沙棠琅玕絳樹沙棠珠類也

珊瑚樹出大食國西南漲海中可八百里到珊瑚洲洲底有盤石生珊瑚初生白一年黄三年赤以鐵網沉水取之初得肌理軟膩見風勁硬無紅色爲貴失時不取則蠧敗

荷花一名水旦一名水芝一名澤芝一名水花一名艸芙蓉蓮中名的的中名薏

日精菭墻節花更生周盈傅延年陰成皆菊之別名

蜀葵一名戎葵花

廣東橫州有鐀樹高至四五尺者幹葉皆黑色葉類石楠而質理細厚每遇丁卯歲則開花花四瓣紫白色如瑞香瓣而差小一開累月不凋嗅之有草氣嗲云須鐀樹開花原有此樹蓋六十年一開耳

龜脚菜一名石蜐生石上有甲其子如栗春夏生苗如海藻亦有花

淡菜生南海一名東海夫人又名殼菜

柳絮落水經宿則為浮萍

湖目蓮子別名見酉陽

蔗有三種赤色者曰崑崙蔗白者曰竹蔗亦曰蠟蔗小而燥者曰荻蔗又云蔗有四甘蔗西蔗白蔗紅蔗

山藥本名薯蕷避唐代宗諱豫改名薯藥宋英宗諱曙遂名山藥別名玉延薯藷同

木饅頭無花果也

凌霄花中露水損人目凌霄即凌苕今之紫葳

金銀花一名鴛鴦艸一名忍冬草俗名鷺鷥藤

嘉蔬稻見禮記

菰蔓茭白

仙友桂淨友蓮名友海棠韻友荼蘼清友梅佳友菊禪友梔子殊友瑞香芳友蘭奇友蠟梅曾端伯品

夫須莎草

玉版師筍蒼髯叟松花貴妃海棠又蒼官松青士竹

元載芸輝堂芸香草也出于闐國其香潔白如玉入土不朽為屑以塗壁故號芸輝

石花紫筍碧澗明月俱茶名劍南有蒙頂石花湖州有

顧渚紫筍峽州有碧澗明月花乳亦茶名劉禹錫詩欲知花乳清涼味須是眠雲卧石人東坡有密雲龍山谷有鬲雲龍皆茶名

五穀麻黍稷小麥豆

九穀稷秫黍稻麻大小豆麥 六穀稻黍稷粱麥苽

果蓏應邵曰木實曰果草實曰蓏張晏曰無核曰蓏有核曰果又云有殼果無殼蓏

水葱花葉皆如鹿葱花色有紅黃紫三種出交廣始興婦人懷妊者佩其花生男即此花非鹿葱也

蕹葉如落葵而小甘南人編葦爲筏作小孔浮水上種子于中及長根葉皆出葦筏孔中随水上下治葛有大毒以蕹菜汁滴其苗即萎死昔魏武能噉野葛至一尺云先食此菜

南方高涼郡有榑樹葉似椿以其葉擣汁漬果若以榑汁雜彘肉食即時震死

雲丘竹一節爲船出扶南今交廣有竹一節長二丈圍一二丈者海畔有篿竹斷一節爲大船竹萌數丈猶爲笋也羅浮山有龍公竹圍七尺節長丈二

越王竹根出石上若細荻高尺餘南海有之

鴛鴦菊即苣蕒花紅紫色中心花鬚形如鴛鴦花類百合而小葉如菊二三月開

茱萸名辟邪翁菊花名延壽客

草經冬不死曰宿莽

芹一名水英

博物志太陽草食之長生即黄精也太陰草食之立死即鉤吻也

竹笋曰約

含桃櫻桃也又鬼谷子崖蜜櫻桃也又名荆桃又名石蜜朱茱麥英

芡一名鴻頭今名雞頭

仲思棗長四五寸紫色亦名仙水棗石季龍園中有羊角棗長一尺西王母與老子共食玉門棗魏文帝詔凡棗味莫若安邑御棗

盧橘草木志云給客橙出蜀土似橘而非若柚而香春夏花實相繼或如弹圓或如拳通歲食

七星檜在常熟致道觀中梁時植

山海經赤芝一名丹芝黄芝一名金芝白芝一名玉芝黒芝一名玄芝紫芝一名木芝

天狗人参天猪菖蒲天牛雌黄天羊雄黄天鼠防風

震檀香乃返魂香也出聚窟洲又名却死香又名返生香

翣脯尭時厨中自生肉薄如翣摇動風生食物不臭

養生訣録云韭性煖號艸鍾乳諺云韭是草鍾乳茨是水硫黄皆言性煖耳

梨花有二種瓣圓而舒者果甘缺而綢者果酸

徂公賦芧芧栗木果也杜詩園收芧栗未全貧正指此
物今鮮作蹲鴟之芋悞矣
蘭槐香草名槐又作懷本草云懷即杜衡也
爾雅註栄木梧桐也豕首即豨薟草也
稷穄粢一物而異名
穤棗俗作軟棗一名牛嬭柹一名丁香柹又柹樹名君
遷
世説蒲柳之質望秋先落蒲水楊也
丘文莊公群書抄方云中蠱毒用白蘘荷治之又云不

知何物按松江志白蘘荷即今甘露
瑞香花楚辭所謂露甲也一名錦薰籠一名錦被堆一
名紫風流而張圖之又改瑞爲睡云
爾雅云寓木謂之宛童即寄生也
禽華菊季秋之月鴻雁來賓後菊有黃華故名又云是
雁來紅見班婕妤擣素賦見禽華以應色
琅菜王母曰仙之上藥有碧海之琅菜
氷桃雪藕王母與周穆王高會進萬歲氷桃千年雪藕
背明之国有醕和麥爲麴以釀酒一醉累月食此麥冬

月可徂
採蘭雜志昔有婦思所歡不見洒涙北墻之下後生草
其花甚媚色如婦面其葉正緑反紅秋開名曰斷腸
又名八月春即今秋海棠
真陵山有糜欽棗食其一大醉經年東方朔游其地以
一斛歸進上上和諸香作丸如芥子大每集群臣以
一丸入水一石頃刻成酒味踰醽醁謂之糜欽酒又
謂真陵酒飲者香經月不散
雞舌香出崑崙南枝葉及皮並似栗花如梅子如棗核

此雌者也雄者花不實採花釀之以成香又云是沉
香木花沉香之良者出瓊崖生取爲角沉宜薰衣木
枯朽而取者爲黃沉宜入藥
留青日札奇南香南方之奇木也亦作奇藍乃沉香木
之生結可入詩
終南山五老洞記墨菊其色如墨古用其汁以書
都梁香都梁縣有小山山水清淺其中生蘭草俗謂蘭
爲都梁香在淮安即蔄能辟蠹
茘子名輕紅

爾雅曰檉河柳也即今西河柳
海紅花即今茶梅
玉梅臘梅水仙山茶爲雪中四友
大軫國貢紫米類巨勝子炊之一升得飯一斗食之髮鬒黑顏色美久食不死
蒟醬出西域似王瓜蔓生子長大辛香似桑椹蒟音矩
維常肅慎氏有樹名維常若中国有聖帝代立則其樹生皮可衣周武王成王時遣使入貢
楚葵芹菜澤葵莓苔

綠萼梅好事者比之仙人萼綠華
青桐無子白桐花黃紫色今壓油者名岡桐
詩綠竹猗猗草木疏曰綠竹王芻也即鹿蓐草又云篇竹似小梨赤莖節韓詩作薄音篤非笋竹也云即木賊草是采菉
美人蕉雪裡開王維画袁安卧雪圖有雪裡蕉此是也非芭蕉或謂維画雪裡芭蕉爲得心應手之妙非
謝朓詩寒城一以眺平楚正蒼然楚叢木也登高望遠見木杪如平地故云

七發蔓草芳苓 七啓寒芳苓之靈龜李善註苓古蓮字詩采苓亦然
五加皮取其皮陰乾囊之入酒能延年去疾葉五尖者佳
草木之速益於已者惟朮古人名爲山精之朮山薑之精太上道君仙銘曰子欲長生當服山精子欲輕翔當服山薑服朮忌食蛤
玉枝東方朔得西鄰國玉枝以獻武帝賜年高者曰病則枝汗死則枝折

菻五代宮中呼麝香草
杕杜杕特生也杜木名杕音弟從犬不從杖李林甫讀逕巖迴判語不識杕字謂韋陟曰此云杖杜何也

文苑豹斑卷之八

雲間沈思永裕甫彙纂

陳繼儒眉公刪定

鳥獸

烏圓猫名又名蒙貴

太牢牛中牢羊豕少牢羊又豕曰剛鬣羊曰柔毛

齊女蟬名齊王后忿死變爲蟬

凡鳥翼右掩左爲雄左掩右爲雌又燒毛入水浮者爲雌沉者爲雄

翟黄栗留俱倉庚別名

建州刺史家月下白衣相謂曰白老將至奈何白衣者鼠白老者猫也又李知微宿都省夜聞呼馳道都尉司城主簿者見數小人入古槐下一穴明旦發視乃鼠也

朝鶴鵲一名飛駮一名神女以赤帝女得仙化爲白鵲也藏經又名芻尼

長風鶴

神守鰲號河伯從事黿號河伯使者

鯸鮐即河豚見左太沖吳都賦

蝍蛆蜈蚣別名

肸蠁蚊類言神靈之感應如此蟲之得氣即群飛也

鷾鴯燕也出莊子鳥莫智於鷾鴯又名鷙鳥天女玄鳥

唐明皇呼白鸚鵡爲雪衣娘

烏衣燕子國

明皇於禁苑見鶯呼爲金衣公子

喚起催歸二鳥名催歸即杜鵑

夜游女鵂鶹也好與嬰兒作祟故嬰兒之衣不可置星露下

勒畢國人長三寸有翼善言語有鳥如蠅聲遠聞狀如鸚鵡名細鳥

神屋龜甲也

碧雞翁皇栖翁俱鶯名

鶬鶊人食之不妬見山海經梁武平齊獲侍兒十餘郗后憤恚成疾茹之妬減半

驌驦馬名唐成公有之

司馬相如典鷫鸘裘以貫酒

肥遺鳥名六足四翼出泰華山見則大旱又云蛇名角
上有火
雞斯名馬也紂囚西伯於羑里太公得犬戎雞斯之乘
以獻
夜宵燭照夜青俱螢名又曰煇夜夜光景天亦曰燐
婦昌鳳名疏趾雉名
沙虹蝦也石蛆小蟹
鳳子大蝶見韓偓詩蝶一名野蛾
赤弁丈人蜻蜓一名赤衣使者小而黄者曰胡離小而

赤者曰絳騶
郎索蟹也又名無腸公子横行介士月明則瘦月黒則
肥雄曰蜋螘雌曰博帶
黍民蚊蚋玄駒蟻也牛亨曰河内人見人馬數十萬大
如黍米以火燒之人皆成蚊蚋馬成大蟻故名
白澤獅子名一名狻猊
烏一名孝烏一名玄烏
翰音雞也一名燭夜
南荒之外有火山晝夜火燃火中有鼠重百斤毛長二

尺餘細如絲可以作布居火中時時出外而白色沃
以水則死取其毛以為布今之火浣布是也有垢則
火焚之火過如新
父馬牡馬也
驚帆曹真駿馬名馳馬孫權快舫名張飛馬名玉追呂
布馬名赤兔曹洪馬號白鵠曹植馬號紫騂
青鳥西王母傳書者
猶豫猶獸名聞有聲則豫上樹無人然後敢下須臾又
上如此非一狐疑狐性多疑渡氷河且聽且渡

嘉賓黄雀别名活東蝦蟆名
朱鳥鴐鵞陽鳥俱雁名
驢稱衛子言衛多驢也見稗常談獼猴稱山見見傳燈
録
白鳥蚊也齊桓公曰白鳥營營是必飢耳又曰豹脚
鵞曰舒鴈鶩曰舒鳬
狼前足短狽前足長每行相駕若相失則不能行故世
言事乖張曰狼狽
元緒龜名又名先知君又名玄衣督郵又名清江[illegible]入

名洞玄先生又名玉璽又名玄夫又名波臣莊子曰
我東海之波臣也、
狐古淫婦紫紫所化故其姓自稱阿紫
唐武后名雉改雉爲野雞、
僞唐陳喬食蒸豚曰此糟糠氏面目殊乖而風味不淺
虞吏虎又名猷君當路君山君狼東王父麋西王母鹿
成陽公狐社君鼠見抱朴子
鯉魚至陰之物也故大小魚共三十六鱗合陰數
纖離綠耳乘旦俱古良馬名

伏雌母雞髯郎羊鮭菜晋人謂魚
晋書曰犬虎文南斗君犬也畜之可致萬石白犬黑頭
畜之令人得財白犬黑尾世世乘車黑犬白耳大王
犬也畜之富貴黑犬白前兩足宜子孫黃犬白耳或
白尾世世衣冠白犬黃頭皆大吉黃犬白前兩足利
人、
阿蘇鸊鷉別名
鵕鸃翡翠別名鵕冠冠禮圖謂述氏冠述鵕之別名[illegible]
則嗁、

舜葬蒼梧有鳥名馮霄銜青沙珠成隴阜阜名珠丘
精衛發鳩之山鳥名炎帝少女名女娃溺于東海所化
常銜西山木石以填海
採藥吏啄木本雷公採藥吏所化故名、
側桂鸚鳴也、又名盍旦、
六畜牛馬羊犬豕雞、
寒皐鸛鴿名南唐李後主煜改名百歌取其目精人乳
研滴眼中能見雲霄外物、
周留水牛烏龍黑犬名

夷由鼯鼠也見爾雅、
玄中記曰千歲樹精爲青羊萬歲樹精爲青牛、
拾遺記周穆王巡行天下馭八龍之駿曰絕地翻羽奔
宵超影踰輝超光騰霧挾翼車轍迹周于四海又曰
驊騮騄駬赤驥白兔驍渠黃騟黑驪山子
醯雞瓮中蠛蠓也莊子孔子見老聃出謂顔回曰丘之
道猶醯雞歟微夫子發吾覆吾不知天地之大全也
阜螽今呼蚱蜢
羊廌觸邪、一名神羊窮奇逐妖、一名神狗

蚕食而不飲二十二日而化蟬飲而不食三十日而蛻

蜉蝣不飲不食三日而死

鰈比目魚鶼比翼鳥又名蠻蠻邛邛距虛比肩獸

鸕鷀雛彖初丹中變而黑歲餘復丹此雄者也常黑而不變此雌者也

天雞莎雞也蜚鴻蠛蠓也白魚衣蠹蟲也

鮆魚江鮆湖鮆有子海鮆無子俗作鱭非

屬玉水鳥漢天子以柏梁災故以屬玉名館厭勝也班固西京賦天子乃登屬玉之館李善註以玉飾因名

悞

醉如泥南海有虫無骨名曰泥在水中則活失則醉如一堆泥故時人訕周澤曰一日不齋醉如泥

凡象鳳者有五多赤色者鳳多青色者鸞多黃色者鵷雛多紫色者鸑鷟多白色者鵠又云青鳳爲鶡赤鳳爲鶉黃鳳爲鸞白鳳爲鸘紫鳳爲鷟此五方之鳥似鳳而非也

歸終知來猩猩知往歸終神獸

促織名懶婦驚一名投机以聲如急織也又名蛚蜻即

蟋蟀

伏翼蝙蝠也見神異經或謂之飛翼或謂之仙鼠百歲伏翼止則倒懸千歲伏翼得食之壽

景公謂晏子曰天下有極小者乎對曰有虫巢於蚊睫再亂而飛蚊不爲驚名曰焦螟

周穆王南征一軍皆化君子化爲猿鶴小人化爲沙虫

周周鳥名首重尾屈將欲飲于河則必顛乃銜羽而飲

鷁水鳥能厭水神故畫于舟首

凡鳥三指向前一向後鸚鵡兩指向後

禽經曰鸛俯鳴則陰仰鳴則晴

暮鳩鳴即小雨朝鳶鳴即大風

鷙鳥雄小雌大庶鳥雄大雌小

駟介駟馬被甲

怒馬馬之肥大者

翠龍穆天子所乘馬名

五德雞頭戴冠文也足搏距武也見食呼群仁也敵在前敢鬭勇也守夜不失時信也

韓子盧疾犬名東郭逡狡兎名

四靈麟鳳龜龍

淮南子鼓造辟兵壽盡五月鼓造梟也五月作梟羹

麒麟牡曰麒牝曰麟鳳凰雄曰鳳雌曰凰翡翠雄赤曰翡雌青曰翠鯨鯢雄曰鯨雌曰鯢

獬豸見鬬不直者觸之䮾奇見不直者煦之故君子冠獬豸小人名䮾奇

熊胆春在首夏在腹秋在左足冬在右足象胆春在左足夏前右足秋後左足冬後右足

虎名李耳俗謂虎本南郡中盧李公所化故呼李耳即

喜呼班使即怒虎食物至耳即止以觸其諱也虎曰寅獸亦曰寅客

麗麛音扇鑒鹿之極有力者鹿之大者爲麈群鹿隨之視麈尾所轉一名伊尼

畜有尤善皆見記載故馬稱騬騸騮驥騄牛譽鄀桝丁櫟

陸雲云蟬有五德頭上有緌文也含氣飲露清也黍稷不享廉也處不巢居儉也應候守節信也

山海經云南海之外有三青獸相并名曰雙雙

破鏡食父黃要長大即逐母俱惡獸

吳王逐東夷至海中絕粮得魚食之美歸問所餘巳鱢乾吳王索食之味美因書美下着魚今作鯗非也然不知其名因腦中有骨呼爲石首魚

玄龜食蟒飛鼠斷猿狼蝨嚙鶴青要食虎皆以小制大在氣不在形

孶生馬匹一牡三牝爲一群

識馬有病與無病取其毛附手掌中相粘者無病少粘則有病

物去其勢豕曰豮見易牛曰犗見佛書馬曰騸見五代

史雞曰敵犬曰閹俗語

熊白熊當心白脂如玉味美

能食少許塩即宛轉而死胡孫亦然

天祿辟邪二獸名祿本作鹿

記曰能得名龜者財物歸之家必大富一曰北斗龜二曰南辰龜三曰五星龜四曰八風龜五曰二十八宿龜六曰日月龜七曰九州龜八曰玉龜凡八名龜圖各有文在腹下云此其龜但取此龜不必滿尺二寸得長七八寸可寶矣

鼈三足曰能龜三足曰賁、
蟹胥蟹醬也見周禮
蟛螖似蟛蜞而無毛呼蟛蠘者俱嘗通夢於人自稱長
卿
蟹大小殼上俱十二黠深燕支色如鯉之三十六鱗
蜃即蚌也一名含漿蜃小者名珧一名王珧可飾佩刀
鞘
鰝大鰕、
魁陸即今之蚶又名魁蛤、

牡蠣一名蠔山
鱉目白腹下有三字卜字者不可食三一作天卜一作
十
蝦蟇一名蟾蜍一名陰虫陸机漏刻賦伏陰虫以承虫
又一名去甫一名苦蠪、
蟬未脫殼名復育
龍魚河圖曰羊一角食之殺人白澤圖羊有一角當頂
龍也殺之震死
蜈蚣畏蛞蝓不敢過所行之處觸其身即死蛞蝓蝸也

黑犬白頭耳長卷尾龍也
白鼠身毛皎白耳足紅色眼眶赤者此乃金玉之精俟
其出掘之當獲金玉耳足不紅者常鼠也
歐歐鸕鳴也
鱧魚胆獨甘可食一名文魚今曰烏魚又曰黑魚其首
戴七星文夜則北向故道家忌食故有天忌鴈地厭
犬水厭鱧之說
蠹魚三食神仙字則化而爲髮捲規四寸如環無端名
曰脈望夜以規映當天中星星立降斷之有水和而

服之即時換骨上昇
黑蜈黑蛇也潛於泉將雨則躍張景陽詩黑蜈躍重淵
商羊舞野庭
長離鳳也離一作麗
丹哥鶴也見趙自然詩又玄思賦九皐介鳥介大也謂
鶴也又名胎仙
漢昭帝黃鵠下建章宫太液池而歌則名黃鵠神異經
鶴國有海鵠乃知鶴之外別無鵠也
鶴左右脚裡第一指名兵爪鶴二年落子毛

龍魚河圖云雞五指者殺人有五色者殺人
白澤圖云雞四距重翼者龍也殺之震死
白團雞卵也見冥報記
嗽金鳥魏明帝時昆明國來獻形如雀色黃食真珠及
龜腦常吐金屑如粟鑄之爲器爲釵謂之辟寒金宮
人謠曰不服辟寒金那得君王心不戴辟寒鈿那得
君王憐
鸛伏卵取礜石周圍繞卵以取煖氣故方術家鸛巢中
礜石爲真物

鷺目成而受胎鸛影接而懷卵鴛鴦交頸野鵲傳枝
鵜鶘一名洿澤俗名淘河
鶺鴒俗名雪姑
杜鵑亦名子規規一作雟又名謝豹又名雟周又名杜
宇
鵙鳴在上蛇蟠不動鵲鳴在上蝟反不行
鸕鷀一名鷧峽中人稱爲烏鬼
鴆鳥雄謂運日雌謂陰諧運日知晴將晴則先鳴陰諧
知雨將雨則先鳴

震鱗龍異材雞並見漢書
仙客鶴閑客鷗雪客鷺南客孔雀西客鸚鵡巧婦鷦鷯
又丁令威鶴孫供奉猴烏將軍猪又牛曰班特處士
猪曰長喙參軍羊曰髯鬚主簿又白額侯虎巴西侯
猿鉅鹿侯鹿玄丘校尉猿
奔鯙非魚非蛟大如船長二三丈色如鮎兩乳在腹下
相傳懶婦所化俗呼懶婦魚一頭得膏三百斛取之
燒燈照讀書紡績輙暗歡樂之處則明
有鱗曰蛟龍有翼曰應龍有角曰虬龍無角曰螭龍

逐龜怪烏啼則雨
河豚以三爲部今云一附俱
鷙鳥下擊翅先左側蜘蛛布網絲從右繞
鼠膽滴耳可以愈聾
康居之雞尾長五尺東夷之羊尾重十斤海鳧毛長三
丈蛺蝶翅闊四尺雕陵之鵲翼長七尺條支之雀卵
大如甕鶡雉之尾長六尺海蝦之鬚四尺八尺
馬食粟則足重不能行鴈食粟則翼重不能飛魚食巴
豆則死鼠食巴豆三年重三十斤

鱉被蚊噬立死蘞鱉甲蚊即去不去即死、

龍生九子不成龍蒲牢好鳴鍾鈕之獸囚牛好音樂器之獸屓屭好文碑旁之獸蚩吻好吞殿脊之獸嘲風好險殿角之獸睚眦好殺刀頭之獸狴犴好訟獄門之獸狻猊好坐佛座之獸覇下好負重碑座之獸

鳧鷖野鷗也舂鉏鷺也、

蜀山塗水流于江中有儵蟰狀如黃蛇見則大旱

布穀即班鳩又名鵠鵴

鸊鷉膏堪塗寶劍令不綉

蟪蛄寒蟬也一名蛥蚗音舌

畢方義童山有鳥如鶴一足青羽赤脚白喙自呼其名不食五穀見者主壽、

鸗鴗上音約即山鵲、

猼訑音博基山有獸似羊九尾四耳目在背其皮毛佩之令人不恐

鴿號飛奴燕名歌女、

桃都山有大桃樹有天雞夜半見日出即鳴天下雞皆鳴見金樓子、

鼠母似猿見人若慚而屈頸打殺得風即活

漢武時有獻獨足鶴者東方朔曰此山海經所謂畢鸞、

河祁脯乾魚也祁一作祇、

杜鵑一名怨鳥夜啼達旦血漬艸木

陶氏言麞鹿非辰屬八卦無主故道家聽許爲脯道書云麞鹿無魂故可食

䮷質云驢馬駒隨母月初生者在前中旬在旁下旬在後數驗不差

覘馬目瞳子中人頭足皆見者日行千里

龍有五種一象形二蛇形三馬形四魚形五蝦蟇形

方諸陰遂大蛤也見月則消而爲水

魚生流水中則背鱗白生止水中則背鱗黑、

江瑤柱蝻黄也

野鴨爲鳧家鴨爲鶩

驪山多飛禽名阿藍堆明皇御玉笛采其聲翻爲曲

鶴愛陰雁愛陽故汲冢書目鶴爲陰羽禹貢名雁曰陽鳥易曰鶴鳴在陰傳曰鴻雁隨陽亦此義、

信天翁鳥名滇中有之其鳥食魚而不能捕魚魚鷹所

得偶墮者拾食之蘭庭瑞詩云荷錢荇帶綠江空噯
鯉合鯊淺草中波上魚鷹貪未飽何曾餓死信天翁
亦可以爲諷也廷瑞滇之楊林人
薛道衡文足足懷仁般般擾義足足鳳也般般麟也
吐綬鳥謂之錦帶功曹詩所謂卭有旨鷊也鷊本鳥名
而文似綬故字從鬲從草可對金衣公子
兎曰明視見毛穎傳又名扑握
鴗小鳥青似翠陸龜蒙詩題名翠碧石林詩話名魚虎
江東謂之水狗魯望詩云紅襟翠翰兩參差輕拂烟

華上細枝春水潮生魚未得不辭風雨坐多時
郭璞寓烏龍山著爾雅洗墨山下魚吞墨水頭俱黑至
今有烏頭魚
朱鷺鷺色白楚威王時有朱鷺故舊有朱鷺曲
莊子涸轍鮒魚今鯽魚也
李白有馬名黃芝
鯉一名稚龍
杖曰扶老烏亦曰扶老狀如鶴卽鶖
鶺鴒一名內史一名花冢蛺蝶一名春駒

衛濟川養六鶴日以粥飲啖之三年識字濟川檢書皆
使鶴銜取無差
南方有冷蛇長數尺色白不螫人執之冷如冰唐申王
有肉疾腹垂至膝畏熱玄宗取以賜之
廣東高州府濱海海中出珠鱉狀如肺四眼六足而吐
珠一曰文魮鳥頭魚尾鳴如磬而生玉
內黃侯稱蟹見宋曾文清茶山公詩
陸機家犬名黃耳楊萬年家犬名青骹
雞一名二更鳴者名荒雞

鬼車俗名九頭鳥又名姑獲又名鵂鶹又名鵂
蚯蚓又謂之鳴砌
鳩一名鶻鳩卽今之勃鴣
雉一名翟一名翬一名澤雉一名華蟲
龍頭上有一物如博山形名尺木龍無尺木不能昇天
鷞鳩鷹也祝鳩反舌也乾鵲鵲也
水鏡一名射影一名蜮陸江淮水有之人在岸上影在
水中掠影則殺之
率然常山蛇名擊首尾應擊尾首應故兵家曰常山蛇

勢

果然猿屬黒頭有髯楊州人取一果然而數十果然皆
至聚族而啼死之不去

鼇海中大龜也作鰲非

大空小空二虎名善覺禪師侍者

唐良馬有流雲騧奔鴻赤之名

活即師科斗也見山海經

月題馬額當顱如月形者

海月寳名出海中大如鏡月色

風土記鳴鶴戒露此鳥性警八月白露降即鳴

海濱獸有蒲牢聲如鐘性畏鯨鯨躍輒鳴故鐘紐作蒲
牢撞木作鯨形

術者以十二生肖配十二辰各有不足之形如鼠無牙
牛無齒虎無脾兎無唇龍無耳蛇無足馬無膽羊無
神猴無臀雞無卵犬無腸猪無筋人則無不足[illegible]

青林樂唐京師游手夏日捕蟬貨之曰出青林樂[illegible]
人小兒爭買以籠懸窓戶間亦有驗其聲短[illegible]
負

黿脂得火可以然鐵　馱蕪殺蚊辟虱燒之驗

堯時祇支國獻重明之鳥狀如雞鳴似鳳能搏逐猛獸
使妖災不害國人或刻木或鑄金爲其狀置于門戶
則鬼魅退伏今人元日畫雞于門是其遺意

道家流書言麞鹿是玉署三牲神仙所享故奉道者
不忌

魚尾謂之丙如篆丙字也魚枕爲丁腸爲乙見爾雅記

麞麅二獸名性好鬭麞麅爭力市人爭利故賈者名麞
麅人

山雞一名鵕鸃一名錦雞

文犀即通天犀形似水牛猪頭三角一在頂一在鼻

文苑豹斑卷之九

雲間沈思永裕甫彙纂
陳繼儒眉公刪定

器用

七絃琴桓譚新論曰神農繼王天下始削桐爲琴繩絲爲絃第一絃爲宫次商次角次徵次羽廣雅曰文王增二絃曰少宫少商又云舜作五絃文王武王各增一絃長四尺五寸法四時五行也七絃法七星

鏌鋣劍名字從金賈誼賦作莫邪

箏蒙恬作故曰秦箏上圓象天下平象地中空准六合柱絃十二擬十二月

蔡倫字敬仲後漢和帝時人爲上方令用樹膚麻頭敝布魚網爲紙稱蔡侯紙然倫以前有紙按班史稱赫蹏西京雜記稱薄蹏註云小紙也又尺銀光齊高帝造以賜王僧虔張華著博物志剡側釐紙萬番羅文玉板蟬板南越所獻其理縱橫鳥絲襴出越姬俱紙名

好時侯紙又名楮國公又名楮先生風俗通云紙曰方絮

松滋侯墨又名黑松使者又薛稷封爲玄香太守墨本由真所造

即墨侯離石鄉侯硯

中書君筆又名墨曹都尉黑水郡王毛錐刺史

蒙恬爲秦將始製筆名管城子又名不律

張衡詩美人贈我氊氍毹即今毛毲又曰氊之異名曰毛席毯之異名曰毛毲亦曰氍毹又毷氉罽也又稱毽布

白樂天牧蘇臺元微之守浙東置驛遞詩筒往來

子毿北方毛段細軟者書鳥獸氄毛是也今訛爲紫茸

蜀城郫府西郫縣出大竹截以盛酒閉以藕絲包以蕉葉信宿香達于外曰郫筒酒故子美詩酒憶郫筒不用酤郫蜀王杜宇所都

織絲織音志今訛爲注絲又轉訛爲紵絲紵音宁非注也見鄭氏釋文

魏鄭公慤率賓僚避暑取荷葉盛酒刺葉與柄通屈莖如象鼻傳吸之名碧筒盃

關東謂之箑關西謂之扇世本武王作箑箑䈉同別名
便面以障面自便也見張敞傳亦曰屛面
餺饠修食也今北人呼爲波波南人譌爲磨磨
傀儡周穆王時工人偃師造能歌舞又云起漢高帝平
城之圍其城一面冒頓妻閼氏兵強陳平知閼氏妒
乃造木偶人舞埤間閼氏疑是生人慮下城冒頓納
之遂退軍
隃糜墨名漢尚書令僕丞郎月給隃糜墨大小二枚
幞頭今訛爲僕頭幞音伏與幞被之幞同起周武帝以

幅巾裹首故云幞頭
罘罳羅鳥之網官殿簷戶之間設或謂曲閣屛障非也
圍棊堯造丹朱善之
博烏曹作樓犂皇甫陰作摴蒱老子入胡作粉紆作鏡
尹壽作　　象戲周武帝作
明皇與貴妃牙戲將北惟重四可轉上連呼叱之骰子
轉成四上悅賜緋今骰子四獨紅始此
繁弱弓名忘歸矢名見嵇叔夜詩又信往亦矢名
拂水車拂也連耞打稻器或以拂爲連耞非也

爇火上元夜人皆游賞劉向獨在家讀書故太乙神吹
青藜端火以照向
從乳出酪從酪出酥從生酥出熟酥從熟酥出醍醐
柴積積音際即周禮天官委積之積
琵琶又名鞸婆唐詩琵琶字皆作入聲用本胡人馬上
所彈推手前曰琵引手曰琶因以爲名長三尺五寸
法天地人與五行四絃象四時
張九齡體弱有蘊藉故事公卿皆搢笏于帶而後乘馬
九齡獨使人持之因設笏囊又名笏梁

曹公作欹案卧視書六朝人作隱囊柔軟可倚又勝欹
案王維詩隱囊紗帽坐彈棊
陶器黃帝命寧封作又云始舜時五明扇舜作几黃帝
作
容成造律胡曹爲衣奚仲爲車又云黃帝作車故號軒
轅氏禹作宮室又云元高作室又云黃帝作伶倫作
椎陵量乘雅作駕寒哀作御王氷作服牛史皇作圖
[illegible]里鼓一名大章車劉裕滅秦得之有木人執椎向鼓
[illegible]一里打一椎

漢高祖與項羽戰于京索遁于薄中羽追求之鳩止鳴其上追者以爲必無人故得脫及即位異此鳩故作鳩杖以扶老

晉車駕出刻烏于竿上名相風烏今檣烏是遺制

青奴竹夫人名又山谷稱爲竹奴錫奴曾文清稱湯婆子

繩床以繩穿爲坐具即今之交椅也藜牀杖也

容成侯司空圖說鏡爲容成侯又爲壽成侯壽光先生孟青唐侯思止謂决囚杖按晉將軍姓孟名青棒即殺

瑯琊王沖者也故棒名孟青亦曰白梃

渠荅鉄蒺藜欹劂曲刀也

犀渠甲也又名賜夷首鎧兜鍪也

木上坐僧住杖

不落酒器名白樂天詞銀不落從君勸

大黃弩名勃盧矛名洪順旌名巨黍古良弓

革華皮鞋也韓退之作革華傳

魚軒婦人車以魚皮爲飾也

[illegible]綃輕綃紗阿錫布

黃帝與蚩尤戰于涿鹿常有五色雲氣金枝玉葉止于帝上有龍鳳花蕚之狀故因作華蓋

白接䍦帽也取白鳥頭背上長翰毛爲之

曲盖武王伐紂大風折盖太公因制曲盖

宋魏之閒方言謂簟爲笙桃笙以桃竹爲簟也桃竹葉如椶身如竹密節而實中犀理瘦骨見柳子厚詩

上尊糯米一斗成者稷米一斗曰中尊粟米一斗曰下尊

竹練竹布弋綈黑繒戴勝婦人首飾

笛本四孔京房加一孔于後爲商聲本黃帝使伶倫作

黃帝命揮作弓夷牟作矢甲少康子與作又云子杼戈戟戈矛劍鎧蚩尤作刀斧鉞黃帝作

黃帝命共鼓貨狄刳木爲舟剡木爲楫以濟不通又山海經曰番禺始爲舟墨子曰葉爲舟又韓非子虞姁作舟

豆腐淮南王劉安所作仙術也

青萍干將含光承影青練俱劍名又秦有太阿上市

陸博即雙陸局戲也陳思王置雙陸局置骰子二盖即

胡王掘槊之戲天竺一名爲波羅塞戲又云古六博即今骰子用六隻骰故名又云以五木爲骰有梟盧雉犢塞爲勝負之采必刻一骰如梟鳥形得之爲最勝故爲呼盧晉謝艾傳梟者邀也則梟即骰色之幺也

貂蟬胡服也

結綠懸黎美玉名瑰珠赤色即南方所出火珠也

引光奴火焠名焠音出

九章筭法黃帝時隸首作

黃帝作井又云伯益作冶蚩尤作

黃帝覩暈翟草木之華乃染五采爲文章

山海經云豐山之上有九鐘霜降則鳴

唐岐王宮中竹林內懸碎玉片每夜聞聲相觸即知有風號占風鐸

筆牀筆四管爲一牀

王褒家貧土銼經日無烟銼釜也土銼瓦鍋也

鼓吹岐伯作鼓鼙帝嚳令抃卜作網羅伏羲臣句芒作

綸鉤餌詹何作牛耕稷之孫叔均作

昔荆軻逐秦王其後謁者持匕首以備不虞漢高祖始

制手板馬今謂之笏

箜篌師延作又吳兢樂府解題云漢武帝滅南越祠太乙后土令樂人侯暉作琴造蠶蠶音坎以工人姓侯故名坎侯後訛以坎爲空故通作空侯笙女媧作竽女媧臣隨作簫伏羲作又曰舜作磬無句作笛武帝時丘仲作鐘錘作

釜甑黃帝造鐺鏊孟莊子作箕帚夏少康作

金僕姑矢名本作鏷鐏

溺曰房中弱水見道書溺器曰夜瀦見唐人文集

淨君帚涼友扇桐君琴

佛箋今謂之籤

甗甎音鹿專郭璞云甓也陶侃運甓即此

衢尊酒器也六尊爲衢

瓴甋甓也

偏提即注子又說郛云猶今酒鱉又云元和間仇士良以注子名同鄭注去柄安系名偏提

赫蹏蹏亦作㡗小薄紙也本作幅䗂地也染紙素令赤而書之幅音虩

昆吾劍名亦作錕鋙本山名出金作刀劍
酒魁大斗也
造棺槨自黃帝始莊子名棺木爲禅傍又曰秘器又曰
聚僂
甎烏曹作瓦夏昆吾氏作石碓公輸般作舂黃帝臣雍
文作又云赤冀作臼
孟勞魯寶刀也
方秋崖名書藏曰藺藺又曰藺窩王樵名之曰覩室覩
即藺字

晳黃帝作弁春昭公作市耒耜神農作又云神農作市
高陽氏衰市官不修祝融修市
五兩凡候風以雞羽重五兩係五丈旗顛立軍營中
天球修況俱琴名
阮咸即月琴伊容所造四絃十三柱令人直曰阮又云
有人破古塚得銅器似琵琶人莫能辨元行沖曰此
阮咸所作命易以木絃之雅樂家遂名阮咸
鉛華粉
褭蹏金名漢武鑄黃金爲褭蹄麟趾白選白鐐俱銀名

書棍書夾板韓直木界尺標彙綳帙緹帙俱書囊名帙
奏同
鉛槧槧板長三尺謂以鉛刻于槧而書之木可修削故
簡板稱教削
榾柮短木
尺八樂器
鑿落飲器參差洞簫故姜白石剪燭屢呼金鑿落倚囪
閒品玉參差
甀瓻酒甕也井幹井上木闌也字亦作韓其形四角或

八角又謂之銀床皆井欄別名
一散
一散酒爵也受五升詩簡兮公言錫爵註疏惠下不過
毦音餌羽衣一名兠鍪劉伶奸結毦
側注冠名
寒具寒食具也見和靖寒食詩又名麰麰見于實司徒
儀晉制呼爲環餅即今饊子也束晳餅賦有牢丸之
目牢丸即今湯餅
粔籹以蜜和米煎作之即今糖餅杜詩粔籹作人情蓋

蜀土風
白間巂屏也以白塗之又云即牕猶言綺疏青瑣之類
胡笳胡人捲蘆葉吹者李伯陽避亂入戎狄懷土遂置
此樂又云張博望入西域傳其法于西涼
木難黃珠瑟瑟碧珠故詩家以對斑斑蒼蒼云
吳王闔閭命國中作金鉤令曰善者賞百金有獻而求
賞者王曰爲鉤者衆子獨求賞何也對曰吾作鉤殺
二子以血釁金于是向鉤而呼二子名曰我在此王
不知汝之神也聲絕于口鞬鉤飛着父胸王大驚曰

寡人負子矣即賞百金遂服之不離身爲吳鉤彎刀
也
朱紱即朱裳畫爲亞形亞古弗字故因謂之紱亦作韍
古詩青玉案即盤也今以案爲卓非孟光舉案即盤若
今卓子豈可舉乎
西都賦招白間下雙鵠揄文竿出比目風俗通白間弓
名文選以間爲鷳非也
緡錢緡絲也以貫錢錢一百曰一緡
白帽管寧不應州郡之辟常着白帽

柔翰　筆毫素筆紙
輶軒輕車也見晉志
漢魏以前戴幅巾晉宋用羃䍦後周以三尺皁絹向後
幞髮名折上巾
晉時脚屐有露卯陰卯之異即今之屐齒有暗齒亮齒
也
三代兩漢用馬車魏晉至梁陳用牛車唐雖人主妃后
非乘馬即步輦自郊祀外不乘車也
雉尾扇殷高宗作

梳赫胥氏作
石蜜本草云石飴也即今之糖又名蔗飴蔗餳
琅璫大鎖亦作鋃鐺今訛以爲銀
昆吾之鼎彝太公銘功鼎
昭華之玉堯贈舜者
皐比虎皮也以虎皮爲講席也皐比爲虎皮抑自有説
古之虎皮包弓矢曰櫜櫜即皐也
闌楯王逸注縱曰闌橫曰楯殿上臨邊之飾防人墮也
今言鉤欄

火浣布有二種其一火林山白鼠毛績者其一南海中
蕭丘生一種木經火不灰夷人取其華績以爲布或
剝其皮爲之不及花細好

韋仲將所作墨一點如漆

晉簡文賜張華于闐青銕硯

晉干寶作搜神記賜金花箋

越歐冶子所作劍五一曰純鈞二湛盧三豪曹亦曰盤
郢又曰勝邪四魚腸五巨闕

硯譜載天下之硯四十餘品青州紅絲石硯第一端州

斧柯山石第二歙州龍尾硯第三端溪硯所出有四
岩石爲甲石屋次之西坑次之後歷爲劣岩石又分
上下馬又眼有死活圓光相映黃白相間爲活眼四
旁浸漬不甚鮮明爲泪眼形體畧具内外白無光彩
爲死眼死眼又勝無眼

胡餅漢靈帝好食之石勒諱胡改爲麻餅即今之芝麻
餅也

笋席竹席也蟻裳蟻色玄盖玄色裳也　嘉服吉服也

蘭石城上擂石

流虹魏太子劍名色似彩虹

石炭煤也

第牀簀也齊魯之間謂之簀江淮之間謂之第曾子易
簀即此

呂氏春秋有客吹籟籟簫也莊子所謂人籟

李肇命酒曰郎官清劉昫命酒曰玉友唐子西命酒之
和者曰養生主勁者曰齊物論武帝酒名蘭生隋煬
帝酒名玉薤李適之酒名翠濤

廣志云獨木橋曰榷亦曰彴彴亦謂畧彴橋上級曰鴈

齒又橋名浮梁

杖拏鼓枻拏篙也枻船旁也

草屨曰扉屨世本云於則作扉屨開元傳信記絲作者
謂之屨麻作者謂之不借又事始云單底曰履重底
曰舃

白銅謂之鋈赤銅謂之鉼

蟹志云漁者緯蕭承其流而障之曰蟹斷

筆有形管形赤漆也史官載事用赤管言以赤心記事
也

張華博物志成晉武賜麟角筆以麟角爲筆管此遼西
國所獻故王勃春日孫學士宅晏序且傾鸚鵡之杯
聊舉麒麟之筆
倉琅根官門銅環
牛僧孺謂拍板爲樂句
竿牘竹簡爲書也
銀重八兩爲一流錢一百二十文爲一笄
長明公西明夫人俱燈名見唐李政異聞錄
權衡衡秤也權錘也

鼂采鼂古朝字朝采玉名每旦有光采上出故名猶言
夜光之璧也
筳音廷竹筭子也
周官九旗畫日月曰常畫交龍曰旂畫熊虎曰旗畫鳥
隼曰旟畫龜蛇曰旐旗全羽曰旞析羽曰旌通帛曰
旜雜物曰物
院落庭宇也
綈袍綈厚繒也
壎篪樂器壎燒土爲之篪以竹爲之周昭王時暴辛公
所作
方響今名雲板俗云響板
靈輀轜軒俱喪車也
鹵簿古字鹵與櫓同本載兵器之簿因曰鹵簿
黃屋左纛註天子車以黃繒爲蓋裏纛毛羽幢也
建初錄云鼓吹騎吹雲吹列于殿庭者爲鼓吹行駕吹
者爲騎吹水行則爲雲吹又云陸則樓車水則樓船
在庭則以簨簴爲樓朱鷺臨高臺諸篇則鼓吹曲務
成黃雀則騎吹水調河傳則雲吹

晉志元旦設白獸罇于殿上能獻直言則發尊飲酒
琥珀一名江珠
珠一寸曰大珠次曰走珠次曰礫砢珠
琬液瓊蘇古酒名
側理紙南人以水苔爲紙其理縱橫故名一名陟釐一
陟理
琅琊石似珠碔砆石似玉
綺疎碧疏皆窗名
魚鑰鑰必魚取不瞑目守夜之義

銀黃前漢黃金印銀綬又銀艾銀印緑綬也以艾草染
　之故曰艾、
漢王章卧牛衣中、註牛衣編亂麻爲之今呼爲龍具
端委見漢書註禮衣也、
靈壽杖似竹有節長不過八九尺圍三四寸自然合杖
　制不須削治也、
酒滓謂之醅母
盛弘之荆州記淥水出豫章康樂縣其間有烏程鄉有
　酒官取水爲酒極甘美與湘中酃湖酒年常獻之世

　稱酃淥酒
杬子杬音元塩鴨子以其用杬木皮汁和塩漬之故名
卉醴仙經呼蜜
五色塩出安息國
商君書赭繩束枉木古匠人用赭繩即今之墨線、
荆州牧劉表子弟以酒器名三爵上者曰伯雅中者曰
　中雅小者曰季雅廣韻㻉盄字註曰酒器則盄即雅也
　吳均詩聊獻三雅巵今人語曰雅量本此五經亦酒
器晋安仁餉人以酒或三經或五經、

開掃髻名唐詩還梳開掃學宮粧亦猶盤雅墮馬之類、
唐人詩用輕容盖紗之至輕者即今銀條紗之類、
雙陸一帖名一判、
瓦卜即芺卜
美玉白如截肪黒如純漆赤如雞冠黃如蒸栗與國有
　軟玉可直可曲
可陵國以柳花爲酒
秦謂之筆楚謂之律吳謂之不律燕謂之弗
異物志廣南以竹爲硯

晋太康五年、大秦國貢蜜香帋三萬幅帝以萬幅賜杜
　預寫春秋釋例帋以蜜香樹皮葉爲之微褐色有紋
　如魚子、極香而堅細水浸不爛
山林窮四和香以荔枝殼甘蔗滓乾柏葉黃連和燒又
　加松毬棗核梨核尤妙、
唐墨惟李超子庭珪始集大成李本姓奚渡江居歙州
　南唐賜姓李、廷珪初名廷邽、故世有奚廷邽墨、不知
　即廷珪也、然亦尚松烟、
古寫書有簡有策有觚有方有牘有札有槧有板、簡策

觚皆竹爲之牘方札槧板以木爲之古未有帋故用竹木書吏持刀筆自隨誤則刀削故名刀筆吏

獅子尾爲拂子蠅蚋不敢集其上蕃名蘇合香其筋爲絃鼓之則衆絃皆絶留青日札云蘇合油樹生可爲藥出安南

羲之有巧石筆架名邕班獻之有斑竹筆筒名裘鐘

上古無墨竹挺點漆而書中古方以石磨汁至魏晋始有墨丸乃漆烟松煤夾和爲之所以晋人用凹心硯欲磨墨聚瀋耳後有螺子墨亦墨丸遺製

紙蜀以麻江浙以嫩竹北土以桑皮剡溪以藤海人以苔

宋亳間紙有織成界道謂之烏絲紙

房壽六月摶蓮花製碧芳酒

東坡有却鼠刀嘗匣藏之用即焚香置几上鼠多引匿

月中仙名結鄰硯亦名結鄰李衛公所寳

溫州作蠲帋潔白緊滑大略類高麗紙其越錢氏時供此帋蠲其賦故名

晉句古熏籠光武后陰麗華有金虬屈膝倒鳳銜花熏局

簫一名石弦一名紫佩箏一名東宛

女紅雜志梭一名御蜩

端溪石水中者石色青山半者石色紫山頂者石尤潤如猪肝色者佳謂之子石硯

龍涎香出大石國國人候島林上有異禽日集下有群魚游泳則有伏龍吐涎浮于水上舟人撫而得之其涎如膠其貴十倍于金

薛濤好製小詩惜松花箋幅大不欲長賸命匠人狹小

爲之蜀中才子以爲便後減諸箋亦然因名薛濤箋

向範待客有漆花盤科斗筋魚尾匙

星子炭麸炭也唐宣宗餌丹病熱冬月不近火宮人以麸火進止煖手而已禁中因呼爲星子炭以略有火星也

雙魚洗盥手之器見博古圖

抱香履抱木生于水松之間極柔弱不勝刀鋸乘濕時刳而爲履易如削瓜既乾則韌不可理也履甚輕風吹則動夏月納之可禦蒸濕之氣出扶南大秦諸國

大康六年扶南貢百頭帝其嘆異

河東脩録云取猪毛刷淨命工織以爲席滑而且涼號

爲壬癸席

回紇出鎖鎖帽用鎖鎖木根製之爲帽火燒不滅亦不

作灰可配火鼠布能辟寒

田衣即山谷所謂稻田衲王右丞亦有詩云手巾花氍

淨香帔稻畦成是也霏雪録謂袈裟恐非

清角黄帝琴鳴鹿循况濫脅號鐘自鳴空中齊桓公琴

也繞梁楚莊王琴也緑綺司馬相如琴也焦尾蔡邕

琴也鳳凰趙飛燕琴也

蔡邕獨斷曰古幘無巾王莽頭禿始施巾故語曰莽頭

禿幘如屋

曾青石青銅之精出蜀都曾青山空青即曾青石中所

出之水也

續漢書曰大秦國合諸香木煎其汁謂之蘇合

瑟二十五絃李商隱詩錦瑟無端五十絃庖羲氏作五

十絃帝使素女鼓瑟哀不自勝乃破爲二十五絃

肺石周禮以肺石達窮民之情

雙玉爲瑴五瑴爲區瑴音角

伏虎溺器也故侍中親省起居者名褻虎子急須子馬

具也

来落酒闞中劉白墮成於来落之後反語謂之索郎又

酒名麯君

臛多肥汁羹也炰火煎也膾細切魚肉也脯乾肉也鮓

亦膾之類

耳衣即今煖耳唐詩金裝腰帶重錦縫耳衣寒

屈戌窗牖間鉸釘環鈕名梁簡文織成屏風金屈戌李

商隱鎖香金屈戌

念珠一百零八蓋年有十二月二十四氣七十二候準

一歲之義

念珠佛書名木患子又名無患托鉢一名應器

琲音裴珠十貫

姹女水銀也

王褒賢臣頌伯牙操遞鐘遞鐘琴名

長離武夷君記撫長離大箏也相如賦前長離而後矞

皇又爲鳳

紫駞尼蕃褐也見山谷詩飢飡靑丹糲飯寒贈紫駞尼

江南作膾名郎官膾因張翰得名

琥珀松脂入地千年所化色紅吸得芥子者爲真

漢武作赤仄錢一當五赤仄史記作赤側以赤銅爲郭

䥫金吾金吾棒也以銅爲之金塗兩末

流蘇帳四角所繫盤線繪繡之毬同心而下垂者

白粲瓊粻俱白米脫粟粗米

歡伯酒也

不托唐人謂湯餅爲不托今爲餺飥

紅綾餅唐僖宗新進士文喜宴各賜紅綾餅一枚

袪今袖口袂今袖

五兵矛戟弓劍戈也

緼黂敝衣襏襫蓑衣襬䙱雨衣

袜女人脇衣也崔豹古今註謂之腰綵註引左傳衵服謂日日近身衣也是春秋時已有之隋唐詩中名寶袜

蹴蹋黃帝所造以練武事

宋豹齋鎰呼弾琴爲鋃絲供

卻老先生王僧虔晚年惡白髮一日對客左右進鑷僧虔笑曰卻老先生至矣

瓊飴謝玄卿遇仙設素麟脂瓊飴酒

子虛賦蒙鶡蘇緝鳥羽爲流蘇也

白帢帽也

桑維翰未仕緼衣襤褸穿結類乎鳳尾謂之鳳尾袍

龍鬚友稱筆晉郤詵射策第一拜其筆曰龍鬚友使我至此

黼扆黼卽斧扆屛也屛形如斧取其斷天子所負以朝者

軺車小車也輜載衣車重載物車行者之資總曰輜重

文苑豹斑卷之十

雲間沈思永裕甫彙纂

陳繼儒眉公刪定

人事

臘月廿四日五更取井華水第一汲者盛淨器中量人口多少浸乳香至歲旦煖令温每人以乳香一小塊飲水三呷咽下則一年不患時疫

茄花開時剪葉布行路以灰圍之則結子多謂稼茄

巴豆與蜣蜋研塗箭傷處可出箭鏃

許叔微曰五臟蟲皆上行肺蟲下行當用獺爪為末調藥於初四初六治之二日蟲上行也

五月五日午時於井畔向東不語取蚯蚓乾收之謂六一泥魚鯁者以少許擦咽外即消取東行螻蟈乾收之治婦人難產

七夕俗以蠟作嬰兒形浮水中為婦人宜男之祥謂之化生

洗頭不可用冷水必成頭風病婦人月事來不可洗頭

余其人云凡遇山水塢中出泉者不可久居常食作癭病又深陰地冷水不可飲必作痎瘧

打碑文上墨後須融蠟揩之則字畫光潤而墨不脫否則漫漶不明矣北方用駱駝油亦佳或以酥融蠟用之

彈其兩人對局白黑棊各六更先彈也

子母錢青蚨蟲似蚕取其子母即飛至殺其血以母血塗錢八十文子血塗錢八十文每市物或先用母錢或先用子錢皆復飛回循環無已又名蜘蝸狀如蟬而大又云取血塗錢繩入龍腦香少許置櫃中焚香一爐禱之其錢悉歸繩上

婦人妊身三月未滿著夫衣冠平旦繞井三匝映水視影勿反顧必生男陳成生十女其妻繞井三匝咒曰女為陰男為陽女多災男多祥繞井後三日不汲果生男

寒食煮大麥粥研杏仁為酪以湯沃之見玉燭寶典

正月一日取五木煎湯以浴令人至老鬢髮黑道家謂青木香為五香亦云五木

池陽上巳日婦人以薺花點油祝而洒之水中若成龍鳳

花卉之狀則吉謂之油花卜

五月五日作赤靈符著心前可以辟五兵卻今釵頭符

八月一日作五明囊盛百艸頭露洗眼眼明

商陸火裴度除夜嘆老迨曉爐中商陸火凡數添

漢武帝壽陽公主人日卧含章殿簷下梅花落公主額上成五色之花拂之不去自後有梅花妝

古人鑄刀以五月丙午取純陽精以協其數

魏賈鏘有蒼頭常令乘小艇於黃河中接河源水以釀酒名崑崙觴芳味世中所絶

董勛答問歲首折松枝男七女二以爲藥飲之

辰日種瓜則結實多山谷云春糞辰瓜滿百區畏麝若人帶麝香觸之多萎死

研芥子入醬不生蟲

食蜜不可又食鮓令人暴死服牛膝忌食牛肉

置牛骨池中水不涸

人年壯而髮白名蒜髮猶言宣髮也以蔓菁子壓油塗頭則變黑

唐長安風俗元日後飲酒相邀號傳坐酒

五月五日以五色絲綵繫臂辟兵及鬼令人不病名長命縷

開元宮中造粉團角黍貯盤中以小弓射之中者得食

蛇以桑樹煨之則足見

太清外術生人髮挂果樹鳥雀不敢食其實

開元宮中七夕以蜘蛛內小金合中至曉開視蛛絲稀密以占得巧之多少以九孔針五色線向月穿之過者爲得巧

凡食河豚一日內不可服藥恐內有荊芥相反亦惡烏頭附子解其毒以龍腦浸水或至寶丹橄欖皆可又方以槐花微炒乾燕支同搗粉水調服大妙

金橘著綠豆中經時不變橘熱豆涼也

五月忌翻蓋屋瓦令人髮禿見風俗通又云五月上屋見影魂飛

合歡索端午以綵爲之又上百官索曰壽索

五行書曰欲知蠶善惡於三月三日天陰無月不見雨蠶大善

李守愚侵晨以井花水吞黑豆五七粒謂之五臟穀至

老視聽不衰、

莧鱉不同食五六月中切鱉肉如碁搗赤莧汁和合以茅包土覆經旬變為鱉同食則生血鱉以白馬溺飲之即愈

春地氣上升春土築墻即不實

屈原五月五日投汨羅江而死楚人哀之每至此日以竹筒貯米投水祭之漢建武中長沙歐回白日見一人稱三閭大夫曰常所遺苦蛟龍所竊今當以楝樹葉塞之縛以五綵線此二物蛟龍所畏也回依言世

人祭乎始此

蜂螫以羊屎傳之立差見筆談又云蚯蚓糞亦好

種麥以千辛艮下手澆灸上塲俱不得過辛日

凡門以栗木為關可以遠盜

杏仁七个去皮尖早晨盥漱畢含口中久之盡去皮又於口中煖之逐巡爛嚼和津咽之康健不老

胡麻麩喫犬則光黑而駿獵則多獲又可得三十歲胡麻即芝麻

左傳云國狗之瘈無不噬也杜預注云瘈狂犬也今云猘犬宋書云張收為猘犬所傷食蝦蟆膾而愈又椎碎杏仁納傷處即愈

以煮酒脚塗蓋屋石其黑如漆不脫

羊肉作膾置砂鍋內投以椎碎杏仁數枚活水煮骨亦糜爛

救溺死凡溺死將鴨就口邊殺血滴入口中可活

梓葉飼猪肥大三倍

桃符東海度朔山大桃樹蟠屈數千里卑枝向北曰鬼門有二神曰神荼鬱壘主領衆鬼黃帝因立桃板門

画二神以禦凶鬼、

猫眼看時辰視其中瞳子猫兒眼内有周天子午如綫卯酉圓辰戌丑未銀杏樣寅申巳亥不大圓

正旦飲柏葉酒薦五辛盤見庾肩吾詩

漁家以猴猻毛置網四角則多魚以魚見之如人見錦繡也

見人布網垂釣或弹射鳥獸但誠心默念揭諦呪七遍可使終日無獲或念太乙救苦天尊一句亦然

取蛟龍牙一枚手握之與人棋臨局自然機變横生

夜藏飲食不密鼠欲盜食不得涎滴器中人食之得黃症

建人謂鬬茶爲茗戰

南倭海灘蚌泪和色作畫畫隱夜顯

沃山石研色作畫晝顯夜隱

鼓三百三十三椎爲一通

角十二聲爲一疊

正月一日早起於庭前爆竹神異經云西方山中有人長尺餘一足性不畏人犯之則寒熱名山臊以竹着火中熚烞有聲而山臊驚去今之爆杖是其餘意

本草云雞伏卵黃白渾雜煮及尚軟隨意作物以苦酒漬數宿即堅內着粉中與琥珀無異

艾草積三年後燒津液不流者成鉛錫

食荊芥後不可食黃顙魚二物相反能殺人

賣宅之物不以置生口奴婢及生物並不利于人賣驢馬之財不以娶婦令家耗婦至不安

以木瓜灰和麪投水中魚食之即浮

以秦椒和飯雀食之即伏地不能飛半夏亦然

男子入學多用七歲五歲蓋俗有男忌雙女忌隻之說至冠笄亦然按北齊李渾弟繪六歲願入學家人以偶年俗忌約弗許伺其伯姊筆牘之便輒竊用未幾通急就章則其來久矣

取逃人衣懸垂井中運之則逃人自思歸

柿至寒露節採下向堅澀凡百枚以楂梨一隻置其中即紅熟謂之烘柿而梨味亦佳

鹽酒蟹凡一器數十隻以皂莢半挺置其中則經年不沙

隔牆人家有竹此以死猫埋土中明年即出筍

解犀角爲方寸塊以薄紙裹于懷中使近肉以人氣蒸之候熱投臼中急搗應手如粉

凡顛撲及毆傷飲熱麻油酒卧之火燒地覺而傷痕疼痛盡消

蟹畏霧遇霧即死實竹筐中以醋噀之雖行千里無害

漢武至河間見空室中有女子姿色殊絕兩手皆拳數百人擘之莫舒上自披即舒納之號鈎弋夫人後因有藏鈎之戲即今之商拳也李商隱作藏鬮荆楚歲時記作藏彄勝者爲飛鳥負者爲餓鴟

西梁伎假面胡人弄獅子

漢武于端午日取蜥蜴餌以丹砂至明年端午搗塗宮人臂有犯即消不爾則如赤痣名曰守宮

周禮方相氏毆罔象好食亡者肝而畏虎與柏故墓上列柏樹路口置石虎為此

本宗服制高祖父母齊衰三月曾祖父母齊衰五月祖父母齊衰不杖期如父先歿嫡長孫承重三年父母斬衰三年長子長子婦期年衆子婦大功嫡孫期年嫡孫婦小功衆孫婦緦麻曾孫緦麻曾孫婦無服玄

孫緦麻玄孫婦無服親兄弟期年兄弟妻小功親姊妹在室期年出嫁大功姪期年姪婦小功姪女在室期年出嫁大功姪孫小功姪孫婦緦麻姪孫女在室小功出嫁緦麻曾姪孫緦麻婦無服曾姪孫女在室緦麻出嫁無服曾祖兄弟及妻緦麻祖親兄弟及妻小功父之親兄弟及妻期年曾祖姊妹在室緦麻出嫁無服祖之親姊妹在室小功出嫁緦麻父之親姊妹在室期年出嫁大功祖之堂兄弟及妻緦麻祖之堂姊妹在室緦麻出嫁無服堂伯叔父母小功堂姑在室小功出嫁緦麻堂兄弟大功妻緦麻堂姊妹在室大功出嫁小功堂姪小功堂姪婦緦麻堂姪女在室小功出嫁緦麻堂姪孫緦麻婦無服堂姪孫女在室緦麻出嫁無服夫為妻齊衰杖期父母在不杖

凡男為人後為本生親屬服皆降一等惟本生父母降服不杖期父母報服同

凡姑姊妹女及孫女在室或已嫁被出而歸服並與男子同出嫁而無夫與子者為兄弟姊妹及姪皆不杖

妻為夫族服夫高祖父母緦麻夫曾祖父母緦麻夫祖

父母大功公婆齊衰三年夫斬衰三年長子長子婦期年衆子期年婦大功孫大功婦緦麻曾孫玄孫俱緦麻夫伯叔祖父母緦麻夫祖姑在室緦麻出嫁無服夫兄弟及妻小功夫姊妹小功夫姪期年婦大功夫姪女在室期年出嫁大功夫姪孫小功婦緦麻夫姪孫女在室小功出嫁緦麻夫曾姪孫緦麻夫曾姪孫女緦麻夫堂伯叔父母緦麻夫親姑小功夫堂兄弟及妻緦麻夫堂姊妹緦麻夫堂姪小功堂姪婦緦麻夫堂姪女在室小功出嫁緦麻夫堂姪孫緦麻夫

堂姪孫女緦麻夫堂姑在室緦麻夫再從姪緦麻夫
再從姪女緦麻出嫁無服夫承重並從夫服夫爲人
後爲本生舅姑服大功
妾爲夫族服舅姑期年夫斬衰三年正妻期年夫長子
期年衆子期年爲其子期年
出嫁女爲本宗服高祖父母齊衰三月曾祖父母齊衰
五月祖父母大功父母期年兄弟姊妹俱大功祖兄
弟緦麻祖姊妹在家緦麻出嫁無服伯叔父母大功
父姊妹大功兄弟子大功兄弟女大功父堂兄弟緦
麻父堂姊妹在室緦麻已堂兄弟小功堂姊妹在室
小功堂姪堂姪女緦麻
妻親服妻父母緦麻女之子緦麻
外親服外祖父母小功母之兄弟小功母之姊妹小功
舅之子緦麻兩姨之子緦麻姑之子緦麻
三父八母服制同居繼父若繼父無子已無伯叔兄弟
者服期年繼父有子已有伯叔兄弟者服齊衰三月
不同居繼父謂不隨母同嫁則無服始同居後不同
居齊衰三月從繼母嫁服齊衰杖期嫡母斬衰三年

繼母斬衰三年養母自幼過房養大者齊衰三年慈
母所謂生母死別妾撫育者斬衰三年嫁母謂父死
母再嫁齊衰杖期出母齊衰杖期庶母嫡子衆子齊
衰杖期所生子斬衰三年乳母緦麻
劉根別傳曰常服棗核中仁者百邪不能干
崔實月令曰正月旦進酒降神畢室家無大小次坐先
祖之前子孫各上椒酒於尊長稱舉白
喪服記曰魯哀公曰五穀囊起伯夷叔齊不食粟而死
故作五穀囊吾父食味含哺而死何用此爲
陶隱居云學道之士居山宜養白犬白雞可以辟邪
立春日剪綵爲燕戴之帖宜春二字
歲節記洛陽人重陽作羊肝餅迎涼脯
歲時記正月七日以七種菜爲羹又剪綵爲花勝相遺
或鏤金箔爲人勝以象瑞圖之形或貼屏風或插頭
鬢劉臻妻每爲之
夏至日取菊爲灰放小麥中不蠹
吳人呼母曰嬭媞嬭亦作嬰
周禮云凡冒鼓必以驚蟄日象雷之發[illegible]

風俗通云青年勿握牛角令不售
蟹化漆麻敗酒以蟹塗漆化爲水服之長生
栽植花木宜除滿平成開日忌乙及枯焦日又云劚竹
根以辰日捕魚蟹以亥日
夜夢惡勿說清旦以水面東方噀之呪曰惡夢着艸木
好夢成寶玉即無咎
槐子服之補腦令人髮不白而長生十月上巳日取
玉之精名委然如美女衣青衣見之以桃戈刺之而呼
其名則可得夜行女戴燭入石中有玉也見白澤圖

王子喬云菊花變白增年方三月上寅日採名玉英六
月上寅日採名容成九月上寅日採名金精十二月
上寅日採名長生長生根莖也
虎豹法道士刻棗心木作印方四寸
河圖四月收蠶沙於宅內亥地埋之令人大富得蠶文
甲子日以一碩二斗鎮宅令家財千萬
山西鍊冶鑄火盆面洗之類出爐乘紅刷以胆礬水作
生銅賣之受欺者多矣
凡有風狗毒蛇咬傷者以人糞塗之極妙新者尤佳

藥不及
將虹置青葉上經宿沾霜霧則化青虫飛去
蝎螫者以蝎涎塗之立愈
僉載云種黍來蛇燒羖羊角及頭髮則蛇不敢來
刑官斷大辟罪者著訖即毀其筆醫者取以燒灰治驚
風及童子癇疾
暑月發成瘡爛者出取乾壁泥細末傳之即愈
凡人影欲深深則貴而壽影不欲照水照井及浴盆中
古人避影亦爲此

歲時記曰冬至日作赤豆粥註云共工氏不才子以冬
至死爲疫鬼畏赤小豆故冬至日作赤豆粥以禳之
月中上下弦之時觸醬輙壞里俗忌之見埤雅
馬均王肅張衡俱冒霧行一人無恙一人病一人死無
恙者飲酒病者食死者空腹故霧中行忌空腹
以炭與物稱之使輕重等懸室中將雨則炭重天晴則
炭輕
氾勝之書凡栽樹正月爲上時二月爲中時三月爲下時
周處風土記云正旦吞生雞子一枚謂之鍊形

五月五日不得曝牀薦席

南蠻酋豪取鵞細毛夾以白布絮而爲被復縱橫納之温柔不下挾纊且云辟小兒驚癇晦翁云食鵞之肉毛可棄也南人縫之以禦臘謂此取此須洗淨晒乾挼根剪去管乃軟而不蛀

方君云養鴨者每年五月五日不得放棲只喂乾食不得與水吃則日日生卵不然間生又以土硫黃拌穀喂之易肥

端午日午時取鵲巢灸病者立愈此時若鵲雛未飛去

或八哥已生卵不可動

端午日探鵲巢穫兩小石號鵲枕婦人取之爲媚男藥

取鵲一雄一雌頭中腦燒爲灰以與人酒中飲則相思

養鸜鵒忌以手摸其背犯卽不飲不啄而死

以桂爲釘以釘木中木卽死味辛故也

正月一日日出時反斧班駁椎棗樹名嫁棗不椎則花而不實

橄欖木作楫魚皆浮出落池中魚盡死其實亦然

食荔枝過度飲蜜水一盃便解

折梅花插鹽水中花開酷有肥態又云以醃肉滚汁貯瓶養梅能放葉結子

梓木種宅邊則餘材皆不茂以梓爲木王也

久苦目疾者以西瓜曝乾服之愈

曹植杜蘭香戒云張碩曰不宜露頭入厠夜往必以燭

豐年傳益眼無如磁石爲盆枕可老而不昏

千金方九月九日取菊花爲末臨飲酒時服方寸七令人不醉

陶隱居云仙方以黑犬血灌蟹三日燒之鼠畢集

疽瘡久不差取蟹黃塗卽愈

中蟹毒急取大黃或紫蘇冬瓜汁解之

竈神壬子日死不可用此日作竈及泥塞竈

茅屋漏滴肉上食之殺人

觀音洗眼呪曰救苦觀世音施我大安樂賜我大方便滅我愚癡暗貿劫諸障礙無明諸罪惡出我眼室中使我視物光我今說是偈洗懺眼識罪普放淨光明願覩微妙相每旦呪水七遍或四十九遍以洗眼眼疾速愈

漢宮七夕臨百子池以五縷相羈謂之相連愛
得惡夢即呪曰黄閣神師紫戸將軍把鉞搖鈴消滅惡
津
正月上元七月中元十月下元皆大慶六日長齋誦度
人妙經福及上世身得神仙
鬼最惡金姑聲閹人謂破竹聲
人卧室宇當令潔淨則受靈氣否則受故氣故謂塵濁
不正之氣
火燒瘡於淨地上掘一小潭倒好醋於中調泥取傅之

即愈是瑣言又以桐油塗之亦妙又用大黄爲末米
醋調塗尤妙
鮑明遠有行藥至城東橋詩註因疾服藥行而宣導之
也則服藥者宜行不宜卧
宋居士說擲骰法呪云伊帝彌帝彌揭羅帝念滿千萬
遍彩隨呼而成
服藥不可食蒜石榴子猪肝犬頭肉
陶朱公謂楚威王曰爲生之法水畜第一水畜魚池也
以六畝地爲池池中爲九洲求懷子鯉魚於二月上

旬庚日内池中養鯉者鯉不相食而易長也
宋無忌人家火神用丘井水和泥泥竈即能除之老君經
博物志云削氷令圓舉以向日以艾承其影則有火出
廣陵官下記云凡墨汙衣閉氣於水上作白字急濯之
不過七遍墨跡即淨
作竈方竈入乾宮是滅門亥壬子位損兒孫寅甲得財
辰卯富艮乙失火主災瘟坎方子孫皆困苦丑傷兒
女禍難論巳丙益蚕庚大吉若逢午未旺兒孫申酉
丁方多疾厄辛宮小吉戌上分人家司命招官事世

俗時師仔細論
作厠方乾上天門莫作坑亥壬戌上損孳生丁丑艮寅
多吉利若臨子位損蚕桑癸甲丙方多大吉巽辰酉
位有災屯卯乙巳未坤傷女午離之地損蚕桑申位
庚方休要犯人家仔細用推詳
松江志載賈宣伯有神藥以數刀圭投水中老蛟即死
其方止熬黄柏子以爇酒沃之別無他物蓋仙方也
茄子根煎湯濯足能治竈瘃竈瘃足根凍瘡也
人生四十九日而七魄全其死四十九日而七魄散今

釋道倣七之說本此
蠱毒在上則服升麻吐之在下則服鬱金下之或合二藥服之不吐則下
玉燭寶典云洛陽人正旦遺絲雞蠟燕粉荔枝故宋人賀正啓有瑞霙餞臘粉荔迎年之句
具下田家正月八日夜立八尺竿于平地月初出有影卽量之據其長短移于水面就橋柱畫痕記之梅雨水漲必到所記之處
每月廿八日人神在陰忌房事令人減筭十五日人神

在遍身尤忌每月朔望弦晦庚申甲子丙丁八節本命日雷電火光狂風驟雨之時並不宜行房事皆令人減筭及病新瘥犯之病復發
設帳須用水閉日泥飾屋宇用土閉日則蚊不入
凡蟲入耳用生油灌妙及取桃葉熨軟卷而塞耳卽出
夜魘之人取梁上塵入鼻中卽醒戒燈照
七月七日取蜘蛛網着衣領中勿令人知治健忘
道林曰暮卧以手撫心上呪曰天靈節榮願得長生五臧靈族願其安寧男一七遍女二七遍長生不病

骨硬呪以淨器盛新汲水一盞捧之面東默念云謹請太上東流順水急急如南方火帝律令勅一氣念一徧卽吹一口氣于水中如此七吹以水飲患人立下
毒蛇蟲所傷用艾灸患處卽差又毒蛇咬香白芷一味爲末麥門冬湯調服一升口吐出腥穢卽愈
養生方云七月食蜜令人暴下
難產灸婦人右脚小指頭尖上三壯炷如小麥大下火立產又以淨紙書本府太守姓名燈上燒灰湯調飲之卽產

小兒臍風以艾灸臍下可活
厨人索粉與掉粉不得近杏仁近之則爛
社酒治小兒語遲以少許噴屋四角辟蚊
婦人產後腹中癢以箭安頭卧席下勿令婦人知
每欲出外用雄黃一塊如桐子大火上燒烟薰衣襟則百毒不敢犯邪祟遠辟
蝗蚓咬用鹽湯浸之蜘蛛咬用雄黃末塗之猫咬用薄荷汁塗之馬咬用馬鞭灰塗之狗咬松脂鎔作餅貼又嚼爛杏仁塗傷處以帛縛定摻礬于瘡中裹之亦效

遇惡犬以左手起自寅吹一口氣輪至戌掐定即退伏

小兒初生候浴水未得且以綿絮包裹抱大人懷中煖之及浴了亦當如之乍出母腹不可使受寒氣預煎滚湯以器盛之臨浴再温熱用不犯生水則兒不生瘡

竊正月十五夜燈盞勿令人知置卧牀下當月有娠

洗面勿閉目令人目澀失明父母眼泪不可落于眼中即精破生翳

炊湯洗面令人無顏色洗浴令人生瘡

痘瘡忌食雞鴨卵即時盲瞳子如卵白

桃膠以桑灰汁漬服之愈百病久服之身輕可以辟穀

水銀不可近陰令人消縮鹿猪二脂不可近陰令陰痿

孫真人有黃昏散夫妻反目服之必和

虎鬚治齒痛挿齒間即愈

開元錢燒之有水銀可治小兒驚風

唐百官志織染署七月七日祭杼

山齋之用秋采甘菊花貯以布囊作枕能清頭目去邪穢采蒲花作坐褥卧褥勝木綿松杉枝作曲几以靠背名曰養和

趙松雪云聚書藏書良非易事善觀書者澄神端慮淨几焚香勿以爪侵字勿以唾揭幅勿以作枕勿以夾刺隨損隨修隨開隨掩後之得吾書者并奉贈此法

西門季玄造二色酒白酒中有黑花斟于器中花亦不散中有肝石故也崔道旅以金銀銅錢來酤曰以我三様錢買君二色酒欲辟得乎

三月三日取薺菜花置卧席下辟蚤虱極驗秋取芸香枝葉陰乾置席下尤妙

酉陽編云盛夏取大水晶如拳塊置釜中新汲水煮于沸以小口大腹瓶盛湯以油綿密封其口勿洩氣復以重湯煮瓶于沸急沉井底平旦出之破瓶冰已結矣

抱朴子云立夏之日服玄冰飛霜散及六壬六癸之符則不熱幼伯子王仲都衣之以重裘暴之於夏日圍以十爐之火蓋用此方也

瑣碎録云粉研令極細以楮樹汁調之如校書時有誤字以此塗抹則與紙無異粉當用畫家蒸粉若無楮樹汁止當用膠和麪亦可

石青不能碎以耳塞粟許彈入便成粉墨多麻眼亦用

此法
方云食三樹桃花者則顏色赤如之
茶見日而味奪墨見日而色灰
滌硯不宜用湯有損于石
硯宜頻易新水去塵墨宜頻易苡囊去溫
明月之光可以養血太陽之氣可以助神知此道者可
以長生
養生家忌北首卧非向食非向坐非向冠帶非向溺非
向唾罵蓋北方壬癸至陰所居犯者魁罡神責之

猪小時餵糟則不長
臘月子日或水日曬薦為辟蚤虱
分蜂割蜜以薄荷嚼細塗手面則不螫若看筒中蜜少
不能過寒以子雞一二隻去毛肚腸懸筒內蜂食之
則不飢死
秦艽百部搗煎入漿衣去虱乾焚衣被亦可
夏月以生莧菜鋪飯上則不餿氣
三月三日取桃花浸酒飲之除病注顏
寒食日或三月辰日以絹囊或紙盛麫懸挂淨室

處遇夏月中暑者以水調服愈
五月五日取蚕蛾入竹筒塞之自死乾遇竹木刺入肉
以此研津塗立出
五月五日以獨瓣蒜搗塗手足面身體一年不生瘡冬
月不生凍瘡
病目者午日取榴花盛紅絹中拭目棄之謂代其病
午日以爐燒棗一枚於床下辟蚤虱
午日取桑葉立冬日取銀杏葉陰乾煎湯洗眼
七夕男吞赤小豆七粒女十四粒終歲無疾

七夕取螢火十四枚染白髮變黑
重九日忌動床席招橫禍
治腫取芙蓉葉搗塗
稀漆柹一升搗碎以水半升釀一日即榨其汁久亦
不傷
槿為籬子花小兒忌弄之
黄魚忌與蕎麥同食蕎亦然
枇杷與炙肉熱麪同食令人發黃患熱
甜瓜沉水者雙蒂者大毒不可食瓜忌與油餅同食

法天生意云正月雨水節夫婦各飲一盃還房當月有子
元日子丑時燒糞帚令人倉庫不耗
元日取故鵲巢燒灰撒門内辟盗
葛仙云正旦吞雞子赤豆七粒辟瘟
元日用麻子廿一粒赤豆七粒撒井内辟瘟邪
元日飲梅花酒能却老
小兒未痘者以乾葫蘆藤絲一握煎湯于密室洗之卽
終身不瘢瘡痘疹只一人知則驗
仁術寒食日浸糯米一二升逐日換水至小滿日漉起

晒乾炒黃爲末跌打損傷及惡瘡以水調塗神妙
中秋爲牡丹生日宜分栽
四月收楝花安牀蓆下辟蚤虱安竈廚辟蟲蟻
橘畏猪糞玫瑰畏人溺百花木皆畏桐油而蓮花尤甚
惟椒獨宜百花忌烈日中澆灌惟榴獨宜
師曠問天老曰人家忌臘月殺生于堂上有血光一不
祥井上種桃花落井中二不祥
蛇蛻塞耳治聾
艾鬚蒜拳歲時記午日泥塑天師艾爲鬚蒜爲拳

洛陽人家寒食裝萬花輿桃花粥
金錢花損眼
木日造麪則酸水日造醬則蟲九焦日種穀不生六合
日遣鬼不去火日安蚕則苦土日種麻不生
凡生產忌向太歲方坐又忌于太歲方傾穢水及胎衣
菌有毛及背無紋者不可食
北俗罷任以花枝挂綵曰長紅
入山念儀方二字可却蛇虫念儀康二字可却狼虎念
林央二字可却百邪

甲寅日剪手指爪甲午剪脚指爪此爲三尸游處故斬
除之正月寅日燒白髮吉
夏至後丙丁日冬至後庚辛日忌男女交合
洗葛衣用梅葉煎湯則不脆忌木器犯之則黑墨汙嚼
棗搓之浣以冷水或用飯擦或嚼生棗仁旋吐旋洗
油鏥蛤粉以熨斗運卽去或蕎麥麪隔紙熨之或沸
湯泡紫蘇擺洗或水調白麪塗之亦退又云牛乳去
油去粘牛油汙嚼生粟米洗之羊油汙石灰湯洗黃
泥生薑接過用水洗血汙以冷水洗又生半夏搽洗

膿血汙用牛皮膠洗洗皂衣濃煎梔子湯洗白衣豆稭灰或蘿蔔湯色衣豆豉湯或赤豆湯擺或牛膠水浸半日以溫湯洗之羅絹紗衣有垢摺好放桶內溫皂角湯洗勿搩以手拍頻翻覺垢去即過溫湯又浸拍勿展開徑放桁上候滴盡方展開候乾收摺洗毛衣用猪脚爪湯熱洗之漆汙溫湯略擺過嚼杏仁接洗或先以麻油洗去用皂角湯洗之糞汙埋土中一日取出洗無穢氣

吳俗正月十四以糯穀爆于釜中以花多少卜一歲之

休咎名字羅又名卜留

西京雜記戚夫人侍兒賈佩蘭言宮中八月四日出雕房北戶竹下圍棊勝者終歲得福負者多病取絲縷就北辰星求長命乃免

歲時記八月十日以露調朱砂蘸小兒指及點小兒頭名天灸以厭疾風俗通云八月一日以此日是六神日也

道家以五月十六爲天地合日夫婦當異寢犯者必夭死

五月十三謂之龍生日可種竹即竹醉日也

凡入瘟疫之家避其邪氣以雄黃末塗鼻孔中或香油亦妙入其家從容左位而入男子病穢氣從口出女子病穢氣從陰戶出坐立之間識其向背既出以紙條鑽鼻嚏以散其邪氣

長樂志云海棠花紅以木瓜頭接之則色白

竹林沃以油滓即凋

土風記九日茱萸熟折其房插頭云辟惡

鮑魚同鹿肉食殺人羊肉同鱠食害人羊肝得生椒破人臟猪肉得胡荽爛人胃牛肉同猪肉食生寸白蟲

猪羊肉以桑柴煮炙亦成寸白蟲

壺居士食忌云茶不可與韭同食令人耳聾

印色用川山甲油取其不滲絕勝他油

北人生拆蟹調以鹽梅芼以橙椒洗手畢即可食

天門冬釀酒初熟微酸久停則香諸酒不及

芎藭不可久服令人暴死

藕與蜜同食可以休糧

文苑豹斑卷之十一

雲間沈思永裕甫彙纂
陳繼儒眉公删定

釋教附道教

目連比丘見亡母生餓鬼中不得食佛言七月十五日具百味五果着盆中供奉十方佛然後得食目連曰行孝順者亦應奉盂蘭盆考天竺云盂蘭盆此云倒懸救器謂目連救母飢厄如解倒懸也則今人飾食于盆者誤矣

六根眼耳鼻舌心意又謂六識又六塵謂色聲香味觸法六慾謂目受色耳受聲鼻受香舌受味身受細膩心受識

菩薩乘大願船住生死海呼引衆生上大願船

梵云杜多此云抖擻今訛爲頭陀吃栗多華言賤人底栗車華言畜生般若智慧也波羅密多華言到彼岸菩薩華言普濟又菩之言照也薩之言見也照見五蘊皆空也毗阿羅此云游止處

曼陀羅花法華經言山茶也

修多羅佛謂經也耶輸陀羅此云花開賓迦羅此云看花

水梭花僧家謂魚般若湯僧家謂酒鑽籬菜僧家謂雞

梵云軍持此云瓶常貯水隨身淨手故名淨瓶隙棄羅錫杖鉢塞莫數珠

梵云貧婆此云叢林金剛經云譬如大樹叢叢故僧住處名叢林

傳大士捨宅于松下建寺因雙樹名雙林

道高臘長呼爲須菩提華曰長老

達磨謂梁武帝曰寫經度僧此但人天小果有漏之因

菩提樹釋迦如來成道時樹菩提此云正覺

貝多西域寫經用此樹葉謂之貝葉靈文

列子曰西極之國有化人來穆王于終南山作中天之臺事之秦時沙門室利房等至始皇以爲異囚之夜有金人破戶而出又霍去病過馬耆山得休屠王祭天金人則佛法入中國不始于漢明帝矣

僧家七祖初祖達磨南天竺人得般若波羅傳正法二祖慧可初名神光師事達磨大雪侍立不動遲明雪過膝達磨遂授法三祖璨師北齊人四祖道信蘄州

人五祖弘忍黃梅人六祖惠能姓盧廣南人七祖行
思姓劉安城人
傳心達磨曰內傳心印以契證心外傳袈裟以定宗旨
無量壽域僧指佛境言
僧落髮後稱沙彌華言息慈謂安息在慈悲之地
寶地珠林佛書黃金七寶爲地摩尼珠爲林
佛書有比丘見群雁飛曰可充我食雁即墮地佛曰此
雁王也不可食乃立雁塔
梁武帝造佛寺令蕭子雲飛白大書蕭寺至後惟一蕭
字存焉李約之買歸建小室以玩之號蕭齋今呼蕭

寺始此
尸陀林棄死尸之死宰渚波梵云坟也
浮屠梵云塔婆後訛爲浮屠浮圖聚祠也華云高顯又
云聖瑞靈圖浮海而至故云浮圖即塔
祇園祇樹林金田給孤園寶坊祇陀太子園八十頃林
木鬱茂可居須達多長者白太子太子戲曰滿以金
布可相與須達多長者出其金布八十頃精舍告成
諸佛居之故名亦名給孤園以須達多長者常賜孤

獨于此園爲佛說法也梵云祇陀洹此云戰勝故祇
洹精舍稱勝林精舍
苾蒭林苾蒭西天香艸名引蔓傍布馨香遠聞不背日
光故以喻出家人
拓提十方住持寺也今誤爲招提并菩薩皆古佛號故
寺謂之招提或謂伽藍精藍蘭若或名道場一也
如來滅後五百歲而摩騰竺法蘭以經來而華人始聞
其言又五百歲而達磨以法來而華人始傳其心
唐顯慶中長史王玄策因向印度過淨名宅以笏量其

地有十笏故號方丈室又云策至毘耶離城量維摩
居士石室
苦彌佛書謂枸杞根即地骨皮摩斯吒梵言獼猴
漢明帝時後宮陰夫人王婕妤等一百九十人出家又
聽劉善峻女出家又聽洛陽婦阿潘等出家此中國
尼姑之始
何充捨宅安尼此尼寺之始
梵宮精舍寶地紺園化城淨土梵王家俱寺之美稱亦
曰香界香阜香宇香城因香所生也亦曰花界花宮

蓮宮金界福界青蓮字
漢明帝時攝提騰竺法蘭二人以白馬馱經至立精舍
以處之即白馬寺也此僧寺之始
舒州潛山奇絶而山麓尤勝誌公與白鶴道人俱欲之
同謀于梁武帝帝以二人靈通令各以物識道人云
我以鶴止處爲記誌公云我以卓錫處爲記已而鶴
先飛去至麓將止忽聞飛錫聲而誌公之錫卓于山
麓遂各以所誌築室焉故僧雲游亦曰飛錫僧止處
曰挂錫

隋文帝以沙門彦崇爲學士命僧以官始此
梵言陀那鉢底唐言施主稱檀那者誤陀爲檀去鉢底
又稱檀越者謂行檀施能越貧窮海也
優陀夷此云出現阿難此云歡喜離婆多此云星宿宣
灑此云弟子提洹竭此云燃燈毗舍浮此云一切自
在
釋氏名瞿曇僧有室家者名火宅僧妻曰梵嫂
儒云致一道云貞一釋云三昧三昧謂真定也又云言
一即有二言三即昧在其間反復存之而已

宋徽宗號佛爲大覺金仙僧爲德士
觀世音妙莊王之女
雁堂毗舍離爲佛作堂形如雁字
夜义此云勇健須達多善施也
泥梨地獄闍黎僧名華云正行毗尼華言律法羯磨陀
此云知事
僧伽黎僧衣又云離塵服忍辱鎧即袈裟又名水田衣
又名逍遥服又名無塵衣內典作毳毿蓋西域以毛
爲之也襂褕直裾禪衣也

維摩詰號金粟如來
精舍今之讀書齋也晉武初奉佛立精舍于殿內令沙
門居之故今以佛寺爲精舍佛經佛所居竹林曰精
舍晉武因之耳
淨飯王抱太子謁自在天神神像起禮拜王驚曰我子
于天神中更爲尊勝宜字天中天
木魚晝夜不合目修行者忘寐修道魚尚可化龍凡可入
聖故僧道家用之
茶毗僧家謂火焚又云耶維闍毗

僧名艸履曰不借言賤易有宜备自備
比丘比音鼻華言乞士上乞法下乞食
僧伽此云僧衆梵語招提此云方僧梵語沙門此云息
勤或云桑門出家者總名以息心達本源故號沙門
又云桑門當爲乗門即大乗門也
梵云窣堵波此云塔又有舍利名塔無舍利名支提又
云塔西域浮圖也薩埵此云有情摩訶薩此云大有
情阿耨此云無多羅此云上三藐此云正等
淨土土音杜佛國土也言清淨無穢雜耳

身毒國身毒音捐篤即天竺釋迦牟尼示現之地
能仁氏佛名又名金仙氏即華言釋迦
震旦佛指中國
鳩那羅惡人拘摩羅童子扇提羅石女馱索迦奴波帝
梵言夫婆黎耶梵言婦逋沙丈夫迦羅越居士鄔婆
弟鑠父母
僧亡曰圓寂亦曰順寂真寂
佛書修行有十地以歡喜爲初地
優婆塞即伊蒲塞此云清淨士即僧優婆夷此云清淨
女即尼
金世界銀世界指佛地
伊蒲饌維摩詰此云淨名毗羅遮那此云種種光明
遍照
佛家以善業爲白業惡業爲黑業達磨曰勤修白業
大迦葉佛大弟子
衆香如戒香定香慧香解脫香之類
梵云頻婆此云相思阿蘭若此云空靜處阿毗曇此云
無比法秖夜伽陀唐言諷誦阿闍梨此云軌範師又

云悦衆旃陀羅此言嚴熾惡業
末利此云柰花芬陀利此言白蓮花波頭摩華赤蓮花
優鉢羅華青蓮花
栴檀此云離垢本香名
跏趺結跏趺坐盤膝坐也全跏趺是如來坐半跏趺是
菩薩坐
阿那律多多一作陀無目而見跋難陀龍無耳而聞兢
伽神女無鼻聞香驕梵鉢提異舌知味舜若多神無
身覺觸

摩訶般若經云何名上人佛言若菩薩一心行阿耨菩薩心不散亂是名上人十誦律云人有四種一麁人二濁人三中間人四上人法華經云精進修淨戒猶如護明珠有過能自改名上人內有德智外有勝行在人之上名上人

續命經即金剛經誦之能延生見廣異記

南謨佛名南無謨謨本作膜胡人拜稱南膜佛胡神胡人膜拜而弁頌佛號釋經者誤作南謨又云梵言南無此言歸命亦言救我

阿路巴此云銀蘇伐羅此云金

演三車謂羊車鹿車牛車指佛法言

如來如不生來不滅

五蘊即五陰謂色受想行識也

彌陀經云劫濁見濁煩惱濁衆生濁命濁是謂五濁

體中玄句中玄玄中玄是佛祖為三玄法門

涅槃亦曰泥洹此云無為又言常樂乃不生不死之地非死也

梵是西音此云離欲或云淨行葛洪字苑梵潔也梵王是娑婆世界主

大雄以慈悲致化法王以清淨為宗皆謂佛 心地觀序

唐玄宗天寶十二載西蕃寇圍凉州帝命三藏不空祈陰兵救之空誦仁王密語數番有神介冑而至空曰此北方毘沙門天王長子也空誦密語遣之數日凉州奏有神人披金甲鼓角大鳴蕃寇奔潰帝大悅敕諸節鎮所在州縣於城西北隅各立天王像佛寺亦別院安置

梵語阿遮梨耶此云軌範今言闍黎

僧無行者謂為稗沙門譬如禾田中生稗也

西方淨土以七寶裝嚴清淨自然其人長生不老其景常春無一切苦惱故名極樂世界

三乘一曰聲聞乘悟四諦而得道也一曰緣覺乘悟因緣而得道也一曰菩薩乘行六度而得道也

四諦謂苦集滅道苦謂一切生老病死集謂一切聚集骨肉財帛滅謂壞滅道謂修行

十善謂身不犯殺盜婬意不嫉恚癡口不妄言綺語兩舌惡口反是者謂之十惡

法要有三曰戒定慧
和南合掌問訊也
辟支獨覺也僧伽藍衆園也剎那天竺國音迅速之極
名也泥犁耶此言無有
供父母曰恩田供僧曰敬田供貧病曰悲田總名福田
佛教上屬鬼宿暗則佛教衰
雞園卽雞頭陀寺昔有野火燒林林中有雉入水漬羽
以救火故名鹿苑佛成道處又云世尊曾在鹿苑野
中爲塵王教主鹿群不擾王造伽藍故名

鷲嶺者闍崛山中山形如鷲佛常居此故名
菴羅柰也維耶梨園梵志園中植此樹樹開花生一女
梵志收養年十五顏色端正王收爲妃以苑施佛故
名柰苑
俗言塔頂爲天門蘇國老詩云上到天門最高處不能
容物只容身蓋譏在位者
道士稱羽客深于道者爲上座
淨飯國王太子字悉達多祖號師子頰父名淨飯母曰
摩耶代代爲輪王姓瞿曇氏別號釋迦號牟尼佛又

云氏曰瞿曇種稱剎利俗名悉達道字能仁自淨王
太子
瞿曇此云純淑釋迦此云能仁牟尼此云寂默
佛遣三弟子震旦教化儒童菩薩孔仲尼光淨菩薩顏
淵迦葉菩薩老子老子又云摩訶迦葉
佛昔于西胡得道在四十二天爲延真宮主故其弟子
皆髡形染衣斷絕人道
佛者謚號也猶言三皇神五帝聖也佛之言覺也
三世佛中尊釋迦當見在賢劫彌勒居左當未來星宿

劫迦葉居右當過去莊嚴劫
天台賦王喬控鶴以沖天應真飛錫以躡虛應真羅漢也
福田者三寶之謂釋迦立像是佛寶也翻四十二章經
是法寶也迦竺來儀是僧寶也
六道謂天道人道魔道地獄道餓鬼道畜生道
三塗卽三慾一曰色慾門上尸道天塗界也二曰愛慾
門中尸道人塗界也三曰貪慾門下尸道地塗界也
三塗名三苦海
秘密藏圓覺經也精進林楞嚴經也白牛車法華經也

康僧會至吳孫權使人求舍利子既得造塔藏之塔蓋
始此
五禪外道禪凡夫禪小乘禪大乘禪最上乘禪
道士劉愛道謂潘師正曰三清驥者非爾誰當乘之蓋
仙家之騎
梵言袈裟此言壞色衣言非五方正色
力穡身田救焚心宅　甘露入頂惠水灌心　登六度
船入三昧海　調伏心蛇會入道果
梵行先生佛稱僧又開士開士皆稱僧

齊釋惠榮精于講誦號義龍
法門領袖玄裝法師
二諦一真諦二俗諦真諦曰第一義諦俗諦亦曰世諦
以智慧劍破煩惱賊　旃檀林中必無雜樹　慈惠根
解脫海　五欲園中耘除愛草　禪悅法喜　名相
關鎖非智鑰不能開　升正法樓徹見一切
有法門名無盡燈譬如一燈明千萬燈冥者皆明明終
不盡如一菩薩開導百千衆生也
維摩詰雖復飲食而以禪悅爲味

如來法王出世間能然照世妙法燈
解脫海智藏王解脫海　大福海一切衆生大福海
業海業海廣大不思議
無一相故遠離同緣無多相故遠離異緣以此義故名
爲真如
智炬慈雲法華經以智慧爲燈炬內典如來慈悲心如
彼大雲蔭潤世界
已決一切愚痴膜已到一切功德岸　情塵爲岳愛流
成海

文殊問維摩詰曰何謂不二法門維摩詰默然文殊曰
善哉乃至無有語言文字是真入不二法門者也
蔭法雲于真際則火宅晨凉曜慧日于康衢則重昏夜
曉
如來舉金色臂屈五輪指爲光明拳
十方如來色目行淫同名欲火菩薩見欲如避火坑色
目稱謂也如來色目多求同名貪水菩薩見貪[illegible]
瘴海如來色目怨謗同名讒虎菩薩見枉如[illegible]
後周置司寂掌法門之教司玄掌道門之教

仙家三寶有碧瑤盃紅虁枕紫玉函

遠公能画画江淮名山圖又能詩又註詩經

僧寺之多南朝四百八十北魏一萬三千

後漢書伊蒲之供伊伊蘭花花小如金粟有異香蒲即
菖蒲花

燕昭王得洞光之珠以飾宮王母三降其地名曰洞宮
故唐人稱道院曰洞宮

僧且稱梵師道宜稱鍊師

真宇道觀之稱白氏六帖云列真之宇

追荐用速度南宮真誥有陰德者徑補仙官或入南宮
受化

後漢蘇子訓有道人於長安東霸上見與老翁共摩金
狄相謂曰適見鑄此已五百歲矣金狄以銅作夷狄
之像也即佛

奉佛者云皈心象教言佛皆泥塑刻木為之以形像教
人也

陳文達通金剛經有人入冥府見築臺云此般若臺待

陳文達清凉禪師云般若航者苦海之慈航昏衢之

巨燭

維摩居士遣八菩薩往衆香國禮佛言願得世尊所食
之餘欲以娑婆世界施作佛事於是香積如來以衆
香鉢盛飯與之故齋厨曰香積厨又曰香積飯

達摩以來將衣鉢相傳至大鑒置衣不傳

漢時呼僧寺為仁祠明帝記以助仁祠伊蒲之供

震旦國中有三大道場峨眉以普賢五臺以文殊而補
陀洛伽山以觀世音

慈室慧門佛經云慈悲為室通慧為門

太乙真人曰吾有經三部只六字一曰忍二曰方便三
曰依本分三經不在大藏只在靈臺

人主好道稱梵王人臣好道稱宰官在家出家名居士

僧言語辨了又能造偈頌如來德者名鵬者比丘

五戒一不殺生二不偷盜三不邪淫四不妄語五不飲
酒食肉

佛言四大謂人身地火水風假合而成四大者地大水
大火大風大也

唐武宗大剪釋氏容貌土木者投諸水言詞紙素者付烈

諸火釋典爲之一空後李節謁范陽公四求散逸得經五千四十八卷輦自河東爲敘其事賦湘川信信今一章詩人之有功於釋典自節始

修最上乘解第一義　轉惑見爲真智即群迷爲正覺捨大闇爲光明

六祖傳法居曹溪神秀亦襲五祖法居荆州號南北宗

達摩立六宗有相宗無相宗定慧宗戒行宗無得宗寂靜宗

芻尼野鵲子如來修道于雪山芻尼巢其頂如來得道

芻尼又報爲那提國王

杭州西河大佛寺其佛頭乃北關妙行院尼姑喻氏思淨所鐫相傳此石爲秦始皇繫纜石蓋始皇上會稽故泊舟于此

太霄經曰人行大道謂之道士

佛氏有三身法身報身肉身法身釋迦之性也報身釋迦之德業也肉身釋迦之真身也不宜分爲三像而列之而道家尊老子爲三清元始天尊太上老君而昊天上帝反坐其下僭悖莫此爲甚且玉清元始天尊既非老子之法身上清太上道君又非老子之報身設爲三像又非與老子爲一而老子又自爲太清太上老君蓋倣釋氏而又失之也

周穆王尚神仙召尹軌杜沖居終南山尹草樓之所號樓觀蓋道觀之始隋煬帝改爲玄壇後復曰觀

佛國有五精舍一給孤園二靈鷲山三獼猴山四菴羅樹五竹林園

智源指心性圓通指靈覺

火上飛蛾佛慈心普濟其法用草或柴心長七寸許淨

曰一氣念呪七遍置燈燭上即無撲滅之苦呪曰波利琵吒護生草救度衆生離煩惱

般若波羅蜜多心經般若經六百卷此爲之心猶云般若心也今以心經連讀失其義矣

文苑豹斑卷之十二

雲間沈思永裕甫纂輯
陳繼儒眉公刪定

古字

一東

童僮同从辛非立下里　翀沖同沖省作冲　充俗作充　宗崇同
營古芎　㚇誤作㚇鳥飛斂翼　熊古熊亦作熊兹　䕺叢叢同　癃
㾓同　豐俗省作豊古作豊　豐封同　㕬古公　筒箭同　船
古躬　悤俗作匆忩怱並非　中古中　谾谷同大谷也　駿騣同或作鬃

襱龔同　洚洪同今讀作降非　咸誤从戈槃船杙　終夂𠔊古終亦作𠔊兕
冬　凬凮飌風同　聰俗作聦　蟲俗作虫非虫音虺　戎或戎
同　仝同同　㒼古桐　重虹同亦作重　豵豵同　蒙俗作蒙
䡴諡鼙同鼓聲　篷芃艂同篷　窮古窮又作竆　霿雺同霧類

二冬

舁冬𠔊冬俱古　𩆞濃同　衝衝同　匈胸同　雝靡古雍
恭古恭　鏞鐘同　从从俱古從　蚉蛩同　夆蠭古蜂亦作蠭
逢古烽亦作㷭　容古容　竜龍龍龍同俗作龍非　椶寏松宊松
同　饕饔同　癰癕臃𦜂同　崧嵩同　鱅古墉亦作墉

醲盥古醲亦作醲　丰峯峰同　懵諠悰同　𡨦古庸　鏠鋒
同　封俗作封古作㞶　逢俗作逢　丰古丰　縫縫同　農農農
農並古農

三江

釭瓨瓨鋼同　矼杠同　囪窗窻牕同俗作窓　邦古邦
雙作双雙並非

四支

𣎆支古支　思古思　儀古儀　皮古皮　之古之　詞古詞亦作詞詞
辭古辭　眉古眉　鴟古鴟　肢肢躯𦙶𦙶同　卮觝古卮亦作觶觗

移古移　离本作离　椸箷箷篪提同衣架也　祇禔同　糜麋
縻糜同　虧从左從虛非　歧古歧　鷀鷀同　曦巇巇同
訾些同　移縻同　撝揮麾麾同　瓷古瓷　胝胝同
歛吹古吹　棊碁棋櫀同　危古危　椎椎槌同　箕古箕
丌亓古其　鸝鷊鸎鶩同　齊齋同　薺齎同　或稲䆀
菑同　齝齝呞同　頿須古髭亦作頾　匙鍉同　劙剺斄
同　罙古罙亦作𥨸音迷　雄鴂嶲同　隓古墮亦作隳音灰　葵中从
矢　𡚶古嬉　祇衼古祇　棃梨同　坙古陲　鈹鈹同　丝
古兹　滋古滋　闚窺同　夔俗作夔　貍貍貍貍同　竒踦

同 敂古敍俗从欠非 齒齜同 踑踑同 籬離通亦作地 呑
胥稊具俱古朞 襹纚同 羇羈覊羈同古作羈 嗤歎同作蚩非
篪箎䶵同 飢饑同古作飥 籭簛簁篩同 私俗作私非
肌肌同 纍絫累同 蚩蚩同輕侮也 胹腝胹䏧臑同音
而爛也 粢餈餈同 㞉古怩 媐嬉同 頤頥同回顧又尤韻
祇禔䘣同 孜孳同 彲螭同 蚳古蚳亦作蚳螘子也 犂俗作
犁 遲遅古 錘鎚同 飴粭同古作饌飤 尸㞒同 紂緇
同 嬉熹嘻同 嘻譆噫噫同 㗊醫同 遟遲同音西徐
也 陫扉鳫同 旹時同 緦古綦亦作綥綨 㦤傂癡同俗作痴

礠古磁 墀墀同 祁古祇 蘄祈同 朋古期 坻坻同
兒古兒 罷疲同 鼅鼄蜘同 熊羆同 騏古騏 騏亦作
雎 龜龜龜同 𢧵誅同 齎賫同 隨古作遺俗作隨非 所
古斯 頤俗作頥 遺俗作遺 纏古纏亦作纚纚 垂古垂本作垂俗作垂垂
雖俗作雖非 孖古滋 菱古萎 安古作夯家俗誤从且 畁俗作畀
蠶古蚍蜉大螘也 駁古馳亦作駃 胂古胰

五微

𢼸从彳从人作微𢽾微並非 豈豈𤀹同音尼高白兒 霏霏同 妃亦作婓嬰
蜚飛同 幾古幾从戊作幾非 煇輝暉煒同 旂旗同

䜁圻同 碕崎同 欷唏同 歸歸嵗同 踖古蹐 希古作
系从布誤 韋从井俗从巾古作韋 口古圍 緋非通 愇禕同 敍古微

六魚

魚古魚 瀸戲古漁 虛古作㠊俗作虚 余予同 紓絵悆同
鴡古鴡 鉏鋤同 延疏疏同 梳或作梳枻 豬猪豬同
驢驢同 袽絮帤同 瀘鑪蘆葅菹同 尻屋居同
舁舉輿轝同 吁盱畬同 樗古樗亦作櫖 攄攄同 欤
歟响响嘘同 書古書 𢇝古於 車古車 岨砠同

七虞

紆古虞 亐古于 褥繻榆綸繻同 挐拘拘同 軀軀同
吾古吾 逋古逋 帑拏同 髗顱同 胊朐同 癯臞同
瓠狐同 逾踰趨同 瓠古圖俗作啚非 夷敷敷同 枹桴
同樸槎也桴筏从桴 伇仅奴同 瓠俗作瓠菰 粘餬餂同亦作粘麫糊俗作
糊 虖乎乎乎同 尪古尫 瓶瓠同 酤沽同 模橅
摹同 鵜鸕鸕同 梍古都 鳧作鳬非 扶古扶 駈驅敺
同 虛盧通飯器誤作盧 稃粰稃同 跗趺同 飥魠鑪
同 徂遁徂同 痰彝瘞古巫 謨謨同古作慕 膚膚同
蓲侮媒同 須俗作湏非 鬚俗作鬚非 鼄古蛛 刳古誅 穢穠

同　儁儒儒同　懦愞同　踋趨同俗作趍非趍音馳　迖古徒
涂途墿同塗泥塗也通作塗路非　雛鶵俗作雛非　鑪爐罏同　橆无無
蕪古無　杇圬同　玈俗作盧黑弓也　洿汙污同　麤麁麄粗
同　嘑諕呼同　斛从夾誤斛音拘　穌俗作甦非

八齊

亝古齊　齌臍古　齎俗作賫　麑猊同　鼙鞞同　笓箄篦
同　箟笄同　嵠溪蹊同　醯醓醯同　鷖黳同黑也誤作黎
稊稊荑荑同　隄堤同　卟古乩卜以決疑也音稽　蹏蹄蹄同
嗁啼同　錍鈚同箭鏃也　齏齎同　霓蜺同　齏韲䪡同

棲栖同　掜古批　鷄雞鶏同　谿溪磎嵠同　鬒稽同
犂犁同　妻古妻　卤古西

九佳

敂揩同　鞵俗作鞋　厓崖同　齝喈同　簰箄大筏也
蘬稭同　祴陔同樂名　薶埋同　㕦𡰝同歪　乖古乖
斉古齋

十灰

灰作灰非　豗虺同虺瘣馬病虺从兀誤虺音匪　欸唉同　阬隈同
梅古塵塵也　䤈古媒　傀傀瓌同偉也　瑰瓌璝同音瓌又音魁圭

靁䨻靁雷古靁亦作雷　逨趚來同　隤穨隤同　嵬嵬嵬
同　杯桮盃同　嵟堆同　巛烖古災亦作菑灾　顋俗作腮非
褱褢懷同　臺古臺俗作臺非　礧礌擂同　坏坯同　𢦏栽
同　孡胎同　罍櫑壘罍鑘古罍　纔纔誤作纔非　詒古詒

十一真

侲娠同　窒鈞古鈞　嗔謓同　漘古淳亦作漘　雛鶉同
墪古坄　麐麐麟同　晨辰同俗作辰　彬斌同　嫔古嬪
堙陻湮同古作垔垔　粦古粦　茵絪裀同　𡰥忎古仁　珍俗作珎
非　眞俗作真非　禋裀同　婣姻同　申古申又伸信同　矉顰

同　蘋古蘋　狺犾同音寅犬聲　陣古陳　珉瑉玟同　賑瞋
同　津古津　諄肫同　壬人同　齗齦同齒根肉　純古蓴
巡作巡非　脣脣脤同俗作唇　麐麕麇同　亲親親同
甾畇同甽田也　豳邠豳同　粼古鄰俗作隣　賓賓賓古賓
頻古濱　亲古榛亦作棒榛　莘古莘國名　塵古塵　旾古春亦作萅旾　骼
岷古岷　垔寅寅亦作寅

十二文

肫贇贇同音文　蟁蟲蚉古蚊　耘芸同　商古君　閺古閺音文
低目視也　軍古軍　薰熏同古作焄俗作燻非　忻訢欣同　餴饙同音

分 燌焚古 𩰲聋聞古 笏肋筋同俗作筋 裠帬裙帼同
勛勳同 羣群俗作 釿斤同
十三元
諠讙喧同 萱藼蕿萲蘐同 健飦饘䬬𩜺䭈同粥也又見先韻
鶤鵾古 昆晜同兄也又作弟 䎘翻同 瓓琨古 裩褌同 鐏
樽墫甎尊罇盦同 蹲踆踆同 犿言古 豚豘肫豘豘
同 䐡臀𩪐𩪍臀同 村邨同 猨猿猨同 犇奔同
邍原古 厵原源古 壎塤同 飧飡同 暅烜晅同 墩
㙶同 豚墩同 瓫盆同 且昏古 昷溫古 𤰈番古數也
文苑豹斑　卷之十二　七
歕噴同 蜿蜿同 樊藩同 敦古 飧从夕不从歹 門
亦作円 顚蹎巔嫥古躔
十四寒
𩔲濯貆貛同 餐作湌非 园刓同 歡懽驩同古作讙獾
垾古玕 灘古灘 盤槃柈同 砰磐同 鏝墁槾同 鬘
鏝同 韓古斡 漧古乾 弹彈同 單下从十無點俗作单單单非
難灘同 潬灘同 姍㛪跚同 鞌鞍同 翰看同俗作看
非 鸞俗作鵉非 難雗雝古難 彤古丹 刊从干不从千 籩古鞄
冠亦作㓂 拌俗作拚非

十五刪
蠻俗作蛮非 環鐶同 悬姦奸𡚸同 瘝𤺄同病也 關从丱
俗从弁 鰥俗误从水 囏古艱 辦班同 頒攽同 扳攀同
一先
𧫩諐愆衍同 夋古鞭 鯾古鯿 譱古羶亦作羴 船舩同作舡非
𠝣前同 縣綿同 璿璇同 苓蓮同 鋑鐫同 豣
豬𧍯同四歲豕 扁古篇 乹乾同 囦淵𣶒古淵俗作渊非 箋牋
同 鞦韆同 憐怜同 秊古年武后作𠦚又作开 畋田佃
敝㓁同 僊仙同古作僊 鱻鮮同亦作尟 旃旜同 鳽古鵑亦作
文苑豹斑　卷之十二　八
雔 㬋濡堧瞤同音 鳶古作鳶亦作鳶 次涎古涎 窴填同
𤔔古專 甎瓻塼同 圜古圓 泉古泉 㩧擩同音 𦍒
殗天同 𦠆古然俗作然 臤古賢 沿俗作沿非 攓搴同 虔
从文不从夂 遷迁古迁俗作遷非 宣古宣 垔古煙亦作烟
二蕭
箾古簫 琱彫雕同 寮僚同 幺俗作么 雧雥集焦燋同
祆妖同 飆古飇从犬不从火亦作飈颮 祅天同 橇音敲蹻同 苗
从田不从𠚤古作𠚤 貓猫同 聊聊同 蕘荛同 鴞梟同
嘐古器 𢘓銚鍬同 僥儌同 鼂輈朝同 㙍古腰

颮貎同　瀌滮同　飃飇同　譊嘵同　霌霄同
顦憔同　䫶古飄　窯窰同　輿古作輿飄誤　𤻲瘭同龜不兆而焦
焦通　𥚃古祧　䏣古宵　焇古銷　𣟂古標

三爻

肴餚殽同食餚也　鈔抄摷同　炮炰同　坳凹同　茅俗作
茆非茆音卯　逍遙同　搞敲同　謿嘲啁同　𤔁匏同
墝墽磽同　䍃謠同　㕵古交　較古茭

四豪

袍褒同　繅繰同繅爲繆誤　旄髦同　唬謔諕號同古作号　憥

古勞亦作癆僗　敖古敖　奧古牢　簩檮篙同　皋睪臯同亦作皋
饀飹饕同　釖古刀　絛縚同　匋古陶　淘洮同　弢韜
同　醣糟醩蔒同　囂嚻同俗从頁誤　鼇海中大鱉作鰲非
螬曹古曹　螬蠀同　舠艄同　餻糕䊦同　獿猱獶同
蒜薅同亦作茠　艘艘同　逃非作迯　嗸嗸嗷同　嶅
古鼛亦作鼕　韶鞉鞀同　敫操同　薹蒿通　毴同毛　豪
古褒亦作袌　犛氂同牛名　𧶎饕同　㺜嶩峱同

五歌

鵝古蛾亦作鵞　圝囮同　譌訛吪同　額皤同　磨礳同

覼古覶　哥古訶　歌呵同　𩱩古鍋　椵古梭　詖古頗亦作頭
窠窩同　鵞鵝䳘同　佗他它同　拕拖同　痾疴同
蠃古螺　蠃古騾　韡古靴　龢和咊同古作喝　駞馱同　夛古多

六麻

嘩譁同　夸古誇　嘉佳同　椵古枷　邪古作耶俗　爹爺
同　馸騧同宋明帝多忌諱以騧似禍字故改爲馸　𦬸華古花亦作華蘤　沙砂
同　鼃古蛙亦作䵷　紮紗同　楂槎古作查亦作樝　渣㴭同
跎嗟蹉嗟差𧫟同　鵶鴉同　蟆蟇同　騢霞同
蛇虵同　嵯古差　䝁古牙　家古家

七陽

鍚鐊同馬頭飾也　镸古長　𨀥蹡同　莊古作庄俗非　滄古倉
王古王　閶閶同　漿古漿　薑古薑　香古香　孃古襄　妝妝
同俗作粧　繮韁同　畺疆同古作畺　甞嘗嘗同　殃古亦作
殃　良古良　糧粮同　梁古梁　倡倡同　廂箱同　鎗
鏘槍同　弶古強亦作彊　蹌古蹌　螗螳同　网古網　剛剛
同　牀床同　麞獐同　觴觴同　喪古喪　鱑鰉同
殭僵同　敭古揚亦作颺　商古商　鶬翔同　牆墻同
餳俗作糖　筐筐同　暘敭暘古唐　稿棠同　肮吭同音剛頸

也　桒古桑亦作来　穅糠同　瓶甁同　冏岡同俗作崗非　鵖
凰同　杭航斻同　仓古倉　苍古蒼　沧古滄　䀍頏鴴同
炛光同古作灮炗　郒鄉同　堂古篁　鶬鶬同　驦騻同
皾攘同　瓤瓤同　秔杭古　孃娘同　狌古狂亦作数恚　塘
塘同　坣古堂　皇古皇　熿煌同　艎艎同　鑋鍠同　仿
彷徨同　沆慷同　旁旁方古旁　黄古黄　汪古汪

八庚

鸎鸎古焭　秔古粳亦作稉　棖朾同朾又古丁　鸎鶯同　猩亦作狌
狌　鞥鞥同　兮古平　戚成同　畊耕同　旌旍同

偵遉同偵察也　朙古明　檻欕同　嬰古嬰　嬰䫆同　崝嵤
崢峥同　阬坑同　盲亦作𥇒瞢　嵤嵘嶸嶸同　撐
作撑非　兵古兵　䖟虻同　璚瓊同　瞠瞠瞠同　盟
古盟　檠古檠　鯨古鯨　鷹麖同　甍誤从罔音盲貝毋　甿氓同
罌甖罃罌同　剠黥同　鯖䑖同音征　繃綳同　經古經
亦作觥　觲古觲　幷併同　嫇娉婷同　硜硜同　荓苹
苹同　𢂗擎同　甍甍同音萌屋棟也　紘紭同　研𥑮硎
同　盯䁐瞪同　徰古征　殅古晴亦作腥　箐籝同　争古争
生古生　鋥古鉎　衡从角从大不从魚古作奥

九青

曐古星亦作㬪　鮏古腥亦作鯹　霛古靈亦作霝靈霊　欞古櫺亦作棂
螟蛉与蟆蛉同　鉼瓶同　霆古霆　軿軿同　醽醽醽同
鶄鴒同　零零同　甄瓴同　寍寧同俗作寕　冥作冥非
冏扃同　坰冋同　螢螢同

十蒸

夌陵同　菱蔆同俗作菱　膺古膺　鬅鬙同　譍磨同言也通作
應　丞古丞　仌古冰　棱稜楞同　厷古肱　勝古凌　陵古陵
𤼵古登礼器也亦作鐙与登字不同登升也　絚縆同大索也　縢縢縢同　乘

乘古乘　兢古兢　澂澄同亦作澂　凭憑同又作凴　徵古徵中作𡈼非
憎懵鬅僧同　鐙古燈俗作灯非

十一尤

繇由同　逌古悠　冈古州　麀麀同　瘤癅同　塗古旒
卣卣同　游古游　搊搊古抽　周古周　収古收　溲溲同又
有頸　颼颼同　卷古失　坵古丘亦作坵坵坔　汓古泅亦作泅
謀謀謀同　疣疣同　憂古憂　鰌古鰍　鞦鞧緧同
同　疇古疇　騮駵同　摉俗作搜　稠綢同　虯俗作虬作虯非
滶遊同　涑漱同澣也　罶古罶　鄹鄒同　篘篘篘

同 龝秋𪓊烁同 球璆同 鵀鵻同 戎鉨鉾矛同
枓檪同 肇鑒古 鯸鯸同 顋膢同 罢婁古 韉韆古
㵿沠流古 㨡掐俗作非

十二侵

侵侵古 尋中从口作尋者誤 鱘鱏亦作 玪琳古 妊姙妊同又沁韻
㴱深深古 琴珡古 襟捦扲擒同 曑參古作參亦 鍼針
古金金古 沈湛同作沉非 碪砧椹同 唫吟訡詅同
衿古襟亦作衿 蕶古參人葠藥名 簪簪簪先同 燖燂同湯中爚
肉 阴俗作陰古作侌 龠古龠 祲古祲 愖忱同

十三覃

弎三同 覃覃同 諵古諵亦作喃 鵪古鵪亦作鵪鶉雜俗作鶴 柟
楠古 蠶古作蚕俗作蚕非蚕音腆 甘古朋俗作朋非 庵菴同 函古函椷
鋡同作函非 湛媅妉耽同俗作躭非 勘戡同古作戓 儋古擔亦作擔又
入聲韻 婪惏同亦作惏 慙慚同 撢探探同 戎古堪作戎非
譚古談 凼古甘 柑泔同 鮒蚶蚶同 涵古涵 眖古男 埁古南

十四鹽

鹽塩鹽俗作塩非 匳古作籢匲俗作奩 譫譫同 𧶼古襜亦作襝襜襝
𥟖古𥟖 須古髯亦作𩓕䫇 黏粘溓同 霑沾同 覘佔同

㕺甜同 鉗鈷同 箝鍩拑同 黚黔同 爓古燖亦作燂錟 鉄
銛同 檢欣杴同𨷐 摠古儉 頹古廉 檐櫚同俗产作簷
巖古巖

十五咸

喦巖同 帆颿颿同 銜俗作衘非又作嗛 讒俗作讒非 鹹俗作
鹹非 㯺古杉 饞饞同 襂衫同

一董

澒汞同水銀也 揔惣總同古作緫俗誤作惚 鬆鬆同 孔古孔

二腫

踊踴同 𡕝俗作𡕝 恐古恐 㨨𩎢古竦 涌湧同 踵古踵
勇古勇 湩瘇腫同 㒖悚古悚 㕨訩恟同喧擾也 隴壟
龍同 冗俗作冗 冗非 𢍜古氄亦作𣯫氄 家冢同誤作冢

三講

棓古棒亦作棒 蚌蜯同

四紙

紙帋同 沚古沚 岑古使 氾汜汜始同 齒古齒 恥俗作耻
耻非 旨古旨 舍古𦙶 枇秕同 杍李同 衎迆迤同
宄古宄 頠頍頎古頎 歖古喜 憙憘同 秭䊅鮮古𥝩同

作𢩪 麐麃古 塺蝗蟻蚁同 心心蘂同 起古起亦作迟 躧
古縰亦作蹝縰纚 舓舐提秳咶同 跬跬同半步也亦作蹞 嬍美古
俗作美是羔字 甂杭簋同 骫委古 虒弛弛同 企古跂同
匕作七非 岂屺同 㠯古以 介爾同 㲋擬同 学墇
古子 梯柹古 迆迤同 俟竢同 笑矢同 𣦸死同
跪趡同 餙古雉 光冡罵兕兕同 似同佀 髓髓髓髓
髇髒同 夈侈同 絫纍累同 已古已 徙徙古徙 聣
眡視同又見寘韻 髀古髀 邐古邐 泎瀰瀰同 訿訾訿疵同

五尾

卉古卉又未韻 偯古偯 蟣蟻同 豬豨同

六語

紵紵同古作緒俗作苧 許仵同又遇韻 鬻鬻古煮 圄圉同 鉅
巨同 敘序同 舉古舉俗作挙 与古與亦作与 処處同俗作处
虡簴簴同 榘古矩 苣古炬 鼠俗作鼡 旅古旅

七麌

噳古麌亦作麌 自用同古甫 寓宇同 頫俯同 鬴釜古釜
豎俗作竪非 瘐瘉同因飢寒而死又病也 斁杜同閉也 溥普同
海古侮 數俗作数非 泦醹同 攺古撫 侮古侮亦作侮 甒瓶

同酒器 緖補同 羖羖同 股骰股同 床古戶 櫓橹
艣艪同若城上樓櫓从木 賭覩同 陼堵同 膢賭同 浒古許
亦作滸 埡隖古塢 恛怙同 榘古矩 鼓皷鼓同俗作皷非
禹古禹 虎虍勮同 𦏧古舞 㐅古五 點古古 腐府同
庀廡同 、

八薺

紫䰵鱭同 諧古稽 蹊蹊謑傒同待也 髀腥膍髀同
礼古禮 泲古濟又霽韻 軆體躰同俗作体非 呧詆同 递遞
同俗作遆非 祢禰同 启古啓 米从黑非木

九蟹

廌豸同 灑洒同 獬獬貓同 蟹蠏鰕同 駭古駭
買俗作買非 嬭妳同 矮痔同

十賄

賄古賄 辠古罪 詒紿同音怠欺也 愷凱同 磊礧礨磊磊
同 迺乃同古作𠄎 𣏟古海亦作𣏟 壘古壘 儡木偶戲亦作櫑
腿古腿 迨逮同 待亦作峙 宰古宰

十一軫

疹胗同 菌箘同 箘古箘竹笥 引古引又作㕥 閔憫同

㞋古尹 敃敯忞同愍也 允俗作兊非 惷古蠢 賑作賑非 韻
古腯 楯盾同 吮吻哂同 螾古蚓亦作螼 筍笋古筍俗作笋
麋磨稛同束也 殞隕同 蝅蝅蜄同 輴軫同作軫誤 眡
古昣 㐱古鬒亦作顯 診亦作覙訡 縝亦作縝 㱥古矧 盡俗作㶳非

十二吻

𣎴吻同 憤憤同 坋坌同塵也 薀古蘊亦作緼菀 檃㯼同
藎古巹 蔓菫古菫草名 攟攈捃同 刎殁同 㥯古隱

十三阮

𥈍古烜日晅也 㥯古隱俗作㥯非 遁遯遂踚同 鮌鯀同 閫

梱古同作梱 遠古遠 闉揵同 反古反 畬古畚亦作畬 蹲噂
同 笵圂同

十四旱

散古散 繖㪚傘同 襢袒同 笴簳同箭笴也 䇞䇞古椀
亦作垸垸 嬾作嬾非 澣亦作浣 筦管同 暖煗古煖亦作暖
侃侃同 罕古罕 剸剬斷同俗作断非断音短

十五潸

鈑版板同 柬簡同 剗剷剗鏟同 琖盞醆同 䡣
𩠐同兵車 赧赦同 㫾古眼

十六銑

譱譱善同 㠭𧟢古展 尟鮮同 癬癬同 譾謭同淺
也 跈蹍古践 饍膳同 蝡蠕同 繭古作絸俗作蠒 腆古腆
𩅹古典 鱓古鱔亦作鱣䱇 翦剪剸古翦翦同剪 輭古作軟非古作輭 碝
石次玉亦作礝 腁胼同 緝䏣同掛也 𡕧畎甽同 衮俗作衮誤
𢘿晛綩同 遣古遣

十七篠

筱古篠 嬲褭同 𣱼兆古兆 莩莩㜳𡥨同 肇肇亦作
肈 繞遶同 嬈嬈同 窔古窔 表褾古表 剿勦同

鳥鳥同 窅古窅

十八巧

姣古姣亦作佼 齩作咬非 𤅔古炒又作鬻𤉡煼 餥飽同古 卯
古卯俗作夘非

十九晧

皓顥皜同 昦古昊 㕮古抱 禂古禱 獠獠䋚同 媼古媪
道古道亦作衜衟 姣古嫂作娞非 腦俗作腦 埽古掃 栲古栳 𦅺
翿同 鴇鳥同 𦮙艸艹古草 早古早亦作蚤 皁下从七非
槀古槁又作藁同 堡堡同 𤓽古保 藻古藻 擣擣同 鴇鴇

鶪同　𡒉古作蠍亦　柬非从束　琟寶同古作寚　攷考同
妖嫬同　㪅古好去聲
二十哿
鏁鎖同　拕拖同　㧙旎同　果菓俗作　灾火古　柁舵同
同俗作㢮𣏢　𠂇古左又作屮　陊古墮亦作陊　㛖婿古㯂　絧彩同
䖟我古　瑣璅同　蠃倮裸同　猧禍媧𪐴同　檛古𤴓
二十一馬
影騧古馬　啞瘂同　䄻古社　疋正也古詩大疋小疋与雅同今但作匹
𣏚古也　檟榎同　夏古夏　丅古下　冎冎同　䲜古鮓又䱹鮺同

埜壄野同　嬉㛅古姐亦作𪝪媎
二十二養
羕古養作養非　痒癢同　爲古象　𩌏古槳亦作㯃槳　卬古仰　抰
古鞅　㒳古兩　𡘋奭古爽俗作爽　亯古享　敞惝同　宆古罔
网古網　徃逞古往　牓榜同　鄉嚮響同　倆古仿俗作彷
朖古朗　忼古慷　恍怳慌同　晄古晃　黨鄭𨞬同　鷩
同　鱶鯗同　大無點
二十三梗
𩐻鞕鞭同　綆絎同汲井繩　儆警同　省禁省也古作省亦作𡕞省察之

省只从省古作省𡕞　礦磺鑛同古作丱　餅𩞄同　頴𩖲褧絅同
㚔古幸　𧓍古蚌亦作蜯　騁古騁　景古影　癭瘿同　槃冏同
荇古荇
二十四迥
逈俗作迥非　婞悻同　㮨茗同　頲古頲　脛胫同　丼古𡈼
亦作掹　肎肻肯同
二十五有
垕古厚　𠂇古有　𦥠古柳　阜古陡　㪅𣪊同音耨又宥韻
𦙍古首　敺摳同擊也　畝畮畞畒同　吼吽同　走古走

㶇古藕　糺糾同　槑古某亦作𣏟　𠂔古手　缻缶同俗作缶非
叜叟傁傻同　帚箒同　斗俗作𣁬古作𣁳　醜䰢同古作𦋁
韭韮同　丣古酉　歾朽同　叉古友　杲槱同　口古𠂆
𨸏古阜亦作𠂤　肘肘同　受古受　婦媍同又見遇韻
二十六寑
寢寑古寑又作寖　踸跈同行無常皃　覭䁚同音審視也　沈亦作郴
䐿古朕　甚椹黮同　飪古餁亦作肞恁　稟古作亩俗作禀非　㱃飲
㱃古飲　㕣古甚　㐭俗作廪古作亩　宷審同从采非米
二十七感

領頟䫇頷同 糂糝同 䨲䨻霮同 䕭萏同 埳臽
埳坎同 揅攬擥同 啗饞啖噉同 菡萏古 敢𢽍敢
敢古
二十八琰
歛从欠非 㜸斂同 揜掩同 覝睒同 灩灎同 㚈
儉古 讇諂古 黬黶同面有黑子 壍塹塹同 蔵點古 㝅古
二十九豏
犯古犯
一送

㮨糉同下俗字 䜭䜭𧮲同古作𧮲 懵懜同 迵動古 𥏼衆古
𦢋夢同 贛貢通
二宋
種種古 訟古訟亦作㕬 雝壅壅同 㶇䉶同 用古用
三絳
惷戇同
四寘
寘俗作寘非 𡉟至古 攱跂古 秊季古 莿茦同 剌俗作剌非
示古亦 䣢嗜䤘膳同古作咊 昰是古 三古四亦作𦉭 次从二左俗

嗌諡同 覗伺同 𢧐螆蜩同 幟織旘同
作丷非古作𦊅
恖志古 伎技同 翟擢古翑又作㧽 髟魅同亦作𩲡 𦖐古𦖐
壯大也 義誼同 骴胔同殘肉也 祕从示作秘非 鐀匱同俗
作櫃 餽饋同 柹作柿誤 備偹俻同俗作備 媿謉愧同
利古利 莅涖同 劓古劓 躓疐同 贄贄同 憒憒同
事古事 穉稚同 弃棄古 亂治古 臮古暨亦作洎 弍古二亦作
貳 采古穗 孛古字 鼻从自俗作白上非 饎糦饎饎同 頯
悴瘁同 誌識同 㦻惪同亦作惪 飤飼食同 墜墜墬
地同 遂古遂 戠古職 喟嘳同 㱟古肆 器器同 肆

剸同 𡭖古作亦作 畀古畀 㘸古忌 𩜊古饎 畀从丌作廾非
五未
唏欷同 𡋾古作壂亦作㱦 罻古作罻俗作䍣 蝟猬同本作彙 鬻古沸
食人獸音沸亦作萬萬 旣炁氣气同 㲻古異 毅毅同
退退同 𧴦貴同古作𠀟 冑古作彙又 㵒古沸 𩰬悲斐同
六御
御馭同 處俗作處非 預豫同 覷覰同視也作覻非 坎呿
同音去張口兒 公弆古去 翥翥同 鋸鋸鐻同 據据俗通作㨿
非 箸古著 淤淤同 酤醵同 飫饇饇同 箸著筯

同　萁古蘋藷蘋藻名　庻古庶　禮謯詛同

七遇

尌古尌　霔尌同　㝵古句　厝措同　哺餔同　泝遡溯

同　㤀古固　沍涸同　莫古暮　副副同　䳌古顧俗作䳌非古文

肩　忤啎同　呴煦同　怒怒怒同　酗古酗　諭喻同

芋芋蘋同　妒妒同　悞誤同　悪古悟　愬訴謗同

斧古布　遻逜迕啎同遇也　袴絝同　㒒儒同　廡古作庑俗作

做非　雚古鸛　要古屢　酢醋同　塐塑同　絫古素　𢾾古數

鷺鷺鷺同　愳懼懼同　畀古具　簬古簵竹名　蠧蠹蠧同

兔俗作兎非　裕袞同

八霽

噎古嚌　婿壻同　絅古細　弖古羿　㔺古世　夷古齊夷齊名

麗古作丽　勢俗作埶从幸非　蘂藏同音義夢中語也　幣古帶亦作幣　隘

繼同俗作継繼　隸古隸亦作隸　鄭古鄭　普古替　憩憩愒同

埶藝埶執同　歷歷歷同　盭古戾亦作戾　剫劇同　倚

儷儷同　遰遞遰同俗作遞　涕洟同　鬀鬀剃同　繫係

同古作毅　意古惠　歲古歲　掣掣同　脃古作脺俗作脆亦作臎　擲

斯同　栧栧同　罽罽罽同毛布也　裼褷　厲厲同　剔

制制同　箈筮同　㕡睿古作睿从谷非火　弟古弟

九泰

夳古泰亦作太　匃古丐亦作匄　刈忿古艾懲治也若艾草之艾原作艾　靄

霨同　伂顛仆也今作沛本作郝　膾鱠同　澮古作潃　會古作䒩

盒　蔡古蔡

十卦

挂掛同　絓罣同　誡戒　拜擇捭古拜　湃澮同水聲

呰寨同　勱邁同　話語古話　敗𢿱古敗　責古責　怪恠

同　派𠂢同作泒非孤音孤　介古界亦作阶　敷古壞　艐屆古屆

蔽古蔽　凷古塊　備憊同　鬞鬉同

十一隊

物昧同古作眛　焙古焙　晦古誨　靧頮同　退退逷古退　𦟝

黛同　再俗作再非　愛古作㤅　耏耐耐同　誖悖同　潰

繪同　埭碌同堰也　欬咳同　概槩同　礙硋閡同

對對同　崔碓同

十二震

信古作仰訫　訊古作譌　嗽呻古陳又作陣又真韻　晉晉古晉俗作晉非

進古作遖　恪恡吝吝同　昚古慎亦作眘　釁舋古釁衅同

趁趂俗作 䐜瞬眴同 浚濬同 舜䑞舜古 雋儁俊同
慎順古 刃作刄刅者誤 韌肕同 顖囟同
十三問
煇暈古 肯近古 訔訓古 𡊄糞糞古 奮奮俗作非
十四願
獻献俗作非 潠噀𠹌同噴水也 巽顨巽古 困朱古作 噴亦作喯吩
皀良古 遁遯遂同 溷混同 飰餅飯同 懣悶同
遜愻同 怨怨命古作郘 萬𥫗命古作𥫔 匽隁堰同
十五翰

㓷古斷音段 豻犴同 掔擥腕古 鍜煅俗作 滅漢古 筭算
竿同 墁鏝同 貫貫古 慄耎懦偄同 叛畔同 亂
𤔔𥽌敽同俗作乱亂 𡽒幹古 喭彥諺同 歎歎古 捍扞同
㢮弹同 翰看同 姦奻同三女為奻 叚段俗作 嚾喚古
𣃔斷古
十六諫
圂豢同 棧𣘸同 雁鴈同 綻綻同 𦑫古辮作習非
綄綰同 攣孿同 閉慁患古
十七霰

霰霰霹亦作霓 雹電古 掔牽古 茜蒨同 麫麪同 綫線
同 巳譔撰同 鈿鎮同 衙衒古 羂古罥絹也 賁賤古
醼宴燕同 狷獧同 濺湔同 睠婘眷同 惓倦同
徧遍同 嚥咽同 燕鷰同 譔饌籑篹同 嬽古孌亦作
嬿 變古作影彰 覍古弁亦作𢍏弁 戰亦作戰弃 饍膳同 殿古殿
禪禮同 拚古抃
十八嘯
歗嘯同 妙玅同 眺覜同 咲咲笑同作笑非 佋紹同介
行也 哨峭同 𢇍古紹繼也 祓古祿 窔窅突窅同 庿古廟

療療同 譙誚同 釂亦作醮皭飲酒盡也 趒古跳亦作趠 叫叫
嘄噭同 㷹燿耀曜同 慓剽同疾速也 曌炤照同
休溺尿尿同人便也 㶾票古 弔古作弔俗作吊
十九效
効傚效同 窌窖古 磽墩同 礮砲古 趠踔同 棹
櫂艁同 敎斆季𡥈同 貌皃䫉同
二十號
嘷噢同 冪冪同 暴虣古暴亦作暴虐 薹耄古 鎬古犒 𡇹
古冒 月帽古 𣬟毷同 喿古噪 帽帽同 㖠古誥

二十一箇

箇个個同 坐剉同 稬糯同 涶唾同 磿古礳 亞

㘴古坐 㿷憜嫷惰同 㪍譒播同

二十二禡

咤吒同 怕帕同 笮榨醡醠䤄同 詫謗同 罵从上

网从四非 覇俗作覀从西非 跨骻胯同又遇韻 鑮㙐同 夜

夜古 㚊古射 乍古作 啑古嗄

二十三漾

羕古漾 諒亮同 餉饟餇餉同 嚮鄉向嚮同 刱創

刅古作剏同創 醬古醬 貺亦作況賜也 𡍕𡍕葬塟同 誆誑古誑

迋亦作 旺古旺 肮吭同 㰠古桁 閌伉同 絖纊同綿也

踼宕同 喪喪喪同 朢望同 漾㵹下从永俗从水非 瓮

盎同 墇障同 瘬脹同 量古量 鬯暢通

二十四敬

倞倞競竟同 竝並同 瀞古淨 靚靚同 暎映同

絣古作紑 䰢古作䙶 𦑗古姓 穽阱同古作栞又梗韻 㪅古更 㮔古柄

二十五徑

脛踁同 賸俗作剩 稱秤同 㲽古勝 乘乘乘同 乞

隥嶝同 凳橙同 懜懵瞢同 徑逕同 醑甑同

𥨊俗从必非 碇矴碇同錠舟石 壂古罄 勝古勝亦作倿 聽古聽俗作

听非听音銀 㲷磬同

二十六宥

圝古囿 捄救同 䆒古究 䌷岫同 漱嗽同 呴嚊鴝

雊同 逡古後 翿古壽 繇柚同 豆俗作荳 陋从丙非

瘦同亦作瘦 臭古作臰臭亦 褎褏褎袖同 雚鸛同 胄

胄同俗作胄 廄俗作厩非 敂古叩亦作扣又有韻 㲉㲉同 噣古味

音書鳥喙也 齅嗅同 畱古留 㽌霤同 繡俗作綉非 櫃古柩

貿貿同

二十七沁

紝絍紉紝同 紟衿同 噤吟同 㞷古甚 浸寖浸同

䕃蔭陰同

二十八勘

暗晻闇同古作𨷖 嚪啗餤噉啖同 淡澹䤅同 蹔暫同

二十九豔

豔艷同 焰爓燄同 賺俗作賺 㸒古欠 饜猒厭猒又同

見平聲韻 僭古作僣俗作僣非 劒劍古劍 醶釅同

三十陷

鑑鑒同　汎泛乏庈同　礛濫同　𥂕監古

一屋

屋屋臺同　𧷏𧷗古　𦨟弃築同　𨅗蹴同　𨗶遬古速

㸇古作炬爨亦作㷚　𦴭古萷　㠹古作𡒄𨍭　腹古腹　复古復　𦊫古孰

𩋥古鞠亦作𥷔𥷘　焴煜同　倏从犬俗作倐非　朴古作𣏗叔亦　匵櫝

𥁐古作同𥁐　扑撲同　虙宓伏同　𦙶古服　𦸒古菊　𩜇

𪎭同古作𪎬　𤜩亦作𤜣　鬻賣𧷥粥同音欲　𢛚忸同　攴支

同音　𡇒古日　𣝗穆古穆　𩕊髑同　𩱞古作餗亦　暴俗作

𨷵　凤古作𠙋𠙋𠋫　宿古作𡩟𡪢　𠷆古睦　𡂧𠷁𡆼同　𡘋古𡘋

𢇇古哭　斛斛同　𦹀麓同　㯓轆同　穆稑同　肉古肉

俗作肉非　或古作𢦏亦作𢦏𢥽　𤕰孰同

二沃

𣶃古沃　幞襆同　𡈼古獄　促趣同　𣡌古栗　屬俗作属非

斸斲𨩛同音祝　犓𦚗古𦚌　辱古辱　谷浴同　蹢古躅亦作𨆌

篤古篤　𤣩古玉　毒古毒　𡇒古曲

三覺

𡭊古作照𧵌俗作𧵌非　𣆔古卓　朴樸同　㱿殼同　𣪊慤同

駁駮同　𪗫齷齱同　嶽𡶈古作岳亦　𥟔𣑶鋊同

剝古䂤去陰刑也又作𨎹　𠓡古角　珏𣪊古珏　雹雹同　瓟瓝瓟同音薄小瓜也　啄啅噣

同　𠩀古學　璞玨同　圤墣同塊也

釛鏷同　𠛭古作刹亦作𠛬

四質

𩋨鞍𩌌同　𩌏𩌇同　𧌒蟀同　𦃃古𦃏　卹恤同　𨆴

𢛉古　蝨虱同　趩𧿒同　匹俗作疋　逸佚同　袟帙同

𢐒弢𢐂𦙃古𠫭　弌古一　𨙨膝同　漆𣖿榛同古作𣓩　暱昵

同　徇古徇　𠤎叱同　㾒𢂚嫉同　黜詘絀同　𣛹古櫛

日古作𡆠　𡛢姪同　笔筆同　𧗵古𧗵　聿適𠈂古吹　术

亦作茱　𣡌古栗　卒古卒

五物

韍芾紼紱同　𠛕刜同　綍綍同　髴彿怫同　鬱𩰪

同俗作𩰫　屈屈同

六月

月古作𡆠　𠮚古曰　窟古作堀亦作𡋿　吶訥同　搰古核　𣎆𥝦𥞳

同　𡒿古忽　杌𨺮𠥢兀同　鶻𪃿同　𡉆古作歿亦作没　阴

刖同　橃𣐊筏同　𤘀艴同　誖悖同　𣦦𢧤伐同

躒歷同　櫪櫪同　粵戉越同　韈襪韤同　蠍蝎同
𩑶鬋須鬚同　腯㬼同　相掘古作　昏厥古作
七曷
辢辣俗作　鉢盋古作　枿櫱同亦作㭊櫱　敓奪同亦作敚𡙇　䛹
豁同　毼褐同　暍渴同　魃妭同　達撻古　𨇨躠同
同　𤜧怛同　䥽䭬同　㺨達同　剏割古作　括括古作
八黠
㦸非作戛　鞂秸同　犗犗同　詧察同　杀敓古殺亦作煞
九屑

屑屑古作　𥂣絰同　𢾍𩫴俗作𥳑　𢪛古作癤　竊竊俗作非　鐵銕
同　𦤺缺古作　栔鍥契同刻也音挈　耋𦒭𦒗同　𣂚折古作　喆
嚞悊哲古　抴拽同　𩑿𩑯隍臬同　鵙鴂同　卩節古作
八古作別　撇擊同　飻古作餮音鐵餮食也　饐饐饋同　緤紲
同　潪浙同　洩泄渫同　㓞古作栔亮臣　𩎓𩎖同　𠜾古作列
𧓍孽孼同古作蠥　櫱孼同古作孽　戠古作截　爇熱俗作非　鼈俗作鼈
䨮古作雪　爇焫爇同　歠古作啜亦作歡　㡭古作絕　撤徹同古作徹
十藥
嚼嚼同　著俗作着非　鑿糳同精米也　諤諤同　咢鍔同

十一陌

礿禴同夏祭也　莫古作莫　䦨古作鑰　略非作畧　腳古作脚　蹻繑蹻
同　焯灼焯同　繳繳同　斮斫㪿钃同　箬古作蒻　杓
勺同亦作勺　卻郤古却俗誤作郄　猎古猎亦作獦犬名通作鵲　瀹瀹鬻
同　怍怍同　𡷩古作若　嗼寞同　寉鶴鶴鶴同　舃古作雀
䳘鰐同　𨖏鑿同鑿也　託非作托　柝古作柝　蓴𦼮同俗作非
遻愕同　㦸古作恪　𩽘𩽘同　㪉𨾊同　藿古作藿　蠚蠚螫
同　臒善丹也作臛非　䨣古作鸖　𩏩𩏩古作鄗　槨椁同　膊膞同
爝爝同

剫劃劃同　㞐古作石　𩨨骼同　馘古作馘　麥非作麦　畫古作畫
瘠古作膌瘠　㧽古作㧽　䩐古作革　翯翮同　拓摭同拾也　㚓㚓
古亦　弈奕同　脊古作脊　擿摘同　戟古从卓戟不　拍拍同
貊貉同　舄古作舄　齰齚咋同　屰古作逆　墒古作坼　脉脈
同俗作脉非　筴策同　冊當作冊古作笧亦作冊　覈覈核槅同
戹古作厄亦作阨㧖　㱳隙㬍同　隙郤俗同　搤扼扼同　鰿古作鯽亦作
鰿　躄壁躃同　檗音百黃檗藥名作蘗非　責古作責　軛軛軶同
迹跡蹟遺同　宅古作宅　額額同　辟古作𨐨亦作辟　僻古作
𠊻　隻从又作隻誤　跖蹠跡同　席古作席　窄俗作窄　昔古作昔

十二錫

闃（俗作闃非） 諔㝫寂（同古作宋） 覓覛䚂（同俗作覔非） 鶪䳭鵙䴗

同 逖（逷同） 艗艗同 靚覭覿同 剔（古剔） 惄愓惕惕

同 籧（古箇） 鍉鏑同 績（古績亦作勣） 慽（古慼亦作戚） 析析

同古作厤 幦緆（同細布也） 冂（古冪以巾覆物）

十三職

樴杙同 翼（古翼亦作𦐊翄） 域（古作䤋亦作㽣） 閾（古閾） 國（古作囯亦作圀）

𡍮（俗作国） 繶絿紱栻織同 枲直（古直） 億陟陟（俱同陟） 敕

勑同 蝕（古蝕） 寔實（同古作宲） 翊翼 逼偪同 謥（古息）

文苑豹斑 卷之十二 廿三

戠識（古） 惻側同 意（古億） 仄側同 肊（古臆亦作臆膸） 嗇（古嗇）

亦作嗇偪 弋（古弋） 蟘（古螣亦作蟘） 蜚（古北） 默嘿嚜同 踣䠊

趌踣（同音匐） 悳德同 昃昃同 貣忒同 食（古食） 繹

縲（同索也） 塞（古塞亦作寨） 刻（俗作尅） 則（古則） 克亨邑（古克）

十四緝

揖挹同 溼（古濕作溼非） 緁緝（古緝） 馽（古縶） 戢龔同 集

古集 澀澁濇同 及（古及亦作逮） 執執（古執） 急（古急）

噏吸同 習（俗作習） 飠（古㕍）

十五合

殗溘同 榼醠䤋同 磕礚同 諮諜嗒（同多言也） 帀（古匝）

亦作迊 拉搚（同亦作擸搚） 踏蹹蹋同 畣（古荅亦作答） 褋雜

同 龕蛤同

十六葉

協（古作叶） 燮（从下从又从火非） 擸擖同 刼刧同 讘嗫同

韘韣揖同 爕（古涉） 籋（古鑷） 蜨（古蝶） 驫（古驫馬疾走聲） 脅脇

同 狹怯同 愜恢慊懕同 慴慴讋同 菍苶（同音苶亦作）

作菍 擖捻同 獦獵同 睫睫踕踥睫（俱同） 曅（古曄亦作）

曅

文苑豹斑 卷之十二 廿四

十七洽

陜陿狹（同古作匣） 袷袂同 鍤臿鍤同 篓篓翣箑同

灋（古法亦作灋） 鵖鴨同 迊匣同 帢帢同 歃唼同

唼啑同 甲（古甲） 乏（古乏） 狎（古狎） 函（古插）

字學辯惑

仝仝上同同下同仝　枝枝上音支柯也下音梅數也　无旡上同無下同既　圮
圯上音怡橋也下音痞岸毀　冡冢上蒙同下塚同　冕冤上音免冠也下音寃枉也
丣丣上同卯下同酉　免兔上音勉下音吐　𢇍㡭上同繼下同絕　錫鍚上音
羊馬飾　卻却俱同却　郤郤俱同隙　易昜上音賜日也　仙佡
上音先仙人下音軒輕舉　翁翂下音分飛也　隹佳上音錐鳥總名下音加美也
萑雈上音錐益母艸下音完葦也　母毋上音某下音無　暘晹上音羊下音易日無
光　讁謪上音責罰也下音傷慶也　沐沭下音木水名　啇商上音的獸蹄又
云根蔕下音傷　惕愓上音碭直疾下音剔驚也　壺壼上音乎下音捆宮中道　虯

蚪上音求虯龍也下音斗蝌蚪也　箠菙上音捶杖也下音菙荊也　谿溪上音溪下音奚
反戾也从谷誤　須湏上音胥須眉下音頮靧也又云音誨　篸蓡俱音戎取魚器下艸生
簁蓰上音師竹器下音徙五倍　筇茚俱音邛上竹名下蒀莢實　第弟苐上等第之
第下省文稊稗屬　夾夾上音閃盜懷物下音袷持也　欹攲上音伊歎詞下音溪不正
陝陜上音閃地名下音狹隘也　欸款上音懊棹歌下音窾誠敬　派泒上音湃水分流
下音孤水名　絿紈上音求急也下音丸素也　滔淊上音叨水漫下音領水和泥
桮抔上音杯下音裒手掬　謟諂上音叨淫也　鞕鞭下音硬強也　舀臽
上音杳抒臼下音坎小穽卽陷　鍜鍛上音霞首鎧下音緞冶金　躰体上體同下蒲本切粗
劣也　稇稛上音窘滿也下音梱束也　本夲下音叨往來皃又進趨也　爿戕上音

十二錫

鬩俗作鬩非　諔𡨄寂同古作宋　覔覛眽同俗作覔非　鶂鷁鷊
同　逖逷同　䑲艗同　靚覭靚同　㔭劈古　惄㥽愵
同　篴笛古　鍉鏑同　積古績亦作勣　慽古慼亦作戚　析
同古作厤　緆緆同細布也　冂古冪以巾覆物

十三職

樴杙同　𦐘古翼亦作翍　域古作𢦸亦作閾　閾閾古　國古作囯圀亦作
埊俗作国　絬絉絨紱織同　㮟直直古　𠊷徏徏俱同陟　敕
勑同　蝕蝕古　寔實同古作宲　翊翼　逼偪同　⿰言息息古

戠識古　𢙇惻同　𢡆億古　仄側同　肊古臆亦作𩪿　嗇嗇古
亦作嗇嗇　隿弋古　蟘古螣亦作蠈　蜚北古　默嘿嚜同　踣跋
⿺走咅殕同音匐　悳德同　庂昃同　弋貣忒同　𠊊食古　纆
纆同索也　寒古塞亦作𡨄　剋俗作尅　𠟭則古　泉亭邑克古

十四緝

揖挹同　溼古濕作湿非　緁緝緝古　馽縶古　戢襲同　雧
古集　澀澁𣽂濇同　𠄎㞾古及亦作逮　執瓡執古　㤂急古
噏吸同　習俗作習　𩚩歙古

十五合

下音婢甑也　丽皕上音戾鹿皮下音祕二百　亡亾上音無下音房失也　眄盼
盻糜上酒中下異　冷泠下音檽　涷涷下音冬暴雨　髧髧上潭去聲髮垂
下音昆去髮　挺挺上音梃持也下音延取也　琢琢上音篆璧上文下音作　寘
寘上音顛病也下音置　菅管上音柬茅也　汗汗下音千水名　黄寅上恭
也下東方辰　昧眛上冥也下目不明也　胄胄俱音驟上甲胄下胤嗣也　禔禔上
俱音提上福下衣厚　修脩上飾也下脯也　卩卪上音節下音邑　門門丁郎鬭
毐毒上音藹下音獨　彤彤彤上二字同容下音琛　寀寀上音采下音審　寵
寵上音壠孔下壠穴也　汎汎汎中音軌下音巴　専專上音敷下音顴　胖胖
上音拔下旁兵聲　汩汨上聿下音骨　歘欻上音羊下音易　擊擊擊上音

奎下二字音沸　茀茀上音沸下音　尼尼上音夷又音仁　賸賸上音興去聲下
音剩　遲遲下音西余也　暄暄並音萱上溫也下大目也　畢畢下音業
黏黏上音胡下音拈　罣罣上音卦下音獨　兹兹同音上黑也又此也下艸木盛也
盭盭上音周下音戾　荼荼荼中音徒苦菜下音除艸似竹　筈筈上音苦下音括
船船下音凋　約約下音循　絙絙上音桓下音亙更　雖跬下音委
鉞鉞上音會下音月　髻髻下音括　弗串上音產　丱丱上同礦下音貫
鶩鶩俱音牽上馬縶又虧也上飛擧　明明上光明下聰明　穎穎穎上禾末中木名
下水名　縛縛下音傳白鮮色又十羽　踼踼上音蕩跌蕩行不正　賁賁
上鶩同衒也　福福逼上同　祛祛並音區上袖口下逐也　絜絮上音如敝

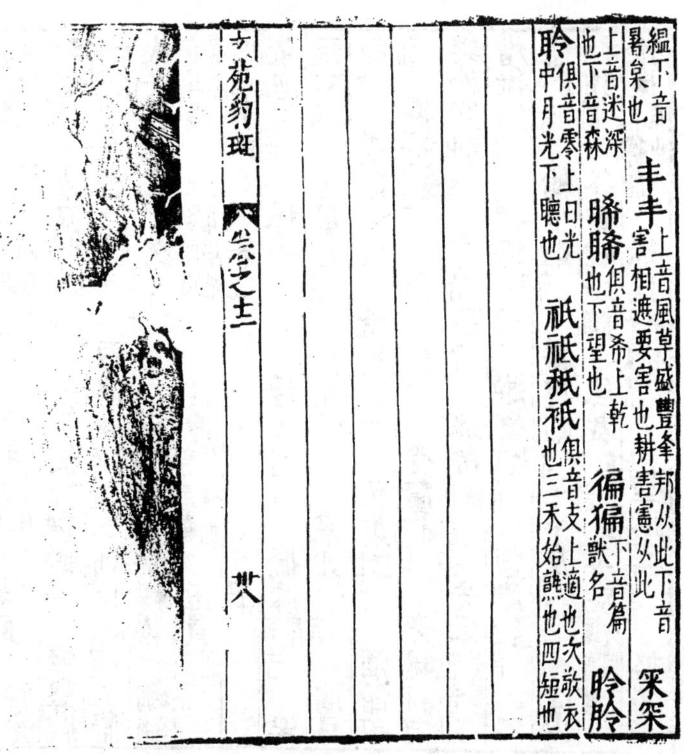

緼下音暑枲也　丯丯上音風草盛豐夆邦從此下音害相遮要害也耕害憲從此　罙罙
上音迷深也下音森　睎睎俱音希上乾也下望也　徧猵下音篇獸名　聆聆
聆俱音零上日光中月光下聽也　秖祗秪秖俱音支上適也次敬衣也三禾始熟也四短也

異姓正音

祭音債漢祭遵　還音旋春秋還無社　爰音袁漢爰盎　鄡音蹺孔子弟子鄡單
銚音姚漢銚斯　麃音庖秦麃玉漢麃宣　佗音他漢佗羽　佛音弼晉佛肸
繁音皤漢繁延壽　棐音非晉棐豹　眭音雖漢眭夸　佴音奈晉佴湛
傰音朋漢傰宗　棓音裴漢棓塑　尉音鬱秦尉繚　雋音全上聲漢雋不疑
摎音鳩漢摎廣德　訾音好唐訾崇　寪音委晉大夫　絮音如傍絮舜
射音石吳射慈　逄音旁善射逄蒙　錡音擬漢錡嵩　洼音圭漢洼丹
萬音矩漢萬章　蔿音委晉蔿伯章　郇音環唐郇模　莽音母漢莽何羅
洙音沐宋洙旗　閻音閭閻忌　瞯音閑齊瞯氏　閎音委周閎大夫

蜎音苑老子弟子蜎淵　區音甌漢區　但音壇漢但巴　蟜音矯漢蟜慎
曼音緩晉曼清　庳音肇趙庳貫　欑音鑽燕欑授　薳音委楚薳子馮薳啓疆
馯音汗魯馯臂　員音運唐員半千　移音多漢移宗　玊音肅漢玊況
句音勾史記句疆　縣音懸漢縣祕　觀音貫楚觀起　把音爬魏把秀
帥音率晉帥昺　辟音壁漢辟子方　蛾晉大夫蛾析　隗音危上聲漢隗囂
佟音同漢佟萬　鈄音偷五代鈄滔　种音蟲後漢种暠　氾音凡漢氾勝之晉氾毓
亓音其宋亓贊　盖音蛤漢盖寬饒　嬀音圭漢嬀覽　吞音天漢吞景雲
箋音箋商箋鏗　召音邵漢召信臣　能音柰漢能延壽　不音浮晉不準又音彪魏不准
賁音肥期思侯賁赫又音奔暴賁浦漢賁光

字學正音

咎繇即皋陶　可汗音克寒夷王名　浩亹音告門山絶水也　亢倉音庚
桑亢倉子　閼氏音胭脂夷后名也　冒頓音墨特夷太子名　日磾音覓低漢
金日磾　梁闇音諒庵　逢門即逢蒙　嫪毐音勞靄秦人　龜茲
音丘遲夷国　食其音異飢漢酈食其　身毒音捐竺夷国今作天竺　袒免
音但問喪服　方良音罔兩山川精怪　朱提音殊時縣名産銀　寍馨音
寗猶恁地也　魁結即椎髻　惡池即滹沱河名　詘信即屈伸　蒲
伏扶服即匍匐　次且即趑趄　彷彿即彷彿放彿俩佛髣髴　翱翿
音犀毗帶名　斑斕即斒斕　僾俙音倚喜彷彿也　伍員員音運

柴池上音左　槮差上音森　烰人上音庖　揣靡下音摩　淫
預上音豔　嵩星上音崔　卜亢下音剛　皋比下音皮　關弓
上音灣　提撕下音西　滑稽上音骨　休屠上音儲　酒鎗下音
鐺　攙槍下音鐺　戲下上音麾　受釐下音僖　旁魄下音礡
樊於期中音烏　玄端下音冕　眷般下音班　先零下音憐
增繳下音勺　疆場下音易　選懦下音軟　盟津上音孟　佢
愁下音曹　輪巾上音關　犧尊上音梭　平反下平聲　隆慮
音林閭地名　谷蠡音鹿離夷王弟　風裁下音在　委蛇音逶迤蜲蛇同
搶攘音撐能亂也　狋氏音權精縣名　枹罕音扶謙縣名　格澤音[illegible]

鐸妖星　箾篸即蕭森　從臾即慫慂縱臾　俾倪即埤堄睥睨　披
靡音痞米　夫不音无浮秃尾鳥　絪緼氤氳同　竛竮行不正亦作伶俜
惕瘥龠毽即闒茸　鉏鋙岨峿即齟齬　蓓蕾音蓓壘　蛧蛃
即魍魎　俶儻即倜儻　茗艼即酩酊　顦顇即憔悴　啾嗼即寂
莫　雱霈即滂沱　麠麐即麋鹿　毠毟即袈裟　瑪瑙即瑪瑙
倚徙即旖旎下音儺　礌落即磊落　蝳蝐即玳瑁瑇瑁　搤掔即扼
腕　魁梧梧去聲見西漢　摦梧梧平聲見項羽傳　榷酤酤入聲見武帝記
隱几几上聲見莊子孟子　囫圇上音活俗圖也　歙歔即唏嘘　倢伃
即婕妤　月氏下音支　射益下音奇　單于上音蟬　落魄下音

拓　戲馬上音避　虘刘下音盧　涒漢下音灘　并幹下音韓
羨門上音延　洓衣上音浸　睃睫亦作睃睷　浮屠同浮圖
崟山亦作金今借作嵞　櫨櫨即轆轤井上汲水木　廜𢉖同屠蘇　欸乃
音藹乃舊音襖靄悮　𧫝嗟囉杳不謹愿也　𠛬利上音零有智慧也　鋘鍬上音
華鉠秋　兀臬卼臲杌隉同　𧂘臺孟憕睡起新　春容如容從
仿偟即彷徨亦作方皇　惝恍即惝怳　侜張即譸張誑惑也　佳
齷齪即齷齪急促也　遁巡即逡巡逡循　倥偬即倥傯事冗也　闠闠即繽紛
消搖即逍遙　翓翃即頡頏　頵顲即䫉顬　彳亍即蹢躅躑躅
䰄鬖音藍參垂髮皃　奰屭音𣦡戲壯大皃　贔屭音備戲作力皃　曚曨日未

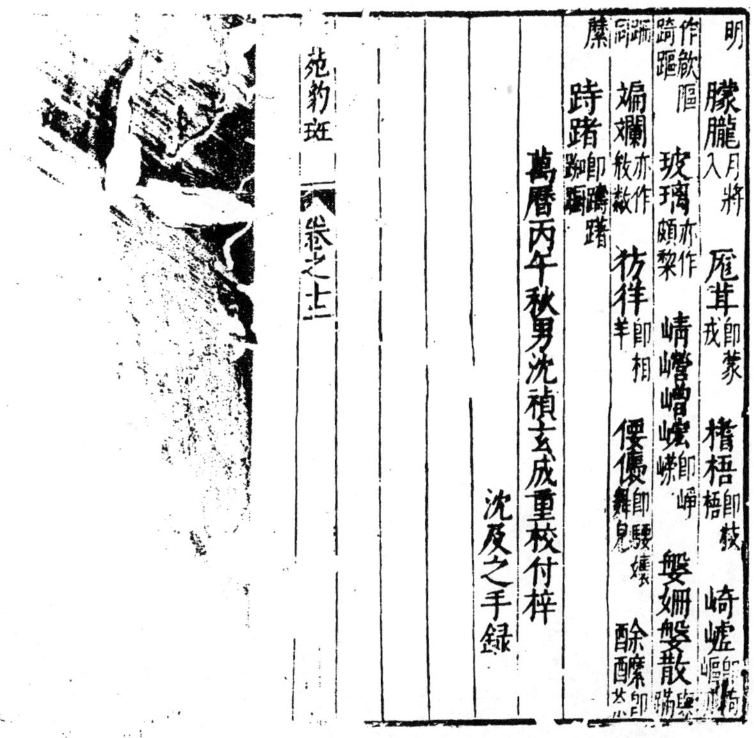

明　曚朧入月將　尨茸即蒙戎　㭴梧即枝梧　崎嶇即崎嶇
作欹嶇踦嶇　玻瓈亦作頗黎　崝嶸即崢嶸　磐姍般散即蹣跚
蹣跚同　媥孏亦作敝敝　彷徉即相羊　僛僊即蹮躚舞皃　酴醿即荼
蘼　跱躇即踟躕躊躇

萬曆丙午秋男沈禎玄成重校付梓

沈及之手録

周易古占法

（宋）程迥編
（明）范欽訂

《周易古占法》二卷，（宋）程迥編，（明）范欽訂。據東京大學東洋文化研究所藏明嘉靖間四明范氏天一閣刊本影印。

周易古占法上

沙隨

四明　范欽　訂

迥嘗聞邵康節以易數示吾家伯淳伯淳曰此加一倍法也其說不詳見於世今本之繫辭說卦發明倍法用逆數以尚占知來以補先儒之闕庶幾象數之學可與士夫共之不爲讖緯瞽史所惑於聖人之經不爲無助也昔陸績讀宋氏太玄曰太玄大義在揲蓍而仲子失其指歸

雖得文間義說大體乖矣迥亦以是論易紹興三十年夏五月沙隨程迥題

太極第一

太極者乾坤未列無象可見大衍未分無數可數其理謂之道其物謂之神莊子謂道在太極之先而不爲高者非也太極與道不可以差殊觀也是故道之超乎象數則爲太極行乎象數則爲乾坤一出一入皆道也雖然以時論之不必求諸天地開闢之先今一晝一夜陽生於子陰生於午蓋有不倚於陰陽而生陰陽者此太極者大中也非若日之中而有昃國之中而有外位之中而有上下太極無方無體其所謂中者因陰陽倚於一偏而後見也先儒謂天地未分元氣混而爲一老子謂道生一是也故說者謂太極已見氣也非無也胡不以在物者驗之乎當乾未資始惡可謂之有氣未麗天一惡可謂之有一故一物具天地之理明乎此則可以探易之原矣

兩儀第二

兩儀者乾坤之初畫也大衍三變而得之者也爾雅曰儀匹也言陰陽之相匹也自太極而生兩儀兩儀生四象四象生八卦因而重之爲六十四其麗於數者皆遞升而倍之則兩儀爲乾坤之初畫可知矣劉牧以一二三四爲兩儀既可矣而四之可乎先儒以天地爲兩儀或謂天

其爲乾坤之象四象所生八卦之二畫而不知兩儀爲乾坤之初畫八卦爲乾坤三畫之相錯故也

四象第三

四象者乾坤初與二相錯而成也大衍六變而得之者也所以配陰陽老少之分也劉牧以九六七八爲四象夫物生而後有象象而後有滋滋而後有數謂之九六七八矣即數也非象也先儒以金木水火爲四象夫見乃謂之象形乃謂之器是四者既有定形嘗以配乾巽坎離矣即器也非象也或以神物變化垂象圖書爲四象然上與兩儀下與八卦不相連屬故曰四象者乾坤初與二相錯而成也

八卦第四

八卦者乾坤初二三相錯而成也大衍九變而得之者也既已小成則三才之理備矣配之以八物位之以八方所以通神明之德類萬物之情者具矣

重卦第五

陰陽之運極六月而反此八卦不得不重也今每卦之下曰某下某上是三畫之卦相配而六也然麗於數者亦遞升而倍故以兩儀乘八卦至四則其別一十有六此大衍十有二變得之以四象乘八卦至五則其別三十有二此大衍十有五變得之以八卦乘八卦至上則其別六十有四此大衍十有八變而成卦也

變卦第六

六畫既成六十四卦既具若夫極數之占則有變卦存焉其初列六十四卦以兩儀乘之其別一百二十八其二以四象乘之其別二百五十六其三以八卦乘之其別五百一十二其四列內卦之數復以兩儀乘之其別一千二十四其

三復以四象乘之其別二千四十八其上復以八卦乘之其別四千九十六故朱震曰周易以變者占一卦變六十四卦六十四卦變四千九十有六此皆出於加一倍法也（四千九十六變之中六爻不變與六爻皆變者其別各六十有四一爻變與五爻變者其別各三百八十有四二爻變與四爻變者其別各九百有六十三爻變者其別一千二百有八十）

占例第七

六爻不變以卦彖占內卦爲貞外卦爲悔

春秋左氏傳昭七年孔成子筮立衛元遇屯

曰利建侯僖十五年秦伯伐晉卜徒父筮之遇蠱曰貞風也其悔山也者是也

一爻變以變爻占

閔元年畢萬筮仕遇屯之比初九變也蔡墨論乾曰其同人九二變也僖二十五年晉侯將納王遇大有之睽九三變也莊二十二年周史筮陳敬仲遇觀之否六四變也昭十二年南蒯之筮遇坤之比六五變也僖十五年晉獻公筮嫁伯姬遇歸妹之睽上六變也他倣此

二爻三爻四爻變以本卦爲貞之卦爲悔

國語重耳筮尚得晉國遇貞屯悔豫皆八蓋初與四五凡三爻變也初與五用九變四用六變其數不純其不變者二三上在屯爲八在豫亦八故舉其純者而言皆八也下章詳出

五爻變以不變爻占

襄九年穆姜始往東宫筮之遇艮之八史曰是謂艮之隨蓋五爻皆變唯八二不變也劉

禹錫謂變者五定者一宜從少占是也然謂八非變爻不曰有所之史謂艮之隨爲苟悅于姜者非也蓋他爻變故之隨惟之隨然後見八二之不變也杜征南引連山歸藏以七八占其失遠矣

六爻變以乾坤二用爲例此占法之大畧也若神而明之則存乎其人

昭二十九年蔡墨對魏獻子曰在乾之坤曰

見群龍无首吉此六爻皆變也

占説第八

重耳筮尚得晉國遇貞屯悔豫皆曰利建侯屯初九無位而得民重耳在外之象九五雖非失位而所承所應者皆衡初九恵懷無親之象至豫則九四爲衆陰所宗無有分其應者震爲諸侯坤爲國土重耳得國之象利行師一戰而霸之象九四總衆陰以安土如簪之總髪以莊首重耳率諸侯以尊周室之象或謂古冠服無簪按鹽鐵論曰神禹治水遺簪不顧蹝弁服之笄是也

穆姜比於叔孫僑如欲廢成公僑如敗遷穆姜於東宮筮之遇艮之八史曰是謂艮之隨其辭曰艮其腓不拯其隨其心不快腓附下體六二隨九三當艮止之時上下不相與不見拯者也艮之隨亦隨之艮其辭曰係小子失丈夫應九五順也宜應而失乗初九逆也宜失而係且諸爻皆動以明八二之不動不可出矣

閔元年初畢萬筮仕遇屯之比辛廖占之曰吉屯固比入吉孰大焉昭七年孔成子筮立衛縶遇屯之比史朝曰嗣吉何建建非嗣也孟將不列于宗其筮同而占異者事不同故也非忠信之事遇黄裳元吉反以爲凶則占法大槩可知已矣

孔子筮易遇賁愀然色不平貞離文明柔中而當位其君位止而不應此聖人道不行於當世之象

孫權聞關羽敗使虞翻筮之遇節之臨占曰不

出二日斷頭節自泰卦中來乾爲首九三之五凡遷二位故有是象

緯書有以世應占者以八純卦自初變爲其宮一世卦以至於五其上爻不變復變第四爻爲遊魂其後舉內卦三爻同爲一變爲歸魂是故一卦變八卦其不相通者五十有六按易經六爻皆九六用變今乃上爻不變五既變而不復自四而下所復不同體天地之撰配四時之變通者如是乎以其爲數不密故不得不用六神

以配時日由是與辭彖乖矣陸德明引此以附易音辨劉禹錫解貞屯悔豫之說非也若納甲卦氣之類皆出緯書不能合于正經今不取

連山歸藏宜與周易數同而其辭異先儒謂周易以變者占非也連山歸藏以不變者占亦非也古之筮者兼用三易之法衛元之筮遇屯曰利建侯是周易或以不變者占也季友之筮遇大有之乾曰同復于父敬如君所此固二易辭也旣之乾則用變矣是連山歸藏或以變者占也

大衍初揲扐一二三者爲少扐四者爲多是少者三而多者一也或以錢寓多少之數雖適乎而非陽饒陰乏之義

奇數有一有二有三有四策數有六有七有八有九而五與十不用故成易者無非四營也

或曰九變六六變九非也九當變八六當變七何以言之國語董因爲晉文公筮遇泰之八謂初二三以九變八而四五上不變爲八故曰泰之八也唐人張轅作周易啓元曰老陽變成少陰老陰變成少陽蓋與此合

八衍卦數七衍蓍數九六不極其行故發揮而爲爻

貞者靜而正悔者動而過動乎外豈皆有悔哉曰有戒懼之義焉

大舜志定謀同然後用筮揚雄曰不以其占不如不筮王通曰驟而語易則玩神其旨一也

一卦變六十四卦一爻變六十四爻謂如乾初變姤則自二至上亦變姤之九不待本爻變而後謂之變也二篇之中其變二萬四千五百七十六謂六爻各四千九十有六

天地數衍爻數一不用二衍三四衍十六五衍二十五六衍三十六七衍四十九八衍六十四九衍八十一十衍百以上積爲三百八十四爻

揲蓍詳說第九

蓍四十九分於兩手掛一於左之小指以左手之半四揲之歸其奇於扐扐指間也復以右手

之半四揲之再扐是爲十有八變之一扐揲之扐不五則九第二第三揲之扐不四則八八九爲多四五爲少三少得老陽之數九三多得老陰之數六兩多一少得少陽之數七兩少一多得少陰之數八皆取過揲之策而四之也

第一揲左手餘一或餘二或餘三則幷掛一與別手者共爲五是少也左手餘四則幷掛一與別手者共爲九是多也惟掛一然後得九

第二揲取第一揲所餘之數或四十四或四十

復分二掛一揲之以四歸奇於扐又再扐以求之左手者餘一或餘二則幷掛一與別手者共爲四是少也餘三或餘四則幷掛一與別手者共爲八是多也或第二第三變不掛一於文則非再扐而後掛之義於數則老陽之變二十七老陰一少陽九少陰二十七於十有八變之間多不得老陰蓋不通也

第三揲取第二揲所餘之數或四十或三十六或三十二如第二揲求之左手得一二爲少三四爲多是故三少之餘其策三十有六故四之而得九謂掛與扐者十有三也三多之餘其策二十有四故四之而得六謂掛與扐者二十有五也兩多一少之餘其策二十有八故四之而得七謂掛與扐者二十有一也兩少一多之餘其策三十有二故四之而得八謂掛與扐者十有七也

以上三變然後一畫立其三變之間其別六十有四老陽十二老陰四少陽二十少陰二十八是故以四營之而得一三五七之數皆天數也蓍得天數故能圓而神卦得地數曰兩儀曰四

象曰六爻曰八卦故能方以智今詳推變數爲之圖只點左手扐數其掛與右手即此可推皆自下而之中自中而之上以倣爻畫云三少爲老陽者十二謂四營得天三之數積有數一百八其策四百三十有二

三多爲老陰者四謂四營之得天一之數積其數二十有四其策九十有六

兩多一少爲少陽者二十謂四營之得天五之數積其數二百四十其策五百六十

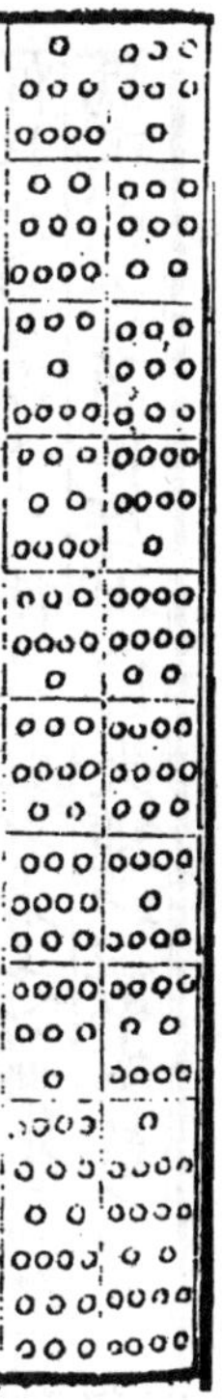

兩少一多爲少陰者二十有八謂四營之得天七之數積其數二百二十四其策八百九十有六

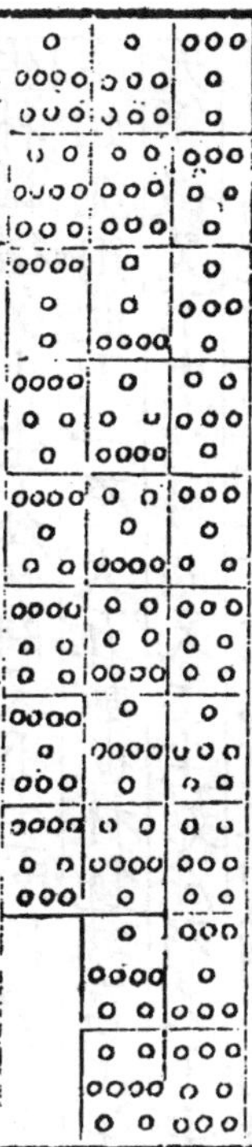

右陰陽各九百九十二策合爲一千九百八十有四策是爲一爻之變數總六爻之變得萬有一千九百四策內爻位當三百八十四二篇之策當萬有一千五百二十位數也者合九六而一之也策數也者離九六而分之而又四營之也太玄始於十八終於五十四并始終七十二爲一曰與此義同

一卦變六十四卦圖第十

乾 餘卦倣此

一爻變者六 二爻變者十五 三爻變者二十 四爻變者十五 五爻變者六 六爻變者一

姤 遯 否 觀 剝 坤

同人 訟 漸 晉 比

履 巽 旅 萃 豫

小畜 鼎 咸 艮 謙

大有 大過 渙 蹇 師

夬 无妄 未濟 小過 復

家人 困 蒙

離 益 坎

革 噬嗑 屯

大畜 隨 頤

中孚 蠱 解

睽 賁 震

兌 損 升

需 井 明夷

大壯 既濟 臨

節

恒

豐

歸妹

泰

天地生成數配律呂圖第十一

天一子生水	十一月	黃鍾	宮	地二未生火	六月	林鍾	徵
天三寅生木	正月	太簇	商	地四酉生金	八月	南呂	羽
天五辰生土	三月	姑洗	角	地六亥成水	十月	應鍾	宮
天七午成火	五月	蕤賓	徵	地八丑成木	十二月	大呂	商
天九申成金	七月	夷則	羽	地十卯成土	二月	夾鍾	角

右各以所王之方而生五行而土寄王於辰其成數皆在生數之後以其周流於十二辰也自天一至地十順序生之則與律呂上生下生之說相符而虛無射仲呂爲畸數故十二律能生六十

今以五聲十二律旋相爲宮考之黃鍾爲宮下生林鍾徵又上生太簇商又下生南呂羽又上生姑洗角此天一至天五數也林鍾爲宮上生太簇徵又下生南呂商又上生姑洗羽又下生應鍾角此地六至地十數也故二均獨無無射仲呂之聲以十二律各五聲考之無射自爲宮爲夷則之商蕤賓之角夾鍾之徵太呂之羽仲呂自爲宮爲夾鍾之商大呂之角無射之徵夷則之羽故二均竟無黃鍾林鍾之聲故曰無射仲呂爲畸數也

乾坤六爻新圖第十二

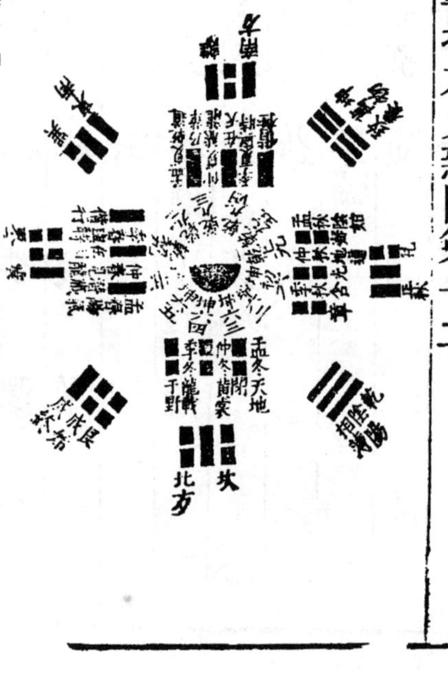

圖之說曰天形如雞子地居天之中之半其勢西北高東南下乾天也乾之三畫位乎上坤地也坤之三畫位乎下三也者三才之象也然天有十二次陰陽極六月而反故重乾之三畫於東南方重坤之三畫於西北方然後乾初九位乎寅伏于地下經曰陽氣潛藏是也處艮之位前萬物成終始是也九二見于地上見龍在田是也九三春時已成而陽方上行與時偕行是也九四革春而爲夏乾道乃革是也九五位[illegible]

之中飛龍在天是也上九夏時已成而陽已極矣與時偕極是也坤之初六配孟秋之月陰始凝是也六二應地上而當正秋之時地道光是也六三一陽猶存而伏于地下含章是也六四純陰用事天地閉是也六五處中居下黃裳是也陽生於陰中文在中是也上六陽將位乎內陰已極於外龍戰于野是也是故二五中爻位四方之中矣雖然陽生於子故坎位焉陰生於午故離位焉陰陽歷三月而後位以其被於萬物也孔子曰我欲觀夏道是故之杞吾得夏時焉此連山所以首艮也又曰我欲觀商道是故之宋吾得坤乾焉此歸藏所以首坤也今乾初在艮位坤初在坤位三易無異致也夫明夷之謙初九變也左氏載卜楚丘之言以爲旦之日古人以寅配初其來尚矣醫家難經爲百刻圖一歲陰陽升降會於立春一日陰陽昏曉會於艮時此說與易合舊說不同者不暇辨也或難之曰復卦以初九爲主大象何以稱至日曰冬

至乃先王朔巡狩之時是日閉關無是理也王曰元后諸侯曰羣后后通諸侯言侯無省方之禮也然則柰何曰春秋公行書至自某者八十三先王於至之日閉關后於至之日不省方是也如今之歇泊假是也然則何爲商旅不行曰出入關者給納傳符關吏有假則商旅不得行矣是故陰陽生於子午已見於坎離之畫若書震兌於東西亦見乾坤始於寅申也

周易古占法下　古周易章句外編

沙隨　程迥

四明　范欽　訂

天左旋一日一周天日月五星右旋期三百六十五度畸四分度之一日行一度月行十三度有畸一歲日月相會者十有二故天有十二次陰陽中分所以乾坤皆六爻也相變而爲六十四發揮而爲三百八十四爻所以當期之日兼閏而除小月六日蓍法四營蓋法四時也

王弼謂伏羲重易伊川先生曰舜典曰龜筮協從則重易尚矣司馬遷楊雄謂文王重易者非

伊川先生曰蓍之德圓而神猶日月五緯也卦之德方以知猶二十八舍也

王沇之問六虛介甫曰位虛而爻實之

或問三極迥曰三才各有不倚於一偏處

伊川曰六爻皆用九故曰見羣龍无首吉以臨川只在上九一爻爲非

先儒謂物理深義理淺玉泉喻先生曰物理義理不可作兩般看

迥言易爻之變建康李大諒曰易有活法自此始如巽之九五變蠱乃與蠱卦彖相通先甲先庚是也先儒言變只在蠱之六五爻也履六三應上九然後九五大君以剛健夬決以決其履也九五曰夬履六三曰武人爲于大君此以應言也睽六五曰厥宗噬膚舊說皆以九二爲宗而不知九二變噬嗑此應爻自變也漸初六曰小子厲有言舊說皆指九三

艮爲少男爲小子然初六艮之止體本不應四非有乘九三之志而三乃疑其見乘故危之以言謂之小子非禮法之所在也實不能相加也此以應爻之情言之既濟西鄰雖曰六二自是九五君爻處之六二之時不當言九五之君不如六二之臣故小象以時言之

紹興中經筵講頤象

光堯曰自常人觀之慎言語所以省禍節飲食所以省疾人主則凡自內及外如言語皆

不可不愼自外及內如欲[illegible]

葉石林言易中唯參伍以變錯綜其數爲難知迥謂十有八變成六爻每爻蓋參以變故迥其變則陰陽相錯遂成天地之文天地之數五位相得而各有合蓋伍以變綜其數而極之遂定天下之象如織婦之用綜合衆經相間而上下之也

建陽丘程字憲古嘗賦詩曰易理分明在畫中誰知易道畫難窮不知畫意空箋註何異丹青欲畫風憲古之學傳鄭東卿迥謂易起於數以定畫因畫以生辭因辭以明象立象以盡意

繫辭曰无咎者善補過也又曰震无咎者存乎悔王弼畧例乃曰罪自已招无所歸咎亦曰无咎不知何所依據節六三曰不節若則嗟若无咎謂過而不知節能嗟怨自治亦得无咎嗟與戚嗟若之嗟同象曰不節之嗟又誰咎也與出門同人之象同唯王介甫於此不用王弼畧例

玉泉先生曰泰小人之道消非消小人也化小人爲君子也

漢志曰商道弛文王演周易周道敝孔子述春秋必有所傳也繫辭曰其衰世之意乎

迥嘗解坤之六二曰以敬養其直於內以義行其方於外或曰不若先儒敬立則內自直義形則外自方且曰直方無體可據對曰外不方則害內直義不立則害內敬敬見於正心義見於行事實相爲形未嘗無體也

井谷射鮒舊說爲蝦蟇子然古書未有以鮒爲蝦蟇子者今考爾雅等書宜作蚹爲蠃螔蝓郭樸曰蝸牛古今注曰陵螺廢井中多有之莊子注鮒小鰿顏師古注急就章鰿乃鯽魚

載鬼一車舊以爲鬼神然易之爲象也擬諸其形容象其物宜是故謂之象見鬼神載車豈物之宜哉今以爲鬼方之人所以疑其爲寇而先張之弧也本朝獲羌酋曰鬼章猶以鬼

爲氏

恒上六振動以爲恒不恒其德者也九三以當位之剛自下應之爭救之者也上既不恒安能容受故羞辱及其所承此陳之洩冶唐高宗時褚遂良輩也語曰南人有言曰人而無恒不可以作巫醫善夫不恒其德或承之羞巫醫治疾者也若九三自不恒其德豈待正固而後吝乎論語古注與此説同

其形渥渥厚漬也公餗所以養賢九四上不得君既覆養賢之餗而膏潤於已者獨厚所以凶也所與者才弱不勝其任故以折足云是亦九四不勝其任也

無祇悔中説辟收問地祇子曰示之以民此其義也詩序以鰥爲矜漢書刑法志哀鰥折獄却以矜爲鰥古書以祇爲示今復以爲祇亦如矜鰥二字可以互用也韓康伯曰祇大也古無以祇訓大者先儒以爲祇然皆改本字矣

建謂天地之大德曰生此天地之心達乎外者也復其見天地之心此天地之德蘊於内者也不必論動静

闓人茂德先生謂迥曰頃在京師見人問張無垢曰如何天在山中無垢曰是洞天也迥曰此是戲言天之氣在山中所畜者大也如天地交泰亦以氣言

以六居五以九居二者爲卦一十有六雖爲時不同其十有五皆吉謂人君柔中虛已而任剛德之臣其臣亦以剛中應之唯常卦則不然常從所應漢元帝似之迥嘗爲書以上王刑部刑部名自勤字茂德分水人

芮祭酒國器謂包承小人吉且曰小人不當有吉蓋楊文靖公之論也如王允之於董卓是也迥曰包承之事在小人則吉如婦人吉女子貞之類在大人則否而亨孟軻所以鬭王命而不果朝也此事甚難非洸言君子者所能堪故以入人處之上饒公汪先生與玉泉

書曰程可久大不以爲然玉泉易說與迥合

同

井雖以汲井爲義然亦有井田之義改邑不改井舊井无禽勞民勸相是也舊以禽飲不擇潔豐鎬之井至深禽獸安能即之

天形如雞子二十八宿布於中規半覆地上半繞地下故大象曰天行健所以寓重乾之象大河出戎虜經中國注渤海是也勢西北高東南下也故地勢坤所以寓重坤之象

北方之氣至陰之中而陽生焉彖曰習坎重險也於物爲龜爲蛇於方爲朔爲北於太玄配罔與冥所以八純卦中獨冠以習

記曰不耕穫不菑畬凶荀子曰括囊无咎无譽腐儒之謂也皆未見彖象文言時爲此異論

迥嘗謂古人思慮之微猶不出位舜命禹治水故思天下有溺者猶己溺之與不在其位不謀其政不同禮曰謀人之國邑危則亡之不在其位者何以任其責玉泉先生曰心之官則思思則不出其位凡出其位者不思者也

卦爻之辭皆古人已行之事故曰彰往蓋以高宗帝乙岐山箕子之事微見其端或以岐山箕子事在文王後乃曰周公作爻辭若文王之前聖人有辭安得不用況文王者乎如恒九二解之初六萃之九四大壯之九二皆未有辭故小象略發其義

繫辭多古先聖人爲易之辭如大衍之數五十其用四十有九之類是也子曰者以别孔子之文

晁說之作古易彖象别異於卦爻欲學者不執彖以論卦不執象以論爻

迥作古易考曰上篇曰下篇曰彖上曰彖下曰象上曰象下曰文言曰繫辭上曰繫辭下曰說卦曰序卦曰雜卦凡十有二篇與邵康節百源易次序同

唐蘇州司戶參軍郭京作周易舉正自言得王韓手寫定本如曰即鹿无虞何以從禽也今

本脫何字

學者當本末具舉小學亦不可廢小象有聲韻潛龍勿用陽在下也下音戶與詩在南山之下同或躍在淵進无咎也咎音咎繇之咎讀爲上聲東北喪朋乃終有慶慶音羌古人文字中多此類蓋四聲與切響皆借用不可不知也明辨晳也與明星晢晢之晢同音制

卦反對者理亦反如否泰既濟未濟是其章著者也爻之變者理亦變一爻變六十四爻皆

初不出初二不出二然乘承而有愛惡應否而有用舍各隨其時非一理之能該故曰天下之至動而不可亂也

隋煬帝來江都筮易遇離之賁乃以離宮爲寺名曰山火取卦象也後改曰山光在揚州北十五里地名灣頭其辭曰突如其來如焚如死如棄如王觀賦詩曰不須談賁卦興廢古今同觀字通叟

顏亮入寇會稽士夫筮之遇蠱迥爲占之曰內卦巽初六巽於二剛惟柔巽者能發爲剛故初六利武人之貞至四則田有獲矣田有獲者用武而有功也外卦艮上下不相與以剛上窮其變隨隨內震爲動爲威怒外兌爲毀折隨自否卦中來斷乾之首墜於地下當殺亮

玉泉先生爲都督張魏公筮遇蒙之未濟其伏卦有震用伐鬼方之言魏公書曰程君於此學却是曾留心也衰晚日媿罔功但辨此心

一聽之天

魏公罷都督府俾屬官李侍郎椿筮之遇願之賁李曰雖不再用却無他慮以之卦有終莫之陵也李字壽翁洺州人

迥初寓餘姚僧舍筮之遇巽占曰有風火之恐而不及害未幾舍北火發焚十餘室至寓舍止縣取綱維與遺火僧杖之其占曰巽爲風互體離爲火兌爲毀折變震爲驚懼初六爲內卦之主不與離應故曰不及害巽爲寡髮之

重巽二僧之象及對重爻須[illegible]法二[illegible]受杖
之象
李郁光祖曰易有辭同而旨異前發而後明舉
此而見彼者多矣大抵有類於春秋學者有
得於此則春秋庶幾矣
[illegible]爽於說卦添物象以足卦爻所載者查元章
曰通論類不須添不然更多添亦不盡
小象又誰咎也三其二爻辭有无咎字當如前
說第十三條獨解之六三曰自我致戎又誰咎也

其爻中不言无咎雖罪自已招與王弼略例
不同
小象稱固有之也者二言貞固乃有是无咎也
說卦於乾坎艮震四陽卦爲馬者三獨艮不爲
馬以艮止非馬之性
說卦震爲長男於坎艮不列中男少男有尊嫡
之義
紹興三十一年沈丞相判明州時顔亮入寇聞
有窺海道者沈以易林筮之遇比之隨曰過

時不歸若悲雄雌裴徊外國與叔分離亮前
此來洛中留金虜土守國及虜馬飲江爲其
下所殺而今虜王代立所謂與叔分離者乎
然其書於乾之姤曰仁政不暴鳳凰來舍四
時順節民安其處曾不與潛龍之辭合乾之
同人曰于號索哺毋行求食返見空巢訾我
長息亦不與見龍之辭合其泰之豫曰東鄰
好女爲王妃后莊公築館以尊主毋歸于京
師季姜悅喜其用事蓋誤也莊公築館豈妃

后事邪其文不逮太玄遠甚
君子以施禄及下居德則忌王輔嗣作明忌嘗
爲說曰居德不一出一入也上六近君衆君
子決之當知投鼠忌器之嫌芮國器曰禮運
百姓明君而自治也其明亦誤作則蓋八分
書石經而明字從目頗曳其兩旁歲久剥缺
所以佀則字也不見是而無悶朱新仲舍人
曰見人所行不是吾無悶焉此心潛法也若
爲人慟哭流涕身安能潛我方潛而未見人

孰非之此正義中意

司馬溫公議攺科舉法范忠宣曰朝廷欲求衆人之長而元宰先之恐非明夷涖衆之義不若清心以俟衆論可否從之不可者更俟衆賢議之忠宣公之意欲用晦以來衆論

坎在内卦或曰有水或曰無水或曰出泉或曰雨作或曰水違行之類殊不以一義該之他象皆然非訓詁之家言象者所能及也

一陰一陽之謂道即乾坤見之繼之者善也即

四德見之成之者性也即利貞性情見之

或曰易占法中有天地生成數配律呂圖於易何用曰此所以辨六爻圖乾初始於寅舊以黄鍾配初九故也

漢儒引易曰君子正其始萬事理差之毫釐繆以千里此緯書通卦驗之文也亦猶先儒引左氏傳爲春秋也近世儒者舉此十六字附于坤卦文言之中曹建大不謂然而黄魯直爲大易傳不知何所本也

張叔潛知達州筮之遇否張不樂爲解之曰此爲國土上承于君吉占也但以否故不召還爾成資復得劍州又得隨州

芮公以司業召先筮之得亢龍有悔之爻次年卒爲庚寅年

或人占婚姻筮之遇小過不知其占再筮之亦得小過而占之曰内卦兼互體爲漸漸女歸吉外卦互體爲歸妹説以動所歸妹也

迥鄉作古占法時有九六七八衍策數今見於

此曰二篇之策萬有一千五百二十約而半之得五千七百六十是謂中數老陽爻六千九百一十二饒一千一百五十二策老陰爻四千六百有八乏一千一百五十二策右列饒乏之數以十乘之復得二篇之策十也者自甲至癸以當日少陽爻五千三百七十六乏三百八十四策少陰爻六千一百四十四饒三百八十四策右列饒乏之數以三十乘之則復得二篇之策三十也者自朔至晦以當月

或問乾坤動靜曰乾動而坤靜有常也方乾動而直坤乃順乾而行故其動闢及乾化既終乃靜而專而坤用事坤亦靜而翕

童蒙童觀宜作僮童僕宜如字

列子曰一變而爲七七變而爲九九者究也乃復變而爲一迴謂一變爲七其中有六七變爲九其中有八九復變而爲一其中具天地之數然不若只爲易不必偶合他書

朋盍簪王弼曰簪疾也陸希聲本作捷所以訓爲疾晁以道云古冠服無簪故迴於豫傳占法中辨之即弁服之笄也

武人爲于大君古今訓詁之家未有能彷彿者王沇之問介甫曰議者以謂上九爲大君六三應於上九有用於大君之象介甫曰武人以有爲爲大君用舊說以陵武加人欲爲大君尤不近理蓋六三應上九則陰柔乘衆剛故九五大君以剛健夬決六三之履耳故九五言夬履六三小象言志剛也皆以此

先儒曰七八卦數九六爻數沈存中筆談曰卦爻之辭皆九六惟連山歸藏以七八占迴於古占法中辨之矣然七八之數必將馴致於六九謂其無朕易不能言者非也

天地設位聖人成能謂聖人成天地之能也易有陰陽而道行乎其中非是元氣中列而爲三才也漢志曰太極元氣函三爲一而太玄三摹以準三才者宜非是蓋律數三紀布於十二辰紀分四辰初不自太極中分

蜀人馮時行字當可嘗言易之象在畫易之道在用號縉雲先生其學傳李舜臣仙井人字子思亦有易傳

元城先生論易曰今之學者言象數則諱談義理言義理則耻說象數若象數可廢則無易矣若不說義理又非通論

易與太玄皆以道義配禍福故爲聖賢之書陰陽家獨言禍福而不配以道義故爲伎術如李林甫之得君彼則曰吉顔魯公以正行乎

患難彼則曰凶故文中子曰京房郭璞古之亂常人也

邵堯夫曰誰信畫前元有易畫之前豈無天地陰陽乎或曰畫前有易其理甚微不知何故發此語

近世儒者言居廟堂之高則憂其民處江湖之遠則憂其君蓋泰言志在外否言志在君之意也此義雖精而與易象不合廟堂豈初九之位乎

迥與南康使君朱秘書論太極曰一室之小六合之大春煦之而温秋肅之而凉晝而明夜而昏其體定不隨温凉昏明之變化也推之於一身之近萬物之散殊亦莫不然

或問性命迥聞於師曰昔者聖人之作易也將以順性命之理是故乾爲君坤爲臣者命也盡君道盡臣道者性也其他上下交際皆然

譙定字天授涪州人嘗授易于羌夷中郭載或告以見乃謂之象與擬議以成變化之義郭本蜀人其學傳自嚴君平定嘗過武侯廟觀八陣圖謂必本於易嘗見伊川先生于涪伊川欲與同修易書後迥伯舅和國許公薦于朝授通直郎扈從維揚先是胡原仲嘗與定游從於京師劉勉之爲作傳

迥謂凡乾道資始者皆有可見之象也鳴鶴在陰則擬易而爲言者也藉用白茅則議易而爲動者也下文七爻乃發明言動變化之義不必求之於深遠

迥作周易古占法其序引曰邵康節以易數示吾家伯淳或謂明道先生道德嚴重不當輕易字之迥曰楊修曰吾家子雲老不解事強作一書悔其少作蓋有來處也聖如仲尼門人猶字之

隨之初九曰官有渝貞吉出門交有功此文王之時二南國君從周召者也故上六曰王用享于西山彖曰大亨貞无咎而天下隨之隨時之義大矣哉非文王孰能與於此

无妄六二小象曰未富也蓋本爻以耕穫菑畬
為辭不耕不菑方聽九五倡始未暇為富也
小象曰冥升在上消不富也家語記孔子曰凡
持滿而能久者未之有也非道益之謂也道
彌益而身彌損
蠱卦先甲三日後甲三日巽九五爻先庚三日
後庚三日蓋日有十辰有十二相錯而為六
十其間之日六故先甲三日後甲三日也其
意義則事物之始必飭其終必蠱伊川曰始

終惟一時乃日新先後甲者屢提其始而飭
蠱也如商人每稱成湯周人每稱文武唐人
每稱武德貞觀間皆此義也六十之間庚之
日六先庚三日後庚三日者於事物過中則
屢施之號令所以防蠱也巽九五之爻變為蠱
先儒論爻變只變蠱六五今乃入蠱之繇辭
其意義特精深此類不一蓋於前章論之
或問古人罰弗及嗣書有孥戮之文何也迥曰
易謂小懲而大誡故誡之之辭可過也玉泉

先生再三稱之曰不着仁心安能測知淺深
也哉然先儒謂懲治小罪而大罪知誡不以
為誡告之辭當有能辯之者先是建炎中某
公謂玉泉先生曰圍城中人大者宜誅三族
小者誅其身不如是不足以振起衰弱先生
曰若解近令弟在圍城中公置太夫人於何
地某公愕然字書曰誡言警也則迥說為是
地道也為均里井之義
先儒以西鄰禴祭為文王東鄰殺牛為紂然文

王與紂非既濟之時
伯舅和國易傳曰乾元一陽也坤元一陰也迥
謂乾內卦三爻配元外卦三爻配亨內卦變
配利外卦變配貞其四時變通之運如此
先儒曰序卦非易之蘊朱待制新仲嘗謂迥曰
序卦非聖人書唐僧一行易纂引孟喜序卦
曰陰陽養萬物必訟而成之君臣養萬民亦
訟而成之然則今序卦亦出於經師可知也
而其間藏反對卦變之義其雜卦之末又以

一卦特立之義

易有无悔有悔悔亡又曰悔吝者言乎其小疵也震无咎者存乎悔文中子曰平陳之後龍德亢而卒不悔悲夫乃以龍亢爲非有悔爲善以有悔爲善則無悔爲不善乎

張芸叟疑大觀在上之文且言陸希聲深病爻辭之不類輒欲去取歐陽公童子問王景山儒志亦疑於易文聖人之言遠如天固難知也謂不類非也

泰小往大來否大往小來陽數饒其體大陰數乏其體小在人則如孟子所謂養其大體爲大人養其小體爲小人玉泉先生屢言君子有天下之私小人有一己之公其言本王景山儒志所載也

君子所居而安者易之序也序謂列貴賤者存乎上下文自天祐之吉无不利其言偶與大有上九爻同實不相謀

洪公讀迥古易占法曰兩儀者乾坤之初畫也四象者乾坤初與二相錯而成也曰少其爲兩儀四象時未有乾坤之名迥曰春秋公羊傳當隱公時公子翬謂威公曰吾爲子曰隱矣漢紀高祖嘗繇咸陽蓋借後來定名稱於前日也

先儒曰周以建子爲正大陽之始十干十二辰之端也日月初躔爲星之紀而其辰在丑故商以之爲正夏正建寅人事之所始也仲尼取之矣迥曰易艮東北之卦也萬物之所成

終而成始也兌正秋也則夏王建寅可知不可但言便於人事

易者開物成務冒天下之道者也而辭象變占皆易中之一體主於一則用其三至秦指爲卜筮之書豈秦人以巽言對暴君俾得不焚抑所見者然邪近世郭兼山乃曰周易古者卜筮之書是襲秦人之繆也

伏羲文王孔子之爲易由略以致詳未嘗有異道也後世訓詁所得有淺深或支分派別乃

入於讖緯壬遁之學耳故曰前聖後聖其歸
一揆
漢東萊費直序焦延壽易林曰易者廣矣大矣
以言乎天地之間則備矣推此言之繇辭說
卦所以爲未盡也故連山歸藏周易皆異辭
而共卦雖三家並行猶一隅爾
隱者書曰無窮妙義盡在畫中辭外見義方審
易道則觀象識辭可以知變占矣
杜欽巽於王鳳以剛巽柔故小象謂志窮吝也

伊川先生序易傳門人曰太漏泄天機此未得
先生之意者也乾坤示人以易簡易簡而天
下之理得初未嘗祕何漏泄之有
比之初六曰終來有他吉子夏傳曰非應稱他
也
子夏易傳京房爲之箋先儒疑非卜商也近世
有陋儒用王弼本爲之注鄙淺之甚亦託云
子夏凡先儒所引子夏傳此本皆無之熙寧
中房審權萃訓詁百家凡稱子夏者乃取後

本實
奇數一二三四策數六七八九五與十不用變
數九六卦數七八陽升而陰降九六者易數
之窮也
水火字立坎離之畫古文以孚亦坤畫　或曰
太字離合巽畫
汀遂與甲申易傳成筮之遇巽之恒淳熙癸[illegible]
將爲文史評遇大畜
未濟之九四應於初六患在內也既濟之九三

應上六患在外也患在內者如薄伐獫狁至
於太原患在外者如抵掌於伊吾之北者矣
莫子齊爲會稽校官忽問迥曰邵康節云宋四
世而盛九世而中興何以知其然對曰周公
曰商既墜厥命我有周既受我不敢知曰厥
基永孚于休若天棐忱我亦不敢知曰其終
出于不祥是以聖人爲易必於道德而不必
於數有以是意告上饒公汪先生者先生曰
若以此論康節則待康節亦淺矣

何果不食井渫不食兩不食字[illegible]

不食字謂陽實碩大不侵食於衆陰也[illegible]

食字言君子之才既已修治而不爲時用[illegible]

爲美後爲恨

迵謂艮爲果蓏在草曰果蓏故曰上實而下𡌴

也舊說木實爲果草實爲蓏爲二物然則與

乾爲木果者何以分別也說文曰在木曰果

在地曰蓏應劭曰木實曰果草實曰蓏張晏

曰有核曰果無核曰蓏皆指爲二物也[illegible]詩

曰果臝之實亦施于宇則爲一物可知若木

之實豈能延施于宇邪近世有江𥎞才孺曰

肉在內殼在外有包褁之義者謂之果核在

內肉在外者有倮露之義者謂之蓏此由字

說中來皆臆說也

待制程昌禹建三年守蔡州屢挫羣盜敗虜人

初令術士趙井筮易遇之无妄趙曰吉俄除

[illegible]鎮撫使時中原甚亂蔡人盡隨待制渡

江後[illegible]楊么鍾相李合戎等劇盜甚利用爲

依遷國之爻也見劉瑞祐蔡鼎紀實録初趙井占

曰吉蓋以興利而且无妄軍必捷不出三日克在西南井未能知遷國之義也

京房易積數曰初爲下貞二爲中貞三爲上貞

四爲下悔五爲中悔上爲上悔二三四爲互

體三四五爲約象今傳注未有約象之名唯

術家見之

乾九五下應坤六五坤六五上應乾九五如舜

湯得臯伊故臯伊爲聖人之耦

曹建立之以无妄名齋迵告之曰无妄有正與

匪正先儒以无妄對有妄者非若爲齋名於

理未安建玩繹經文大以爲然久之建歿趙

成玉爲作行狀晦翁朱先生作墓表皆曰立

之以无妄名齋豈不果歿邪

繫辭論易言非夫古之聰明睿知神武而不殺

者孰能與於此哉似指文王也內無睿知爲

之主宰則視聽接于外者必惑是以書稱堯

舜聰明故耳目聰明皆聖人極則之德也其

曰古之云者非見而知之

[illegible]與少卿作周易變體推廣沈丞相小傳

觀之九五不言觀我生君子无咎獨論剝六五貫魚以宮人寵推象數過當

孫皓筮并天下遇同人之順三四五變也以乾變坤內動而外止尚廣謂青蓋入洛者如此彖言象者三剝也鼎也小過也然易者象也無非象也

安土敦乎仁故能愛王介甫曰安土則不擇也而安之司馬公謂仁者求諸己不求諸人安

土敦仁則內重而外物輕乃能自愛迥曰君子敦乎仁愛則使下民安土彼土政煩賦重田萊多荒民卒流亡者以君子不用仁愛故也

解九二曰田獲三狐劉彝傳曰狐者性疑而情姦晝伏夜動小人之道也其說若有思致然未濟彖曰小狐汔濟未出中也蓋謂九二也則不見情姦之義

六爻不變以卦彖占一爻變以變占此諸家言占例之所同也然巽之九五變入蠱卦彖取之六三其凶在所應此非例之所能拘故古人三人占許爲別說蓋易變動不居非一理之能盡也當因所問而推其義

爻象動乎內吉凶見乎外介甫曰內隱而外顯今章句曰指易之書言之蓋爻象動乎易書之內吉凶見乎易書之外也

沙隨卜筮圖

謀及乃心

自忖度

不離於道

不害於義然後筮

揚雄曰不執不筮

謀及卿士

是皆識古今知道義之人

汝有大疑

苟可告心已解惑矣

苟與我謀豈以不義處我哉

謀及庶民

彼至愚而神

此可告彼皆孚焉其守道理者解矣

謀及卜筮

鬼神聰明正直而一焉吾齋戒不敢褻瀆者必不我告

周易古占法卷下

琴適

（明）孫丕顯 輯 王 基 校

《琴適》四卷，（明）孫丕顯輯，王基校。據東京大學東洋文化研究所藏明刊《燕閑四適》本影印。

燕閒四適

孫丕顯編輯

琴適

燕閒四適目錄　琴適

一卷

目録終

燕閒四適卷之一

七閩 孫丕顯編輯
王 基校正

琴

古琴様

古琴惟夫子列子兩様若太古琴或以一叚木爲之並無肩腰惟加岳其焦尾處則嵌横堅木以承絃而夫子列子様亦皆肩垂而濶非若今聳而狹也惟此二様乃合古制近世雲和様於岳之外刻作雲頭捲而下通身如壺瓶此或以夫子様周徧皆作竹節形名竹節様其異様不一皆非古制又於第四絃下安徽以求異曰此外國琴尤可笑也

古琴色

古琴漆色歷年既久漆光盡退黯黯如海舶所貨烏木此最奇古而或者以其無光磨而再漆之不惟失古意且滯琴聲此大戒也

眞斷紋

古琴以斷紋爲證蓋琴不歷五百歲不斷愈久則斷愈多然斷有數等有蛇腹斷其紋横截琴面相去或一寸或寸餘節節相似如蛇腹下紋有細紋斷如髮千百條亦停匀多在琴之兩傍而近岳處則無之有面與底皆斷者又有梅花斷其紋如梅花頭此爲極古非千餘載不能有也一應漆器無斷紋而琴獨有之者蓋他器用布漆琴則不用他器安閒而琴日夜爲絃所激又歲久桐腐而漆相離破斷紋隱處雖腐磨礪至再重加光漆其紋愈見然眞斷紋如劍鋒僞者決無

僞斷紋

僞作者用信州薄連紙光漆一層於上加灰紙斷則有紋或於冬日以猛火烘琴極熱用雪罨激烈之或

以雞子清入灰作琴用甑蒸之懸於風日燥處亦能斷紋必細又僞作牛毛斷者以數針劃絲復以髮磨然僞者以手摩之裂紋有痕眞者紋可見拂之則無

古琴陰陽材

古琴有陰陽材者蓋桐木面日者爲陽背日者爲陰不論新舊桐木置之水上陽必浮陰必沈反覆不易陽材琴旦濁而暮清晴濁而雨清陰材琴旦清而暮濁晴清而雨濁此可驗也○底面俱用桐木謂之純陽琴古無此製近世爲之取其暮夜陰雨時而聲不沈然必不能達遠聲亦不實

古琴九德

一曰奇輕鬆脆滑是也輕謂材輕鬆謂聲透脆謂聲之清美老桐木也滑謂聲之澤潤近水材也二曰古淳淡中有金石韵也三曰透年雖久遠膠漆不敗清亮而不咽塞四曰静謂無𠹀颯以亂正聲五曰潤謂發聲不燥韵長不絶六曰圓謂聲韵渾然而不破散七曰清謂聲如風中鐸也八曰匀謂七絃無三實四虚之病九曰芳謂愈彈愈發久無乏之聲此九德也

古琴名

古琴名則冰清春雷玉振黄鵠秋嘯鳴玉瓊響秋籟懷古南薰大雅松雪趙子昂以大雅名堂松雪名齋當是二琴爲所有耳浮磬奔雷存古寒玉百衲析彦質叅政家有一琴其面用方二三寸許小桐木片以膠漆湊成之名曰百衲然聲與常琴無異木不成段聲必不應又爲漆所礙其窒塞可知今人或以琴材短不及或自岳之外別以桐木接之亦不可也響泉冠古韻磬涉深天球混沌材玲瓏玉南昌一士家有古琴面穿三孔然皆不當絃處不礙聲號曰玲瓏玉萬壑松雪夜冰玉澗鳴泉石上清泉秋塘寒玉九霄環珮

古今斲琴名手

斲琴名手自蔡伯喈外隋則趙取利唐則雷霄雷盛雷珏雷文雷迅郭亮沈鐐張鉞金儒僧三慧雷文張鉞二家製琴其龍池鳳沼間有舷餘處悉窪之令關聲而不散宋則蔡睿朱仁濟衛忠

[illegible]仁濟馬希仁馬希先金淵金公路陳亨道馬大夫樓四龔老林杲宋置官局製琴俱有定式長短大小如一故曰官琴其不如式者皆是野斲後以樊氏路氏琴爲第一元則嚴古清施溪雲施谷雲施牧州我明高騰朱致遠惠桐岡祝公望諸家造琴中有精美可操纖毫無病者奈何百十之中始得一二若視海鶴之琴取材斲法用漆審音無一不善更是漆色黑瑩遠不可及其取蕉葉爲琴之式製自祝始

擇材製琴

古琴難得於精金美玉得古材命良工旋製之斯可矣自昔論擇材者曰紙甑水槽木魚鼓腔敗棺古梁往欀桶然梁柱恐重物壓損紋理敗棺少用桐木紙甑水槽患其薄而受濕氣太多惟木魚鼓腔晨夕近鐘磬鼓爲金聲所入最爲良材然亦有敲損之患別有擇材往監今陳述之昔吳錢忠懿王能琴遣使以廉訪爲名而實物色良琴使者至天台宿山寺夜聞瀑布聲止在簷外晨起視之瀑下淙石處正對一屋柱且又向日私念曰若是桐木則良琴在是矣以刀削之果桐也即賂寺僧易之取陽面二琴材馳驛以聞乞伺一年斲成獻忠懿一曰洗凡一曰清絶遂爲曠代之寶此乃擇材之良法大抵桐材既堅而又歷千

餘年木液已盡復多得風日吹曝之金石水聲感入之所處在空曠清幽蕭散之地而不聞凡俗喧雜之聲取以製琴烏得不與造化同妙以此觀之安琴之室亦當如是不宜近塵穢婦女喧雜之地也

桐木不宜太鬆

桐木太鬆而理疎琴聲多泛而虛宜擇緊實而紋縷條條如絲線密達不邪曲者此十分良材亦以掐不入爲奇其掐得入者而粗疎柔脆多是花桐乃今用作漆器胎素者非梧桐也人多誤用之

擇琴底

今人多擇琴面不擇底縱依法製之琴亦不清蓋面以取聲底以匱聲底木不堅聲必散逆法當取五七百年舊梓木鋸開以指甲掐之堅不可入者可用然梓木多等有楸梓色微紫者方是有黄心梓其理正類櫧木而極細黄白色不堪用若作器物難朽非琴材也漆木亦類梓蓋取其漆液堅凝古人亦以爲材料須不經取漆而老大者方可

琴腹

製琴腹其安鳳足處須小阨之過足則腹寬之蓋聲遇阨則不直達過阨寬則復揚而出所以韻長乃善

雷文秘法

琴足

琴足宜用棗心黄楊或烏木蓋取其堅實足下須令平切忌尖與凹足之柄與琴之鑿必小相當毋差毫釐若柄小以紙副之聲必泛岳軫焦尾亦宜用此三等木切不可以金玉犀象爲多晦盗併爲琴害矣

琴徽

古人琴徽不用金玉而貴蚌者蓋蚌有光彩得月光相射則光彩愈煥了然分明宜於横膝對月若金玉則否然當用海上産珠蚌爲佳

製琴不當用俗工

工人供斤削之役若繩墨尺寸厚薄方圓必善琴高士主之仍不得促辦如槽腹琴面之類一事畢方再治一事必相度審思之太削去則不復可增度造一琴并漆必三月或半年方辦合底面必用膠漆如皮紙厚合訖置琴於卓上横厚木於卓下夾卓以篾絲縛之依法夾訖候一月解底灰必雜以金銅屑或磁器屑薄如連紙候極乾再上一次面用極細骨灰如薄連紙止一上並一月方乾面糙漆僅取遮灰光漆糙底灰漆差厚無害又徽者繩也準繩墨以定聲尤

〔二〕

宜留意豈俗工所能哉

格琴要訣

古琴無聲者以布囊炒熱砂罨之冷則又換或以甑蒸之令汗出透懸當風處吹乾聲復舊琴絃久而不鳴者棚定一處以桑葉捋之鳴亮如初大凡蓄琴之士不論寒暑不可放置露氣中及日色中止可於陰暖處或置之床上近人氣被中尤佳

挂琴

挂琴不宜著壁有土氣惟紙糊格及漆格上當風處爲妙然須無小兒婦人往來及猫犬所不到處當挂時則加袋以障塵匣之則去袋蓋袋能引濕氣梅月須早入匣以厚紙糊縫安樓上陰涼處琴匣之制須低矮窄小僅可容此琴蓋令容受子口仍釘鉸加鎖

琴室

前輩或埋甕於地上鳴琴此說恐妄傳蓋彈琴之室宜實不宜虛最宜重樓之下蓋上有樓板則聲不散其下空曠清幽則聲透徹若高堂大厦則聲散小閣密室則聲不達園囿亭榭尤非所宜若幽人逸士於高林大木岩洞石屋之下清曠地清寂境更有泉石之勝則琴聲愈清與廣寒月殿何異

琴案

琴案須作維摩樣高二尺八寸可入膝於案下濶可容三琴長過琴一尺許案面郭公磚最佳（郭公磚灰白色中空面上有象眼花紋相傳云出河南鄭州泥水中者極妙）瑪瑙石南陽石永石尤佳如用木者須用堅木厚一寸餘再三加灰漆以黑光爲妙四脚令平壯不假坫扱則與石案無異然案上切不可置香爐雜物於前吳自强雲山集云於案面作小水槽不必爾也

彈琴盥手

未彈琴先盥手[illegible]滓能膩絃損聲夏月尤甚惟早晚差涼宜撫琴正午炎熱非惟汗污天氣太燥亦難爲絃若陰涼處無害

膝上横琴

春秋二候氣清而和人亦中夜多醒月色臨窗披衣趺坐横琴膝上時作小操然須指法精熟方可爲此

焚香彈琴

惟取香清而煙少者濃煙撲鼻大敗佳興當用水沉蓬萊忌用龍涎篤耨兒女態者

對月彈琴

夜深人靜明月當軒香爇水沉曲彈古調此與羲[illegible]

上人何異但須在一更後三更前蓋初更人聲未寂
三更則人倦欲眠矣

對花彈琴

彈琴對花惟岩桂江梅茉莉荼蘼薝蔔夜合玉蘭等花香清而色淡者方妙若妖紅艷紫非宜也

露下彈琴

露下彈琴而聲不乏蓋陽材也若鐘鳴雞唱霜清月皎以陽琴敲之聲更清徹陰材則不然

臨水彈琴

湍流瀑布凡水之有聲皆不宜彈琴須對軒窗池沼

荷香撲人或竹邊林下清漪芳沚俾微風洒然游魚出聽自多塵外風致綴耕錄洞天清錄格古要論摽采成編

琴有五不彈

疾風暴雨不彈　廛市不彈　對俗子不彈
不坐不彈　不衣冠不彈

琴有十四宜彈

遇知音　逢可人　對道士　在高堂　升樓閣
臨宮觀　坐石上　登山阜　憇空谷　遊水湄
息林下　居舟中　值二氣清朗　當清風明月

琴有十四不宜彈

風雷陰雨　日月交蝕　在法司中　在市廛
對夷狄　對俗子　對商賈　對娼妓
酒醉後　夜事後　毀形異服　腋氣臊臭
鼓動喧嚷　不盥手漱口

琴有七要

一曰學彈者欲得風韻瀟洒無塵俗氣而與聖人雅樂相稱者佳二曰蓄琴者欲其九德俱備無攸庸材九德見前三曰下指沉靜而不暴燥勾踢分明勿得錯亂

四曰曲調雅正不挾淫哇五曰不爲俗奏以玷古人之高風六曰聲無胅奪欲得純正七曰聽欲靜慮不逐聲色

琴有九不祥

不撫正聲　泛按失度　不調入弄　五音繁雜
指曲不直　緩急失度　不辯吟猱　不察音律
不按法教人

琴有五謬

頭足搖動　妄肆瞻視　錯亂中輟　精神散漫
下指疎懶

琴有十疵

大淡而拙　多取而雜　其輕如撲　其重如擲

其柔若怯　其逸若蹶　用力而鞹　縱指而閑
其緩如昏　其急如奔

琴有五病

布指拙惡　挑摘混淆　取作不圓　節奏不成
走作猖狂

琴面諸稱

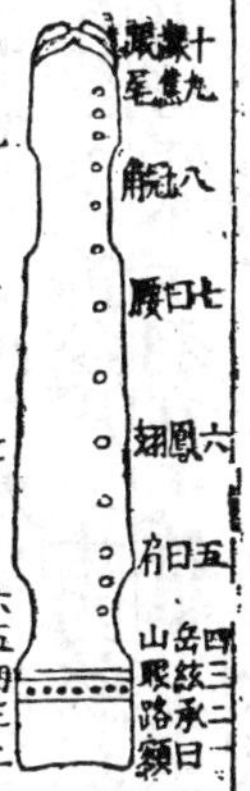

十龍齦　九焦尾　八冠角　七日腰　六鳳翅　五日府　四岳山　三絃眼　二承路　一日額

琴背諸稱

十托尾　九鳳沼　八雁足　七龍池　六托軫　五軫池　四絨扣　三琴軫　二護軫　一居穴

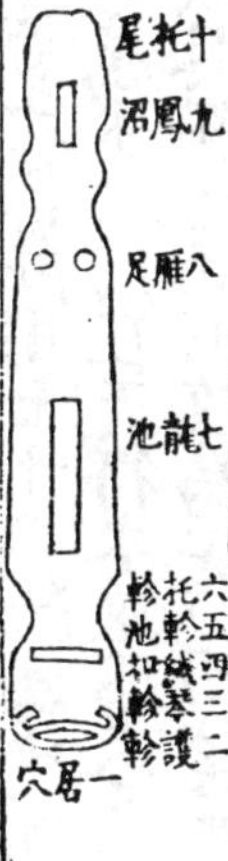

音紀原

琴長三尺六寸六分法期之數太史公曰琴一寸風俗通云琴長四尺五寸今以伏羲制邕曰琴者天地之正樂得其材可以合天地得其人可以合天地之正道得其律可以合正音今之爲琴者多不求良材多不從古式天地之正道正音者難矣故有志於琴者必必象古式必法明師必合正道必協正音夫良琴之災也式之不古琴之忒也師之不善也正道何能合正音何能協乎

琴學須知

凡學琴之士必先究琴中意義辨察音律習記指法洒掃靜室正其衣冠嚴肅如對長者以身對五徽之間足以八字安定左右二股起如鳳翅右手入絃如滄海龍吟左手按絃如青田隺舞不可搖身作勢縱目斜視不可不法古人音律錯亂宮商九以和暢爲本清雅爲事下指工夫貴乎古淡清美悲切嬌樵慷慨變態無常不可執一必欲知其所忌塵中遇俗不遇知音不可妄動聖賢大樂宜對清風明月蒼松老石爲佳五音端正實難辨之宮音和平沉厚雄洪商

音鏘鏘角音員長哽咽徵音抑揚巇然有嘆息之音羽音嚶嚶而透徹細小而高有志于琴者煩爲鑒之勿損古意

十三徽律論

一徽　名太簇正月律其音角
二徽　名夾鐘二月律其音角
三徽　名姑洗三月律其音宮
四徽　名仲呂四月律其音徵
五徽　名蕤賓五月律其音徵
六徽　名林鐘六月律其音宮

七徽　名姑洗居中以象閏月
八徽　名夷則七月律其音商
九徽　名南呂八月律其音商
十徽　名無射九月律其音宮
十一徽　名應鍾十月律其音羽
十二徽　名黃鍾十一月律其音羽
十三徽　名太呂十二月律其音宮

琴絃攷

琴凡七絃其一絃屬土主宮在天符土星分旺四季最大用八十一絲聲重而尊故爲君○二絃屬金主商在天符金星應秋之節絃用七十二絲爲决斷次宮故爲臣○三絃屬木主角在天符木星應春之節絃用六十四絲以其觸地而出故爲民○四絃屬火主徵在天符火星應夏之節絃用五十四絲萬物皆成休故爲事○五絃屬水主羽在天符水星應冬之節絃用四十八絲取清物之象故爲物○六絃文聲主少宮在天符文星於人爲文德柔以應剛者也○七絃武聲主少商在天符武星於人爲武功剛以應柔者也二絃乃堯帝所加世以爲文王武王所加非也

上絃法

身端坐定右脚向前左脚向後如丁歩以琴横於右膝上岳山向後焦尾向前用右禁指纏一絃緊扯大指挾住琴用左大指搯起有聲即止餘絃纏緊上雁足○二絃照前纏絃緊扯用左中指按一絃十二徽大指散搯二絃合仙翁音是也○三絃照前纏絃緊扯左中指按一絃十徽大指散搯三絃合仙翁音是也○四絃照前纏絃緊扯左名指按二絃十徽大指散搯四絃合仙翁音是也○五絃照前靠膝禁指纏絃緊扯用左名指按三絃十徽半大指散搯五絃合仙翁音是也餘絃纏於下雁足○六絃照前纏絃用力緊扯左名指按四絃十徽大指散搯六絃合仙翁音是也○七絃照前纏絃用力緊扯左名指按五絃十徽大指散搯七絃合仙翁音是也

調絃法

琴安案上身對五徽之間用右手探琴岳山近軫邊三指出爲則先從七絃用右食指散挑曰仙字左名指按五絃十徽右中指勾五絃曰翁字應是也若不應音或在十一徽十二徽下應翁字乃是五絃緊也宜將絨扣退鬆再調若不退五絃宜將七絃絨扣[illegible]

緊再按五絃十徽必得合仙翁音方調別絃此名小間勾

右食指散挑七絃仙字左大指按四絃九徽右中指勾四絃曰翁字音和是也若不應和或在十徽以下應者四絃緊也宜退鬆或在八徽以上應者乃四絃鬆也宜緣緊方得合音此名大間勾

琴彈罷掛壁而絃忽自斷者此乃過緊而不知鬆之敝也午前一絃至四絃緊宜鬆五絃至七絃鬆宜緊午後一絃至四絃鬆宜緊五絃至七絃緊宜鬆斯乃諸絃鬆緊自然之理又要知雨天宜鬆晴天宜緊也

禁指

名指 譜作夕

中指 譜作中

食指 譜作亻

大指 譜作大

一曰大大者言爲指之最大也

二曰食食者言其可以就食於口也

三曰中中者言其居于四指之中也

四曰名名者取孟子所謂無名指也

五曰禁禁者言其無所直而不動也

指法要論

黃鍾聲律之數一出於徽軫之間而調弄章法則規於手勢指趣所以古者吹律意在於指故左手有吟猱綽注爲五音之統領右手輕重疾徐按八法之縈廻主之以宮則純肉猱而其音温舒廣大洪圓方正主之以商則甲肉吟而其音堅剛清婉節操自守主之以角則綽上而行其音勁挺若芒刺發生之象主之以徵則注下而走其音尖焰若烟銷火紅之容主之以羽則用互指浮泛而變動不拘五聲通暢專之於沉甲肉相半專之於浮純甲托上專之輕則抹專之清則挑專之緩則勾專之急則剔專之重則打專之濁則摘左指吟猱則五音繁會右指勾剔則八音克諧左手指法怕拘束拘束則不調宜舒暢舒暢則神安不散亂散亂則收拾不來右手指法不宜太重太重則傷於剛不宜太輕太輕則傷於柔吟猱亦不

可粗露醜陋重輕亦不可造作搖動故聖人註指法以形類取象於物也凡遊於琴學者得此指趣之正明律呂之條則聲音融會自然歸之於正經也

指下十法

一心不散亂　二審辨音律　三指法向背

四指不踰淨　五指用不疊　六聲勢輕重

七節奏緩急　八高低起伏　九絃調和平

十左右朝揖

指下十要

淡欲合古　[illegible]欲中正　輕欲不浮　重欲不濁

[illegible]欲不摧　逸欲自然　緩欲不斷　縱欲自若
力欲不覺　急欲不亂
指下五功
一指法合宜　二敲擊不雜　三吟猱不露
四起伏有序　五作用有勢
彈琴啓蒙
聲完綽注須從遠完者圓活而不欠缺也從下而上謂之綽從上而下謂之注發無定地謂之遠遠注綽自然圓活
音歇飛吟始用之歇者將盡未盡名曰音隨指下而曰飛動揺走不離其位曰吟待飛歇久則成熟

彈欲斷絃方得妙斷絃者極言其疾絃急去期以脆滑
按令入木始稱奇入木者極言其重着力取其清麗
輕重疾徐掌接應前者重後者輕前者疾後者徐是也掌者上接下之稱不相掌則無節奏矣
撞猱行走怪支離承指急上謂之撞承指往下謂之猱行者從容走者急過度妄取曰怪也
人能會得其中意要能默會其音則趣自生矣
指法雖深可盡知雖然指趣深長亦可以悉知也
○右手指法
尸　擘也大指甲肉相半向外出絃

乇　托也大指純甲向內入絃凡指向身曰內曰入向徽曰外曰出
木　抹也食指甲肉相半向內入絃
乚　挑也食指純甲向外出絃
勹　勾也中指甲肉相半向內入絃
乃　踢也中指純甲向外出絃
丁　打也名指甲肉相半向內入絃
丙　摘也名指純甲向外出絃
廾　散也如右手扣絃左手不按徽
念　捻也以食大二指捻起一絃
厂　歷也食指向外連挑二絃得二聲

車　連也急作連挑三絃得三聲
广　度也一連挑過數絃而得四五六聲
雷　擂也名指一摘過數絃而得數聲
公　滚也名指摘七絃而至一絃如一聲
弗　拂也食指抹一絃而至七絃如一聲
高　臨也食指挑七絃而至一絃如一聲
長　長鎖也先抹挑四聲次急挑抹挑急鎖三聲共七聲
尛　小鎖也急挑抹挑急鎖三聲
囗　打圓也食中二指急挑[illegible]勾二絃得五聲

厶 淌也食中二指急抹勾一絃得二聲
圑 圓摟也食指抹中指勾二絃合一聲
女 如一也中指踢起二絃如一聲
雙 雙彈也食中二指曲來以大指拘定次序彈出
雙絃而得二聲
死 撥也以食中二指並入二絃如一聲
市 剌也以食中二指並出二絃如一聲
全 全扶也食中二指輕拂過三絃如一聲其音似
有若無

令 輪也以食中名三指以次序作摘踢挑一絃得
三聲
半令 半輪也以食中二指次序踢挑一絃得二聲
倒令 倒輪也用食中名三指急抹勾打一絃得三聲
早 撮也食中二指挑勾撮二絃合一聲
反早 反撮也食中二指抹踢二絃合一聲
足 齪也食名二指挑打二絃合一聲
亣足 齊齪也大名二指擘打二絃合一聲
反足 反齪也食名二指抹摘二絃合一聲
省 少息也畧少憩
从勹 從勾也當再從勾處再彈起也

夕 撇也即打也亦與剌同
反夕 捌也即摘也亦與拂同
○左手指法
大 大指也
人 食指也
中 中指也
夕 名指也
抜 拔也以指拔絃也
跓 跪也曲名指而拔絃也
亏 引也如拔指得聲而引上也

氵 注也如右手扣絃先以左手從上注下至徽也
卜 綽也如右手扣絃先以左手從下綽上至徽也
今 吟也大指甲肉相半拔絃得聲只在本徽呻吟
圓淨
大今 大吟也秉聲大作而吟亦要圓淨
細今 細吟也拔指得聲細細而吟
入今 入吟也若九徽得聲秉聲引上八徽作吟
退今 退吟也若九徽得聲秉聲退下十徽作吟
實今 實吟也大指拔實而作吟不動之中而有聲音
走今 走吟也拔指得聲分寸二上二下仍至本徽

亨 撞吟也若大指按九徽得聲撞上半徽又退下
十徽
辵 遊吟也若指按絃得聲遊揚而吟上
镸 長吟也若指按絃得聲注下半徽復上本徽如
此二作
徠 往來也若指按絃得聲綽上半徽復下本徽如
此二作
扌 猱也以純肉按絃得聲已在本徽作猱圓爭
夰 大猱也以純肉按絃乗聲舒放而作猱
罒 細猱也以純肉按絃得聲細細而猱

宀 寶猱也純肉按絃而作猱不動之中而有猱音
回 回猱也注下得聲往上而作猱然後過別絃
辵 遊猱也與遊吟同遊吟以甲肉按絃遊猱以純
肉按絃
晉 雙綽也若一絃於九徽二聲二聲俱從十徽下
指綽上
飞 飛注也以指按絃得聲飛注下徽
立 撞也按指得聲乗聲撞上少許即復本徽
急 急撞也若大指按絃得聲急撞上半徽急下本
徽

臽 搯起也若大指按九徽名指按十徽右手踢絃
名指不動大指即搯起也
對 對起也若大指按九徽名指按十徽先勾一聲
急撞上少許就踢大指搯起共有三聲
扌 推出也中指按一絃得聲即向外推出放絃有
聲也
對 搯對也若大指按九徽上得聲急搯上八徽而
名指按九徽上搯起
卓 搯撮也若大指按九徽名指按十徽不動大指
搯起得聲食名二指撮二絃如一聲

畟 退復也若指按絃得聲退下一徽急復上本徽
弁 分開也若指按九徽抹挑七絃抹即撞上八徽
挑即注復九徽
丿 泛也若右手扣絃左手輕浮着絃而應
乇 泛起也
正 泛止也
拾 放合也若大指七徽半挑七絃次散勾五絃就
放七絃合一聲
同 同起也若名指十徽勾四絃次散挑六絃即帶
放四絃同一聲

冂 罨也如名指十徽得聲大指即罨上九徽

虛 虛罨也輕罨上不應

爲 換也如大指按九徽挑七絃即綽上八徽次換勾六絃從八徽注下九徽

㣥 撇也若大指按絃得聲撇起

丗 帶也若中指按絃得聲帶起或帶上

巾 帶也若名指按絃得聲帶起或帶上

一卷終

燕閒四適卷之二

琴

○宫意

蕙風膏雨沐花天紫陌青門人鬧 繾綣

芍尸巨芍巨㕣芍省国五尸 芍立 芍苣

芳草 任 留戀公子 王孫戲 舞鞦

㔾芍上十 苣合 芍茜苣勺立 芷巴汋ㄨ扌 苣芍

韆嬌妍黃芽柳岸過紅杏 堤邊正值

苣芍茜尸二芍芍芍笞苟立 匀苣芍洵田ㄅ

春光 明媚 淡雲輕烟趂此

芍芍自复上八半 葵㕣入ㄅ 芷巴芍芪芍芍ㄗ

芳辰花挿 帽簷紅袖映艳桃花人面燕

芍芍蕠䒭立 芷巴㕣芍芍芍芍茜尸寸豎

子 飛 來庭院○春光賞不厭

上十上九 茜合 虛上七 巨芍苣㔾芍匀匃葵㕣

莫惜杖頭錢

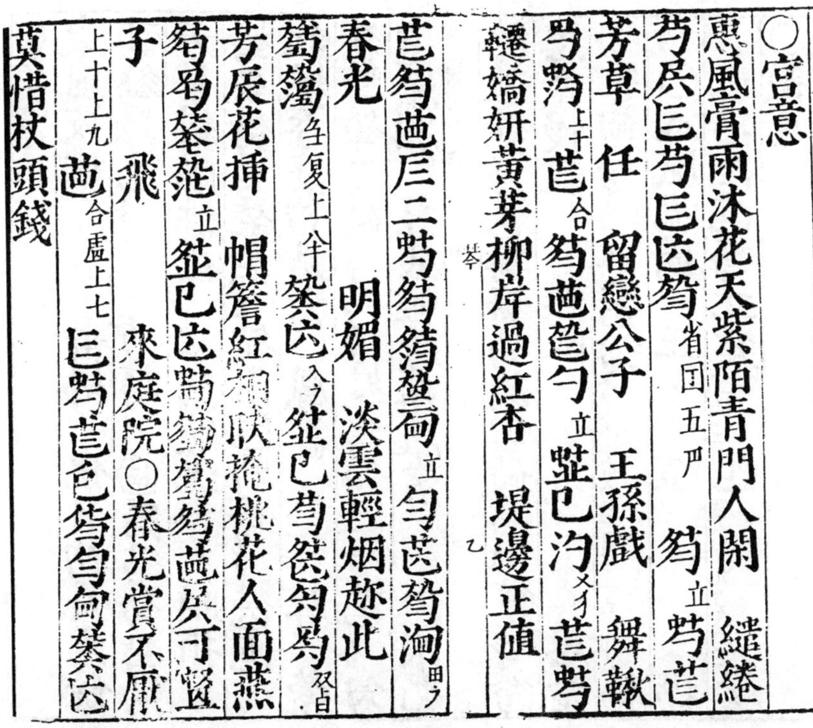

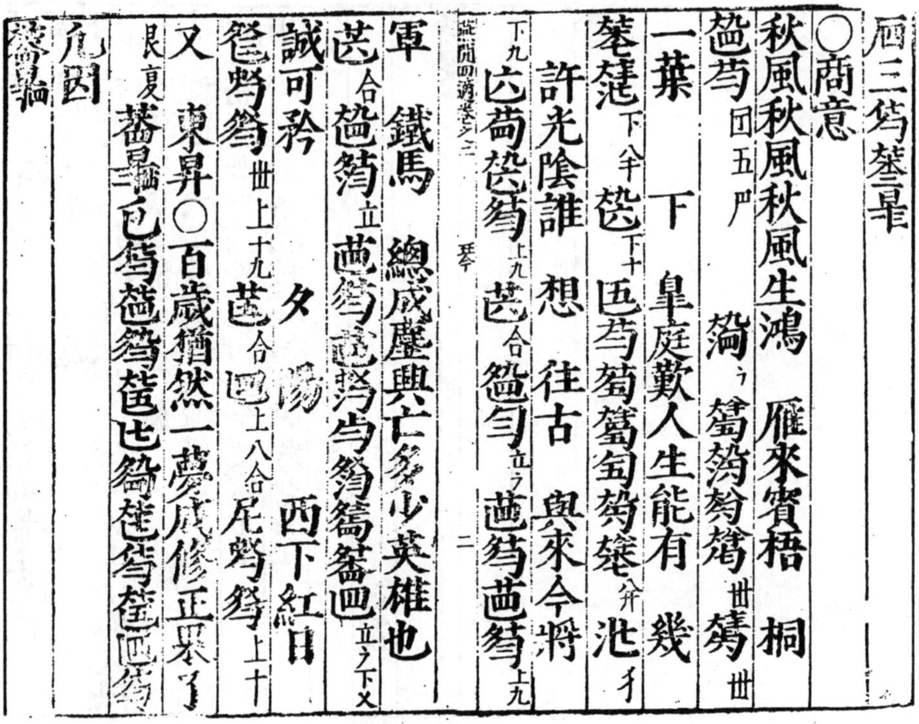

商三[illegible]

○商意

秋風秋風秋風生鴻　雁來賓梧　桐

[illegible]団五尸　[illegible]　世　[illegible]　世

一葉　下　皐庭歎人生能有　幾

[illegible]下八半[illegible]下十[illegible]

許光陰誰　想　往古　與來今將

下九[illegible]上九[illegible]合[illegible]立[illegible]上九

軍　鐵馬　總成塵興亡多少英雄也

[illegible]合[illegible]立[illegible]立下又

誠可矜　夕　陽　西下紅日

[illegible]卅上十九[illegible]合[illegible]上八合[illegible]上十

又　東昇○百歲猶然一夢成修正果了

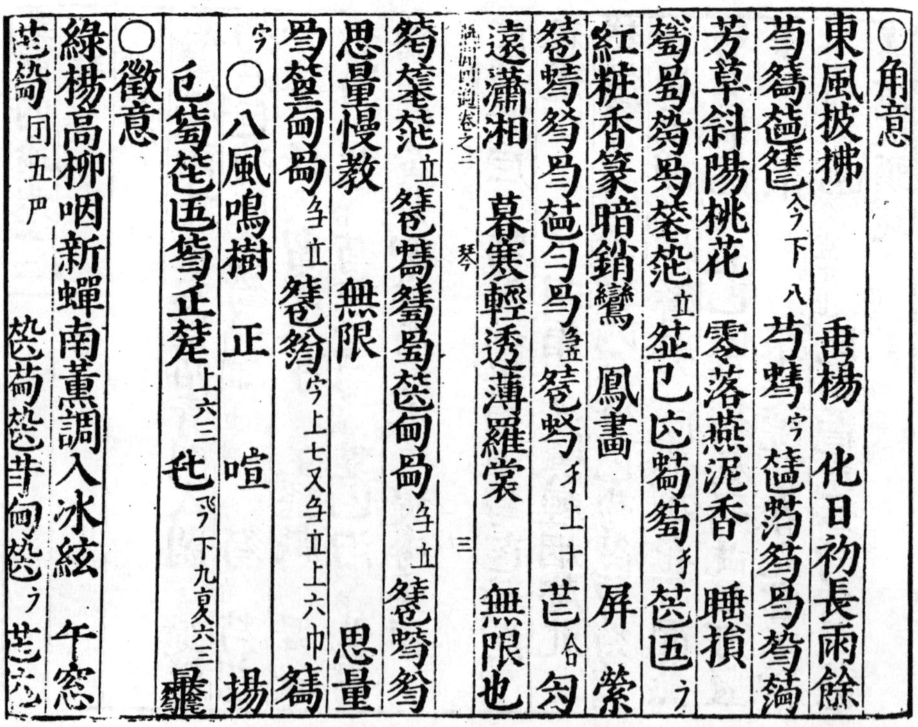

[illegible]

尤因

[illegible]

○角意

東風披拂　垂楊　化日初長雨餘

[illegible]入下　八[illegible]

芳草斜陽桃花　零落燕泥香　睡損

[illegible]立[illegible]

紅粧香篆暗銷鑾　鳳畫　屏　縈

[illegible]上十[illegible]合[illegible]

遠瀟湘　暮寒輕透薄羅裳　無限也

[illegible]立[illegible]立[illegible]

思量慢教　無限　思量

[illegible]立[illegible]上七又[illegible]立上六巾[illegible]

○八風鳴樹　正　喧　揚

[illegible]上六三[illegible]下九[illegible]六三[illegible]

○徵意

綠楊高柳咽新蟬南薰調入冰絃　午窗

[illegible]団五尸　[illegible]

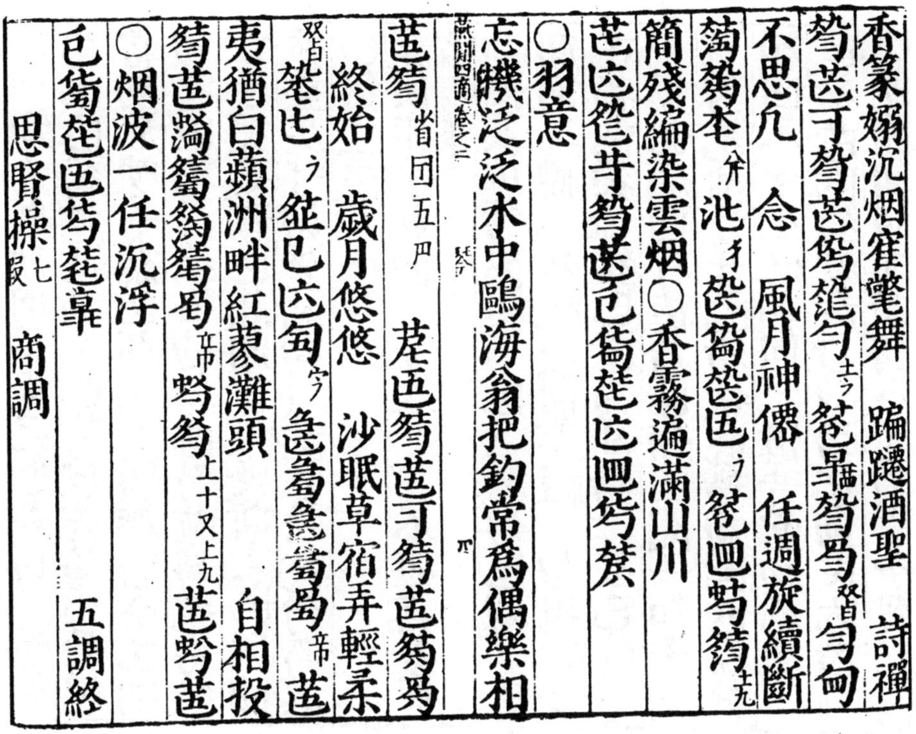

香篆嫋沉烟雀鸞舞　蹁躚酒聖　詩禪
芶茜亍芶茜笱筂勻ㄊ笣䨻芶芍習匀甸
不思凢　念　風月神傈　任週旋續斷
芶芶夲ㄗ氿扌莶芶莶匜ㄋ笣皿芍筲十九
簡殘編染雲烟〇香霧遍滿山川
芒亡笆芉芶茜乙茍茬亡皿芍莃
〇羽意
忘機泛泛水中鷗海翁把釣常爲偶樂相

茜芶省田五尸　茬匜芶茜亍芶茜芶芍
終始　歲月悠悠　沙眠草宿弄輕柔
双白签乜ㄋ莶巳亡匋ㄗ急芶急芶芍帝茜
夷猶白蘋洲畔紅蓼灘頭　自相投
筲茜芍芶芶芍筲芍立帝芍芶上十又上九茜芍茜
〇烟波一任沉浮
乜芶莛匜芍莛葦　五調終
思賢操七段　商調

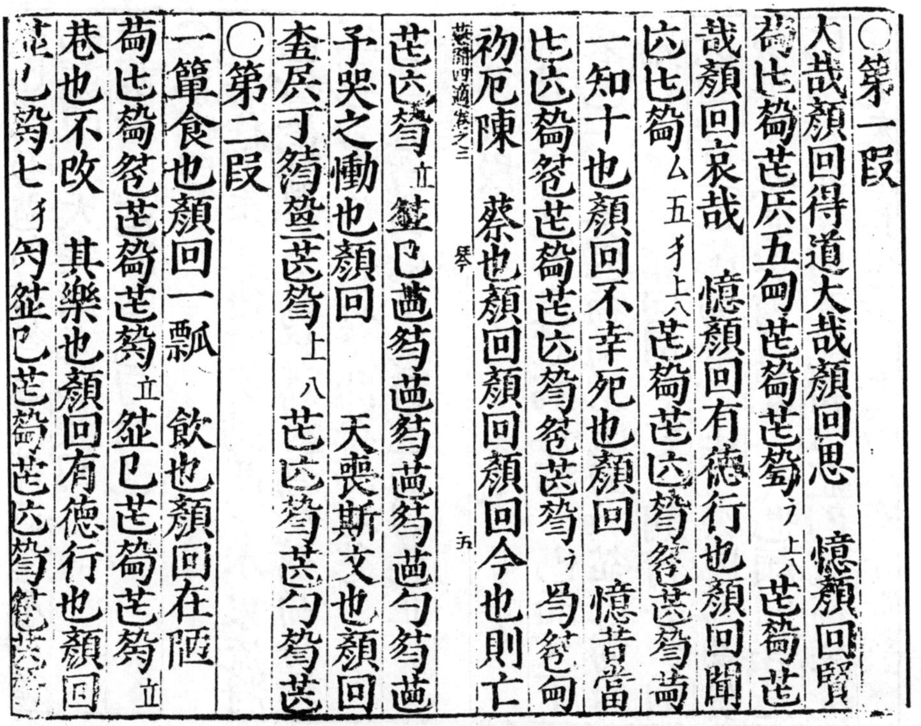

〇第一段
大哉顔回得道大哉顔回思　憶顔回賢
芶乜芶芒爪五甸芒芶芒芶ㄋ上八芒芶芒
哉顔回哀哉　憶顔回有德行也顔回聞
亡乜芶厶五扌上八芒芶芒亡芍笣茜芍茜
一知十也顔回不幸死也顔回　憶昔當
乜亡芶笣芒芶芒亡芍笣茜芍ㄋ芍笣甸
初厄陳　蔡也顔回顔回顔回今也則亡

芒亡芶立釷巳茜芍茜芍茜芍茜勻芍茜
予哭之慟也顔回　天喪斯文也顔回
杳戻亍芶盌茜芍上八芒亡芍茜勻芍茜
〇第二段
一簞食也顔回一瓢　飲也顔回在陋
茍乜芶笣芒芶芒芶立莶巳芒芶芒芶立
巷也不改　其樂也顔回有德行也顔回
芒乜芶七扌勻莶巳芒芶芒亡芍

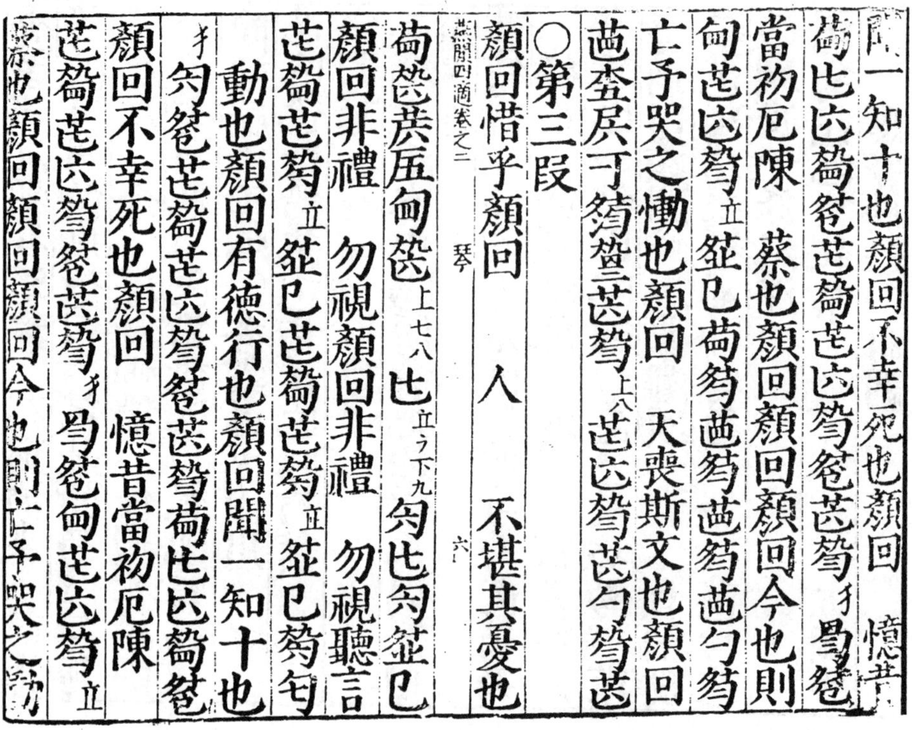

聞一知十也顏回不幸死也顏回　憶昔
勮乜厷蒟笆芒蒟芒厷㔟笆茜㔟扌芻笆
當初厄陳　蔡也顏回顏回顏回今也則
句芒厷㔟立　銋巳荀𦬺茜𦬺茜𦬺茜勺𦬺
亡予哭之慟也顏回　天喪斯文也顏回
茜杢尺丁𦬺耋茜㔟上八芒厷㔟茜勺㔟茜

○第三段

顏回惜乎顏回　人　不堪其憂也

荀菼茙压句菼上七八乜立ㄱ下九匀匕匀銋巳
顏回非禮　勿視顏回非禮　勿視聽言
芒蒟芒㔟立　銋巳芒蒟芒㔟立　銋巳㔟乇
動也顏回有德行也顏回聞一知十也
扌匀笆芒蒟芒厷㔟笆茜㔟荀匕厷蒟笆
顏回不幸死也顏回　憶昔當初厄陳
芒蒟芒厷㔟笆茜㔟扌芻笆句芒厷㔟立
蔡也顏回顏回顏回今也則亡予哭之慟

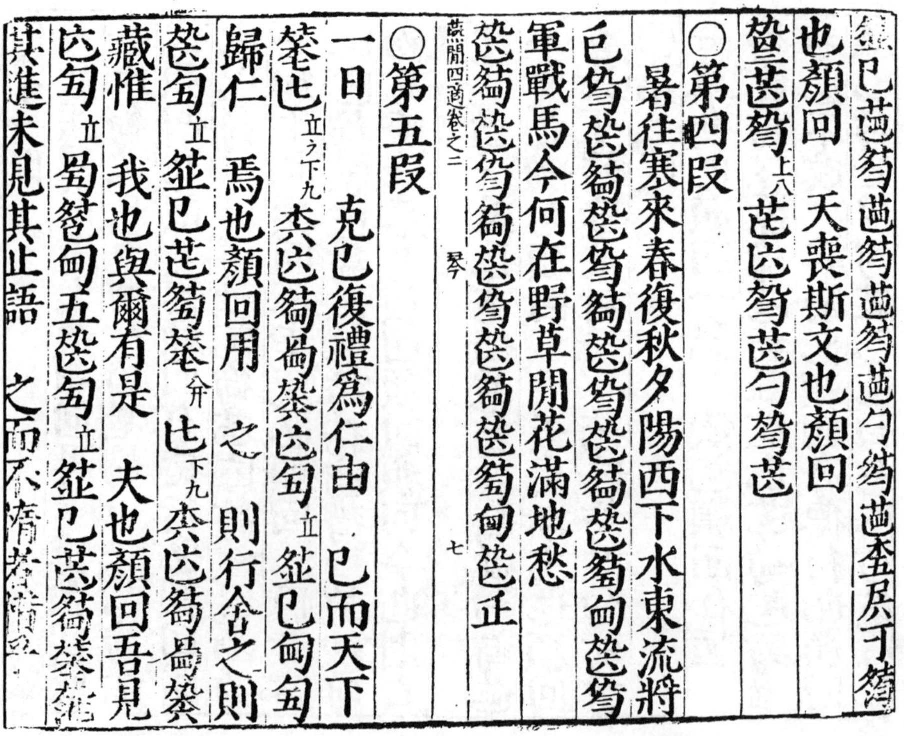

銋巳茜𦬺茜𦬺茜𦬺茜勺𦬺茜杢尺丁𦬺
也顏回　天喪斯文也顏回
耋茜㔟上八芒厷㔟茜勺㔟茜

○第四段

暑往寒來春復秋夕陽西下水東流將
巳𠢌菼𦬺菼𠢌𦬺菼𠢌菼𦬺菼𦬺句菼𠢌
軍戰馬今何在野草閒花滿地愁
菼𦬺菼𠢌𦬺菼𠢌菼𦬺𦬺句菼乇

○第五段

一日　克己復禮爲仁由　己而天下
篓匕立ㄱ下九夵厷蒟畐篓厷匋立　銋巳句匋
歸仁　焉也顏回用　之　則行舍之則
菼匋立　銋巳芒蒟篓分乜下九夵厷蒟畐篓
藏惟　我也與爾有是　夫也顏回吾見
厷匋立　㽞笆句五菼匋立　銋巳茜蒟篓笙
其進未見其止語　之而不惰者其回也

夲芍𦍒𠱑桒芍匋 扌 𫝀笣甸匋𫝀𣏌芍匋
顏回有德行也顏回聞一知十也顏回不
芑芍芑芍芎笣苤芎苟乜芍芍笣芑芍芑
幸死也顏回　憶昔當初厄陳　蔡也顏
芍芎笣苤芎 扌 芎笣甸芑芍芎 立 𥪡巴茜
回顏回顏回今也則亡予哭之慟也顏回
芎茜芎茜芎茜勺芎茜㚊尸丁芍𥁕苤芎
天喪斯文也顏回

上八 芑苤芎苤勺芎苤

○第六段

視予猶父也予不可　得而視之猶子也
芎夲芍𦍒𠱑桒芍匋 扌 𫝀笣甸五𥫗匋笣
顏回不貳過於已　不　遷怒　於人可
芑芎𥫗𦍒芎匋𠱑 双占 乜 扌 芍匋 ㇇ 笣茌芎
謂好學　也顏回終日如　愚也退而省
芎甸五 ㇇ 笣苤𦍒桒芍匋 扌 𫝀笣甸匋[illegible]

其私　亦足以發回也　不愚有德行也
匋芍 上八 笣勺芍芎甸匋 上八 芑芍芑芍芎笣
顏[illegible]一知十也顏回不幸死也顏回
苤芎[illegible]甸乜芍芍笣芑芍芑芍芎笣苤芎 扌
憶昔當初厄陳　蔡也顏回顏回顏回今
芎笣甸芑芍芎 立 𥪡巴茜芎茜芎茜芎茜
也則亡予哭之慟也顏回　天喪斯文也
㇇芎茜㚊尸丁芍𥁕苤芎 上八 芑芍芎苤勺

顏回
芎苤

○第七段

我將歸去魯之邦哀哉顏回哀哉痛哉顏
茜皿芎茜勺芎茜芎甸芑芍芎甸為甸芑
回　天喪斯文也顏回○更深夜闌兮
芍 二上七 芑芍芎苤勺芎苤色芸甸匋𠣌苤
夢汝來斯覺後痛吾心兮

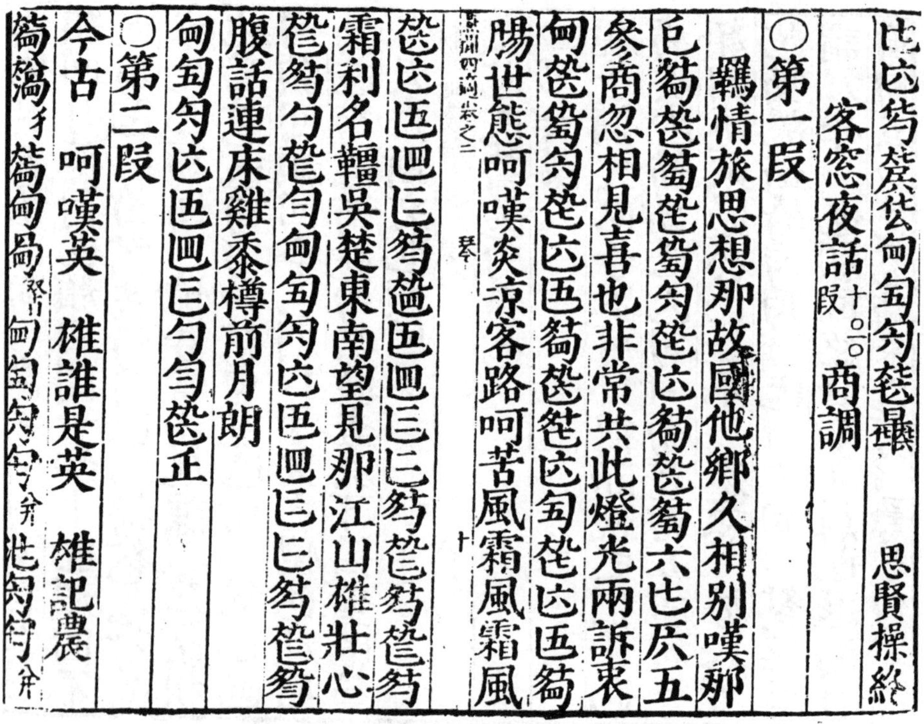

比氐笃芡拉句茧芍毡聶　思賢操終

客窗夜話十段　商調

○第一段

羈情旅思想那故國他鄉久相別嘆那

巳茍茍芒苟芍芒氐茍茍茍六乜𠂆五

參商忽相見喜也非常共此燈光兩訴衷

句芒茍芍芒氐匹茍芒芒氐匂芒氐匹茍

腸世態呵嘆炎涼客路呵苦風霜風霜風

芒氐匹回巳芍芒匹回巳巳芍芒芍芒芍

霜利名韁吳楚東南望見那江山雄壯心

芒芍勹芒匀句匂芍氐匹回巳巳芍芒芍

腹話連床雞黍樽前月朗

句匂芍氐匹回巳勹匀芒正

○第二段

今古　呵嘆英　雄誰是英　雄記農

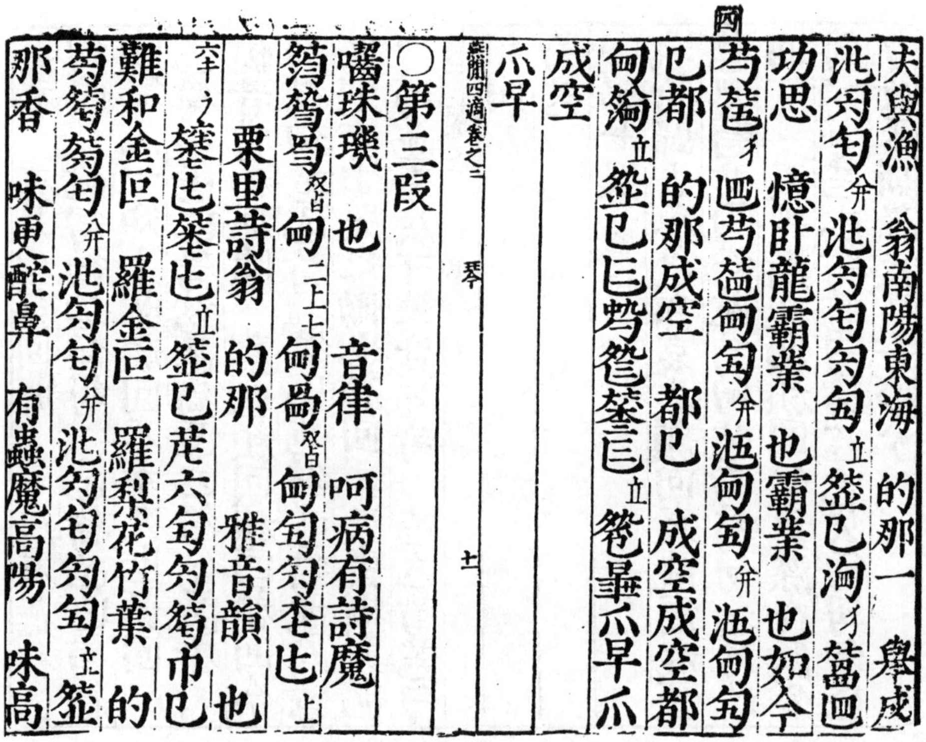

茍茍才茍句芻句匂芍匂并泚芍匂并

夫與漁　翁南陽東海　的那一　舉成

泚芍匂并泚匀匂芍匀立簉巳洵才茁回

功思　憶盱龍霸業　也霸業　也如今

芍茁才回芍茁句匀并洦句匀并洦句匀

巳都　的那成空　都巳　成空成空都

句茍立簉巳巳芍芒茎巳立簉暈爪早爪

成空

爪早

○第三段

嚼珠璣　也　音律　呵病有詩魔

芍芍芻句二上七句芻句匀芍乜上

粟里詩翁　的那　雅音韻　也

六卞茎乜茎乜立簉巳茫六匀芍芍巾巳

難和金叵　羅金叵　羅梨花竹葉　的

芍芍芍匂并泚芍匂并泚芍匂芍匀立簉

那香　味更酡鼻　有蟲魔高陽　味高

巴洵 蕊四芍莒 四芍葩匈匀弁洒匈
陽 味如何 李杜 的那如何又如
匀弁洒四芍艮夏笭巨立笣㬎爪早爪爪
何日空 過髮婆娑 容顏呵漸 消
早蔔島癸冂匈匀匀㕯癸旨僉三尸匀立之下八笣
磨消磨漸消磨
㬎爪早爪爪早

○第四段

謝朓 也謝朓 也十宅青山 的那其
蓊乇弁沘匀乇弁沘匀乇匀蒟立笣巴匀
樂待如何尊鱸 張翰 憶江東
六匕茍笣蒟㕯癸旨匀乇上六半僉三尸立ㄋ下七
賈誼 也賈誼 也屈於長沙 的那其
匀乇弁沘匀乇弁沘匀乇匀蒟立笣巴匀
忠待如何吊 楚汨羅隱 顯也皆前定
匀匕茍笣沘才匕茍笣匀立笣巴芭蔔芭

與 六也皆前定貧也賤也皆前定富也
蓊立笣巴茜蔔茜蓊笣蓊笣芭蔔芭蓊笣
貴也皆前定遙看錢塘月慨 我那詩人
蓊笣茜蔔茜蔔匀笣茍笣匀立笣巴茜蔔
興 圓也一般明缺也一般明月圓月
茜㕯五匈匀匕蔔茜匈匀匕蔔茜笣匈匀
缺那古今明
立笣巴茜蔔茜

○第五段

天 涯也呵地 角也呵別 離也呵會
蓊立、笣巴㬎蓊立笣巴㬎蓊立笣巴㬎蓊
合也呵 金蘭呵陳 雷也呵管鮑
立笣巴㬎茨五匈匀㬎蓊立笣巴㬎蓊㬎
呵神交心 契合呵 人生歡會少也
㬎笣匈匀立笣巴㬎茨五匈五乜匕蒟笣
別離多花開落可奈何

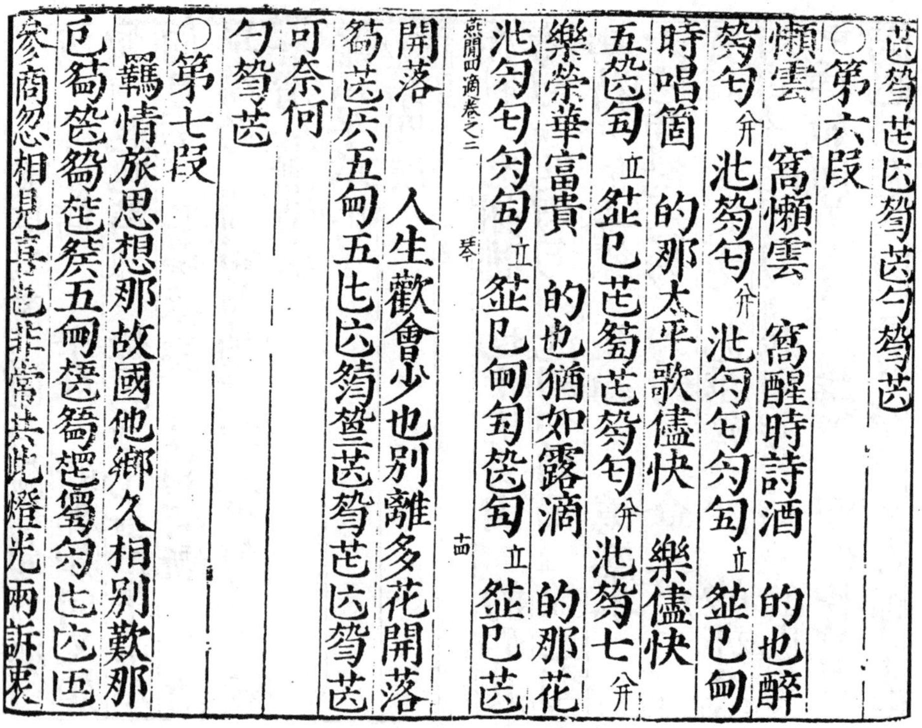

茵芍芒㐅芍茵勹芍茵

○第六段

懶雲　窩懶雲　窩醒時詩酒　的也醉

芍乇并沘芍乇并沘勻乇勻勾立盄巳甸

時唱箇　的那太平歌儘快　樂儘快

五芭匀立盄巳芒芍芒芍乇并沘芍七并

樂榮華富貴　的也猶如露滴　的那花

沘勻乇勻勾立盄巳甸匀芭匀立盄巳茵

開落　人生歡會少也別離多花開落

芍茵㞋五甸五匕㐅芍盔茵芍芒㐅芍茵

可奈何

勹芍茵

○第七段

羈情旅思想那故國他鄉久相別歎那

㔾芍芭芍芭㞋五甸芭芍㔾芍勻匕㐅区

參商忽相見喜也悲傷共此燈光兩訴衷

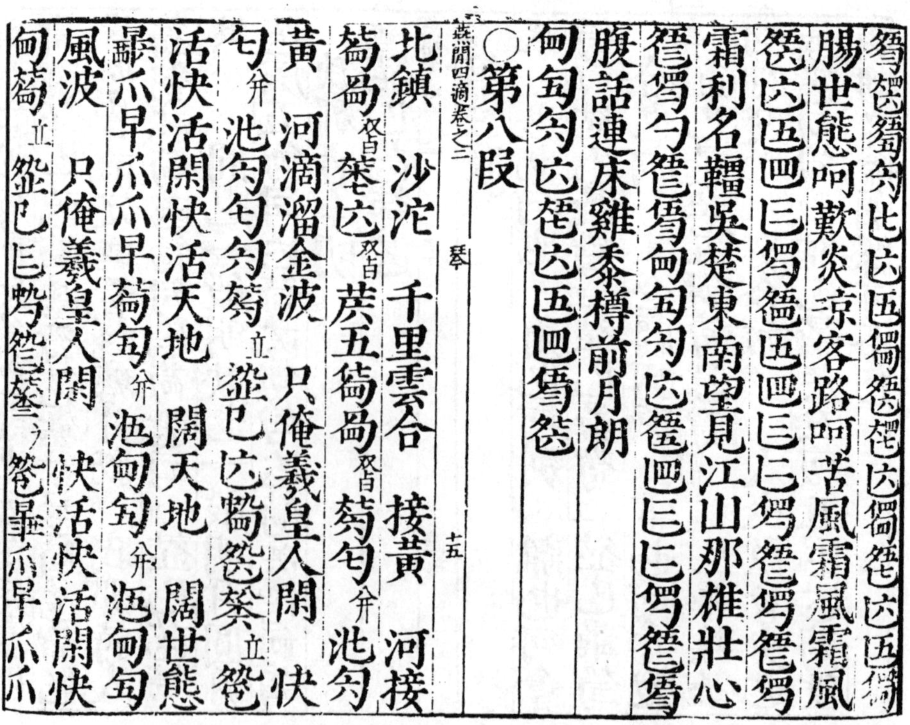

芍芭芍勻匕㐅区[illegible]

腸世態呵歎炎凉客路呵苦風霜風霜風

[illegible]

霜利名韁吳楚東南望見江山那雄壯心

[illegible]

腹話連床雞黍樽前月朗

甸匀勻㐅芭㐅区四[illegible]芭

○第八段

北鎮　沙沱　千里雲合　接黃　河接

[illegible]

黃　河滴溜金波　只俺羲皇人閑　快

乇并沘勻乇勻芍立盄巳㐅[illegible]立芭

活快活閑快活天地　闊天地　闊世態

[illegible]

風波　只俺羲皇人閑　快活快活閑快

甸芍立盄巳[illegible]

活天地　闊天地　闊世態風波　只俺
早蒟匋㚘　沔佪匋㚘　沔佪匋佪蒟立　䒭巴
羲皇人閑　快活快活閑快活
巳㔾笣簹立　笣㬰爪早爪爪早

○第九段

隱　顯也皆前定典　亡也皆前定貧也
芶立　䒭巴芞蒟芞芶立　䒭巴苬蒟苬芶笣
賤也皆前定富也貴也皆前定逢看錢塘
芶笣芞蒟芞芶笣芶笣苬蒟苬蒟匋苬蓟
月慨　我那詩人與　圓也一般明鈌
苬匋立　䒭巴苬蒟苬厍五佪五亾蒟苬佪
也一般明月圓月　鈌那古今明
匋亾蒟苬苬佪匋立　䒭巴苬蒟苬

○第十段

天　涯也呵海　角也呵別　離也呵會
芶立　䒭巴㬰芶立　䒭巴㬰芶立　䒭巴㬰芶

合也呵　膠漆呵金　蘭也呵味
立　䒭巴㬰芦五佪匋㬰芶立　䒭巴㬰䒭㬰
呵神交心　契合呵　人生歡會少也
㬰苬佪匋立　䒭巴㬰芦五佪匋匕亾蒟盤
別離多花開落可奈何
苬芶芞亾芶苬勹芶苬

第十一段

懶雲　窩懶雲　窩醒時詩酒　的那醉
芶乇㚘　氵匕芶乇㚘　氵匕勻乇勻匋立　䒭巴佪
時唱個　的那太平歌儘快　活儘快
匋苬匋立　䒭巴芞蒟芞芶乇㚘　氵匕芶乇㚘
活榮華富貴　的也猶如露滴　的那花
氵匕勻乇勻匋立　䒭巴佪匋苬匋立　䒭巴苬
開落　人生歡會少也別離多花開落
蒟苬厍五佪匋匕亾蒟盤苬芶芞亾芶苬
可奈何　○花開落兮可奈何

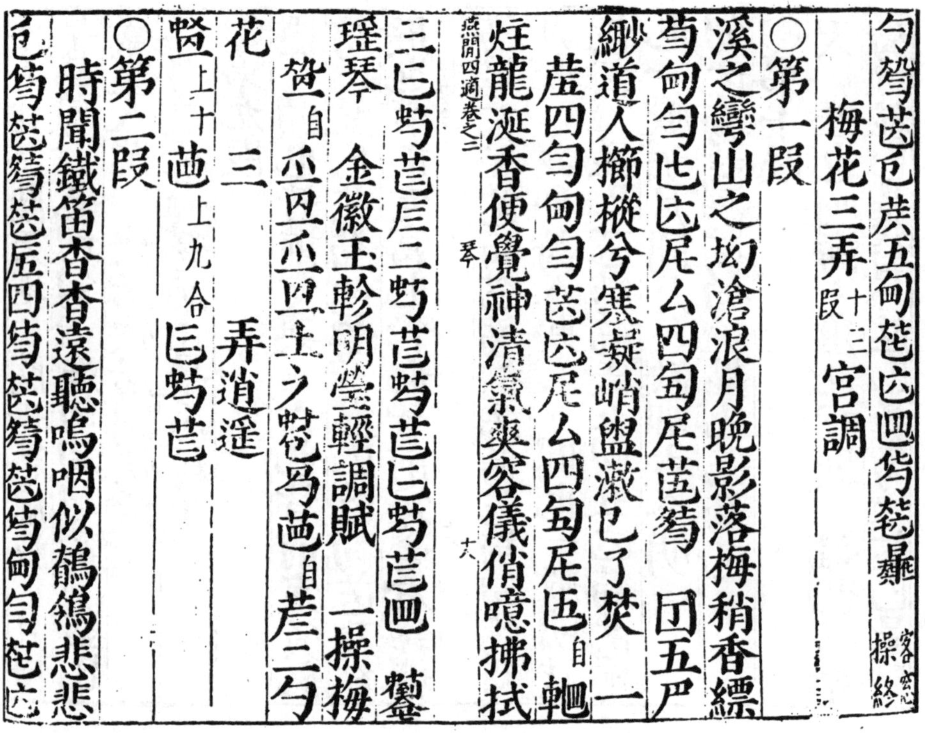

勺甃苠色茓五句笣攴四芍菍犀 客窓操終

梅花三弄 十三段 宮調

○第一段

溪之彎山之坳滄浪月晚影落梅稍香縹

芍句勻乜攴尾厶四匀尾茝甃 団五尸

緲道人櫛縱兮寒凝峭盤激巳了焚 一

茞四勻句勻苠攴尾厶四匀尾乇自𨋕

炷龍涎香便覺神清氣爽容儀俏噫拂拭

三巳芍苣尸二芍苣芍苣巳芍苣四 蘷

瑶琴 金徽玉軫明瑩輕調賦 一操梅

笞自爫四爫四丄ㄋ芶乜丂茴自茬二勺

花 三 弄逍遥

𥫗上十 茴上九合 巳芍苣

○第二段

時聞鐵笛杳杳遠聽嗚咽似鶴鶴悲悲

乜芍菍篘菍丘四芍菍篘菍芍句勻笣攴

切切聲逐西風急韻落霜天寂悠悠揚揚

篘菍篘篕巳勻筐篘篕巳勻篕丘四芍句

又轟轟烈烈大小聲中重重又疊疊一聲

勻笣攴篘苉丘四芍句篘四五芍舄茷六

聲的長短吹落關山 月

五四三芍篘三句勻壬苉應接下文

○第三段

一株老梅樹兩箇大丫叉未 結黃

丄ㄋ茁篘茁 団五尸 茁上九合 篟埜

金子 先 開 白玉花○玉骨冰

茁篘上八 茁合攴艮合 芋篘茁色芍菍篘

肌如珠賽玉交枝三瓣連五瓣參差鬼臉

菍丘四芍菍篘菍芍四勻笣攴篘菍篘篕

點依稀女字縱横倚鐵梗鋼如比節操堅

巳勻筐篘篕巳勻菍丘四芍句勻笣攴篘

持凛若冰霜惟有蒼松與翠竹長青可以

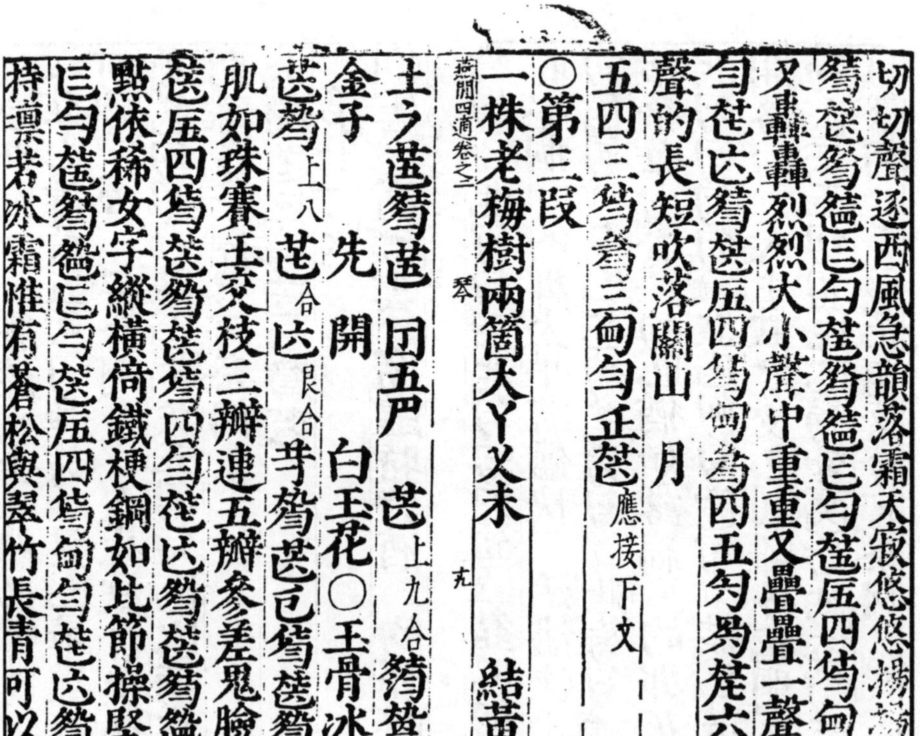

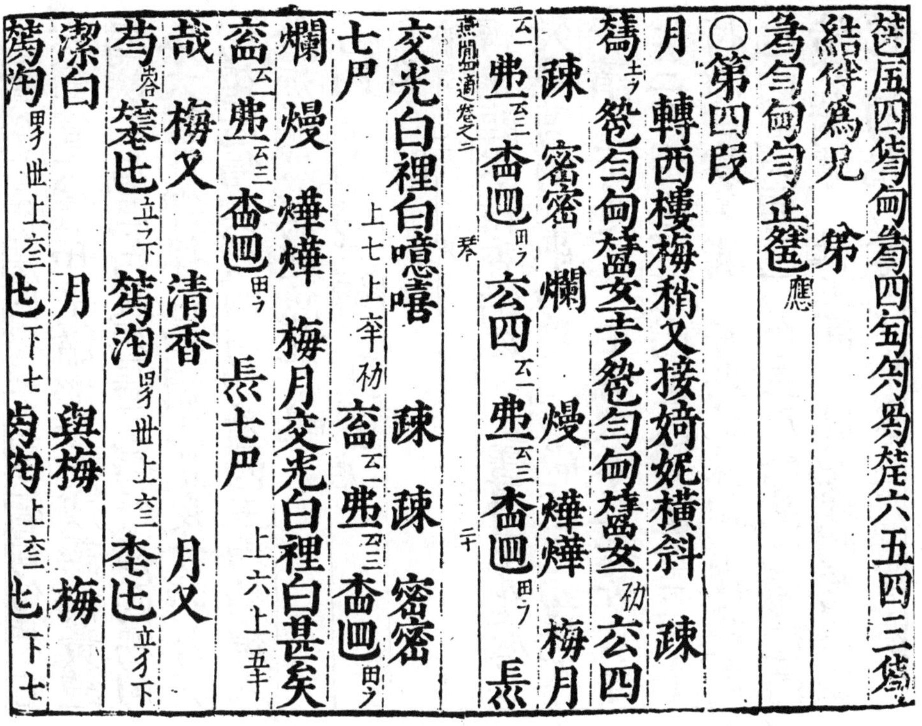

𢀖尼四芍句為四勻尹号芹六五四三爲
結伴爲兄 第
爲勻句勻正筐應
○第四段 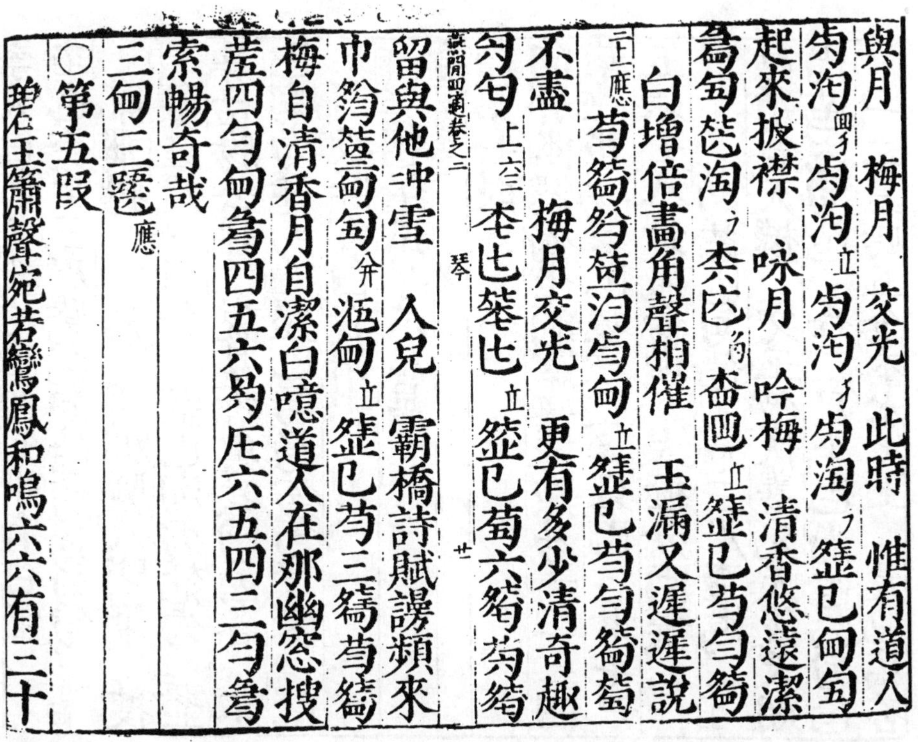
月 轉西樓梅稍又接犄妮橫斜 疎
犒十ㄋ笆勻句萹爻十ㄋ笆勻句萹爻尹苎四
疎 窗窗 爛 熳 燁燁 梅月
五一弗五三沓四田ㄋ苎四五一弗五三沓四田ㄋ長

交光白裡白噫嘻 疎 疎 窗窗
七尸 上七上卒尹盗五一弗五三沓四田ㄋ
爛 熳 燁燁 梅月交光白裡白甚矣
盗五一弗五三沓四田ㄋ 長七尸 上六上五卒
哉 梅又 清香 月又
芍蓉篓乜立ㄋ下芍洵早世上六三夲乜立才下
潔白 月 與梅 梅
犒洵早世上六三乜下七芍洵上六三乜下七

與月 梅月 交光 此時 惟有道人
芍洵早才芍洵立芍洵才芍洵ㄋ筵巳句勻
起來披襟 咏月 吟梅 清香悠遠潔
爲勻𢀖洵ㄋ夲匹尹沓四立筵巳芍勻犒
白增倍畫角聲相催 玉漏又遲遲說
三上應芍犒尹茳汮芍句立筵巳芍勻犒犒
不盡 梅月交光 更有多少清奇趣
芍乇上六三夲乜篓乜立筵巳苟六犒芍犒

留與他中雪 入兒 霸橋詩賦謾頻來
巾芍尹芭句勻弁洒句立筵巳芍三犒芍犒
梅自清香月自潔白噫道人在那幽窗搜
𢀖四勻句為四五六号尼六五四三勻為
索暢奇哉
三句三琶應
○第五段
碧玉簫聲宛若鸞鳳和鳴六六有二十

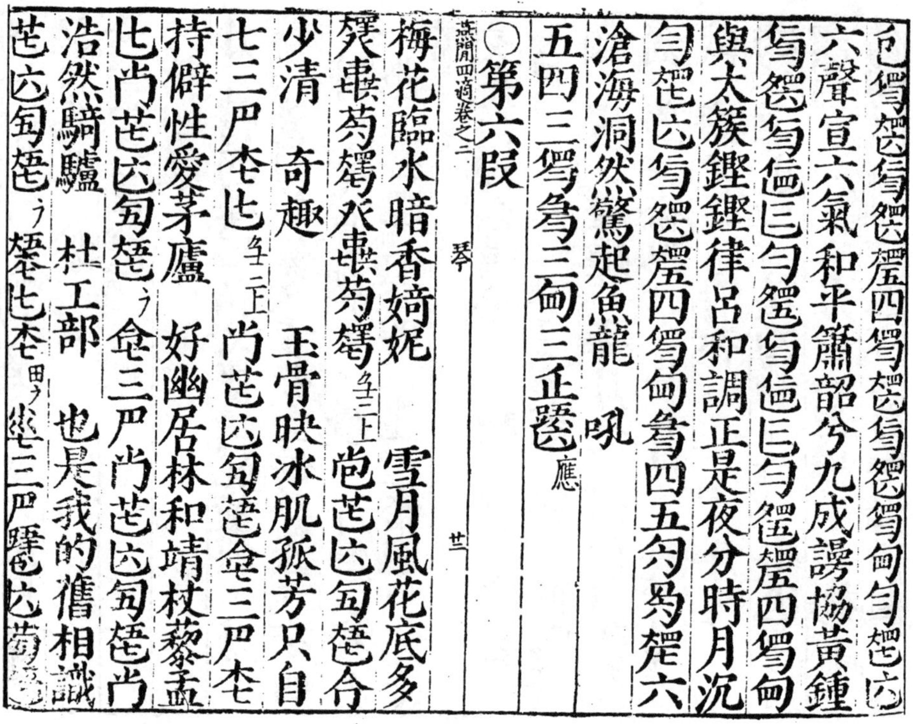

色[illegible]四[illegible]六

六聲宣六氣和平簫韶兮九成謗協黃鍾

[illegible]四[illegible]

與太簇鏗鏗律呂和調正是夜分時月沉

[illegible]四[illegible]四五[illegible]六

滄海洞然驚起魚龍　吼

五四三[illegible]三[illegible]三[illegible]應

第六段

梅花臨水暗香𡡉妮　雪月風花底多

[illegible]

少清　奇趣　玉骨映冰肌孤芳只自

七三[illegible]

持僻性愛茅廬　好幽居林和靖杖藜盂

[illegible]三[illegible]

浩然騎驢　杜工部　也是我的舊相識

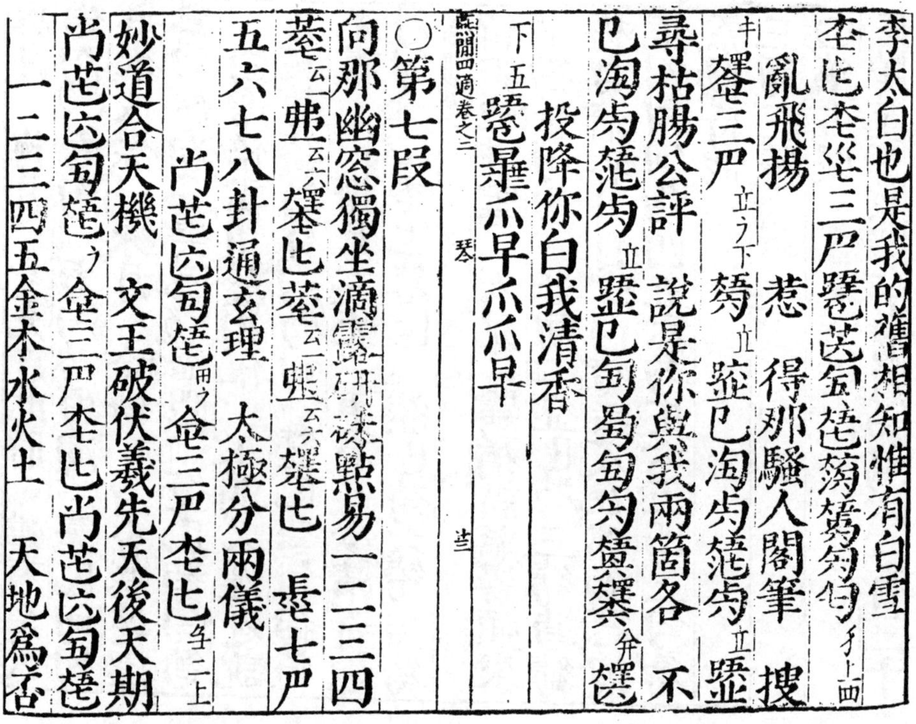

[illegible]三[illegible]

李太白也是我的舊相知惟有白雪

[illegible]三[illegible]

亂飛揚　惹　得那騷人閣筆　搜

[illegible]三[illegible]

尋枯腸公評　說是你與我兩箇各　不

[illegible]

投降你白我清香

下五[illegible]

第七段

向那幽窗獨坐滴露研硃點易一二三四

[illegible]七[illegible]

五六七八卦通玄理　太極分兩儀

[illegible]三[illegible]

妙道合天機　文王破伏羲先天後天期

[illegible]三[illegible]

一二三四五金木水火土　天地爲否

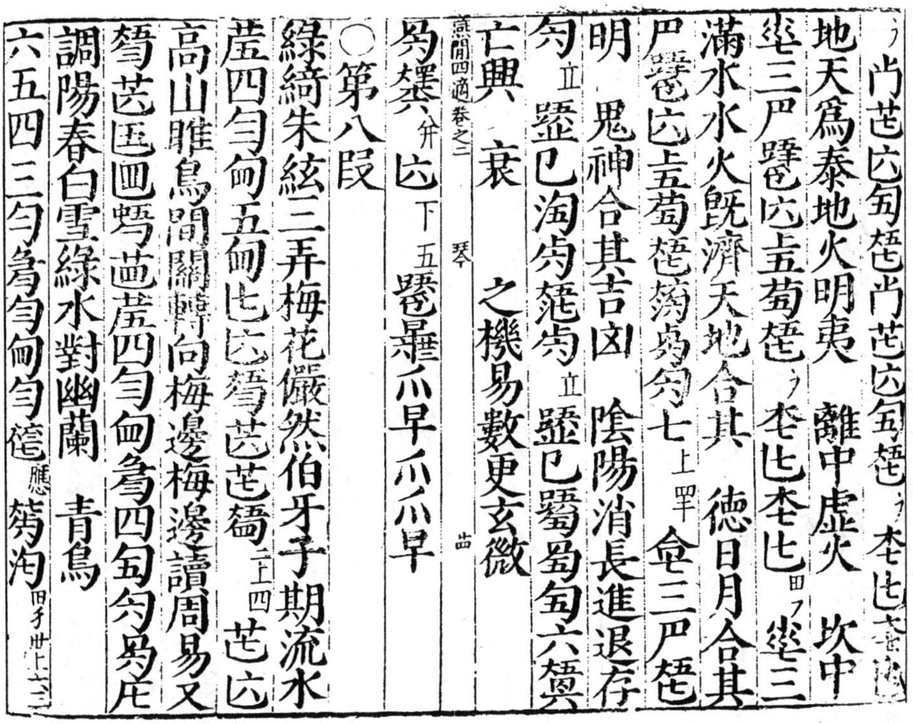

ㄅ㐱苣㐰匋琶㐱苣㐰匋琶ㄅ苓乜苓乜

地天爲泰地火明夷　離中虛火　坎中

滿三尸甠琶㐰去匋琶ㄅ苓乜苓乜田ㄅ滿三

滿水水火既濟天地合其　德日月合其

尸甠琶㐰去匋琶芶㚾芶七上罡奄三尸琶

明　鬼神合其吉凶　陰陽消長進退存

勻立蹬巳洶㚾琶㚾立蹬巳蹬蜀匋六篔

亡興　衰　之機易數更玄微

芶禁八弁㐰下五琵暈爪早爪爪早

○第八段

綠綺朱絃三弄梅花儼然伯牙子期流水

茝四勻𠕀五𠕀乜㐰芶苣苣蕎三上四　苣㐰

高山睢鳥關關對向梅邊梅邊讀周易又

芶苣匡皿琞茴茝四勻𠕀芻四匋勻芶㞦

調陽春白雪綠水對幽蘭　青鳥

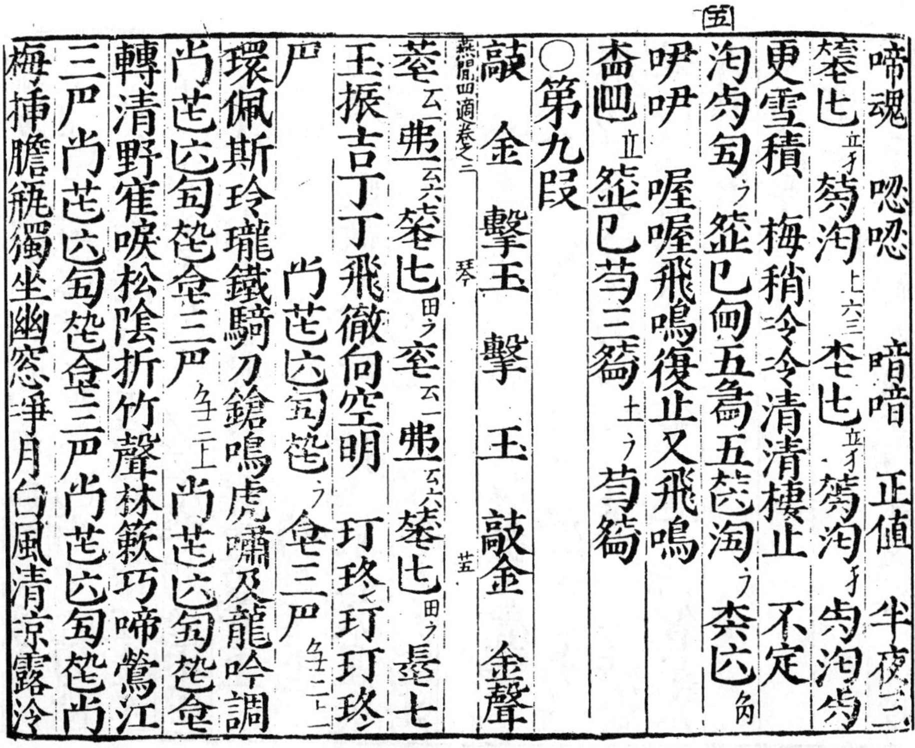

六五四三勻芻勻𠕀勻篋應芶洶田ㄅ丗上六三

五

啼魂　啕啕　暗暗　正値　半夜三

篓乜立ㄅ芶洶上六三苓乜立ㄅ芶洶ㄅ㚾洶㚾

更雪積　梅稍冷冷清清棲止　不定

洶㚾匋ㄅ蹬巳𠕀五芻五莅洶ㄅ夵㐰角

咿咿　喔喔飛鳴復止又飛鳴

畣皿立蹬巳芍三蕎土ㄅ芍蕎

○第九段

敲　金　擊玉　擊　玉　敲金　金聲

苓云一弗云六苌篓乜田ㄅ苓云一弗云六苌篓乜田ㄅ𡱂七

玉振吉丁丁飛徹向空明　玎玲玎玎玲

尸　㐱苣㐰匋琶ㄅ奄三尸　乍三上

環佩斯玲瓏鐵騎刀鎗鳴虎嘯及龍吟調

㐱苣㐰匋琶奄三尸　乍三上　㐱苣㐰匋琶奄

轉清野寉唳松陰折竹聲林簌巧啼鶯江

三尸㐱苣㐰匋琶奄三尸㐱苣㐰匋琶㐱

梅挿膽瓶獨坐幽窓爭月白風清涼露冷

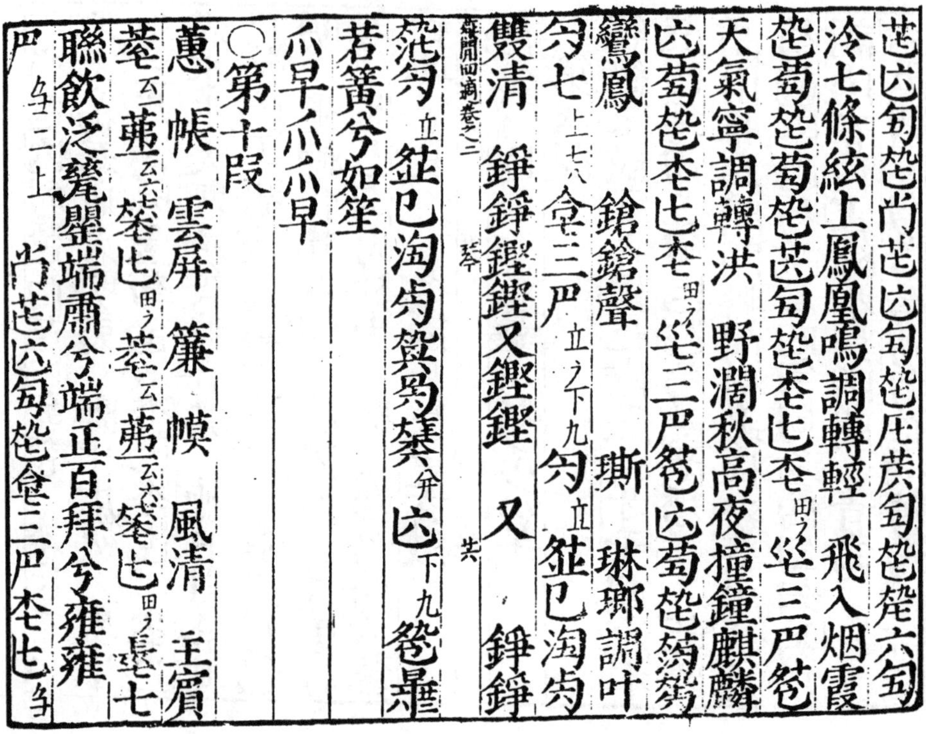

茈亾勻芑肖茈亾勻芑尼芦勻芑苙六勻
冷七條絃上鳳凰鳴調轉輕　飛入烟霞
芑茍芑茍芑茈亾勻芑杏乜杏田ヌ巛乜三尸芑
天氣寧調轉洪　野澗秋高夜撞鐘麒麟
亾茍芑杏乜杏乜田ヌ巛乜三尸芑亾茍芑茐茐
鸞鳳　鎗鎗聲　斯　琳瑯調叶
勻七上七八令乜三尸立ヌ下九勻立丠巳洶肖
雙清　錚錚鏗鏗又鏗鏗　又　錚錚

莚勻立丠巳洶肖甃茍筭弁亾下九芑暴
若簧兮如笙
爪早爪爪早
○第十段
蕙帳　雲屏　簾　幙　風清　王賓
菴云一蒩云一六𥫗乜田ヌ菴云一蒩云六𥫗乜田ヌ長乜七
聯飲泛鶖瞿端肅兮端正百拜兮雍雍 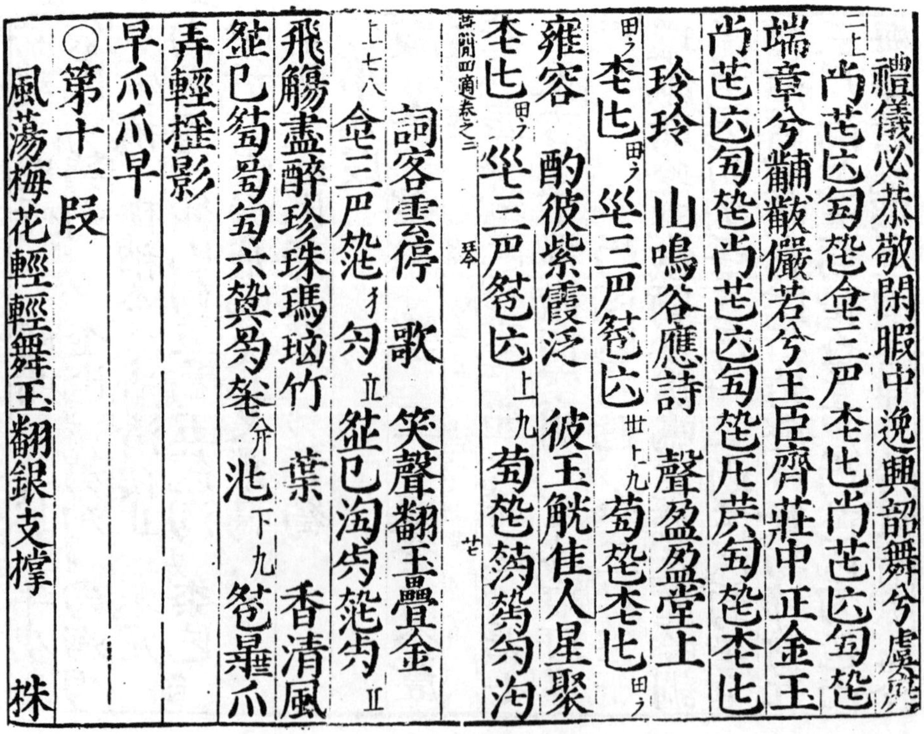
尸　夕二上　肖茈亾勻芑令乜三尸杏乜夕

二上肖茈亾勻芑令乜三尸杏乜肖茈亾勻芑
禮儀必恭敬閑暇中逸興韶舞兮虞廷
端章兮黼黻儼若兮王臣齊莊中正金玉
肖茈亾勻芑肖茈亾勻芑尼芦勻芑杏乜
玲玲　山鳴谷應詩　聲盈盈堂上
田ヌ杏乜田ヌ巛乜三尸芑亾卄上九茍芑杏乜田ヌ
雍容　酌彼紫霞泛　彼玉觥佳人星聚
杏乜田ヌ巛乜三尸芑亾上九茍芑茐茐勻洶

詞客雲停　歌　笑聲翻玉疊金
上七八令乜三尸莚ヌ勻立丠巳洶肖莚肖卫
飛觴盡醉珍珠瑪瑙竹　葉　香清風
丠巳茍蜀勻六甃茍筭弁沘下九芑暴爪
弄輕搓影
早爪爪早
○第十一段
風蕩梅花輕輕舞玉翻銀支撐　株

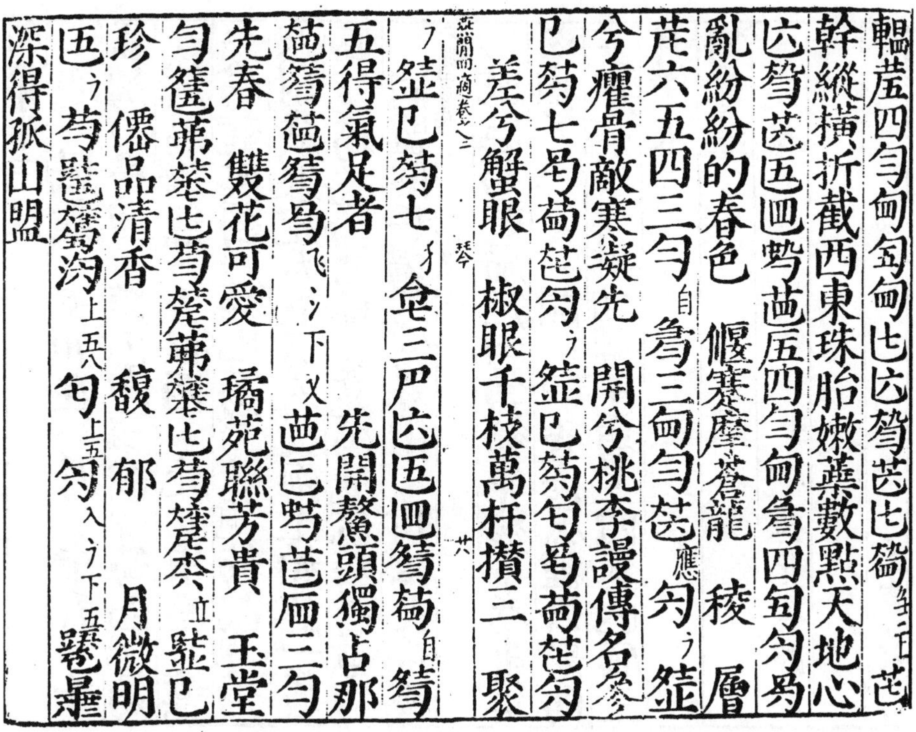

輴茬四勻句匋句乜匹芍茵乜芶冬日芒
幹縱橫折截西東珠胎嫩蘂數點天地心
匹芍茵匹回芍茵厍四勻句芻四匋勻另
亂紛紛的春色 偃蹇壓蒼龍 稜 層
茌六五四三勻自芻三句勻苙應勻ゥ𥫗
兮癯骨敵寒凝先 開兮桃李謾傳名參
巴芍七芍蔄茳勻ゥ𥫗巴芍乜芍蔄茳勻
差兮蟠眼 椒眼千枝萬杆攢三 聚

ゥ𥫗巴芍七扌奄三尸匹匹回芍芍自芍
五得氣足者 先開鰲頭獨占那
菡芍菡芍芍飞丷下又茵巨芍苣匾三勻
先春 雙花可愛 璚苑聯芳貴 玉堂
勻篚茀䈈乜芍篪茀䈈乜芍篪夵立𥫗巴
珍 儒品清香 馥 郁 月微明
匹ゥ芍䕶芍泃上五八句上五勻入ゥ下五琶
深得孤山明

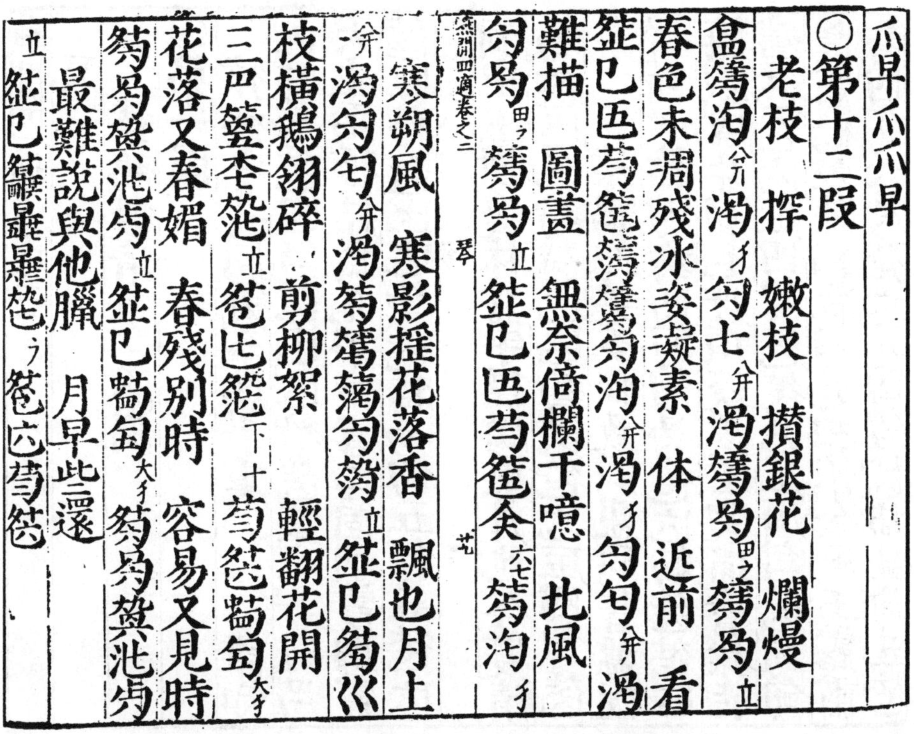

爫早爫爫早
○第十二段
老枝 捽 嫩枝 攢銀花 爛熳
盒芍泃分开泻扌勻七入开泻芍另田之芍另立
春色未凋殘冰姿凝素 体 近前 看
𥫗巴匹芍篚芍芍勻泃分开泻扌勻乜分开泻
難描 圖畫 無奈倚欄干噫 北風
勻另田ゥ芍另立𥫗巴匹芍篚夵六七芍泃扌

寒朔風 寒影搓花落香 飄也月上
分开泻勻乜分开泻芍芍芍勻芍立𥫗巴芍巛
枝橫鵝翎碎 剪柳絮 輕翻花開
三尸篕杏䈈立苍乜䈈下十芍笣芍匋大扌
花落又春媚 春殘別時 容易又見時
芍另芍氵乜立𥫗巴芍匋大扌芍另芍氵乜
最難說與他朧 月早些還
立𥫗巴芍芍芍苍ゥ苍匹芍笣

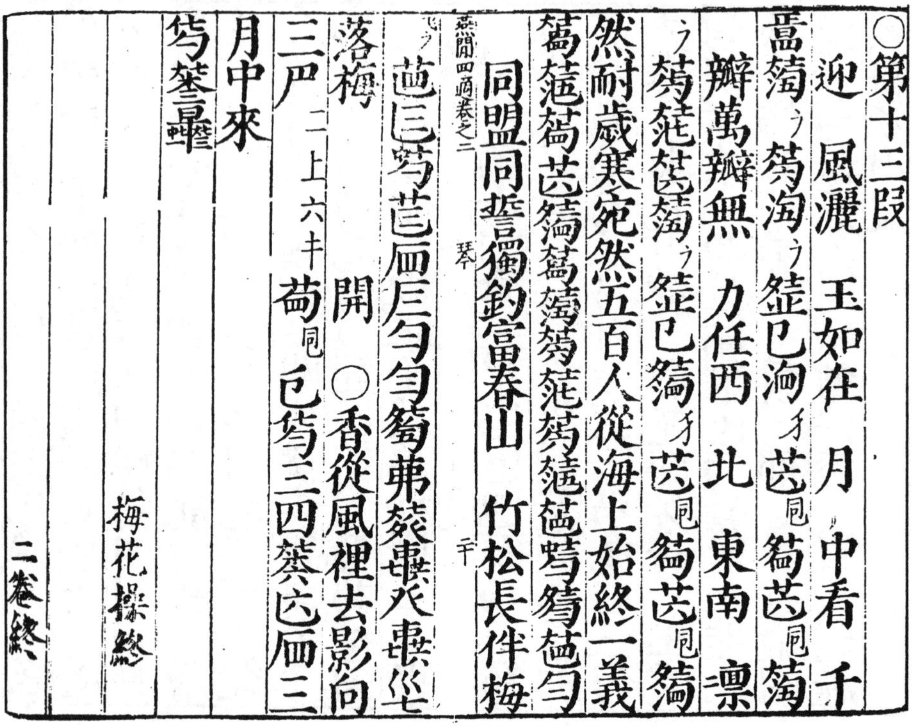

○第十三段

迎　風灑　玉如在　月　中看　千

萺芶ㄋ芶洵ㄋ篚巴洵ㄔ茁同芶茁同芶

辦萬辦無　力任西　北　東南　凛

ㄋ芶莛芺芶ㄋ篚巴芶ㄔ茁同芶茁同芶

然耐歲寒宛然五百人從海上始終一義

芶莛芶茁芶芶芶芶莛芶莛芶芶芶芶芶

同盟同誓獨釣富春山　竹松長伴梅

芭ㄋ芭巳芍芭屉芶勻勻芶芾芰芶芶芶

落梅　開　○香從風裡去影向

三尸　二上六十　芶同　巳芍三四芰芶屉三

月中來

芍芶芶

梅花操終

二卷終

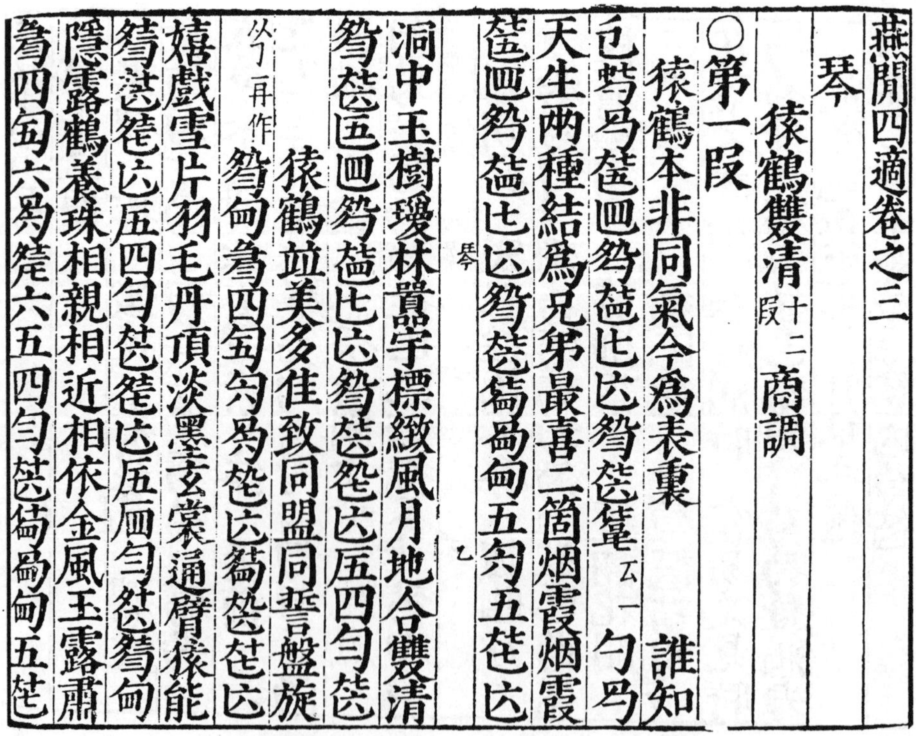

燕閒四適卷之三

琴

猿鶴雙清　十二段　商調

○第一段

猿鶴本非同氣今為表裏　誰知

巳芍芍芭屉芶芭芶芶芍芭芶云一　勺芍

天生兩種結為兄弟最喜二箇烟霞烟霞

芭屉芶芭比芶芶芭芶芶芶五勺五芭芶

洞中玉樹瓊林貫字標緻風月地合雙清

芶芭芶屉芶芭比芶芶芭芶芶四勻芭

猿鶴並美多佳致同盟同誓盤旋

从丁再作　芶芶為四勻勺芶芭芶芶芭芭芶

嬉戲雪片羽毛丹頂淡墨玄裳通臂猿能

芶芭芭芶屉四勻芭芭芶屉芶勻芭芶芶

隱露鶴養珠相親相近相依金風玉露肅

為四勻六芶芭六五四勻芭芶芶芶五芭

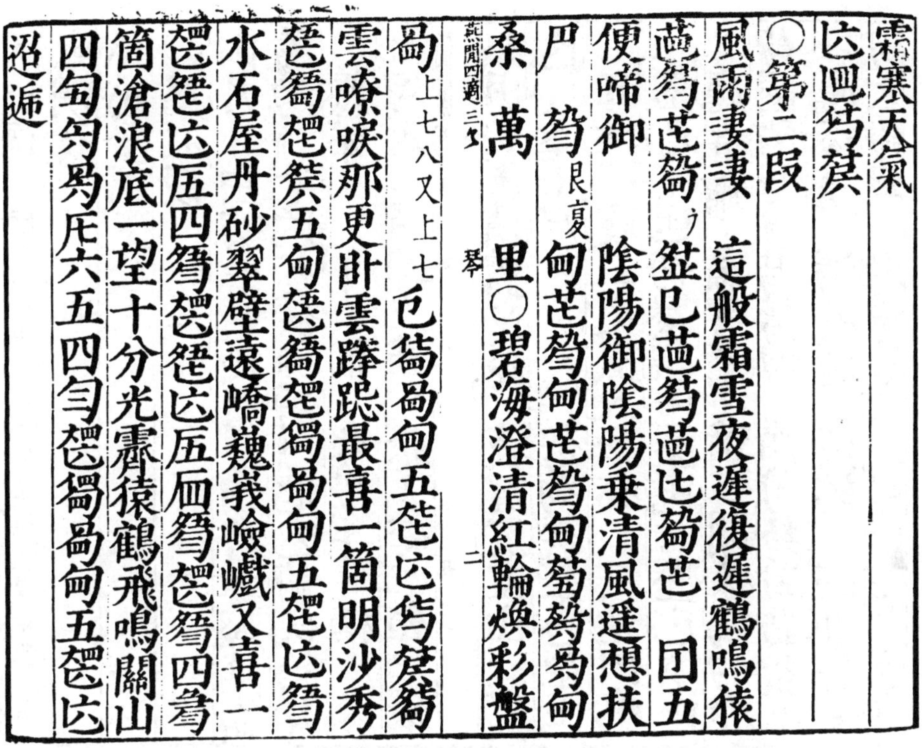

霜寒天氣

匹四芍甚

○第二段

風雨淒淒　這般霜雪夜遲復遲鶴鳴猿

茴芍芒芶ㄋ　䒓巳茴芍茴匕芶芒　団五

便啼御　陰陽御陰陽乘清風遥想扶

尸　芍艮夏　甸芒芍甸芒芍甸芍芍芍甸

桑　萬　里○碧海澄清紅輪煥彩盤

芶上七八又上七　色芍芶甸五芒匹芍甚芶

雲嘹唳那更盼雲蹮跽最喜一箇明沙秀

琵芶芭甚五甸琵芶芭芶芶甸五芭匹芍

水石屋丹砂翠壁遠嶠巍峩嶮巇又喜一

芭琵匹五四芍芭琵匹五四芍芭芍四芶

箇滄浪底一望十分光霽猿鶴飛鳴關山

四芍芍芍尸六五四芍芭芶芶甸五芭匹

迢遞

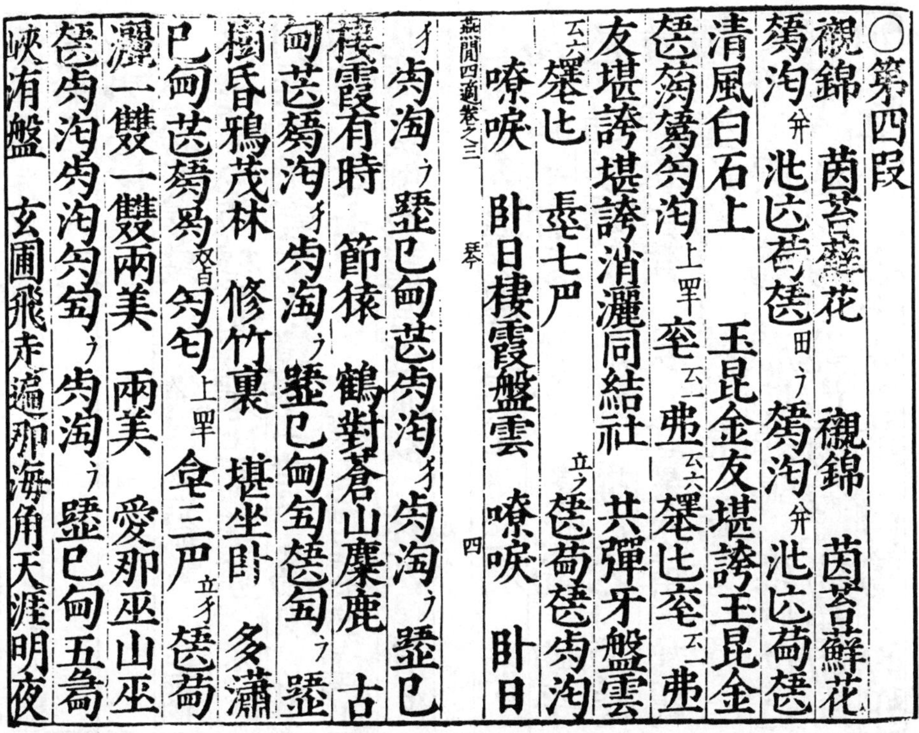

○第四段

襯錦　茵苔蘚花　襯錦　茵苔蘚花

芶泃弁　池匹芶琵田ㄋ芶泃弁　池匹芶琵

清風白石上　玉昆金友堪誇玉昆金

琵芶芶芶泃上罕　奄云一　弗云六　罹匕奄云一　弗

友堪誇堪誇消灑同結社　共彈牙盤雲

云六　罹匕　長七尸　立ㄋ　琵芶琵芶泃

嘹唳　盼日棲霞盤雲　嘹唳　盼日

才　芶泃ㄋ　甓巳甸芭芶泃才　芶泃ㄋ　甓巳

棲霞有時　節猿　鶴對蒼山麋鹿　古

甸芭芶泃才　芶泃ㄋ　甓巳甸芶琵芶ㄋ　甓

樹昏鴉茂林　修竹裏　堪坐盼　多瀟

巳甸芭芶芶双合　芶芶上罕　奄三尸立才　琵芶

灑一雙一雙兩美　兩美　愛那巫山巫

琵芶泃芶泃芶芶ㄋ　芶泃ㄋ　甓巳甸五芶

峽洧盤　玄圃飛赤遍那海角天涯明夜

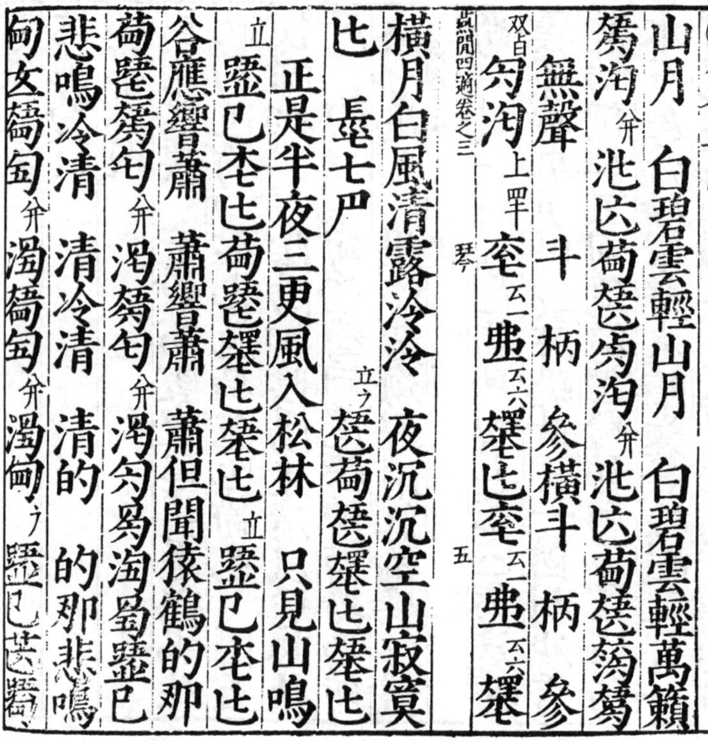

一㗊徵淘ㄱ𠯣㔽巛三尸琶苣蠲苿蠶爪早

無明夜

爪爪早

○第五段

山月　白碧雲輕山月　白碧雲輕萬籟

𦫼洵弁　沘𠯣蔄𦭱㑒洵弁　沘𠯣蔄㯉𦭰𦫼

無聲　斗　柄　參橫斗　柄　參

双白
勻洵上罒　夸云一　蛊云六　㩴乇夸云一　蛊云六　㩴

橫月白風清露泠泠　夜沉沉空山寂寞

乜　镸七尸　立ㄱ𦭱蔄𦭱㩴乇㩴乇

正是半夜三更風入松林　只見山鳴

立
𤼷巳杢乜蔄琶㩴乜㩴乜　立𤼷巳杢乜

谷應響蕭　蕭響蕭　蕭但聞猿鶴的那

蔄琶𦫼乇弁　泻𦫼乇弁　泻勻𤺊淘𤺊𤼷巳

悲鳴泠清　清泠清　清的　的那悲鳴

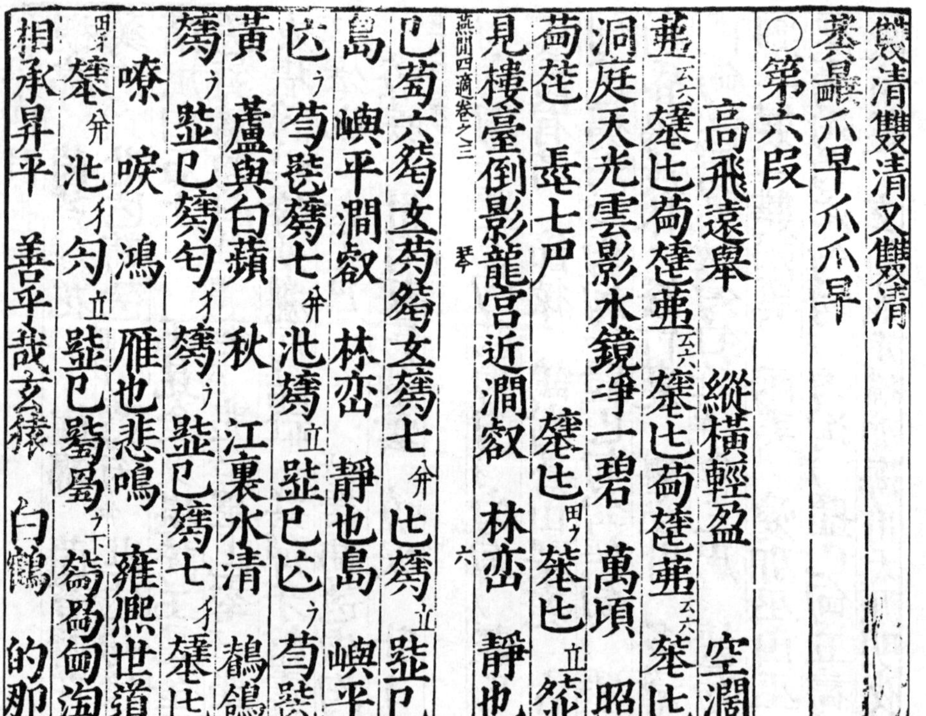

㔽女𥳑匋弁　泻𥳑匋弁　泻㔽ㄱ𤼷巳苣蠲

雙清雙清又雙清

苿蠶爪早爪爪早

○第六段

高飛遠皋　縱橫輕盈　空濶

𦯬云六　㩴乜蔄𦸒𦯬云六　㩴乜蔄𦸒𦯬云六　㩴乜

洞庭天光雲影水鏡淨一碧　萬頃　照

蔄𦸒　镸七尸　㩴乜田ㄱ　㩴乜　立　𥁕

見樓臺倒影龍宮近澗叡　林峦　靜也

巳匋六𥳑文芍𥳑文𦫼七弁　乜𦫼立　𤼷巳

島　嶼平澗叡　林峦　靜也島　嶼平

𠯣ㄱ　芍琶𦫼七弁　沘𦫼立　𤼷巳𠯣ㄱ　芍琶

黃　蘆與白蘋　秋　江裏水清　鶺鴒

𦫼ㄱ　𤼷巳𦫼乇才　𦫼ㄱ　𤼷巳𦫼七　才　㩴乜

嘹　唳　鴻　雁也悲鳴　雍熙世道

田才
㩴弁　沘才　勻立　𤼷巳𤺊𤺊ㄱ下　𥳑𤺊㔽淘

相承昇平　善平哉玄猿　白鶴　的那

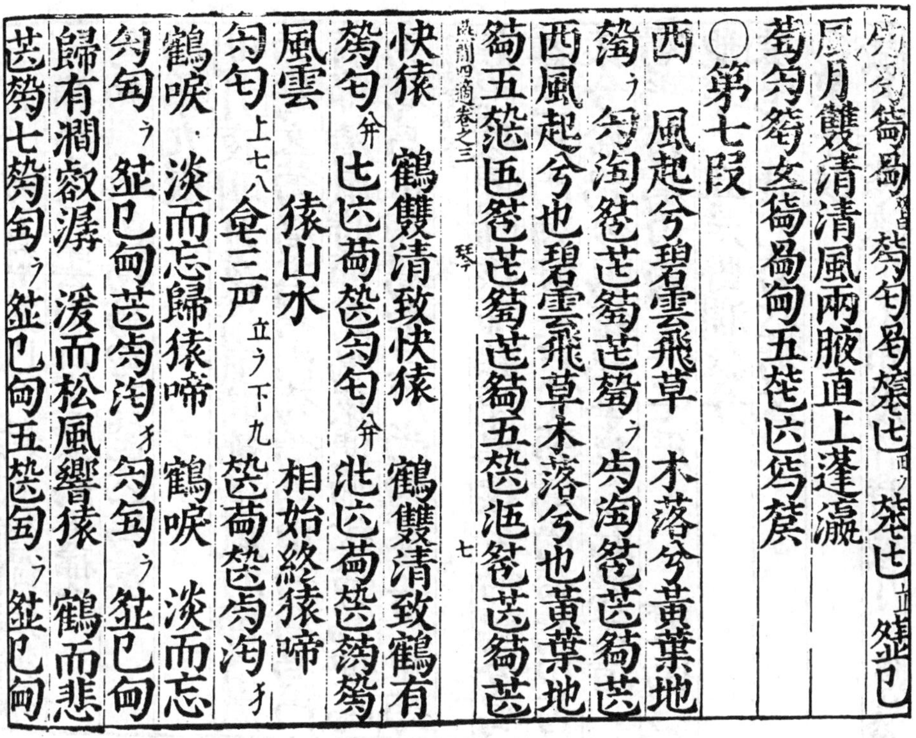

芍艿蒟爲 笞 芍乇号篭乜 西ㄅ 篭乜 立 篕巳
風月雙清清風兩腋直上蓬瀛
蓟芍蓊女蒟爲句五莣匹芍蔟

○第七段

西　風起兮碧雲飛草　木落兮黃葉地
蓊ㄅ芍淘笣芒蓟芒蓊ㄅ芍淘笣莔蒟莔
西風起兮也碧雲飛草木落兮也黃葉地
蒟五笣匹笣芒蓟芒蒟五笣洒笣莔蒟莔

快猿　鶴雙清致快猿　鶴雙清致鶴有
芍句弁乜匹蒟笣芍句弁沘匹蒟笣莠芍
風雲　猿山水　相始終猿啼
芍句上七八㑹三尸立ㄅ下九笣蒟笣芍洵才
鶴唳·淡而忘歸猿啼　鶴唳　淡而忘
芍匃ㄅ笠巳㔾莔芍洵才芍匃ㄅ笠巳㔾
歸有澗叡潺　湲而松風響猿　鶴而悲
莔芍七芍匃ㄅ笠巳㔾五笣匃ㄅ笠巳㔾

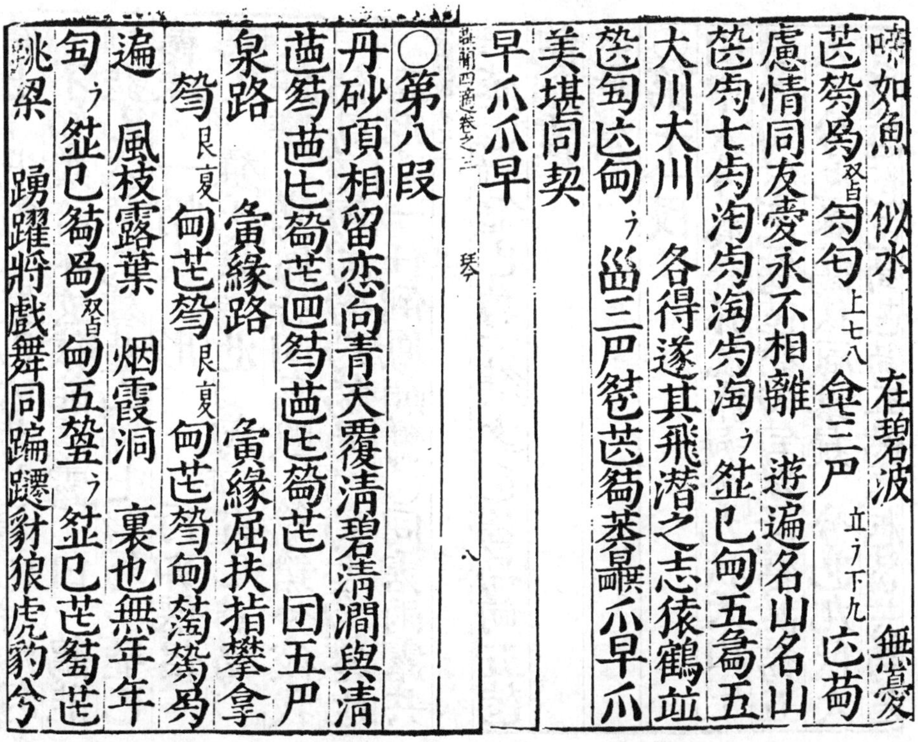

啼如魚　似水　在碧波　無憂
莔芍芍双占芍句上七八㑹三尸立ㄅ下九匹蒟
慮情同友愛永不相離　遊遍名山名山
笣芍七芍洵芍淘芍淘ㄅ笠巳㔾五蒟五
大川大川　各得遂其飛潛之志猿鶴並
笣匃匹㔾ㄅ甾三尸笣莔蒟蒸𣊫爪早爪
美堪同契
早爪爪早

○第八段

丹砂頂相留恋向青天覆清碧清澗與清
茜芍茜乜蒟芒四芍茜乜蒟芒　団五尸
泉路　夤緣路　夤緣屈扶指攀拿
芍艮夏㔾芒芍艮夏㔾芒芍㔾蓟芍芍
遍　風枝露葉　烟霞洞　裏也無年年
匃ㄅ笠巳蒟爲双占㔾五笠ㄅ笠巳芒蓟芒
跳梁　踴躍將戲舞同蹁躚豺狼虎豹兮

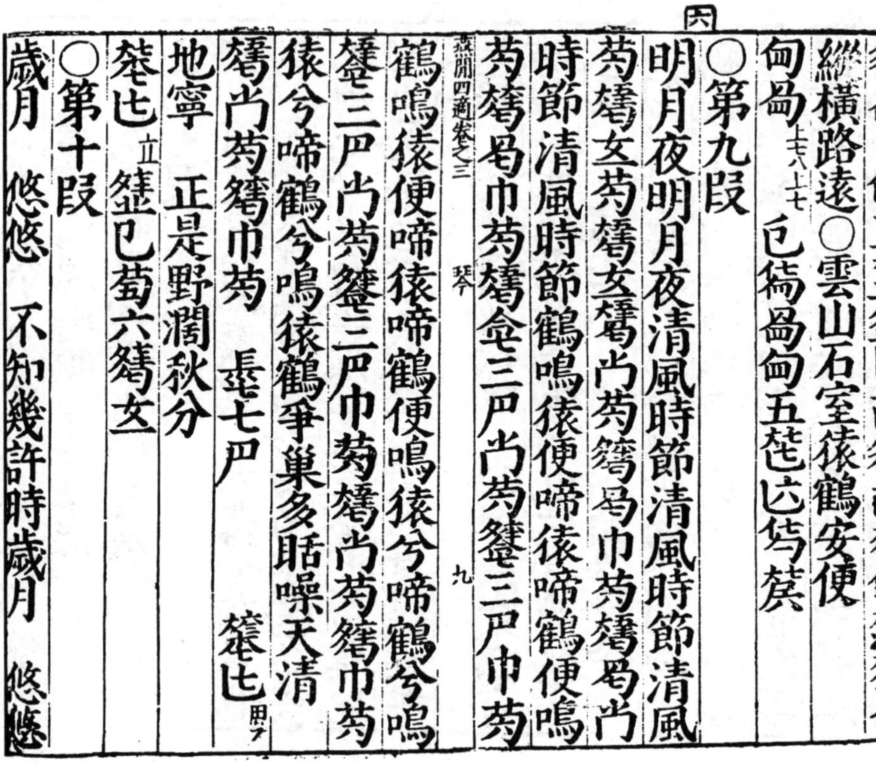

猗勾双立 句五笠笹巳芪猗芪芶句蒟芍㔿
縱橫路遠○雲山石室猿鶴安便
句㔿上七八上七 巳猗㔿句五芭㐫㔾蒖
○第九段
明月夜明月夜清風時節清風時節清風
芍猗女芍猗女猗㔿尚芍猗㔿巾芍猗㔿尚
時節清風時節鶴鳴猿便啼猿啼鶴便鳴
芍猗㔿巾芍猗奄三尸尚芍簽三尸巾芍

鶴鳴猿便啼猿啼鶴便鳴猿兮啼鶴兮鳴
簽三尸尚芍簽三尸巾芍猗尚芍猗巾芍
猿兮啼鶴兮鳴猿鶴爭巢多聒噪天清
猗尚芍猗巾芍 長七尸 簽乜男
地寧 正是野闊秋分
簽乜立 笹巳芶六猗㐅
○第十段
歲月 悠悠 不知幾許時歲月 悠悠

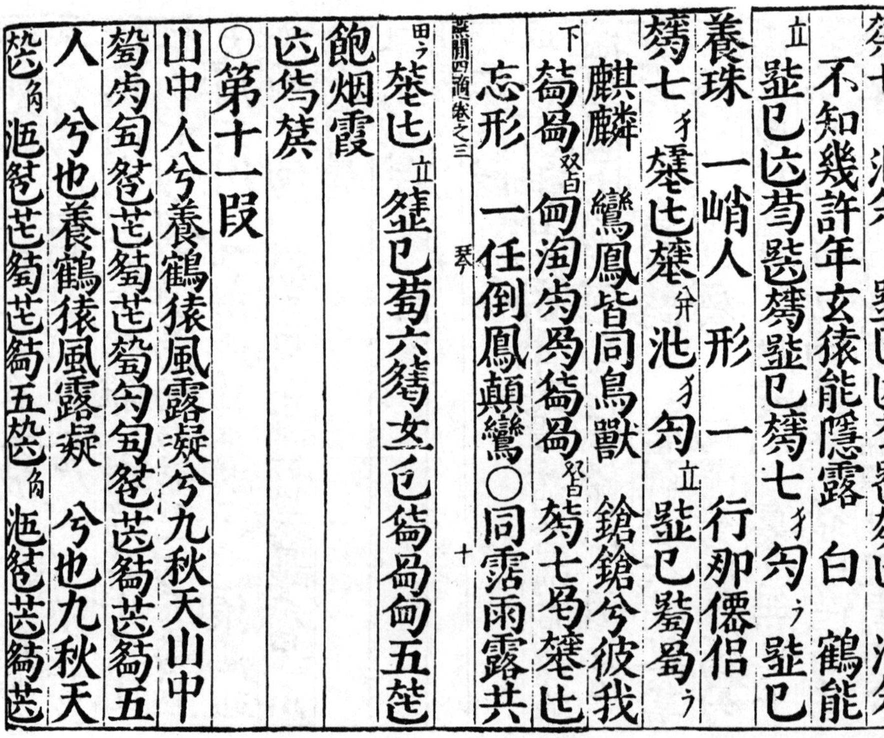

猗七弁 㳄勻立 笹巳㐫芎甃猗乜弁 㳄勻
不知幾許年玄猿能傳露 白 鶴能
立 笹巳㐫芎甃猗笹巳猗七才勻ラ笹巳
養珠 一峭人 形 一 行那儔侶
猗七才 簽乜簽弁 㳄才 勻立 笹巳蜀蜀ラ
麒麟 鸞鳳皆同鳥獸 鎗鎗兮彼我
下 蒟㔿双立 句洵夯芻蒟㔿習 芶七㔿簽乜
忘形 一任倒鳳顛鸞○同霑雨露共

田ラ 簽乜立 笹巳芶六猗㐅巳猗㔿句五芭
飽烟霞
㐫㔾蒖
○第十一段
山中人兮養鶴猿風露凝兮九秋天山中
蒟夯𠣘㔿芒蒟芒蒟勻𠣘㔿芪蒟芪蒟五
人 兮也養鶴猿風露凝 兮也九秋天
㹠芭角 洍㔿芒蒟芒蒟五㹠芭角 洍㔿芪蒟芪

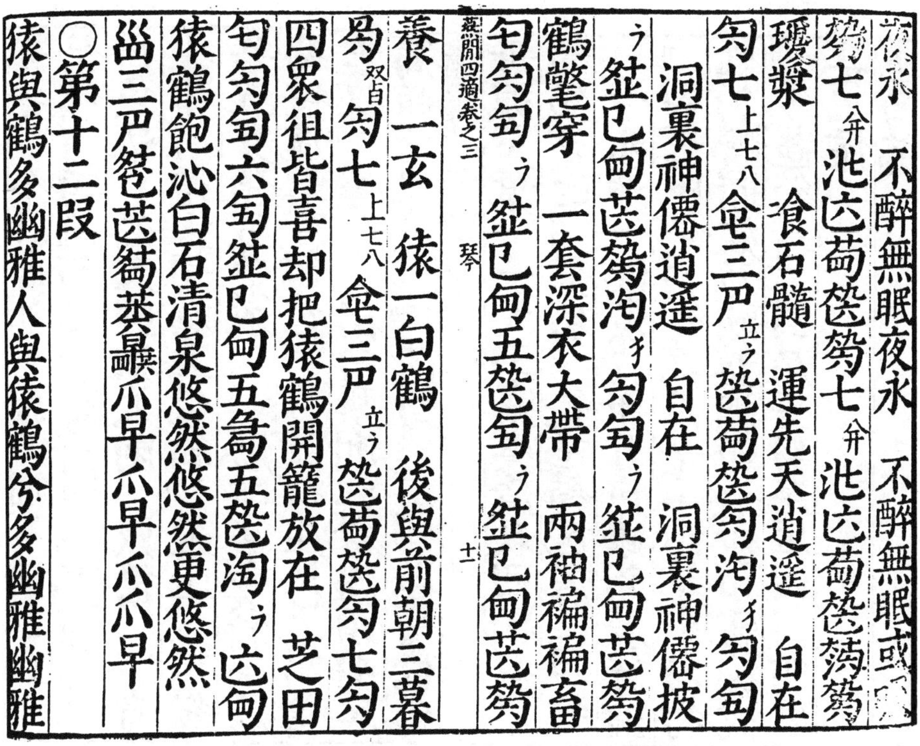

夜永　不醉無眠夜永　不醉無眠或
芶七合沘匹茍苾芶七合沘匹茍苾蒣芶
瑷璇　食石髓　運先天逍遥　自在
匀七上七八奄三尸立ㄋ苾茍苾匀沟扌匀匋
洞裏神僊逍遥　自在　洞裏神僊披
ㄋ荳巳甸芑芶沟扌匀匋ㄋ荳巳甸芑芶
鶴氅穿　一套深衣大帶　兩袖褊褊畜
乇匀匋ㄋ荳巳甸五苾匋ㄋ荳巳甸芑芶

養　一玄　猿一白鶴　後與前朝三暮
㕦双白匀七上七八奄三尸立ㄋ苾茍苾匀七匀
四衆徂皆喜却把猿鶴開籠放在　芝田
乇匀匋六匋荳巳甸五蒀五苾沟ㄋ㐰甸
猿鶴飽沁白石清泉悠然悠然更悠然
𦫼三尸苞芑蒟莁㬎爫早爫早爫爫早

○第十二段

猿與鶴多幽雅人與猿鶴兮多幽雅幽雅 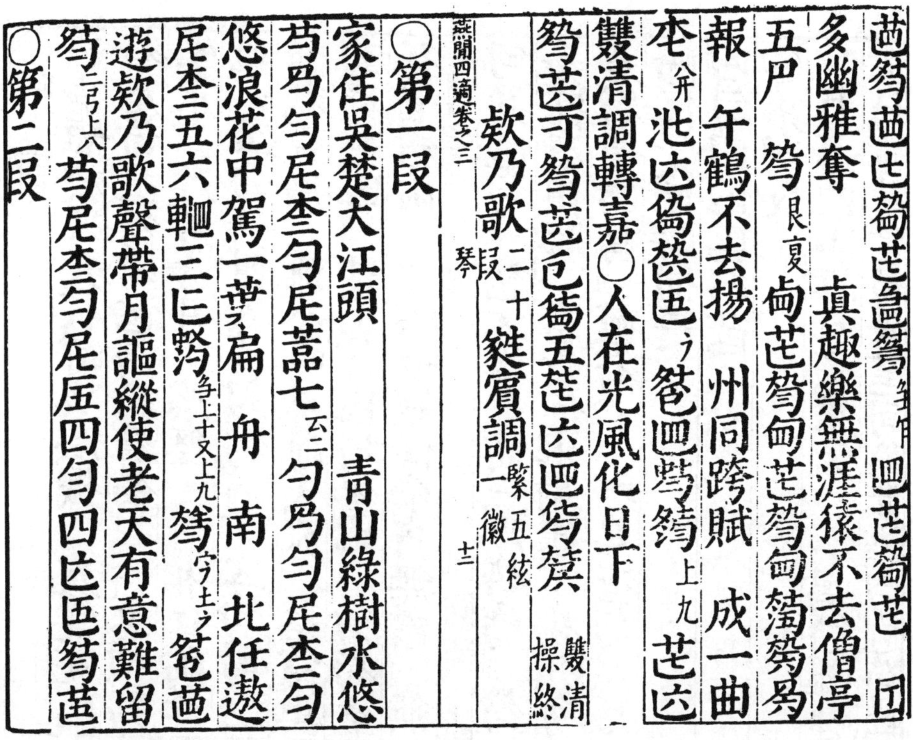
茜芍茜乚茍芒急芍笃乍回芒茍芒　団
多幽雅奪　真趣樂無涯猿不去僧亭
五尸　芍艮夏甸芒芍甸芒芍甸蒟芍㕦
報　午鶴不去揚　州同跨賦　成一曲
夲合沘匹偽苾匹ㄋ芭皿芍芍上九芒匹
雙清調轉嘉○人在光風化日下
芍芑丁芍芑㔾芍五莅匹皿芍蕻　雙清操終

欸乃歌二十段　継賓調緊五絃一徽

○第一段

家住吳楚大江頭　青山綠樹水悠
芍㕦匀尾李匀尾蒀七𠀋二匀㕦匀尾李匀
悠浪花中駕一葉扁舟　南　北任遨
尾李五六軸三巳蒡上十又上九芍ㄋ土ㄋ芭茜
遊欸乃歌聲帶月謳縱使老天有意難留
芍二弓上八芍尾李匀尾压四匀四匹匹芍茁

○第二段

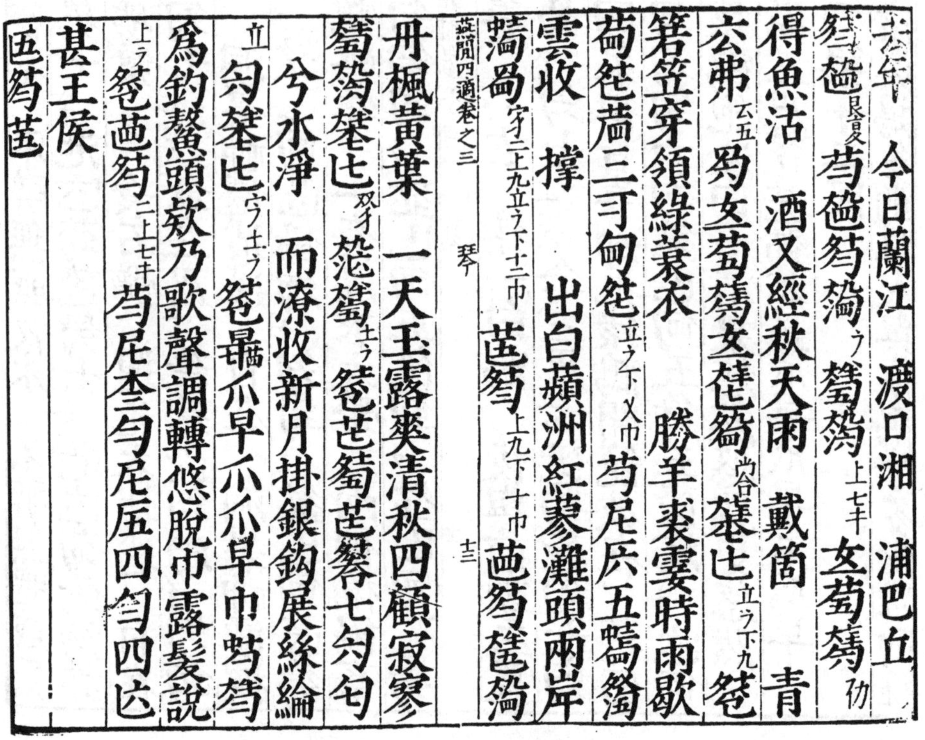

𠫓年　今日蘭江　渡口湘　浦巴丘

𦈢䒤長𡕒　芍䒤㔾𥫗ㄋ　𥫗𥫗上七半　𠫓茍𥫗仂

得魚沽　酒又經秋天雨　戴箇　青

公弗云五　𠃌𠫓茍𥫗𠫓𠃌𥫗尚合𥫗七立ㄋ下九　𢎗

箬笠穿領綠蓑衣　勝羊裘霎時雨歇

茍𥫗𥫗三ㄋ句𥫗立之下又巾　芍尼厈五𥫗𥫗

雲收　撑　出白蘋洲紅蓼灘頭兩岸

𥫗𠃌ㄋ二上九立ㄋ下十二巾　𢎗𥫗上九下十巾　𢎗𥫗𥫗𥫗

冊楓黃葉　一天玉露爽清秋四顧寂寥

𥫗𥫗𥫗七双ㄋ　𥫗𥫗十ㄋ　𢎗𢎗𥫗𢎗𥫗七勻乇

兮水淨　而潦收新月掛銀鈎展絲綸

立　勻𥫗七ㄋ十ㄋ　𢎗𥫗爪早爪爪早巾𥫗𥫗

爲釣鰲頭欸乃歌聲調轉悠脫巾露髮說

上ㄋ　𢎗𢎗𥫗二上七半　芍尼厸勻尼厈四勻四匹

甚王侯

𠃌𥫗𢎗

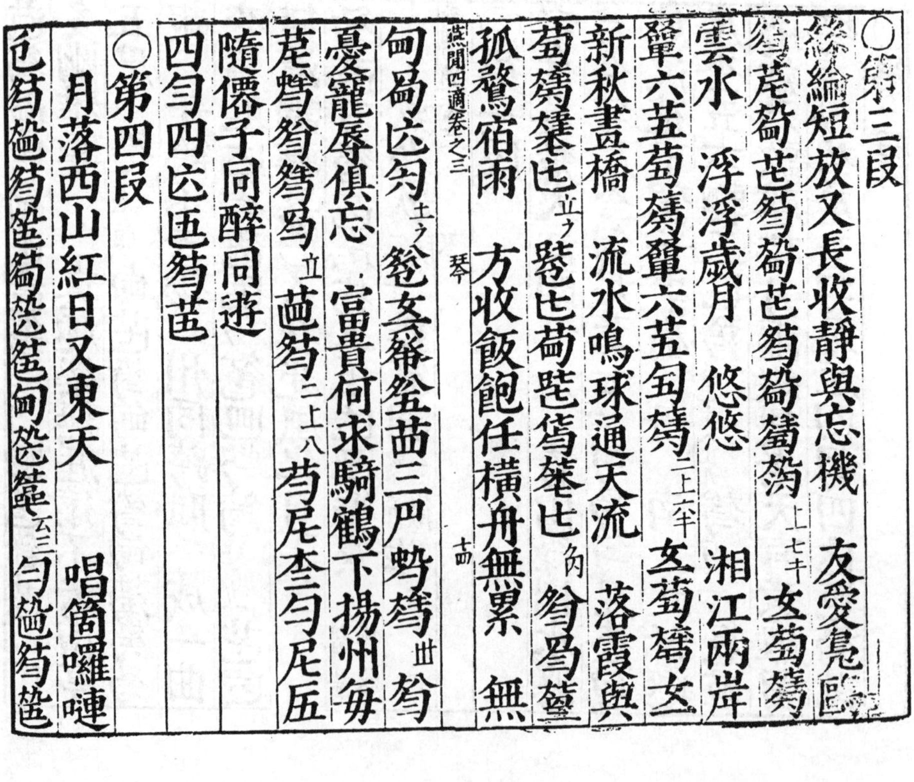

○第三段

絲綸短放又長收靜與忘機　友愛鳧鷗

𥫗𥫗𥫗𢎗𥫗𥫗𢎗𥫗𥫗𥫗上七半　𠫓茍𥫗

雲水　浮浮歲月　悠悠　湘江兩岸

𥫗六𢎗茍𥫗𥫗六𢎗勻𥫗二上六半　𠫓茍𥫗𠫓

新秋畫橋　流水鳴球通天流　落霞與

茍𥫗𥫗七立ㄋ　𢎗乇茍𢎗𥫗𥫗七勹　𥫗𠃌𥫗

孤鶩宿雨　方收飯飽任橫舟無累　無

句𠃌匹勻十ㄋ　𢎗𠫓𥫗𥫗𥫗三尸𥫗𥫗丗𥫗

憂寵辱俱忘　富貴何求騎鶴下揚州每

𥫗𥫗𥫗𥫗𠃌立　𢎗𥫗二上八　芍尼厸勻尼厈

隨儒子同醉同遊

四勻四匹匹𥫗𢎗

○第四段

月落西山紅日又東天　唱箇囉嗹

𠃌𥫗𥫗𥫗𥫗𥫗𥫗句𥫗𥫗云三　勻𥫗𥫗𢎗

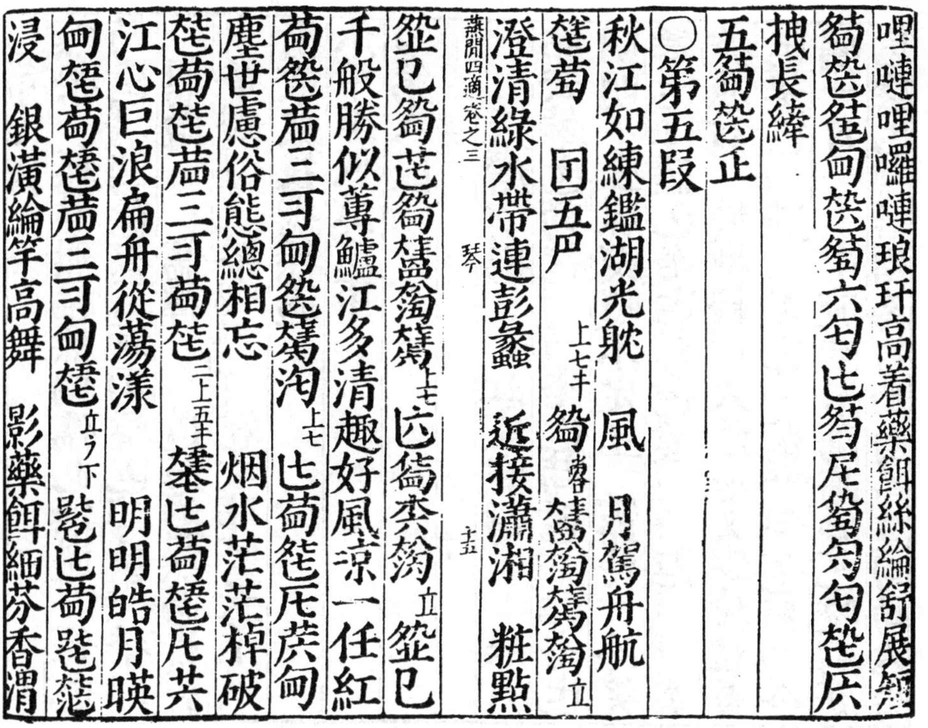

哩嗹哩囉嗹琅玕高着藥餌絲綸舒展𥫗
蒟茝𦭵句茝蒟六句匕𦬊尾蒟𠣏句芭𠩄
拽長縴
五蒟茝正
○第五段
秋江如練鑑湖光䑛 風 月駕舟航
𦱳蒟 团五尸 上七半 𦬁𦾴𦼷𦬁𦼷𦬁立
澄清緑水帶連彭蠡 近接瀟湘 粧點

盌巳𦬁芷𦬁𦼷𦬁𦼷上七 𠫼𦬁夵𦬁立 盌巳
千般勝似尊鱸江多清趣好風涼一任紅
蔔𦬁蔷三寸句𦬁𦼷洶上七 匕蔔𦬁𠂢𦬁句
塵世慮俗態總相忘 烟水茫茫棹破
𦬁蔔𦬁蔷三寸蔔𦬁二上五半 𦼷匕蔔𦬁𠂢𦬁
江心巨浪扁舟從蕩漾 明明皓月映
句𦬁蔔𦬁蔷三寸句𦬁立ㄱ下 𦬁匕蔔𦬁𦬁
浸 銀潢綸竿高舞 影藥餌細芬香滑

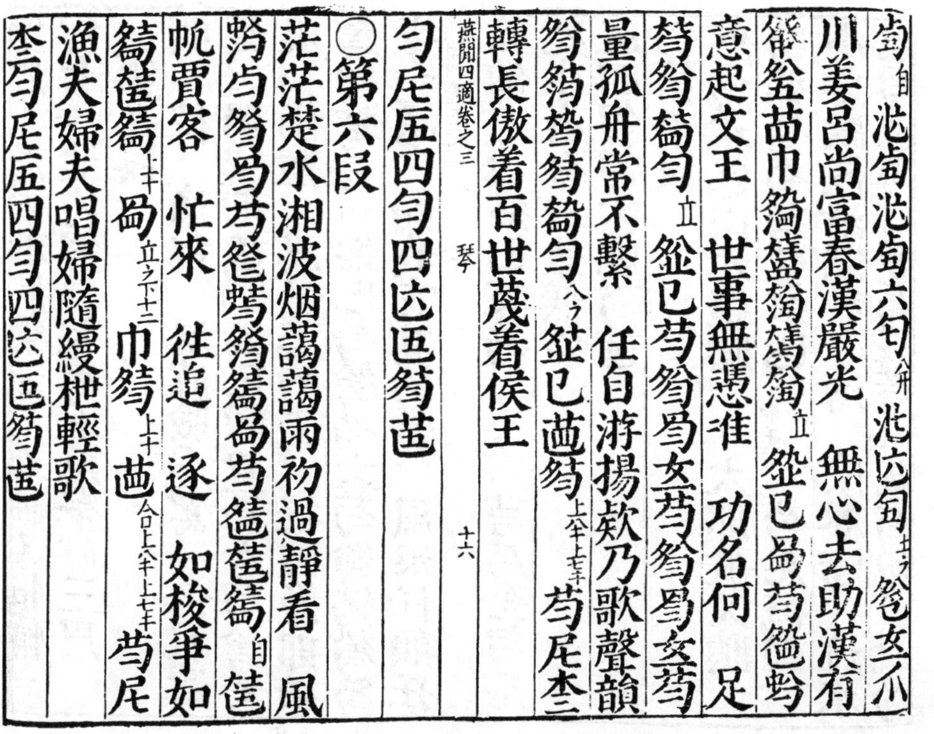

𠣏自 𣲖𠣏𣲖𠣏六句𠆢 𣲖𠫼𠣏十六 𦬁𦬁女爪
川姜呂尚富春漢嚴光 無心去助漢有
𥫗盌苗巾𦬁𦼷𦬁𦼷𦬁立 盌巳𦬁芍𦬁𦬁
意起文王 世事無憑准 功名何 足
芍𦬁蔔勻立 盌巳芍𦬁𦬁女芍𦬁𦬁女芍
量孤舟常不繫 任自游揚欸乃歌聲韻
𦬁𦬁芍𦬁蔔勻八ㄱ 盌巳𦬁𦬁上八半上七半 芍尾夲三
轉長傲着百世蔑着侯王

勻尾𠂆四勻四𠫼𠂆𦬁𦬁
○第六段
茫茫楚水湘波烟藹藹雨初過靜看 風
𦬁𠣏𦬁𦬁芍𦬁𦬁𦬁𦬁芍𦬁𦬁𦬁自𦬁
帆賈客 忙來 往追 逐 如梭爭如
𦬁𦬁𦬁上十 𦬁立ㄱ下十二 巾𦬁上十 𦬁合上八半上七半 芍尾
漁夫婦夫唱婦隨縵杫輕歌
夲勻尾𠂆四勻四𠫼𠂆𦬁𦬁

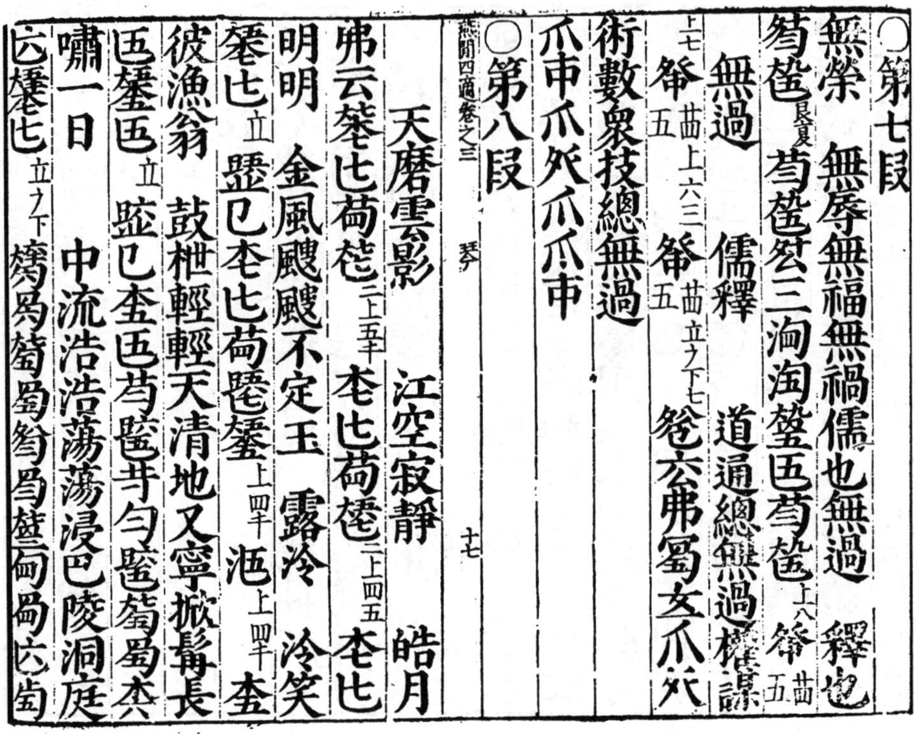

○第七段

無榮　無辱無福無禍儒也無過　釋也

芶笆艮夏　芍笆𦊰三洶淘螢匜芍笆上八夅苖五

無過　儒釋　道通總無過權謀

上七夅五　苖上六三夅五　苖立ㄅ下七　笣六弗蜀女爪𡗜

術數衆技總無過

爪市爪𡗜爪爪市

○第八段

天磨雲影　江空寂靜　皓月

弗云𥫗乜苘𥫗二上五半　㚑乜苘𥫗二上四五　㚑乜

明明　金風颼颼不定王　露冷　泠笑

𥫗乜立　蹬巴㚑乜苘𥫗上四半　洒上四半　奎

彼漁翁　鼓枻輕輕天清地又寧　掀髯長

匜𥫗匜立　蹬巴奎匜芍藍芈勻藍芶蜀杢

嘯一日　中流浩浩蕩蕩浸巴陵洞庭

匹𥫗乜立ㄅ下　𤆬禹芶蜀芶蜀盆句蜀匹𡷊

空濶　漁歌有狀無形　養性又怡情

勻七弁　沘匹匋土ㄅ　笣蜀女爪夅苖五三尸

○第九段

問彼　漁郎　風波險處駕　舟航濤

蕎上七　濄上七　句蕎立　盆巴勻盆蜀女芍芶芶

浪相衝撞　思量怎的去　提防漁郎拍

芶芶蕎勻ㄅ　盆巴芍芶蜀女芍芶芶芶芶

掌嘻嘻　向我言其的當　風浪任顛狂

蕎句上八徠　盆巴茜芶上八上七半　芍尾杢勻尾

死生有命我輩無妨

厓四勻句匹匜芶茁

○第十段

悠悠水色山光繞聽　大郎歌又聽

𦍌蕎蕎蜀芍筃𥫗乜立ㄅ下十市巴　芍尾茁勻字ㄅ

小郎歌罷清濁和　滄　浪聲隨　流水

四勻四勻土ㄅ　笣苘巳合芶上十　茜芶句字上九蜀

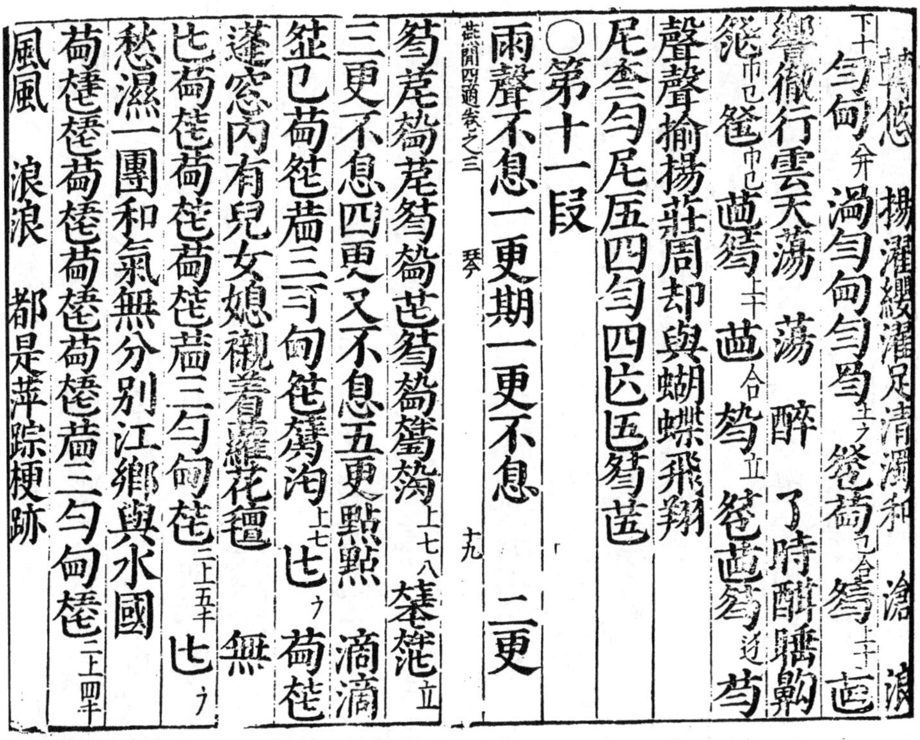

猗他　楊濯纓濯足清濁和　滄　浪
下十勺句弁　渦勺句勺芍上ㄋ　甃芍巳合芍上十一　芑
響徹行雲天蕩　蕩　醉　了時醻醹齁
甃巾巳甃巾巳　芭芍上十　芭合　芍立　甃芭芍从　芍
聲聲揄揚莊周却與蝴蝶飛翔
尼李勺尼压四勺四亡㔾芍芑
○第十一段
雨聲不息一更期一更不息　二更

燕閒四適卷之三　琴　十九

芍茬芍茬芍芑芍芍芍上七八　芢芢立
三更不息四更又不息五更點點　滴滴
筶巳芍笸芦三弓句笸芍沟上七　匕ㄋ　芍芢
遂窗內有兒女娘襯着羅花鈿　無
匕芍芢芍芢芍芢芦三勺句芢二上五半　匕ㄋ
愁濕一團和氣無分別江鄉與水國
芍芢芢芍芢芍芢芍芢芦三勺句芢二上四半
風風　浪浪　都是萍踪梗跡

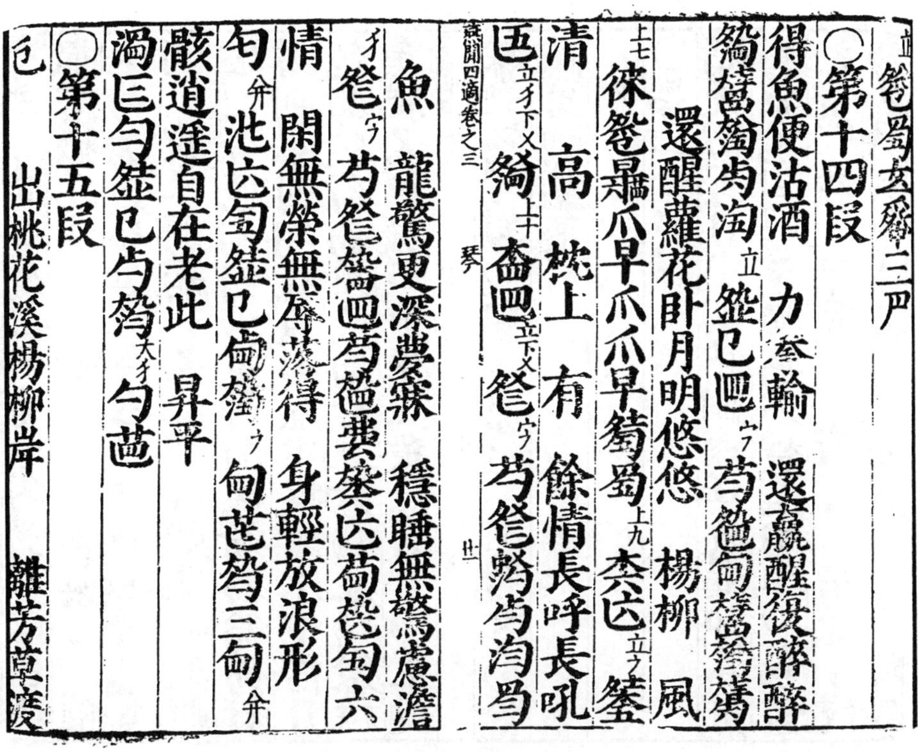

甃芍女豩二尸
○第十四段
得魚便沽酒　力苿輸　還飄醒復醉醉
芍芍芍勻淘立　筶巳四ㄋ　芍笸句芍芍芍
還醒蘿花卧月明悠悠　楊柳　風
上七　徠甃晶爪早爪爪早芍芍上九　李亡立ㄋ　甃
清　高　枕上　有　餘情長呼長吼
四立才下乂　芍上十　笸四立下乂　甃ㄋ　芍甃芍勻沟芍

燕閒四適卷之三　琴　廿一

魚　龍驚更深農寐　穩睡無驚慮澹
才ㄋ甃ㄋ　芍甃芍四芍芭莽芍芍芍六
情　閑無榮無辱落得　身輕放浪形
句弁　氻亡匀筶巳句芍ㄋ　句芑芍三句弁
骸逍遙自在老此　昇平
渦巨勺筶巳芍芍大才　勺芭
○第十五段
芑　出桃花溪楊柳岸　離芳草渡

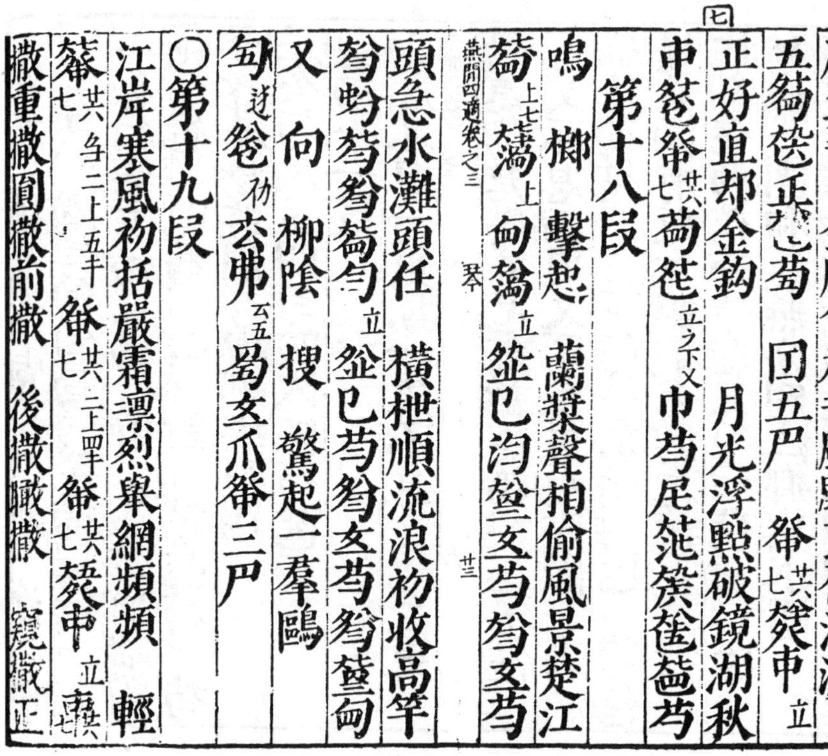

絺䓀𦫵甸䓀芶六㔾匀尾匋六七芭厃
府琵琶　金風乍起涼颼颼良夜瀟瀟
五芶䓀乑芑芶　団五尸　爷廿六七𡗚甲立
正好直却金鈎　月光浮點破鏡湖秋
甲笆爷廿六七苟笆立之下乂　巾芍尾笣𥫗笸苗芍

第十八段

鳴　榔　擊起　蘭槳聲相偷風景楚江
芶上七𦫵芶上　句芻立　㼜巳㕼𥫗文芍芶文芍

頭急水灘頭任　横枻順流浪初收高竿
芶蚙芶芶芶匀立　㼜巳芍芶文芍芶𦫵句
又　向　柳陰　搜　驚起一羣鷗
匋辶笆礿六弗云五　𦫵文爪爷三尸

○第十九段

江岸寒風初括嚴霜凛烈梟網頻頻　輕
爷七廿六㠯二上五十　爷七廿六二上四十　爷七廿六𡗚甲立七廿六
撒重撒圓撒前撒　後撒𢯱撒　寬撒正

𦫵芭爷廿六七　苟𦫵芶𦫵双甲　夲乜匀𦫵立　𦫵㼜巳夲六
撒潑撒逐步　牽蹤　刺槳　催
乜苟𦫵芶𦫵上卒　夲乜上五十　夲乜立之下■夲
呵　收來網網　又蘇刺哈刺軋刺軋刺
乜下七　夻匜芶𦫵ㄅ　𦫵句芶䓀芶芶芶芶芶
喑刺喑刺網收魚潑風中捉雪水中撈月
䓀芶䓀芶芶芶䓀芶𦫵廿二爷茜五𦫵廿五六爷廿五五
魚肥又魚鱖　魚生魚殺魚有　生殺

𦫵三廿二𦫵句匋辶笆礿𦫵云五冄乍　𦫵文爪爷
細劈鱠鱸肴
三尸

○第二十段

晴天四野日出烟銷網踈任教漏却吞舟
芶𦫵四匀土ㄅ　笆𦫵芍芶𦫵𠤎匀土ㄅ　笆茜
之鰲　漁人原是　青雲客屠龍手段
芶茜蚙芶㕼芶𦫵二上九　夻𦫵立之下乂　巨蚙芶

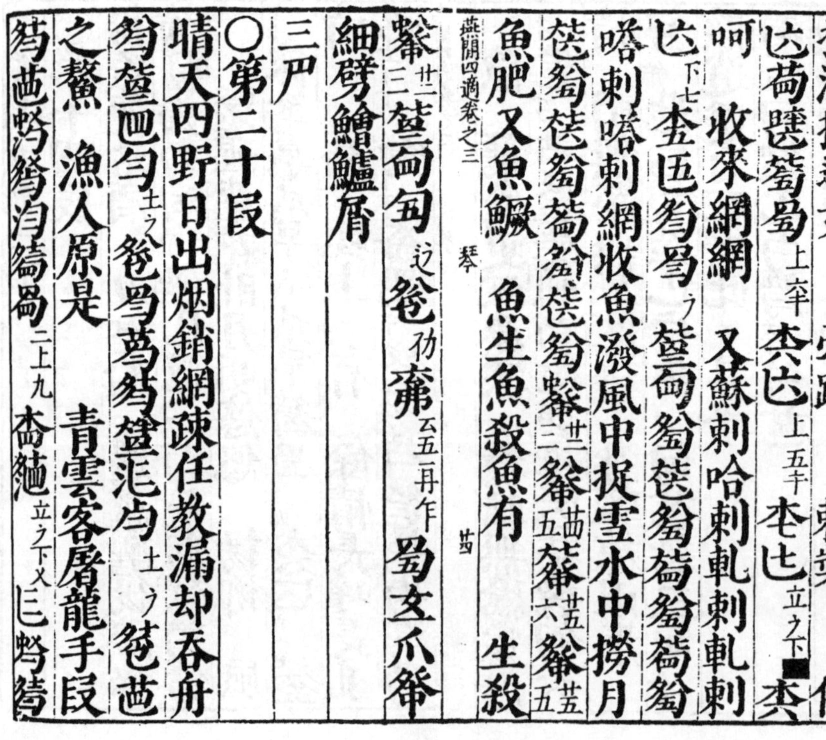

琴

胡笳十八拍　復古調　緊五慢一　一名一徵

蔡琰

○第一拍

我生之初尚無為我生之後漢祚衰天不仁兮降亂離地不仁兮使我逢此時干戈日尋兮道路危民卒流亡兮共哀悲烟塵蔽野兮胡虜盛志章乖兮義節虧對殊俗兮非我宜遭惡辱兮當告誰笳一會兮琴一拍心憤怨兮無人知

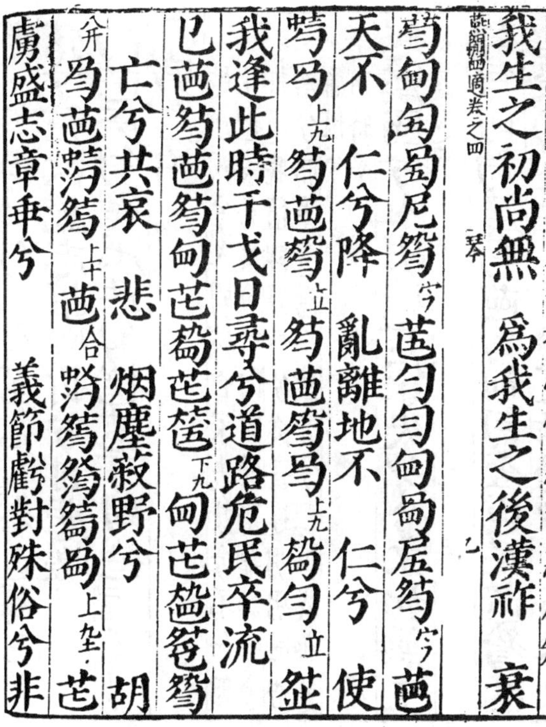

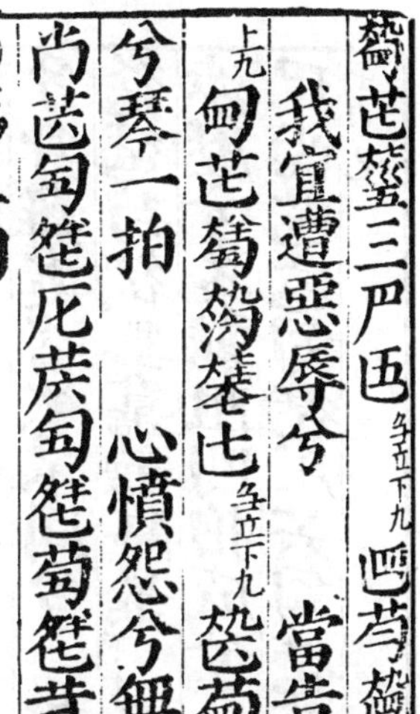

我生之初尚無　為我生之後漢祚　衰

芍句匀匀尼芍兮　芭匀匀句匀屋芍兮　芭

天不　仁兮降　亂離地不　仁兮　使

芍马上九　芍芭芍立　芍芭芍马上九　茐匀立　芷

我逢此時干戈日尋兮道路危民卒流

巳芭芍芭芍句芑茐芑莶下九　句芑莶笆芍

亡兮共哀　悲　烟塵蔽野兮　胡

入卄　马芭芍芍上十　芭合　芍芍芍芍马上全　芑

虜盛志章乖兮　義節虧對殊俗兮非

茐芑签三尸芭　四芍茐芑芑芑

我宜遭惡辱兮　當告誰　笳一會

上九　句芑芍芍茶乜　芑茐芑　茶乜三尸

兮琴一拍　心憤怨兮無人知

尚芭匀笆尼芮匀笆芍笆芋匀笆二上六半巾巳

○第二拍

戎羯逼我兮為室家將我行兮向天涯雲山萬重兮歸路遐疾風千里兮風揚沙人多暴猛兮如虺蛇控弦被甲兮為驕奢兩拍張弦兮弦欲絕志摧心折兮

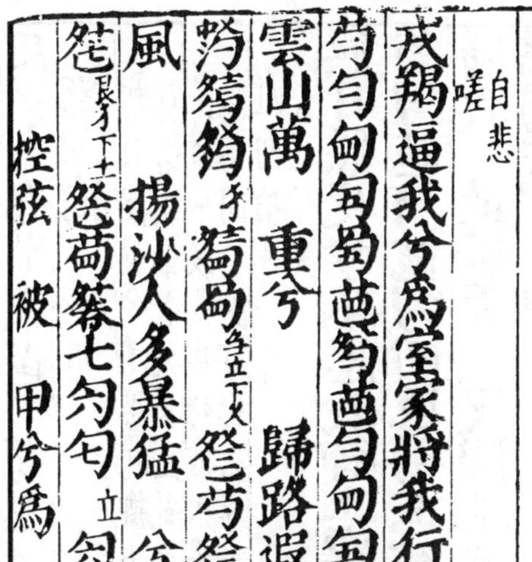

自悲嗟

戎羯逼我兮為室家將我行兮向天涯

芍匀句匀芍芭芍芭匀句匀芍尼芍兮　芑

雲山萬　重兮　歸路遐疾風千里兮

芍芍芍　芍芍　芑芍芑芍芍夯芭芍

風　揚沙人多暴猛　兮　如虺蛇

笆　芑芍芍七勻勻立　勻上十　茶乜芍

控弦　被　甲兮為　驕奢兩拍張

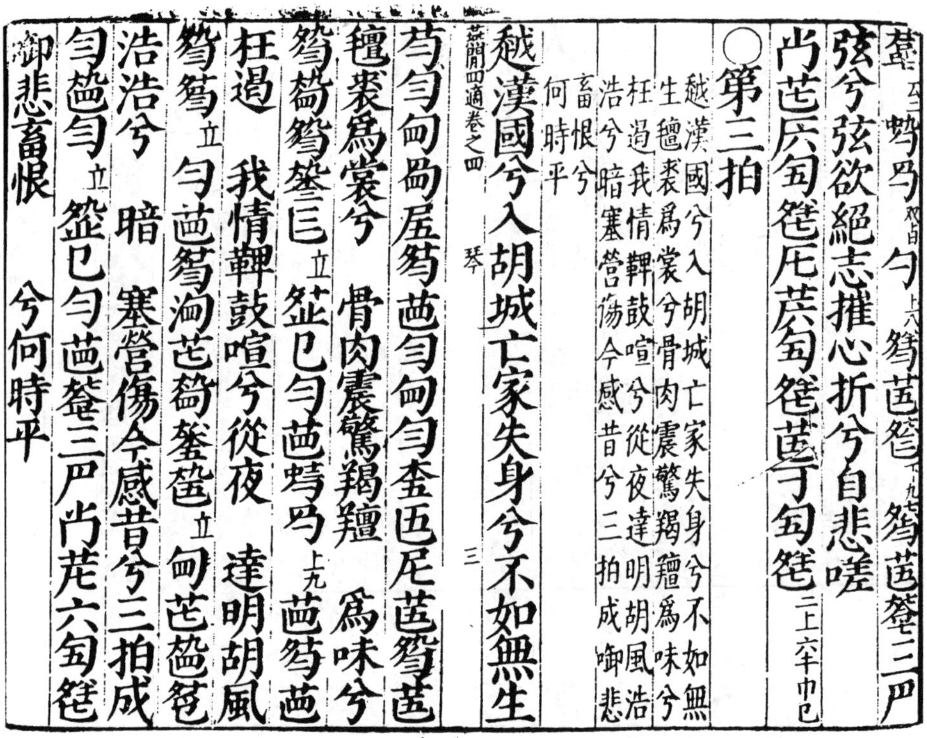

䒬五蚼弓双的勺上六芻茵笆下九芻茵甃三尸
弦兮弦欲絕志摧心折兮自悲嗟
尚芒厌匋笆尼茣匋笆莤亍匋笆二上六半巾乙

○第三拍

越漢國兮入胡城亡家失身兮不如無
生氈裘爲裳兮骨肉震驚羯羶爲味兮
枉過我情鞞鼓喧兮從夜達明胡風浩
浩兮暗塞營傷今感昔兮三拍成御悲
畜恨兮
何時平

越漢國兮入胡城亡家失身兮不如無生
芍匀句芻屋芻茴匀句匀查匹尼茵芻茵
氈裘爲裳兮　骨肉震驚羯羶　爲味兮
芻茴芻甃巨立笹巴匀茴蝪弓上九茴芻茴
枉過　我情鞞鼓喧兮從夜　達明胡風
芻芻立匀茴芻洵芒茴甃笆立句芒笆笆
浩浩兮　暗　塞營傷今感昔兮三拍成
匀笆匀立笹巴匀茴甃三尸尚芼六匋笆
御悲畜恨　兮何時平

尼芸匋笆茍笆茵亍茍笆二七上七巾乙

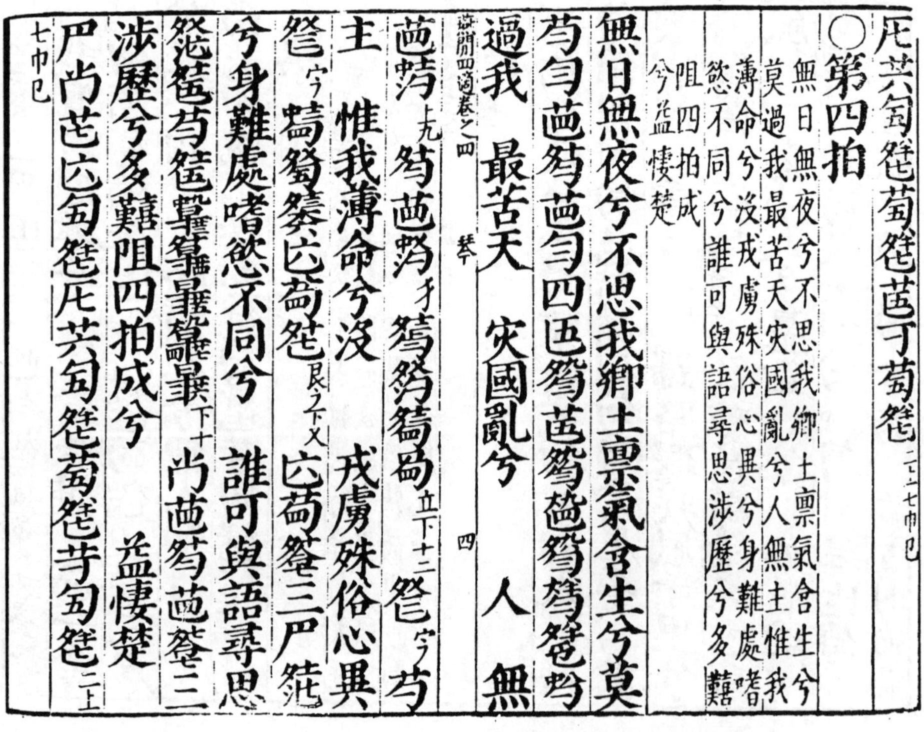

○第四拍

無日無夜兮不思我鄉土稟氣含生兮
莫過我最苦天灾國亂兮人無主惟我
薄命兮没戎虜殊俗心異兮身難處嗜
慾不同兮誰可與語尋思涉歷兮多艱
阻四拍成
兮益悽楚

無日無夜兮不思我鄉土稟氣含生兮莫
芍匀茴芻茴匀四匹芻茵芻笆芻芻笆蚼
過我　最苦天　灾國亂兮　人　無

茴蝪上九芻茴蚼才芻芻芻咼立下十二笆字芍
主　惟我薄命兮没　戎虜殊俗心異
笆字蝪芻甃匹咼笆艮之下又匹咼甃三尸笎
兮身難處嗜慾不同兮　誰可與語尋思
笆笆芍笆[illegible]下十尚茴芻茴甃三
涉歷兮多艱阻四拍成兮　益悽楚
尸尚芒匹匋笆尼芸匋笆茍笆芋匋笆二上
七巾乙

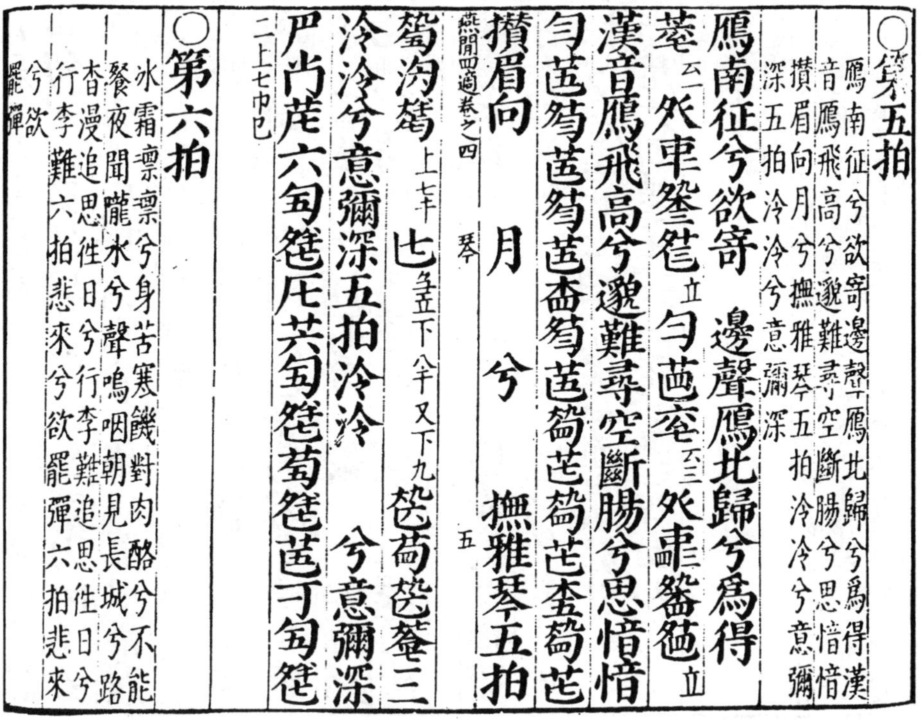

○第五拍

鴈南征兮欲寄邊聲鴈北歸兮爲得漢音鴈飛高兮邈難尋空斷腸兮思愔愔攢眉向月兮撫雅琴五拍泠泠兮意彌深五拍泠泠兮意彌深

鴈南征兮欲寄　邊聲鴈北歸兮爲得

[illegible] 云二 [illegible] 立 勻 [illegible] 云三 [illegible] 立

漢音鴈飛高兮邈難尋空斷腸兮思愔愔

勻苣芻苣芻苣畣芻苣芶芒芶芒杢芶芒

攢眉向　月　兮　撫雅琴五拍

芶洶芻 上七半 乜 [illegible] 三

泠泠兮意彌深五拍泠泠　兮意彌深

尸尚芇六[illegible]

二上七巾巳

○第六拍

冰霜凜凜兮身苦寒饑對肉酪兮不能餐夜聞隴水兮聲鳴咽朝見長城兮路杳漫追思往日兮行李難追思往日兮行李難六拍悲來兮欲罷彈六拍悲來兮欲罷彈

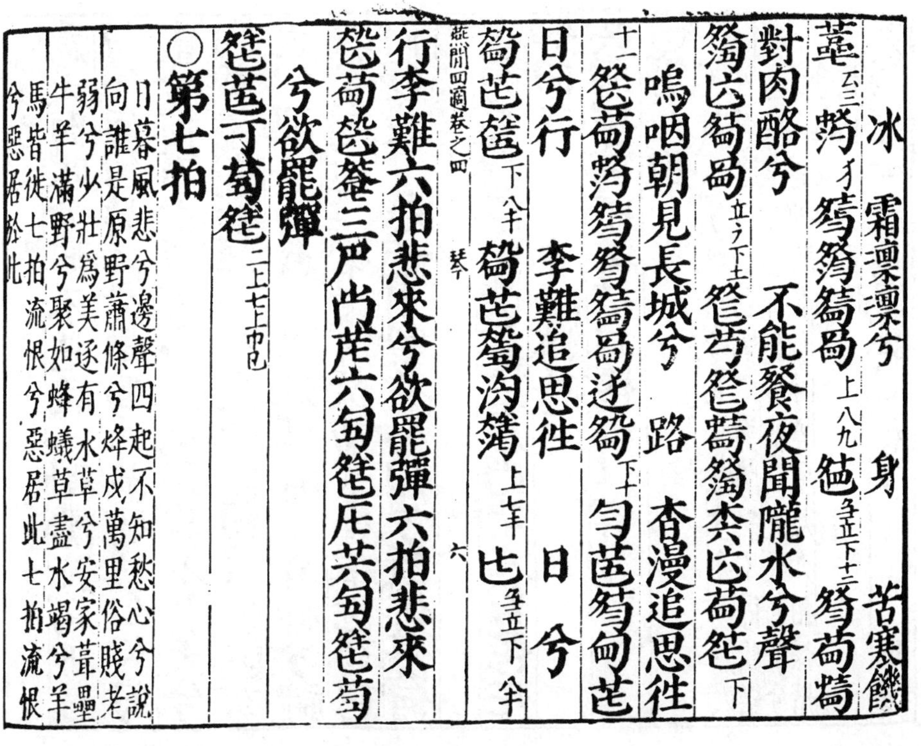

冰　霜凜凜兮　身　苦寒饑

[illegible] 云三 [illegible] 上八九 [illegible]

對肉酪兮　不能餐夜聞隴水兮聲

[illegible] 下

鳴咽朝見長城兮　路　杳漫追思往

[illegible] 下十 勻苣芻[illegible]芒

日兮行　李難追思往　日　兮

芶芒[illegible] 下八半 芶芒芻洶芻 上七半 乜 [illegible] 下八半

行李難六拍悲來兮欲罷彈六拍悲來

[illegible]三尸尚芇六[illegible]

兮欲罷彈

[illegible]苣丁[illegible] 二上七上巾巳

○第七拍

日暮風悲兮邊聲四起不知愁心兮説向誰是原野蕭條兮烽戍萬里俗賤老弱兮少壯爲美逐有水草兮安家葺壘牛羊滿野兮聚如蜂蟻草盡水竭兮羊馬皆徙七拍流恨兮惡居於此七拍流恨兮惡居於此

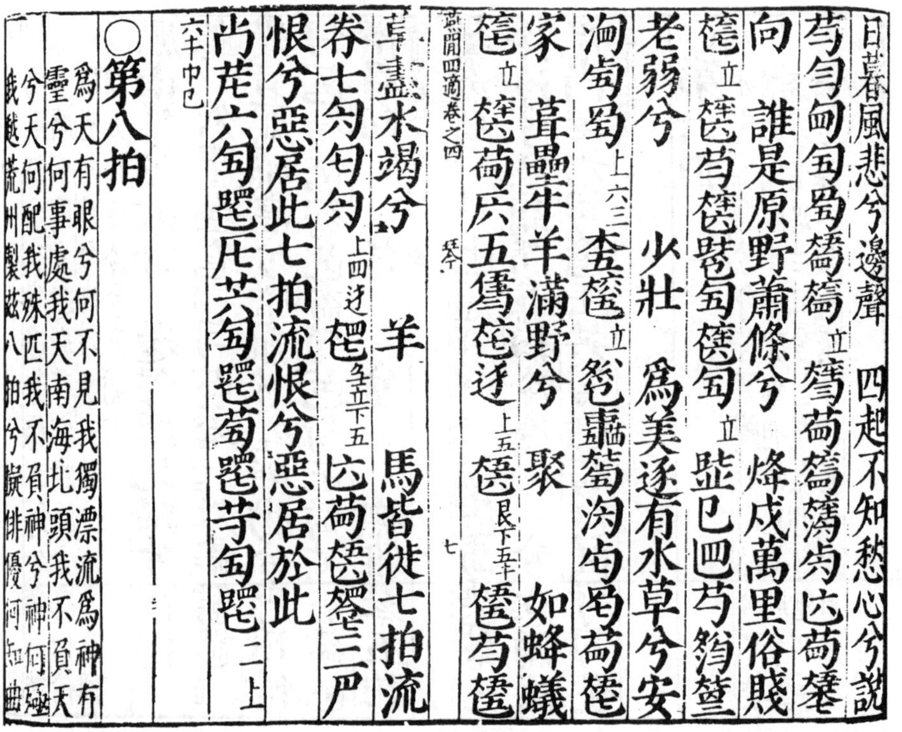

日暮風悲兮邊聲 四起不知愁心兮說
芍勻甸匋㽬蕎蕎立 蕎荀蕎蕎㽬匹苟蓍
向 誰是原野蕭條兮 烽戍萬里俗賤
𦳣立 𦳣苢芍𦳣蓖匋𦳣匋立 豈巴四芍蒟𦳣
老弱兮 少壯 爲美逐有水草兮安
洵匋㽬上六三 查𦳣立 㕣蟲菊洵匋㽬荀𦳣
家 茸壘牟羊滿野兮 聚 如蜂蟻
𦳣立 𦳣苢荀㡿五雋𦳣迮上五 𦳣艮下五十 𦳣芍𦳣

草盡水竭兮 羊 馬皆徙七拍流
券七匀乇匀上四迮 𦺗夂五下五 匹荀𦳣苢𦺗三尸
恨兮惡居此七拍流恨兮惡居於此
尚茈六匋𦺗𢀖芸匋𦺗菊𦺗芋匋𦺗 二上
六丰巾巴

○第八拍

爲天有眼兮何不見我獨漂流爲神有靈兮何事處我天南海北頭我不負天兮天何配我殊匹我不負神兮神何殛我越荒州製兹八拍兮擬俳優何知曲

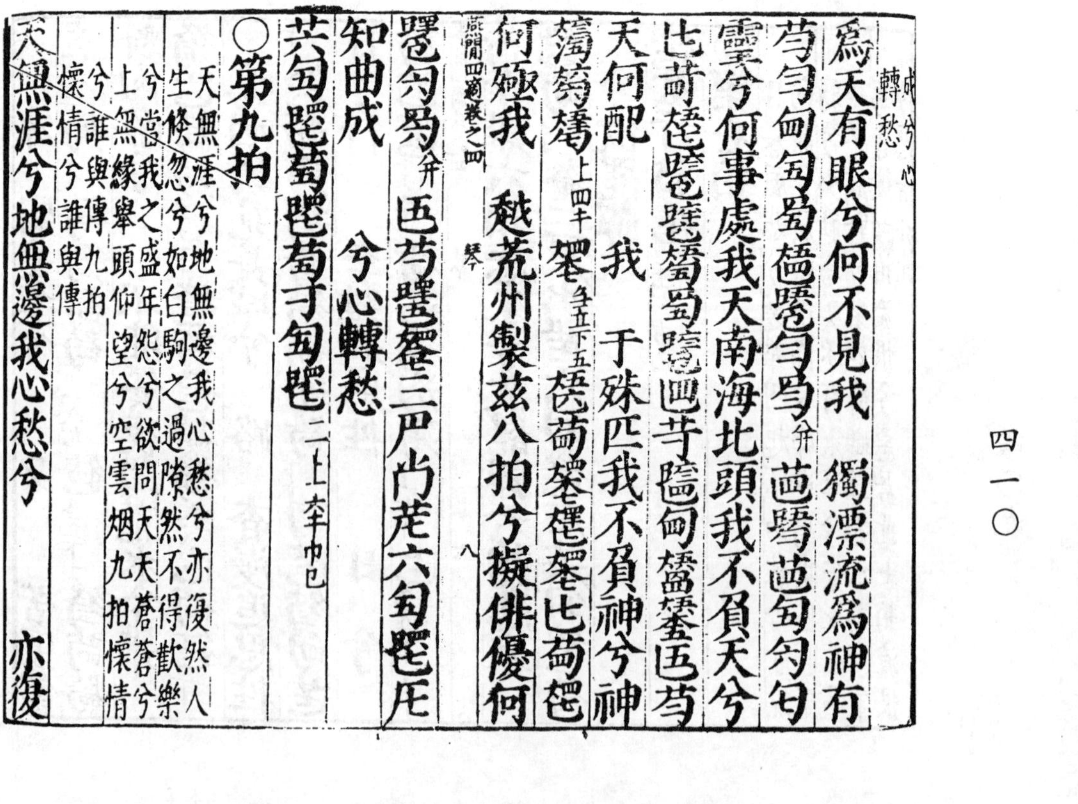

成兮心 轉愁

爲天有眼兮何不見我 獨漂流爲神有
芍勻甸匋㽬𦳣𦺗勻𦺗夂 茴𦺗茴匋匀乇
靈兮何事處我天南海北頭我不負天兮
匕苟𦳣𦺗𦺗蓍㽬𦺗四芋𦳣甸蓍𦺗匹芍
天何配 我 于殊匹我不負神兮神
蕎蕎蕎上四十 𦺗夂五下五 𦳣荀𦺗𦺗乜荀𦺗

何殛我 越荒州製兹八拍兮擬俳優何
𦺗匀㽬夂 匹芍𦺗𦺗三尸尚茈六匋𦺗𢀖
知曲成 兮心轉愁
芸匋𦺗菊𦺗菊丁匋𦺗 二上 六丰巾巴

○第九拍

天無涯兮地無邊我心愁兮亦復然人生倏忽兮如白駒之過隙然不得歡樂兮當我之盛年怨兮欲問天天蒼蒼兮上無緣舉頭仰望兮空雲烟九拍懷情兮誰與傳九拍懷情兮誰與傳

天無涯兮地無邊我心愁兮 亦復

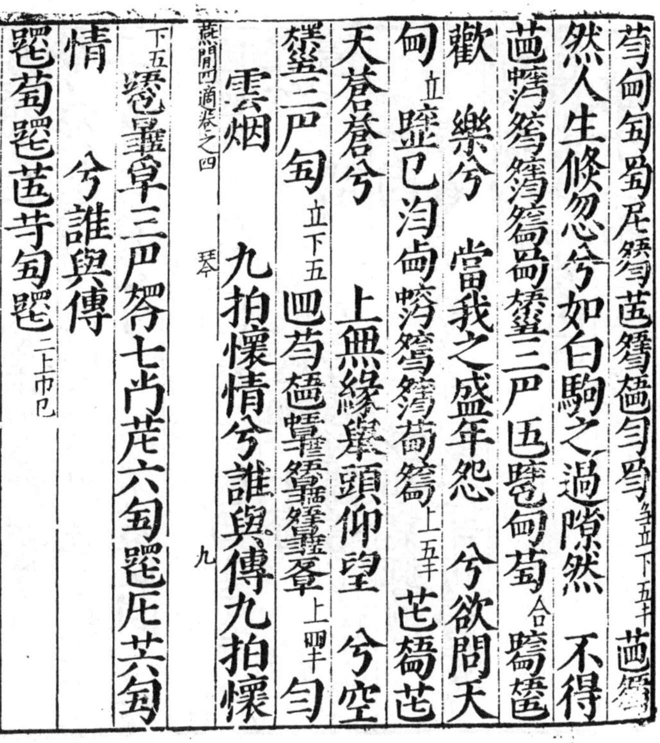

芍句勻蜀尼𥫗茝𥫗菑勻𢎘 立五下五半 茴𥫗
然人生倏忽兮如白駒之過隙然　不得
茴𦬓𥫗𥫗𥫗蜀𥫗三尸𢀡𥫗句茍 合 𥫗𥫗
歡　樂兮　當我之盛年怨　兮欲問天
句 立 𨀕巳泊㡀𦬓𥫗𥫗苟𥫗 上五半 芒𥫗芒
天蒼蒼兮　上無緣舉頭仰望　兮空
𥫗𥫗三尸甸 立下五 𢀡芍𦬓𥫗𥫗𥫗 上四半 勻
雲烟　九拍懷情兮誰與傳九拍懷

下五 𥫗𥫗𥫗三尸𥫗七𥫗芒六𥫗𥫗尼芸𥫗
情　兮誰與傳
𥫗蜀𥫗茝芋甸𥫗 二上巾巳

○第十拍

城南烽火不曾滅疆場征戰何時歇殺
氣朝朝冲塞門胡風夜夜吹邊月故鄉
隔兮音塵絕哭無聲兮氣將咽一生辛
苦兮緣離別十拍悲聲兮淚成血十拍
悲聲兮
淚成血

城南烽火不曾滅疆場征戰　何　時
芍勻句蜀㞢𥫗茴𥫗𥫗杏𢀡 上四半 𢀡 下五半 句
歇殺氣朝朝冲　塞門胡風夜夜　吹邊
芒𥫗𥫗𢀡𥫗𥫗 上五 𥫗芒菑𢀡勻𢎘 𠦄 茴𥫗
月故鄉隔　兮音　塵絕哭無聲兮
茴𥫗三尸 上五八 勻 下六三 勺芍𥫗𥫗𥫗 二
氣　將咽一生辛苦兮緣　離別十
上五 𥫗 立下六三 𥫗苟𥫗三尸𢀡句𥫗 立七 𥫗𥫗𥫗
拍悲聲兮　淚　成血　十拍悲聲

𥫗𥫗𥫗蜀 二上六 𥫗 立下七 𥫗女 仞 𥫗𥫗𥫗𥫗
兮淚　成血
𥫗𥫗 立 𥫗𥫗

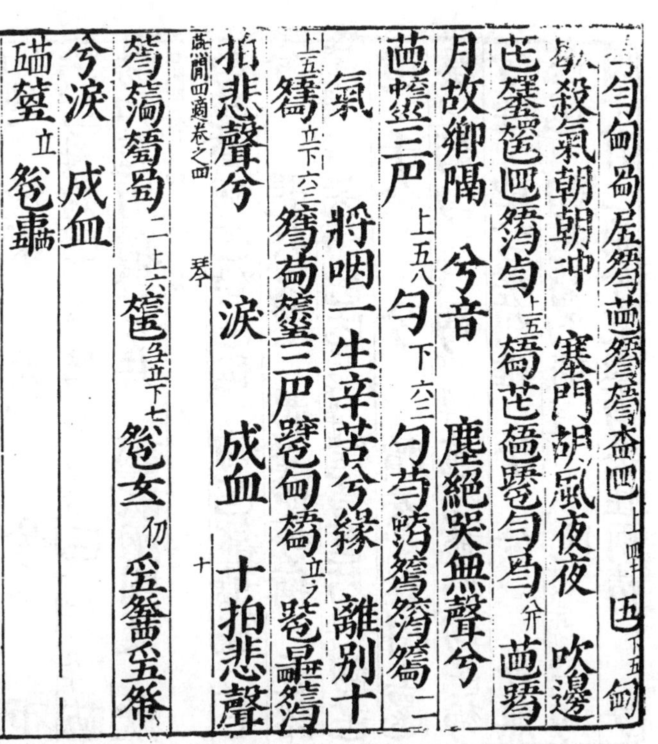

○第十一拍

我非貪生而惡死不能捐身兮心有以
生仍冀得兮歸桑梓死當埋骨兮長已
矣日居月諸兮在戎壘胡人寵我兮有
二子鞠之育之兮不羞恥憫之念之兮
生長邊鄙十有一拍兮因茲起哀響纏
綿兮徹心髓

我非貪生　而　惡死不能捐身兮

䒭泃句𢀖上六𥫗五下六三 琵曷𥫗琵𥫗芍𥫗

心有以生仍冀得兮 歸 桑

五下七 四芍𥫗𥫗芍泃芍𢀖二上六 𥫗五六下七 四

梓死 當埋骨兮長 已矣日居

芍𥫗 𥫗芍芍句㔾五下七八 𠀉𥫗三廿一

月諸兮在 戎壘胡人寵我兮有

𥫗又𥫗 五下八 𠀉𥫗𥫗三尸𥫗㔾𥫗五下八

二子鞠之育之兮 不羞恥問之念

𠀉𥫗𥫗三尸𥫗㔾𥫗上卆 㔾芍𥫗𥫗三尸

之兮 生 長邊鄙 十有 一拍

𥫗二上四八 𥫗五下六三 㔾芍𥫗𥫗芍𥫗㔾五

兮因 茲起哀響纏

下七干 芍芍二上六三 句五下七 𥫗女芍句芍𥫗立

綿兮徹心髓

𥫗𥫗𥫗𥫗卌五 𥫗𥫗市

○第十二拍

東風應律兮暖氣多知是漢家天子兮布陽和羌胡蹈舞兮共謳歌兩國交歡兮罷兵戈忽遇漢使兮稱近詔遣千金兮贖妾身喜得生還兮逢聖君嗟別稚子兮會無因十有二拍兮哀樂均去住兩情兮誰具陳

東 風應律 兮 暖 氣多

芍句句芍五下七八 𥫗下九 芍上七干 𥫗𥫗應

知是 漢家 天子 兮 布

𥫗泃𥫗上七 芍巨立下九干 𥫗𥫗二上七八 巨五下九干 𠀉

陽和羌胡蹈舞兮共 謳歌兩國交 歡

芍𠀉芍句芑芍𥫗下九 句芑𥫗𥫗二上 七

兮 罷兵戈忽 遇漢使兮稱 近詔

𥫗五立八干 𥫗芍𥫗㔾立之下九干 𥫗芍𥫗芍上九 句芑

遣 千金 兮 贖妾身喜得生還

𥫗芍芍二上七八 芍下九干 𠀉芍𠀉芍句芑芍

兮逢 聖君嗟別稚 子 兮 會無

芑𥫗下九 句芑芍泃芍上七下七八 匕五下九 𥫗芍

因十有二拍兮哀樂均去住兩情 兮

四一二

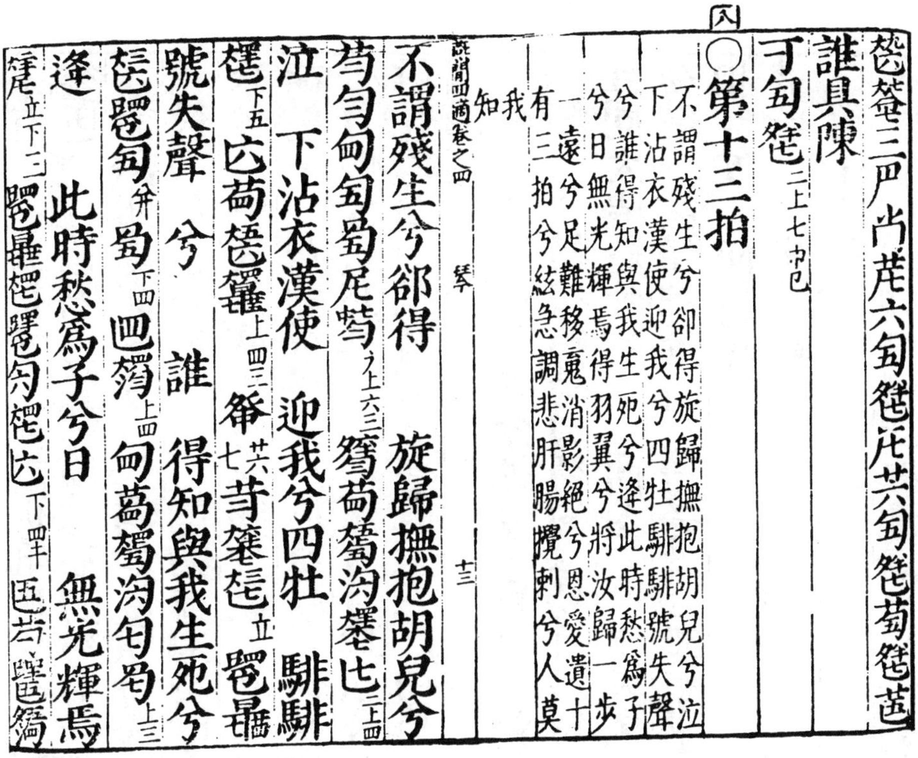

䓕𥫗二尸 㞕𦬊六𠣜䓕𢎘 廾六𠣜䓕茍䓕茝

誰具陳

丁𠣜䓕 二上七𠂆

○第十三拍

不謂殘生兮却得旋歸撫抱胡兒兮泣下沾衣漢使迎我兮四牡騑騑號失聲兮誰得知與我生死兮逢此時愁爲子兮日無光輝焉得羽翼兮將汝歸一步一遠兮足難移䰟消影絶兮恩愛遺十有三拍兮絃急調悲肝腸攪刺兮人莫我知

不謂殘生兮却得 旋歸撫抱胡兒兮

𠃋𠣜𠣜𠣜𠣜尾𠃋 六上六三 𠣜茍𠣜沟𠣜七 二上四

泣 下沾衣漢使 迎我兮四牡 騑騑

𦬊 下五 𠃊茍𠣜𠣜 上四三 𠣜 廾六 七 𦬊𠣜𠣜 立 𠣜𠣜

號失聲 兮 誰 得知與我生死兮

𠣜𠣜𠣜 廾 𠣜 下四 𠃊𠣜 上四 𠣜𠣜𠣜沟𠣜𠣜 上三

逢 此時愁爲子兮日 無光輝焉

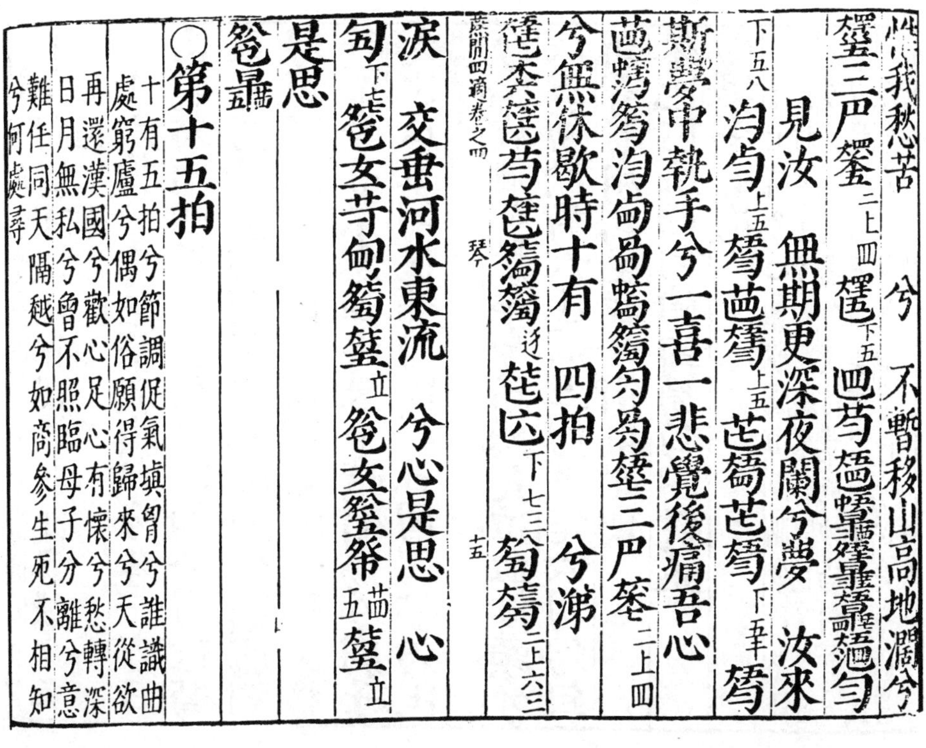

𠣜尾 立下二 𠣜𠣜𠣜𠣜𠣜𠣜𠃊 下四半 𠃊𠣜 𠣜𠣜

此我愁苦 兮 不暫移山高地濶兮

𠣜二尸𠣜 二上四 𠣜 下五 𠃊𠣜𠣜𠣜𠣜𠣜𠣜

見汝 無期更深夜闌兮夢 汝來

下五八 沟𠣜 上五 𠣜𠣜𠣜 上五 𠣜𠣜𠣜𠣜 下五半 𠣜

斯夢中執手兮一喜一悲覺後痛吾心

𠣜𠣜𠣜沟𠣜𠣜𠣜𠣜𠣜𠣜二尸𠣜 二上四

兮無休歇時十有 四拍 兮涕

𠣜𠣜𠣜𠣜𠣜𠣜 𠣜 𠣜𠃊 下七三 𠣜𠣜 二上六三

淚 交垂河水東流 兮心是思 心

𠣜 下七 𠣜𠣜𠣜𠣜𠣜𠣜 立 𠣜𠣜𠣜𠣜 五 𠣜 立

是思

𠣜𠣜 五

○第十五拍

十有五拍兮節調促氣塡胷兮誰識曲處窮廬兮偶如俗願得歸來兮天從欲再還漢國兮歡心足心有懷兮愁轉深日月無私兮曾不照臨母子分離兮意難任同天隔越兮如商參生死不相知兮何處尋

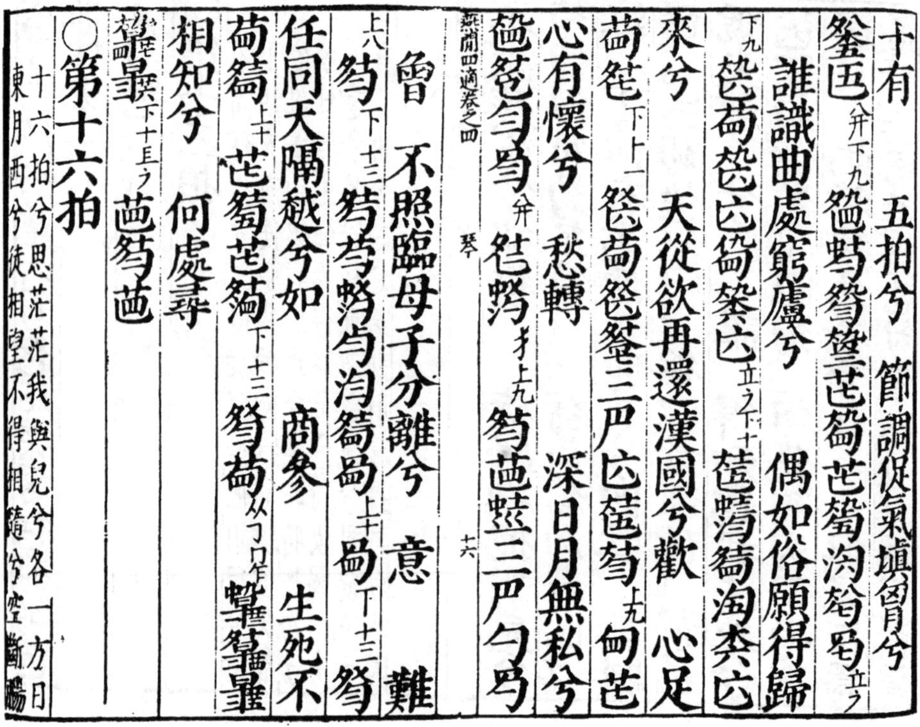

十有　五拍兮　節調促氣塡胷兮

鋈㔬 爿下九 𥫗蚂𦐇𥫗芒芶芒𦬇洵𦬇𤰞 立ㄋ

誰識曲處窮廬兮　偶如俗願得歸

下九 𥫗芶𥫗𠀤𠌩𥫗𠀤 立ㄋ下十 蓷𥬇𦬇洵㚔𠀤

來兮　天從欲再還漢國兮歡　心足

芶𥫗 下十一 𥫗芶𥫗𥫗三尸𠀤蓷芍 上九 句芒

心有懷兮　愁轉　深日月無私兮

𥫗𥫗勺𤰞 爿 𥫗𦬇 扌上九 芍𦬇𦬇三尸勹𤰞

曾　不照臨母子分離兮　意　難

上六 芍 下十三 芍𦬇𦬇勺洵𦬇𤰞 上十 𤰞 下十三 芍

任同天隔越兮如　商參　生死不

芶𦬇 上十 芒𦬇芒𦬇 下十三 芍芶 从丁口乍 𥫗𥫗𥫗

相知兮　何處尋

𥫗𥫗 下十上ㄋ 𦬇芍𦬇

○第十六拍

十六拍兮思茫茫我與兒兮各一方日

東月西兮徒相望不得相隨兮空斷腸

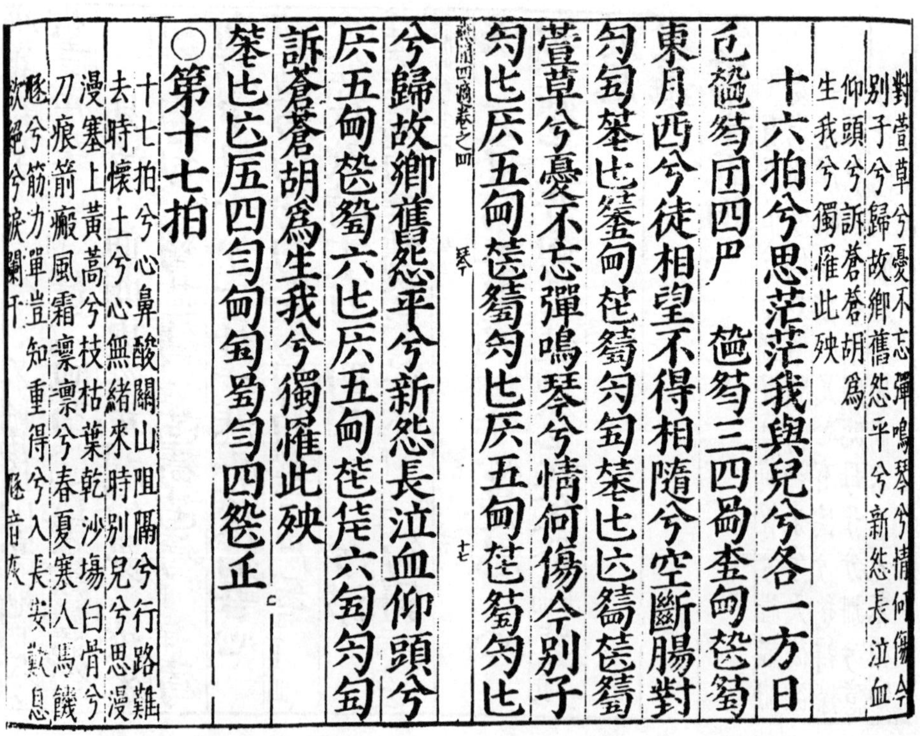

對萱草兮憂不忘彈鳴琴兮情何傷今

別子兮歸故鄉舊怨平兮新怨長泣血

仰頭兮訴蒼蒼胡為

生我兮獨罹此殃

十六拍兮思茫茫我與兒兮各一方日

𠀤𥫗芍𠀤四尸　𥫗芍三四𤰞𥫗句𥫗𦬇

東月西兮徒相望不得相隨兮空斷腸對

勺勾𥫗𠀤𥫗句芒𦬇勺勾𥫗𠀤𠀤𦬇蓷𦬇

萱草兮憂不忘彈鳴琴兮情何傷今別子

勺𠀤𠀤五句蓷𦬇勺𠀤𠀤五句芒𦬇勺𠀤

兮歸故鄉舊怨平兮新怨長泣血仰頭兮

𠀤五句𥫗𦬇六𠀤𠀤五句芒𠀤六勾勺勾

訴蒼蒼胡為生我兮獨罹此殃

𥫗𠀤𠀤𠀤四勺句勾𤰞勺四𥫗正

○第十七拍

十七拍兮心鼻酸關山阻隔兮行路難

去時懷土兮心無緒來時別兒兮思漫

漫塞上黃蒿兮枝枯葉乾沙場白骨兮

刀痕箭瘢風霜凜凜兮春夏寒人馬饑

豗兮筋力單豈知重得兮入長安歎息

欲絕兮淚闌干　豗音灰

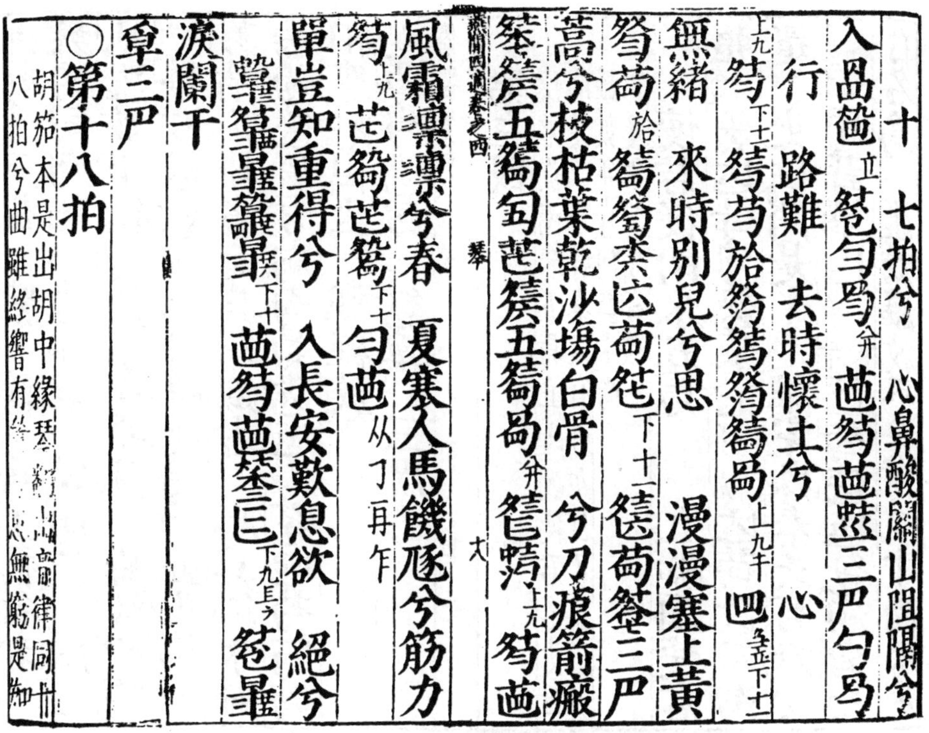

十　七拍兮　心鼻酸兮關山阻隔兮
入㽞䒤立　笣匂㽞弁　茜笃茜嶶三尸勺㽞
行　路難　去時懷土兮　心
上九笃下十　笃芍於笃笃笃筍茍上九半　四金下十一
無緒　來時別兒兮思　漫漫塞上黃
笃茍於　筍笃荅匹茍笓下十一　筐茍簦三尸
蒿兮枝枯葉乾沙場白骨　兮刀痕箭瘢
筌簑五筍匋莣簑五筍茍弁　筐蜻上九　笃茜

風霜凜凜兮春　夏寒人馬饑豗兮筋力
笃上九　芒筍芒笃下十　匀茜　从丁再乍
單豈知重得兮　入長安歎息欲　絕兮
簹笃簹簹簹下十　茜笃茜笭巨下九巨ㄱ　笣
淚闌干
筫三尸
○第十八拍
胡笳本是出胡中緣琴翻出音律同十八拍兮曲雖終響有餘思無窮是知

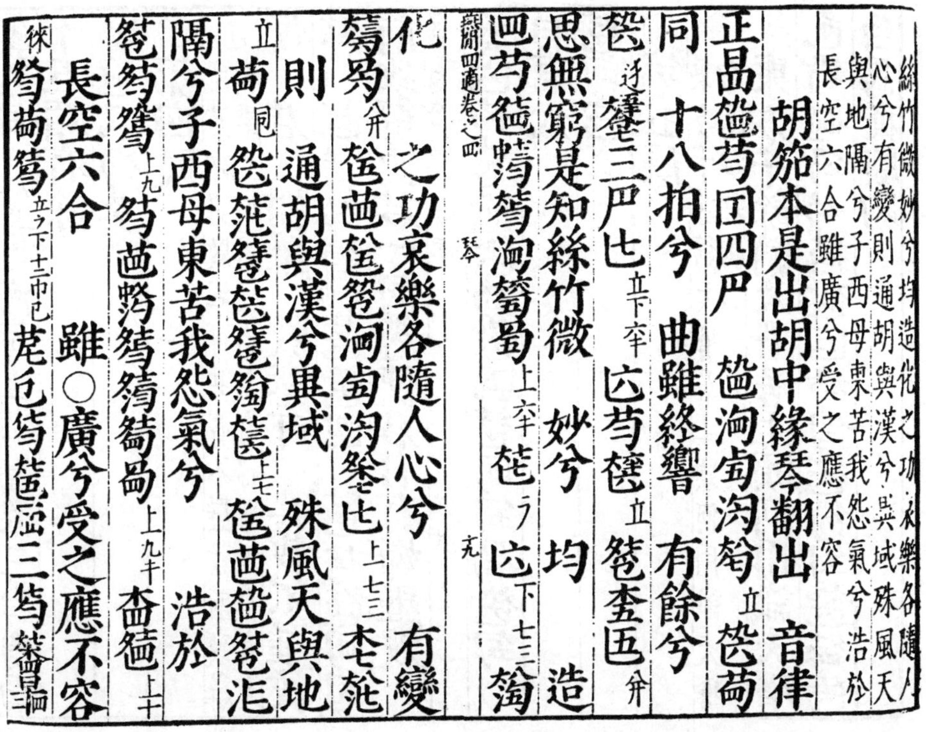

絲竹微妙兮均造化之功哀樂各隨人心兮有變則通胡與漢兮異域殊風天與地隔兮子西母東苦我怨氣兮浩於長空六合雖廣兮受之應不容
胡笳本是出胡中緣琴翻出　音律
正㽞䒤笃囗四尸　䒤洵匋泃筍立　䒤茍
同　十八拍兮　曲雖終響　有餘兮
筂泛簦三尸乜立下半　匹芍筐立　笣查匹弁
思無窮是知絲竹微　妙兮　均　造
四芍䒤蜻笃洵筍芍上六半　莛ㄱ　匹下七三　筍

化　之功哀樂各隨人心兮　有變
筍芍弁　笸茜笸笣洵匋泃笭乜上七三　杏笓
則　通胡與漢兮異域　殊風天與地
立　茍同　筂莌笭笸筂笭笸筍筐上七　笸茜䒤笣汇
隔兮子西母東苦我怨氣兮　浩於
笣笃笃上九　笃茜筍笃筍筍茍上九半　杏篭上十
長空六合　雖○廣兮受之應不容
徠　筍茍笃立ㄱ下十二市巳　茈色笃䒤㾇三笃笭

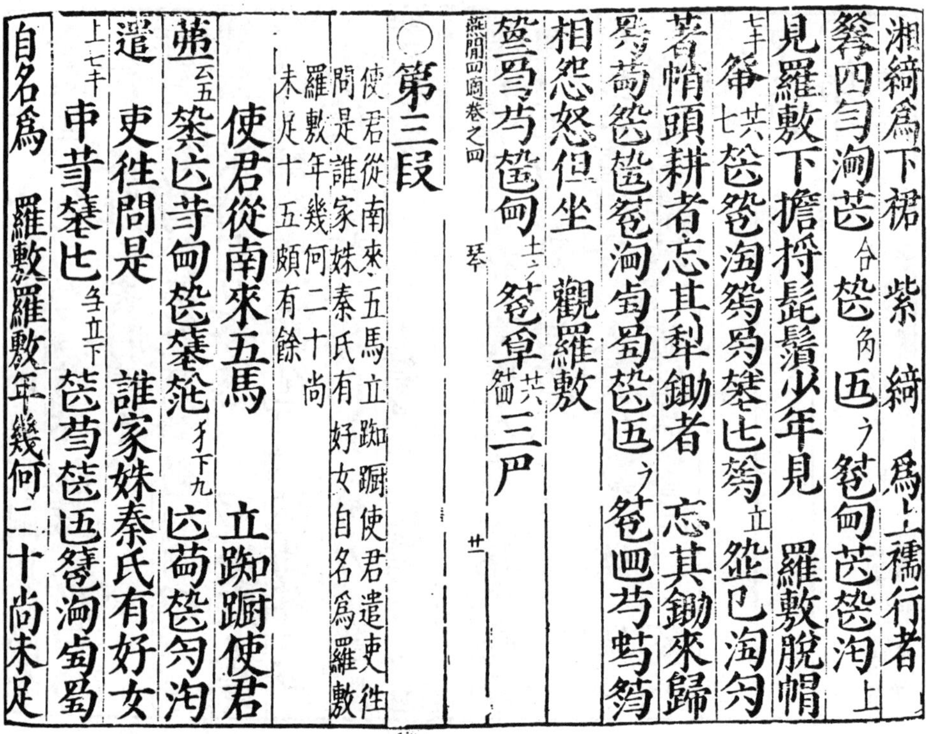

湘綺爲下裙　紫　綺　爲上襦行者

[illegible]

見羅敷下擔捋髭鬚少年見　羅敷脫帽

[illegible]

著帩頭耕者忘其犁鋤者　忘其鋤來歸

[illegible]

相怨怒但坐　觀羅敷

[illegible]

○第三段

使君從南來五馬立踟躕使君遣吏往問是誰家姝秦氏有好女自名爲羅敷羅敷年幾何二十尚未足十五頗有餘

使君從南來五馬　立踟躕使君

[illegible]

遣　吏往問是　誰家姝秦氏有好女

[illegible]

自名爲　羅敷羅敷年幾何二十尚未足

[illegible]

十五頗有餘

[illegible]

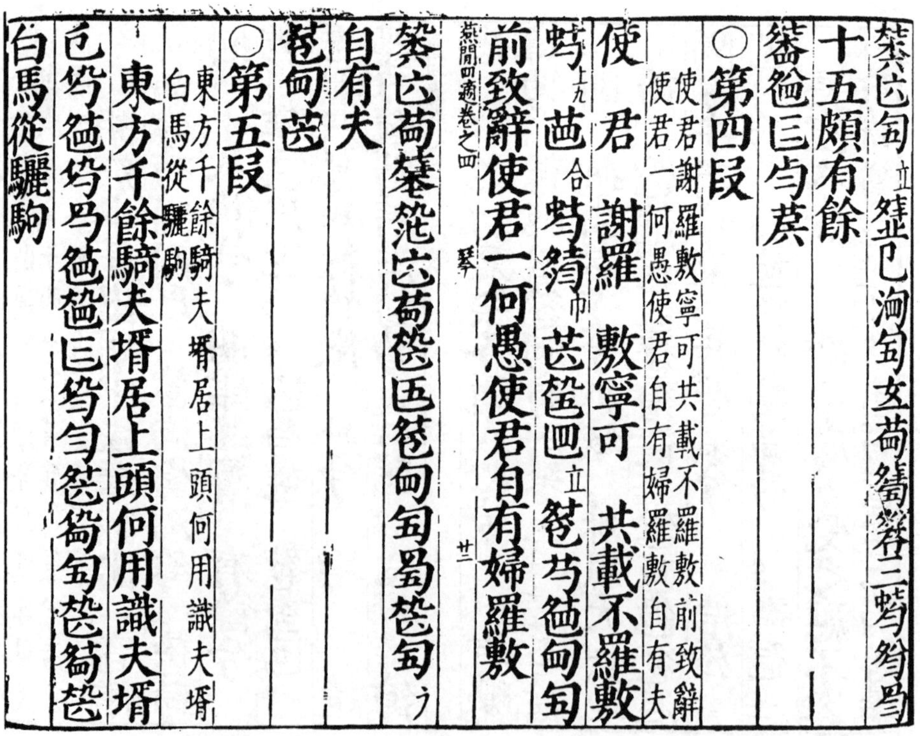

○第四段

使君謝羅敷寧可共載不羅敷前致辭使君一何愚使君自有婦羅敷自有夫

使　君　謝羅　敷寧可　共載不羅敷

[illegible]

前致辭使君一何愚使君自有婦羅敷

[illegible]

自有夫

[illegible]

○第五段

東方千餘騎夫壻居上頭何用識夫壻白馬從驪駒

東方千餘騎夫壻居上頭何用識夫壻

[illegible]

白馬從驪駒

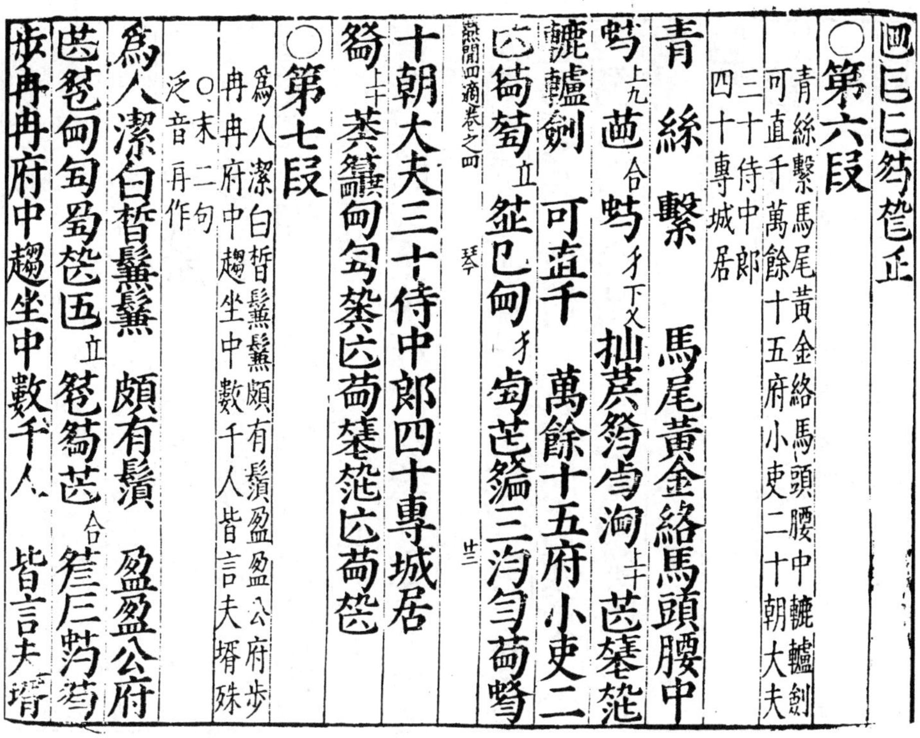

㽞巨巨𧈢笆正

○第六段

青絲繫馬尾黃金絡馬頭腰中轆轤劍
可直千萬餘十五府小吏二十朝大夫
三十侍中郎
四十專城居

青　絲　繫　馬尾黃金絡馬頭腰中

蚼上九　茴合　蚼才下乂　抇萁㢡匀洵上十　芭㸦笣

轆轤劍　可直千　萬餘十五府小吏二

㐌荀蓟立　笸巴句才　㫗芭㵐三泃匀蓟𫊸

十朝大夫三十侍中郎四十專城居

翁上十　萁籲句匀縈㐌蓟㸦笣㐌蓟𤯠

○第七段

爲人潔白皙鬑鬑頗有鬚盈盈公府步
冉冉府中趨坐中數千人皆言夫壻殊

○末二句
泛音再作

爲人潔白皙鬑鬑　頗有鬚　盈盈公府

茵笣句匀𦓐𤯠匜立　笣蓟芭合　𦓐巨𧈢芍蓟

步冉冉府中趨坐中數千人　皆言夫壻

𦓐匀𤯠匀𦓐芍𦓐句㐌匀立　笸巴句

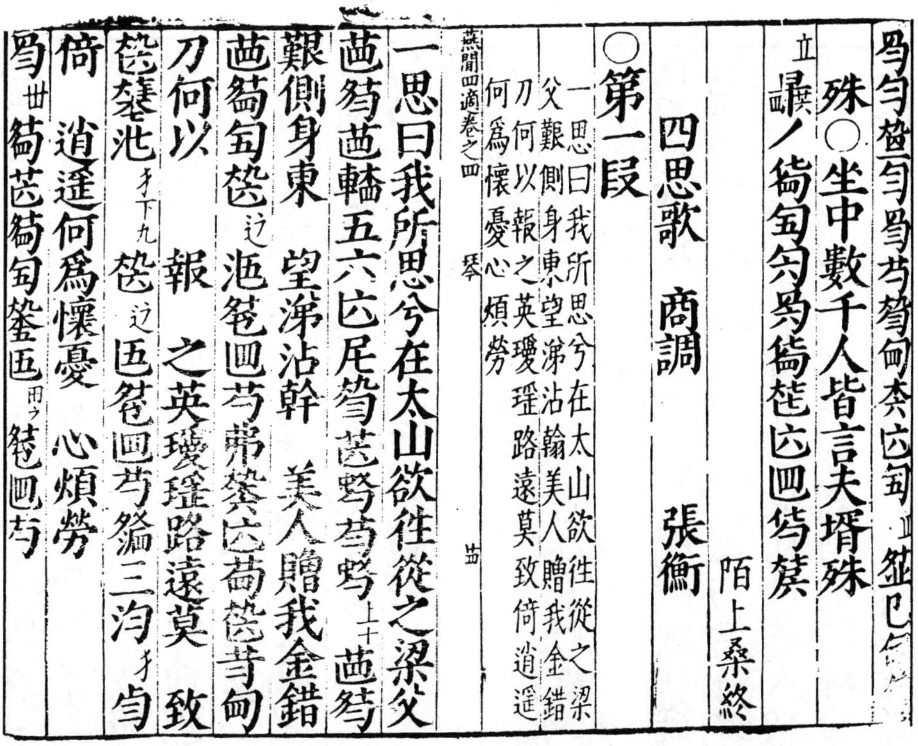

殊○坐中數千人皆言夫壻殊

立　㽞蓟匀勹蓟笸㐌㽞芍萁

陌上桑終

四思歌　商調　張衡

○第一段

一思曰我所思兮在太山欲往從之梁
父艱側身東望涕沾翰美人贈我金錯
刀何以報之英瓊瑤路遠莫致倚逍遙
何爲懷憂心煩勞

一思曰我所思兮在太山欲往從之梁父

茴𫊸茴䡊五六㐌尾蓟芭𧈢芍𧈢上十　茴𫊸

艱側身東　望涕沾幹　美人贈我金錯

茴蓟匀𤯠辶　洒笣㽞芍芾縈㐌蓟𤯠芍句

刀何以　報　之英瓊瑤路遠莫　致

𤯠㸦笣才下九　𤯠辶　匜笣㽞芍𦓐三泃才　㫗

倚　逍遙何爲懷憂　心煩勞

𦓐廿　蓟芭蓟匀鋻匜田ㄅ　笣㽞芍

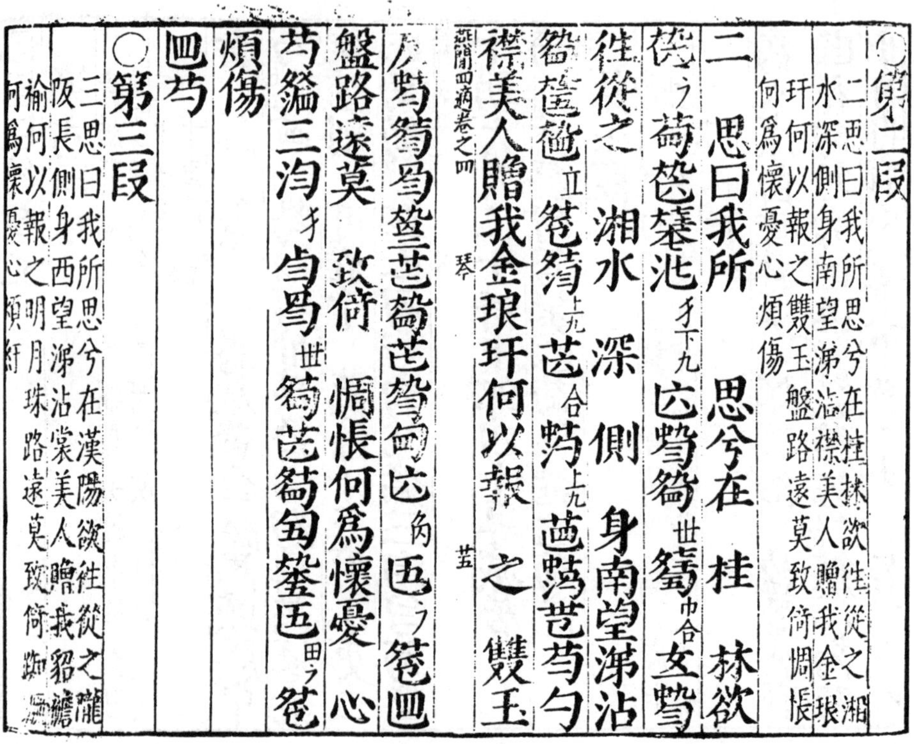

○第二段

二思曰我所思兮在桂林欲往從之湘水深側身南望涕沾襟美人贈我金琅玕何以報之雙玉盤路遠莫致倚惆悵何爲懷憂心煩傷

二　思曰我所　思兮在　桂　林欲

[illegible]

往從之　湘水　深　側　身南望涕沾

[illegible]

襟美人贈我金琅玕何以報　之　雙玉

[illegible]

盤路遠莫　致倚　惆悵何爲懷憂　心

[illegible]

煩傷

皿芍

○第三段

三思曰我所思兮在漢陽欲往從之隴阪長側身西望涕沾裳美人贈我貂襜褕何以報之明月珠路遠莫致倚踟躕何爲懷憂心煩紆

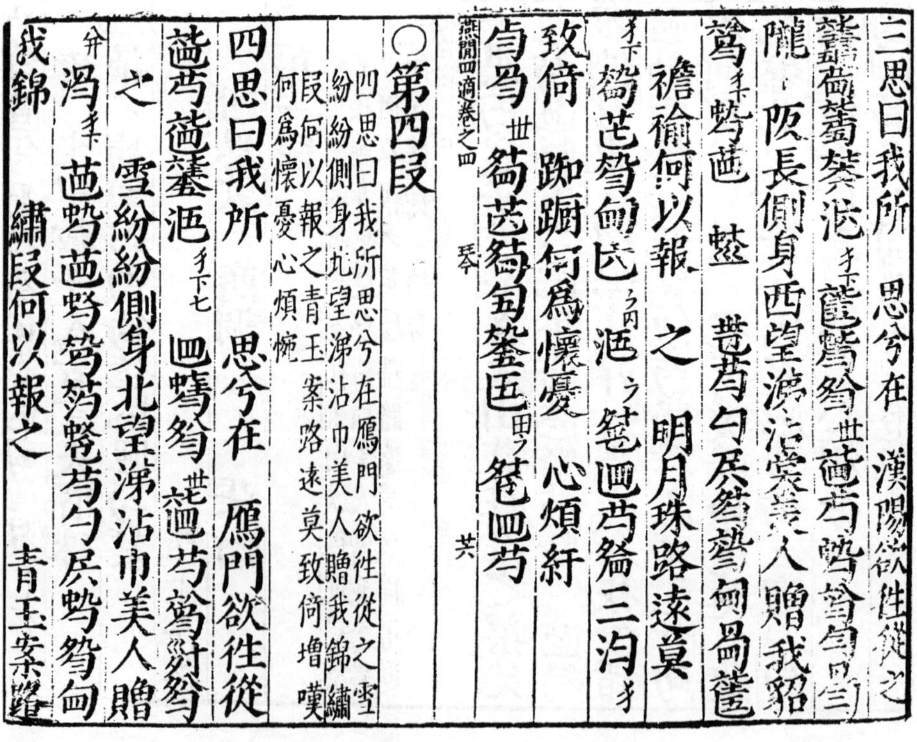

三思曰我所　思兮在　漢陽欲往從之

[illegible]

隴　阪長側身西望涕沾裳美人贈我貂

[illegible]

襜褕何以報　之　明月珠路遠莫

[illegible]

致倚　踟躕何爲懷憂　心煩紆

[illegible]

○第四段

四思曰我所思兮在鴈門欲往從之雪紛紛側身北望涕沾巾美人贈我錦繡段何以報之青玉案路遠莫致倚增嘆何爲懷憂心煩惋

四思曰我所　思兮在　鴈門欲往從

[illegible]

之　雪紛紛側身北望涕沾巾美人贈

[illegible]

我錦　繡段何以報之　青玉案路

爲𦶜 夕下九 句芑㽦句𥰒洍 夕下九 四巳芍蚼

遠 莫致倚增嘆何爲懷憂 心煩惋

上九 迺 合 蚼㽦芢㽦芢蛌㽦䕭洄 夕下 㽞蚼菮

何爲懷憂心煩惋

丿篘匋匀㽦芢蚼蕿

四思歌終

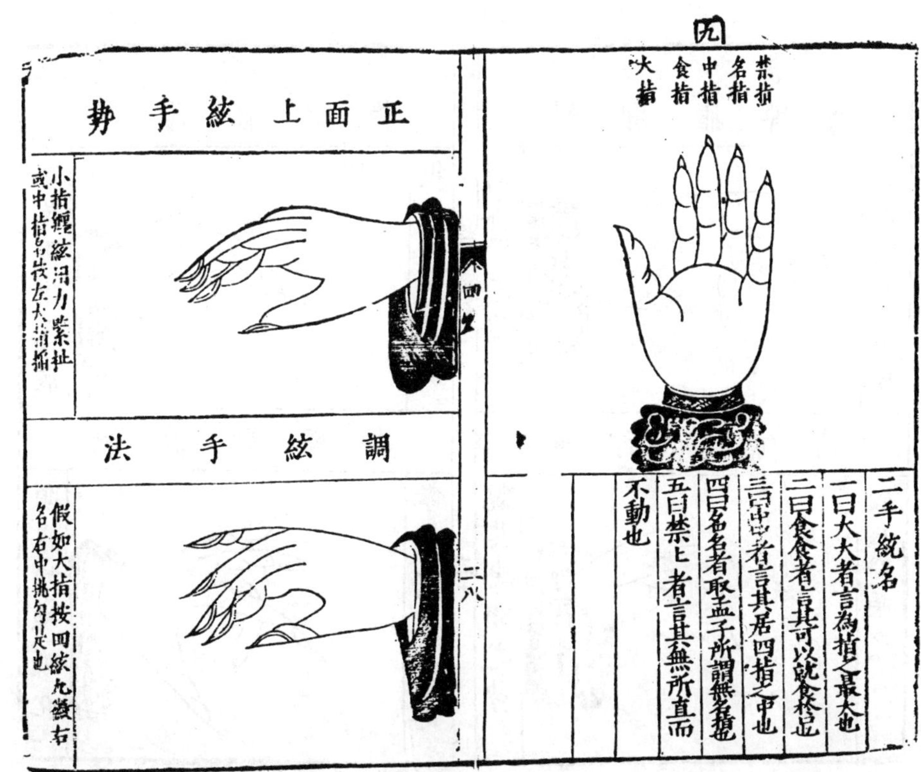

四九
禁指
名指
中指
食指
大指
二手統名
一曰大大者言為指之最大也
二曰食食者言其可以就食於豆
三曰中中者言其居四指之中也
四曰名名者取孟子所謂無名之指
五曰禁禁者言其無所直而不動也
二八
正面上絃手勢
小指纏絃用力緊扯
或中指名指按左大指搯
調絃手法
假如大指按四絃九徽右
名右中挑勾是也

風驚鶴舞勢

賓鴈銜蘆勢

凉風倏至鴻鴈來賓

銜蘆南卿將以依仁

二九

鶴鳴在陰勢

鶴鳴九皐声聞于野

清〻落〻自洽韶琳

鶤雞鳴舞勢

欲和合於声韻

審步趨之疾隨

鷗鷺顧群勢

與落霞以斉飛

徙徘徊而後顧

飛龍拏雲勢

頭角峥嵘变化

拏拏需若雲從

三十

螳螂捕蟬勢

謂斉撮而後反

取其状之相若

蠏行郭索勢

覩其連翩之劫

似夫輪歷之声

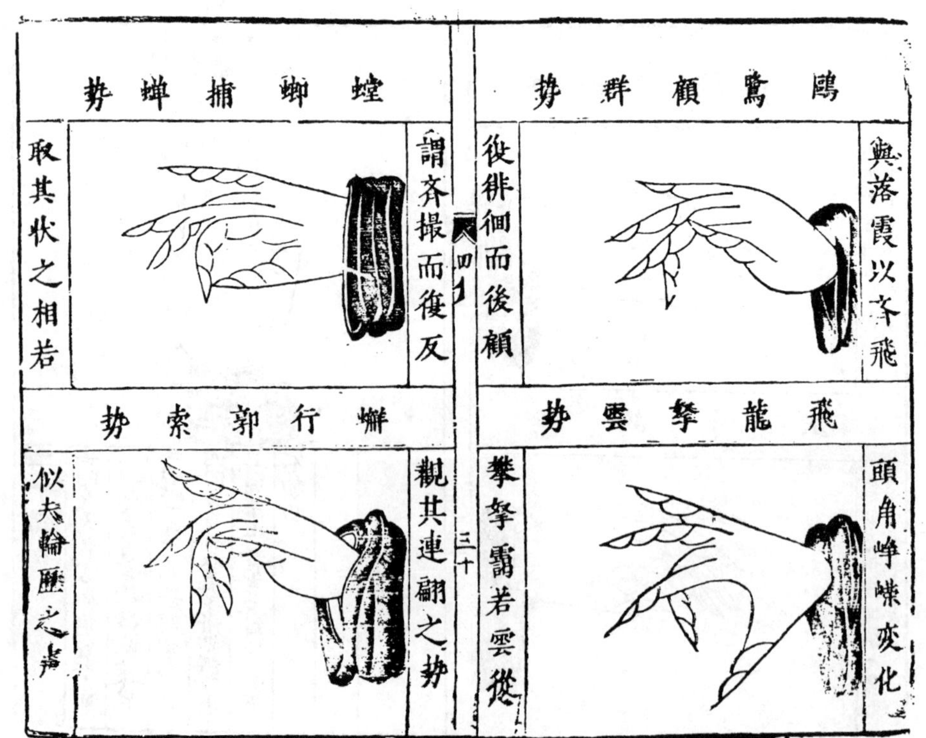

索鳴鈴勢

推取象以揮絃

自攸揚而遠聞

幽谷流泉勢

因夫声而取喻

謂疊指以俱投

風送輕雲勢

謂拂指之如雲

不欲重而有声

鸞鳳和鳴勢

鳳飛翔而和鳴

鸞鼓翅之克諧

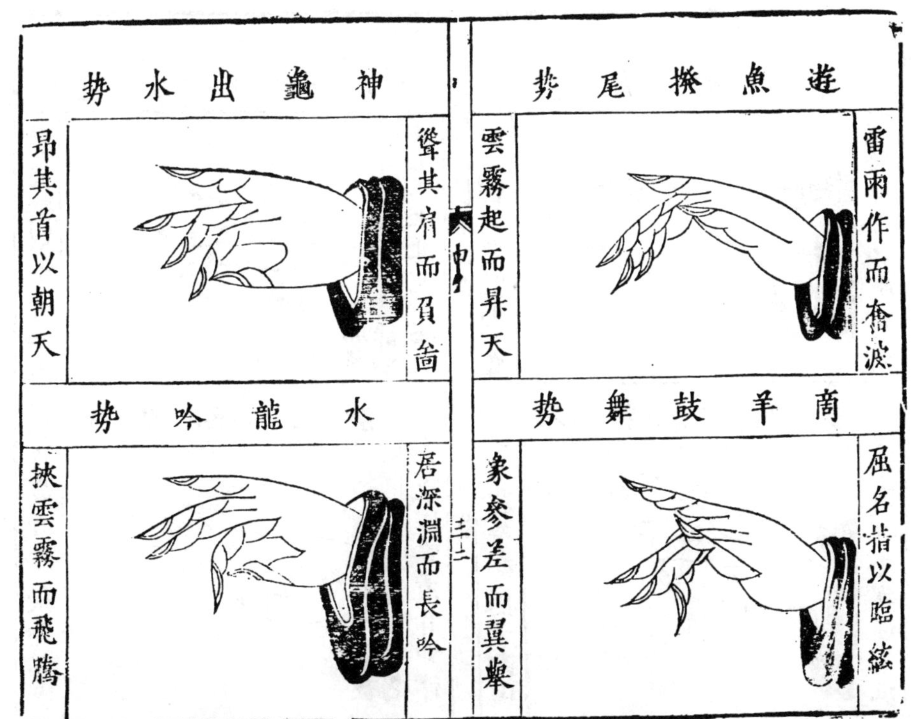

遊魚擺尾勢
雷雨作而奮波
雲霧起而昇天
商羊鼓舞勢
屈名指以臨絃
象參差而翼舉
神龜出水勢
聳其肩而負圖
昂其首以朝天
水龍吟勢
居深淵而長吟
挾雲霧而飛騰

餓鳥啄雪勢

爰借喻於清號
欲其勢之虛徐

神鳳銜書勢

飛鳴鳳兮感德而至
銜書來儀表時加瑞

鳴禽啄木勢

幽鳥避人遶樹而鳴
其勢剝啄其音丁丁

芳林嬌鶯勢

觀彼嬌鶯還于芳林
飛鳴求友睍睆其音

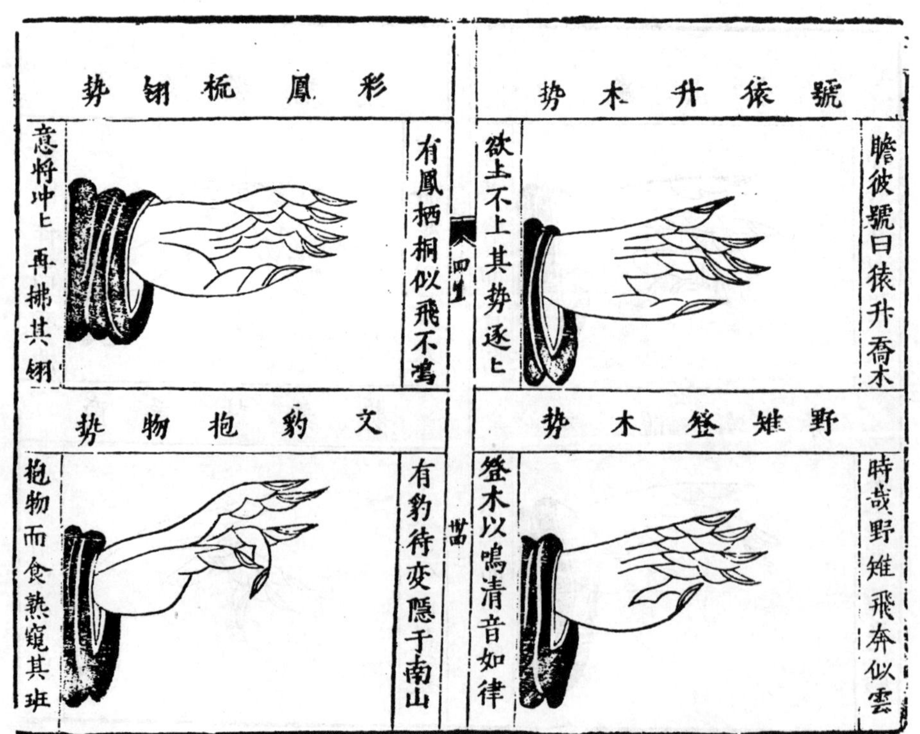

落花流水势

落花流水順流而去

逆浪所激欲住不住

飛鳥呐蝉势

蝉入鳥口鳥飛蝉呐

自西復東其声不減

粉蝶浮花势

粉蝶浮花翅輕花柔

欲去不去似留不留

蜻蜓點水势

叢ヒ蜻蜓在水之湄

欵ヒ而飛點破漣

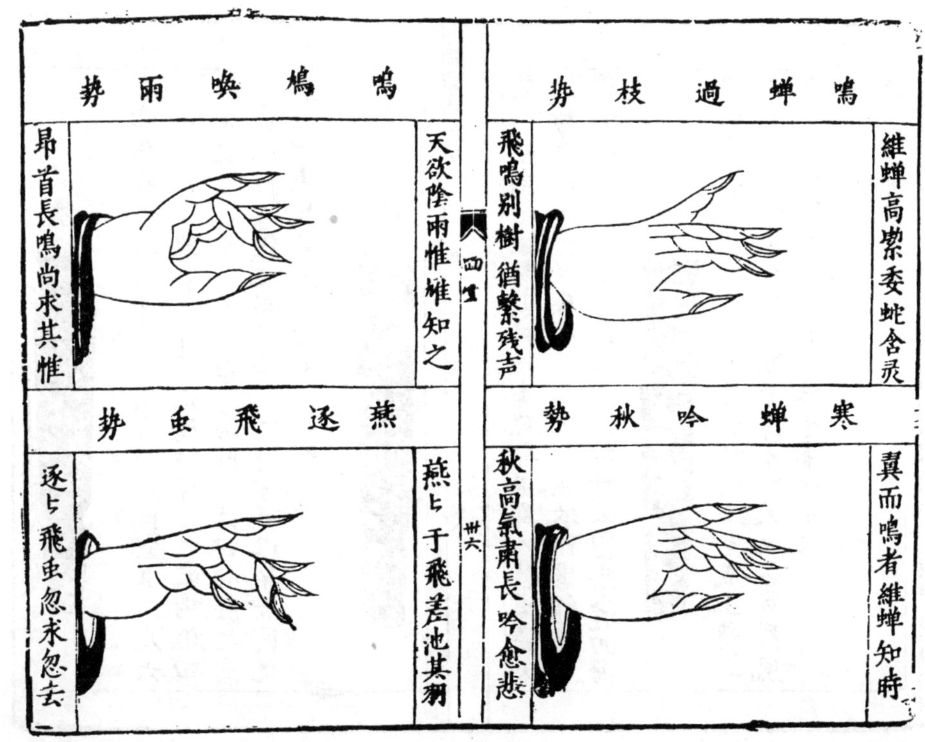

鳴蝉過枝势

維蝉高潔委蛇含灵

飛鳴別樹猶繫残声

寒蝉吟秋势

翼而鳴者維蝉知時

秋高氣肅長吟愈悲

鳴鳩喚雨势

天欲陰雨惟雄知之

昂首長鳴尚求其惟

燕逐飛虫势

燕ヒ于飛差池其羽

逐ヒ飛虫忽求忽去

歷代琴式

伏羲

伏羲氏見鳳集於桐乃象其形製為琴長三尺六寸六分法六律六呂之會當朞之數繩素絲為絃修身理性反其天真作琴者則而象之韓詩外傳曰伏羲琴長七尺二寸應七十二候卯二十絃琴也軒轅記曰伏羲置琴女媧和之

神農

諸葛亮琴經曰神農琴長三尺六寸三分以應三光也字林云神農造琴五絃長三尺六寸桓譚新論云神農氏削桐為琴繩絲為絃以通神明之德合天地之和又曰為琴七絃足以通萬物而考理也

遞鍾

黃帝將會神靈於西山乃駕象車畢方夾持蚩尤引道風伯職掃雨師職洒鳳凰覆上蛟龍翼側乃到山大合鬼神以遞鍾之琴奏清角之音畢方鳥名火神也

虞琴

虞舜琴長三尺八寸二分用古玉尺比宣聲三尺六寸臨蠶三寸龍唇二寸皆法陰陽律呂之象楊雄曰舜彈五絃之琴而天下治造南風之詩曰南風之薰兮可以解吾民之慍兮南風之時兮可以阜吾民之財兮故德如泉流千古不可泯也

一絃

殷師絃樵一絃琴則神祇降孫登汲郡人隱處樂天讀易養道居白鹿蘇門二山彈一絃琴嵇康師事三年又西王母女王太眞彈一絃琴時乘白龍週遊四海

伶官

周虞隋琴三尺六寸有大聲進於文王至成王時二叔流言乃作周公操以獻流涕不已天大雷電烈風禾偃木拔邦人大恐王因啓金縢復用公

繞梁

齊莊王琴名繞梁

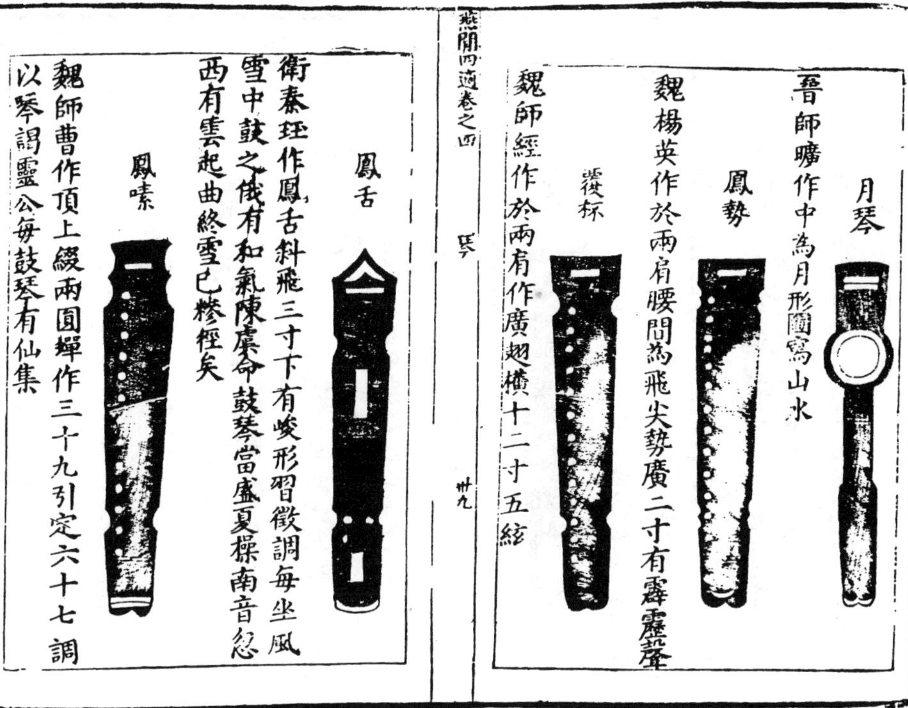

月琴

晉師曠作中為月形圖寫山水

鳳勢

魏楊英作於兩肩腰間為飛尖勢廣二寸有霹靂聲

[illegible]标

魏師經作於兩肩作廣翅橫十二寸五絃

鳳舌

衛泰琽作鳳舌斜飛三寸下有峻形習徵調每坐風雪中鼓之俄有和氣陳虞命鼓琴當盛夏操南音忽西有雲起曲終雪已糝徑矣

鳳嗉

魏師曹作項上綴兩圓蟬作三十九引定六十七調以琴調靈公每鼓琴有仙集

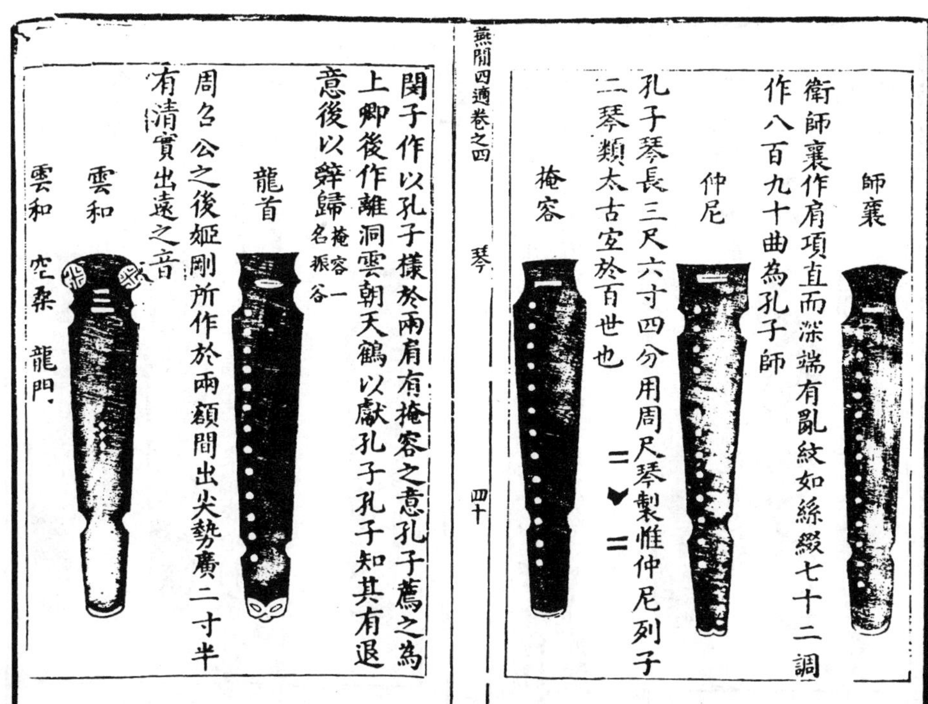

師襄

衛師襄作肩項直而深端有亂紋如絲綴七十二調作八百九十曲為孔子師

仲尼

孔子琴長三尺六寸四分用周尺琴製惟仲尼列子二琴類太古定於百世也

掩容

閔子作以孔子様於兩肩有掩容之意孔子薦之為上卿後作離洞雲朝天鶴以獻孔子孔子知其有退意後以辭歸 掩容一名振谷

龍首

周名公之後姬剛所作於兩額間出尖勢廣二寸半有清實出遠之音

雲和

雲和　空桑　龍門

四二五

雲和之琴冬至之日於地上圜丘奏之空桑之琴夏至之日於澤中方丘奏之龍門之琴於宗廟奏之蓋雲和之木與天相應空桑之木與地相協龍門之材與鬼神和故也雲和等三山名

龍腰

曹蹶消子作腰間作半月形三絃如七絃之音嘗遊江淮鼓琴於風水之側遇一女抱小綠綺撫弄非常俗之聲消子諦之曰妾北陵之女也因授清江引

龍額

曹賀雲作項肩斜生一寸二分五絃嘗於淮泗夜靜撫琴忽有三人來曰我商三賢也先生之琴盡善然於古法未甚協因授皎月風雷之曲

革子

革子作於額覆兩月勢有清濁風雨之音爾作能感動鬼神世以上界真人稱之

號鐘

余伯牙作楚詞云破伯牙之號鐘

子期

鍾子期作於頂直而深端有亂紋如絲項制半月勢少與伯牙同事連成先生授百二十曲子期補作五百八弄為二十八調

列子

列子作兩項間為峻厲之勢嘗遊泰山見霹靂傷桐因而制琴有大聲居鄭圃四十年人無知者作襄陵枯魚二曲綴七十二小調作一百六十雅弄

雙月

榮啓期作腰間為二小月形有沉實之聲

亞額

趙胡言作於兩額間為亞出三寸有大聲備律呂之正變

播典之樂

咸陽宮琴長六尺十三絃二十六徽皆七寶飾之

秦琴

秦始皇作紋軫岳尾俱黑用碧玉為徽取其所尚也

神暉

秦陳章作於腰下覆四月相向妙作羽音當大暑時一鼓清風颯然

龍腮

李斯作於鳳舌之上圓增三寸兩額間收廣二寸半作狡兎操

落霞

漢武內傳莊女從東來彈落霞之琴

雷音

漢師中作於項綴盤環綴二績形峻有大絃小絃相合之音漢武帝時進龍池嵩岀二曲因以琴諫不聽

而去再進洛陽道一曲帝甚思之

空山

漢時一仙人狀貌奇異衣黄服抱此琴自名空山

綠綺

司馬相如之琴

響泉

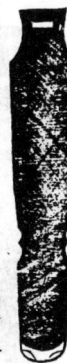

漢琴客張道作三絃兩腰為重月形喜作流水常於

焦尾

水滸鼓之因作魚躍氷泮一半弄

蔡邕聞火烈聲乃爨桐也知其良材遂裁為琴

玉峯

漢馬明王於肩作四峯一絃清而雅

靈機

漢梁鑾作於兩額㓭各生二寸腰作岐形有大聲旁

彈則羣鳥皆集作平陵等曲

蟬翼

漢宋𧸘之作尾間綴火蟬有風雨瀟散之聲

清英

楊雄庾信琴俱名清英

雲泉

晉劉安世作項旁為半月勢遇神女授江南春塞上月二曲

安道

戴逵善鼓琴武陵王晞召之逵對使者曰安道不能為王門伶人後累召終不至焉

聚雲

黄龍師所作朱絃以金玉為徽珊瑚軫有龍吟虎嘯之聲制柏安離清風吟曲

鳴廉　修況　藍脅　號鍾

梁元帝曰鳴廉修況藍脅號鍾皆齊威公琴也

連珠

隋逸士李疑作於玉女腰旁為連珠彩絃音操清亮俗呼連珠先生作竹吟風哀松露草蟲子規山樂乂綴三十六小調

百衲

唐汧公李勉雅好琴取桐之精者雜綴為之曰百衲有絕代者一名響泉一名韻磬自寶於家大率百衲木不成段聲必不應膠漆太多窒塞可知

霹靂

柳子厚記霹靂琴乃零陵湘水之西震餘枯桐也始枯桐生於石上說者言有蛟龍伏其竅一夕暴震火焚臥於道旁超道人取作三琴琴莫良於桐桐莫良於石上之枯火之餘又加良焉因作贊辭曰惟湘之涯惟石之危龍伏之靈震焚之奇既良且異羡合其美超實為之贊者柳子

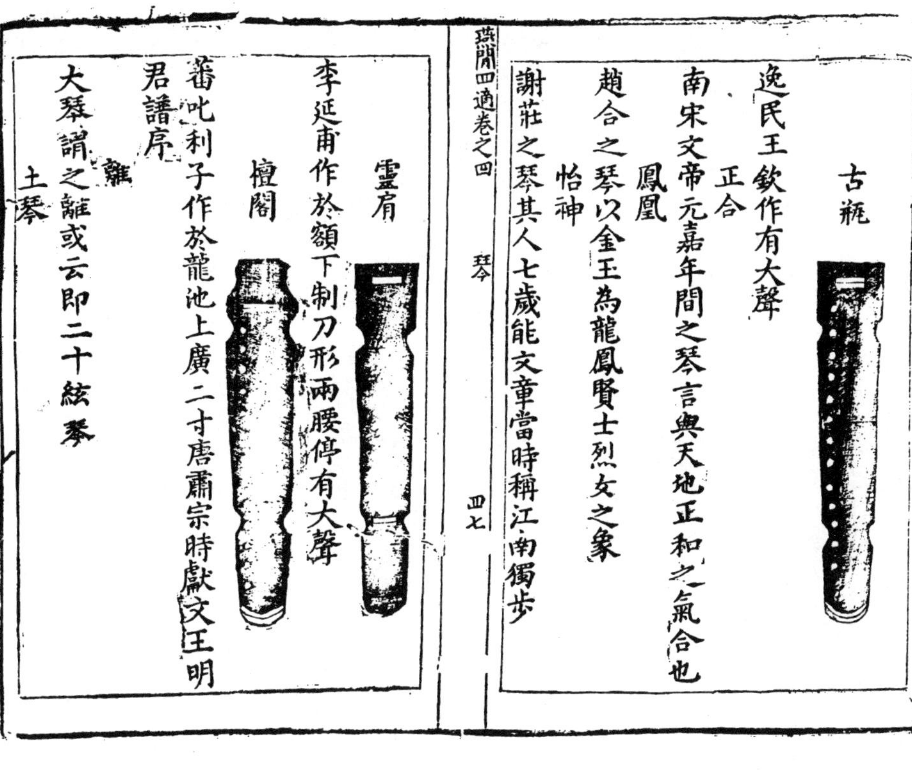

古瓶

逸民王欽作有大聲

正合

南宋文帝元嘉年間之琴言與天地正和之氣合也

鳳凰

趙合之琴以金玉為龍鳳賢士烈女之象

怡神

謝莊之琴其人七歲能文章當時稱江南獨步

靈肩

李延甫作於頷下制刀形兩腰停有大聲

檀閣

蕃叱利子作於龍池上廣二寸唐肅宗時獻文王明君譜序

離

大琴謂之離或云即二十絃琴

土琴

武昌主簿吳亮君采携其故人沈君土琴之說與高齋先生之銘空同之文太平之頌以示予予不識沈君讀其書乃得其義趣如見其面如聞土琴之聲余昔從高齋先生游嘗見其實一琴無銘無誌不知何代琴也請以教二子便從先生觀之此土琴也待其琴而後知　東坡

怡美

樊氏　路氏　越琴　伽羅

琴雖皆清實其間有聲重者有聲輕者材中自有五

音故古人名琴或謂之清商或謂之清徵又不濁五音也今人不知此理不能辨天地至和之音世之人二絃上音調尚不能知何暇及此琴雖用桐然須多年木性都盡聲始發越予初見唐初路氏琴木皆朽物殆不勝指而其聲愈清又嘗見越人陶溫貞蓄一張琴傳云古冢中敗杉聲極勁挺吳僧智和有一琴徽碧紋石為軫至度音韻俱妙腹有李陽冰篆數十字其略云南冥島上得一木名伽羅紋如銀屑堅如石命工斲為此琴篆文甚古勁　夢溪

四卷終

諾皋記

（唐）段成式 撰

《諾皋記》一卷，（唐）段成式撰。據東京大學東洋文化研究所藏明末刊本影印。

諾皐記

諾皐記引

夫度朔司刑可以知其情狀葆登掌祀將以著[illegible]通有生盡幻遊魂爲變乃聖人定璇璣之式立巫祝之官考乎十煇之祥正乎九黎之亂當有道之日鬼不傷人在觀德之時神無乏主若列生言竈下之駒掇莊生言戶內之雷霆楚莊爭隨兕而禍移齊桓覩委蛇而病愈徵祥變化無日無之在乎不傷人不乏主而已成式因覽歷代怪書偶疏所記題曰諾皐記街談鄙俚與言風波不足以辨九鼎之象廣七車之對然游息之暇足爲鼓吹耳唐太常少卿臨淄柯古段成式撰

諾皐記

唐　段成式撰　明張遂辰閱

崑崙之墟帝之下都百神所在也

太一君諱臈天秩萬二千石

天翁姓張名堅字刺渇漁陽人少不羈無所拘忌常張羅得一白雀愛而養之夢天劉翁責怒每欲殺之白雀輒以報堅堅設諸方待之終莫能害天翁遂下觀之堅盛設賓主乃竊騎天翁車乘白龍振策登天天翁乘餘龍追之不及堅既到玄宮易百官杜塞北

門封白雀爲上卿侯改白雀之胤不產於下土劉翁失治徘徊五岳作災堅患之以劉翁爲太山太守主生死之籍

北斗魁第一星神名曰執（一曰報）陰第二星曰叶諸（一作諧）第三星曰視金第四星曰拒（一作洰）理第五星曰防仵第六星曰開寶第七星曰招搖（一曰姡）

東王公諱倪字君明天下未有人民時秩二萬六千石佩雜色綬綬長六丈六尺從女九千以丁亥日死

西王母姓楊諱回治崑崙西北隅以丁丑日死一曰婐姈

竈神名隗狀如美女又姓張名單字子郭夫人字卿忌有六女皆名察（一作祭）洽常以月晦日上天白人罪狀大者奪紀紀三百日小者奪算算一百日故爲天帝督使下爲地精己丑日日出卯時上天禺中下行署此日祭得福其屬神有天帝嬌孫天帝大夫天帝都尉天帝長兄硎上童子突上紫官君太和君玉池夫人等一曰竈神名壤子也

河伯人面乘兩龍一曰氷夷一曰馮夷又曰人面魚

身金一匱言名馮循（一作修）河圖言姓呂名夷穆天子傳言無夷淮南子言馮遲聖賢記言服八石得水仙抱朴子曰八月上庚日溺河

甲子神名弓隆欲入水內呼之河伯九千導引入水不溺

甲戌神名執明呼之入火不燒

太眞科經說有鬼仙丙戌日鬼名釐生　丙午日鬼名挺𧹞　乙卯日鬼名天賠　戊午日鬼名耳逮　壬戌日鬼名遠　辛丑日鬼名迗　乙酉日鬼名覃

左　丙辰日鬼名天遊　辛卯日鬼名慈　酉頁鬼
名髮廷迋　廁鬼名頊天竺一曰笁　語忘敬遺二鬼
名婦人臨産呼之不害人長三寸三分上下烏衣
馬鬼名賜　虵鬼名傰石圭一曰垔　井鬼名瓊　衣
服鬼名甚遼　神荼鬱壘領萬鬼舊儺詞曰甲作食
狒胃食虎雄伯食魅騰蘭一曰簡一曰食祥攬一曰攬諸食
咎伯倚食夢強梁祖名共食磔一曰礫死寄生窮奇騰
根共食蠱王延壽所夢有遊光　纍薮　諸渠　印
堯　夔瞿　儈狰　將劇　摘脉　堯峴寺一曰堯峴等

諾皐記　八　四

吐火羅國縛底野城古波斯王烏瑟多習之所築也
王初築此城高二三尺即壞歎曰吾應無道天令築
此城不成矣有小女名那息見父憂恚問曰王有隣
敵乎王曰吾是波斯國王領千餘國今至吐火羅國
中欲築此城垂功萬代既不遂心所以憂耳女曰願
王無憂明旦令匠視我所履之跡築之即立王異之
至明女起步西北自截右手小指遺血成蹤匠隨血
築之遂日轉蹤匝女遂化爲海神其海神至今猶在
堡子下澄清如鏡周五百餘步

古龜茲國王阿主兒者有神異力能降伏毒龍時有
賈人買市人金銀寶貨至夜中錢並化爲炭境內數
百家皆失金寶王有男先出家成阿羅漢果王問之
羅漢曰此龍所爲龍居北山其頭若虎今在某處眠
耳王乃易衣持劍默出至龍所見龍卧將欲斬之因
曰吾斬寐龍誰知吾有神力遂叱龍龍驚起化爲師
子王即乘其上龍怒作雷聲騰空至城北二十里王
謂龍曰爾不降當斷爾頭龍懼王神力乃作人語曰
勿殺我我當與王乘欲有所向隨心即至王許之後

諾皐記　八　五

常乘龍而行
乾陁國昔有王神勇多謀號伽當一曰加色伽當討襲諸國
所向悉降至五天竺國得上細緤二條自留一一與
妃妃因衣其緤謁王緤當妃乳上有鬱金香手印跡
王見驚恐謂妃曰爾忽著此手跡之服何也妃言向
王所賜之緤王怒問藏臣藏臣曰緤本有是非臣之
咎王追商者問之商言南天竺國娑陁婆恨王有宿
願每年所賦細緤並重疊積之手染鬱金栢於緤上
千萬重手印悉透丈夫衣之手印當背婦人衣之手

印當乳王令左右拔之皆如商者言王因呼劍曰吾若不以此劍裁娑陁婆恨王手足無以寢食乃遣使就南天竺國索娑陁婆恨王手足使至其國娑陁婆恨王與羣臣紿報曰我國雖有王名娑陁婆恨原無王也但以金爲王設於殿上凡統領教習在臣下耳王遂起象馬兵南討其國其國隱其王於地窟中鑄金人來迎伽色伽王知其僞且自恃福力因斷金人手足娑陁婆恨王於窟中手足亦自落也

齊郡接歷山上有古鐵鎖大如人臂繞其峯再浹相

傳本海中山山神好移故海神鎖之挽鎖斷飛來於此矣

太原郡東有崖山天旱土人常燒此山以求雨俗傳崖山神娶河伯女故河伯見火必降雨救之今山上多生水草

華不注泉齊頃公取水處方圓百餘步北齊時有人以繩千尺沉石試之不窮石出赤如血其人不久坐事死

荆州永豐縣東鄉里有卧石一長九尺六寸其形似

人而舉體青黄隱起狀若雕刻境若旱便齊手一作祭沈齊字而舉之小舉小雨大舉大雨相傳此石忽見於此本長九尺今加六寸矣

荆之清一曰清水宛一曰穴口傍義興十二年有兒羣浴此水忽然岸側有錢出如流沙因竟取之手滿置地隨復去乃衣襟結之然後各有所得流錢中有銅車以銅牛牽之勢甚迅速諸童奔逐掣得車一脚徑可五寸許猪鼻轂有六輻通體青色轂內黄銳狀如常運於時沆敬一作敞守南陽求得車脚錢行時貫草輙

便停破竟不知所終往

虎窟山相傳燕建平中濟南太守胡諮於此山窟得白虎因名焉

烏山下無水魏末有人掘井五丈得一石函函中得一龜大如馬蹄積炭五枝於函傍復掘三丈遇盤石下有水流洶洶然遂鑿石穿水北流甚駛俄有一船觸石而上匠人窺船上得一杉木板板刻字曰吳赤烏二年八月十日武昌王子義之船

平原縣西十里舊有杜林南燕太上時有邵敬伯者

家於長白山有人寄敬伯一函書言我吳江使也令吾通問於濟伯令須過長白幸君為通之仍教敬伯但於杜林中取樹葉投之於水當有人出敬伯從之果見人引入敬伯懼水其人令敬伯閉目似入水中豁然宮殿宏麗見一翁年可八九十坐水精床發函開書曰裕興超滅侍衛者皆圓眼具甲胄敬伯辭出以一刀子贈敬伯曰好去但持此刀當無水厄矣敬伯出還至杜林中而衣裳初無沾濕果其年宋武帝滅燕敬伯三年居兩河間夜中忽大水舉村俱沒唯

敬伯坐一榻牀至曉着岸敬伯下看之乃是一大竈（一曰黿）也敬伯死刀子亦失世傳杜林下有河伯家

臨清有妒婦津相傳言晉大始中劉伯玉妻段氏字明光性妒忌伯玉常於妻前誦洛神賦語其妻曰娶婦得如此吾無憾矣明光曰君何得以水神美而欲輕我吾死何愁不為水神其夜乃自沈而死死後七日託夢語伯玉曰君本願神吾今得為神也伯玉寤而覺之遂終身不復渡水有婦人渡此津者皆壞衣枉粧然後敢濟不爾風波暴發醜婦雖粧飾而渡其神亦不妒也婦人渡河無風浪者以為己醜不致水神怒醜婦諱之無不皆自毀形容以塞嗤笑也故齊人語曰欲求好婦立在津口婦立水傍好醜自彰（壞衣一作攘衣）

虞道施義熙中乘車山行忽有一人烏衣勁上車言寄載頭上有光口目皆赤面被毛行十里方去臨別語施曰我是驅除大將軍感爾相容因留贈銀環一雙

晉隆安中吳興有人年可二十自號聖公姓謝死已

百年忽詣陳氏宅言是己舊宅可見還不爾燒汝一夕火發蕩盡因有烏毛插地繞宅周匝數重百姓乃起廟

大足初有士人隨新羅使風吹至一處人皆長鬚語與唐言通號長鬚國人物茂盛棟宇衣冠稍異中國地曰扶桑洲其署官品有正長戢波目役（一作日波）島邏等號士人歷謁數處其國皆敬之忽一日有車馬數十言大王召客行兩日方至一大城甲士守門焉使者導士人入伏謁殿宇高敞儀衛如王者見士人拜

伏小起乃拜士人爲司風長兼駙馬其主甚美有鬚數十根士人威勢烜赫富有珠玉然每歸見其妻則不悅其王多月滿夜則大會後遇會士人見姬嬪悉有鬚因賦詩曰花無蘂不妍女無鬚亦醜丈人試遣惣無未必不如惣有王大笑曰駙馬竟未能忘情於小女頤頷間乎經十餘年士人有一兒二女忽一日其君臣憂慼士人恠問之王泣曰吾國有難禍在旦夕非駙馬不能救士人驚曰苟難可弭性命不敢辭也王乃令具舟令兩使隨士人謂曰煩駙馬一謁海

龍王但言東海第三汊第七島長鬚國有難求救我國絕微須再三言之因涕泣執手而別士人登舟瞬息至岸岸沙悉七寶人皆衣冠長大士人乃前求謁龍王龍宮狀如佛寺所圖天宮光明迭激目不能視龍王降階迎士人齊級升殿訪其來意士人具說龍王即令速勘良久一人自外白曰境內並無此國士人復哀祈言長鬚國在東海第三汊第七島龍王復叱使者細尋勘速報經食頃使者返曰此島蝦合供大王此月食料前日已追到龍王笑曰客固爲蝦所魅耳吾雖爲王所食皆禀天符不得妄食今爲客減食乃令引客視之見鐵鑊數十如屋滿中是蝦有五六頭色赤大如臂見客跳躍似求救狀引者曰此蝦王也士人不覺悲泣龍王命放蝦王一鑊令二使送客歸中國一夕至登州回顧二使乃巨龍也

天寶初安思順進五色玉帶又於左藏庫中得五色玉杯上怪近日西賮（一作貢）無五色玉令責安西諸蕃蕃言比常進皆爲小勃律所劫不達上怒欲征之羣臣多諫獨李右座林甫贊成上意且言武臣王天運

謀運可將乃命王天運將四萬人兼統諸蕃兵伐之及逼勃律城下勃律君長恐懼請罪悉出寶玉願歲貢獻天運不許即屠城虜三千人及其珠璣而還勃律中有術者言將軍無義不祥天將大風雪矣行數百里忽風四起雪花如翼風激小海水成冰柱起而復摧經半日小海漲湧四萬人一時凍死唯蕃漢各一人得還具奏玄宗大驚異即令中使隨二人驗之至小海側冰猶崢嶸如山隔冰見兵士屍立者坐者瑩澈可數中使將返冰忽消釋衆屍亦不復見

郭代公常山居中夜有人面如盤瞋目出於燈下公了無懼色徐染翰題其頰曰久戍人偏老長征馬不肥公之警句也題畢吟之其物遂滅數日公隨樵閒步見巨木上有白耳大如數斗所題句在焉

大曆中有士人莊在渭南遇疾卒於京妻柳氏因莊居一子年十一二夏夜其子忽恐悸不眠三更後忽見一老人白衣兩牙出吻外熟視之良久漸近床前床前有婢眠熟因扼其喉咬然有聲衣隨手碎攫食之須臾骨露乃舉起飲其五臟見老人口大如簸箕

子方叫一無所見婢已骨矣數月後亦無他士人祥齋日暮柳氏露坐逐涼有胡蜂遶其首面柳氏以扇擊墮地乃胡桃也柳氏遽取翫之掌中遂長初如拳如椀驚顧之際已如盤矣㬥然分為兩扇空中輪轉聲如分蜂忽合於柳氏首柳氏碎首齒著於樹其物因飛去竟不知何怪也

賈相公耽在滑州境內大旱秋稼盡損賈召大將二人謂曰今歲荒旱煩君二人救三軍百姓也皆言苟利軍州死不足辭賈笑曰君可辱為健步乙

當有兩騎衣慘緋所乘馬蕃步鬣長經市出城蹤之識其所滅處則吾事諧矣二將乃裹糧衣皂衣尋之一如賈言自市至野二百餘里映大冢而滅遂壘石標表誌焉經宿而返賈大喜令軍健數百人具畚鍤與二將偕往其所因發冢獲陳粟數十萬斛人竟不之測

胡珦為虢州時獵人殺得鹿重一百八十觔蹄下貫銅鐶鐶上有篆字博物者不能識之

博士丘濡說汝州傍縣五十年前村人失其女數歲

忽自歸言初被物寐中牽去倏止一處及明乃在古塔中見美丈夫謂曰我天人分合得汝為妻自有年限勿生疑懼且誡其不窺外也日兩返下取食有時炙餌猶熱經年女伺其去竊窺之見其騰空如飛火髮藍膚磔磔耳如驢焉至地乃復人矣驚怖汗洽其物返覺曰爾固窺我我實野叉與爾有緣終不害汝女素慧謝曰我既為君妻豈有惡乎君既靈異何不居人間使我時見父母乎其物言我輩罪業或與人雜處則疫癘作今形跡已露任爾縱觀不久當爾歸

也其塔去人居止甚近女常下視其物在空中不肯化形至地方與人雜或有白衣塵中者其物斂手側避或見拕其頭唾其面者行人悉若不見及歸女問之向見君街中有敬之者有戲狎之者何也物笑曰世有喫牛肉者予得而欺之或遇忠直孝養釋道守戒律法籙者吾悮犯之當爲天戮又經年忽悲泣語女緣已盡候風雨送爾歸田授一青石大如雞卵言至家可磨此服之能下毒氣後一夕風雷其物遽持女曰可去矣如釋氏言屈伸臂頃已至其家墜之庭

中其母因磨石飲之下物如青泥斗餘

李公佐大曆中在廬州有書吏王庚請假歸夜行郭外忽值引騶呵辟書吏遽映大樹窺之且怪此無尊官也導騎後一人紫衣儀衛如節使後有車一乘方渡水御者前白車軸索斷紫衣者言檢簿遂見數吏檢簿曰合取廬州某里張某妻脊筋乃書吏之妹也頃刻吏廻持兩條白物各長數尺乃渡水而去至家妹尚無恙經宿忽患背疼半日而卒

元和初有一士人失姓字因醉卧廳中及醒見古屏上婦人等悉於床前踏歌歌曰長安女兒踏春陽無處春陽不斷腸舞袖弓腰渾忘却蛾眉空帶九秋霜其中雙鬟者問曰如何是弓腰歌者笑曰汝不見我作弓腰乎乃反首髻及地腰勢如規焉士人驚懼因叱之忽然上屏亦無其他

鄭相餘慶在梁州有龍興寺僧智圓善總持敕勒之術制邪理痛多著效日有數十人候門智圓臘高稍倦鄭公頗敬之因求住城東隙地鄭公爲起草屋種植有沙彌行者各一人居之數年暇日智圓向陽科

脚甲有婦人布衣甚端麗至階作禮智圓遽整衣帷問弟子何由至此婦人因泣曰妾不幸夫亡而子幼小老母危病知和尚神咒助力乞加救護智圓曰貧道本厭城隍喧啾兼煩於招謝弟子母病可就此爲加持也婦人復再三泣請且言母病劇不可舉扶智圓亦哀而許之乃言從此向北二十餘里至一村村側近有魯家莊但訪韋十娘所居也智圓詰朝如言行二十餘里歷訪悉無而返來日婦人復至僧責曰貧道昨日遠赴約何差謬如此婦人言只去和尚所

處二三里耳和尚慈悲必爲再往僧怒曰老僧衰暮今誓不出婦人乃聲高曰慈悲何在耶今事須去因上階牽僧臂驚迫亦疑其非人恍惚間以刀子刺之婦人遂倒乃沙彌悮中刀流血死矣僧忙然遽與行者瘞之於飯甕下沙彌本村人家去蘭若十七八里其日其家悉在田有人皂衣揭襆乞漿於田中村人詰其所由乃言居近智圓和尚蘭若沙彌之父欣然訪其子耗其人請問具言其事蓋魅所爲也沙彌父母盡皆號哭詣僧僧猶紿爲其父乃鍬索而獲郎

訴於官鄭公大駭俾求盜吏細按意其必冤也僧具陳狀貧道宿債有死而已按者亦以死論僧求假七日令持念爲將來資糧鄭公哀而許之僧沐浴設壇結印契縛摽考其魅凡三夕婦人見於壇上言我類不少所求食處輒爲和尚破除沙彌且在能爲誓不持念必相還也智圓懇爲設誓婦人喜曰沙彌在城南某村幾里古丘中僧言於官吏用其言尋之沙彌果在神已癡矣發沙彌棺中乃苕帚也僧始得雪自是絶不復道一梵字

元和初洛陽村百姓王清傭力得錢五鐶因買田畔一枯栗樹將爲薪以求利經宿爲隣人盜斫創及腹忽有黑蛇舉首如臂人語曰我王清本也汝勿斫其人驚懼失斤而走及明王清率子孫薪之復掘其根根下得大瓮二散錢實之王清因是獲利而歸十餘年巨富遂甃錢成龍形號王清本

元和中蘇湛游蓬鵲山裹糧鑽火境無遺址忽謂妻曰我行山中覩倒崖有光鏡必靈境也明日將投之今與卿訣妻子號泣止之不得及明遂行妻子領奴

婢潛隨之入山數十里遥望巖有白光圓明徑丈蘇遂逼之纔及其光長叫一聲妻兒遽前救之身如蠒矣有蜘蛛黑色大如鈷鉧走集巖下奴以利刃決其網方斷蘇已腦陷而死妻乃積薪燒其崖臭滿一山中

相傳裴旻山行有山蜘蛛垂絲如疋布將及旻旻引弓射殺之大如車輪因斷其絲數尺收之部下有金創者剪方寸貼之血立止也

和州劉録事者大曆中罷官居和州旁縣食兼數人

尤能食鱠常言鱠味未嘗果腹邑客乃網魚百餘觔會於野亭觀其下箸初食鱠數疊忽似哽咯出一骨珠子大如黑豆乃寘於茶甌中以疊覆之食未半怪覆甌傾側劉舉視之向者骨珠已長數寸如人狀坐客競觀之隨視而長頃刻長及人遂捽劉因毆流血良久各散走一循廳之西一轉廳之左俱及後門相觸翕成一人乃劉也神已癡矣半日方能言訪其所以皆不省自是惡鱠

馮坦者常有疾醫令浸蛇酒服之初服一瓮子疾減

半又令家人執一蛇投瓮中封閉七日及開蛇躍出舉首尺餘出門因失所在其過跡地墳起數寸

陸紹郎中言常記一人浸蛇酒前後殺蛇數十頭一日自臨瓮窺酒有物跳出齧其鼻將落視之乃蛇頭骨因瘡毀其鼻如劓焉

有陳朴元和中住崇賢里北街大門外有大槐樹朴常黃昏徙倚窺外見若婦人及狐犬老烏之類飛入樹中遂伐視之樹凡三槎一槎空中一槎有獨頭栗一百二十一槎中襯一死兒長尺餘

循無可言近傳有白將軍者常於曲江洗馬馬忽跳出驚走前足有物色白如衣帶縈繞數匝遽令解之血流數升白異之遂封紙貼中藏衣箱內一日送客至滻水出示諸客客曰盍以水試之白以鞭築地成竅置虫於中沃盥其上少頃虫蠕蠕而長竅中泉湧倏忽自盤若一席有黑氣如香煙徑出簷外衆懼曰必龍也遂急歸未數里風雨驟至大震數聲

景公寺前街中舊有巨井俗呼爲八角井元和初有公主夏中過見百姓方汲令從婢以銀稜椀就井承水誤墜椀經月餘出於渭河

東平未用兵有舉人孟不疑客昭義夜至一驛方欲濯足有稱淄青張評事者僕從數十孟欲參謁張被酒初不顧孟因退就西間張連呼驛吏索煎餅孟默然窺之且怒其傲良久煎餅熟孟見一黑物如豬隨盤至燈影而立如此五六返張竟不察孟因恐懼無睡張尋大鼾至三更後孟纔交睫忽見一人皂衣與張角力久乃相捽入東偏房中拳聲如杵一餉間張被髮雙袒而出還寢牀上入五更張乃喚僕使張燭

市櫛就孟曰某昨醉中都不知秀才同廳因命食談
笑甚懽時時小聲曰昨夜甚慚長者乞不言也孟但
唯唯復曰某有程須早發秀才可先也遂換靴中得
金一挺授門薄贶乞密前事孟不敢辭即爲前去行
數日方聽捕殺人賊孟詢諸道路皆曰淄青張評事
至某驛早發進明空鞍失所在驛吏返至驛尋索驛
西閤中有席角發之白骨而已無泊一蠅肉也地上
滴血無餘惟一雙履在旁相傳此驛舊凶竟不知何
怪舉人祝元膺常言親見孟不疑說每每戒夜食必

須發祭也祝又言孟素不信釋氏頗能詩其句云白
日故鄉遠青山佳句中後常持念遊覽不復應舉
劉積中常於京近縣莊居妻病重於一夕劉未眠忽
有婦人白首長纔三尺自燈影中出謂劉曰夫人病
唯我能理何不祈我劉素剛咄之姥徐戟手曰勿悔
勿悔遂滅妻因暴心痛殆將卒劉不得已祝之言已
復出劉揖之坐乃索茶一甌向口如呪狀顧命灌夫
人茶纔入口痛愈後時時輒出家人亦不之懼經年
復謂劉曰我有女子及笄煩主人求一佳壻劉笑曰

人鬼路殊固難遂所託姥曰非求人也但爲刻桐木
爲形稍工者則爲佳矣劉許諾因爲具之經宿木人
失矣又謂劉曰兼煩主人作鋪公鋪母若可某夕我
自具車輪奉迎劉心計無奈何亦許至一日過酉有
僕馬車從至門姥亦至曰主人可往劉與妻各登其
車馬天黑至一處朱門崇墉籠燭列迎賓客供帳之
盛如王公家引劉至一廳朱紫數十有與相識者有
已歿者各相視無言妻至一堂蠟炬如臂錦翠爭煥
亦有婦人數十存歿相識各半但相視而已及五更

劉與妻恍惚間却還至家如醉醒十不記其一二矣
經數月姥復來拜謝曰小女成長今復託主人劉不
耐以枕抵之曰老魅敢如此擾人姥隨枕而滅妻遂
疾發劉與男女酹地禱之不復出矣妻竟以心痛卒
劉妹復病心痛劉欲徙居一切物膠着其處輕若屣
屣亦不可舉迎道流上章梵僧持咒悉不禁劉常暇
日藥方其婢小碧自外來垂手緩步大言劉四頗憶
平昔無既而嘶咽曰省躬近從泰山回路逢飛天野
叉携賢妹心肝我亦奪得因舉袖袖中蠕蠕有物左

嶺似有所命曰可爲安置又覺袖中風生衝簾幌入堂中乃上堂對劉坐問存殁叙平生事劉與杜省躬同年及第有分其婢舉止笑語無不肖也頃曰我有事不可久留執劉手嗚咽劉亦悲不自勝婢忽然而倒及覺一無所記其妹亦自此無恙

臨川郡南城縣令戴詧初買宅於館娃坊暇日與弟閒坐廳中忽聽婦人聚笑聲或近或遠詧頗異之笑聲漸近忽見婦人數十散在廳前倏忽不見如是累日詧不知所爲廳階前枯梨樹大合抱意其爲祟因

伐之根下有石露如塊掘之轉闊勢如鏊形乃火上沃醯鑿深五六尺不透忽見婦人繞坑抵掌大笑有頃共牽詧入坑投於石上一家驚懼之際婦人復還大笑詧亦隨出詧纔出又失其弟家人慟哭詧獨不哭曰他亦甚快活何用哭也詧至死不肯言其情狀

獨孤叔牙常令家人汲水重不可轉數人助出之乃人也戴席帽攀欄大笑却墜井中汲者攬得席帽挂於庭樹每雨所溜雨處輒生黄菌

有史秀才者元和中曾與道流遊華山時暑環憩一小溪忽有一葉大如掌紅潤可愛隨流而下史獨接得寘懷中坐食頃覺懷中漸重潛起觀之覺葉上鱗起栗栗而動史驚懼棄林中遽白衆曰此必龍也可速去矣須臾林中白烟生彌於一谷史下山未半風雷大至

史論作將軍時忽覺妻所居房中有光異之因與妻遍索房中且無所見一日妻早粧開奩奩中忽有五（一作金）色龜大如錢吐五色氣彌滿一室後常養之

工部員外郎張周封言舊莊在城東狗脊觜西常築牆

於太歲上一夕盡崩且意其基虚工不至乃率莊客指揮築之高未數尺炊者驚叫曰怪作矣遽視之飯數斗悉躍出蔽地着牆勻若蠶子無一粒重者矗牆之半如界焉因詣巫酹地謝之亦無他焉

山蕭一名山臊神異經作㺐（一曰操）永嘉郡記作山魈一名山駱一名蛟（一曰蚑）一名濯肉一名熱肉一名暉一名飛龍如鳩青色亦曰治鳥巢大如五斗器飾以土堊赤白相間狀如射侯犯者能役虎害人燒人廬舍俗言山蕭

値相奴或擾人許於伍相廟多已舊説一姓姚二姓王三姓汪昔値洪水食都樹皮餓死化爲鳥都皮骨爲猪都婦女爲人都鳥（一曰鳥）都左液下有鏡印闊二寸一分右脚無大指右手無三指左耳缺右目盲在樹根居者名猪都在樹半可攀及者名人都在樹尾者名鳥都其禁有打土壟法山鵲法其掌訣右手第二指上節邊禁山都眼左手目禁其喉南中多食其巢味如木芝窠表可爲履屧治脚氣

舊説野狐名紫狐夜擊尾火出將爲怪必戴髑髏拜北斗髑髏不墜則化爲人矣

劉元鼎爲蔡州蔡州新破食場狐暴劉遣吏生捕日於毬場縱犬逐之爲樂經年所殺百數後獲一疥狐縱五六犬皆不敢逐狐亦不走劉大異之令訪大將家獵狗及監軍亦自誇巨犬至皆弭耳環守之狐良久緩跡直上設廳穿臺盤出廳後及城牆俄失所在劉自是不復令捕道術中有天狐别行法言天狐九尾金色役於日月宫有符有醮日可洞達陰陽

南中有獸名風狸如狚眉長好羞見人輒低頭其溺

能理風疾術士多言風狸杖難得然嘗形草南人以上長繩繫於野外大樹下人匿於旁樹穴中以伺之三日後知無人至乃於草中尋摸忽得一草莖折之長尺許窺樹上有鳥集指之隨指而墮因取而食之人候其怠勁走奪之見人遽齧食之或不及則弃於草中若不可得當打之數百方肯爲人取有得之者禽獸隨指而斃有所欲者指之如意

開成末永興坊百姓王乙掘井過常井一丈餘無水忽聽向下有人語及雞聲甚喧鬧近如隔壁井匠懼不敢掘街司申金吾韋處仁將軍韋以事涉怪異不復奏遽令塞之據亡新求周秦故事謁者閣上得驪山本李斯領徒七十二萬人作陵鑿之以韋（一作章）程三十七歲固地中水泉奏曰已深已極鑿之不入燒之不然叩之空空如下天（一曰如有天狀）狀抑知厚地之下别有天地也

太和三年壽州虞候景乙京西防秋廻其妻久病纔相見遽言我半身被斫去往東園矣可速逐之乙大驚因趣園中時昏黑見一物長六尺餘狀如嬰兒裸

並擊二竹器乙情急將擊之物遂棄還其器妻教視見其妻半身乙驚倒或亡所見反視妻自髮際眉間及胸有璺如指映膜赤色又謂乙曰可辦乳二升沃於園中所見物處我前生爲人後妻節其子乳致死因爲所訟冥斷還其半身向無君則死矣

太和末荊南松滋縣南有士人寄居親故莊中肄業初到之夕二更後方張燈臨案忽有小人纔半寸葛巾杖策入門謂士人曰乍到無主人當寂寞其聲大如蒼蠅士人素有膽氣初若不見乃登牀責曰遽不

存主客禮乎復升案窺書詬罵不已因覆硯於書上士人不耐以筆擊之墮地叫數聲出門而滅頃有婦人四五或姥或少皆長一寸呼曰真官以君獨學故令郎君言展且論精奧何癡頑狂率輒致損害今可見真官其來索續如蟻狀如騶卒撲緣士人士人恍然若夢因嚙四肢痛苦甚復曰汝不去將損汝眼四五頭遂上其面士人驚懼隨出門至堂東遙望見一門絕小如節使之門士人乃叫何物怪魅敢凌人如此復被嚙且衆嚙之恍惚間已入小門內見一人峩冠當殿階下侍衛千數悉長寸餘叱士人曰吾憐汝獨處俾小兒往何若致害罪當腰斬乃見數十人悉持刀攘臂迫之士人大懼謝曰某愚騃肉眼不識真官乞賜餘生久乃曰且解知悔叱令曳出不覺已在小門外及歸書堂已五更矣殘燈猶在及明尋其蹤跡東壁古培下有小穴如栗守宮出入焉士人即率數夫發之深數丈有守宮十餘石大者色赤長尺許蓋其王也壤土如樓狀士人聚蘇焚之後亦無他

京宣平坊有官人夜歸入曲有賣油者張帽驅驢馱

桶不避導者搏之頭隨而落遂遽入一大宅門官人異之隨入至大槐樹下遂滅因告其家即掘之深數尺其樹根枯下有大蝦蟇如疊挾二筆錔（他荅反補器又云器錔物頭也）樹溜津滿其中也及巨白菌如殿門浮漚釘其蓋已落蝦蟇即驢矣筆錔乃油桶也菌即其人也里有沽其油者月餘怪其油好而賤及怪露食者悉病嘔洩

陵州龍興寺僧惠恪不拘戒律力舉石臼好客往來多依之常夜會寺僧十餘設煎餅二更有巨手被毛

如訴鹿大言曰乞一煎餅衆僧驚散惟惠恪慢煎餅數枚置其掌中魅因合拳僧遂極力急握之魅哀祈聲甚切惠恪呼家人斫之及斷乃鳥一羽也明日隨其血蹤出寺西南入溪至一巖罅而滅惠恪率人發掘乃一坑谿石

開成初東市百姓喪父騎驢市凶具行百步驢忽曰我姓白名元通負君家力已足勿復騎我南市賣麩家欠我五千四百我又負君錢數亦如之今可賣我其人驚異即牽行旋訪主賣之驢甚壯報價只及五

千詣麩行乃還五千四百因賣之兩宿而死

郢州闕司倉者家在荆州其女乳母鈕氏有一子妻愛之與其子均焉衣物飲食悉等忽一日妻偶得林檎一蔕戲與已子乳母乃怒曰小娘子成長忘我矣常有物與我子停今何容偏因齧吻攘臂再三反覆主人之子一家驚怖逐奪之其子狀貌長短正與乳母兒不下也妻知其怪謝之鈕氏復手簸主人之子始如售矣闕爲災祥客令人持鑁鬮擊之正當其腦騞然反中門扇鈕大怒詬闕曰爾如此勿悔闕如無

詞柰何與妻拜祈之怒方解鈕至今尚在其家敬之如神更有事甚多矣

荆州處士侯又玄常出郊廁於荒冢上及下跌傷其肘瘡甚行數百步逢一老人問何所苦也又玄見其肘老人言偶有良藥可封之十日不開必愈又玄如其言及解視之一臂遂落又玄兄弟五六互病病必出血月餘又玄兄兩臂忽病瘡六七處小者如榆錢大者如錢皆人面至死不差時荆秀才杜曄話此事於座客

許甲山人言江左有商人左髆上有瘡如人面亦無他苦商人戲滴酒口中其面亦赤以物食之凡物必食食多覺髆內肉漲起疑胃在其中也或不食之則一臂痹焉有善醫者教其歷試諸藥金石草木悉與之至貝母其瘡乃聚眉閉口商人喜曰此藥必治也因以小葦筒毀其口灌之數日成痂遂愈

工部員外張周封言今年春拜掃假廻至湖城逆旅說去年秋有河北軍將過此至郊外數里忽有旋風如斗器常起於馬前軍將以鞭擊之轉大遂旋馬首

鬣起如植軍將懼下馬觀之覺鬣長數尺中有細纏如紅綫馬時立嘶鳴軍將怒乃取佩刀拂之風因散滅馬亦死軍將割馬腹視之腹中亦無傷不知是何怪也

諾皐記終

新刻增補出像夢解

（明）雲間子 撰 雲楊子 增補

《新刻增補出像夢解》三卷，（明）雲間子撰，雲楊子增補。據東京大學綜合圖書館藏明末書林五雲子刊本影印。

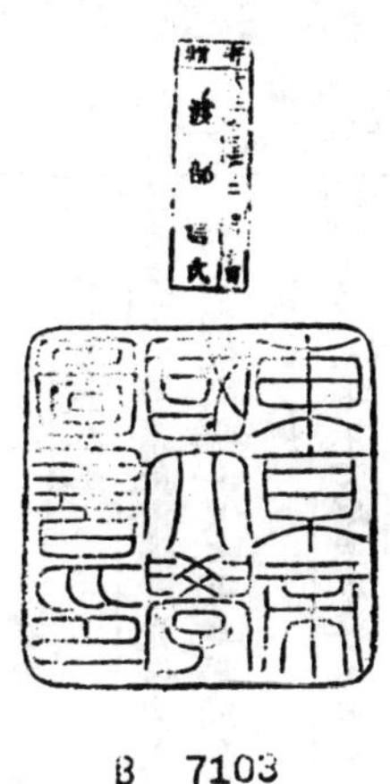

夢解全書
完

雲間子彙編
夢解
四知館較刊

天賚果兆入夢中

得遇良弼主帝隆

夢報靈龜意沉凝

得産麟兒驗天徵

新刻增補出像夢解全書卷之一

古吳　雲楊子　增補

書林　五雲館　梓行

○夢飛熊入兆

昔日文王夜夢飛熊游獵于渭濱得姜子牙為武王軍師封為尚父之職七日之間立起周朝天下八百餘年

○夢賚良弼

武丁居喪三年不言歸忽夜夢上帝賚以良弼乃使人以形遍求於天下得傳説於版築之間命以為相真良弼也

○夢兆黄龜

梅聖俞將生子夢道士贈黄龜云夜夢有人衣波電水皆挍我黄龜見明朝我娠忽在褥乃生男子眉清目秀後果顯

○夢賜玉童

王朝國夢人領一緑衣童子曰汝有憂民之心上賜此玉童與卑相是夕夫人孕生慶之此夢及之應驗皆是撫民之意致有此兆

○夢拔羊角

沛公始為亭長夜夢逐一羊拔其角尾俱落解曰羊去角

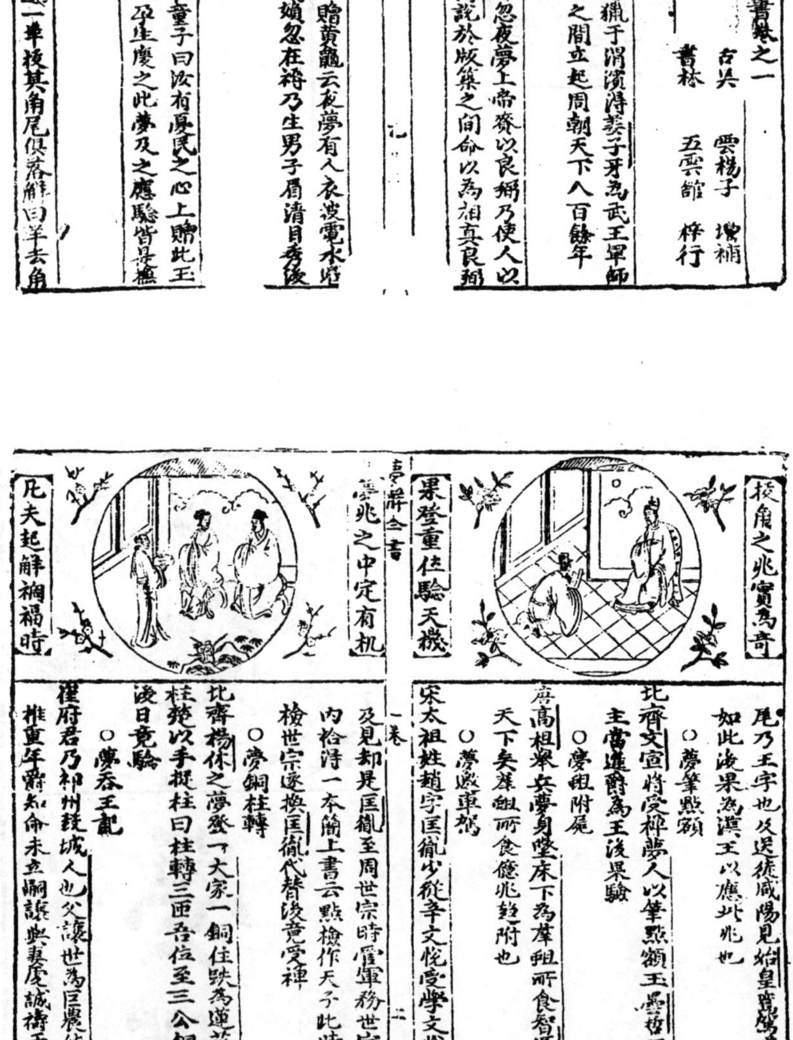

拔角之兆實為奇

果登重位驗天機

夢兆之中定有机

凡夫起解禍福時

尾乃王字也及迭徙咸陽見始皇嘆曰大丈夫當如此後果為漢王以應此兆也

○夢筆點額

北齊文宣將受禪夢人以筆點額王上加點為主當進爵為王後果驗

○夢組附屍

唐高祖舉兵夢身墜床下為羣蛆所食智滿禪師曰公得天下矣羣蛆所食億兆歸附也

○夢邀車駕

宋太祖姓趙字匡胤少從辛文悦受學文悦常夢邀車駕及見却是匡胤至周世宗時匡軍務世宗一日在文書內拾得一本簡上書云點檢作天子此時張永德為點檢世宗遂換匡胤代替後竟受禪

○夢銅柱轉

北齊楊休之夢登一大家一銅柱趺為蓮花葉形休之登柱趺以手挺柱曰柱轉三匝吾位至三公銅柱遂轉三匝後日竟驗

○夢吞王龍

崔府君乃祁州鼓城人也父讓世為巨農絶良德鄉里推重年逾知命未立嗣讓與妻虔誠禱于北獄是夜夫

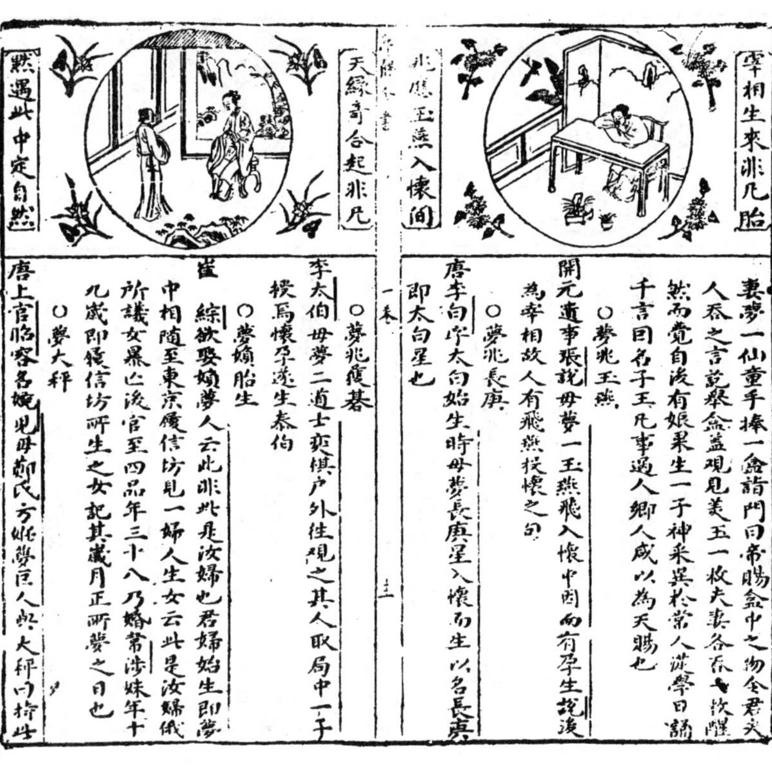

宰相生來非凡胎

兆應玉燕入懷間

妻夢一仙童手捧一盒詣門曰帝賜盒中之物令君夫人吞之言訖舉盒蓋覩見美玉一枚夫妻各吞一枚醒然而覺自後有娠果生一子神采異於常人洪學日誦千言因名子玉凡事過人鄉人咸以為天賜也

○夢兆玉燕

開元遺事張說母夢一玉燕飛入懷中因而有孕生說後為宰相故人有飛燕投懷之句

○夢兆長庚

唐李白字太白始生時母夢長庚星入懷而生以名長庚即太白星也

一卷

天緣奇合起非凡

默遇此中定自然

○夢兆覆碁

李太伯母夢二道士奕棋户外往觀之其人取局中一子授焉懷孕遂生泰伯

○夢嬪胎生

崔綜欲娶嬪夢人云此非此是汝婦也君婦始生即夢中相隨至東京履信坊見一婦人生女云此是汝婦俄所議女果亡後官至四品年三十八乃婚常涉妹年十九歲即履信坊所生之女記其歲月正所夢之日也

○夢大秤

唐上官昭容名婉兒母鄭氏方姙夢巨人與大秤曰持此

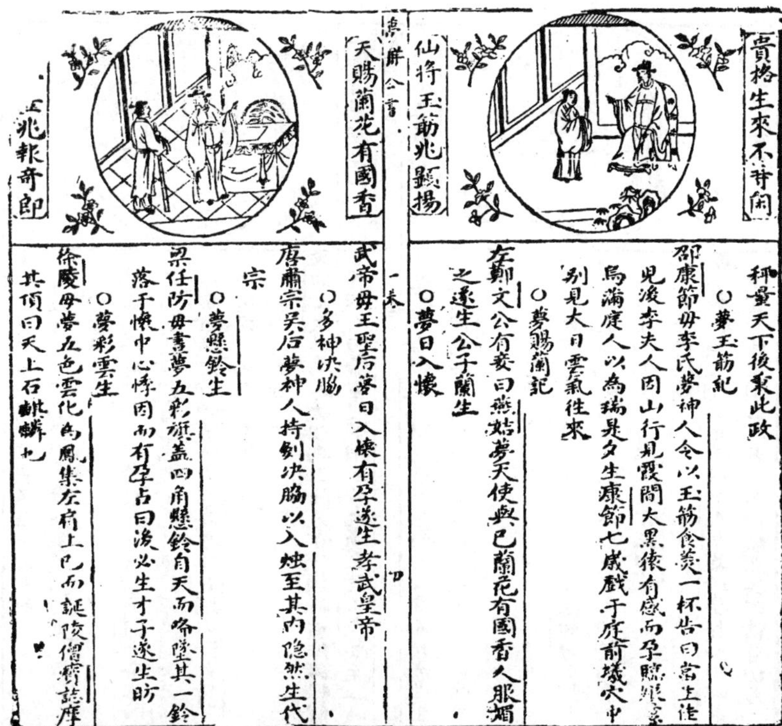

貴格生來不等閑

仙將玉筯兆顯揚

秤量天下後果此政

○夢玉筯配

邵康節母李氏夢神人令以玉筯食羹一杯告曰當生佳兒後李夫人因山行見霞間大黑猿有感而孕臨蓐烏滿庭人以為瑞是夕生康節七歲戲于庭前蟻穴中別見大日雲氣往來

○夢賜蘭記

左鄭文公有妾曰燕姞夢天使與己蘭花有國香人服媚之遂生公子蘭生

○夢日入懷

一卷

天賜蘭花有國香

[illegible]兆報奇郎

武帝母王聖后夢日入懷有孕遂生孝武皇帝

○多神決胸

唐肅宗吳后夢神人持劍決胸以入燭至其內隱然生代宗

○夢懸鈴生

梁任昉母書夢五彩旗蓋四角懸鈴自天而墜其一鈴落于懷中心悸因而有孕占曰後必生才子遂生昉

○夢彩雲生

徐陵母夢五色雲化為鳳集左肩上已而誕陵僧寶誌摩其頂曰天上石麒麟也

雄能騰云上九天

○夢靈鳳生

南吾雲一母夢靈鳳集身因有娠及開腹中啼数聲

○夢生入翼

曰生子當為神仙宗伯

陶侃夢生八翼飛而登天在後果驗其祥

○夢賜㑹席

梁柳慶遠從兄世隆曰吾昔夢太尉以褥席見賜吾遂亞台司適又夢以吾褥席與汝汝後日必光我門族遠慶果為開封府尹

非富即富定登仙

○夢松生腹

丁固夢松生于腹上松字十八公後十八年為公

兩手捧日果為奇

○夢手捧天

倦游録韓魏公夢以手捧天日再後果輔英宗神宗

○夢手捧日

魏崔㬎少時夢上奉心以兩手捧日

○夢斷盤囊

晉鄧颙夢行水邊見一女有猛獸自後斷其盤囊水邊女是汝字斷盤囊者斷獸自代故獸頭也非汝南當汝陰後果遷汝陰守

覩驗卜兆有天礼

○夢垒懸刀

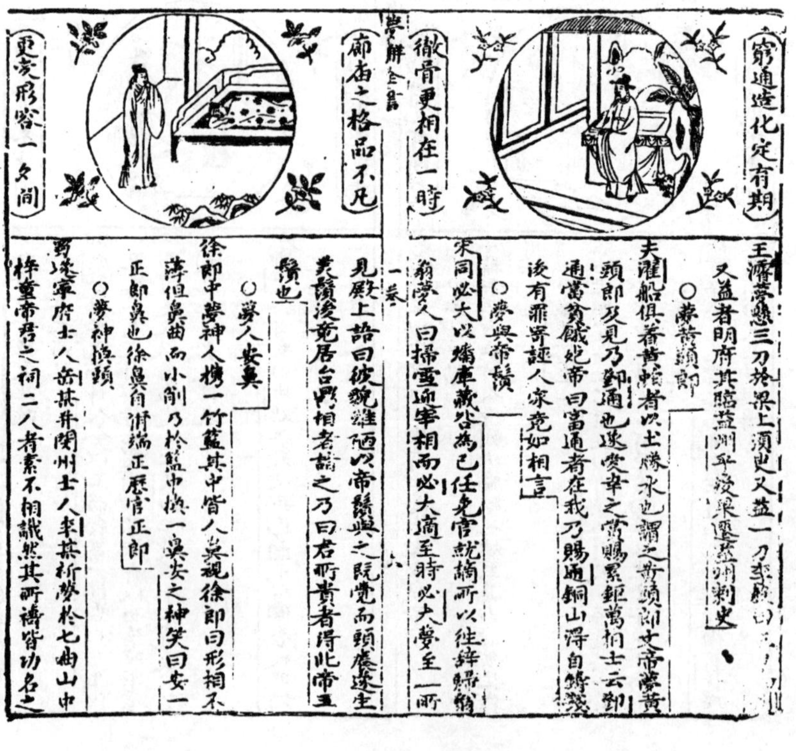

窮通造化定有期

王濬夢懸三刀於梁上須臾又益一刀李毅曰三刀州字又益者明府其臨益州乎後果遷益州刺史

○夢黃頭郎

夫濯船俱着黃帽者以土勝水也謂之黃頭郎文帝夢黃頭郎及見乃鄧通也遂愛幸之賞賜累鉅萬相士云鄧通當貧餓死帝曰富通者在我乃賜通銅山得自鑄錢後有罪寄誣人家竟如相言

○夢與帝鬚

徹骨更相在一時

宋同必大以矯庫藏咎為己任免官就謫所以往辞歸翁夢人曰掃霊逈寧相而必大適至時必大夢至一所見殿上語曰彼貌雖陋以帝鬚與之既覺而頸痒遂生美鬚後竟居台鼎相者謂之乃曰君所貴者得此帝王鬚也

廊廟之格品不凡

○夢人安鼻

徐郎中夢神人携一竹籃其中皆人鼻視徐郎曰形相不薄但鼻曲而小削乃於籃中換一鼻安之神笑曰安一正郎鼻也徐鼻自消端正歷官正郎

○夢神換頭

更変形容一夕間

蜀逢寧府士人爺其井閬州士人來其祈夢於七曲山中梓潼帝君之祠二人者素不相識然其所禱皆功名之

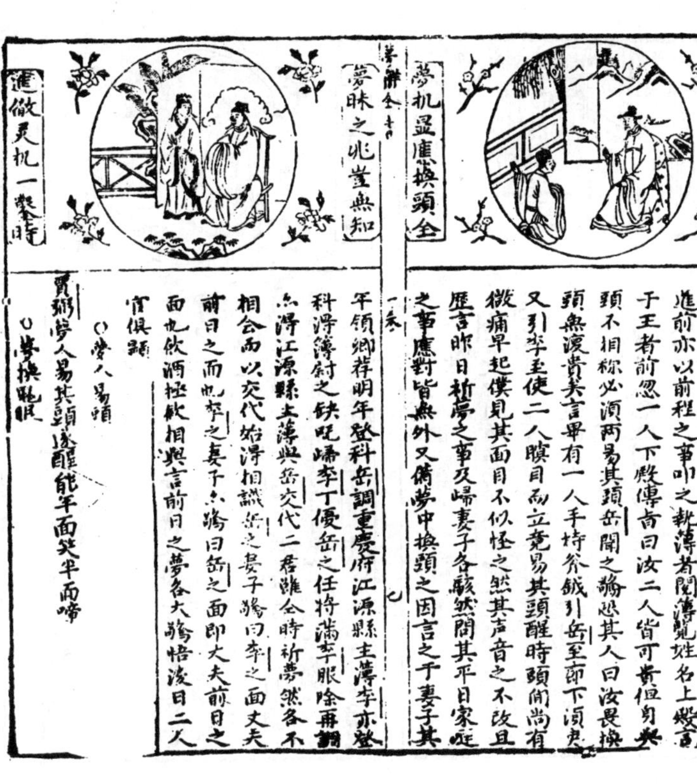

貴格生來必端然

夢兆顯應換頭全

夢寐之兆豈無知

進徹灵机一醒時

李岳夢至一宮殿見一王者冠冕坐於殿上侍從七八人傍有持簿者岳趨前問曰其前程如何未幾又見李進前亦以前程之事叩之執簿者閱簿覽姓名上殿言于王者前忽一人下殿傳命曰汝二人皆可貴但身與頭不相稱必須兩易其頭岳聞之驚恐其人曰汝畏換頭無復貴矣言畢有一人手持斧鉞引岳至廊下須臾又引李至使二人瞑目而立竟易其頭醒時頭俯尚有微痛早起僕見其面目不似怪之然其声音之不改且歷言昨日祈夢之事及歸妻子各駭然問其平日家庭之事應對皆無外又備夢中換頭之因言之于妻子其年領郷荐明年登科岳調重慶府江源縣主簿李亦登科得簿尉之缺既歸李丁優岳之任將滿李服除再調亦得江源縣主簿與岳交代二君雖分時祈夢然各不相会而以交代始得相識岳之妻子驚曰李之面丈夫前日之面也李之妻子亦驚曰岳之面即丈夫前日之面也飲酒極歡相與言前日之夢各大驚悟後日二人官俱顯

○夢人易頭

賈弼夢人易其頭遂醒能半面哭半面啼

○夢換睛眼

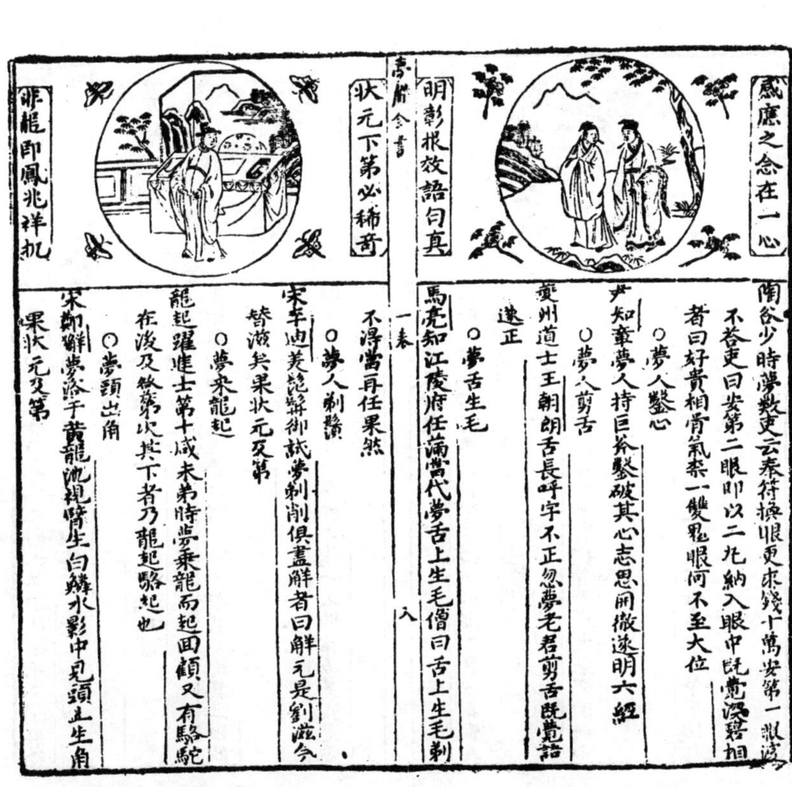

感應之念在一心

明彰报效語句真

狀元下第必稀奇

非龍即鳳兆祥机

陶谷少時夢數吏云奉符換眼更求錢十萬安第一眼陶不答吏曰安第二眼即以二丸納入眼中既覺深碧相者曰好貴相骨氣柰一雙鬼眼何不至大位

○夢人鑿心

尹知章夢人持巨斧鑿破其心志思開徹遂明六經

○夢人剪舌

夔州道士王朝朗舌長呼字不正忽夢老君剪舌既覺語遂正

○夢舌生毛

馬亮知江陵府任滿當代夢舌上生毛僧曰舌上生毛剃不得當再任果然

○夢人剃鬚

宋庠迪美郷解御試夢剃削俱盡解者曰解元是劉滋今替滋矣果狀元及第

○夢乘龍起

龍起躍進士第十歲未第時夢乘龍而起回顧又有駱駝在後及放第次其下者乃龍起駱起也

○夢頭出角

宋郊鄉夢浴于黃龍池視臂生白鱗水影中見頭上生角果狀元及第

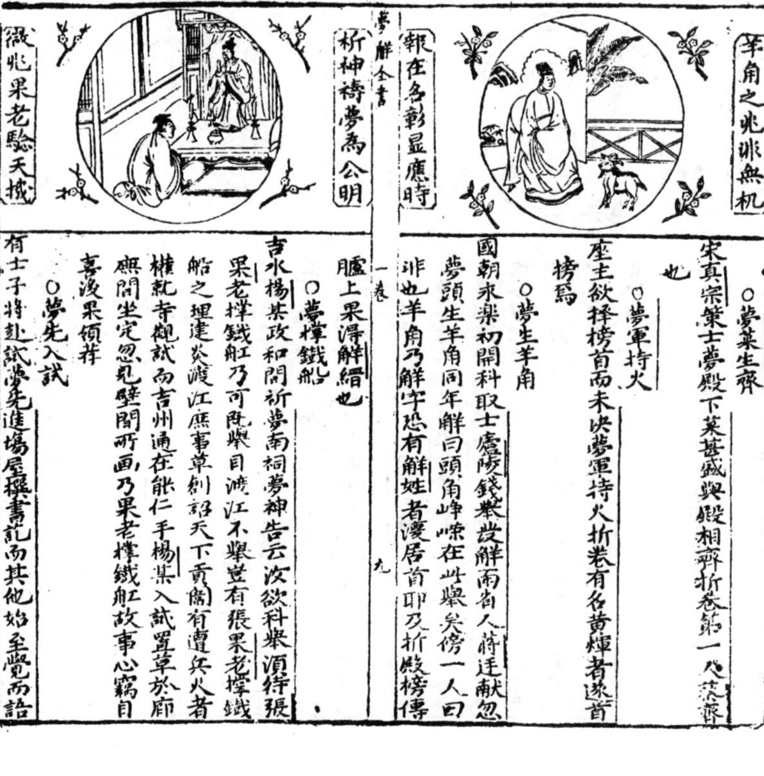

○夢菜生齊

宋真宗策士夢殿下菜甚盛與殿相齊折卷第一乃蔡齊也

○夢軍持火

座主欲擇榜首而未決夢軍持火折卷有名黃煇者遂首榜焉

○夢生羊角

國朝永樂初開科取士廬陵錢榮發解兩省人蔣廷獻忽夢頭生羊角同年解曰頭角崢嶸在此舉矣傍一人曰非也羊角乃解字恐有解姓者淩居首耶及折殿榜傳臚上果得解縉也

○夢撐鐵船

吉水楊某政和間祈夢南祠夢神告云汝欲科舉須待張果老撐鐵舡乃可既舉目渡江不舉豈有張果老撐鐵船之理建炎渡江庶事草創詔天下貢闈有遭兵火者權就寺觀試而吉州通在能仁寺楊某入試置草於廊廡間坐定忽見壁間所画乃果老撐鐵舡故事心竊自喜後果領荐

○夢先入試

有士子將赴試夢先進場屋纔書訖而其他始至覺而語

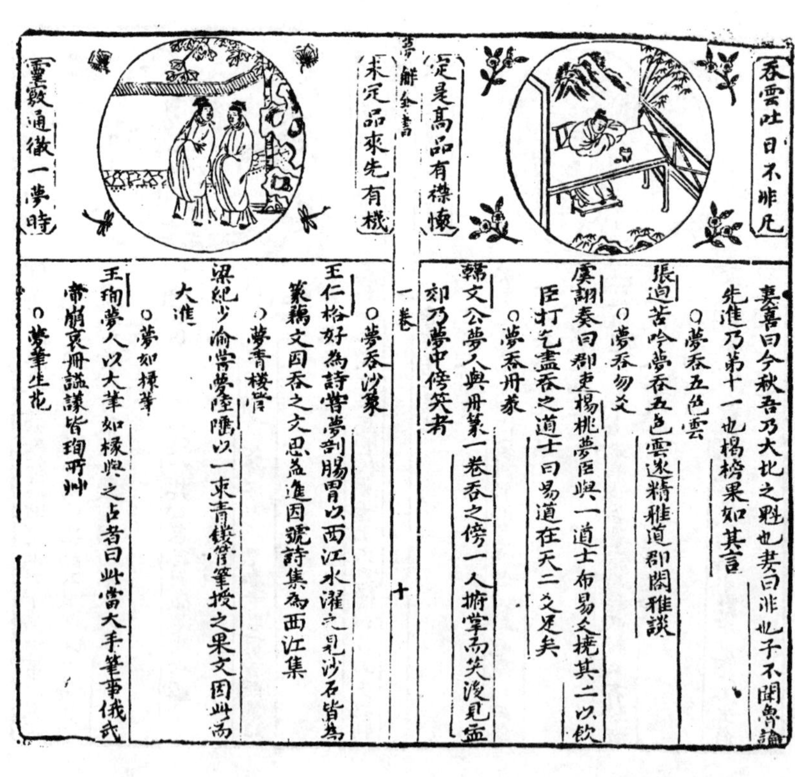

妻喜曰今秋吾乃大比之魁也妻曰非也子不聞魯論先進乃第十一也揭榜果如其言

○夢呑五色雲

張迴苦吟夢呑五色雲遂精雅道郡閣雅談

○夢呑匆爻

虞翻奏曰郡吏楊桃夢臣與一道士布易爻撓其二以飲臣打乞盡呑之道士曰易道在天二爻足矣

○夢呑册篆

韓文公夢人與册篆一卷呑之傍一人撫掌而笑後見孟郊乃夢中傍笑者

○夢呑沙篆

王仁裕好為詩嘗夢剖腸胃以西江水濯之見沙石皆為篆籀文因呑之文思益進因號詩集為西江集

○夢青樓管

梁紀少瑜嘗夢陸倕以一束青鏤管筆授之果文因此而大進

○夢如椽筆

王珣夢人以大筆如椽與之占者曰此當大手筆事俄武帝崩哀册謚議皆珣所草

○夢筆生花

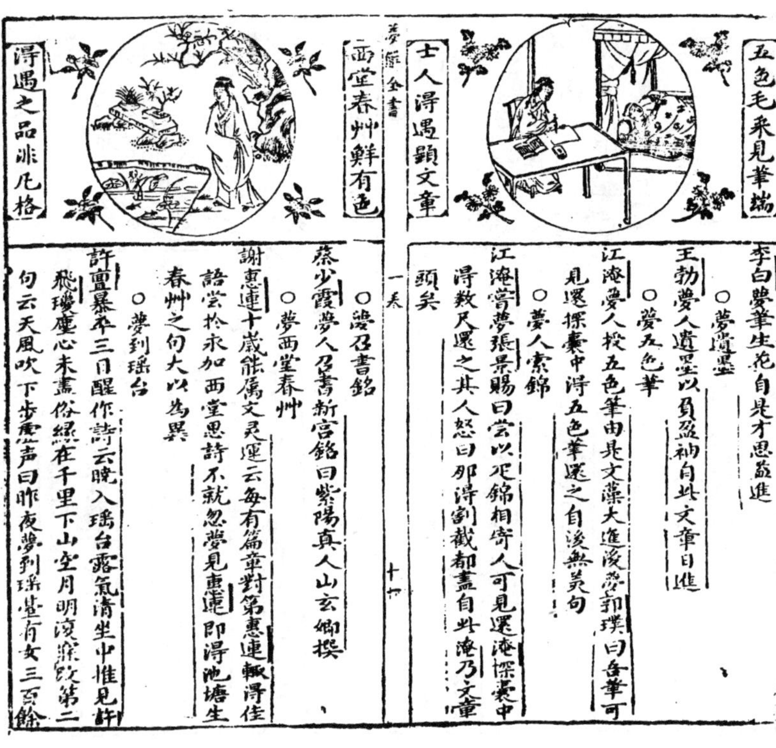

五色毛乘見筆端

士人得遇顯文章

李白夢筆生花自是才思益進

○夢賞墨

王勃夢人遺墨以貯盈袖自此文章日進

○夢五色筆

江淹夢人授五色筆由是文藻大進後夢郭璞曰吾筆可見還探囊中得五色筆還之自後無美句

○夢人索錦

江淹嘗夢張景陽曰嘗以疋錦相寄人可見還淹探囊中得數尺還之其人怒曰那得割截都盡自此淹乃文章頹矣

西堂春艸鮮有色

得遇之品非凡格

○夢召書銘

蔡少霞夢人召書新宮銘曰紫陽真人山玄卿撰

○夢西堂春艸

謝惠連十歲能屬文灵運云每有篇章對惠連輙得佳語嘗於永加西堂思詩不就忽夢見惠連即得池塘生春艸之句大以為異

○夢到瑶台

許亶暴卒三日醒作詩云曉入瑶台露氣清坐中惟見許飛瓊塵心未盡俗緣在千里下山空月明復寐改第二句云天風吹下步虛声曰昨夜夢到瑶台有女三百餘

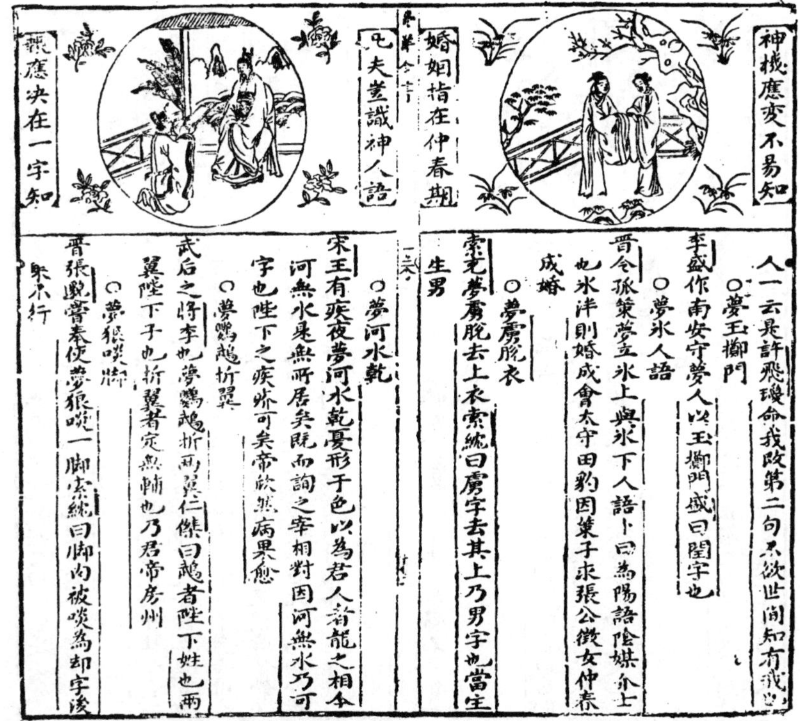

神機應变不易知

婚姻指在仲春期

人一云是許飛瓊命我改第二句不欲世間知有我也

○夢玉擲門

李盛作南安守夢人以玉擲門盛曰閨字也

○夢氷人語

晉令孤策夢立氷上與氷下人語卜曰為陽語陰媒介士也氷泮則婚成會太守田豹因策子求張公徵女仲春成婚

○夢虜脫衣

索充夢虜脫去上衣索紞曰虜字去其上乃男字也當生生男

凡夫豈識神人語

禨應決在一字知

○夢河水乾

宋王有疾夜夢河水乾憂形于色以為君人者龍之相今河無水是無所居矣既而詢之宰相對曰河無水乃可字也陛下之疾亦可矣帝欣然病果愈

○夢鸚鵡折翼

武后之將李也夢鸚鵡折兩翼仁傑曰鵡者陛下姓也兩翼陛下子也折翼者定無輔也乃君帝房州

○夢狼嘆脚

晉張邈嘗奉使夢狼嘆一脚索紞曰脚肉被啖為却字後果不行

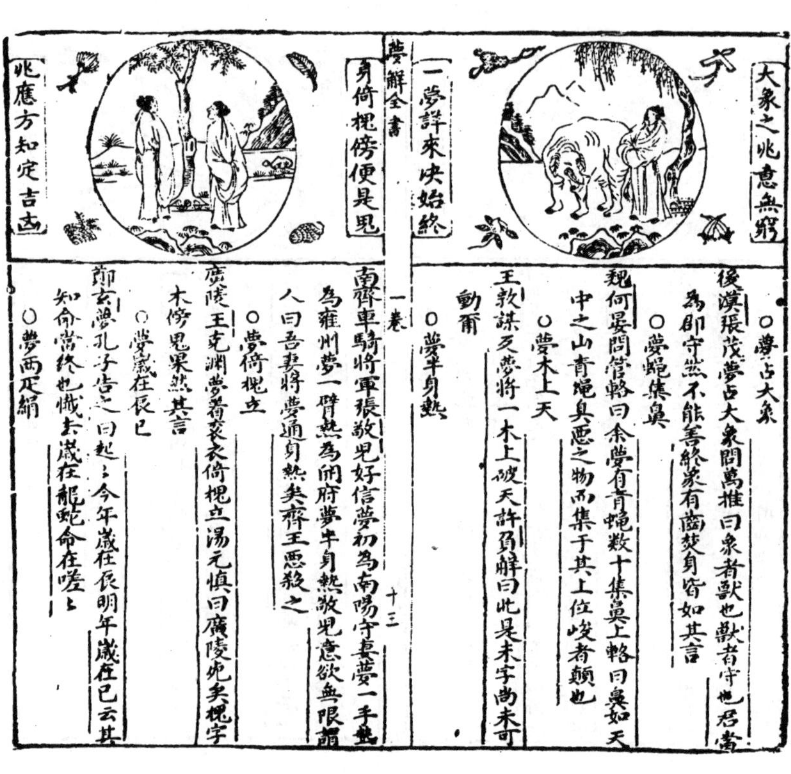
大象之兆意無窮

一夢許來央始終

○夢占大象

後漢張茂夢占大象問萬推曰象者獸也獸者守也君當為郡守然不能善終象有齒焚身皆如其言

○夢蠅集鼻

魏何晏問管輅曰余夢有青蠅數十集鼻上輅曰鼻如天中之山青蠅臭惡之物而集于其上位峻者顛也

○夢木上天

王敦謀反夢將一木上破天許負解曰此是未字尚未可動爾

○夢半身熱

南齊車騎將軍張敬兒好信夢初為南陽守妻夢一手熱為雍州夢一臂熱為開府夢半身熱敬兒意欲無限語人曰吾妻將夢通身熱矣齊王惡殺之

○夢倚槐立

廣陵王克淵夢着袞衣倚槐立湯元慎曰廣陵死矣槐字木傍鬼果然其言

○夢歲在辰巳

鄭玄夢孔子告之曰起起今年歲在辰明年歲在巳云其知命當終也讖云歲在龍蛇命在嗟嗟

○夢兩疋絹

身倚槐傍便是鬼

兆應方知定吉凶

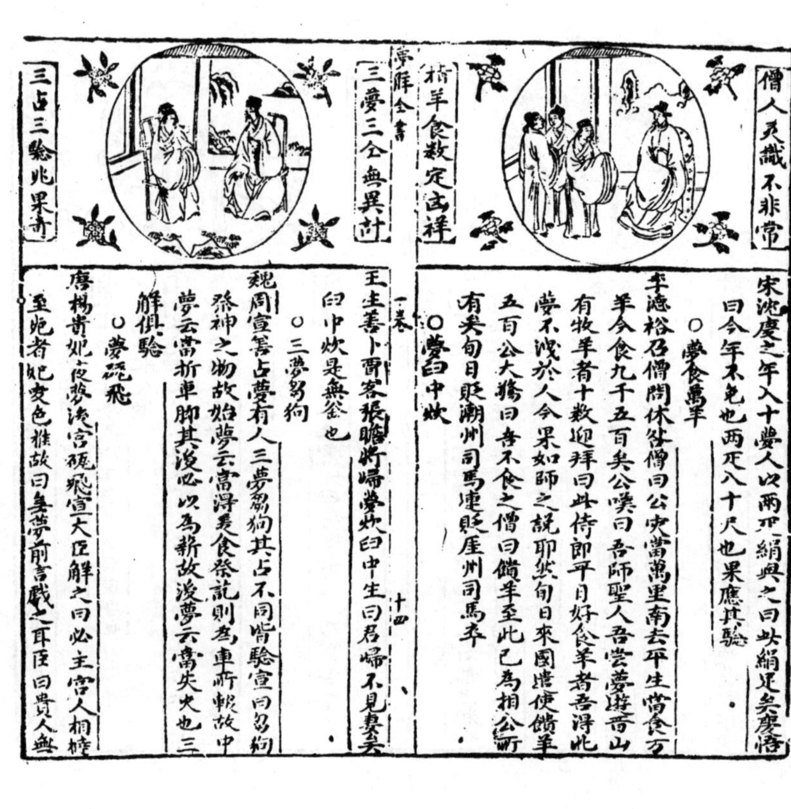
僧人更識不非常

指羊食數定凶祥

宋沈慶之年八十夢人以兩疋絹與之曰此絹足矣慶語曰今年不免也兩疋八十尺也果應其驗

○夢食萬羊

李德裕召僧問休咎僧曰公必當萬里南去平生當食万羊今食九千五百矣公嘆曰吾師聖人吾嘗夢遊晉山有牧羊者十數迎拜曰此侍郎平日好食羊者吾得此夢不洩於人今果如師之說耶然旬日來國禮使饋羊五百公大驚曰吾不食之僧曰饋羊至此已為相公所有矣旬日貶潮州司馬連貶崖州司馬卒

○夢臼中炊

王生善卜賈客張瞻將歸夢炊臼中生曰君歸不見妻矣臼中炊是無釜也

○三夢芻狗

魏周宣善占夢有人三夢芻狗其占不同皆驗宣曰芻狗祭神之物故始夢云當得美食祭訖則為車所轢故中夢云當折車腳其後必以為薪故後夢云當失火也三解俱驗

○夢魂飛

唐楊貴妃夜夢後宮魂飛宣大臣解之曰必主宮人相掩至死者妃變色雅故曰吾夢前言戲之耳臣曰貴人無

三夢三公無異討

三占三驗兆果奇

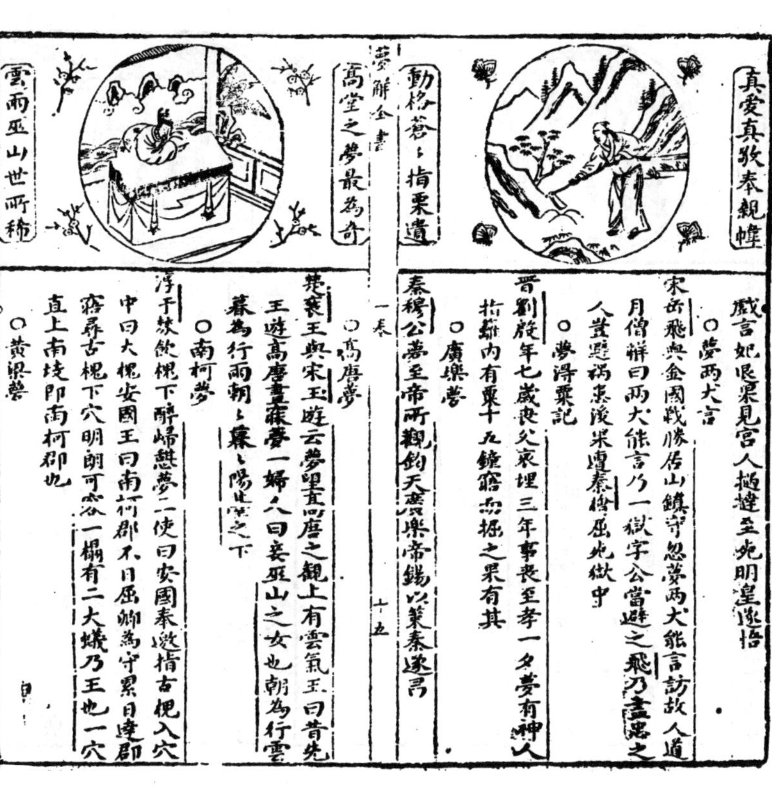

真愛真歌奉親幃
動格蒼蒼指栗遺

夢解全書 一卷 十五

戲言妃服果見宮人攜撻至死明皇遂悟

○夢兩犬言

宋岳飛與金國戰勝居山鎮守忽夢兩犬能言訪故人道月僧解曰兩犬能言乃一獄字公當避之飛乃盡忠之人豈避禍患後果遭秦檜屈死獄中

○夢得粟記

晉劉殷年七歲喪父哀毀三年事喪至孝一夕夢有神人指窖內有粟十五鍾窖而掘之果有其

○廣樂夢

秦穆公夢至帝所觀鈞天廣樂帝錫以策秦遂昌

高堂之夢最為奇
雲雨巫山世所稀

○高唐夢

楚襄王與宋玉遊云夢望高唐之觀上有雲氣玉曰昔先王遊高唐晝寢夢一婦人曰妾巫山之女也朝為行雲暮為行雨朝朝暮暮陽臺之下

○南柯夢

淳于棼飲槐下醉歸熟夢二使曰安國奉邀指古槐入穴中曰大槐安國王曰南柯郡不日屈卿為守累日遂郡寤尋古槐下穴明朗可容一榻有二大蟻乃王也一穴直上南枝即南柯郡也

○黃粱夢

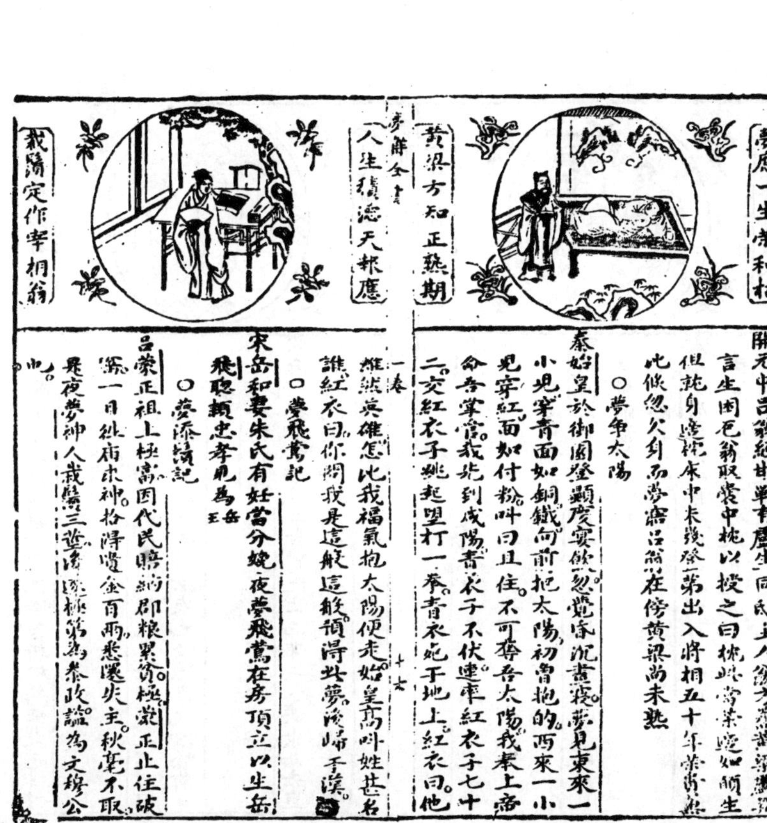

夢應一生榮和枯
黃粱方知正熟期

夢解全書 一卷 十六

開元中呂翁經邯鄲有盧生同邸主人翁方蒸黃粱盧生言生困厄翁取囊中枕以授之曰枕此當榮適如願生但就身遂於枕中未幾登一第出入將相五十年榮貴然此條忽欠身而夢寤呂翁猶在傍黃粱尚未熟

○夢爭太陽

秦始皇於御閣登覽處宴飲忽覺昏沉晝寢夢見東來一小兒穿青面如銅鐵向前把太陽初曾抱的西來一小兒穿紅面如付粉叫曰且住不可奪吾太陽我奉上帝命吾掌管我先到咸陽青衣子不伏遂奪紅衣子七十二交紅衣子跳起望打一拳青衣死于地上紅衣曰他雖然英雄怎比我福氣抱太陽便走始皇高叫姓甚名誰紅衣曰你問我是這般這般須得此夢後歸于漢

人生積德天報應
栽將定作宰相翁

○夢飛鶯記

宋岳和妻朱氏有妊當分娩夜夢飛鶯在房頂立以生岳飛聰穎忠孝見為岳王

○夢添鬚記

呂蒙正祖上極富因代民賠納郡粮累貧極蒙正止住破窯一日往廟求神拾得覺金百兩悲還失主秋毫不取是夜夢神人栽鬚三莖後擢狀元第為參政謚為文穆公也

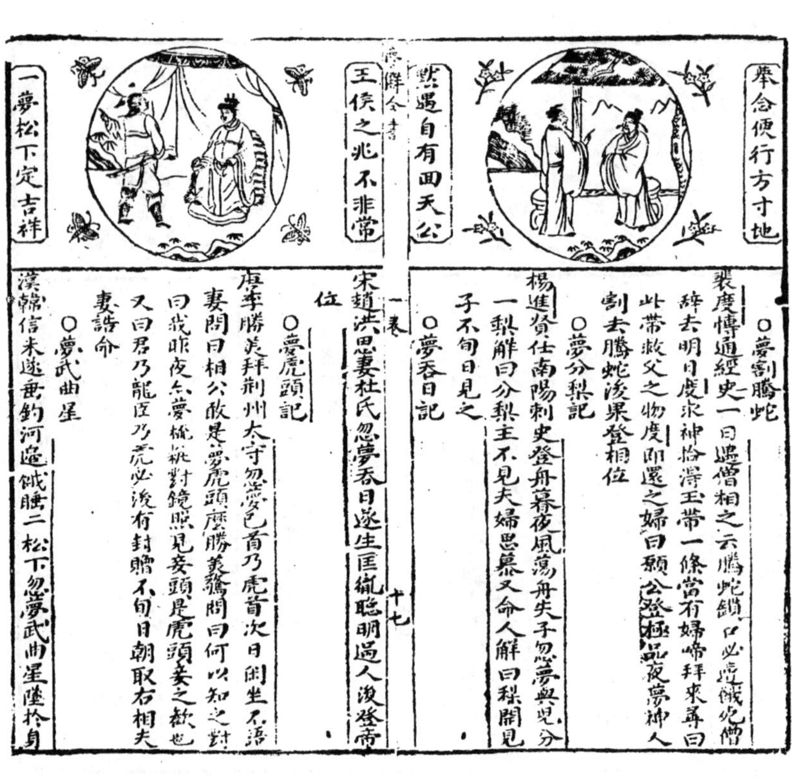

奉念便行方寸地
默遇自有田天公

王侯之兆不非常
一夢松下定吉祥

○夢劉騰蛇

裴度博通經史一日遇僧相之云騰蛇鎖口必主餓死僧辭去明日度求神拾得玉帶一條當有婦啼拜來尋曰此帶救父之物度即還之婦曰願公登極品夜夢神人劃去騰蛇後果登相位

○夢分梨記

楊進賢仕南陽刺史登舟暮夜風蕩舟失子忽夢與兒分一梨解曰分梨主不見夫婦思慕又命人解曰梨開見子不旬日見之

○夢吞日記

宋趙洪思妻杜氏忽夢吞日遂生匡胤聰明過人後登帝位

○夢虎頭記

唐李勝義拜荊州太守忽夢己首乃虎首次日倒坐不語妻問曰相公敢是夢虎頭麽勝義驚問曰何以知之對曰我昨夜亦夢梳粧對鏡照見妾頭是虎頭妾之故也又曰君乃龍臣乃虎必後有封贈不旬日朝取右相夫妻誥命

○夢武曲星

漢韓信未遂垂釣河邊餓睡二松下忽夢武曲星墜於身

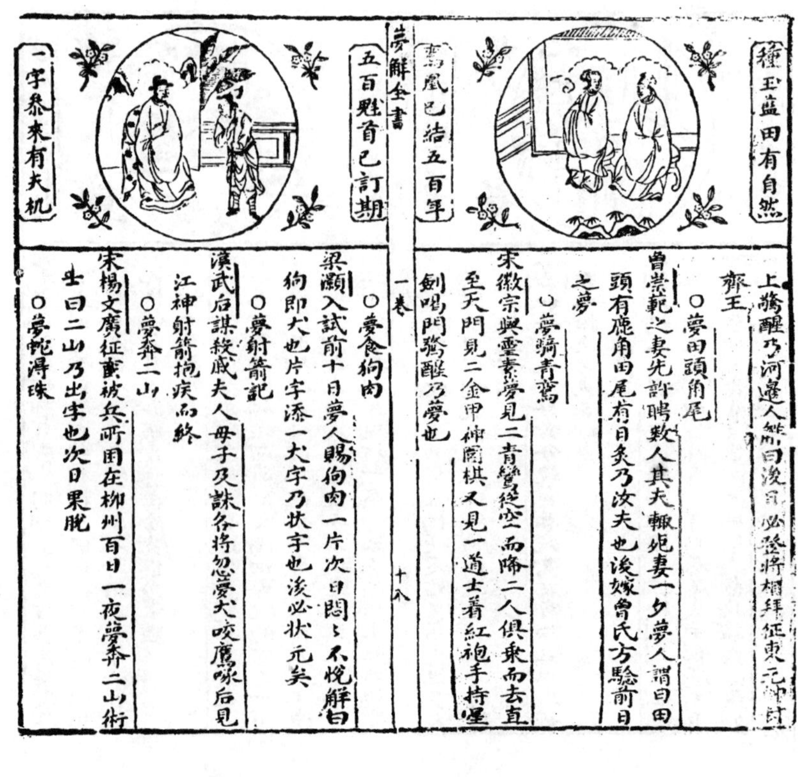

種玉藍田有自然
鸞凰已結五百年

五百魁首已訂期
一字叅來有夫机

上騰醒乃河邊人然曰後日必登將相拜征東元帥封齊王

○夢田頭角尾

曾崇範之妻先許聘數人其夫輒死妻一夕夢人謂曰田頭有鹿角田尾有日炙乃汝夫也後嫁曾氏方驗前日之夢

○夢騎青鸞

宋徽宗與靈素忽夢見二青鸞從空而降二人俱乘而去直至天門見二金甲神鬪棋又見一道士着紅袍手持寶劍喝門驚醒乃夢也

○夢食狗肉

梁灝入試前十日夢人賜狗肉一片次日悶悶不悅解曰狗即犬也片字添一犬字乃狀字也後必狀元矣

○夢射箭記

漢武后謀殺戚夫人母子及誅各將忽夢犬咬膺啄后見江神射箭抱疾而終

○夢吞二山

宋楊文廣征蠻被兵所困在柳州百日一夜夢吞二山術士曰二山乃出字也次日果脫

○夢蛇得珠

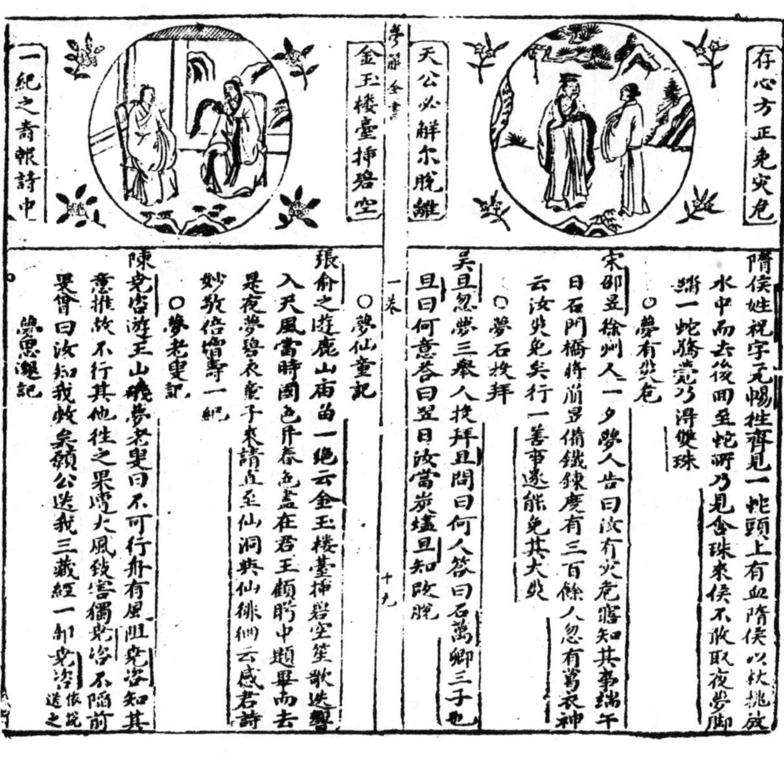

存心方正免灾危

天公必鮮尔脫離

隋侯姓祝字元暢往齊見一蛇頭上有血隋侯以杖挑放水中而去後回至蛇所乃見含珠來侯不敢取夜夢脚蹹一蛇驚覺乃得雙珠

○夢有災危

宋邵旻徐州人一夕夢人告曰汝有災危宜知其事端午日石門橋將崩旻備鐵鍊度有三百餘人忽有葛衣神云汝災免矣行一善事遂能免其大殃

○夢石投拜

吴旦忽夢三舉人投拜旦問曰何人答曰石萬卿三子也旦曰何意答曰翌日汝當炭壚旦知防脫

夢解全書 一卷 十九

金玉楼臺挿碧空

一紀之壽帳詩中

○夢仙童記

張俞之遊鹿山廟留一絶云金玉楼臺挿碧空笙歌送響入天風當時國色幷春色盡在君王顧盼中題畢而去是夜夢碧衣童子來請直至仙洞與仙緋衣細云感君詩妙敬倍增壽一紀

○夢老叟記

陳堯咨遊王山磯夢老叟曰不可行舟有風阻堯咨知其意推故不行其他往之果遭大風致害獨堯咨不陥前叟曾曰汝知我救矣賴公送我三藏經一部堯咨依說送之

○夢思邈記

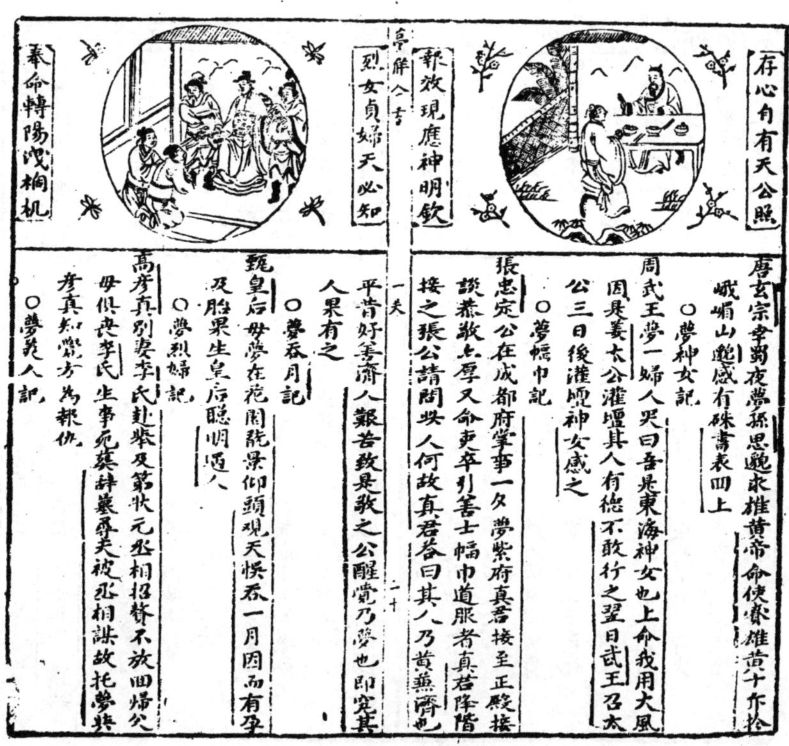

存心有有天公照

報效現應神明欽

唐玄宗幸蜀夜夢孫思邈求雄黃帝命使賫雄黃十斤於峨嵋山邈感有硃書表四上

○夢神女記

周武王夢一婦人哭曰吾是東海神女也上命我用大風因是姜太公灌壇其人有德不敢行之翌日武王召太公三日後灌壇神女感之

○夢幞巾記

張忠定公在成都府掌事一夕夢紫府真君接至正殿接談恭敬亦厚又命吏卒引一善士幅巾道服者真君降階接之張公請問此人何故真君答曰其人乃黃兼濟也平昔好善濟人艱苦致是敬之公醒覺乃夢也即究其人果有之

夢解全書 一卷 二十

烈女貞婦天必知

奉命轉陽戕梱机

○夢吞月記

甄皇后母夢在花園翫景仰頭觀天悮吞一月因而有孕及胎果生皇后聰明過人

○夢烈婦記

高彥真別妻李氏赴紫及第狀元丞相招贅不放回帰父母俱喪李氏生事死葬辞墓尋夫被丞相誅故托夢與彥真知當為報仇

○夢義人記

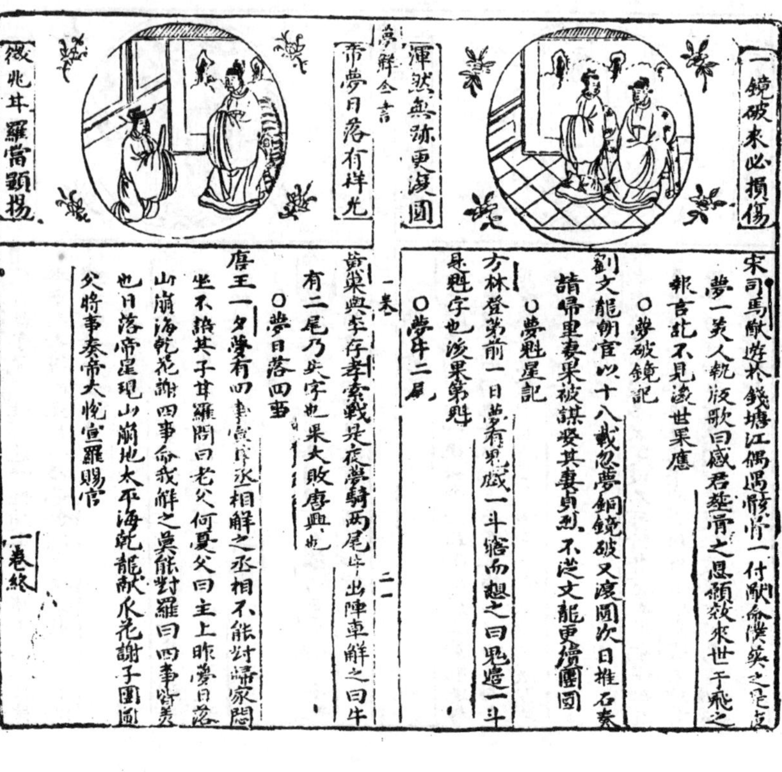

一鏡破來必損傷
渾然無跡更復圓

帝夢日落有祥光
徵兆卄羅當顯揚

宋司馬猷遊於錢塘江偶遇骸骨一付猷命僕瘞之是夜夢一美人執版歌曰感君瘞骨之恩願效來世于飛之報言訖不見後世果應

○夢破鏡記

劉文龍朝官以十八載忽夢銅鏡破又復圓次日推石奏請歸里妻果被謀娶其妻貞烈不從文龍更續團圓

○夢魁星記

方林登第前一日夢有鬼戲一斗猶而想之曰鬼邊一斗是魁字也後果第魁

○夢牛二尾

黃巢與李存孝索戰是夜夢騎兩尾牛出陣卓解之曰牛有二尾乃失字也果大敗唐興也

○夢日落四事

唐王一夕夢有四事宣丞相解之丞相不能對歸家悶坐不語其子卄羅問曰老父何憂父曰主上昨夢日落山崩海乾花謝四事命我解之莫能對羅曰四事皆美也日落帝星現山崩地太平海乾龍獻爪花謝子團圓父將事奏帝大悅宣羅賜官

一卷終

精選諸兆切要斷禳

○逐時斷心驚吉凶

子 主女子有喜事
丑 主貧窮不吉利
寅 主有客來相會
卯 定有酒食外人至
辰 主子和妻不吉
巳 主子妻有財吉
午 定酒食百來吉
未 定有喜事大吉
申 定女人喜事利
酉 主喜信至大吉
戌 主有貴人大吉
亥 主有凶事不利

○逐時斷耳熱吉凶

子 主有僧道相見
丑 定有遠客至吉
寅 定主有酒食吉
卯 主有遠信來吉
辰 定主得大財吉

新刻增補出像夢㙮真鏡卷之二

古吳 雲楊子 增補

○夢天文篇第一

天地相合求皆得　天公使喚大吉利
天公神言大吉利　天光欲曉壽命長
天光照身災病除　天晴雨散百憂
天明婦人生貴子　天紅大吉天黑凶
天開口舌事不成　天崩主父母憂疾
天門開進德近貴　天開闔主有所凶
天開光主得祿位　天河洗馬太平兆
上天取物正侯位　上天求妻兒女貴
上天上屋得高官　捫天門者主大貴
天門赤色主刀兵　卧面仰天大富貴
抵天者大貴吉利　見天使者主富貴
登天月臺見仙吉　登天下來主位落
迎天撰星主公卿　天門頹榜中狀元
渡天河者百事吉　飛上天者主富貴
豎竿中天事未成　坐井觀天光祿少
大人坐天近貴人　生翼飛天主得官
日入懷中生貴子　日出無雲主大吉

巳 主添進財物喜
午 定有喜樂事吉
未 主有遠客至吉
申 必有酒食喜慶
酉 定有女子相会
戌 心主有小口舌
亥 定有相争口舌

○逐時斷火笑凶吉

子 主有外面煩惱
丑 定有外人來到
寅 主家下平安兆
卯 主得財諸事吉
辰 定主心憂損口
巳 定有酒食喜事
午 主相争官非事
未 應家道財祿兆
申 必主財喜應兆
酉 應兆心憂悩敗
戌 主憂心和合事
亥 必本身有病凶

日出有光主好妻
日有霞光主好事
日月初出家道吉
日月照身得官職
日月昏暗孕婦吉
日月都出奴欺主
日月交蝕孕婦吉
礼拜日月大吉利
日光入屋官位至
射月中光戰必勝
手捉住月應中舉
星入懷主生貴子
星列行位添奴婢
星落散乱大臣凶
見星月明大位至
吞星入懷生才子
北斗星符主憂凶
風吹沙石主遷移
猛風大雨憂之凶
彩雲四起交易利

日遶房屋貴人来
雲開日出凶事除
日月同宮主官爵
日月相会妻有子
日月生草主歲収
日月缺主争闘事
吞日月主生貴子
抱負日月貴侯王
月墮懷中生貴女
登日月中主大貴
拜星月燒香並吉
星落主病及官事
星芒光彩文章盛
星行走主廷官位
星流不落主移居
將執星宿大富貴
丞北斗下中魁名
風吹人衣疾病至
忽有大風國號令
雲青黑凶赤白吉

○逐時斷耳鳴

子 左主女忌 右失財
丑 左兆口舌 右争事
寅 左主失財 右客至
卯 左主女財 右客至
辰 左應有財 右招尤
巳 左主得食 右添財
午 左右主供 遠客至
未 左右必產 有財喜
申 左主客至 右主吉
酉 左主失財 右主吉
戌 左右主人 送菓至
亥 左主大吉 右酒食

○逐時占眼跳

子 左主貴人 右酒食
丑 左主憂心 右主祥
寅 右應酒食 左遠行
卯 左主酒食 右吉慶
辰 左兆客來 右官事
巳 左主酒食 右主吉

雲忽遮屋有陰私
雲霧生百事憔悴
青雲生春夢吉祥
白雲生秋夢吉祥
黃雲生四時吉利
黑雲生地主時氣
五色雲見大吉利
雷霆作聲官位至
雷起恐怕移居吉
雷聲局化位居吉
雷電滿主驚恐事
身被霹靂主富貴
電光照人有吉慶
行路逢雨有酒食
赤虹吉黑虹主凶
雪落身上萬事成
大雪下者主喪事

○夢地理篇二

地下雲黃白赤吉
地高下不平主病

雲霧遮身主大吉
紅雲生安居者吉
赤雲生夏夢吉祥
黑雲生冬夢吉祥
黑雲龍身主悔氣
彩雲霧見貴吉利
見浮雲作事不成
雷起四方交易吉
雷震地震主志遂
雷霆鳴者官位至
被雷打主大富貴
電落山中陰事散
陰雨晦暗主凶事
門外雨成波得官
霜露降主事不成
雪下主憂散之事
庭中積雪主喪事
地中黑氣上天凶
地裂山崩主大凶

午　左主酒食右主凶
未　左應吉慶右疾病
申　左主有財右主病
酉　左主客至右親來
戌　左主酒食右主吉
亥　左應客來右官事

○逐時占面熱

子　主夫妻和合兆
丑　定主有煩惱事
寅　必主有遠人至

●地動更遷主移居
撥地出土主口舌
食吐到地大福祿
堂上地白主母憂
脩平田地大有凶
運土石入家富貴
擔土上宅千石俸
身入土中百事安
自身撥土被恥辱
空中起土祿位至

居地土中大吉利
卧於地上主憂事
堂上地陷主母憂
人與土塊主大吉
上山毀壇主凶惡
取土來家主大財
行路土堆病不瘥
人將土來家喜至
宅上起土重祿至
山中得財主福祿

卯　主有酒食行人
辰　定主有遠客來
巳　必主爭鬥之事
午　主有婚姻喜事
未　定有口舌之非
申　主有歡喜之事
酉　必有僧道來家
戌　必主有酒食事
亥　主衆事說不成

○逐時占打嚏

山上有山出外吉
山上有人相見貴
山化銅鐵官事至
山谷崩與大凶惡
高山尖險惡事至
上山求財皆大富
登山曠野遠人來
負山有力大權任
高山有赤色大吉
平抱山主生貴子

山色雲籠事不明
山中裹諸衣食豐
山林行者大吉利
上山恐惧祿位至
在山林火中大吉
上山讀書有放來
昇山落地官位至
春色青山大吉利
行過山坡病患除
抱物上山生貴子

子　主定有酒食事
丑　定有女人相面
寅　主定女合酒食
卯　主有喜事客至
辰　定主有酒食吉
巳　必主有人來請
午　有遠客并酒食
未　定主酒食之兆
申　必有人來相請
酉　主酒食并客至

●宅上登山事不成
大石安宅益錢財
柱礎石者主安穩
手弄小石生數子
峯巒崎嶮事有阻
道途平險買賣快
水流洋洋主新婚
流水有穀家信至
溝渠水流主長命
江水漲漫大吉昌

遠見高山好事成
移石入屋主大吉
登岩上石官職遷
峯巒挺出中舉人
丹岩碧嶂求仙吉
水似燕尾主離別
大水澄清主大吉
流水遶身主獄訟
溪水不斷事通達
波濤洶湧憂驚事

戌　定主女人相合
亥　主有喜事來臨

○逐時占頭顫

子　親人來家大昌
丑　主有本身喜慶
寅　定主有凶事至
卯　定主得財帛事
辰　必主有異怪事
巳　定主有人客至
午　應兆本身昌顯

看波瀾者學淵源
開通河渠萬事通

○夢道路橋市篇第三

在道中得財通達
道泥荊棘事不成
两折光降小兒吉
橋壞主有官事凶
橋道上生草並凶
渡橋居上並大吉
造新橋主大和会
游市中飲酒吉利

大道往來通吉利
大道崩陷財亡凶
橋上呼喚訟得理
橋斷者多主口舌
橋柱折者子孫凶
脩橋溝渠万事和
市合者主大富貴
遊市人冗主酒食

未　定主本身事吉
申　應有大口舌訟
酉　定主失財生災
戌　定立有貴人至
亥　兆應大吉祥事

○逐日占鵲噪

子　主親人來家吉
丑　主有血光之災
寅　主有詞訟之事
卯　主有酒食喜事
辰　主有遠客來至
巳　主有喜事亨通
午　主有疾病之災
未　主六畜不利凶
申　主有喜事之祥
酉　主失財并晦氣
戌　定主得財大吉
亥　主口舌失物事

○占燈花吉凶說

夫燈者乃人家照鑒之主，閙花結蕊吐焰吐光，可知人事之吉凶，亦知天時之晴雨，仔细观之，皆有其驗。

凡灯有花，自閙自謝，不可剪落吹滅，如若剪吹，反能為災。吹光二次不滅，更不可吹，切宜戒之。

○灯有花至更不滅并結花者，來日主有喜事至天明不滅不落，但存之即獲大財。

灯開花向卯上，必為大人慶得書，若七夜如此，則君子加官進福，作客者獲利万倍。

燈花分作兩發者，為官者主有大恩爵即印綬，若庶民則定主有貴人引薦。

入市上主大富貴　從市出主散財事
夫妻入市主置屋　曠野無人主遠行

○夢佛道鬼神篇第四

見夫子賜坐有財　大神降者主居凶
得神仙者主大吉　見仙聖來家吉利
見大上言有仙分　老君真人道士吉
仙聖到家福德至　仙人講話憂外家
仙女交者大吉利　法師登位三病除
見法師來主有疾　諸佛菩薩大吉利
佛共人言有福助　佛言主女有姦事
神佛不言主大凶　神佛嗔惡火凶至
泥神動者主口舌　與神相交主大吉
得門神必登高魁　迎神賽仕得來吉
祭祀神道大吉利　鬼魔者主大富貴
有祀祭者大福祿　燒香礼拜大吉利
身受戒行得孝子　家中祭祀者大吉
人祭祀謐前主死　道士女冠吉事通
僧尼誦經主憂悶　女妮授道術大吉

○身体篇第五

頭骨起者加官職　頭痛加官求望吉
頭被割去中亞魁　頭白長命大吉利
頭生兩角主爭競　頭生一角主刀下
頭生羊角中觧元　赴試頭出角及第
頭髮黑主長命吉　頭禿落髮主凶事
頭髮再生主長命　梳頭洗面百憂去
披頭不出家不和　披頭盖面詞訟至
婦人披頭主私情　披頭在市百事吉
割頭髮主哀戚事　露頭披髮陰人謀
洗頭髮者百惡去　露頂出頭退大財
髮白落主憂子孫　偏髮撒乱子孫疾
剪剃髮毛家內凶　眉與髮齊祿位至
人喉已惱進大位　面生黑遭迍邅危
人換好身時正疾　牙落無血父母喪
露牙齒者主訟事　舌上生毛官事至
身生羽翼主大吉　生翼上天者大吉
身忽肥瘦者大凶　身上汗出主大凶
自身肥潤主即死　人露体無衣大吉
手指血出主得財　遍身濺血出大吉
手指折者子孫凶　鬚髮心胸文章進
披針出血官授職　洗腸胃者學業進

烗花連珠下垂者主有遠行灯於中心結花如緑豆四邊無花者主有酒食有娠定主必生貴顯之子

燈花向上員大主有客來灯無故自滅者主喪服繞點灯〻内即爆者必定主有火星并有口舌之非

灯焰短而昏〻又短而無光者定必主有憂煩之事

若旱久時忽灯結花短小而頻〻點滴者則三日有雨

若天陰雨日久忽灯結花而光彩明瑩者定主日晴

若灯黑烟上起紅焰下

傷脚出血大富貴　女人從户主口舌

○夢夫妻産孕篇第六

夫妻相打歡和合　夫妻会合主離別

夫妻分釵主別離　夫妻交相罵主病至

夫妻各與梳頭吉　夫妻分拜主離情

父子相見主有喜　兄弟分別主口舌

兄弟將相主大吉　嫁娶孝服主亡凶

男子化為尼姑凶　與婦人共行失財

抱婦人主有喜事　與婦人共坐大吉

與婦人通姦大凶　妻出嫁必主妻亡

歎要人婦主酒食　妻有孕主外私情

婦人懷孕全人好　見孕者事皆得成

婦人化為男子吉　狗夫者主得大財

夫二形者主二心　女人與夫入水吉

交接男子主失財　他人会合萬事吉

新生子孫發財吉　抱小兒女主口舌

女人晚粧百事成　女人時羅百事成

○夢呼召觀見篇第七

帝王宣喚有驚喜　后妃呼召主有疾

太子宣召喜大吉　主公召見主酒食

重昏主來日雨

灯若無烟且紅焰左右擺㨪不定息者定必主來日有風

燈若紅焰有光而不動搖者并昏晴必主來日晴明

灯若有烟微〻光色不搖者則必主天晴而有風

灯若若有花忽挑去吹滅者定主即時辱耻之兆

灯自明而焰響者主有遠信至

燈結而單花者必主有喜事至

○占逐日時支干諸怪第一

朱雀日見怪者主口

白衣相作主死亡　見王侯者主大吉

面對大官大吉利　謁長史及對坐吉

歡見貴人不得凶　拜大官者主大吉

拜貴人主官位至　親近大臣主大吉

古人言語主聰明　與真人交主大吉

與人交易主病至　與惡人言妻外心

與人物退而汝多　貴人云者主得君

人云不用效大吉　人云必得官大吉

人云好者主大凶　人云死者主長命

先祖考官求食吉　與惡人言主口舌

神人相遇大吉利　請召入門主大吉

授職上官財物吉　新授官爵生貴子

官員來謁大吉利　遠客來主有酒食

吏人入門富貴吉　家人餞送主死別

使命將出門大吉　向人叩頭百事亨

共人鋪席坐大吉　合伴行者凶事臨

人在外招呼大吉　王女者主大吉利

召女人來家大吉　女人呼者自身病

○夢哀樂病死篇第八

哭泣者主歐儆　與人哭泣主慶賀

香防失火事凶
虎頭日見怪者主悲泣喪服事凶
虎脇日見怪者主得橫財大吉
虎足日見怪者主遠行之人不還凶
玄武日見怪者主女人是非官事凶
龍頭日見怪者主失

財口舌事凶
龍腰日見怪者主得財進喜添丁
龍足日見怪者主行人至疾病半吉之兆
子日見怪乃人神司為妖主父母有患九十日至凶
丑日見怪者是北陰神為妖主血光口舌八

路邊哭者主爭訟
放聲大哭歌樂主亡
逃人來悲泣死亡
吊問他人生貴子
家中喜哭百事吉
拍手歌舞主災疾
大歌唱者小口舌
自歌唱者主凶至
他人作樂訟有理
吹笙者主有改移

床上哭者主大凶
街中流淚大不安
身穿孝服官位至
家中歡樂病除去
堂上歌樂主喪事
自歌舞者主口舌
坐水上歌者大凶
貴人上床歌有凶
吹笛打鼓主喜事
打梆響主衆人賀

與人拍板主口舌
病人哭疾未得痊
病人服藥主病痊
病人穿好人衣吉
病人乘徙走馬死
重病者主有惡事
嘔吐者病人立痊
手足膿血出大吉
死人哭泣主口舌
死人活了主信至

懷中琵琶主推荐
病人裝束主死亡
病穿好衣大吉痊
病人夢攫鬮大凶
身病蟲出獲重職
面上生瘡主昌盛
小便處生瘡大吉
死人同食坐主吉
死屍臭污者主財
死人笑者大病愈

十日內至凶
寅日見怪者太陰神為妖主女子有傷七十日至凶
卯日見怪者太陽神為妖主損小口[illegible]畜六十日至凶
辰日見怪者乃產妖鬼求食主失財防婬之憂凶事

巳日見怪者是本宅家先為妖主老人不安有失火之災凶
午日見怪者乃南方神為妖主陰人口舌疾病九十日至凶
未日見怪者乃東王公神為妖主失財火盜八十日至凶
申日見怪者乃社司

抱死人哭者大凶
見先亡尊長大吉
父母死者主折傷

○夢沐浴廁穢篇第九

洗頭遷官主病除
洗腹者主百惡去
洗浴遷官疾病除
廁上屎尿污衣吉
淘廁中者主橫財
架造廁屋主大財

見死人者主長命
人云死者主得壽
子死者主喜大吉
洗頭洗面百憂去
洗手洗足舊病除
見人沐浴疾病去
遶廁中得官位吉
落廁中得出獲財
登上廁者主大吉

失大小便者失財
大便于竈下口舌
糞中行走主有財
人與糞者主得財
掃地除糞家欲破
泥污身者主凶事

大便滿地富貴至
屎尿穢身主有財
糞中坐者主大凶
擔糞歸家主大財
糞土堆積獲大財
在泥中者求不成

○夢殺鬭罵辱篇第十

與人較力主大吉
與人相爭主分別
與人相斫主大吉

與人相打主財吉
與人爭鬭大吉利
持刀殺人主大吉

神為妖主家長孕婦有憂七十日至凶
酉日見怪者是太山神為妖主凶懸事六十日至凶
戌日見怪者是三聖神為妖主有孝服哭泣五十日至凶
亥日見怪者是河泊神為妖主父母有病及

防官事四十日至凶

○屋宅舡車諸怪篇第二

人家屋内梁木上忽生飛蟻者主家長死亡柱木上忽生螻蟻者左邊主長子亡右邊主小口亡○人家梁柱上忽生白螻蟻者主人家漸漸貧○屋舍中忽自起紫

女人較力大吉亨
古人相打主病至
家人中鬧主分散
被妾打者主大凶
殺死他人大富貴
持刀自殺者大吉
斷頭而行主大喜
人砍頭腦中二名
刀傷出血主酒食
砍指見血主大吉
炙身見血流大吉
被罵徉顛大貴至
被人凌辱主得財
殺虎豹主得重印
殺牛食肉主生財
殺猪豕者大吉利
殺烏雀妻妾災難

○夢禁刑罰篇第十一

夢崩壞主有赦吉
坐獄中必有恩赦

被人打者主得力
兄弟相打主大吉
打妻者夫失力凶
被人脚踢主求財
殺人血汚衣得財
被人殺害者主吉
持刀斫人自失力
持刀相殺見血吉
刀斧自傷主大吉
被刀刺血出快利
罵人打人俱主凶
與人相罵者主吉
被仵罵者主慈訟
殺牛鹿者大富貴
殺鹿殺生大吉利
殺鷄鵝鴨主病吉
殺龜者主有喪事
獄中死者官事散
入獄受杖主榮貴

白氣色盤旋不散者一百日内主生貴子○屋舍中夜半忽紅沿地上者主得横財其火紅似毬爍者名曰火殃其火青色名曰禍殃其火緑色者名曰災殃多則三年内見少則一年内見凶兆必矣○屋内忽露如雨下名為宅泣主大

不祥其屋遠年遷宜改換則吉○屋舍内忽自鳴㗅主男女刑傷官事即至凶屋舍棟梁忽自崩墮者主傷家長有孝服事○屋舍门户窓牖墻壁無故生班蘚者主男女定有分散之兆○屋舍门户夜半無人自開自閉似人繫鼓者必

見獄身汚百事吉
枷鎖入宅主大凶
繩索繫身大吉利
官乱打身主衣食
自被杖决辱耻生
被羅網罩主酒食
吏引入司主大凶
邀人入官主酒食

○夢水火盜賊篇第十二

水上行者主大吉
飲水不休主得財
河水砂石益文章
火燒日月大人助
火燒山野大顯貴
火燒自屋主興旺
把火燒井主病至
把火行路大通旺
宅中无明大吉利
厨中火出主急事
衆人四必和合吉

枷鎖折損口舌散
拷訊行杖大吉利
被人枷主疾病至
被人决罰禄位至
為吏所録主急事
身被羅網主官事
入官詞訟主大吉
貴人走馬官事明
水上立者主凶事
溺水出者主大凶
人家有水鬼子亡
火勢熖熖主發財
火從地生疾病至
火烟黑色主疾病
執火秉行官位至
身在火中貴人扶
見燭者主大發財
聽煨燃火作明府
燒人身職主大旱

主人口傷損家神不安有冤枉事速宜禳之則吉○屋合墻院無故自光或見鬼火出現者主孝服凶○屋舍內地中出氣者主失財有血光之災○屋舍內地面無故生苔蘚似錢紋者主家有退敗○屋合中庭前忽見曲木如蛇形者主喪服事○屋舍中地面忽裂剖似刀斧者定主有刑傷之併口舌之也○屋舍房戶壁墻中被鬼神書畫者定主有大不祥○人家屋內井中忽生諸茅艸者必定主虛耗破敗之兆○井水忽自鳴及沸湧出者必定主家中興旺之

賊趕入市不出凶
與賊同行大吉利
惡人相引疾病至
強盜入宅主家破
見趕賊行主大吉
已身作賊所求得

○夢宮室屋宇篇第十三

入帝王宮行大吉
坐官府中主大吉
神廟廣大事事吉
連城青色主喜事
添城北者主大利
高樓飲酒人富貴
拜朝廷主大富貴
行道宮見仙大吉
城中行吉出門凶
上城被執官職顯
登赤城廓主大吉
高樓上坐大吉利

家起高樓安穩事
上高堂大富貴至
堂上人身口大發
屋中生草家欲空
屋下生身主暗昧
屋棟破壞家人病
正屋破壞家大凶
與人爭屋主大凶
大風破屋官事至
屋折無人主死亡
上樓閣壇俱大吉
堂上有棺身安樂
正堂倒傾家主凶
屋中生馬男信至
屋宇更新大吉利
居舊宅主妻喜事
上屋主富出圍吉
搬移破屋主美妻
葺蓋屋宇長命吉
大舍破壞主凶事

兆○井忽崩倒者主家有破散事○船自鳴餓者主損傷小口并失財○船無故自烈并自旋轉者定主浮沉事至凶○船行有魚跳入者并野獸禽跳入者主賊盜浮沉不祥事○船內有紅霓貫鼻者主家破散大凶○船內夜鼠多行者主財物虛耗鼠咬貨物者主快利貨物漲價○船初開忽有凌欄過河者主大吉并獲大利之兆

○鎮宅怪符貼大門吉

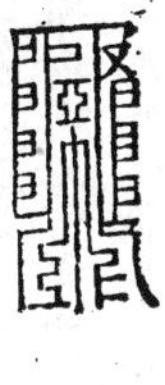

軍人入宅主大吉
院宅坑下主死亡
與婦人爭宅大吉
宅中生松柏益壽
起造倉庫東隣興
居寺院中生貴子
遷移泥寺大病至
鴛鴦瓦落婦爭鬧
妻男墻下官位至
更遷新宅身心貴
火燒自宅主大旺
遷入他人新宅吉
正旁梁忽折大凶
倉庫崩壞而家凶
寺舍誦經病人痊
家道貧窮大吉利
踰垣度妮險事去
人或與房主官位

○夢門下井灶篇第十四

門戶高大主富貴
門戶大開大吉利
門戶內無人大凶
門戶破碎大凶事
門戶自折奴婢走
門戶自開妻有私
門前生州作刺史
新開門戶大富貴
宮城閉門口舌至
井中沸溢欲更官
門戶忽開主大吉
門戶破裂事大吉
門戶閉塞事不通
門戶大壞主亡凶
門戶更新生貴子
門前坑溝事不成
城門大門主口舌
城門塞者口舌至
石爲人戶主壽命
井自沸溢主得財

○鎮舟車作怪之符

○床帳衣冠鞋履諸怪篇第三

床帳自鳴并崩落及鼠咬者主憂愁移徙之兆○床蓆無故自生蝨黑色者主疾病白色者主官事○衣袴衫被白蝕咬者主有疾病并孝服○冠帶衣帽鞋履忽蝕咬者宠主牢獄事○衣服在架上并箱中被蝕咬蝕者主家鬼求食○衣服忽主蛾痕紋路者主疾病失財不祥○衣服上痕蝴錢紋及被

井中負泥出主財
井中照身祿位至
井枯涸者家財散
修移門戶大吉利
屋開小門主私情
窺井見水遠信至
窺井有聲口舌生
伏藏井中刑獄事
屋在井中主兒病
淘井造井主大貴

井中取水出人至
井中欲乾家欲凶
井崩壞者大貧凶
天火燒門主凶事
井中有魚身主貴
墜井坐井主大凶
取井水清吉濁凶
醉落井中官事至
家住中井長子凶
人云出井喜氣至

器血落井主急事
竈下燃火主声名
灶下炊者家破敗
在官廁中得財祿
屋下二竈事不成

○夢冠服篇第十五

戴冠登車官欲遷
燒冠毀帽欲更加
新換衣冠官位至
衣巾衣之入官吉

灶下水流主獲財
竈釜破敗主死亡
灶下破鳴主口舌
脩造廚竈大吉利
自炊臼中妻妾亡
簪冠登塋官欲遷
脫冠去帽主失財
貴人與之衣冠吉
見旁人巾去生子

燕子屎污衣似刀剪痕忽作諸般氣臭者俱不祥之兆若作馨香之味者吉慶兆也

○鎮床帳怪符佩吉

○鎮衣冠怪符佩吉

○灶釜甑具諸怪異篇第四

凡作灶要坐南方灶門要向外面無不吉利也○灶內無柴火自出氣

女着冠帶主生子
笏破憂凶主不祥
洗笏染服新官來
與人公服主得職
衣服忽破妻外心
新衣攢來百事凶
裁衣主文書至吉
與人衣服主患至
着白衣服喪服至
着麻衣服添官位

夢拾冠帶祿位至
執笏見貴人大吉
與人笏綬主遷官
人與公服加官職
衣服自鮮百事吉
洗衣服多主酒食
青衣神人大助力
穿新衣主添妻妾
失却衣服妻產難
着蓑衣主恩人至

穿錦衣服生貴子
被油污衣失恩澤
與人穿絲大吉利
衆人穿白主官事
女人穿彩平無事
係玉帶者父母喜
換新腰帶官事至
靴子滑時奴婢吉
人穿己履妻有私
木屐脫時已出厄

自身白衣主人請
與人共衣妻私情
衆人穿青家人散
穿藍綉衣妻大喜
穿夫衣服生貴子
腰帶者主官至吉
穿鞋束帶主大凶
襪破子孫失散凶
屐破者子孫妻病
失履奴婢主逃走

如烟忽自崩壞者俱不祥○釜在灶中自叉處者主男女分居○灶頞忽破裂并釜無故自破者主火盜○人家鍋內有飯鳴者得猜嘵必定主人家发達○鍋內無飯虛鳴者主家破人亡○凡椅棹櫈自鳴者主得不祥○凡床台椅櫈自裂開者定主火災○厨櫃火光自餘虛鳴者定主有丧服○碗碟匙筯盞鉢碗甕壺瓶桶杓自鳴餓者主悲泣孝服○酒醋醬油自鳴并破碎必主損財傷丁○磬磨碓自鳴者必主有官事至并刑剋○人家糞桶屎碙糞糧忽自揚

鞋破襯威多別離　床鞋百事和合成
乞得鞋履人助力　遊衣服者有肥家

○夢床帳佚器篇第十六

床帳改換移居吉　床帳出門者妻亡
床帳改主官遷移　床欲破損妻欲亡
床上有蟻主大凶　床脚折者奴婢死
上床卧者大凶惡　舒展床帳大富貴
新安床帳遠人來　血在床上妻有姦
帳幔壞者妻子病　開帳幔者主酒食
數蕉幔者主妻姦　存席入吉出者凶
席筐者主有力助　換席入吉出則凶
破席者主失官位　氈條鋪陳萬事穩
好被自蓋主大吉　手巾縛布病患至
見手帕者主口舌　新氈者主得好妻
毛扇忽持官事吉　羽翎者主得大臣
鍋鐵破主喪事來　釜溢者主得大財
銅鑼者主口舌至　玉石磁器主人助
磁碗者主酒食至　磁碟者主口舌至
鐺盞破主有惡事　匙主益妻妾子孫
筯主益田宅奴婢　盆主益倉庫大吉

叫者主得橫財有十年大富貴也

○鎮竈釜怪之符貼灶

○鎮器具怪之符貼怪處

○牛馬六畜禽獸諸怪篇第五

牛倒行者主作事顛倒不祥○牛身生赤白黑色者主有口舌其牛可即爲之更換便或可解

破盆脫底主財散　火盆覆器大富貴
洗面盆者美妾至　大小盆者主團圓
得盆子者所求得　桶漏水者主大凶
桶盛水者主大吉　人送大桶主得利
卓架於宅事不成　鋸主有斷決之事
碾磑石徙居大吉　鍾鑽者主侵害事
碓欲舂動主人扶　鑿主被人驅使吉
斛斗盛火好事成　燻籠者益增產業
人與秤者掌權位　繩索斷者主凶惡
繩索主長命大吉　針線得用百事吉
人與金者得拾金　人送席者主得位

○船車遊行篇第十七

船飛行主大富貴　船中有水財帛吉
船淺在灘是非厄　乘船渡江河得官
乘船背日月主戒　乘船飲酒遠客至
乘船過日月主富　與人同船主移居
乘大船主安穩　乘船橋下過大吉
病人乘船必主死　家中乘船主決財
助父乘船官位至　身卧船中其人死
車船破碎主死亡　車輪破夫妻相別

○牛作猪類啼鳴者必主有災央之應○牛逃宅舍行者及向主人睡房縮鼻呼吸者其宅斷然定有火災其牛速為更換并為禳之或可少解○牛於欄内自死者斷然即主有分散之兆○牛去窺井中照影者定然主有大驚恐并口舌等兆○又人家欄中牛忽不食艸者終日仰卧此必主不祥○人家有驢馬咬人衣服或啼鳴縮鼻忽然自死於廐内者必主有大驚不祥之極兆也○又或有驢馬突入宅内中堂及走入廚房内吸氣不止者定見有失火之災并有

車輪折倒主破敗　車載不起主事去
車不行所求不遂　車行必主百事順
駕車遊行祿位至　車入門主大凶事
行車白馬主大吉　病人上車主大凶
以羊駕車事不常　遠行出入命通達

○夢刀劍儀飾篇第十八

刀落水中妻妾亡　拔刀出行主大吉
磨刀鋒利主吉利　帶刀劍行主財利
得人刀主行人至　忌刀劍行主破財
得人刀斧祿位至　人與三刀作刺史
女人帶刀大吉慶　女人拔刀主大吉
剪刀主分財之事　剪刀折股妻妾凶
剪刀剪物主得財　劍在床頭大吉利
旌旗受寵大吉利　旌旗引入山主凶
旌旗竟出主疾病　旃旛迎接大富貴
造旗蓋主大吉利　抱旗節主貴人扶
執旌旗節主賞賜　見作新旗大吉利
羽蓋〻身大富貴　白氣纏身大吉利
見鼓佳声權樂吉　打鼓有聲遠人至
打鼓者主消息至　鐘鼓大鳴祿位至

大異不祥之應○驢騾馬突窺井吸氣者必然主有火災至更換或可解禳○羊忽入人屋舍及入人廚房者必然宜謹慎火盜之災○凡人家羊忽然自死并落井而死者必然主男女有血光之厄并主有小可驚恐○羊忽無毛即時及生腫胎者斷主其人家有大凶之兆○凡人家养猪跌落井中而死者又或有自死者斷然主有口舌之厄○[illegible]無故啣稻艸入人家来者定主移居之應若久晴主天必有雨下○人家畜犬上凳桌卧或上灶上堂卧者或有上灶

見鼓不鳴凶必至　看旗烟火撤百憂

○夢文武器械篇第十九

君王隊伍有異名　五色經書大富貴
吞五色紙詩學進　五色紙者大益財
就人卜易主疾病　凡主有書祿位至
請文書寫字大吉　有人教書大富貴
見讀書者主聰明　觀人讀書生貴子
得大赦者宅舍凶　得曆日者中黄甲
人與墨者大章進　筆上生花文章好
人將巴筆文章退　手弄筆硯主遠信
他人送筆主才進　公座移動主遷官
受戟上官財物來　佩印執笏主秩居
佩印公尉主大吉　印綬改遷生貴子
[illegible]出　綦子[illegible]
受人[illegible]主大吉　兵馬入城[illegible]至
率兵破賊所求得　人騎大犂見禍來
在軍陣中事大吉　將卒從行主喜事
征人初出事未成　征人回者疾病至
征人退吉進主凶　見軍兵敗主凶事
見軍行者主得利　已射人必主遠行

來討食者俱兇然主官事井有大犒之應速除之或可解也○畜犬上臺井照鏡者定主人家女子有私情之應○人家犬或落井者此必歎防姬婦之災○犬以糞穢人衣裳者兇主行人有疾病之厄○凡犬食人衣服兇然主女人口舌之事○犬咬自家人兇然主有官事至○犬日夜縮鼻者必然斷主家人亡死之應○犬爬地及賑灰堆高處定主有雨○犬若河邊吃水者主大水得退○凡人家犬入人床帳之内此必主人家夫妻有分離之應即宜除之或可解

人射已遠行人至　人送弓弩得人力
挽弓絃斷大凶惡　持弓矢者主大吉
弩絃斷者主大分　弩絃離上兄弟散
弋鉞有光祿位至　打毬者種藝事吉

○夢珎寶財帛篇第二十

金銀寶者主富貴　金銀珠玉大富貴
金銀杯皿主貴子　金銀作鐺最大吉
得金玉環主貴子　口吐寶者主恩至
珠玉滿懷主大凶　家中分財主離散
還人錢穀主病至　鉛與錫者主有財
錢春夏吉秋冬凶　得銅物主大富貴
貴人賜錦繡官至　人賜絹帛大吉昌
他人封錦文學退　與人絲帛亦大凶
得布帛者遠信至　織布絹者主長命
與人衣服官事至　得他人麻布衣凶
紅絡者主被人辱　箱器主口舌之事

○夢鏡鐶釵釧篇第二十一

鏡明主吉暗主凶　鏡破主夫妻分散
鏡破照人主分散　鏡照他人主妻凶
將鏡自照遠人至　拾得鏡者招好婆

○犬爬灶灰及反卧者主喪服○犬當門撒尿者主口舌○犬咬蛇虫蠱鸑鳥獸入舍者主災病○犬爬庭前作吼穴主喪事○犬或咬自尾者主防嫉婦○犬忽變形行者主鬼神為妖○野獸豺狼來家者主有人命事○麋獐鹿兔虎豹入人家兇主有官事○猿猴狐狸入人家啼叫者必然主人命官事之應○凡諸般山禽野獸之類進人家者俱主不祥之兆○但凡人出過路見死鳥禽等物切物檢取并布袋蒲管遺落在路傍者内有物者可取如無物者万不可

得他人鏡生貴子　他人美鏡主妻私
金鈿釵釧增愛妾　金釧動主遠行事
釵釧相敲妻別凶　釵子者主財散去
銀釧夫妻主相毆　銀鉀尊長不利凶
花釵妻妾主姦淫　花歷妻妾主外心
牙木梳田園盡至　人與梳篦得美妾
篦子者貴人提携　剔牙者病患不主
胭脂粉主大則利　得胭脂粉妻生女

○夢墓塚棺木篇第二十二

塚墓高大主吉利　塚上雲氣主大吉
塚上明吉暗主凶　墓中棺自出大吉
塚門開口事大吉　塚中樹開花大昌
塚上起火主大利　塚空穴者官事凶
墓中出屍官位至　棺斂死人主大財
開棺與死人語凶　居棺木中主相爭
見棺木主得大吉　新作棺木官位至
抬棺入宅官位至　死人出棺外客至
曠野無人主遠行　死人負者主得財

○花木菓品篇第二十三

與人分花三分散　樹木枯死宅不安

取古語云猪來家貧犬
入宅富牛羊進合是可
惡猫兒来家開質庫

○鼠鳴弁啮物等怪篇第六

凡鼠作喈々索々鳴者
主行人回又獲大財○
鼠作漬々唱々鳴者主
人之財物至又主喜慶
事○鼠作喀々鳴者主
招婚姻喜事○鼠作唱
鳴者主疾病○鼠作野
猻鳴者主宅神不安作
鷄鴨鳴者主哭泣口舌
失財百日内凶○鼠無
故日夜作陣法屋上相
打相咬鳴者主移宅遷
居○鼠多者主財物虛
苦於無者主火盜○鼠
咬人頭巾衣衫裙袴者

樹木凋零尊長凶　大樹落人屋大吉
大樹忽折人凶死　枯木開花興子孫
種樹木者大吉利　林中樹生添貴子
登大樹名利顯揚　上樹忽折主死傷
面仰樹上主凶亡　燒坟者主大吉昌
火焚樹木主大吉　坐樹下貴人庇蔭
砍伐大木多得財　擔大木主得大利
門中樹生菓生子　堂上木生憂父母
大木生木懐友至　擔木来家主得利
艸木茂盛家道興　松木竹林百事利
松生屋上位三公　家中生松事轉豊
家中生柏大吉利　庭前竹木喜重々
楓生屋下百事遂　蘭生庭前主添孫
菓林中行主財利　果柔多熟子孫安
入菓園中主大財　桑生井上主憂凶
折笋到家女有子　見笋者主生子孫
林中坐卧主疾盛　林中魚獵事無成
翠林茂盛大吉利　飛蛾入灯他人敗

○夢田園五穀篇第二十四

田中生艸主財利　種田寬大主祿位

主[illegible]獲財弁行人至○
鼠夜間咬人手足及沿
人身行弁咬頭髮者主
官事疾病六十日内見
凶○鼠咬人机上絲絹
緞弁筐蚕者主女人不
安○鼠咬衣帳弁薦蓆
者主家破敗○鼠咬人
門户弁飯甑羅桶等物
者主家兒求食○若衙
别處肉骨弁野禽來家
吃者主失財凶○鼠入
厨櫃笼箱内作窠者主
退財又在舍地或吼穴
者亦主退財○鼠或夜
或日裡忽自於地上鳴
叫者主得横財○鼠或
在貨舖内貨物者主
快多利○鼠夜々作唧
々足々鳴者主發財興

置人田宅主退散　破敗田宅主大吉
有種田禾主出行　見種田者主位至
割收田禾宅已安　使人種作田大吉
五谷收熟主酒食　見禾豐熟富貴長
谷麥堆聚大吉利　米谷堆吉散主凶
得米谷者大吉利　見麥稻主收大財
手中把谷主得祿　得禾忽失主得秩
居坐米上大吉利　粟米必主献物至
粳糯米者主財利　黍米苗棄主客至
屋上生禾官位吉　身在米禾中大吉
大小麥主得私心　見麥及苗主大吉
喬麥麵飯官事至　大豆麥禾子孫凶
小豆堆積主散亡　麻豆相排大吉利
麻生如林大吉利　麻茉身者憂疾至
酒麵必主枉屈事　麥糠相交家欲儉

○吃食飲藥篇第二十五

與人吃会富貴至　赴会客人家欲破
與飲酒主口舌哭　人請飲酒主長命
飲酒至醉主疾病　飲酒者主哭泣事
貴人賜飲主疾至　與貴對食大吉利

○身体聲音諸怪篇第七

盖人忽言語改常顛倒行事者必主不久死亡○人忽然面上無顏色眼目無神光者得夜梗驚恐失声啼哭哭墜落地中者主人大凶○人忽言語無声者主凶或人兩手足忽生斑瘢累点者主病即至○人無事憎嫉妻兒者主卒暴凶○夫妻坐上悪者主悲泣争人家小兒無故日夜啼哭者主父母凶人無故終日打齒睡者主災禍○人家忽聞被樂喧鬧者庶民主生貴子士大夫禄位高遷○人家忽聞羅鼓声哭泣

人請吃酥酪主喜
先入食者主病至
食羊肉於堂上吉
食猪肉主疾病至
食牛肉主妻疾病
食饅頭主口舌散
食粥飯主主疾病
食葱蒜與人有開
食蒜者有兴苦事
食一切菓者主凶
食梨者主失財凶

與人吃乳酪親至
食水者主得大利
刀割猪肉主病至
食生肉凶熟肉吉
食鷄鴨鵝等肉吉
見饅頭未食亦喜
食瓜子主子孫疾
食鹽者主重喪至
食茄子主妻有子
食栗者主離凶哭
食兔李主有口舌

○夢龍蛇禽獸篇第二十六

龍眠水中事求通
大龍當門大吉昌
來龍上山所求遂
婦人見龍生貴子
龍蛇殺人主大凶
蛇多者主陰私事
蛇入谷道主口舌
鳳集拳上母病至

龍入井中官被辱
見龍飛主貴位高
乘龍入市主貴位
龍蛇入門主得財
龍蛇入灶主官至
蛇入懷中生貴子
蛇咬人主得大財
孔雀者主大吉利

声音哓者主疾人家忽有異香滿室不散者主生貴子忽聞神香主男女患顛狂之疾人家忽閉宅舍無争忽然作大小便氣臭不止者主得大財井人家井水無故作臭氣者主血光夫人家池塘井中忽然泉涌出臭氣有官事贅訟繼忽然作臭氣主口舌男女身中無故作異香氣主發迹凡人家但見怪者合家斋素戒備香灯當门供養大小歛首礼拜第六輪怪真君伏望照降赦赦○祝神已畢照依後面書小符與見怪人帶之又書壓怪鎮宅二大符與見怪人帶

鶴入懷中生貴子
鸚鵡婦人主口舌
鴉鵲乱噪酒食至
燕飛入懷中生子
雀相鬥咬官事至
虎狼不動見官吉
騎虎行主惡事去
豺狼狗惡生盜賊
羣兎在園主憂去

雀駕車主征伐事
鴛鴦散去主妻凶
鳥入宅主有大凶
燕子至主遠客來
鵝鴨同遊添好妾
猛虎大吼主得官
獐鹿在家益官職
狼咬脚者主不行
猿猴定有争訟端

○夢牛馬畜類第二十七

牛角有血主三公
牛出門主官事至
牛生犢主求必得
馬入室主姦情事
走馬千里大吉事
乘白駒馬主死亡
驢行遲鈍事大凶
羊成隊行主客至
騎羊上街主得財
猪上搭牌口舌至

牛上山坡大吉昌
牛觝人主事不成
水牛來求主喪事
馬蹄庭前凶事至
羣馬奔走百事凶
驢騾得騎主生財
見驢者所求不成
羣羊來牧百事散
羚羊來家生貴子
猪入宅官事得散

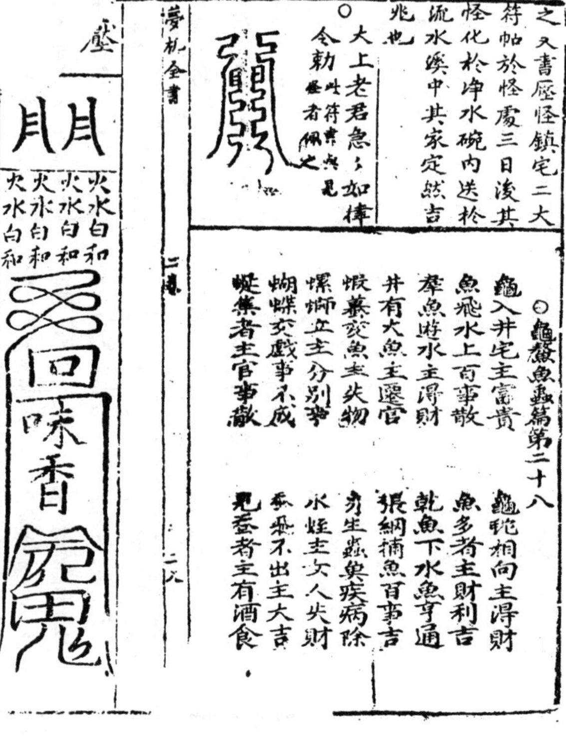

又書壓怪鎮宅二大符帖於怪處三日後其怪化於净水碗内送於流水溪中其家定然吉兆也

○太上老君急急如律令勅 此符書與見怪者佩之

夢林全書 二卷 二八

○龜鼈魚蟲篇第二十八

龜入井宅主富貴　龜鼈相向主得財
魚飛水上百事散　魚多者主財利吉
羣魚遊水主得財　乾魚下水魚亨通
井有大魚主遷官　張網捕魚百事吉
蝦蟇變魚主失物　身生蟲與疾病除
螺螄立主分別事　水蛭主女人失財
蝴蝶交戲事不成　蚕繭不出主大吉
蜒集者主官事散　見蚕者主有酒食

新刻增像夢解全書卷之三

古吳雲間子輯

○異夢記

世有紛紛夢神魂預吉凶莊周夢蝴蝶吕望兆飛熊丁固生松貴江淹得筆聰黄梁巫峽事非兆莫能窮

○辯夢總論

夫心兆之夢皆夢也而有怪異之不同者其故何也蓋陰氣盛則夢大水而或恐懼陽氣盛則夢烈火而或燔焫陰陽俱盛則夢戰闘上盛則夢飛下盛則夢墮飢甚則夢取飽甚則夢與肝氣盛則夢怒肺氣盛則夢哭泣飛揚心氣盛則夢喜笑恐畏脾氣盛則夢洗滌身体重不能舉腎氣盛則夢㧖閉腰脊解而不屬凡此盛者損之立也厥氣客於心則夢見江山烟火客于肺則夢飛揚金鐵之奇物客于肝則夢山樹林木客于脾則夢丘陵大澤壞屋風雨客于腎則夢盗賊或居水中客于膀胱則夢遊行客于胃則夢飲食客於大腸則夢田野客于小腸則夢聚邑衢衢客於心則夢關訟自刎客于陰氣則夢接内客于陽則夢斬首客於膽則夢行走而不能前及居深地陷穴客于股肱則夢礼節拜起客於胞胎則夢大小便凡此皆不足補于列也

○起居事宜

但人卒遇凶惡之事即當叩左齒三十六通名曰撞天鐘避凶轉吉叩右齒名曰擊天鼓則處凶爲吉宜朝暮扣會神將輕叩齒則牙牢有目疾者乃沐浴行房事則目盲在星月下不可裸形又不可大小便主損壽元夜間不可説神鬼之事○飢忌浴飽忌梳諺云飢梳飽浴正此意也○停灯不宜行房恐損壽夜行不宜歌唱恐引邪魅○凡遇本命日及庚申甲子日并遇風雨雷電大作每月朔望晦之日四時八節最忌房事朔不哭晦不歌當

四七二

[illegible]時不可仰卧○又諺云空心茶卯時酒酉時飯皆宜少○凡造屋不宜兩闊西間兩闊門不宜相對若東西闊門多招怪異之事門口不宜有水坑大樹不宜當門門前青艸多愁怨門外壅塌非吉祥○作灶不宜用礎泥刀斧不宜安灶上婦人不宜祭灶灶之前不宜歌唱切宜慎之

占逐日見怪之圖

○夢宜須解

夫平時喜怒思想勞苦而成夢非可推驗蓋心神思想之所致也故喜夢宜說備吉慶也惡夢可藏防殃患也異夢記之驗於將來邪夢治之救於未萌或禳或鎮開卷詳之因不妄耳

○夢實成夢

東萊呂氏云形接為事神遇為夢浮虛則夢揚沉實則夢溺寢藉則夢蛇寢衣則夢鳥啣髮則夢飛將陰則夢水將晴則夢火將病則夢食將憂則夢歌舞

○魂即昇夢

孫真人調論神云凡夢皆緣夢魂役物其神至於軀體不能流通夜則魂夢虛爭將吉以報吉將凶以報凶而夢生為半夜前夢其事應遠半夜後夢其事在近

○夢莫主財

或有問於殷浩曰將涖官而夢棺將得財而夢糞何也浩曰官本臭腐故將官而夢屍錢本糞土故將得財而夢穢

○魂安無夢

孫真人西山記云欲無惡夢者勿食本命所肖之物及魚鱉之類勿思邪淫悖逆怪異之事勿殺六畜飛禽[illegible]

占見各樣怪異圖

占見五色禽獸圖

向東以受生氣面宜向外則魂安無夢矣

○噀水解夢

茅亭客話云人藏陰多則夢數陽壯則夢稀亦不能說蓋智者無夢愚者少夢養性論云凡有惡夢不須說破但以淨水向東噀之呪曰惡夢著艸木好夢著珠玉即無咎矣又云惡夢宜書破亦可

○禳夢符呪

凡夜間得惡夢者早起於此內驗吉則無事驗凶則將後面鎮日辰惡夢符書一道如法或戴或貼含水一口左手挑刀叩齒七下向東噀之轉禍為福矣

勅符呪曰　赫赫陽陽　日出東方　此符斷卻惡夢　辟除不祥　急急如　律令

子日夢書大門則吉

丑日夢黑書佩之則吉

○禽鳥鷄鴨諸怪
鵝鴨入人家及屋邊叫鳴者百日内主凶○雀鳥入人家宅舍或在床帳上立者士民主生貴子居官主祿位高遷○屋舍後夜多禽鳥喧噪者不出月内主火盗亡○禽鳥在屋前屋後樹上棲宿五更早鳴叫者

主人家大发財○野禽悪鳥飛入人家床几桌者并屋上有禽鳥相打者主失財凶○禽鳥飛在人身上來者主口舌血光之災○鷄飛上身不吉主病○鷄鴨落井死并在巢内死者主疾病口舌○雌鷄作雄鷄啼叫者主家長不安○

寅日夢書佩之則吉

卯日夢書佩之則吉

辰日夢貼門上則吉

巳日夢貼房壁上吉

午日夢書貼南則吉

未日書貼門上則吉

鷄啣蛇虫來家者不吉○鷄母一日忽生二卵者主口舌宅舍改換○鷄落厠中死者主失財○雞飛上人屋棟者毛羽紅黄赤色主火盗白黑灰斑色主口舌官事○雞不論雌雄一更鳴叫者主发財二三更鳴叫者主人口損亡○

雌雞作人言主家敗女人有私通○雄鷄作人言者主損傷人口三五年内主其家漸貧必無祥兆

○蛇尿馬糞諸怪
馬糞污衣者主失財官非○衣服在架上馬糞污之主得横財○人糞污衣身者主作事不成

申日貼大門則吉

酉日夢書之則佩吉

戌日夢書中門大吉

亥日夢書貼大門吉

○得授張天師明断逐日吉凶符法

初一日 吞一道門上貼一道則吉

是日得病者發熱頭痛心下不安日輕夜重犯着東方瘟司五道天神青火鵲頑未完土地使客鬼一名作祟

○人上厕跌落糞碙者主一生不发達○見蛇相絞者主丧事可解自身衣带拨開或将頭髪拨作二路解之則吉○蛇入人家屋宅棟梁并柱上忽落地不見者主損小口二十内見凶灾○蛇入卧床及灶釜水碙礮櫃箱籠内者主疾病凶○蛇入井厠自死者主火盗○蛇忽在人宅舍門户上懸掛者主人口分居○人出行路上忽遇蛇攔者号曰串錢索主有財喜○若遠行被蛇傷者主不祥若行船遇蛇攔頭過主有大財貨物得價○蜈蚣入人蚕箔内者主土神

白虎入宅用黄錢七陌酒食向東方送之則安

初二日

吞一道書三道貼於門上必吉

○若此日得病者寒熱往來四肢不安嘔吐不思飲食壓痛犯南方司庙神差枉死鬼二名作祸呪咀作福保之用黄錢五陌三十步外起之若山七日遍吉進則凶

初三日

火化用水令病人吞之則吉

病者頭痛作寒作熱眼花昏乱四肢不安冲犯五道神作祸用皂白錢五陌酒食向北七十步外送之吉

初四日

書一道一道貼於病房

病者腹肚膨脹交身发熱坐卧不安犯七煞神五道土鬼有許諸愿未還枉鬼三名作祸用黄白錢五陌酒食向北道之九日内退吉進留連

初五日

吞一道書佩一道大吉

来食○蜂蝶忽進入宅舍卧房帳内者主行人至又生貴子○蜘蛛無故入門户作經者及脫殼者主有孝服○螻蟻夜間沿人身体面目者主有訟獄○蜂蝶採花入人家者主生美女并招喜慶

○魚鱉螃蟹諸怪

塘内多生螺蚌者主人家貧○塘内魚忽跳上岸者主遠年骨肉相逢○出行忽見塘溝水圳内魚擒得者主病疾至○魚網中得蛇者主刑傷○龜鱉進人家者主破敗○行路見龜蛇相交者大不利○螃蟹入人家主火盗○米艸中

病者手足疼痛遍身发熱坐卧不安不思飲食有远年神愿未還土地不安陰人作祟用黄白財五陌向東北送之退吉進凶

初六日

書一道貼床上佛壁上則吉

病者发熱心痛起坐不安家先勾引五道司命白虎入宅作祸用青白錢五陌酒食茶菓向五十步外送之

初七日

書一道吞之大吉

病者頭痛渾身手足酸軟犯着灶神香火不安土地勾引外來鬼用黄白青錢五陌酒食向東南送之吉

初八日

書一道吞之大吉

病者肚腸发熱四肢寒冷犯着中宫太歲勾外姓家先用黄白錢五陌茶酒飯向西方送之七日退吉加則凶

初九日

書一道吞貼一道千門

臥有龜鱉上身者主死
○行路見龜鱉者主求
得財利之兆幷酒食分
外之吉
○鬼喚人名諸怪
鬼神忽喚人名者不拘
日夜切勿荅應荅應者
主疾病不荅應者主得
財○施風忽入宅者主
不祥○施風忽飄落碗

碟者主小口出○凡人
出門遠行忽遇狂風起
者主疾病○衣服物件
忽被狂風飄落者主男
女血光之災婦人無有
產後之厄○若人出於
門首不拘時候忽然見
旋風起者謂之怪風必
主有小人之災幷大盗
之兆等事

病者嘔吐發熱眼花心悶坐臥不安犯水下神枉死小口亥鬼作祟用黄財三陌紅衣一件向東三十步送之

初十日

書一道吞之則吉

病者頭痛心中恍惚乍寒乍熱手足疼痛有犯東方求食神家先舊愿未還白錢五陌向東方送之吉

十一日

書一道貼于房門大吉

病者止痛氣急四肢沉重土炁白虎入宅犯外姓家先土地為祟用黄白黑財五陌酒飯菓東方百步外送之吉

十二日

書一道貼于房門則吉

病者頭痛氣急四肢沉重恍惚犯東北死惡神土地使不良鬼為禍有愿未還黄白青錢酒果東方送之則吉

十三日

書一道貼于門吞一道

○血光污染物
冠帶巾帽上有血光者
主凶○衣服衫襟被上
幷鞋襪有血光者必然
生疾病不祥之憂即見
○床帳荐席上有血光
者定主生瘡疥諸疾之
憂○凡人家夜半忽見
紅光大如火者必然主
生貴子幷興旺大發財

之兆
○竹不花菓諸怪
凡宅舍內外竹木忽生
白粉衣者其人家必然
生孝服幷主家長喪事
○宅院內竹木忽然無
故自死者必主有子孫
分居散離之兆○凡人
家有前後樹木盤外朝
入宅者枝葉茂盛發生

病者苦舌乾冷汗流犯五路墓神司主為祟白青財五陌菓品香燈茶飯向東方送之吉

十四日

書一道吞一道貼房門

病者面目黄色手脚俱冷犯天曹南火東方土地引鬼為祟黄白青錢五陌酒菓大門十步向東送返吉進則凶

廿五日

吞一道大門上貼一道

病者犯南方北方水火神土公土母客鬼為祟黄白錢三牲菓酒在門前路上送之吉

十六日

書一道吞貼帶一道

病者頭痛眼花言乱兩脇痛四肢沉重觸犯西南五鬼瘟瘟神用黄白紅錢五陌向西方送之

十七日

書一道吞佩一道于身

者此家必然主大興旺長財之兆〇大凡人家樹木花菓竹有不順枝柯向外朝者其名曰返枝必須伐之得朝蔭別家方能獲福生財〇凡有人家宅院竹如鳳鱗盤旋回顧朝宅時常青翠必然主發生富貴之兆〇人家竹木花菓無

故忽然凋零而黃死者定主有凶惡之事速宜伐之則可免灾〇凡人家宅舍前後樹木青茂秀美多有禽獸居上棲宿四季不絕者定主人家發達富貴此兆卯見〇凡人家养蚕若生兩頭者定然主其家有分散凶亡之兆立見其端

病者四肢沉重嘔吐寒熱往來犯西方土地遊神白虎為殃黃白錢四陌西方三十步外送之必吉

十八日 書一道吞 一道戴

病者寒熱疼痛眼花心悶有犯司命土地並藍宅神不安皂白錢五陌酒食三牲往西南送之

十九日 書一道吞 佩一道

病者上熱下虛頭痛肚痛日輕夜重有犯西方遊神舊愿未完黃白錢五陌三牲西方送二十四日退吉進凶

二十日 書一道吞 貼一道

病者腦痛嘔吐咳嗽沉重觸犯五道截路神勾引家先為祟黃白青財酒食三牲東北八十步外送之則吉

二一日 硃書將白水吞之大吉

〇蚕相交者主男女不安〇見蚕鳴者主進人口財帛其家大發〇蚕成黃似血染者防娘婦蚕繭空并具者主凶〇蚕種鳴叫者防火災〇蚕種食不出者主凶〇凡人家養蚕茂盛繭潔清明者主其家人丁興旺〇烏糞污衣怪

子日見黃黑色吉青白赤色主口舌喪服〇丑日見五色糞者俱凶女子見主口舌火燭〇寅日見五色者主口舌喪服〇卯日見五色者吉〇辰日見青白黃黑色者主口舌女子疾病〇巳日見青黃赤色者主疾病失財〇午日見黃

病者外熱內寒上虛下弱心中昏乱犯東方木下神土地司家先為祟黃白赤財酒食三牲向東送之即安

二十二 佩身 貼門

病者夾身疼痛肚內膨脹嘔吐日重犯土神井神舊愿未完黃赤財五陌酒食向東方送之則安

二三日 佩一道 吞一道

病者寒熱頭痛內腑沉重犯五路神舊愿未完用黃白財五陌酒食三牲向北方送之漸安

廿四日 佩一道 吞一道

病者精神昏昧忽然驚惧犯太歲家神不安用五色錢酒食往西送七日退吉進凶

二五日 書一道貼門則安

青白色者主喪服○未日見白黃赤黑色者主官事○申日見五色者主死亡○酉日見青黑色者主火殃○戌日見五色者主喪服○亥日見青黃赤黑色者主小口不祥○凡衣帳叉雖屋忽被鳥糞汚者主喪服凶○凡衣帽被汚者主官事○大凡物件身佩衣裳汚者可書此符佩之則吉

鎮鳥符

○祀符法

卯神巳辛卯為三通合淨一口向東方噴之祝曰

吒吽　赫赫陽陽　日出東方　吾勅此符

未病者頭疼痛先寒後熱亂言犯西方金甲神外來女鬼為祟黃紅錢五陌酒食三牲向西方送之則安

二六日　勅　貼一道門上則吉

病者心熱腰痛雙目昏後或起或臥犯金甲土地家先為祟黃財五陌四方五十步外送之則吉

二七日　勅　化吞一道　頭戴一道

病者須痛嘔吐乍寒乍熱四肢沉重犯司命神西方土煞為祟青錢三陌酒食門首謝之

二八日　勅　吞一道　貼一道

病者嘔瀉作熱汗流不止日輕夜重用黃白錢五陌酒食送之則安

廿九日　勅　書一道吞

口吐三昧真火　服飛門邑之光　捉怪使天蓬力士　破疾用穢跡金剛　降伏妖怪　化為吉祥　急急如律令　勅

卷終

病者兩耳常鳴脚步難行手足酸軟犯北斗星宮天神地不安用白財五陌西方送謝則安

三十日　勅　書一道吞

病者惡心氣急時痛犯五方五道神白虎為祟用五色錢五陌三牲酒食門首送之則吉

錢子測語

（明）錢琦 撰 沈明臣 校

《錢子測語》二卷，（明）錢琦撰，沈明臣校。據早稻田大學圖書館藏明萬曆二十三年（一五九五）刊本影印。

錢子測語 上

錢子測語序

予曩不習公良先生，因與其季子樾轂游，得卒讀陰江集，深有味乎元美之序，如見其人也。既而樾轂手一編，曰測語，分類析禮懆，待成帙，屬予校而序之。曰：此先君晚而纂此，聊以自娛歲月云爾。余受而讀已，然乃以道測人，畧首象元；以世法測人，則析淳風等數，真而明雜年年色滈

錢子測語　序　一

先人人莫不型而範之也
夫先生出而長者字識芭
化悵悢朔野罔覓及里居
時猶不坐一室焚膏繼晷
於書靡所不窺披閱輒録
附以己意勒成此語而語

夜分深陰盡分測陽未發
之測或否或藏先生至通
於陰陽性命之道欲是語
也以視臨江集譬分左補
夜郎浅良邑也寔世世衆
之說云蠡測之譚某樵穀

至如秘之帐巾分廣先生
訓者懋穀也
萬曆丁未夏日句章山人
沈明臣撰

錢子測語總目

錢子測語總目終

錢子測語卷上

海鹽錢琦公良撰

四明沈明臣嘉則校

象元

太和太虛之運、太虛太和之本、太虛不可獨言理、太和不可獨言氣、不能無而强名曰虛、無所有而强名曰和、

虛生氣、氣生形、天地無心而成化、寂生感、感生應、聖人有心而無爲、

昔人言、天地之雷電草木、人不能爲、人之陶冶舟車、天地亦不能爲、人事之功用、補化工之不及、余以何物非天地、何物非化工、人之能爲、即天地之能爲、何論能與不能、

聖人竅天地之竅、而天地弗讐、爲其維天地也、塞其竅、返其樸、然乎、然而將以盜天地、故弗與也、是故有周孔、無期羨、

伏羲之畫八卦、豈爲卜筮而設、後聖見理之與數合、因借卜筮以發之、蓋即卜筮以明理、非舉

理而歸之卜筮也、

石虎夜射可以穿羽、寒津衆渡可以聯氷、大將拜而智井揚波、孝子傷而凍林迸蘖、甘露降、文貞之木白兎擾法禮之廬、故人心之誠、有能貫金石感天地、囬日月變四時、

十二野所以分天之綱、其要在明乎躔度、九州所以分地之紀、其要在明乎疆界、

日月無不照也、不啓其戶牖焉能取照、雨露無不潤也、不治其畝畞焉能受潤、故曰、宇宙未嘗限隔人、人自限隔宇宙、

董仲舒云、雨垂空而墜、風多則合速、故雨大而疎、風少則合遲、故雨細而密、太平之世、風不鳴條、雨不破塊、雷不驚人、電不眩目、雪不封條、

智可謀人、不可謀天、人惟道是謀、而道外一聽於天、若計較利達、日夕思慮、徒自勞擾、不若順天之逸、

甘氏星經曰、五星近太陽而輙見者、如君臣齊明、下侵上之道也、若伏而不見、即臣讓明於君、

此百千載未有也、

景星者天精也、狀如半月、生於晦朔助月爲明、王者不私人則現、

甘露降、耆老得敬則松栢受之、尊賢容衆則竹葦受之、

四方常有大雲、五色具而不雨、下有賢人隱、

勝國之敗材乃輿邦之隆幹、熈朝之佚事即衰世之危端、此雖人力自是天地間陰陽剝復之妙、

蜀臨邛縣有火井、漢室之盛則赫熾、桓靈之際火勢漸微、孔明一窺而更盛、至景曜元年人以燭投而滅、其年併於魏、此一徵也、

王右軍云、石脾入水即乾、出水便濕、獨活有風不動、無風獨搖、天下物理豈可以意求哉、

朱晦庵云、天將降亂必生弭亂之人以擬其後、以此觀之、世固無無用之人、人固無不可處之世也、

吳康齋云、湛然虛明、平旦之氣、略無所撓、綠陰

清晝薰風徐來、山林閒寂、天地自潤、日月自長、邵子所謂心靜方能知白日、眼明始會識青天、於斯可驗、

人至於死而萬用盡矣聖人以之昭節揭軌垂萬世焉、夫婦之間一情欲感耳、聖人以之立綱陳紀配天地焉、

水覆舟航人不怨水、火爇廬居人不怨火、食敗脾陰人不怨食、色蠱元陽人不怨色、至於悖取天殃過招人咎而怨天尤人亦何昧也、

錢子測語　卷上　四

一人之心即天地之心、一物之理即萬物之理、一日之運即一歲之運、故曰不出戶而知天下、不窺牖而見天道、

士君子盡心利濟使海內人少他不得則天亦自然少他不得即此便是立命

繇庚

人心能靜、雖萬變紛紜亦澄然無事、不靜則燕居閒暇亦憧憧靡寧、靜在心不在境、

易之蹇曰山上有水蹇君子以反身脩德蓋寂寥枯淡中所助於道心者爲多不然君子身何待蹇而後反德何待蹇而後脩哉

聖人之言遠如天、愚以爲近於地也、賢人之言近如地乃時時遠於天、凡聖人之言未有不可踐者也、

錢子測語　卷上　五

明天地之性者不可惑以神怪、知萬物之情者不可罔以非類此君子貴窮理、

易以知險簡以知阻易簡由入道而得此心平坦既不累於險阻則險阻自知此聖人知天之學

頤卦、愼言語節飲食口之所入者其禍小、口之所出者其罪多、故鬼谷子云、口可以飲不可以言、

孝弟之人其詞也溫、剛毅之人其詞也雄、直亮

之人其詞也切、通敏之人其詞也辯、廉介之人其詞也潔、故曰言者心之聲、

夜坐靜思日間儘有不必言者、亦有不能言者、然後知語默中節爲難、

人情易發而難制者惟怒爲甚、第能於怒時不遽發而徐觀理之是非、則怒可怠矣、

大怒不怒、大喜不喜、可以養心、靡俗不交、惡黨不入、可以立身、小利不爭、小忿不發、可以和衆、見善必行、聞過必改、可以畜德、

周公不以夜行而慙影、顏回不以夜浴而改容、故曰、不以昭昭申節、不以冥冥惰行、

天理凡人之所生、機械凡人之所熟、彼以熟而我以生、便是立乎不測、

楊子泣路、以其可南可北、墨子悲絲、以其可靑可赤、聖人正蒙、以其可聖可狂、

夫人有志功業者、有志山林者、巢許不能爲管晏、管晏不能爲巢許、性也、故曰鳧脛續之則悲、鶴脛斷之則憂、

顏子犯而不校、若反己有分毫愆戾、亦己有以致之、不謂之犯、不校只是不動氣、事到該敵處直須看道理爲之、亦是不校、若外雖不校、而其心介然未嘗怠、是不免於校也、

天有春夏秋冬、而溫凉寒燠猶可測也、人有喜怒愛憎、而厚貌深情不可測也、故曰知人難於知天、

人有過、喜談之、存一恕心者少、己有過、惡聞之、湧無悔心者多、若以恕己之心恕人、是謂大公、

以責人之心責己、是謂大勇、

心未接物時不可使昏、既接物時不可使亂、亂生於昏、故子思只重未發之中、

從外以擴內爲學、從內以照外爲識、合內外而受之爲量、故學進則識進、識進則量進、

孟子謂禍福無不自己求之者、後世星數之說行而求諸天、堪輿之說行而求諸地、於人事獨委焉、不亦惑哉、

聰明睿智守之以愚、功被天下守之以讓、勇力

振世、守之以怯、富有四海、守之以謙、

大丈夫於天下、無一事非其所當爲、況一家父母宗族妻子等事、可不爲一料理、

孟子言易子而教、可以示父不可以語子、視君如寇讐、可以警君、不可以誨臣、

蘇洵曰、龍逢比干不得爲良臣、無蘇秦張儀之術、蘇秦張儀不免爲游說、無龍逢比干之心、不知邪正不兩立、有龍逢比干之心者決無蘇秦張儀之術、有蘇秦張儀之術者決無龍逢比干

之心

韓魏公曰、內剛不可屈而外處之以和則事無不濟、故知處事着力全不在皮面上、

餘粱肉者難與之謀藿食、被綺羅者難與之言布素、嗜財利者難與之謀道德、處逸樂者難與之言勤苦、

范蜀公云、麴蘖有毒、平地生出醉鄉、土偶作祟、眼前妄見佛國、

佛氏有云、不昧因果易、不墮因果難、今人皆願生極樂世界、不知果能心境圓明湛然無欲便是出火宅入清涼界耳、

晦翁云、天地一無所爲、只以生萬物爲事、人能念念在利濟、便是能體天地之心、故曰、宰相日日有可行的善事、乞丐亦日日有可行的善事只是當面蹉過耳、

吾不知所謂善、但使人感者卽謂善、吾不知所謂惡、但使人恨者卽謂惡、

龎龎子、每教人養喜神、止庵子每教人去殺機、

是二言吾之師也

塞翁失馬、古人未必有是事、疑設此以垂世誡、然亦安知非實事也、夫禍福相爲倚伏、天道也、得而欣、失而戚、人情也、此翁乃不欣戚於得失之間、而卒能轉禍爲福、其事近道、合於聖賢義命之學、

王輔嗣云、神明茂、故能體冲和以通無、五情同、故不能無哀樂以應物、然則聖人之情應物而無累於物者也、

薛文清曰、不善之端、豈待應物而後見、如靜中一念之刻、卽非仁、一念之貪、卽非義、一念之慢卽非禮、一念之詐、卽非智、君子所以慎獨、

我有不善、人或告我、我能速改、則善歸於我、且不負人、若不能改、則善歸於人、兼復棄我矣、故君子貴受言、

陽明先生云、孟子三自反後、比妄人爲禽獸、此處似尚欠細、蓋橫逆之來、自謗訕怒罵以至於不道之甚、無非是我實用得力處、初不見其可

憎、所謂滿世界皆藥物也、

慎言語固難、節飮食亦不易、余嘗飮食失節、書戒爾食終是賊、多食賊身之難、爾怠乎哉、置几上以自警

衣冠必整齊嚴肅、則惰氣自銷、夫嚴衣冠則有禮以閑其外、銷惰氣則有禮以一其內、此亦君子入敬之梯媒也、

淳風

聖人未嘗不喜、喜以物而不以已、聖人未嘗不怒、怒以物而不以已、

身可以安、不必皆廊廟、食可以飫、不必皆鼎鼐、耳可以聽、不必皆笙鏞、目可以視、不必皆靡曼、是以蔬食陋巷、孔顏不以爲憂、菅床茅屋、田生自以爲樂、

箕子封朝鮮、出語人曰、事商雖惡、吾猶囚也、事周雖聖、吾其夷矣、能忘醜顏、少師哉

霍子曰、有司之校士也、其薦揚也、以國也、吾何德焉、噫、公矣、讀先王之郊祀社稷、則懼然也、造物者豈任德哉、然而先王以敎民厚也

樂廣云、凡論人、必先稱其所長、則所短不言而自見矣、人有過、先盡弘恕、然後善惡自張矣、疾惡過嚴、由立已於峻、不能恕人、爾若君子則哀矜之不暇、何恐忿疾、

李密奉使聘吳、吳主與群臣論、寧爲人弟、密曰、願爲人兄、爲兄供養之日長、

徐孺子矯矯特立、薦辟皆不就、及薦辟者亾、炙雞漬酒千里赴弔於清高不混俗之中、有忠厚不忘恩之意、宜其爲東漢人物冠冕、

朱雲著節漢廷、後不復仕、常居鄠田時、乘牛車游衍自適、宰相欲延致東閣弗屑也、今之仕者一旦去官、卽愁沮喪志、如魚失水、喁喁然亾耳、若雲者非旣貴可使復賤者耶、

昔東方生有言、築土爲室、編蓬爲戶、彈琴其中、詠先王之遺風、可以樂而忘亾、旨哉斯言、士安

往而不得貧賤哉、

虞翻爲子求婦云、天之福人、不在貴族、芝草無根、醴泉無源、

趙至年十二、就師誦書、蚤聞父呵叱牛聲、釋書而泣、師問之、答曰、自傷不能致榮華、而使父老不免勤苦、

昔吳隱之刺廣州、過貪泉而飲之、賦詩云、試使夷齊飲、終當不易心、隱之卒以廉吏名於世、而泉亦得雪其恥矣、

陶侃爲魚梁吏、以鮒鮓餉母湛氏、母責之曰、汝爲吏以官物見餉、非惟不能益吾、反以增吾憂也、

房彥謙謂子玄齡曰、人皆因祿富、我獨以官貧、所遺子孫在於清白耳、

余受學虛齋先生、嘗脫妻簪珥爲脩脯、先生曰、吾利此物、安望汝他日勵清操而成人美邪、峻却之、其視較銖兩於師弟間者遠矣、

愬寃者止言在人一邊、不言自己一邊、所以聽

言者未可遽以爲喜怒、

傅獻簡公云、以帷箔之罪加於人、最爲闇昧、萬一非辜、則令終身受其惡名、至使君臣父子之間難施面目、言之得無忍乎、

近有題廬墓卷云、應知表門事、不是結廬心、此眞能說孝子者、

和靖誦光明經、可謂順親矣、順親於道者孝之至也、未易能也、

論人物當論是非、不當論成敗、若以成敗論則

世之詭道成功者豈皆足稱者邪，是則困辱終身不足恥，非則功名振世不足多，彼以成敗評豪傑者市兒之見也。

稱人之善或過其實不失爲君子，揚人之惡或損其眞寧免爲小人。

劉元城曰，吾友後來未可遽立議論以褒貶古今，蓋見聞未廣而涉世淺也，故古人著書多在暮年。

財以不蓄爲富，官以不顯爲貴，名以不彰爲譽，

施以不報爲惠。

伍胥奔吳而漁父辭劍，文天祥趨儀眞而舟子辭金，必皆賢而隱者，重義輕利，與世同符，惜當時不著其名而史不之載。

安貧儉用不免干人，多事求寵祗以自苦，豐約窮通命中素定，故曰知足不辱，知止不殆。

東坡自元符三年已往，不過一爵一肉，有尊客盛饌則三之，可損不可增，有召己者預以此告之，一曰安分以養福，二曰寬胃以養氣，三曰省費以養財。

有賓主之敬，雞黍可以爲大享，豈在簫韶；有淑柔之德，荊布可以行婦道，豈在組繡。

蘇掖嘗置別墅，與售者瑣瑣爭直，其子在傍曰，大人可增少金，吾輩他日賣之亦得善價也，父愕然少悟，世人知此可免營造矣。

劉原武拾遺金還失者，後父子皆登第，還金本出無心，福善自有隱報，觀此不但可以勵人亦可以談天。

祝虛齋先生之鄰莫氏嘗以屋售先生，固止之且周其乏，常云，我能顧卹鄰人，即我之家人也，何必取其地，然後爲我有，今之處鄰者必欲吞噬以爲己有，其心之廣狹何如。

陸務觀云，爲善自是士人常事，今乃邀身後福報，若市道，吾實恥之。

元伯顔南征還詩云，擔頭不帶江南物，只插梅花一兩枝，其潔操何愧曹武惠，行李蕭然也，但惜江南梅花攜之塞北耳，使江南將相有伯顔，

者此梅花或可留得

劉南坦、家貧不能結樓、文徵仲爲作神樓圖、楊升庵繫之以曲、此畫與曲至今爲人寶玩、足垂不朽、文徵仲嘗戲語人曰、吾女友能紉齋館、皆於印上起造、亦此意也、

祝虛齋先生、私居未嘗服紈綺、惟麤布舊服、每飯必以精者奉親而已、與子食麤糲、謂教兒輩不宜習肥甘也、

古之有言責者、計萬世是非、不計一時榮辱、論天下利害、不謀一身利害、非不知言之害、不言之利、然而必言之者、以天下從義、不以天下從我也、

徐子權、峽江人、洪武十八年、進士、官比部郎、靖難師起、聞練子寧死、從容賦詩曰、翹首謝京國、飛魂歸故鄉、遂自縊、可謂從容就義者矣、

祝虛齋先生、平居有皆師錄、善者書名、不善者惟舉事以示戒、一日計偕北上、有同行病胡臭者、衆皆憮憎、先生獨與之同臥起、其心曲度、可

量哉、

凡奴僕得罪於人者不可恕也、得罪於己者可恕也、

胡端敏云、瞞人之事弗爲、害人之心弗存、若世人皆然、可追直道還古風、

瞞 音滿 目不明也

治本

力遜志云、貧國有四、而荒凶不與焉、聚斂之臣貴則國貧、勳戚任事則國貧、上好征伐則國貧、賄賂行於下則國貧、富國有四、而理財不與焉、政平刑簡、民樂地闢、上下相親、昭儉尚德、此富國之本、

民者邦之本、財者民之命、傷其財則傷其命、傷其命則傷其本、

凶年則人君減膳、白虎通曰、一穀不升徹鶉鴳、二穀不升徹鳧鴈、三穀不升徹雉兎、

漆器非延叛之物、桀用之而叛、玉杯豈招亾之具、紂用之而亾、侈麗之源不可不遏、作法於儉猶恐其奢、作法於奢何以制、後君國尚然、況黎庶乎、

尹文云、人君之事、無爲而能容下、夫事寡易從、法省易因、故民不以政獲罪也、大道容衆、大德容下、聖人寡爲而天下理、

輦轂之下先彈壓郡縣之治本惠養

天下事可行於古可行於今、如夏時周冕之類、可行於古難行於今、如井田封建之類、可行者行之則民樂其利、難行者行之則民受其患、君子貴酌時措之宜、

國之將興也、百官有司貌若違異而心則同於盡職、國之將亾也、百官有司貌若諧和而心則各爲競進、

周公旦曰、吾不如者吾不與處、累我者也、與我齊者吾不與處、無益我者也、惟賢者必與賢於已者處、賢者之可得與處也、禮之也、主賢世治則賢者在上、主不肖世亂則賢者在下、

朝廷以科目取士、使君子不得不爲小人、若以德行取士、使小人不得不爲君子、

因喜用賞、賞不必當、因怒用罰、罰不必當、故王者無私喜、無私怒、然後賞罰當而天下平、

取民近貪、刑民近殘、行師近亂、獨尊近亢、厚族近私、然而天下不爲厲者、知其不得已也、君人者懼焉而以不得已之心行之善矣、

天下無不可變之俗、無不可與爲善之民、易刀劍而牛犢、易淫汚而識父子夫婦之道、亦存乎人耳、故曰無迎而拒民、莫不與無望而畏民則無懟、

凡興廢補敝、鎮躁舉劇、安常習怠者不能爲、瞻前顧後者不敢爲、惟性定之人、知有國而不知有家、知有君而不知有身、則天下無不可爲之事、

任事者當置身利害之外、建言者當設身利害

之中、

魏文侯云、人始入官如入晦室、久而愈明、明乃治、治乃行、

居官者廉不言貧、勤不言勞、愛民不言惠、鋤强不言威、事上盡禮不言屈已、欽賢下士不言忘勢、庶乎官箴無忝、

張仲以孝友入佐天子、君陳以孝友出尹東都、大舜以孝友爲天子、孝友全而百行備矣、

荀卿之危態臣也甚於篡、孟獻子之罪聚歛臣也甚於盜、噫、其眞有所警夫、

居官者心公則自廉、若居廉品格亦自高、終不及公而自廉也、又有恃廉而傲且刻者、則爲廉之累更多、

語云、至察無徒、平易近民、察非明也、故人受其病、平易則自能生明、故可得而近之、

大臣斥苞苴則人服無私、而位望自重、避權勢則人不歸恩而怨讟亦輕、

范蜀公云、仕宦不可廣求人知、受恩多難立朝

矣、

朝廷設耳目之官、或有觸犯、必曲賜含容、以養其剛直之氣、然後遇事敢言、若摧折過甚、將使諫臣喪氣、卒然遇大利害、大奸惡、皆將蔽而不聞矣、

狂夫之言、明主擇焉、今則不然、言者不狂、聽者不明、使夫不明擇於不狂、是以萬聽而萬不當也、

人主宮闈中事、臣子不可過爲排擊、故孔子不

止魯之女樂、管仲不去齊桓之六嬖四姬、古之賢聖皆有深見、今之少年多喜排擊、吾懼國本因而動搖也、

韓億見諸路職司、摭拾官吏小過、輒不懌曰、今天下太平、主上之心雖蟲魚草木皆欲得所、柰何錮人於聖世乎、

羅豫章云、朝廷大奸不可容、朋友小過不可不容、若容大奸必亂天下、不容小過則無全人、

崔亮以資格用人、使不得馳競爭先、亦是良法

使後人不得不祖之、若能先才望而後資格、方有實用、宋學士丁度對仁宗云、承平無事則守資格、緩急有大事大疑、則先才能、此可以救資格一定之獘、

范文正公云、人有才能而無過、朝廷自應用之、若其實有可用之才、不幸陷於吏議、不因事起之、遂爲廢人矣、

擇士者如工師之擇木、不先道義之賢、而詞藻之工、是取猶舍合抱而求拱把也、

元凱良矣、然無堯舜不舉、伊周忠矣、然無湯武不顯、故曰賢人得君以有爲、

劉炫曰、省官不如省事、省事不如清心、官事不省而望從容、可得乎、

民生之休戚繫守令、民情之通塞繫臺諫、欲守令盡職如古之奬廉吏、欲臺諫盡言如古之賞諫官、

君子任一郡縣之寄、操御下之權、非欲民畏也、眞使豈弟之意、默運於綱紀法度之間、斯民陰

被其德耳、故善爲政者不恃其有可畏之資、而恃其有可愛之實、

治民之道、在禁游惰以一其志、勸耕稼以敦其業、游惰禁則土著固而避勞就逸者無所容、耕稼勸則農業崇而棄本逐末者不得縱、由是賦役可均、國用可足、

守令廉則心清而才自練達、能則通變而事不留滯、廉固尤要、能亦不可少、若廉而且能、即古之循吏何加、

勸農固在經其時樂其事有一中丞治徐州百計勸農人莫肯應故農不必勸惟輕賦過訟乃勸農之術

救荒不患人無奇策只患人無真心有真心即有奇策

民有欲心見利則動聖人不能禁民無欲也故有禮以節之以刑威制萑符者是暫時作用以重農發廉耻者是弭盜本領

財者民之脂膏公家之賦稅有常數私門之苞

苴無定額斯民竭地殫廬不足以滿其欲爲人上者柰何不惜

朱子曰凡民有患難勢可言於官則爲言之不可言則多方救護之今爲民父母行政視民疾苦畧不顧恤與古人之用心何天淵哉

孫廉云發奸摘伏惟勤而清清則憲綱自行勤則事無不理

禮之屬三千刑之屬三千出一禮入一刑間不容髮是懷刑莫若秉禮

薊州鐵冶皆鬼薪城旦耳顧十九麵命此必司法者委宛其間庶得議獄之意

凡天下事慮之貴詳行之貴力謀之貴衆斷之貴獨

居官受囑固爲非理然有意於却而倨傲很戾是之謂激有意於受而不顧是非是之謂隨要在好察邇言因言揆理應之以無心可也

書曰罔違道以干百姓之譽罔咈百姓以從己之欲然三代而下惟恐不好名故後之仕宦若

咈人從欲人或非之違道干譽莫或非之今并干譽者亦寡哀哉

人有恒言有治人無治法治人能通其變治法惟守其常

今之仕者飾言詞習恭遜是以佞能專矯激立聲名是以詐能假親知胥黨援是以勢能私餽遺資請託是以貨能弁皆弗能也

楊文襄公云爲政在省事不在多事在守法不在變法在安靜不在紛擾在寬簡不在煩苛

良醫治無病之病故人常得生也、聖人治無患之患故天下常太平也、

昔人有言、聽言不可不廣、廣則庶幾其無壅、擇言不可不審、審則庶幾其無誤、

漢以經術求士士爲靑紫而明經、唐以辭藝取士士爲科目而業文、今之人才、卽古之人才、所以勵其志趨使進於道德者其機則在上耳、

療病者貴治其原不在巫祝、安民者貴防其蠹、不在刑威、

恐者衆妙之門、居官亦以恐爲貴、凡事之來且恐則或剛或柔自有可處、若一時不能恐則無所處、故一切法無我皆得成於恐、

用法不可大寬、寬則人不知懼、施恩不可太過、過則人不知感、

相臣執政與國同休、任用匪人則憑藉寵靈擅作威福植黨罔上懷奸、誤國君子必被其禍生民必罹其毒、

大臣一言一動須合天下之公、不宜拂衆論執已、見斯民受其利、國蒙其澤、

吳芾云、與其得罪於百姓不如得罪於上官、李衡云、與其進而負於君不若退而合於道、二言合之可作出處銘、

視含哺鼓腹之民若瘡痍之未瘳、視耕食鑿飲之民若呻吟之未息、其於政也幾矣、

政以宜民俗所未厭不必輒改、俗所未安不宜强行、

天以民立君、君以民建官、士以民行道、故有司

之務無一不爲民也、長民者獨簿書賦稅是急而匱用其民亦未之思耶

存一念愛民時便是愛己、有一步進德處勝於進官、

赤子不能言、毋能中其欲者得赤子之心也、民能有言、有司往往障拂其口、失民心矣、

人有言亡國之臣不可以言智、敗軍之將不可以言勇、然百里奚去虞而虞亡、之秦而秦霸、韓信去楚而楚敗、之漢而漢興、此又不可以槩論

也、在用與不用之間、

吳武陵云、霆砰電射天怒也、不能終朝、聖人在上、安有畢世而怒人臣耶、

錢子測語　卷上　三十八

錢子測語　下

錢子測語卷下

海鹽錢　琦公良撰

四明沈明臣嘉則校

歛精

亢倉子云、道筋骨則形全、剪情欲則神全、靖言語則福全、

燎原之火、星星也、干霄之木、青葱也、故曰、圖大於微、知著於細、

左傳曰、思其終也、思其復也、思其反也、人能每事卽始慮終、則必無悔吝之及、

凡智不深則非智、勇不沈則非勇、深所以藏智而出之使不測、沈所以養勇而發之使必遂、故荊卿傳曰、其爲人智深而勇沈、有味乎、其言之也、

清福上帝所吝、而習忙可以銷福、清名上帝所忌、而得謗可以銷名、

人世事譬之閒雲、在天浮漚、在海起滅何常、儻不參透此關、鮮不墮煩惱障中矣、

張子言、下視則心柔、柔則敬、顏子四勿、首視攝心、以謹視爲第一、故左傳曰、視高則離、其目陰符經曰、機在目、釋氏多以耳根圓通得道、而目力圓通則少、如十六觀經、全是以心攝目也、

治家有二字、符曰勤、曰儉、夫孳孳乎種德布惠而後爲勤、淡淡乎聲利不好、而後爲儉、今之所謂勤儉、貪且吝耳、

清苦固是佳事、然亦不可過、天下豈有薄於自待而能厚於待人者乎、

人生一日、或聞一善言、見一善行、行一善事、此日方不虛生、遇富貴人宜勸他寬、見聰明人宜勸他厚、

人常想病時則塵心漸減、人常想死時則道念自生、

遠公云、古人不愛尺璧而重寸陰、觀其所以存、似不在長年耳、故能履順而遊性、乘佛理以御心、復何羨於遐齡、

唐人春遊、以牡丹爲勝賞、劉淵邀客乃繫水牛

百頭於前曰此劉氏黑牡丹余謂牛之用固十倍牡丹不過孔僅卓王孫之見若能種德務施非函關上乘青牛老人不足以語此

由外以之內而內禍生焉其惟目乎由內以之外而外禍生焉其惟舌乎

君子不可以不恐也恐欲則不屈於物恐劇則不擾於事恐撓則不折於埶恐窮則不苟於進故曰必有恐乃有濟

荀子曰强本而節用則天不能貧養備而動時

則天不能病脩道而不貳則天不能禍

欲界無邊宅畔有宅田外有田官上有官身後有身故家彌大經營亦大位彌高願望亦高失隴望隴得隴望蜀世短意長翻不如三家村裏省事漢撇脫

君子多思不若養志多言不若守靜多才不若蓄德

伯淳謂琴聲可以禁邪磬聲可以養心有聲之樂亦不可無也然惟聽之者何如耳

善治國者不忘危善養生者不諱死故能遷咎延釐轉禍爲福

居官箴清慎勤三者余謂惟慎則自防也嚴慮事也周處事也敏而清與勤兼得之一或不慎雖有氷蘗之操夙夜之勤未免有過中失正之事孔明亦云先帝知臣謹慎是慎爲尤要也

范文正公謂子弟曰西都士大夫園林相望爲主人者莫得常遊而誰獨障吾遊者吾今年踰六十乃謀治第顧何待而居乎

康節云牡丹含蕊爲盛爛熳爲衰故富貴到極處而始收斂晚矣

執盈玉者弗失以縱步失之馳峻阪者弗失以康衢失之敬與不敬故也

鯤鵬六月息故其飛也能九萬里仕宦無息機不仆則蹶矣

雞犬之專智人弗若矣牛馬之專力人弗若矣騂焉而爲人用而無弗悉也用天下者乃恒有所弗悉何也

圓照禪師見飯僧者告之曰、汝先養父母、次辦官租、如欲供僧以有餘及之、古人透徹佛事、故能爲此不作佛事語、

杯酒破利名、寸心集古今、惟達人可語此、

處事貴熟思緩處、熟思則得其情、緩處則得其當、

矜持、太過者不可謂之敬、然猶勝於放肆、枯寂太過者不可謂之靜、然猶勝於勞擾、

楊遂庵身不踰中人而開府鎮邊、驅使數十萬

貔貅、不翅三尺童孺、才氣有大過人者、其言曰、無事常如有事時隄防、有事常如無事時鎮靜、始知其從心上用功也、

士君子氣易動、心易逃、專爲立界墻、全體面、六字斷送一生、夫不言堂奥而言界墻、不言心腹而言體面、皆是向外事也、

鑒遠

天下之禍、不生於逆、生於順、劍楯矛戟未必能敗敵、金繒玉帛每足以滅人之國、霜雪霾霧未必能生疾、聲色游畋每足以殞人之軀、

世運盛衰各含機藏、隙盛者得衰而變之、功在創始、衰者自盛而沿之、弊由趨下、

紉蘭握瑾、誨妒之良媒、要津利孔、招怨之危幟、縱談劇論、騰謗之健駟、方人擬物、反刺之銛刃、是以君子斂盛彩而不揚、履幾望而知戒、

人不求福斯無禍、人不求利斯無害、故曰、福爲禍先、利爲害本、

齊王出遊、遇齊女、瘿瘤採桑、命載後車、女曰、女母在堂而隨王、是奔女也、王安用之、末世仕宦以鑽刺代蹇脩者、才智雖高、文華雖麗、不若此醜女多矣、

昔陳仲子妻有云、熱於就名者必先冷、羶於附利者必先淡、山雞之爲天下賤者恒見也、威鳳之爲天下貴者不恒見也、今世無過人之才而

遂逐在進行將顯矣、

孫叔敖曰、吾爵益高吾志益下、吾官益大吾心益小、吾祿益厚吾施益博、可以免於患乎、

管仲之與鮑叔知深矣、及將死而不欲委鮑叔以政曰其爲人也善善而惡惡、謂其量之隘也、然能出管仲於死同爲卿讓之四十一年、而無倦色、不亦賢乎、

漢儒有言曰、富貴無暴集之客、貧賤無棄舊之賓、原其所以來則知所以去、吾嘗味於斯言、而

知交道之薄、自古爲然矣、

蘇秦之爲合從也、合天下之異以爲同、聯六姓之踈以爲親、可謂事之甚難者、當是時秦人併呑之勢已形、六國之君舍合從之外亦未有他策、秦適逢其機、故不旋踵遂合於一、惜乎秦徒抑闔其說以利啗六國、爾天下大勢利害所在彼固不能深言之也、及張儀連衡之說行、從約遂解、六國日趨於亡矣、

博浪一椎、子房不必論、始皇大索十日即止、亦見英雄收放處、婁道人云、盧仝茶歌、飲到七碗自然當有箇結局、不然此詩無了期矣、始皇極麤悍却得此意、故至威不褻、

蕭何動用智數、如治未央宮、可見後高祖果以爲壯麗其籌之固熟也、

世有恒言、陸博無休勢、仕宦亦無休勢、予以士君子可仕則仕、可止則止、有大道存焉、以仕宦爲樗蒱者、忘其大敗也、

北山黃公善醫、先寢食而後藥石、汾陰侯生善

筮、先人事而後說卦、

人之將病於不嗜食而知、國之將亡於不嗜賢而知、

勿謂柔可欺、淤泥之中或藏利錐、勿謂剛無害、巨闕之鍔遇石亦碎、故禍常發於所忽之中、亂常起於不足疑之事、

張湯杜周皆武帝時酷吏、觀班史所載、湯坐誅周幸免、同惡異報、始甚疑之、及考史記言、田仁刺舉三河時、河南河內太守、杜周子弟皆下吏

誅死、然後信禍福果不可逃、安可不鑒、

榮盛之家、嬌惰生焉、敗亡至矣、貧賤之家畏懼生焉、人才出矣、

脩身行義、儉約恭敬、其或無福、禍必不至、驕傲侈泰、離度絕理、其或無禍、福亦不至、

開國起家、莫不由於祖父之勤儉、敗國亡家、莫不由於子孫之奢惰、故易曰、子克家、詩曰、繩其祖武、

諸葛亡而蜀亡、非徒亡蜀也、又亡魏、何也、諸葛沒而懿之智日練、而望日重也、篡本成矣、

張九齡謂李泌曰、蚤得美名、必有所折、夫藏器於身、古人所重、況童子邪、

嬰兒之病、多起於食、貴臣之禍、多起於寵、

孫登謂嵇康曰、子識火乎、用光在乎得薪、所以保其曜、用才在乎識物、所以全其年、今子才多識寡、難乎免於今之世矣、

座有佳賓、家雖貧、吾知其必興、門無國士、族雖大、吾知其必敗、

顏之推云、人足所履、不過數寸、然而咫尺之途必顛蹶於崖岸、拱抱之梁、必沉溺於川澗者、爲其傍無餘地也、君子之立己、抑亦如之、

薄福者必刻薄、刻薄則福亦薄、厚福者必寬厚、寬厚則福亦厚、

王安石行新法、衆議騰沸、明道獨曰、天下事非一家私議、願平氣以聽之、使宰相如明道、何以有熙寧之紛更、使諸君子如明道、何以有紹聖之反噬、

恩讐太分明、恩者、令人不足德、而讐者適足令人畏、故王旦云、好人懷惠、又欲人畏威、皆大臣所宜避、

康節云、善人固可親、未能知、不可急合、惡人固可疏、未能遠、不可急去、

司馬溫公曰、受人恩而不忍負者、其爲子必孝、爲臣必忠、

呂東萊云、凡治事有涉須平心看理之所在、若自見得無理、只須作尋常公事看、斷過後不須

指出說、今之犯權貴取禍者、坐不知此耳、

中黄云、明不觸物、此言極有味、若洞然燭他人之惡、不隨他轉而已、此外不宜發明太盡、聖門惡訐爲直以此、

朱子言、天公有記性、無急性、無有感不應者、余謂善惡吉凶是一氣感召、終不可逃、

宋之浮論、甚於戰國之横議、流禍之烈甚於晉之清談、今之士往往掇拾其說以立道學門户、不亦陋乎、

韓魏公於小人之欺、終不道破、苟許其情則激而怨不中傷不已也、古來豪傑敗於小人者多、昧此幾、魏公之智遠矣、

正統土木之變、于肅愍曰、吾國已有君矣、日治兵不少懈、是以虜情破而不及禍、正言若反、知其意者鮮矣、

言無隱而不聞、行無微而不著、詩曰、鼓鐘於宮、聲聞於外、言當慎也、

宸濠之變、余同年許忠節公逵不屈挺立受刑

見者壯之、其父家居聞江西有變、殺一憲副輙爲位易服而哭、人怪問之、曰、必吾兒也、此其素志已而果然、知子莫若父、信哉、

近日邊防廢弛、將吏偷安平居玩愒、度時有事張皇失措、譬如濱河而居者不能豫築堤防、一旦水潦奄至、則挈家室避之、瞯水退、復還、歲歲遷徙、苟延支吾、謀國如此、可謂疎矣、

凡物無聚則無散、聚不極則散不重、可爲積聚者藥石、

祝虚齋先生官工部時、有以金罍私先生者、先生固郤之、後受賄者坐累、先生竟免、故曰、慎初之道勝、

人皆貴一旦之浮爵、輕喬松之永延、不知春華至秋不得久茂、語云、女愛不及席、男歡不畢輪、知言哉、

語云、賀者在門、弔者在途、弔者在門、賀者在途、士大夫可以深長思矣、

有所不爲、試於得失辭受之際、無所用恥、驗諸

妻子僮僕之間

文天祥陸秀夫張世傑殺身以成仁舍生以取義參天地而獨立亘萬古而不朽三人之烈不同而同其心夫豈有爲而然哉

輕諾者必寡信易從者必多違

向子平云富不如貧貴不如賤第未知死何如生以余念之死生初無二道存吾順事斯没吾寧矣

劉屏山以不遠復爲平生三字符復者生生之

意無時無處無之於絶而續於終而始故曰復其見天地之心

張用晦性清約人譏其太儉曰由儉入奢易由奢入儉難今世奢靡極矣然上人能身先敦朴則下自化於儉故朴乃上古渾淪元氣儉乃後代返元良藥

方嶠亭嘗云小人如虎狼蛇蝎殆又甚焉虎狼之威蛇蝎之狀人皆知其足以害已深避而預防之小人則心如虎狼其貌騶虞念如蛇蝎其言鸞和人不知其將害已而狎之鮮弗及矣

今人畧記文字僥倖高科入朝則吮癰舐痔招權納賄居鄉則囑託公事吞虐細民縱酒漁色瀆亂彜倫大敗風俗天下安得不亂

容貌端雅而小人者有矣未有容貌險側而君子者也

覘世

處順多喜心、驕習之所由起、處逆多厭心、怨習之所由起、賢聖之心如止水、或順或逆、處以理而不以習、豈以自外至者爲憂樂哉、

見辱於市人、越夕可忘、見羞於君子、累世不泯、此大丈夫當履道秉德、免筆誅口伐於華門圭竇之間、

白沙混於泥塗、不染自污、青蓬育於麻圃、不扶自直、欲知善惡、由於所入、

摽梅直言其意、無顧忌、無文飾、此婦女明潔之心、今人秖以文飾詞說、衷曲蔽矣、

西周之迹熄、而鄭衛之風行、故再醮之婦鸞裝以自悅、五姤之女冶容以媚人、而亦有綠鬟之傾惟陽是向、芳梅之隕於春、未知彼所謂女中錚錚、不爲風所風者也、

老萊子云、可食以酒肉者、可加以鞭棰、可受以官祿者、可隨以斧鉞、

人之功名、謂之會者、聚也、聚必有散、譬諸晏客有三爵而去者、有留連終夜斗落參横尚未去者、視主人意耳、仕宦行藏大率類此、識破此機局、則去留何必介意哉、

陳摶云、優游之所勿久戀、得意之所勿再往、

孔子曰、邦有道、危言危行、今人不喜人言、見人張拱深揖、訥訥不吐詞、則目爲老成、又不喜人直遇事、圓巧委曲、則目爲善處、轉相則效、翕然風靡、爲士者口無公是公非、後進承訛踵弊、不復知有言行之實矣、

喜時之言多失信、怒時之言多失體、

善謔浪、好恢諧、雖取快一時、亦傷厚道、揚隱微談中冓、雖雪忿一朝、終損陰德

富兒因求宦傾貲、汙吏以贖貨失職、初皆起於慊其所無、而卒至於喪其所有

嗜欲之人、語之富貴利達則悅、語之貧賤憂戚則拂衣而去、好名之人、語之誇大侈靡則悅、語之恬淡隱約、則拂衣而去、故曰、魚相忘於江河、人相忘於道術、

圯上老人謂張良曰、兩眉致其美於人而人卒不以眉爲功、眉無事也、孺子居功其以眉乎、十指貢其傷於人而人卒不以指爲怨、指無心也、孺子處怨其以指乎、

韓信初謁高帝、登壇數語、便欲裂地封侯、厥後堅拒蒯通、厚酬漂母、平生心事具見、乃良平不援大義以告高帝、徒躡足附耳、開其疑隙、良平之過也、

大臣急於順主、所以缺經國之遠猷、庶官巧於

錢子測語　卷下　廿七

取名、所以鮮脩職之實抱

人於居安、時未知其安、及瀕危難、始知、是以君子居安慮危、則庶乎免其危、

先儒有曰、人臣建策效計、當原其心、誠爲國耶、策雖未就、君子與之、心不在國、假善以濟其私、功雖幸成、君子不與、

漢高帝踞洗見英布、既而就舍、皆王者之供帳嫚罵以辱趙將、而隨以千戶封之、先儒呂氏乃曰用不測之辱、施不測之恩、顛倒豪傑、莫知端

倪此帝所以能鼓舞一世也、愚謂漢得天下卒賴韓信彭越黥布之力、而卒以誅夷、其待功臣亦少恩矣

待富貴人不難有禮、而難有體、待貧賤人不難有恩、而又難有禮、

懷璧之子未必能惠人、競親之者、利其惠人之資也、被褐之士身儉能施、人皆疎之者、無濟人之具也、

做人念頭重、做官念頭輕、則禍福不足動心、做

錢子測語　卷下　十八

官念頭重、做人念頭輕、則毀譽常足懸志、

勢利有時銷歇、天理無時泯沒、何趨勢利者衆存天理者寡、

爵祿之崇卑、國之所以榮辱士、士不可以此榮辱其身、

近世諂瀆成風、士氣卑陋、勢之所在、則望風拜塵、心有所求、則俛首喪䰟、下以此事上、上以此責下、上下交相諂瀆、士風喪矣

宦情太濃、則歸時過不得、生趣太濃、則死時過

不得

做官當如將軍對敵，做人當如處子防身。將軍失機則一敗塗地，處子失節則萬事瓦裂。

處貴而驕，敗之端也；處富而奢，衰之始也。去驕懲奢，其惟恭儉乎。

君子之仕也，官不擇崇卑，行吾志而已；事不擇難易，盡吾職而已。或從容於尊俎，或經營於四方，隨其所遇，皆足以樹勳當時，垂聲後世。

仕之溺人，猶水之溺人。水之溺人，人知避之；仕

之溺人，冧名潰節，相繼於前，不惟不知避，反濡足褰裳以就之。孟子所謂載胥及溺者也。

爲民父母者，苟利於已，不顧害切於民；求已之名，不計事無益於實。此民所以日困，世所以不治。

人言破家縣令，滅門刺史，強宗豪右常誦此言，庶不作姦犯科。縣令刺史不可自存此心，庶免罔民虐下。

范寗嘗謂王弼、何晏罪深桀紂，蔑棄典文，幽沉仁義，游詞浮說，波蕩後生，使縉紳之徒翻然改轍，以至禮壞樂崩，中原傾覆，遺風餘俗，至今爲患。桀紂縱暴一時，適足以喪身覆國，豈能廻百姓之視聽哉。故吾以爲一世之禍輕，歷代之患重；自喪之惡小，迷衆之罪大。

邇來士風澆薄，侈靡浮蕩，大抵富貴功利之習，糊人心目，如處豐蔀中，舉眼皆蔀，是以迷惑顛倒，莫知抵止。非先知先覺者，孰能出之溷穢，轉之清流。

國家以經術造士，其法正矣。但士之所以自求於經者淺也，不務實造於理，而徒務取給於文。文雖工，術不正，而行與業隨之矣。

今之仕者重進士之科，得者侈然若有餘，不得者歉然若不足。由君子觀之，直如博者之於梟，有幸不幸耳。士顧以是自爲輕重，世亦從而輕重之，非惑歟。

栁玭戒子弟曰：凡門第高，可畏不可恃。立身行已，一有所失，則得罪重於他人。門高則驕心易

生族盛則爲人所嫉懿行實才人未之信小疵纖失衆皆指之故膏粱子弟學宜加勤行宜加厲僅得比他人爾

衣冠之族以清白遺世爲本務要恬穆省事凡貪戾刻薄之夫皆不宜與之相接

君子德優於才或事不能舉訟不能聽小人才優於德或見事風生片言折獄無才者其殃民淺有才者其殃民深

崔玄暐母盧氏曰仕宦者將錢物上其父母今

則悉入私帑矣程子曰閭閻小民得一衣食必先父母今則先妻子矣此皆風俗之衰下者今且不能及況其善者乎

處妻妾貴和而敬御僕隸貴慈而莊

夫衣食之源本廣而人每營營苟苟以狹其生逍遥之路甚長而人每波波急急以促其死

治人者必先自治責人者必先自責成人者必先自成傳曰惟無瑕者可以戮人

唐李涉贈盜詩曰相逢不用相迴避世上如今半是君劉伯溫詠梁山泊分贓臺詩云突兀高臺累土成人言暴客此分贏飲泉清節今寥落何但梁山獨擅名元末貪吏亦啓之比乎漢書云吏皆虎而冠史記云此皆劫盜而不操戈矛者也皆此意也

臨財無苟得臨難無苟免其無也不在臨如臨則已晚矣

柳宗元告薛存義云吏於土者民之役也非以役民也蓋賤氓傭諸人一直而已士傭於官者

寵以章服遂以車馬餼以廩餼居以潭邃從以卒隸輿臺乃漁焉獵焉草菅然薙焉民之役也固如是哉

小人專望人恩恩過不感君子不輕受人恩受則難忘

盧坦云凡居官廉雖大臣無厚蓄其能多積者必剝下以致之如其子孫善守是天富不道之家也不若恣其不道以歸於人

柳世隆云一身之外亦復何須子孫不才將爲

爭府、如其才也不如一經、

陸慧曉云、貴人不可卿、而賤者乃可卿、人生何容置輕重於懷抱、終身常呼人位、

晉欒書郤芮之後淪於輿皂、唐房玄齡杜如晦子孫至操瓢而乞、門第高可畏、不可恃、誠哉是言也、

韓退之二子、綰衮皆擢第、衮爲狀元、退之名若山斗而世不知有狀元衮者、以此知科名不足恃也、

陳秀公以丞相治第、極爲閎壯、宅成疾甚、惟肩輿一登西樓而已、人謂之三不得、居不得、脩不得、賣不得、

世人盡好高堂華服、不知堂愈高則去頭愈遠、服愈華則去身愈外、故布袍容膝、儘有得處、

林昉云、人有殘縑敗素、繪一山一水、愛之若寶、售之必千金、至目與真景會、曾不涉趣、無乃貴僞而賤真耶、今世俗好名畫而多獲贗本、卒至敗家、又其甚矣、

蘇子曰、木有瘿、石有暈、犀有通、以取妍於人、皆物之病也、

古之學者爲己、其仕必爲人、今之學者爲人、其仕必爲己、學者爲人、天下無實學、仕者爲己、天下無善政、

范文正公曰、言欲遜、遜免禍、行欲嚴、嚴遠侮、人能三復而力行、則內不失己、外不失人、庶幾君子、

古人帶經而耕、負薪而誦、今人飽食煖衣、自暇

自逸者何衆、古人聚螢映雪、卷舒簡編、今人明窗淨几、玩時愒日者何衆、古人負笈從師不遠千里、今人賢父兄教之不從、或閭里有賢師友而不知親者何衆、

文天祥少游廬陵忠節祠、欣然慕曰、死不俎豆其間、非夫也、後果以精忠大節著、是以人貴感發興起、

倪文節公云、富貴自詩書中來、子孫享富貴則賤詩書、家業自勤儉中來、子孫受家業則忘勤

儉、

盧𥿬云名不足以致異人而可得常士常士畏教慕善然後有名非所當疾也

振饑者與以徑寸之珠孰若與以一簞之食拯溺者與以方寸之玉孰若與以一葉之匏

曾中丞銑欲復河套雖過於擔當要之可矜不可廢可獎不可殺臺省無一人敢言何也秦殺二十九人猶有茅焦不意當代謹言如此

余同年呂涇野嘗言、御史有九病、見善忌舉者

妬知惡不劾者比依違是非者譎、借公行私者、依意存覬覦者狡、懼禍結舌者偷、指摘疑似者刻、怒人傲己搤其所長而論者忿、喜人奔競護其所短而薦者貪、惟開誠布公、九病可勿藥而愈

君子不以己所能者病人、不以人所不能者愧人、

捏造歌謠不惟不當作亦不當聽徒損心術長浮風耳

鄉飲酒禮乃國家之盛典、近世視爲貨市登請索輿馬之費相接有贄見之儀宴畢計酬謝之禮、一餐入腹囊金盡空進登几筵出遭唾罵本是榮舉反見窘辱不肖者重賄藉榮賢者聞風遠遯

凡人夢富貴則喜、夢貧賤則憂、夢中之憂喜宜也、及其惺猶皇皇然卜吉凶焉、夫以惺時之富貴貧賤而皇皇卜之於夢何耶、故必破惺夢之關者庶超於富貴貧賤之外、

無基厚墉圯傾立至器小受鉅覆溺隨因

富貴功名上者以道德享之其次以功業當之又其次以學問識見駕馭之其下不取辱則取禍

君子易疏而難親、不惟小人畏之、雖君子亦或遠之、小人易親而難疏、不惟小人比之、雖君子亦或近之、惟仁人能辯之而不可眩、

三姑者尼姑、道姑、卦姑也、六婆者牙婆、媒婆、師婆、虔婆、藥婆、穩婆也、蓋與三刑六害同也、人能

遠之如蛇蠍、庶乎淨宅之法、

於有事時求無事、於有過中求無過、此盛世之事、於無事時要求有事、於無過中要求有過、此衰世之事、

有一言而傷天地之和、行一事而損終身之福、切須檢點、

泛交則多費、多費則多營、多營則多求、多求則多辱、

翟公曰、一死一生乃見交情、與生死富貴貧賤

而更者世俗之交情、不與生死富貴貧賤而更者士君子之交誼、

好譽者常謗人、市恩者常奪人、其傾危一也、

邵文莊公曰、人當爲真士夫、不當爲假道學、今之爲道學者、不過假是名以覆短駭俗耳、其誰信之、

人知忠孝節義之有報則人倫篤矣、知殺生之有報則暴殄弭矣、知冤對之有報則世讐解矣、知貪謀之有報則併吞者惕矣、知功名之前定則奔競者息矣、知婚姻之前定則踰墻相從者寡矣、

羅仲素云、人若一味見人不是則到處可憎、終日落嗔火坑塹中、如何得出、故毋事自反真、一帖清涼散也、

近世風俗寖薄而士習益變、曲踞爲恭、厚貌爲信、喜怒相疑、愚智相欺、誕漫以言而險德以行、士處此世、如入百戲之場耳、目眩惑安望其能砥行立名以風夫稱士者、

元元貞二年、雙燕巢於燕人湯佐宅、一夕家人舉燈照蠍、驚墮猫食之、雌彷徨悲鳴不已、朝夕守巢、哺諸雛成翼而去、明年來復棲舊巢、人覘巢有二卵、疑其更偶、徐伺之則抱昔之㲉爾、自是去來凡幾載、人目爲貞燕、

成化六年、淮安鹽城大蹤湖漁人見鴛央交飛、獲其雄烹之、雌戀戀飛鳴、竟投沸湯中而死、漁人棄羹不食、人稱之曰烈鴛、

嘉靖丙戌余入覲歸、匯風台滸河、有二鸛巢

於樹巔同行郡幕舟子孫連射其一取四卵其一飛繞哀鳴復射之後至鄱陽湖孫被賊殺投屍水中余感其事爲賦詩云石尤風阻客歸期水遠天長欲渡遲差可林高容鸛集那因巢破使人悲雕弧已落雲邊羽驚夢猶棲月下枝精衛謾云填海去啣環黄雀是當時

鷹鸇取弱禽回翔而集不顧遇彘兎益其欲既足遂止乃人縱欲無厭囊槖既盈猶日營營是又鷹鸇之不如也

梟謂鳩曰鄉人皆惡我鳴我欲東徙以辟子鳩曰子能更鳴乎曰不能然則東人亦惡子之聲矣然梟聲雖變而人之惡行可改鳩爲梟計欲其更鳴吾爲人計欲其去惡

導儒

蒙金以砂錮玉以璞珊瑚之叢必茂重淵夜光之珍以頷驪龍物之精華天地所秘惜余意文章亦然

君子之學務求在已在已則觸境皆仁雖毀譽榮辱之來非獨不動心且資之以爲切磋砥礪之地若聞譽而喜聞毀而戚則將皇皇於外何以爲學故老子曰强其骨弱其腹

讀書不獨變人氣質且能養人精神蓋理義收攝故也

子貢問於孔子曰學何患曰患一蹴有竹焉穿林破土一蹴而至其杪豈不速哉無可爲復矣又問曰學何以曰以漸有木爲日一毫月一寸歷數十年而後干霄蔽日豈不遲哉其進未已矣

莊子云人而不學謂之視肉學而不行命之撮囊

安期美門不可見神僊之名存屈宋班馬不可

見文章之名存、然則文章與神僊相爲永世者、故曰富貴有時而盡、榮樂止於其身、未若文章之無窮、

晏子曰爲者常成行者常至嬰非有異於人也常爲而不置常行而不休者故難及也、

曾見賢人君子而歸乃猶然故吾者其識趣可知矣、

孔子以齊景公與伯夷叔齊較量最是提省人心學者於義利緊關處極力研析、使不爲一切

俗情所轉、庶幾有首陽之意、

昔西門豹佩韋以自寬宓子賤帶弦以自急人能改身之恒斯爲天下名士

君子稱人之善而非譽也折人之過而非毀也欲其勸善而改過也小人不然善則忌之、過則揚之、

賢人之言未必可盡信、愚人之言未必可盡棄賢人或有爲而言之、愚人或千慮而一得、

孔子曰斯民也三代之所以直道而行也、不誣

士大夫獨拈民之一字、却有味、

張耀云左氏之書、備叙言事、惡者可以自戒、善者可以庶幾非欲詆訶古人得失也、

凡人未讀盡天下書不可輕議古人、然眞能讀盡天下書者益知古人不可輕議後生嘵嘵只坐胸中書少耳、

訓格之言不得暫捨可以鏤於骨書於紳滌於神薰於識、所以楚莊王輕千乘之國而重申叔一言范獻子賤萬畝之田而貴舟人片說、

學必講而後明、然必下學人事乃上達天理若只談性命道德良知靜坐口堯舜而行盜蹠何異口頭禪耶、

不學之謂貧無成之謂賤心死之謂夭失身之謂無後、

劉向外傳云、上元夜人皆游賞向獨在家讀書、太乙神以青藜照向、

功名富貴之於人、如飄風過耳浮雲過目、玩弄未幾而湮焉以去、自古及今消沉磨滅何可勝

數孰如道德功業之可以垂諸不朽哉、

史記以弘邁爲格而其中未嘗不約束左氏以約束爲體而其中未嘗不弘邁此冠古異才人何可及、

漢趙嘉與兄子書曰、大丈夫遁無箕山之操仕無伊周之勳天不我與復何言哉可立一圓石於吾墓門側刻之曰漢有逸民姓趙名嘉有志無時命也柰何、

荀子曰君子能爲可貴不能使人必貴已能爲

可用不能使人必用已斯不易之論也、

緩行徐言不可遽謂有德之士多能辦事不可遽謂有才之人、

語云士術之於家而壞之天子之庭亦會有術處今不過算計功名而已豈讀書亦壞心術者耶、

不好名者斯不好利好名者好利之尤者也、

君子不可有世俗之情然亦不可不知世俗之情有世俗之情則不能處已不知世俗之情則不能處人、

騏驥不遺能於伯樂良寶不藏耀於卞和是以耀光夜射價連秦趙飛騮絶影終朝千里物尚有之士亦宜然、

文莫盛於退之文體則變詩莫盛於子美詩體則變文必以六經爲準秦漢次之詩必以三百篇爲準漢魏次之舍是雖工猶爲棄源尋委舍根培枝況未工者乎、

韓退之云化當世莫若口信來世莫若書噫此

可爲知者道也、

讀書必先從理從理則學達書言也理心也是故得心則忘言、

作字者貴摹古不摹古猶木之無本水之無源也又貴於忘古不忘古縱筆筆相肖秖字之奴耳、

文有二病模倣多則牽合而傷跡結搆易則麤縱而弗工、

魏照求入事郭泰供給灑掃云經師易獲人師

難遭、欲以素絲之質附近朱藍、

昔人云、見黃叔度使人鄙吝盡消、又云、見魯仲連李太白使人不敢言名利事、此二者亦須於自家體貼、

嚴君平賣卜與子言依於孝與臣言依於忠與弟言依於弟今之士大夫講道學者不可不味此意

古人爲學初時卽留心天下在行己之志所以皆有實用如宋時學者未出仕卽學兵法葢以復讐爲念近日進士觀政尚不肯理會天下事

所以今不逮古

陶靖節之乞食而詠邵康節之微醺而吟非有所自得者能若是乎

康節先生隱居博學尤精於易輒能前知其始學之時晝不施枕者三十年先哲苦心如此

溫公謂子公休曰賈豎藏貨貝儒家惟此書當知寶惜吾每見汝輩多以指爪撮起甚非吾意今浮圖老氏猶知尊敬其書豈以吾儒反不如乎

爲學以變化氣質爲先氣質高明者口多易言身多易動宜變而爲渾厚氣質沉潛者當言或默當動或靜宜變而爲高明

黃山谷云子弟諸病皆可醫惟俗不可醫余謂獨有書可醫胸中俗氣

王君大曰能觀千劍則能曉劍諺曰習伏衆神巧者不過習者之門

司馬光生平無不可對人言者只一語了却一

生

程門文字不脫訓詁家風蘇門文字不脫縱橫氣象程之訓詁理皆切實然無象外之玄蘇之縱橫勢含飛動然長狙詐之習

文章有五經左史若只以時代歐蘇韓柳論覺千古文字寂寥李北地曰西京而下無文矣豈矯舉當世乎余以文章關氣運詞人如候蟲秋氣蕭條何能復發春鳥之鳴

陸游讀御製蘇軾贊有曰手抉雲漢斡造化機

氣高天下乃克之爲信乎文章功業直以氣勝之耳

學者採子史不循經典、掇華菁不究根荄、騰口說不敦踐履競圓融、不厲廉介此亦今之大弊也、

薛子曰、失心之言荒以肆、無檢故也、怠行之言易而罔、不試故也、

內不足者一言一行便生得色、內有餘者掀天蓋世視若浮雲、

陳白沙云士從事於學、功深力到華落實存乃浩然自得、不知天地之爲大、死生之爲變、況於富貴貧賤功利得喪詘信予奪之間哉、

人有貪而富者、富者未必貪也、有廉而貧者、貧者未必廉也、

心之鄙者不可與論君子之達觀、質之愚者不可與論君子之通變、

古之教者植身教、而文字之教舉、學者尊德業而文字之業從、今之教者反所植而身教踈、學者反所尊而德業廢、故古今之教名一而致殊古今之學名同而業異、

今天下士、好高鶩遠、謀唐虞論道德、離臣言忠遠子言孝、豈知堯舜之治以濟衆爲心、孔孟之道、不離日用、脩臣之常職卽是忠、脩子之常職卽是孝、何必蒐奇索隱、趨禰文貌尼父謂之道德耶、

始學之要、必須省除外事、除一事則增一段靈光、靈光聚而所守固矣、

贊

贊曰閱翁茲語研理探化覈事抉情有卓而雋有鴻而衍有容而沉有爛而顯有讜而遒有夷而婉有渾而懿有石而砭高洞要原甲入無間咸出胸臆所自得垂世訓誡而列之程典者也邇知翁學有本哉視膚末勦和而束監一隅者相距遠也尚肯弊弊焉以文字專業以觚槧自見乎噫此足以觀翁矣

隆慶戊辰春日後學彭輅撰

跋

先生學務端本少從海昌祝虛齋游因與吳南谿友善南谿學一如先生資麗深矣徐東濱每稱先生曰安靜粹怡君子哉予生也晚荷不鄙竟每捉臂高談移日鑿鑿皆經世理身要言歎予姑夫張白川以速仕缺遵養益仰先生敦本之實云晚與董從吾及碧里子玉芝上人結海門社會洞明性命之學以故其測語推見至賾竟悟先天之微剖析精矣予喜海上理學之精著先生曁碧里董子誰與拾級也宜其季子龠傳之父贊子孝不相映發哉予懿好之公贊數語於末簡

萬曆甲戌秋望同邑後學王文祿跋

余大父謝政歸田脩里居之政其於今曩片語曁平日所睹記爲子孫可鑒可法者輒手錄以昭示後人故臨江集外更有測語非徒腕下陳言也先君與嘉則沈先生評而騭之久矣晚復與叔祥姚君商確甫定未及殺青

而先君溘焉朝露遂遺此一段未了公案是以習先大父者知有臨江集而不知有測語習先君者以爲讀臨江集見懋穀爲孝子而亦不及測語昔眉公陳先生手牘索覽先君以未獲請政爲恨今久藏家塾中幾成魚蠹余乙卯秋日偶閱遺稿悲思先大父之格訓湮没而不傳而先君紹述之深心幾因數片棗梨而泯泯也遂與子姪世奎世越千秋共爲校訛手摹以授剞劂聊以成先君之志并以彰大父之遺言云爾萬曆乙卯冬日孫男

應吉孺穀識

甲乙剩言

（明）胡應麟 撰　姚士粦 校

《甲乙剩言》不分卷，（明）胡應麟撰，姚士粦校。
據早稻田大學圖書館藏明刊本影印。

甲乙剩言

甲乙剩言叙

晉胡元瑞南過聊城以一帙示余此吾甲乙後剩言也君盍爲我題之余讀一過則鉅麗者足以關國是微瑣者足以資談諧即不越稗官亦雜家之鼓吹也因餞以自隨不超日對元瑞須眉今年秋俄得元瑞訃音言在人亡不勝感悼嗟乎造物以元瑞有言而剩元瑞元瑞又不能常剩其身而剩其言亦剩元瑞乎元瑞剩言乎吾不得而知也則余此題也亦與此言交剩之矣聊城傅光宅叙

甲乙剩言序

甲乙剩言

東越胡應麟著
海鹽姚士粦校

蜀僧

余過京口見鄔佐卿語曾于甘露寺遇一蜀僧與接言論蓋深于禪理者因數數往還佐卿適有所負迫窘無以應憂見于色僧問曰君須幾何而形困若此鄔曰此方以內煎熬地獄非十

金不能免此僧持几上煮茶銅銚視之曰此踰十金矣便命索炭鄔異之即以燃炭僧出袖中一包出藥七許以銚周身擦抹此藥藥盡着火中燒令通赤急索酒淬之尋以水洗則成銀矣鄔遂得緩子錢之急明日往謝僧已行矣

方子振

人多言方子振小時嗜奕嘗于月下見一老人謂方曰孺子喜奕乎誠喜明當俟我唐昌觀中明日方往則老人已在老人怒曰曾謂與長者期而遲遲若此乎當於詰朝更期于此方念之曰圯上老人意也方明日五鼓而往觀門未啓斜月猶在老人俄翩然曳杖而來曰孺子可與言奕矣因布局于地與對四十八變每變不過十餘着耳由是海內遂無敵者余過清源因覓方問此方曰此好事者之言也余年八齡便喜對奕時已從塾師受書每于常課必先了竟且

語其師曰今皆弟子餘力請以事奕塾師初亦懲撻禁之後不復能禁日于書案下置局布算年至十三天下遂無敵手此蓋專藝入神胥夷吾所謂鬼神通之而不必鬼神者也

酒肆主人

余過淮陰市中憩一酒肆主人約五十許人與余談酒事各極其意主人忽瞪目視余曰觀君似解操觚者余謝曰非曰能之嘗窺一斑矣主

人遂與余論詩上自三百漢魏下及六代三唐以及我　明無不畢當竅綮因命酒對坐劇飲復論天下事事至于千古興衰每太息流涕忽向余曰吾閱海内人多矣少得似君君得無金華胡元瑞乎余曰是也余因詢其姓字主人曰肆門所書張叔度是也余復問其鄉縣主人曰吾無何有鄉之人也余笑曰地且不得曾謂張叔度是丈人姓字乎主人起顧余笑躍身入内

曰毋多談君且休矣明日索與相見衆傭保曰主人仗一劍躍馬去矣余遂窮問其人則曰主人有錢數百千令我輩張肆于此其出處從不能悉也余意必江淮大俠託于市隱者耳

天上王司

乙未春試前一夕余忽夢見冕服一人坐殿上召余入試既入則先有一人在坐者呼之曰易水生未幾殿上飛下試目一紙視之有晉元帝恭默思道七字翻飛不定余與易水生爭逐之竟爲彼先得余怒力往鬬擊而覺爲不怡者久之及入會場第一題是司馬牛問仁章始悟所謂晉元帝者晉姓司馬元帝是牛金所生以二姓合爲司馬牛也恭默思道是訒言破無意耳可謂大巧第易水生不解所謂及揭榜則湯賓尹第一蓋以易水二字爲湯也然夢亦憒憒書法以水從易音陽非易也觀此則天上王司且

不識字何尤於濁世司衡者乎

李惟寅

李惟寅太保別僅一再易涼暑耳遂不良于行蹣跚出見客道故殷勤至涕落不能止因念走馬長干鍾陵躍澗將何輕捷也而一旦衰憊爾爾乃知人生壯盛足恃幾何不覺覽鏡亦爲髩絲興嘆

趙相國

趙相國以東事憂悴病或兼旬不起余姓訪之適日者王生醫者李生兩人在坐相國謂王曰我佹忌何日出宫謂李曰我何日膏肓去體余笑曰使石尚書出京便是佹忌出宫沈遊擊去頭是膏肓去體相國爲之默然

劉玄子

劉玄子從朝鮮還言彼中書集多中國所無者且刻本精良無一字不做趙文敏惜爲倭奴殘

毁至圊溷之間往往以書幅拭穢亦典籍一大厄會也因目不忍見每命部卒聚而焚之余乃知 國初朝鮮獻顔子朝議以僞書却之此四庫之所以不及前代也且如今中秘所藏如子華關尹亢倉之類果皆出于諸賢手乎嗟嗟眞以爲僞僞或爲眞惟具眼者能别其眞與僞耳

王長卿

王長卿新安人能詩其内人精于紩繡嘗觀其繡佛纖密絢爛而髮絲眉目光相衣紋儼若道玄運筦余所見宋繡最多此繡當不多讓即謂之鍼王可也王行甫汪明生諸君多以篇詠重之第性嚴妒長卿往朔方謁周中丞慮有外私使向繡佛前受耶溪戒而去

王太僕

天台王太僕嘗言天台名山無踰五岳皆得覽其槩矣未有若峨嵋之奇峻者余嘗宿絶頂光

相寺于時早秋曉起遠望寒冽不減嚴凍爲體戰齒鬭不能止時寺鷄三號耳殘月猶在遠見西極荒垂有一點火明若火光者因以問僧僧云此天竺雪山爲初日所照也始亦未信頃之日出而此山隱隱炫燿天際已而日色徧滿大千則山光不復明矣但見一粉堆耳余味此言乃知佛經言初日始出先照金剛山頂爲足證也

青鳳子

新安楊不弃精于鑒别法書名画吳用卿所刻新帖皆其審定鈎摹上石不弃鄉人有得一石于水濱狀如鶩子而青瑩可愛楊以千錢易之恒以自隨作鎮紙及楊來燕有外國人數來看之不忍釋手楊詢之其人曰此名青鳳子即吾土價亦不貲于是聳價一旦貴璫有一兩殿供事許以千金易去進內聞爲禁中寶重夫此一

石也弃之水濱與瓦礫無異一遇知者遂爲上方大寶物固有遭與不遭如此哉

博古圖

鄭錦衣樸重刻小幅博古圖其翻摹古文及雲雷饕餮犧獸諸衆較精于前且卷帙簡少使人易藏雖寒生儉士皆得一見商周重器大有裨于賞鑒家第一序艱滯可笑人謂可比樊宗師余謂非也此猶閩粤田農卷舌作燕趙語耳是爲此圖減價落色

曹娥碑

聞吳門韓太史家藏曹娥碑眞蹟書法甚佳而有識者謂是贋本何者碑辭本作可悵華落乃以可爲何當是臨書人不解文義而悞書之耳余謂墨蹟眞贋我則不知若曰可悵則是唐人字面矣且觀其上文曰生賤死貴利之義門下文曰豔冶窈窕永世配神則可悵有勸慰之意

如作何悵便與上下文不相協矣讀者當自得之

沈惟敬

沈惟敬以落魄僑寓燕中寓傍有閒屋使賣水擔子沈嘉旺居之嘉旺本樂清趙常吉家蒼頭幼爲倭奴所掠載還日本凡十八載泛海而還還復走燕依趙趙無所用之故以賣水自給惟敬暇則時時從嘉旺談夷中情俗雖器什鄉語

無不了悉會石大司馬經畧東事而石寵姬之父袁某恒從惟敬游惟敬日與袁言夷中事若身至之者袁以告石石遂召與相見與語大悦遂奏受游擊將軍奉使日本而有封貢之説矣惟敬妻姓陳名澹如本故倡也惟敬既遠使石每到門慰藉至以沈夫人呼之眞可謂能下賤矣第下非其所當下爲可惜耳

賀啟露布

有一近來聞人賀翰林某啟曰通籍玉堂　帝亦呼庶吉之士校書天祿人皆稱劉更之生此與昔人身坐銀交之椅手持金骨之朶可謂今古捧腹又曾見寧夏露布以祿山之亂對宋江之强彼以山對江自謂絶異不知轉入惡道是以王元美先生謂近來修史之難政謂此耳如此等一番大舉動載此露布一通可乎

卵燈

余嘗于燈市見一燈皆以卵殼爲之爲燈爲蓋爲帶爲墜凡計數千百枚每殼必開四門每門必有欞拱窗檻金碧輝耀可謂巧絶然脆薄無用不異凋冰畫脂耳縣價甚高有中官以三百金易去

陳紀傳

臨朐馮少宗伯嘗問余曰范曄書陳元方傳與邯鄲淳碑辭稍異將從碑乎從傳乎余曰觀元

方傳便見蔚宗作賊腸肺蓋碑文明説以何進表荐拜爲五官中郎將而傳則删去第謂董卓入洛陽乃使就家拜官是陷陳入于卓黨以爲彼所謂名賢亦復爾也至于謀説呂布絶婚袁術一事乃元方爲國破奸一點赤忠所在竟抹煞不書蓋以見小人不成人之美如此理當從碑傳不足據也馮爲首肯

李長卿

李長卿嘗言自占大篇名什銷沒沉湮令人搜募不得至于學宄所攻如千家詩及巷里村詞如呂蒙正蘇秦劉知遠之類雖窮邊瘴海莫不誦讀唱演我不知其何所感格一至于此余謂天下多凡眼俗耳惟近于凡俗則行之必遠此亦勢也故我輩捉筆得與千家蘇劉傳奇爭上下便足千秋矣不覺相對大笑

魏總制

人傳紫陽魏總制與繡水沈中丞不協當朔方變起孛賊誘虜深入以撓我師我師多挫衂不得逞然魏往往掩敗爲功會題沈多不與魏盍恨之時沈軍固原值虜過靈州而南魏令烽砲毋達固原虜遂猝至圍沈數日而去余謂邊塞烽堠自有軍法何得至此恐言者之過及見中丞客姚士粦塞上詩有豈有勝兵雄九地不傳烽火到孤城之句乃知人傳者不誣也夫大臣爲國家折衝禦侮以當一面正須共分猷念協力相爲乃欲以敗爲功欺誤朝廷固罪在不赦更復嫌忌同官以虜猝中此又刑書所必討者也

合巹杯

都下有高郵守楊君家藏合巹玉杯一器此杯形製奇怪以兩盃對峙中通一道使酒相過兩杯之間承以威鳳鳳立於蹲獸之上高不過三

寸許耳其玉溫潤而多古色至碾琢之工無毫髮遺恨蓋漢器之奇絶者也余生平所見寶玩此杯當爲第一

薛校書

京師東院本司諸妓無復佳者惟史金吾宅後有薛五素素姿度豔雅言動可愛能書作黃庭小楷尤工蘭竹下筆迅埽各具意態雖名画好手不能過也又善馳馬挾彈能以兩彈先後發

必使後彈擊前彈碎于空中又置一彈于地以左手持弓向後以右手從背上反引其弓以擊地下之彈百不失一也素素亦自愛重非才名士不得一見其面又負俠好奇獨傾意于袁六微之余笑謂袁曰袁黑横得素素相憐能無爲我輩妒殺素素好佛師俞羡長好詩師王行甫人亦以薛校書呼之雖篇什稍遜洪度而梟伎翩翩亦昔媛之少雙者也

吳少君

余下第後吳少君忽從北來人寄余一絶云趙氏連城辨得眞幾年聲價重西秦從來有眼皆能識何意猶逢按劍人得詩數夕後夢少君曰余詩中按劍人明日謹避之余亦不解其意明日飲朱汝修齋頭以口語相詿趙常吉忽使酒至按劍欲甘心焉汝修力救余得絶袖遠枉而逸趙猶率奴丁數里追索此余平生所遭㝡大危厄乃從朋友得之尹公佗良爲多愧而少君一詩遂于夢中點出趙氏按劍四字大可恠也

友人

友人嘗從關中來言自環慶以北不復見山每從馬首極望惟見平沙際天千里超忽俄有横山嶙峋可人忽焉㓕没知是雲也余後讀俞羡長詩云惟有故雲似遠山乃知是眞境也又言固原都御史行臺後有園池池北有堂池上有

亭堂之顔曰天光雲影亭之顔曰半畝方塘棹楔之前曰源頭活水後曰清如許凡歷四中丞所題僅用朱晦庵一絶句耳又言環縣御史臺廳事寫李獻吉天清障塞收禾黍日落溪山散馬群爲柱聯但改落爲轉眞所謂點金成鉄也

前定命

都下有抄前定命者其辭皆七言而村鄙若今市井盲詞之類其言自父母妻子兄弟貴賤庚

甲皆具人皆狂駭以爲神也雖三公九卿莫不從風而靡以爲此邵尭夫再來也不知此皆從京師日者購其年庚履歷預爲撰集使人身自覓索以駭昡之耳如余未嘗以命問京師日者則覓之不復有此命矣且未有文理村鄙若此而足以定人之貴賤壽夭者也其事易見何不少察而明墮于其僞術乎

邊道詩

有一邊道轉御史中丞作除夕詩云幸喜荆妻稱太太且斟栢酒樂陶陶蓋部民呼有司眷屬惟中丞已上得呼太太耳故幸而見之歌詠讀者大爲絶倒然此特近于俚鄙耳至若閨人少白有作卽爲衆所傳誦如宋人日出卓八脚之類最多好事故爲鏤板書賈一旦騰踴買者如市蓋人喜得之用爲笑資耳亦詩道一惡刼也

都下詩

余頃入都詞人益寥落無幾而所見篇什惟吳允兆秋草十詩及汪明生秋閨雜詠翼翼可誦其他惟栁陳父元夕一結云看他何處不娛人及楊不弃溪上偶成沙頭小鴨自呼名而已至如朗哉公翰諸君都不復進亦足以見詩道之不振也

胡孟弢

胡孟弢嘗言于任城客邸遇一人豐頤長髯頭

着青幘身被布衲手捉一扇來謁胡胡與之言則道流也須臾拉胡上太白樓下瞰南池遠眺洸水劃然長嘯有如鳳音因相與對坐道人曰倉卒無以爲娛聊與君飲遂袖出一盤如赤玉徑八寸許光瑩可愛又出二杯則琥珀也胡意安所得酒餽乎未幾以盤向空言曰取無寃饌來忽見鹿脯滿中杯紅香撲人矣心益大駭旣飲而杯復滿脯亦不見增減道流更言曰明日

在酒清風滿衿不有歌舞多負佳客因向南招之頃之有白鶴一雙自南而來下集客前相對鳴舞胡不覺五體投地曰凡夫不知賢聖願知此身昔所從來今何抵止幸一爲指示道人曰人有星宿降謫身有菩薩出世身有眞仙再來身有山川孕靈身有鬼神託見身汝是匡廬山伯來所從來止所從止後當自驗吾乃言天地之秘未敢盡泄胡因歷以在朝諸大寮問則曰

趙相國是天目上眞張相國是旌陽顯化陳相國是參水猿沈相國是南溟公孫太宰是金天上相孫少宰是文昌司命楊尚書是司祿褚侍郎是司祿左相范尚書是貴相馮侍郎是壁月烏劉侍郎是江伯曾侍郎是南岳副司命石尚書是武曲李侍郎是北地王者沈侍郎是優波離尊者蕭尚書是折威星呂侍郎是尾火虎徐侍郎是營室秉總憲是左執法李臨淮是次將李寧遠是上將軍胡欲更問諸公而忽聞窗外大聲曰盜道多言有翅不騫道人曰余過矣余過矣遽起長別不知所之余笑曰可惜此問荅只成得一部天上縉紳耳何不問胡元瑞以上應少微庶幾解俗乎

黃白仲

黃白仲寓居武林余往訪之適有友人攜一名姬邀余兩人赴飲黃便入内少時其容有慼復

以他事談說許時邀者益急言主人候湖上久矣余欲挺之偕行黃復身入内余聽之聞刺刺詈聲余知其以妓故不敢往也故促之黃不得已與余相赴日未晡黃便謝歸主人留之不得遂去明日余往佯問于黃曰年餘四十遂乏血胤雖一似人女婢亦不能居命也柰何更問昨者遲回之狀曰凡赴妓席必涕泣至歸方已又問如遠出何以制君曰出必歃血莅盟余因大

嗟曰余方愧王茂弘九錫不意足下更是馮敬通也

知巳傳

余嘗于潞河道中與嘉禾姚叔祥評論古今四部書姚見余家藏書目中有于寶搜神記大駭曰果有是書乎余應之曰此不過從法苑御覽藝文初學書抄諸書中録出耳豈從金函石篋幽岩土窟握得邪大都後出異書皆此類也惟

今浙中所刻夷堅志乃吾篋中五分之一耳别後乃從都下得隋盧思道知巳傳二卷上自伊吕下至六代由君相父兄妻子友朋　以及鬼神禽畜泜于知己者皆録第諸葛孔明與先主最相知以爲有君自取之一語爲大不知巳不録蓋有激乎其言之也因尋校此書惟隋志有之自唐巳下不復有也能不愧金岩石篋遽以語叔祥者乎

厠籌

有客謂余曰嘗客安平其俗如厠男女皆用厖礫代紙殊爲嘔穢余笑曰安平晉唐間爲博陵縣鶯鶯縣人也爲柰何客曰彼大家閨秀當必與俗自異余復笑曰請爲君盡厠中二事北齊文宣帝如厠令楊愔執厠籌是帝皇之尊用厠籌而不用紙也三藏律部宣律師上厠法亦用厠籌是比丘之淨用厠籌而不用紙觀此厠籌

厖礫均也不能不爲鶯鶯要處掩鼻耳客爲噴飯滿案

余從緑酣中清泠點沸得此抄本校得二十字巳復得五字顧不知鏤板後何如耳昔人謂校書如掃落葉隨落隨掃亦是一適

張元弢識

續耳譚

（明）李　言等撰　戴君賜訂

《續耳譚》六卷，（明）李言等撰，戴君賜訂。據早稻田大學圖書館藏明萬曆间繡谷唐氏刊本影印。

續耳譚 一二

續耳譚引

耳譚始木於燕都繼梓於建業繼而閩而越咸翻鍥焉為是求購者紛〻一時赫虓騰湧夫耳譚者齊諧之流也乃人人爭先覩之為快猶何為事新而蠱語爽而奇為見所未見聞所未聞也故見珍於人者若是已余方讀禮家居博極稗史條又覩有續耳譚之木余締閱之大都如張洲羨所云可以勸可以戒可以博物而多識可以解醒而卻

昏補其所未備增其所未聞故
知是集一出赫虩又貴市中矣
剞劂氏有嘉乎余言遂欣之筆
之於簡首云

皆

萬曆癸卯秋月吉旦
東海育和李自芳撰

共冊

新刻續耳譚

一卷

李言
烏程 沈奇 仝撰
沈垣
撫東 戴君賜 參訂
繡谷 唐伯成 校梓

祝烈婦

德興祝瓊妻程氏生二子曰華曰英母子悉被姚冦虜去瓊不愛重貲遣人贖之冦不滿意第許贖其長兒華而猶執程氏與幼兒程氏泣謂贖者曰吾終不辱吾夫至盤田坐麥畦中指冦大罵冦怒而斃之越三日有族人過其地見小兒走入麥畦中就而視之見程氏屍猶存且三日又值大暑面色如生而兒三日無乳不死族人歸報瓊瓊疾趨收其屍抱其子歸瓊亦終身不再娶祝異動說

西洋異人

大西洋國有異人二一姓利名瑪竇一姓郭名天祐俱突顙深目朱顏紫髯從渠國中泛海八年始抵東粵居粵十年置產築居約數千金後棄之携簽至金陵金陵水部一官署多厲鬼入者輒斃二人税居之無恙也自稱西洋無常主惟生而好善不茹葷不近女色者即名天主舉國奉之為王其俗重友誼不為私蓄一入中國日夜觀經史因著重友論多格言所挾異寶不可縷數其最奇者有一天主圖四面觀之其目無不直射者又有自鳴鐘按時即有聲漏刻毫不爽有玻璃石一照目前即枯木頹垣皆現五色光一鐵絃琴其狀方不叩自鳴声喻絲竹即

考之博古圖並無此製又方金一塊長尺許起之則層々可揭閱乃天主經也其囊若無長物偶需數百金頃刻可辦居數年人莫能窺其淺深瑪竇携前數寶走京師獻之　今上而禾稿猶畱金陵若二生者非可以風塵中人目之也

洛伽山靈異

普陀洛伽山大士道場也山有兩住持一曰木智一曰真表木智戒律精嚴真表不持僧律萬曆庚寅郡丞龍君德孚往勸夜夢群生並訟真表罪惡旦日進僧衆曰若曹祝髮居名山乃作種々苑悖法無賴取蓮經火之令僧衆悉跨焉尋至寺後瞻礼如來甫及門忽兩髀病軟不可舉兩人掖之以入拜下陡發大熱扶入禪舍腹間關結痛楚不可忍昏憒中見沙門雲擁頃傳佛旨曰奉道毀道述當重治姑以愛民故罰作三石牛畜官君念此必冥官之譴始是某死矣即有人送三石牛畜官劄子到君辭不受木智亦力為誦經哀祈又久之始得兆許懺悔焉木智從定中見一鐵圍城中囚累々並裸卧龍君在焉木智至心嘗願忽見空中下白毫光一道若有人掖出之而甦是夕家僮于昏黑中見兩玉女雙髻手執幢蓋送君牀而過僮驚起大呼君病良已夫真表之罪以毀法君之懲以毀經然毀經以翼法猶有善趣也何令他人犯此則永墮阿鼻地獄矣安望此哉見屠緯真傳

山東耕夫

山東有耕者侵及鄰人之壠鄰人與哄擊殺之已抵罪後一年鄰有生子者能言前世事人怪而問故曰吾死後見陰司憫其悮斃因命後生曰當為某人子以二鬼送至鄰家房櫳外見婦人將產曰此即汝毋汝從竇門入二鬼即出去聞哭声二鬼復入視曰迯矣時吾匿衖下鬼尋獲復送入竇門良久吾生其家門户事盡知之歷々述說生平事指示前所耕地疆界且悉前抵罪者因訴于官曰吾殺人罪當死今所殺者復生吾可無死不然則死者生矣而生者復死吾以死酬誰乎有司召而問之果如其言罪雖不釋良可怪也因知吾人果四大強合形有時而盡而神則無所不之也故得道者遺形以育神乃能久視憲副車奎具述之

廟碑自竪

南安字志康山陽人以貢授南宮知縣卓有異政邑南有刺史李氷祠庭有穹碑將仆非百人不可挽安以禱雨至祠祝曰神如有靈碑能自竪當令祠宇一新明日雷雨大作田野霑足碑亦屹然自立因新其祠撤地得錢六十萬緡以供役事後累陞官至叅政

王可交成僊

王可交華亭人業耕釣一日棹舟入江忽見中流有彩舫載七道士遙聞有呼可交名者頃之舟相逼呼可交登舟一道曰好骨相合為僊一道與之二栗食之其如飴命黃衣送上岸覓所乘舟不得乃在天台山瀑布寺前僧詰之可交曰今早離家蓋三月三日僧言九月九日已半年餘矣後絕穀住四明山不出

何烈女

何氏泗州人雖小家女容止端莊父早世母貧病無以存有夫婦僑寓泗上自言通州人詒母求女為介婦母不知其無子而許之年十六歸其家尋徙淮浦誘以為娼一日晋賈人逼女[illegible]

之女不勝忿偉許諾良久乃仰天大哭以刀自刎血濺滿地行都憲張公聞其事即遣吏往案之至則夫婦并賈人已逸去隨命有司以礼葬之而女之冤竟未得伸已而天旱識者疑為女冤所致郡守楊公遂為表其墓果大雨三日乃止

瞽人復明

淮安衛人王鐽年六十喪其左目未幾右目繼喪廓然一瞽人未嘗醫療丁丑歲年七十暑夜納凉仰卧忽見星斗起而稽顙旬日間兩目燎然異哉鐽性醇質雖權子母而貧不能償往往焚券意者天其贊鐽使勉於善耶

悍婦

渭濱張氏族多懼内少宗伯午峯公之兄號丁山者尤甚一日忤其婦婦逼之急匿房後樹上婦持竹竿驅下用鐵索繫之柱宗伯公見之乃曰我將見嫂請釋兄搖手低聲曰且慢慢待他性過些自放又二日被責潛逃隣寺婦竟追至寺一僧方酣卧婦不暇詳視竟以大杖擊僧僧張目曰小僧無罪何故乱打婦踉蹌而歸

負心報

丁某者戌籍也客遊燕市途遇一壯士與之結為死友未幾其人以盗敗繫獄丁往省之盗云我有數百金藏某所君取来當救我給我衣食死則葬我餘金任君取之丁利其滅口也以金賄獄吏斃之獄越三年丁自燕歸舟中忽倒已大叫自言是盗大罵丁并述為丁所害故同舟人始知丁有負心事相與跪拜祈之去丁自害君與我輩何與今君殺丁于舟中重為吾輩累矣盍緩之鬼曰唯唯當先至其家俟之語畢丁遂甦及家三日忽復大叫仍述前語取鏈自落叢家人奪之則提刀自傷其腹又奪之則以指自抉其目睛盡出血流滿面觀者填道或問云汝既有冤欲報何待三年鬼云向我繫獄近得赦書乃出耳已而丁竟死所云赦書是隆慶改元赦書也

古刹慧林

崇德陸楷為太倉海防郡丞時有僧名慧林者誦經吳門村中民婦環聽者甚衆一孀婦素佞佛誤以此僧有道行者禁禪餽之僧疑婦悅己次日乞齋于庭婦揮之出與齋僧大憾夜持刀踰垣而入驚群畜有聲婦令婢起視僧竟斬婢直入婦榻偪之婦毅然曰珍物任取我誓不失節僧見婦不可奪斬婦頭後踰垣而去三日戶閉寂無人聲隣家大駭啓門而入則婦與婢俱死矣適婦死之前一日有族伯索逋貌與婦閧隣疑伯之殺婦也訟于陸丞陸栲之急伯遂誣服索其首不得苛栲不已伯之女方十四痛父受刑苛而自縊囑父斷已首以抵婦首獻于陸丞時婦死已月餘而女首淋漓若生陸疑其故伯不得已以實對陸聞心悸如有失而恍見二女無首者立于庭遂病夜夢有神告曰古刹慧林陸不解大書四字懸于門偶一人解曰古刹者僧寺也慧林乃僧名耳陸聞遍訪諸寺果有慧林者已逃矣遣捕密偵獲于銅江僧謂捕者曰余居楚時殺女子五十輩未有知者今以一婦人故而被獲是我命也捕者覓僧挾凶器遍搜得婦首漆之與俱每與至則熱視其淫暴如此僧坐死而婦之伯始脫難人為婦與女建雙烈祠陸婿査佐與余友言甚悉因詳紀之以訂前集之贋

泰和雷異

太倉王弢美先生於萬曆戊寅正月十七日輜車過嘉和郵舍、時雨雹大作震雷轟〻、俄頃謹言縣之前稠人中獨擊一人置高土擊死、次日猶置道傍可驗、其人匠者而善僞金、人以雷為得所罪云、雖海内大憝匪止一匠、然不能少息而以贊時出擊、且擊又以通衢獨擊而擊也、真宰不可與夫、見養帶集

汪孝子救父

汪存敘、東關人、事父極孝、嘗隨父商歸舟宿邑之汝灘、天未明父捨舟、人言前路多虎、存不待飯冒雨雪追四十里、始及父、果遇虎山陬、存立告天曰、願虎傷己、毋傷吾父、虎不動、蓋存孝所感云、汪十泉談

臏生

惠人王畫號少廣、有異才、中萬曆癸巳會魁、與館選、董父諱交中、嘉靖庚子解元、亦與館選、董四歲時父疾革、謂家人曰、俟此兒成名方可葬我、後戊戌春董以編脩歸葬父、冬入京至張家灣病劇、見二青衣童子持寶幡迎之去、進見閻羅王、行賓主禮、閻羅命業判者查董陽數、判報曰未、即送之還、董至尸所、從左脇入、覺脇痛不可忍、遂復甦、董謂妻曰、予已見閻君、幸復得活、頋棄人間事、從赤松羨門遊矣、更其號曰臏生、然不數日旋就殞、時年甫三十二、余憾閻君既赦臏生還而不憗遺一二載、豈有餘于數者數日不可減、而不及于數者晷刻不可增耶、人謂王君抱儁才、艱榮名而不獲以壽終、不若老書生猶得皤〻于首蓿于頭也、余謂王君誠嗇于壽、字内知有王君矣、彼皤〻老書生、終與王君同盡耳、而誰知之耶

英風紀異

番陽補闕胡公澗、當勝國時有志天下、嘗畫松番君廟壁而題其上、有九天風雨蒼龍骨之句、高皇見而異之、徵為督府都事、建文朝擢右補闕、晉大理少卿、靖難兵起、公與方黃諸公死之、赤其族、戍及親友、近秀水屠侍御疏以聞、赦在戍者、新安羅令君大書赦文榜邑門、忽為羊角風摶入天際、自午至申、復從空中落廳事前、鄉人嗟異、建祠祀之、咏歌成帙、題曰英風紀異、程給舍云

因盜獲財

烏程潘内翰季子、丈陽萬曆戊子盜入寢室、獲陽縛之、用斧劈其首、攫千金而去、將旦、僕為解縛、陽容語父曰、縛我繩有清灰氣、時正製仙艇、内翰至工所、佯稱規制之佳、給匠役領賞、彴之入、一一桍即伏、銀具在、止失數金、幽數日將送官、群盜曰、能貸死願輸重貲、内翰佯諾、押至數十里外荒塚中、指一棺曰、第啓覗、及啓、黃白燦然、較前失浮數倍、傍一人曰、曩見十餘輩衣麻號哭扶柩而來、不意其貯金、盜亦狡矣、

蘭玻

青州東門皮工王秀家漸裕、棄去故業、里人為贈一號、秀喜張樂設宴、一㸃少曰、號蘭玻可乎、衆問何義、曰蘭多廾、故號蘭玻、從𠂊从皮也、秀大喜、重酬少年、諸人亦不覺其義、後徐思蘭玻、依然東門王皮也、

辨卓光禄父

仁和光禄丞卓明卿、前刻藂林、乃苕溪濠上王晝士所編、原名𡚁林、藂林中多缺畧、明卿襃益之、稱𡚁氏藂林、蓋其書宏博、沈林殄之、而較王氏刻則度越矣、歲舍淩繕部亦有此本、為卢

刻其序乃宋于明孝廉為之刻于明集東氏本削之矣官父諱賢生平業賈寄終于家前集悮云客死誌具王[illegible]續稿特正之

雩龍

萬曆戊子夏里寧波郡丞龍白貞諱德孚者躬陟天井之極四山如城一潭如甕迤北有洞深不可測水源源出不竭也衆僧口誦經咒少選細烟自洞中起僧耳語龍且至張吾延之龍作蛇身如繩飲杯中即以紗封其面載至天井易大盎以行行數里里易水忽有物如蛙甓于盎僧曰異哉此旱魃也龍殛之矣祗暮捧盎入天寧寺明日易水龍蜿蜒出游中庭仰天作噓吸狀已覆置之盎中火雲四起又明日雨祈祈下至漏五下厥中火光大作雷声轟轟雨注如傾而龍隨已去封識宛然中庭有遺蹤焉盖示所取江河水云見汪司馬銘

乙卷

卿雲

寧波城西舊有大寶山卿大夫請之郡丞龍德孚欲復之時萬曆辛卯九月二十六日龍君率陳大恭觀屠儀部纘其董步入後山徘徊矚眺龍君指點大寶山離立諸山中雲木疎秀嘗作金銀氣鬱葱煙熅故名將築一菴礼大士相與理清淨之業語未畢卿雲起西北世界茫茫滉昱若在琉璃銀海中璀璨中微露青天作鬱藍卵色咸謂龍君皈心竺乾佛本西教卿雲適起西方此其符也見屠緯真紀

驅石

慈谿內江之南三板津梁下有石橫擴廣計數丈首昂如龜名為龜石隨潮隱見舟行犯之輙碎溺者歲不可數記故又名厉居人往往苦之萬曆辛卯郡丞龍德孚慨然曰有利則興有害則除余職也乃募勇力善沒者引繘維石夾轆轤兩舟挽之三日不掉也而繘截裂如斷矣公愕然曰物必有憑憑則侮人或者鬼物之所憑歟明日為告文投之水居人群語曰夜聞群鬼號泣江干旦視之而石自浮公之治明州也拯患排難民甚德之語曰山有虎豹藜藿為之不採國有賢臣边境為之不害信夫見楊太泰紀

婦人在鏡

江南愚婦女一日將粧忽見一婦人在鏡中披髮徒跣抱一嬰兒自是日日見之愚婦自問其故云君女前身為建昌縣録事妻録事娶我為側室踰年生此子偶夫出君女殺我并此子投之井中以石填之詐其夫云我帶子逃去今雖後身固當償命女遂卒董玄宰談

乙卷 九

蘇賊得活

隆慶三年間水西門外董百戶有女置別室偶一夕更餘女方刺繡有盜潛入匿几下女已瞷而見之即呼婢曰吾欲于夫人處取綫恐汝等不確故特書之然實以盜故告其父父擁群僕入獲盜欲鳴之官女曰彼迫于飢寒耳何忍置之死地勸之再三父杖而釋之後女出嫁忽有大盜至其夫家將縛伊夫婦刃之內一人熟視曰此我活命主也遂以所掠者分給之而去夫婦俱得免異哉此女也卒然乘之而不驚膽何雄陽為不知而陰計之智何巧因縱而獲自全識何大即一盜猶知酬恩豈亦盜中之俠耶

人變虎

越有樵夫王生素無賴習術張天師門下三年張以其愚頑難授之秘遣之歸行時以一布囊與之囑曰使汝生平足食在此囊中開視之乃一虎皮并一符訣王如其法遂能變虎每早出暮返必獲羊豕無算其妻固不知也心實疑之偶一日施其所往見于枯井内出虎皮將負而躍妻急紾其手不能化變為三足虎自是不復歸凡遇者呼其名則搖尾而去否則無不齧者萬曆乙未歲忽入一民家噬處其斃之 甬東明談

虎變

予友汪炳興談嘉靖末隴西一縣令之任適過山中風雨暴作闖鬱林中有誦經聲揉之乃大士菴少息焉有一尼相迎既少艾貌復傾城是夜令與之合歡甚不忍別遂與尼俱徙蓄髮為婦居數年生子三後歸復息此菴婦亦忘其往事從者見傍

乙集 十

有枯井開之中繫一虎皮取以進之令婦即負皮變虎負食三子令徘徊數日始去虎猶俟于道左號呼而別向使井不開則虎終為婦天下事固有不可曉者

車孝廉救表弟

會稽孝廉車應祥卒原居府山後偶表弟某某者來探其家適遇車之故僕曰欲見我主人乎當為引道某亦茫然相隨而去車見之駭曰吾弟曷至此乎某以實告涕泣求生車曰予獲與陰陽籍當為汝圖之及閱籍陽數尚有一紀車遂引見閻君白其事閻君冕旒端坐體甚嚴肅鬼判齊列刀戟森然某目不敢仰視足不能匍行車令二夜义扶之亟歸時某暴死途中里人為買棺盛之將棄之隙地棺内忽作聲開視之已甦矣起而倫陳本末布傳越中甬東明談

劉尚賢

孝感縣民劉尚賢張明時二人比黨為友惡以利合醉則拍肩矢日願同生死常謂我等無鍬杷掘不見交誼異日倘富貴毋相忘偶夜行見火燐燐識其地掘之果是銀根矗起如筍二人大喜謂宜具牲醴祭禱而後鑿取尚賢已毒盞中令明時服之明時亦置斧腰際乘醉擊尚賢死而不知毒發身亦死蓋二人孕懷俱欲獨有此物也二家妻子亦微知死故往往掘銀根兆邈訟地灌灌無跡二人蓋空死而其為義何義焉

羅雙泉

吉水羅雙泉備會試時亡其囊中罽褐同舍生内不自安物色其人紿備訪之比入坐故探其囊出褐示備曰是不類君物耶備趨出向其人曰物固相類生醉語耳歸謂同舍生曰吾失褐

乙卷 十一

初無所損彼得惡聲尚得為人士耶同舍生始遜謝不及

二十八宿

甲辰徙芝城人少業儒不成賣卜糊口隆慶丁卯仲秋九日早有一人急叩扉曰今科二十八宿尚少一可速往徐披衣而去適提調官不飭挨仆者無算斃者二十八人而卜者與焉大抵前數已定所云莫之為而為者非耶

鼈祟

吳中一女子自池邊汲水歸卒遇美少年心動焉是夕少年至遂歡合往来數月女日就削弱命垂絶不得已而私以告隣嫗嫗曰試為女圖之至晚密伺床側以紅線數丈繫少年足及早見線入池中半晋崖上令人用利鎗攢之得一大鼈重三十餘斤作踉蹌狀醫謂女必盡食之可免死女如其言果尽食之

遂愈。尚武談

豕祟

秦中巨室延師歐陽先生誨其子。先生夜坐館中，忽有青衣婦涕泣告曰：我本隣人妾，夫出經年不歸，嫡悍甚，不能容，願相隨焉。先生曰：館中斗室，何以藏汝？婦曰：我當日去夜來，君歸時當身偕往。乃內焉，為通宵歡。但其口時有腥𦞙氣，竊疑之。後患病淹淹，有似弱症，先生益懼。一夕復來，先生以秤錘擊其左手，婦號陶而去。及早，聞主人肆中一牡豕忽折前左足，視之，果錘傷也。殺而棄之，先生亦尋愈。後中隆慶庚午榜，官拜御史。

俳優滑稽

戊午浙試，一有力者以錢神買初場題中式。主試者鑽圜日滑，罪杭郡公，郡公啣之。撤棘後郡公宴主試，密令優人刺之。其日

乙卷　十二

演剃敘記，無從發揮，至承局寄書齣，李成問：足下何來？局答曰：京城來。成曰：有新聞否？曰：閱白內款矣。成曰：舊聞曰貢方物矣。成曰：何物？曰：一猪。成曰：猪何奇而貢之？曰：大不可言。成曰：驢大乎？曰：不止。成曰：牛大乎？曰：不止。成曰：象大乎？曰：不止。成曰：大無過此矣。曰：大不可言。且無論其全体，只猪頭、猪腸、猪蹄，你道易價幾何？成曰：多少？曰：只頭腸蹄亦賣千金。成曰：何人買得起？曰：一妝古董人家。蓋指中式者董姓耳。主試聞之，赤頰不歡而罷。嗚呼，主試者固通關節可刺矣，向非優人滑稽，郡公即欲刺之，安能曲盡形容之妙哉？使主試腼顏喪氣而不敢發也。優人亦有古優孟優旃風乎。

老嫗騙局

萬曆戊子，杭郡北門外居民某，某者年望六而喪妻，有二子，婦皆夭冶，而事翁皆孝敬。一日忽有老嫗立于其門，自晨至午，若有期待而候不至者。翁出入數次，憐其久立，命二子婦迎歎，詢其故。嫗曰：吾子忤逆，將訴之官，期姐子同往，久候不來，腹且枵矣。子婦憐而飯之，言論甚相懽，至暮，俟者不來，因留之宿。一住旬日，凡子婦操作，悉代其勞，而女紅又且精妙，子婦唯恐其去也。因勸翁曰：嫗無夫而子不孝，煢煢無所歸，翁喪姑無耦，盍娶之？勸之甚力，翁乃與之合焉。又旬餘，嫗之子與姐子始尋覓而來，拜跪老嫗，委曲告罪，嫗猶厲詈不已。翁解之，乃留飲。其人即拜翁為繼父，喜母有所托也。如此往來者三月。一日嫗之孫來請翁一門，云已行聘。嫗曰：子婦來何容易也，吾與翁及兩郎君來耳。往則醉而返。又月餘，其孫復來請，云某日畢姻，必求二位大娘同來光輝。子婦允其請，且貸親友衣飾，盛粧而往。嫗子婦出

乙卷　十三

迎，面色黃而似病者。日將晡，嫗子請兩子婦迎親，詒之曰：鄉間風俗若是耳。嫗佯曰：汝妻雖病，今日稱姑矣，何以自不往迎而勞二位乎？其子曰：規模不雅，無以取重，既來此，何惜一往。嫗乃許之。于是嫗與其子婦及二子婦下船往迎。更餘且不返，嫗子假出覘，孫又出覘，皆去矣。及天明遍覓無踪，訪之房主，則云五六月前來租房住，不知其故。翁父子悵悵而歸。親友來取衣飾，乃傾貲償之。而二婦家來覓女不得，訟之官，翁與二子因恨極自盡。嗚呼，嫗之計亦神矣哉！詎其婦而殺三命，天必殛之矣。然無故而留客，無媒而娶妻，翁亦有取死之道也。

劉方燕巢

劉才，姓女也。年十三，僞為男子，從父扶母喪还鄉。父死于西務，劉叟家。叟無子，遂為之子，曰劉方。從叟復[illegible]一人為民

亦遜雄来從者曰刘青叟死二子皆識娛未不從青為燕詩以悟弟曰營巢燕双〻雄辛苦營巢〻始容若不尋雌寄殺架巢成畢竟巢成空青和曰營巢燕双〻飛天設雌雄事有期雌兮得雄願已足雄兮得雌胡不知青見詩大疑青以實告始知是女子便欲合婚青曰雖為自配实亦天缘須告三墳会親友庶不為野合從之後成巨族號刘方三義云夫劉方能詩且淑慎非若艷而稚者人可挑也此配豈云燕巢寔五色文鸞隊矣

黄花晚香

慈人劉世龍甫成進士任南京刑曹即疏諫　世廟言甚切直廷杖一百二十棍幾死獄中夢神語曰汝善自愛黄花晚節香無憂斃耳後歸田三十年不問家事日以翰墨自娱　穆廟立表其忠晉尚宝司少卿

一卷　十四

白璫

時有一楷璫與縉紳飲諸縉紳方劇談而璫昝不能寘一語仰見屋上烟籠忽起謬曰焉用佞諸縉紳閧之疑璫者誚已及移時復仰視曰烟太佞諸縉紳俱大笑疑遂釋

小團魚

溧陽人某任雲南定遠縣知縣有富翁死而其妻掌家積有數萬金杖告縣密囑之曰追得若干願與平分令信之拘其嫂到官酷刑拷訊至以鐵釘〻足滚湯澆乳于是悉出所有四万余令得二萬而婦遂齎恨以死及令罷歸一日晝寢忽見其婦手持小團魚掛于床上乃大驚異未幾遍體生瘡如團魚狀以手按之四足俱動痛徹骨髓晝夜號呼踰年乃死五子七孫俱生此團魚瘡以死止一孫僅免今亦無置錐之土矣

竹祟

正德四年春袁州府治内竹生花結米衆皆異之偶一道人來冠黄服謁守蔡曰此飢饉之兆是年果大旱饑死者無算及冬去其竹而嗣歲大熟人皆稱為竹祟

石爐下山

慈人劉士洼諱憲中嘉靖乙丑進士生平敬事漢壽亭侯乃守濟州怪無壽亭廟偶游演武場視其地曠義捐俸立廟〻成之一巨爐衆報某山有一石可為爐令工琢之而石大山峻數十人不能下公方躊躇越宿衆報石已在山足矣蓋公之灵感類如此

節孝

江右一婦熊氏劉渭清妻也忽賊至家人悉奔時渭清方病劇惟熊在旁賊掠其貲并擁出户乃抱幼子偽随賊行至李隆德塘置子于涯抱賊同投于水群黨救之不得皆斃焉及賊退子猶啼號隣人曾姓憐而收育之長為武弁捕盜乃得前黨遂殺以祭母〻子節孝人共奇之

乙卷　十五

水母神異

山西榆次縣一貧婦孀居善事姑〻飲食非河水必不食而河去其家四五里每晨婦必往汲水供之無間寒暑如是者數年後一日取水歸半途為塵沙所污復往汲歸及門昏旄忽墮桶中又慮不潔亟走河干有一老人問之婦以實告老人嘆曰孝哉婦也當有以濟汝吾有一皮鞭可置缸底提起一二寸水即至婦試之果然姑疑婦之不汲而得水也潛偵其狀見缸底有鞭取而棄之時婦方櫛沐水忽湧至婦急坐缸上不止竟溺

水死邑人立廟祀之遇水旱祈禱必應稱為水母娘娘

梅婦

貴池縣唐氏女適朱姓夫早卒婦事姑如禮而姑性荒淫僻有
富商投其舍姑與之通見婦貌悅之密以金賂姑姑利其有誨
婦與之淫弗聽迫之弗從杖之至加炮烙身無完膚終拒焉姑
以不孝訟于郡時通判王圭亦以商人賂加婦以法觀者咸冤
之欲婦承其故婦曰若爾妾幸全矣如陷姑以惡何然恐卒污
其身遂縊死于梅樹下死三日神色不變人呼為梅婦隆慶三
年事迄今冤尚未白嗚呼痛哉婦生不辰逢此厉姑而死必于
梅豈以梅之清白芬烈可方其心節耶

虎神

平陽一山氓偶外出其婦往田間掇蔬為虎所噬母往呼婦虎
又噬之父氓歸莫知所在覓之見途中有血迹知被虎害遂持
一斧随迹入山中果得虎穴穴中有三虎子盡殺之須臾聞咆
哮声雄虎先以臂進氓盡力一斫飛奔遇雌者相鬪不已遂俱
斃氓亦力竭執斧立僵而死後衆人遂立祠為虎神以祀之是
山竟絶虎患

雲異

正德間江西有黑雲紅雲若相鬪者久之則分為兩城人馬洶
洶若攻城狀城中人應之明年寧藩叛王守仁舉兵滅之

搏虎善息

辰州山氓業鹿者父子三人皆有異力善搏虎每晨必食米斗
許肉十数斤頭頂鐵笠大足容身各持鎗斧重三十餘斤往来
深山窮谷中雖足迹所不到處必入焉虎見其狀即驚走三人
必追斃之後忽夢猛虎數百環遶咆哮覺而起視無所見如是
者数次三人乃自省曰虎雖不仁吾必欲盡殺之毋乃忍乎遂
相誓不復搏虎供以令終藉令心無止足未必不終填虎喙嗟
乎鹿父子可謂善息矣

狗姦

漳州紙賈作旅数年不返其妻性淫而貌美陋人莫與交不得
已而甘心于畜犬臨合以布囊套其足後賈歸與妻同卧犬遂
號咷嚙賈首而斃隣里数知其狀鳴之官婦與犬同坐死每会
審時見者無不切齒夫人雖至淫奚至不擇畜類天地大矣何
所不有不書名姓者諱之也隆别駕親鞫其事與予言

宋翼還魂

宋棐會稽白米堰人一日無病死其魂竟走百家廟遇故友棐
棐驚曰汝何至此棐曰我夜卧但見青衣数輩以麻王命擒我
我故隨之而來今已來矣將若之何棐曰麻王者我府中七殿
主也昨牌拘宋一非汝也汝可急返若一回頭必不生矣棐如
其言遂得活須臾聞里中宋一死則益信始之誤也迄今棐尚
存予友甫本明目覩者

阿寄

阿寄者淳安徐氏僕也徐氏昆弟別產而居伯得一馬仲得一
牛季寡婦得寄寄年五十餘矣寡婦泣曰馬則乘牛則耕踣踉
老僕乃費吾藜羹阿寄嘆曰噫主謂我力不牛馬若耶乃畫策
營生示可用狀寡婦悉簪珥之屬得金一十二兩畀寄寄則入
山販漆期年而三其利謂寡婦曰主无憂富可立致矣又二十
年而致產数万金為寡婦嫁三女婚两郎齎聘皆千金又延[illegible]

教兩郎皆輸粟入太學而寡婦阜然財雄一邑矣頃之嫗寄病且革謂寡婦曰老奴馬牛之報盡矣出枕中二楮則家計巨細悉均分之曰以此遺兩郎君言訖而終後其諸孫竊啓其篋无寸絲粒粟之儲一嫗一兒僅敝緼掩骸而已

沈司馬居

余家祖室素多鬼居者非貧即夭悉皆棄之余太父中憲公為季子惟父兄所與不敢辭時家司馬方十歲一早過視居中書舍突見青衣鬼數十輩相顧驚惶縮入墻壁間自此鬼遂滅後嘉靖戊午春司馬夜讀館中甫登榻一冠服者揭幕凝視忽然不見是歲司馬卿薦聯登己未第繼此科甲蟬蟬太父享年九十而子孫不下百人皆出一塊土信乎鬼焉能為人害哉盡人自惑之耳

孟夏異桂

慈人王福徵始為諸生時大困萬曆壬午春館于吳門自傷齒漸長游道多窘轗考輒數奇無進取之望日夕抑鬱不得志時方四月見庭中桂樹私自祝曰王生今秋若有好信則桂可吐芳祝畢熟視良久桂芳果欣欣漸吐明旦一枝大開王君心喜歸試是年果領鄉薦旋中壬辰進士

元宵現燈

檇李鄉民鄭十好善喜施夫妻俱年七十餘家頗殷厚築室于東塔寺側以梵脩為業嘉靖甲子歲元旦沐浴更衣將詣城隍廟行香道經宣公橋微聞橋下私語甚切始以為舟人泊宿于此頃聞火光慘淡點點出沒于兩岸但見五六人擁坐水上或波髮或攘臂或嬉笑或偶談一人曰某方聘王惜嬌妻何一人曰某方弄璋如幼子何一人曰童子無知亦罹此禍一人曰焚婦何罪且當其災一人曰其數如斯不必長嘆但元宵未至吾輩有久留之悵耳丁書細聽莫解所謂俄聞城樓鈴鐸聲衆人皆散入水去不知其何鬼与祟也及上元節俗有慶賞例以二三十家為率搆一小樓跨街上下羅珠翠飾錦綺燦煌照耀恍奪人目夜輪飲于中其餘又逐立彩棚一架合城男女長幼競賞為歡至十五昏時城中俄傳東門燈彩之盛有女樂美觀優劇逞技聞者爭徃方出城所謂盛者絕無有見但一美人龍髻雲鬟纖腰修體綽約于燈月光中又香霧襲人艷娉雲繞見者競逐甚至咲謔雜沓不下數百人而美人不以為意也擁至宣公橋西堍美人忽不見方在擠丞喧閙時而諸人益騰沸忽巳後有神人身長丈餘手持大斧厲聲濶步前曰莫咲莫咲當為吾斧一飽于是諸人一時驚走至春波門限又見一絳袍青面之神狙馬持鎗從東當路諸人無策皆伏死樓門之下殆不可計其入水亡者又不下數十及撈屍皆兩兩相抱堅不能解甚至三人四人五六人而抱手者亦如之其門檻後更各有僵立死者人人顏色若生可異也哉自是嘉城放燈之例遂寢丁書聞之嘆曰事固有數吾非畏者預有所聞亦幾不免此矣于是焚脩益堅

銅異

王司徒見章公始為楚大中丞及晉職以太淑人壽歸見銅猶二在淡戦命冶人鎔之曰開府時物吾不以示子孫誨子孫盈冶人從事金躍于地判為二狩其合如契視之狀若列仙若金毋若鸞鶴若蓬島冶人驚詫以告縣大夫縣大夫圖之以告當

司徒曰意者天壽予毋神告之耶金石象之耶大司丞鄭[illegible]

猢猻報冤

有人畜一猢猻鳶飛下搏其子啖之猢猻哀鳴不食往厨中取肉戴頭上立中庭似有所伺迨鳶爲搏肉猢猻捗其翅而斃之見者大快

鑄銅化異

劉溆人者參藩漈川公配虞奉大士其慈悲救濟一如普門品所說其誕辰偶鑄一銅器忽幻成菩薩像及樓閣峰峦異態精一之感貫金石通神明矣張令君爲紀其事

歐陽烈女

歐陽女名金貞歐陽梧之長女許聘羅鎮卿歲乙未梧授拓城學博携卿之任後梧奔喪歸舟次儀真卿墮水死貞年甫十四未字鸞號即欲赴水父母極力抱持次日卿浮水面貞撫屍慟哭欲自縊父母委曲諭止及殯貞自剪髮繫夫右臂以永矢自誓葬畢即白父母往羅事其姑甚得姑懽後父起復補淳安諭時姑亦死貞度不可留乃歸父母父母曰汝今更何望我爲汝擇婿貞應曰昔夫殯時女有束髮纏其手肯開壙出女髮乃從命父母遂止江淮合流間有茲閨閣之秀凡氣遞變即再咏喬木可矣鄭荼酒談

玉主

椒其閩人素豪俠不羈身燕姬劉氏瞻栝橐納之資斧垂盡姬能茹苦共貧窶時益不能支椒將別業劝姬且歸姬誓死不從椒不獲已別去商于嶺西姬悲咽死椒聞不勝驚悼刻玉主題劉氏之魂瘞以斷腸曲語甚凄其時懷袖中每出以示人後挾數十金後之嶺西涉江舟師故大盜殺之沉其屍時郡司理素知椒狀夜夢婦人號啼而來若訴冤者登旦督吏大索得盜出玉主爲尋起椒屍于江盜論如法宗伯董進卿談

王孝子

明州王伯化孝于親時島寇犯浙母虞氏病不能行母勸伯曰吾度不能行矣兒第去徒戀我無益祇殄爾父嗣也伯化再三哀泣不肯去寇至將刃其母伯力抱母頸稽首請代寇憐而釋之母獲以壽終董宗伯談

女滛男

馬瑚陳壽奴本小家女年十八已醮矣一日牝間忽生肉具自是每月望前爲女望後爲男其爲男也能與女交初變時人尚不知數女爲其所污既而事漸播郡守禁之獄驗之果如人言以爲妖祟不欲上聞杖而遣之祝未病談

顏公洞

雲南臨安府去城數十里有洞曰顏洞嘉靖中蒙自縣丞顏宏所開也其地兩山夾岐水從洞入洞口白石柱如玉垂水中闇然莫測人莫敢進顏放舟燃火而入窮其至極然後知洞有三層逶迤盤旋而上入深四十餘里廣可坐千人高不知其幾何洞水出阿彌州下洞一龍仰俯于洞前二足捧頭而下鱗角眼爪纖悉備具中洞獅象相峙于口内則飛走之禽器具之物不可枚舉若白鷺青魚黃羅傘紅桌圍種種色相宛然而鐘鼓二石叩之聲且肖也入深觀音半身面如傳粉唇若點硃頭挽一髻左有青石淨瓶右有白石鸚鵡畫則石牀一張上下四柱鑽花片壁即人間之拔步耳上洞一僧一道蹲踞相視若漁樵

問答之狀極後洞門坐一老翁戴東坡巾但少生氣耳大哥安進山四十里有玲瓏石樹一株、一則緑幹紅花之桃、一則青幹白花之李非若繪画于壁者也東吳王孟璿親覩

情死

萬曆丁酉吾鄉潘孝廉禾登言歙溪一塾師子年近十四五與同席學生情猶伉儷塾師將歸二人慮歡不終同縊死頃至匀門淮清橋二童亦以情密同溺死又臨溪長橋一婦姦夫嚳之遂與所私者黃昏時合抱以帨繫之滾橋下墮一救後相期各縊死情欲之溺人至死不渝而年、不惜也亦愚矣

誤解

會稽朱　因販柰以美金賤、姻家遇詞客印證今古談及此矣又言馮婦則曰果是當時一美婦索與村學究孫十經夏月納涼頃之雲驟之曰夏雲多奇峰聞者腸斷

因死出魂

隆慶初處州劇賊徐四十一繫武林將決索與一劊子曰爾能脫我幸甚劊曰予安能脫爾也因懇之再三劊不得已給曰但臨刑我唱声走爾當急走劊默笑癡奴乃爾及決劊果唱因魂急趨悠悠渺渺出城望富春去偶民家父死未殮魂輒附之少頃甦焉身雖父而言語則囚也居恒每云城中有一故人恩未酬我必一往家人以其衰憊屢止之延半載許必欲往徒步入城至劊家已昏黑扃門矣因大呼予在此劊驚曰此

四十一声音我已手刃矣何以至此因答門偵之因一見甚行地死劊容移别所後其家覓屍瘞之人死而魂不散往往他附捷之游魂耳若斯因見劊而化此以假遇真自漸滅矣緒老所紀高橋还魂事信有之歟淺淺之談

飛閣流舟

衢州城西三層樓下臨衢水李常王叔秉公過之故人李君司年張君以兩道察集樓上因請書匾爲名公仰視其上古云飛閣流舟公匿笑不禁二君問故公謂此四字本而然爲万衆所目彼所取義詩無據王子安滕二君曰然然賦子安記乃流丹非流舟也蓋爲舟字見此樓高而下有行舟以文理二君亦大笑亟除之

雌甲辰絕對

唐小說有遺裴晉公以槐癭者郎公偶及年甲廣云舟公同是甲辰生公笑宋小說程文惠舟龐相同戊子生程已貴龐曰君乃小戊子也龐後大拜文惠曰今日大戊子却君矣此甲辰小戊子大是奇對可用爲齊年故事

屠印姑

屠印姑者明州觀察公惟孫女生而端麗美好嫁同邑陸耿章耿章淫蕩無行好博蕩其產盡多負博徒債以姑爲質先以嬖又許壽嘗姑逼舟淫姑因而罵姦姑執不從耿章誘脅之百端又令壽強執姑姑以死力拒脫耿章大怒操巨槌擊姑極其楚毒遍体爲傷幽之別室臨衢路破壁短垣姑冬月衣破單衣

葉示挽堤徇户絶粒有身四月不勝諸苦胎死而身亦斃嗟乎男死晋香女死晋名令女不能力忍其百苦而從夫于昏卒豈維兩宋之羞腥穢東海矣屠儀部談

張解元

嘉禾張巽素無文名嘉靖戊午春偶夢神語曰成不成平不平緑水湾頭問老僧及道試竟置劣等自郡城徒步歸過蕭寺以憇焉有老僧捧茗進曰解元請茶巽忽憶前夢問曰此是僧曰是緑水湾巽喜且疑本年果冠解所云成不成平的是戊午解元云是科有柴喬者其祖嘗夢人人分銀一大錠首張巽其孫柴喬与焉時驗不踰年生孫遂名喬後果中張巽云

男尼

鳥程晟舍里有佛廟萬曆丁酉五月有遠来少尼作倡大建佛寺婦女群聚幾百餘人里有麥太守之弟稚蒼頭突至索少尼觀之尼峻拒再三不出乃大恚以言械之尼不得已方出一見即令僕詬辱之褫其衣乃一雄尼群婦女一時驚惶逃避嗣捕尼送官人人大快

償銀報

安吉州地滿灘一貧民負稅繫獄家僅畜一猪妻鬻之以抵稅竟得偽銀計無所出抱幼子將投水有徽商偶遇問其故甚憐之即出己銀代為之完夫因得脱然心疑婦之有他也乃携婦夜往徽人所獨令婦叩門謝之以偵其狀徽商聞婦人声輙曰汝是何人婦曰頃徽惠脱吾夫特踵謝耳商曰我獨卧旅邸豈可昏夜放汝入乎汝第歸無庸謝也婦曰吾夫同在此商即欲

衣下床未數步墻忽壓卧榻盡裂夫當生死緩急之際卽所捐甚微而所全甚大且暮夜曾無睥睨陰德尤大不先不後晚兹巨測之災冥冥施報亦神巧矣

庸丐者

蘇城有少婦張氏歸寧使青衣挈首飾一箱隨後中途如厠遺却既行始覺迨覓則有丐者守之卽以授还曰命窮至此柰何又謙無故之財乎婢殊喜以一釵為謝丐哭麾之曰不取多金乃獨愛一釵耶婢曰兒倘失金何以見主母必投死所矣還君得之是賜我金而生吾死也縱君不望報敢忘大德耶吾家某巷今後每日早午俟君到門當分口食以食君丐者曰汝身在內何由得見婢曰門前有長竹第搖之則知君來矣丐如言往婢出食之久而家衆皆知鬧于主翁疑有外情鞫之吐實翁義之召丐畜于家後以婢配焉美哉乞丐饑寒迫身而為士君子之行不尤難乎吾故録之為好義者勸惜逸其姓名耳

頋主事

太倉州吏顧其允迎送官府主城外賣餅翠某家往来如姻後餅家被仇嗾盗攀染下獄顧集衆訴其冤得釋洊有女年十七矣卜日送至顧所曰感公活命之恩窮無以報願將弱息為公箕箒妾顧晋之月餘使妻具礼送歸父母諭之女獨處一室顧未嘗近也父又携女而往顧復却還後餅家益窮鬻女于商又數年顧考滿赴京於韉侍郎門下辦事一旦侍郎他適顧偶坐前堂檻上聞夫人出趋避夫人見而召之旋跪庭中不敢仰視夫人曰起起君非太倉顧提控乎識我否顧莫知所以乃謂曰身卽賣餅兒也賴其商以女畜之嫁充相公少房尋継正室秘

褭皆君所致也第恨無由報德今天幸礼逢當為相公言之侍郎驚矣人乃備陳首末侍郎嘆曰此仁人也盍揚之以彰其德于是竟上其事孝宗稱嘆不已命兼公該部查何部缺官並除禮部主事

樟柳神

文公長子鋆從宦滁州時有一客遊客多異術能令鬼報事即俗所呼樟柳神者鋆欲受其術客教令斷慾四旬乃設食于野外以夜同往客作法召鬼享以食鬼來無慮萬數如凡雨淬驟鋆驚甚幾喪魄客呼鬼名一一問之曰願從公子遊乎鬼言不願即去次至一鬼云願從客出小木偶人書鬼姓名及生年月日于其上以授文繼着衣領間晨起沃盥墮地而文不知也鬼奔訴客客語鋆令拾之舁浴于地方穢衣又墮草間圉人剗草

乙卷　二六

雜其中投馬食槽鬼復往訴云今必被馬嚙死矣且言本君疎脫如此我不願從也客來誚讓令檢得之就奪去他日鋆遊郊外其僕書童者墮馬氣絕被驅召客視之曰此魂出耳當為召之索一鷄持至何地作法收其魂附鷄鷄便昏仆攜还及公署門則鼓翼叫躁不肯入曰是有故也重攝僮魂于空中問之答云某欲進去柰門神不肯放何于是設祭于門乃以鷄入帖帖不動以置僮身畔少頃即活

唐伯虎俚歌

吴趨唐解元伯虎赴省試有忌其文名壓己者中禍黜歸行素不羈至是益游酒人以自娛故為俚歌勸人及時行樂其辭曰人生七十古來少前除幼年後除老中間光景沒多時又有炎霜與煩惱過了中秋月不明過了清明花不好花前月下得高歌急須滿把金樽倒世上錢多賺不盡朝裡官多做不了官大錢多心轉憂落得自家頭白早請君試點眼前人一年一起埋青草草裡高低多少墳年年一半無人掃又題子胥廟云白馬曾騎踏海潮由来吴地說前朝眼前多少不平事願与將軍借寳刀其胸中感憤可想見已

蘇其忠孝

都御史彭公澤奉　命討河南流賊募辨士往招降否即与約戰開封府學生員蘇其請行藩司給元宝二錠蘇至賊營賊礼宴呼曰大王者与之談古今蘇響應无窮曰敬服或云曰即其麼蘇御史以罪罷黜入賊為謀主云賊取人心食蘇蘇食之賊不服招而回戰書尾有詩云劍指青山山破裂馬飲長江江水渴精兵指日下南陽干戈盡染生民血蘇帰返金于官曰往

乙卷　二七

時弗却者為老母計今既生还而受此是以貨行非忠王事也彭公嘆賞聞于　朝命下送國子監讀書以酬其勞惜乎徒揚其姓而遺其名也

周中立祿命如神

周中立以祿命之說知名都下渊尚書纓為都御史時為地理所中下制獄事已白猶未復官遣問休咎先以亡兒做命試之中立曰此命大貴然厄于三十三能过此則善矣蓋沒之年正如所云渊公心服之乃示以已命中立曰此大貴人目下雖有憂厄然已出險境矣其時官至八座福履甚盛未可量也時鄉人陸垍為礼部主事以公事坐累當坐重辟會有内援得解　命未下公方遣史為詞其吉凶以甲庚甲視之中立云此亦貴人也但比日方有官事其甚大然亦解矣然可食祿數

年問何時曰不出今日中當有佳報適所遣吏馳白曰已有旨陞止降外任公殊駭視日正中矣吏尋出為知縣稍迁郡倅以卒刑部某主事嘗從問命中立為寫一通授之某以視囚入獄二子尚幼戲水濱失足俱溺死妻驚痛且恐夫歸被譴遂自縊某出獄方知往咎中立曰此大事何不素告我中立曰吾固言之矣第歸視吾書某檢其書中有两語云雙雙燕子入池塘紅粉佳人上画梁乃驚服

夏巫忍職

鄉有小民夏某初為巫某舉人汝與戲謂曰汝初降神宜有灵異以示衆明旦吾握糖餌令汝商之汝言而中則人信服矣巫幸甚及明降神聚観者甚衆某握徇矢謂之曰汝能知吾掌中物乎巫咲曰糖餌某舒拳佯拜曰果神明也即以徇矢逼令吞之巫恐事泄遂忍職咲盡某衆其受欺衆哄然而散

徐縉諱死不講

徐縉講論語曾子有疾章鳥之將死四句既而有 御扎下内閣云今日講書足見講官忠愛但死生常理耳何必諱明日選補進來 上之英明特達如此

谷大用闘紗帽

太監谷大用迎 駕承天時所至暴横官員接見多遭捶辱雖方面亦有不免者然欲撻辱必先問曰你紗帽那裡來的湖廣某縣令聞之畧不為意云到我必不受辱及大用过其地某入見大用仍喝問云云某荅言老公公知縣紗帽在十王府前三錢伍分白銀買来的大用一咲而罷竟無所加也其出入間之曰中官性豬陰一咲更不能作威矣是令智謀之士也記之

諱其姓名

金華猫

金華猫人家畜之三年後每于中宵蹲踞屋上仰口對月吸其精久而作怪入深山幽谷或佛殿文廟中為穴朝伏暮出魅人逢婦則変美男逢男則変美女每至人家先溺于水中人飲之則莫見其形凡遇怪者来時如夢日漸成疾家人夜以青衣覆被上遲明視之若有毛必潛約獵徒牽數犬至家擒猫剥皮取肉以食病者方愈若男病而獲雄女病而獲雌則不可治矣人多為是遅疑至死者府學張教官有女年十八殊色也為怪所侵髮盡落後擒雌猫始瘥姑蘇丰訓導某次子隨任亦罹此禍病數年还鄉得生今其地不敢畜黄猫以成精者多是類也

尹某西廂記

虞秀才化承家對門其姻尹某嘗宿外寢一夕忽見男女數人僅長尺許謂尹云汝欲看西廂記矣即搬演無優人無異尹驚呼虞弗聞也明旦知之怪復夜起命家人操兵擊之入床頭而沒於得西廂記一本乃尹素所嗜者且覌且歎意以為枕日久紙書油矣虞焚之既而假寐若有言者曰能滅我形難滅我神遂時時火起旋熄虞有侍婢夜見空房中燈光熒熒晝見嬰兒卧地首像木偶而身如綠一月間漂長若年十六七者每于臉際窺婢一晚竟楼入房曰我倭人也與身合焉以餅食婢味似鶯油餅三日弗餐衆詰問始吐实火之庭前墻倒下有巨蛇蛻其為妖也從是妖怪沓出乃迁去

黃河應夢

懋人[illegible]某為諸生時館于檇李孝廉胡某東家夜夢鳴咽

汝所遇生平目矣瓏老戲而溺水數不能出雲長以刀提之
救令暫時來解所謂後爲曆幸兜領鄉薦北上舟次黃河夜雨
泊楫而舟漏水滿見雲長促之始驚覺已卧水中矣適同試
者過于側爲解衣換舟得不溺時舟次與前夢中所見者境界
畫合于是始信吾人生平休咎原有定數而益見壽亭之靈無
在不顯赫矣

神龍現體

慈水之東有鑿井潭者爲神龍所居禱雨立應嘉靖初年慈邑
大旱士民惶懼邑令龍姓者布袍草履徒步斬荊棘捫蘿蔦躋
險絕之上長跽數四神龍示光怪稍現其鬣邑令彼拜求不已
神龍遂騰飛噴湫瀑霹靂火電大作邑令驚死而大雨旋數尺
邑民爲令立祠春秋享祀不絕云

景德幽澗傳

槜李嘉善縣有景德寺
獨立庭中或行吟窓外詰之
然去矣衆比丘苦其將孽也符
旋避徙裹亦莫能蹤跡其處一日有胡
純令呷其術能降魔伏鬼衆比丘喜以女子事請焉胡僧曰既
不媚人必非祟也試偵其狀而驅除之時霖雨初霽衆度夜必
至胡僧杖錫端坐至二更篩闌庭中有聲窸窣于窓隙窺之果一
女子艷質雅裝從西北冉冉而出將至庭中而旋徐步對月長
吁胡僧從容喝曰窓外誰家女女曰堂中何處僧胡僧曰好欲
捉住人女曰真風流長老胡僧急以鐵錫追擊中其肩即投入
地胡僧遂揮錫爲識呼衆比丘掘視無所得至五六尺深惟清

泉一泓其案可嘆遂以石砌其傍立亭于上扁曰幽澗

古鏡

成化甲辰二月宿州衆夫役因過古墓獲鏡及燈臺各一磨鏡
照之見墓中人僵卧猶帶弓矢驚駭撲之于地又見屍冢室穴
男女宛然以爲怪物擲之不復顧獨攜燈臺寘于富室上頭見
鏡棄其夜燈臺發光如晝室以獻于官時蜀人萬某知州事
得之大喜寄儐其族人大學士尚書欲并得鏡以獻上乃移
書索之甚至求遞還繫罪夫追索于不可得繫獄三年業去侯
始獲釋

因假得真

廻有二生者讀書于鑑湖之充至寺一生巧而多智一生拙而
信佛拙者每朝夕焚香禮于大士前欲求捷試七題巧者聞而

景德幽澗傳

槜李嘉善縣有景德寺比丘每見一麗人月白風清之夕或
獨立庭中或行吟窓外詰之從容對答笑語可掬若狎之則飄
然去矣衆比丘苦其將孽也符咒之咒遣之甚至兵刃叱逐之
旋避徙裹亦莫能蹤跡其處一日有胡僧過寺長身巨目膂力
純令呷其術能降魔伏鬼衆比丘喜以女子事請焉胡僧曰既
不媚人必非祟也試偵其狀而驅除之時霖雨初霽衆度夜必
至胡僧杖錫端坐至二更篩闌庭中有聲窸窣于窓隙窺之果一
女子艷質雅裝從西北冉冉而出將至庭中而旋徐步對月長
吁胡僧從容喝曰窓外誰家女女曰堂中何處僧胡僧曰好欲
捉住人女曰真風流長老胡僧急以鐵錫追擊中其肩即投入
地胡僧遂揮錫爲識呼衆比丘掘視無所得至五六尺深惟清

坐賓席右時人自坐主席凡安坐送湯皆如人禮第聞其聲竟未見其形狀坐久則觥籌交錯謔浪相加衆賓歡極大醉乃罷次日親鄰以此詶請無不赴飲盡歡蓋人亦愛之忘其爲怪矣稍暇必過其家呼古時人與遊或有演神戲者古時人亦拉其儕雜稠人中坐看但坑凡必虛一人之坐以待古時人而人終不見也坐稍嚮則必呼曰汝坐太逼令我無坐處後數載忽流淚語婦曰吾將去矣婦牽衣泣而挽之曰緣數盡是吾不敢留也汝好自愛尚當爲汝備五年糧乃遺婦以五年之資而去以後絕不聞影響更五年而其婦亦歿焉爲備五年糧者亦預知其期也張甫之謂是朱謙吉談

僧大乘幻術

中都僧緣杲善幻其徒有髮僧曰大乘傳其術益詭異上無賴狂誕常往人家踞左席極飲大啜人多厭之甚至驅逐不爲意衆知其貧無家故索欲以難之大乘許諾及往扉尚鎖中空無人群詬之乃大乘自外來曰失迎主人罪也開扉肅衆入尚無一物第敲壁門開皆瓊樓璇閣華筵極盛海陸之饌姬人歌舞妙麗樓節合樂皆非人間有衆疑身在幻中又疑是仙皆悔向者之侮之也座有盛生李生目挑麗人而欲所歡曰甚不如也大乘已心知之曰徵君所歡至佐酒可乎二生曰何得有此巳而二姬皆至歡笑如平生酣醉夜深復從壁門散去二生即往二姬家偵之二姬方醒答言昨夜與君在某家席上作何語坐客某某咸所歡首簪一花咸陰摘之此姬獨謂失花咸出袖中衆始大愧與仙人居而視爲庸劣眞無目也競往邀歎絕迹矣宋伯子談謂緣杲嘗與巳期當來京師緣杲藴術而談理學益莫測其爲何如人也

小姑二身

戊戌秋有從江右來者謂楊孝曰南浦男子張某逆婦李小姑至中途樟樹下少憩俄而起昇夫覺輿倍重相與目詫之比抵家二女自輿中同出音容粧飾卽小姑兩身也舉家大駭里人觀者盈門二女互相詬仮指此爲妖此指彼爲妖小姑父母來亦不能辨其母曰我女臂上有黑痣解衣驗之彼此皆有聞之卽逮至公庭隔訊之答辨說如出一口或謂此乃野獸之妖須用狗汁厭之或謂張天師符能驅怪物然用此二術終不能輸服天地間有事異若此乎楊孝曰無異也鬼魅之事往往有之城南樹精能識神仙武后患妖妄不敢見狄梁公欲治此有何難哉趙廣漢爲京兆有男子似此者屏分出兩處各以十餘人守之絕其飲食越五七日一饑餒不能起一強健如初遂曰此妖也卽欲置之罰雙忽烈風迅雷妖遂粉碎爲塵土其眞男子漸漸有生後最善走日行六七百里至一百二十七歲乃坐化其事載在一刀屠記今試放而行之小姑當與麻姑並傳矣楊公黃郡侯碁江也一女二身莫殊事誠怪然不獨此君子指小人爲小人小人亦指君子爲小人故君稱蹠爲盜賊小人亦稱君爲盜蹠蹻蹻爲賊蹻蹻亦蹻備爲賊備橫口一時霸騎白日其爲怪何如而獨於怪詫哉

狐子鬼兒怪兒

續溪黃令君孝先言其里張太守雲南某郡有隸鬼兒怪兒事辛卯歲謝比部運峯述以語我曰張太守雲南時嗔二皁常不見且呂鬼兒怪兒何不祥也掾以其故對答問果然蓋其父農

人常夜行田間有狐拜月已化好女子且預以皮置叢薄間農
人皆見之佯為不見故與語扯歸以為小婦後陰於叢薄間取
其皮別置之狐失皮遂不能化得婦其室七年生二子鬼怪是
也然常有戚容農人以其父無他腸故調之曰憂失皮乎狐大
駭苦哀懇索得皮着之即化狐躍去顧二子曰汝饑寒當於汝
父始過我地呼我自是呼母輒得物然不多故為隸而數往見
嗔於守也

楊化寃獄案

楊化寃報往姚侍御罍浮面語御史大夫沈繼山予聞而識之
然提艇耳今從侍御得其罪案一通因稍從其文悉識以見實
際夫此既實則凡諸寃報附魂者何不實也曰于大郊即墨縣
人状招大郊本戶有與州右屯衛頂當祖軍一名徐守宗守宗

閒　叔卷　三四

令本衛先存今故被大郊謀死楊化於萬曆二十一年月前來
討取軍裝宿大郊家陸續打討銀二兩捌錢本年月日楊化同
大郊趕赴鰲山衛集在于衛城內尹三家飲酒大郊思得楊化
身邊有銀要行勒死故意用黃燒酒灌醉至日落時楊化沉醉
不能行走大郊扶化騎驢同往衛北石橋子溝哄楊化下驢稍
睡再行楊化依從下驢臥地大郊候至一更窺見無人不合將
楊化驢韁繩解下作扣當套楊化頸項將帽塞口用腳踏面兩
手扯韁繩勒死隨於腰間搜刼前銀纏在自己腰內比大郊恐
天明有屍不便又不合隨將楊化屍用驢馱至海邊離本莊三
里許即丟海內當將前驢赶至黃鋪舍溴坡棄撒繞回家前驢
夫落無存至本年二月初八日已隔十二日楊化前屍被水仍
潮本社海邊比有本社保正于良等將情報李知縣查得海潮

沉屍不知何處人氏何由落水難明除責令一面訪拏外奚知
縣遂禱於本縣城隍神務期報應方顯靈祐本月十三日楊化
陰魂陡附大郊本戶于大木伊妻李氏身上忽在碾米忽跌在
地良久口稱我是討軍裝楊化在鰲上集被大郊將黃燒酒灌
云云我恐大郊逃走官府連累無干以此前來告訴我家還
勒死
氏二男二女等情比時于良等聽知報於
縣小甲等隨將大郊叫至李氏家兩相面對
出我銀子來不然我就打你咬肉洩恨
隱匿隨自吐稱是實却不料這
當押大郊回家將原刼楊化纏
於本家竈鍋煙籠內取出連賊
三夜要　又不
三人以　亦將三人拘
到縣覆審李氏與大郊面質前情一
曾否同刼李氏吐稱並不相干正恐累
亦稱鬼神難昧委係自己將楊化勒死
謀殺人命重情未經檢驗當押大郊等親
屍所相驗得本屍云云本府看得楊化以邊
銀不滿三兩于大郊輒起毒心先之酒醉
又繼之驢馱丟屍海內彼以為葬魚腹求之無屍質
之　詐已可免享前然實然無事孰意天道昭彰鬼神不昧屍
入海而不沉魂附人而自語發微曖之奸褫兇人之魄至於咬
肉洩恨一語凜如斧鉞恐連累無干數言嚇然公平化可謂死
而靈〻而真正不遂死而亡者孰謂人可謀殺又可漏網哉該

縣禱神有應異政足録擬斬情巳不枉緣係面鞠獄劫魂附情真理合解審定奉督撫軍門孫評審蒙批楊化魂附訴究面審俱副鎮人語誠為其異仰按察司覆審詳報取問罪犯到府于井水泣曰妻李氏久為楊化冤魂所附真性迷失有子弗乳母子不免兩傷早鐵與至案前曲為開諭李氏儼然為化語怒叱之曰爾冤乇乇亟依爾体骨何為魅閙人妻子可速去不然則痛責汝侯叱至曰小的行矣李氏起走復令人拉之轉曰吾時楊化去李氏將何之復怒叱之如此四轉數次將欲刑之李氏始仆地喚不應目瞋色変如死人潑水並其母附耳以乳名呼之痛哭不已循不醒但四体搖戰汗下如雨久始張目視曰吾李家閨女何故在此業知其真魂返矣硃筆大書數字鎮之令潑水扶出次日同知劉提審李氏涕泣不能出一語相應解回免其弃擬

韓氏僧鈔存

溧州有新守某公抵任過宿古庵中明月疎林見美婦欲前復却徘徊隱見公叱汝妖乎曰妾訴冤者乃歌曰韓氏鈔存兩分了風流冤業因此上僧房蕩蝶先貪後殺空流血沉冤未雪悲咽握不過孤冤明月忽不見而哀音尚激林樾公味詞中義鈔存必是寺僧〻早問果有逮而鞫治之僧即曰冤債不可逃也遂供出蓋婦居與薦因與通後婦悔欲絶而僧疑有他遂殺埋寺中久矣掘屍貌如生以僧抵償姚侍御羅峰嘗見其獄詞

長洲民仇便

長洲彭華卿民仇便小姓暴富與同里周之家有隙周田苗數十畝正垂穗而仇衆夜半衆盡拔去之明發周往視悵恨莫誰何亻亍而歸遇一老問往南山路周指示之因問叟何來早若是曰是大異事昨暮過宿龍王廟至夜半神鬼走動喧吽漸近懼卧神案下避之已而燈化熒煌紅袍金襆兩兩來過廟神伏迎來者曰此地仇便拔周某田苗惡最深重奉　上帝旨遣雷部施行仍禍其家廟神對曰已奏聞矣故一夜不聽来早也周驚不敢〻亡向人述語如此皆哂其誕至七月便屋被雷擊破人始驗異尚謂禍止是亡何便死有三子後死其人家業亦鮮顧朗我談便之厲人者小而自厲已極蓋苗為天生以養人之物不獨為周有也

夏桂洲相國

夏公為閣老時值　上崇醮事内閣諸大臣皆道服而公獨服儒以是放歸爺高身樂矣特與一豪民齒長者會飲豪民侮之且欲踞其右曰汝既為民與我等公慚忿故從中命復起而竟譏死於相嵩邪正不兩立身既退即與野人爭席正可以自全而復置是身姐上欲從東門黄犬何可得耶其曰姦臣在側焦少保且不自免千古明鑑又其時謠曰真桂洲不知休晴時不出屋直待雨淋頭嚴介溪好痴迷善惡到頭終有報只爭来早與来遲徐存齋慣使乖閑門家裡坐禍從天上来高半玄不要錢一〻心直要柱爭柰東君不見機風刺犁然矣

御史大夫吳公

御史大夫吳小時来以諫議奏劾分宜父子奸貪誤國語太激世廟太怒廷鞫問是誰所使曰為孔子孟子所使又問此何語曰孔孟教臣為臣當如此是其所使也天顏少霽得釋戍邊地詔復職李維寅談

新刻續耳譚

二卷

續耳譚

李　言
烏程沈　奇　仝撰
沈　垣
撫東戴君賜　叅訂
繡谷唐伯成　校梓

棺異

姓聞邊城有小棺數十具啓之皆紗帽紅袍以為異說頗不甚信近至關中則同寮徐方伯云向在甘州以輯城破土見有一小棺出之已而愈斵愈多棺皆長二三尺啓視鬚髮儼然老人也服飾不同大都紗帽紅袍者亡慮數十衆喧然遂止不復發為祭文權而葬之竟不知是何物又不知何緣得葬城土之内人云涼州亦同時有之此事自古未聞或云是妖狐所化然妖狐能靈異于生時豈其死而猶不復其本質則益不可解也王奉常談

魚游沸油

嘗見一戲術者以線繫一小金魚游百沸油中出之入水猶能活後偶閱抱朴子云礬石一把納活魚口與無藥者俱投沸膏中猛火之上其啣藥者浮戲逸遊不死無藥者已就糜爛則此方在晉時已傳礬石所在有之何必萬里外耶王奉常談

童子遺精

沙頭鎮一童子年未十歲其陰忽長如巨人而毛似能行人道者已漸頷下生鬚遍體俱毛時時覆體為交搆狀遺精地下未幾而殞王孝廉先生談

徐爵

大璫馮保之腹心曰徐爵爵雖起罪戍握縉紳進退權得罪宗社為大未敗半歲前夢一神人長三四寸呼謂曰爾祿盡矣爵懼而拜問是何神答曰吾即君身中神耳爵因哀祈免死神因數之持齋可延也爵自是斷酒肉日奉佛施棺已而難作于為神既許之延矣柰何不免或謂朝貴延爵致酒強使食肉爵不得已始嘗一臠因遂不守夫爵因緣為奸罪實迷天善念作輒而卞止天實使之不終也王孝廉談

婦人食屍

吳江一婦人病狂走一郡城遍覓死屍食之將取腸胃臭不可近渠自云絕美好饞餮不遑也日食屍不可計數兒童群逐之官為錄繫父之釋遣不知所終王孝廉談

姑姦媳

姑蘇老人耿志者染病月餘其媳侍奉湯藥旦夕惟謹翁病尋愈姑疑翁之有私于媳也夜乘子出戴翁帽服輕至媳卧榻調之媳大詬罵剺破其面遂披衣徒步還家訴父母曰翁忍為獸行我已破其面矣潛自縊死詰旦父至婿家翁儼然出迎而面無毫損父大駭密語翁曰吾女昨暮歸言翁之不仁破其面已自縊死而翁面無傷何也翁沉吟曰是矣是矣怪予婦之稱疾不起也至榻呼之則以被蒙頭而拒翁翁挽之起面無完膚矣訟之官竟斃于獄萬曆壬辰年事

語讖

義烏諸生朱伸宣爛雅工文萬曆庚子臨試夢人語曰汝今年未中後必中探花婦戲曰不是探花莫非貪花不滿三十文曰

無妨我今已三十矣是年十一月間忽與婦忤持刀自刎毋若勸乃擲刀于地一仆不起死之明日即渠初度三十止缺一日識亦巧矣

神祟

山陰徐玄闇為諸生時家有五顯神時時作祟每公出輒睚其配有時致白鏹或金簪墮錯落于前公入神輒驚曰將軍来矣一時竄匿所携物亦都無有或曰無故自移或火光閃爍而不焚公具牲醴為文禱于城隍祟遂滅後公舉進士仗兵閫中征猺賊奏功稱將軍者神可知矣

憲使為閻君

宋方麓侍御令德清時嘗云川中某憲使公平生耿直肯與過深山巒幛幽異仰見崖側有酆都二大字雙扉儼然公自下叩扉忽大闢層閣森嚴公縱身入騶從止于外僅二卒隨之又至一門二卒亦不得入公將登皆有冕旒緋袍者九人出延公曰吾聞君十殿今止九何也衆曰虛席俟君耳頃之治具氣色不似人間公疑訝未食傍一青衣似其家故僕低語公曰食此不復可出矣公卒不食臨別九人者叮嚀曰某月某日候君来公自是急治後事屆期沐浴更衣與家人別坐堂上語人曰迎我者向外若拱揖狀目遂瞑但聞空中異香經時不絕

樹異

余于萬曆己亥歲至南康縣治一樟樹大十數圍不知植自何年扶疎蔽天冬月葉盡脫獨東向一小枝葉韡茂至夏遍樹皆蟲食此枝枝依然獨存詢之土人皆莫曉其故或曰東向近暘故無害然東向密叢中惟此不凋亦異矣樹下有七姑祠豈神物所憑歟庚子冬見金陵國子監右向上一枝獨萎天地[illegible]左亦一枝葉存屈曲如虬龍又北向者俱知者辨之

殺姦

浙省貢院旁皮工趙二妻與鶴橋開本號臭臘肉者姦有日趙未知也其友曹玖知之以告且授以刀令捕殺之萬曆戊戌年閏本月西湖玖趙語趙二曰斯人頃在湖上夕歸或往汝家吾與汝蹤跡之可殺也趙如其言二人同候于途本偶為他友邀去不至玖語趙曰我盍往汝家探之至則寂然無人玖叱其婦曰何物淫孅死頃刻矣汝知我與若夫厚乎我第言可貸汝死汝從我否婦懼從之趙踵至得姦狀即舉刀斫之乃玖也大驚旋斫其妻夫玖始勸趙殺開或激于意氣乃乘開不至潛肆淫逼負友甚矣開倖脫死玖之死蓋天意哉

烈婦

錢氏臨江新淦人秀才曾崇皓妻嘉靖二十九年冬曾書被盜劫錢扶姑携子走盜得之盡出所有求脫姑子盜仍繫錢脛迫之行至午尾洲欲污之錢厲罵擲臂擊盜盜怒斷其脛死後人嘗見死所有黑氣如車輪事聞旌表歐陽文莊公銘其墓

沈氏火異

西吳竹溪沈開鳥子季和遷居未久時有火發或牀或几或楹或廡日凡數次舉家驚惶開鳥父子獨怡然自樂延半月餘不止開鳥公具牲醴享城隍神于郡家即聞異香絪緼明午有新買小婢舉火偶為人窺見鞠之蓋緣其家近主舊址得離此則歸有期耳若斯婢者以為無知則惡念何以萌以為有知則惡計何以拙輒試而輒不獲逞非有神力呵護不至此矣婢名[illegible]

英年十二萬曆戊戌七月事

東嶽戲夢

浮碧山之神惟東嶽最靈凡以夢祈者應如響邑中有父子同應鄉試者禱于嶽嶽以夢示曰汝往問泰稾三鑐人可矣二人未觧所謂偶下山見一丐婦浣于河問之曰泰稾三鑐人者為誰其婦張目咤曰汝奚問為盖此婦與邑少年泰稾一㛂故有是號忽聞其語而心怪之也二人猶未悟對曰吾欲問我父子等中其婦駡曰錯你娘的倒會中其年父果中異我嶽神倘亦戲言出于恩者乎

章選部父

德清章選部禾禮父少樵素以孝聞禾禮初令蘄圻父同至蘄適太夫人誕辰逼兼程而歸涉太湖風發舟溺盖誕前一日也所月後禾禮遣奴偵歸狀家始倉惶訃途中有他故禾禮弟叔達覓至湖濱僉云前有香舟覆沒浮五屍其一瞿親倫髯衣綺者地方某以為必巨家人具棺殮之日久棺毀叔達往驗之僅存枯骸中有連齒可辨叔達往叩其家出一扇盖蕭太史書贈其父襄殮時得自袖中者即易衣棺貯焉萬曆辛巳年事人生脩短固有定數没巨浸中後獲歸骨故丘盖亦奇矣人以為孝感所致云

辟支幻化

貢竹一僧貌瞿骨立日募化長堦自言將裝三金佛日隨所入多寡輙易酒食縱得四五金必具羊膾以盡為度所[illegible]不下百餘金衆共叱曰爾驪人金博一飽耶相與凌之[illegible]曰姑俟三日後不裝惟諸君命是夕闔户僧獨居明日一佛遍體堆金衆大駭又明日一佛堆金衆詰僧曰何物無賴為口腹而愚弄人必有幻術惑世若能白日裝佛則已不爾當執送官僧曰此特易耳君曹于午後各頂香合掌長跽以俟我試裝之衆如僧言畢集觀者數千人僧望佛一噓遍體皆金較前佛更覺光彩炷然即臍內出火須臾圓寂時一行脚僧曰此辟支佛幻形乃知佛爲廣開善門曲為接引盖特示變化神通以堅向善者也

苕城狐異

苕城北門泰和坊徐氏女足不踰閾外一夕月色微明見美男子年可十七八冉冉而來時門已扃從窓隙謂女曰如此月明能出步否女以為盗恐懼不敢發聲但鑰窓少頃忽立女前不知從何入也女遂迷眩口作呻吟聲家人驚呼男遂去自後每夕凌逼多方禳解不止暮乃徧集隣嫗十餘人擁女圍坐拋石揚砂終夜不止將旦各覓鞋不得或枕下或牀上或草間或灰底潜藏不一將為炊餡隣媼炊忽變黑不敢食富陽有宋相公善除妖子孫世傳一人得祖術其家迎至結壇禹步巽水有童子伏屋角霹靂不敢下焚一符童忽墮行地上如飛又焚一符以漸縮以劍揮之乃小狐也即火之怪遂滅此萬曆癸巳年事又己亥歲城外朱洪村宋氏子獨居一室嘗注意隣女而不可得忽夕有女絶艷者来就宋視之真隣女也女曰辱相念不斷陋質秉父母出自薦于君宋狂喜不禁竟諧配匹而去每數夕一至凡珍具佳菓等惟宋所欲咄嗟而具越半載許宋形漸槁衆詰之終不吐實乃夜就寢所窺之見青火熒熒不踰数尺乃大驚知為妖物所憑遷之別室爲納婦即隣女合巹之夕妖亦至兩女體質毫無辨別次日語父母乃請宋相公孫来至武

樹坭關即書符焚之其家已見紙錢飛遶庭中第聞啾啾有聲及到家符凡三四焚寂然無見即披髮誦呪又合眸靜息少頃即持符向後荒園大樹下焚之命掘土見一巨狐死穴中觀者如堵皆為事之近者故並紀之

紹興賣卜人

隆慶庚午紹興太守姬方娠太守出一人衝道縛至府叱曰汝業何事曰賣卜太守曰我夫人有娠弄璋乎弄瓦乎試為卜其人俗子莫曉何謂漫應曰璋也弄瓦也弄太守怒責逐之未幾偶孿生一子一女太守遂大奇其術禮而敬之卜人名遂著張次為談

蔡廣文夢

江西貴溪廣文蔡紹襄萬曆庚子秋囙就試入省舟次瑞洪見

二卷 七

樟樹大十餘圍內有荒祠襄徘徊久之是夕夢于樹傍與神相揖讓神曰公中江和榜俄有群儒生突出若相角狀神語襄曰汝不必與爭可隨後去襄數之得七十三人覺而大異至省即倩藩司查應舉姓名見鄱陽有江和徧訪得見遂與同寓致慇懃焉及放榜江和擢第一襄擢七十四名果隨七十二人後不爽云

水湧

萬曆丁酉八月吳中水忽沸湧平地頓高丈餘俄頃即平三百里外皆然竟不知何怪也

閬仲升辨冤

邵武守閬仲升令安城時鄉民陳志與鄉遷士連楹而居偶有隙將陷之萬曆辛巳五月遷士以販粟大為市人王素之所辱素家操刹器伺于要路殺秀才移屍從巳垣下暗窖一穴密瘞于遷士家次日告遷士殺人且云屍現瘞其家閬遣丞往驗之竟從遷士家得屍閬疑之因自往埋屍處有土蓋穴命剜去見浮土一路通陳志家知志所殺而以陷遷士也因坐志死于是遷士之冤得白陳志之計似巧而愚向非律令明察秋毫遷士幾不免矣

地湧白蓮

沙巖菴萬曆乙未十二月有遊僧自言從普陀來掛錫菴坐嘗閉誦經佛座下乾土忽生白蓮十餘本踰八日方萎十三日坐龕中合掌向西和南者再目遂瞑吐火自焚望龕人萬計徐堆方談

鄉窮多不育女古虞陳十清妻連溺三女村中村其口萬曆甲午夏復產女溺之將啓桶忽一蛇躍出纏其二股牢不可解身青腫其腹母與蛇皆斃恒遠者雖遠人力撲之而數女皆肉已一人而溺土直骨肉宜矣

沈祥卿存孤

嘉定龔尚書孫發同里沈祥卿女夫婦皆蚤世生子欲如當發卿時尚書公業衰矣諸豪奴異其子乾沒其資無業敵卿為諸生憤其家不振可與婦拮据治生諸豪奴心已不便思有以中之會婦病卒子賜方在乳敵卿益按籍可求諸豪奴計窮伺祥卿夜宿田舍計殺之直索孤兒僕夲愁獨心憐之顧力不能抗欲抱匿他所念遠近無可托乃走數十里挈而之華卿犀卿

收撫之是時敏卿好友蔡羣□葉氏之禍力白所司逮捕
不可得則促逆邀者以計悉殺之葉氏孤已失月餘矣後稍
稍知之祥卿為謝諸君曰諸君幸為葉氏復讐然業已散盡孤
幼未可歸于是錫爵偕其僕材竟育祥卿所漸長則延師教之
已又為聘于名族比弱冠學有成矣祥卿曰是不可令葉氏久
絕然首乃遣之歸亡何祥卿卒又若干年而錫爵舉進士僕材
者尚無恙祥卿僅一幼子今亦養于錫爵所夫春秋時晏嬰以存
晝至溪史所稱獨行率多殺身存義以為文士
卿事古今有心人多有之何可誣也若錫
遠矣
士以筋針其股曰回心
遂以粒藥校于寢中
皂角復生枝葉數榮于春秋
士來塘與談
西湖三橋之南立祠盼蠁神甚靈感凡祈夢者
驗嘉靖丁卯東杭有鄉民逋于官計不知所出往叩于
夜夢小鼠戴一笠未解復叩之公夢曰明晨有羅孝廉以紅
氈晨囊而来此春闈狀元汝可預報即以夢叩自明矣鄉民如
公旨候于途時會稽羅萬化以祈夢至果以紅氈果其裝鄉民
即長跽請曰相公得非羅姓否萬化怪而詰之鄉民曰相公果
姓羅則來春必大魁神已有旨不必再祈矣第小人有夢惟相
公占之羅曰鼠戴笠帽乃一鼠字次宜逃矣羅心甚喜不宿歸

戊辰狀元

岑方善奕

姚江岑小峯素善奕偶步月園林遥見二僊姬對奕笑語泠泠
峯就視局終僊姬不復見尋畫一枰于募項卧想局機遂擅勝
場遊永嘉見十一歲小兒當局峯視良久駭曰此兒五六年後
我上峯又之燕日遊公卿間聲籍籍起忽哄傳新至一書生
峯往較前數着峯猛省曰予非曩時永嘉對局小兒
然覺日兩奕峯兩負遂嘔血而死方自此名動天
為宜器如騶從狀匠役竭旁
浦倣凡者偶出其室
冠持戈戟者若搏擊
見次日具牲醴遣之又欵匠
三日自製偶人工巧如生時為演戲
覓一在竹箪上一在熏籠下一在被底悉取焚
所寄父而成祟自然之理矧面目膚髮肖人者乎
詠

雲長救張母

嘉靖壬辰山東平度張縣丞妻隨第三子秀才異居偶夜半為
衆鬼由牕孔中攫出中途見里人劉積者夜偶出門張妻號泣
求救積不應閉門而去至城外將棄諸水火中值武安王過衆
鬼狼狽跪伏馬前王叱之曰可早還老嫗于故處遲則斬之衆鬼
誤送張母于長子家其門不開王以刀指之門自開嫗甦而泣

長子起視相顧駭愕好事者急往問劉稹稹云夜見黑氣如□洶洶而來令人毛髮竦然趨而避之

金丹活人

嘉靖壬子燕南鐵鏟病疫劇不可治衛氏令甫十歲父閉目絕食七日一夕忽言曰閻王以金丹一粒活我也吾生矣頃飲水即汗而愈既而母亦疫且革亦得丹愈如前丁卯舍京邸夢神結天下一人四大書儼然王所授也寤而問癸正陽門祠籤曰前三三與後三三及卿會名第前後皆九數果驗云

薛素素

京師名妓薛素素體貌修妍妙擅諸伎最奇者能反手持弓遊發二丸先發者遇後丸立碎觀者驚服以為由基宜僚合為一人也又善賦詩喜與騷人墨士往還萬曆戊戌嘗集唐律十首書素箋贈茗中吳允兆湊合天然書更道逸允兆時出示人予目覩之

虎嚙淫僧

建南渭白馬寺僧窺見戍人張武妻妍艷一夕乘武醉歸僧縱之道上婦晝夜撫其屍號哭絕食者七日幾死母強勸勉食水飯時嚙其棺成穴及葬力以身殉母撓之而出遂不肯歸廬墓而居惟一弟與婢隨焉一夕僧乘其弟歸往睥睨之婦大叱僧抽刃斷其首婢寤方覺又欲淫其婢婢詬詈僧并婢刃之潛埋廬側無人知之一日僧往檀越家道經其地有虎嚙僧猝伏地上以足剗地怒號不已須臾虎去里人見穴中二髑髏各具襯殮之為建祠其上以婢附焉隆慶壬申年事羅中維談

產蛇

句吳沈孝燕妻娠十四月疑痛不可忍忽二物從腹中出首尾俱蛇而背腰如人形母尋斃二蛇不知所之昔竇武母產蛇時并產一蛇送之林中後母卒時忽有大蛇至葬所以頭擊柩俯仰蛣屈若哀泣之容有頃而去事載正史彼人生蛇已怪異不足信而蛇集葬所尤異前二蛇哭其母此孝其母物類固不殊

越婦丹青

會稽傅氏女名道坤者貌麗而慧幼習丹青同郡范太學初議婚惑日者言覓娶他姓不逾年絃斷將再娶而傅尚未字太學君曰豈赤繩繫定留待我耶遂續前議居一二載傅絕不露丹青後元夕張燈街衢燈帶偶失繪衆倉皇覓善手傅聞援筆繪之觀者競賞自此伎倆漸逞尤工山水即唐宋名畫臨摹逼真大都筆意淸灑神色飛動咸比之管夫人嗟歎或傳或寶之好事者爭搆之然非妯娌親洽展轉相央終不得也筆墨楮研以四婢典之時不停肘太學君惟研膏擦箋嘖嘖從臾而已予友沈季和得數幅甚珍之

歐陽德父

歐陽文莊公德泰和人父三十七喪偶無嗣一日病亟其弟具棺殮之寄于隣寺父赴冥司見閻王閻王云汝壽應七十有一歲有子登第封汝三品汝當復回陽世于是以手拍棺寺僧聞之倉惶走報其弟為之發棺父生矣後再娶生文莊以太常卿封年七十有一始卒

貞妾

瑞州劉孝廉未起嘉靖己丑與同里康進上春官康從老嫗買妾偽指劉君曰婢汝劉君也女即拜劉劉辭謝明日老嫗詣劉

講婚劉曰娶妾者康也非我也媪歸語女女誓曰吾既拜劉矣已許之豈肯易志不然有死而已劉不得已曰後三年方得來娶女矣無他適劉遂納聘辭赴南雍酌酒爲别贈詩曰玉手纖纖捧玉杯儂郎南去幾時回天涯到處生芳草須記凌寒雪裡梅後來君謁選北上遂納舉二子俱登第甫水部談

烏報

福州陳書年十五喪父廬于墓有異烏如鴛鴦爲鷹所搏投其懷書以衣蔽之得免分羨糧以畜之里有富民得心疾求是烏肉書不可曰始困活之今以財棄之猶不救也養之一年毛羽成乃以綵線結其羽縱之去烏迴翔鳴咽乃入雲表既十年其世父爲山東尹坐誣謫戍因喪其明書往視之世父曰兒來甚善然此行戍者嚴急有一餘丁必令操習兒不得歸矣匆匆與賛遂行途中以姑祢子卿衔自齊至偃霞關雪甚迷不知道腹又餒自分死矣須臾一黑烏盤旋不已書視之曰果吾所養當前導否則去烏三展翅若聽許者引行三十餘里夜分始逢一鋪禁不能言以手擊門主人出疑爲鬼物掖之入曰人也圍爐久之始能言問鄉邑曰福州曰福州有陳書孝子子識之乎曰我即是也其子捧書首哭曰子何以至此吾汝父執也因告與來故相與涕泣明旦視樹上黑烏翅綵尚在因嘆天之恤孝義殆不薄也

冊世狀元

昆陵孫狀元繼皐將誕父夢戴冠緋袍者入室詢之曰吾唐皐也今居爾家矣是夕生公因名繼皐唐係正德甲戌狀元公亦以萬曆甲戌擢狀元云

岳武穆後身

鳳陽徐大鵬舉未生時母夫人祈夢夢神云岳武穆生爲秦檜讒阻今降生汝家安享富貴功名七十餘年既生視背上有黑痣一片如武穆所刺精忠字因慕武穆字名鵬舉後以開國功封魏國公七十餘歲始卒

舉子包眼

萬曆丁酉楚士周繼伯試畨都仲秋八日繼伯子欲送父入闈夜半繼伯起其子熟卧不知及父出子猶卧未覺父疑有疾就呼之子曰兒夢入棘闈見諸舉子紛紛皆以白帕包眼其不包者無幾父曰汝見何人不包曰王其劉其不包父曰我包否曰父亦包也父曰果爾則落選必矣竟不終場而止是年王劉皆得雋壬午科湖廣同考試官其將閱卷夢數人持紅紗罩號白曰請老爺上罩及畢事又夢前數人曰請老爺去罩將所取卷覆閱亦平平耳場事信有鬼神非徒據楮上空言而已矣鄧廣文談

汪一清

漳之鎮海有汪一清者嘉靖辛酉廣東張璉倡亂犯漳郡諸城汪以諸生爲所獲已而賊執一婦人至汪視之則同學友人妻也因紿賊此吾妹氏請無污之以待贖不則吾與妹俱碎首于此若曹何利焉賊因并汪與婦人閉置一空室中昏夕相對凡匝月始贖歸

王尚義

王尚義諱著太倉人嘗訪友人小直沽遇慈谿費生來槐病卧旅舍與之語而嘆曰奇士奇士自困頓塵土乎移至寓所時其

餒飽寒煖而將護之明春携與同舟南還夜夢生墮橋下救之
不得晨起焚香誦呪為生祈請病良已已而又病便溺狼藉帝
瓮缶親為滌除所需藥物果餌無不備生感泣曰吾何以報先
生至潤州易輕舸欲到姑蘇就醫調治次呂城而病革涕泣謂
崒曰生平心事百不一申天乎已矣倘埋道傍乞書慈谿費建
梶不瞑目之柩言朧而逝費睟㓗然著曰古今旦暮孰為彭殤
仲津達士胡為怛化摩其眶而不瞑乃舉其手枕之于股附膺
而言曰四海一家誰非兄弟骨肉弗面命也何如君有四弟兩
兒親養有托毋更戚戚也生喉間砉然有聲目乃漸瞑匿尸三
日舟人不覺也抵虎丘營棺衾手浴含殮權厝半塘僧舍而訃
其家逾月而父至于時環寺門觀者咸嘖嘖嘆曰不意今人中
復得古人有蘇辭簡滌齋論者曰昔郭仲祥負吳保安之骨歸

二卷　十五

葬故丘蕭臣卿夢段老伯之喪素服追挽彼皆久要猶響千載
齒頰乃若王君之于費生萍水相逢遂成死友千里維持半塘
輓送其艱辛骫骳雖至親猶難名為尚義豈虚也哉

因妾自縊

嶺人有賈于山東者妻性鯁直中年無子勸其夫買妾妾至而
寘之別室令夫往妾所其夫甫去而即高聲喝曰忍不得忍不
得夫不得已止妻所次晚謂夫曰別室吾不能其令設床于予
床之裏而從予身上過去即可矣夫如其言又呼曰忍不得忍
不得夫不得已復止次晚又謂夫曰各床吾不能其令同床可
矣夫如其言將與妾歡又呼曰忍不得忍不得夫不得已復止
明日責其妻曰吾為嗣而買妾是所以得買者唯子之命令子
……分乃太半妻三思謂夫曰予在則終不能忍又不欲以

……上人之故而絶君之子嗣也遂自縊而死休寧友人汪士表
與予談、

奇扁

江右古論蕭木山好奇士也名其堂曰堂堂軒曰軒軒亭
曰亭亭一日邀陳侍郎徧歷亭館至一洞陳戲之曰此何不
名洞洞洞蕭為不懌劉太史談

魂交

萬曆戊子秋太末士人王舜贊由赴試入省偕三友行經孤
山島中將夕過一處門徑瀟灑入少姬立幌下姿態妍麗四人
方注目姬亦不驚訝欵袂延入詰其姓氏姬曰妾姜麗華也父
毋俱殁托身于人彼君遠遊未還妾僑寓于此六年矣作伴者
惟隣家媪耳四人神魂俱蕩將治具怡情姬曰妾忝為主何敢

二卷　十六

重煩執事須以片瓦擲隔垣一媪即至姬曰第為我治梅吾自
有佳醞在須臾酒餚悉具三友皆劇飲酩酊舜贊獨不飲卒與
姬狎情好甚篤遂有山海之盟詰旦三友從之歸舜贊曰吾止
于此不歸矣三友固挽之臨行兩相號泣各訂後期舜贊至寓
綣念不已中有年稍長者恐少年耽色嚴為防之不令出舜贊
徘徊終久恍恍如有所失及曉已仆地死矣三友復至前處但
空宇閴寂絶無居人止一旅櫬詢之隣叟曰六年前[illegible]人有少
妾殁寄柩于此三人撫然而去

蛇蠱

水卒以燒鵞請客肆有懸鵞毒蛇旋繞入其腹行者過
弘計曰以是啗客客不中毒死矣乃對酒家白家適飯
……何酒家以直……金不足因與酒家之……

稼穡貧而市之乃瘞其鏹于隣之隙地而得瘞金焉隣人訟酒家見而爭之曰是某所瘞也遂共訴于分巡僉事巳僉事訊得其情乃判曰一念之善天報之若響女柰何欲以逆天也狀酒家與隣人而以金歸弃鬻者、

程烈婦

程烈婦婺源西城人年十八而嫁一日歸寧適里有強暴子衆欲私其母女大罵曰賊奴敢爾吾母受汙吾寧就死子大恚因毆踣之引繩勒其咽猶含糊罵不絕聲以水灌口益束縛之覆以浴杅壓以巨石遂死以藁裹尸焚為灰燼揚之于野不數日母亦驚悸死時郡廳前夜有悲號聲如怨訴者太守孫遇曰得無有冤不伸如梧丘鵠亭之鬼乎備偵之盡得其狀子良伏罪方郡丞談

法定

近清江通慧寺有僧法定死是夜鎮劉氏生一兒背上有法定再來四字、

徽賈德報

萬曆壬午冬徽賈某者過九江見江干有十數人皆裸體號泣垂死賈急泊船救之內有孝廉七人以遇盜厄此賈盡出己衣分給之又各贈路資十金七人心銜賈者而去而賈者終不問七人為誰也是科癸未登第者六人相誓生平必報賈者後賈因貧盡自鬻于檇李屠沖暘憲副家為奴庚寅歲閩莆有萬策為嘉湖巡道屠燕方賈在傍執役方見賈矚目不轉賈懼而避之方乃下至几前審其來歷賈以實對方曰爾曾記七八年前徽歙者好事否賈已忘良久始自省曰曾于九江活數人命也某為也方即出席長跪稽首曰我恩凡也七人之中我與焉即以是告屠即遺三十金贖之歸歙晉月餘贈以千金又致書同難者各助之賈遂大富仍歸于徽夫起人于泥沙哉觸于一念之慈悲非喜捨而絕無望報之心非甚盛德不能有此天使其褰橐飄零煢煢無倚反為人奴隸者其寘之中正欲陰有以厚報之耳、

大頭魔

張文樵崑山人登順天戊子榜授臨清州守攜一妻一女一婢二奴婦居內而外有數蒼頭絕不相聞一日張出至夜半忽聞傳呼聲初意張歸令婦出門探之不返又令婦偵婦亦不返婢登牆窺視見一羽冠絳袍者頭大如斗身長及簷危立庭中而二婦俱仆地作割雞聲婢驚悸不能言逆倒于牆頭隱處鬼隨入室將破絮塞妻口鼻次及女頃刻俱斃鬼又排細兩顧如有所索婢猶在隱處不起免于難少焉張至見諸斃者減亦仆地終不甦及旦婢方出語蒼頭聞之于上官上官猶疑婢與蒼頭之有他也嚴刑訊鞠婢以顛末告終始不二又拘彼中父老審之云嘉靖末年間曾有大頭魔為害正與婢所見相同遂釋之傷哉張之罹于禍也張以異才僅博一守而使其骨肉三人死于非命豈夙孽耶、

項三救婦

姑蘇項三于萬曆己丑歲貿絲汴城適其地大祲見兩夫婦對泣甚哀項叩之夫以貧故得四金而賣其婦因別而哀泣焉項即如數助之還買婦者金夫婦得全後歸是日應渡黃河其僕先登舟待之而主以驢騎不前舟既滿載時且不及衆皆却之

方掛帆而飄風忽作載者盡覆時頃已至河干目覩其狀頃以事阻令僕持厚貲先歸忽夢神語曰汝僕十二日後當絕可亟夙夜兼程而進甫至家僕已死其資一無所失計其期適十二日也夫四金雖微而活夫全婦之功實大天既免其厄又完其財其報施亦厚矣

餐狗道人

東鄉王愬十七者父某故希心羽化之術家築層樓繪群蹮翩躚像朝夕焚椒虔事焉他日以箕視曰某將裹糧問道四方倘庶幾有遇乎箕降筆可無事遠遊某月某日當有道人來為爾師屆期一道人披衲持鉢索齋王喜為厚其齋而奉之樓居乆之王某以他出囑妻謹事師所需輙應而命愬十七侍道人因謂愬十七家有狗乎幸烹為我餐愬十七以謂母母恐誤試遣

再問果矣且令熟烹來毋遺一毛骨妻烹狗以進道人提筋食盡而以一爪遺愬十七啖之因懷骨袖中王某歸妻告之故愕然亦不敢請也數日道人告行曰不可王乃為具裝送之道人曰能棄家從我乎王曰師柰何不以為吾言待家事數種畢從師易易耳道人曰子既未可即去來歲某日當復至子眞待我王敬諾遂別別未數里而所烹犬從後掉尾至獨一足蹣跚然視之則缺一爪王大驚亟追索之杳無蹤跡歸而悔恨不即從之去第謹守所約期先一夕掃除以待忽報有債某者貧無償將挈家遠遁王念往返止四十里當不失遁道人期乃去而債某者卒為所窘逼自縊死王以逼死人命反出殯錢和解之薄暮乃得歸則家固未見道人來也一牧豎云適有乞兒衣藍索主不得遺一破衲令報主今置牛皂中取視之故王所為道

衲也內裹赤金重四兩計償前齋餽費云

騾鬼

余鄉陳方伯纘山先生曾于洛陽官署中夜見一騾鬼遶樹而走且作聲亡何幼子有小疾誤為庸醫所殺先生每不樂焉時上遣使廣搜秘書使者適為先生同年出書相視中有語云見騾鬼者主傷幼子先生嘆曰事固有定數哉騾鬼何足怪而失兒何足悲也遂為釋然

殺猴報

熒國一游民素善畜猴入山取一猴子猴母怒而爭之乃撲殺其母持其子以歸適游民夫婦俱出獨留一嬰兒在家及返見猴負屋隅捧兒啖之肉骨碎裂肝腦狼藉亟為追捕猴已逸矣嗟夫人殺猴之母猴食人之兒蓋畜類亦有靈哉而報施信不爽矣

劉儒屍解

劉知府儒朝邑人初以鄉舉令文水擢御史所至皆不嚴而治以厚德稱父喪廬墓三年人稱其孝生好神仙比疾病命其子曰即死毋埋葬我及死其鄉人有自遠方還者多從道中見之寄問及其家其子因不敢葬今御史韓公邦奇劉氏甥也獨不信屢促其子舉大事子亦未忍違父命久之韓公為山西僉事方視事忽閽人持儒名紙入報韓驚起憲使張公璉問之韓公備言舅氏死已久人傳仙去某未之信今適名紙者即其人也憲使問狀閽人言此人戴古纏笠青綃袍一童子扶之肩布囊立門外遂命延入從中道緩步而前韓公遙識之遽起迎候于是同僚悉下揖入起居無異平生但簡言問之則對跽定

手接杯而不飲坐中亦莫敢先發言韓公起邀旁室中相勞苦答曰久别特遠来視汝語及家事頗作悲泣之状韓留欵不可即起别去謂韓曰汝弟卯靖可速令歸矣出門從携童子步行去僚友相視駭愕令人蹤跡之至一遠寺中止明日韓公訪之寺僧曰昨暮有劉知府寄居方丈中早言進謁韓公云矣求之竟不見卯靖歸家不久養病身卒劉氏聞之悲悼發棺視惟一履存焉

楊廉夫詩

楊廉夫題臨海王節婦詩曰介馬馱馱百里程青楓後夜血書成祗應劉阮桃花水不似巴陵漢水清後廉夫無子一夕夢一婦人謂曰爾知所以無後乎曰不知婦曰爾憶題王節婦詩乎爾雖不能損節婦之名而心則傷于刻薄毁謗節義其罪至重

二巻　二乙

故天絶爾後廉夫既寤大悔遂更作詩曰天隨地老妾隨兵天地無情妾有情指血齧開霞嶠赤苔痕化作雪江清願隨湘瑟聲中死不逐胡笳拍裡生三月子規啼断血秋風無淚寫哀銘後復夢婦人来謝不久果得一子

戚編脩

阜文莊公睿初與戚編脩瀾字本瀾同館友善戚公以母喪歸所居在餘姚縣長亭港服闋将入都夜過嶁山嶠塔子嶺前遥見燈燭人馬夾岸而至戚公方醉寝舟中人告之戚公起推篷謂之曰君等為迎我来者即當前驅不為迎我来者宜自散去一時所見恍惚皆前行既遠漸不見戚公至錢塘疾作死坊有隆自稱戚編脩死為錢塘潮神人敬祠之弘治甲寅懷山夫人裴氏至京師道出鄱陽夜夢戚見之且告以来日將有風波之阨戒勿行比明天極晴朗夫人故以他事緩之同艤数十舟者無何皆遇暴風雨漂歿獨夫人舟無恙至京以告公公為詩文遣官齋御酒香帛至浙江屬布政使李贇望錢塘祭之其詩曰幽顯殊途隔死生九原猶有故人情曼卿真作芙城主太白常番翰苑名念我明明来入夢哀君惻惻每吞聲朝回坐對黄封酒悵恨雞壇負舊盟其序曰本瀾先生别我去也餘二十年矣夫人鬼殊途于故人妻子尚有憐顧之意况生為人乎予因老妻述其夢中所見感嘆者久矣曰不但今世無此人亦未聞古有此神也古詩有云莫憑無鬼論終負托孤心予愧于君也多矣故抆淚書此八句以遣之君遊神八極幸勿笑曰戚不識世間人作何等語雖然予年踰七望八在人世幾何時我寘寘之中相見蓋有期也明年乞骸南還道錢塘江求一帆風以相

二巻　二二

送不知肯于夢中一會晤否耶其祭文畧曰嗚呼本瀾剛勁之資英邁之氣高義宏達直上薄于雲天巨眼空闊每下視夫塵世老妻南来舟次江滸夢中彷彿如見告以風波將至既而果如所言卒免顛躓人傳君之為神莊胥濤而享祀即其所至而徵之無乃秉司夫江湖之事云云明年公薨夫人扶柩歸經錢塘時贇猶在任乃設祭江滸以戚公配享

袁忠徹神鑒

東溪先生楊浩然諱集弱冠時父穀堂徵士諱宗字秉根命早過隣家黄氏其家門尚未啓從門外呼之有一人聞叩門啓關時先坐將與語先生心懼不應急叩而入論事畢天巳明黄氏子式送出門其人猶在注目良久問曰汝汝誰氏子傍人謂曰楊姓其人曰惜哉吾初聞其聲法當位極人臣名滿天下然

佇立伺之今觀其貌與蘇不類後日官亦至五品然其能[illegible]獲福宏長不在其身子孫必有興者又謂黃氏曰此兒亦不凡位當七品言畢竟去欲士聞其事遣人追訪之其人乃[illegible]徽也東溪先生年十八為縣學生督齋詔至福山巡司例有款贈銀五兩同行者又二人皆長年庠友也盡取之止以款筵食品送先生先生以二人皆前輩口雖不言而心甚不平其地濱江巡向江獨步而去二人疑先生有後言徐躡聽之先生至江濯手欣然笑曰巡司齋詔豈吾志哉顧此輩常享例贈矣二人竊聞之從後遽推先生入水先生兩手下拒入沙土中持一物起視之乃銀一錠此銀入水久為波浪洗嚙光潤瑩白傳玩可愛適與巡司贈禮輕重相符人共駭異酒酣汪歡燕而別後先生以景泰五年會魁及第觀政兵部以韋綸鍾同事上書言

之進一級除安州知州後亦下制獄去位我朝進士五品出守自此始壽七十有八歲而終黃式以歲貢官至知縣宜徽神鑒益驗云

李孜省

李孜省南昌人初為小吏至都下以雷法動 憲廟與僧李曉同被寵幸孜省為太常日有御史巡按江西將行孜省囑之曰吾婿鍾正鄉人皆以掄魁擬之歲當大比幸為屬意御史許諾凡各省秋試臨場巡按察院例有堂考遂以鍾名置第一實為秋闈地也至初場鍾獨不至御史遣人傳呼于門門吏追跡于其家略無蹤跡至巳刻始鎖院降題迨二場日將晡鍾乃自外歸家人驚喜問之曰吾攜卷赴院時有數人相持而行之志昏憒遂入城隍廟置我于神像後耳目聞見無異平生亦了了神前祈禱之人其語言一一皆能記憶晨昏鍾鼓不悉聞之但口中不能言身足不能動耳吾竊計今日已過二場默禱求歸遂脫然能行矣乃知 國家之事莫重于進用賢才當自有鬼神司之豈一奸邪小人所能干撓哉

陳孜符水

江西副使周憲字時敏湖廣安陸州人正德六年贛州華林山馬腦巖賊亂周與參將趙建督兵捕之南昌府知府李承勛時以他事偶至軍聞士人陳孜善以符水召將言未來事甚驗其法作符呪畢鎖筆硯于空室中須臾聞閣筆聲開扃視之則紙上詩成矣讀畢即投諸火不許留一字周趙二公召孜至招李夜會初亦不甚信也但密置紙筆于東室而封識扃于西室三人夜張燈宴于中堂周善笑謔浪恣肆略不敬禮其夜天無纖雲忽震雷擊案庭燭盡滅盤盂皆中裂三公辟易而起扃從

西室排戶出暗中伏地請罪啓東室視之紙上但有周憲如何好笑六字因共敬禮各書姓名封鑰如故而脩謹以伺周公應紙詩落句云千金難買汝心肝未幾周遇賊同其子幹某馬以進為士卒先大戰千桐梓嶺援兵不至為賊所擒父子俱死剖食其心賊既平李公復求詩于紅紙上作字甚佳李公欲收其筆因以別紙色似者對換付火而以詩紙密藏書帙中明旦忽書中煙起發視之惟紙灰一幅宛然書無纖毫熏灼痕也周既死後有以其事奏聞謚節愍旌其門

木生經奇會傳

木生字孟經少有俊才、康陵[illegible]朝以鄉薦入太學與冀司諫謹有場屋之譽屢欲以生才藝上聞生曰人各有時若錐處囊中

縝當自脫寧待援手他人乎倘果薦上元無惟有披髮入山耳
司諫不能強生亦謝去携琴書㵎遊齊魯間攬結諸英俊武眺
覽名山水往來兩都時人莫能窺其際也嘗登泰山觀日出夜
宿秦觀峯夢有老婦携一女子如見甚歡如有平生之分既又
遺一詩扇展誦未終忽聞鐘鳴驚寤而起其所夢經行道路第
宅歷歷皆能記憶明年將入都道出武清散步柳陰中過一溪
橋道傍有遺扇在草中拾視之上有詩云烟中芍藥朦朧雨
底梨花淺澹粧小院月昏人定後隔墻遙辨麝蘭香彷彿是夢
中所見者珍襲藏之行未幾遙見一女郎從二女侍遊樹下延
佇將近生趨避之時為三月既望新雨初霽微風扇蕩女郎徐
遊二侍穿別徑結伴而去生竚立轉盼但見帶袂飄颻裙佩鏘
然百步之外異香襲道綽約若神仙中人遂以所佩鈿不肯者

二卷　二五

為白題一絕句曰隔江遙望綠楊斜聯袂女郎歌落花風定細
聲聽不見茜裙紅入那人家徙倚彌望乃行前至野店中問諸
村民或曰此去里許有田將軍園林堂即其家眷屬也生明日
又往樹下覓日無所遇惟見溪水中落花流出復題一絕句續
書于樹曰異鳥嬌花不奈愁湘簾初捲月沉鉤人間三月無紅
葉却放桃花逐水流自後不復相聞然前所得遺扇每過良辰
勝會未嘗不出入懷袖把玩諷詠愛如珙璧壬午　聖人嗣統
數載間文恬武熙天下無事思得賢士與之共興禮樂司諫時
已歷通顯嘗因燕對奏　上曰臣所知有木天繼者才合春卿
名收賢輩陛下必欲更定禮樂非其人不可　上遂命收入選
部時朝廷將大營建隸名工曹曹長師旦心善生每事輒以
生同遊當春牡丹盛放旦所司有器血厰約生明日會廠中一

出土橋諸名園賞之生如期至旦偶以他事後期厰中皆上供
御器非主者至不得入生因勒馬以伺道傍有井馬渴絕銜奔
水生恐下馬馬逸左右皆前逐馬生就立井傍民舍其家以貴
客在門召一隣翁至延生入初經重屋僅庇風日似一中下民
居再起一關則高堂藻飾別一景象又西過曲徑越小院其中
樓臺闌楯金碧輝耀恍非人世生稍憩便欲辭出翁曰內人乃
老夫寡妹年亦逾五矣幸暫留伺馬至行無傷也生起揮扇逍
遙歷覽畫壁翁從傍見其扇進曰此扇何從得之生曰吾十年
前過武清所得道傍遺棄也翁借觀遽持入內頃之出告生曰
天下事萍梗遭逢固有出于偶然者矣適見扇頭詩疑為吾甥
女手筆入示吾妹果非誤也生初入其室麗皆若夢中故所經
行者心固已異之矣及聞翁言愈異之再引入一曲室幃幔妍

二卷　二六

麗金玉爛然至一几榻整潔琴瑟靜好莫能名狀須臾一老婦
出拜自言姓鄭氏老夫甲忠義官至上輕車都尉往歲扈從西
征為流矢所中輿疾歸武清小女嫻嫻時年十四隨侍湯藥偶
遺此扇不意乃入君子之手今夫亡三載矣覩物興懷不覺遂
生傷感然當時溪樹上有二絕句不知何人所書小女因尋扇
再至其地經覓而歸至今吟哦不絕于口生請誦之即其舊題
也老婦因請命嫻嫻出見傳呼良久不至母自入謂女曰客即
樹上題詩人也嫻嫻強起嚴服靚粧與母相攜而出至則玉姿
芳潤內美嫻徽儼然泰觀峯夢中所見也生又以夢告母共相
嗟異久之馬至珍重辭謝而去明日隣翁以嫻母命來曰未亡
人有二女其少先行矣嫻最愛將賴以終未亡人身然幽贊以
神明協以人未亡人尚敢以身自愛乎請以弱女為君子廩侍

生辭之翁申毋命曰先將軍無慶育弱息僅存使君子不以下體是遺家雖亡得婿公僅亡人且無憾矣生乃請卜之得辭之九二卜者曰田獲三狐姓著占辭事無不濟但三狐得矢恐不能永終貞吉耳生猶豫未決翁致三命曰吾聞古之君子處大事必假于夢卜夢生于心卜決于人今婚媾及事矣乃不內決于心而顧取決諸人耶終不得辭卒以其年四月戊寅成禮婿婿紗解音律通貫經史凡諸戲博雜藝靡不精曉情好甚篤未閱月大工皇木至潞河生將督運南行勢不能畱室內又少親幹乃鎖院而去母先亦暫至武清遣人問婿婿從門隙中附詩于毋寄生曰聞即夜上木蘭舟不數歸期衹數愁半幅御羅題錦字隔墻裹贈玉搔頭是夕生適自潞還婿出迎生曰方從馬上得詩未有以復即口占贈婿婿曰碧窗無主月纖纖桂影扶

疎玉漏嚴秋浦芙蓉倚叢葉半窗斜映水晶簾生他日偶得鄉人書獨坐深思婿以詩解之曰碧玉杯中琥珀光燈前把勸阮家郎不須更憶人間世千樹桃花即故鄉其冬十月生以太夫人憂去職河氷既合婿適病不能偕行生存亡抱恨計無所出邀毋與婿同居約以氷解來迎相與悲咽而別明年春婿病篤劇遣翁子鍼郎以詩寄生曰楚天風雨繞陽臺百種名花次第開誰遣一番寒食信合歡廊下長莓苔生遣使往迎比至則不起匝月矣辛卯冬生再入都過母家見婿畫像題詩其上曰人生補過羨張郎已恨花殘月減光枕上遊仙何迅速洞中烏兔太匆忙秦娘似比當時瘦李衛曾多舊日狂梅影橫斜啼鳥散繞天黃葉倚繩床時人多傳誦焉

武侯遺制

雲貴人相傳諸葛武侯居隆中時有客至屬妻黃氏具麪頃之麪具侯怪其速後潛窺之見數木人斫麥運磨如飛遂拜其妻求傳是術後變其制為木牛流馬云侯初平南蠻夜聞軍中多啼歌思歸遂召衆各與一磚曰若輩父若行後欲遄返取枕此而臥詰朝抵家矣從者果然不用命者終莫能歸今雲南管內有一城居民皆四川人云即其後也雲貴土官堂後中門甚低出入必俯首云武侯遺制欲其敬朝廷也若有稍高其戶者輒禍起蕭墻矣苗民家家供祀武侯耶穀遂穎剩米以炊日不暇給云亦始自武侯俾終歲勤勞弗獲居閑思叛也今雖苦難不敢違其法

李真一

道人李真一河間興濟縣人因妻子死棄家為全真嘗與吾鄉

陳某言其道中三人俱有出塵之志一山西一揚州一京口京口人乃書手也偕至登州見樵夫拾薪于海濱問蓬萊山可到乎曰可即艤破船以待曰是何可濟樵言第行無震也二人欣然而京口人憚往二人力挽同載樵以一葫蘆置其舟中水少選抵山下見一人出飄飄有凌雲之態請樵者曰爾何得與外人來三人拜言願為弟子其人不許懇之令各以手模其心舒視一人手白一人手斑至書手純黑乃曰斑不如白黑者大難書手憖甚請歸曰吾亦安能舍妻子而居此耶其人即遣二人在山令樵者操舟送之歸乞路費與錢二百請益曰此自足用矣頃復到岸問蓬萊遠近則云七千里二百錢在途用去僅秦及家無一錢矣手終身黑

彭公蝦祠

廣東南雄府學有漈祠中塑女子像號聖姑師生婦禱應甚衆縣十三年吉安永豐郭公鵾以進士乞外補漈教授南雄謁祠事欲毀之未言也未至郡百餘里二生來迎候甚恭公問曰予此來非有宿戒子何自知之生曰然初不聞公為郡教也乃聖姑見夢言之且道公邑里姓第甚悉遂遣相候耳因從容言聖姑之神異以感動公公益惡之抵任積薪祠所擬以夜往焚為遺火者因而焚焉生又夢聖姑來曰此翁意極不善予盡為我言之即不聽者吾亦能為之禍一二日間當先死其奴後若干日子死若干日婦死若干日死其身矣生具以告公不為意數日其奴詹果暴死家人懼潛禱而蘇公聞之怒登時投炬焚之後其子及婦相繼死期日皆如神言學徒咸勸復其祠不許至期公竟無恙生疑之一夕復夢聖姑來因詰其言不驗神謝曰吾鬼也安能生死人彼死者自是命當絕吾特前知之以相恐耳公貴人前程遠大吾尚畏之何敢犯耶公後以御史提學南畿為師儒稱首仕終按察副使

二卷　二十九

王老遊酆都

相傳太監鄭和下洋時薊門有衛卒王老者其舟被風飄至一島散步島上忽見城門大書酆都二字亟回適值一人出乃其故友也懷置簿籍若曹吏者詰曰何為來此卒告以遭風吏曰來此亦是因緣可隨吾觀獄引入一處王者據坐堂上兩傍侍從獰怪庭中一官人被鉤懸其背一婦跪戴火鑪並有慘苦之貌其傍一無首者腔中辨析不已卒大怖問此何罪曰此汝蘇州衛指揮俺其婦人即其妻妻受之不告其夫而盜覓被刑故累其夫受此耳卒曰可免乎曰若贖法寶為拔亦可餓又引至廊下皆荷校者吏指一人曰汝識之乎卒諦視之乃其里中水夫也詢卒曰煩語家人多多懺悔觀畢吏顧二皂送出曰于舟久候可便歸也恍惚間身在舟內更入島尋之無見矣月餘抵家訪問衛指揮者正患背疽其妻首發火瘡咸困頓欲死卒告以所見衛妻懼曰有之即出銀盟盆付僧誦經追薦而夫婦皆愈又問水夫正是相見日死其家聞之亦薦以經典云

朱其遇死妹

太倉朱其家於撇口偕十五人為商渡海往崇明舟破衆皆溺死獨其漈附破舟漂流六七晝夜饑甚嚙其杉迨晝至一島隱隱若有屋廬其自忖雖死且觀焉遂登陸見殿宇巍峩扁曰紫陽府遙見一婦人于道傍汲水貌絕類其妹思妹與夫皆死久矣安漈尚存遍之果爾驚呼曰兄何自而來其告以故妹因言

二卷　三十

是地紫陽真人所治掌錄天下罪囚汝妹夫見執役于此而家居密邇兄饑矣往飯乃引至家門宇整潔問妹夫何在曰差出勾人當歸矣問來安否曰大佳此與世人無異但世人不能來耳饑而夫歸曰何以有生人氣妻云汝舅在此即趨見相勞苦如平生歡為之設食且云世間物也但喫無害因問舅便歸耶住此耶住此亦不惡其言毋老子幼吾焉能舍亟欲歸耳夫云歸亦甚易吾當相送及晚復令飽餐妹隨至水濱殷勤而別夫乃負之而行戒其閉眼行時但聞風水聲須臾大呼開眼即置之于地妹夫忽不見而身在故灘上矣

偶然狀元

泰和曾狀元鶴齡永樂辛丑會試與浙江數舉子同舟舉年少狂生談論鋒出曾為人簡默在衆若無能者各舉書中疑義

之異謝不知皆哄曰夫〻也偶然預薦耳遂以曾偶然呼之既
而衆俱下第曾占首榜乃寄之以詩曰捧領鄉書謁九天偶然
趣淂浙江船世間固有偶然事豈意偶然又偶然

狀元巧對

施狀元槃字宗銘東洞庭山人少有奇質其父携之商山陽主
富人羅鐸家有張都憲者來飲鐸命其子與狀元偕出見都憲
令屬對曰新月如弓殘月如弓上弦弓下弦弓狀元對曰朝霞
似錦晚霞似錦東川錦西川錦都憲異之謂鐸曰有貧如此何
不成之手鐸固長者即俾與子同學給其貲費業成還鄉久之
登薦魁天下時年二十有三矣

枯楊怪

無錫華氏有怪作竊物貨移器皿香無以醎之一夕失其妻髻

二卷　三七

及酒壺其主儒者也發怒欲闢易楪誓忽見米堆上出四大字
云贊則不告華曰吾不誠耳因齋戒而占之淂爻云枯楊生稊
云〻思之許久乃悟曰豈舍後枯楊乎因命家僮持斧而往見
楊根下一大穴以杖挑之淂女髻又探之淂酒壺于是伐其木
而壞其穴寂無他焉

蛇祟

無錫塘庄民倪全業為巫奉五通神其妻陳氏美顏色一夜有
巨蛇如椽出于其室登臥床束其身而淫之陳號其夫〻至見
之忿急欲殺蛇卜云神所為也不淂殺遂不敢犯自是陳病萎
黃伏枕蛇晝身畔不去其形備五色交接宛如人道夫每進湯
粥蛇不動若生人來觀輒怒齧婦體年歲其婦身死而是蛇亦
失其所在

假雷公

鉛山有人悦一美婦誘之不從乘其夫病時天大雷雨晝晦乃
着花衣為兩翼如雷神狀至其家奮鐵鎚〻殺其夫即飛出其
家以為真遭雷神誅也又經若干時乃使人説其婦求為妻婦
從之伉儷甚篤生一子已周歲矣一日燕語漫及前事曰吾當
時不為此焉淂汝為妻婦佯哄因問衣與兩翼安在曰在某箱
中婦俟其人出啓淂之即抱此物赴訴于官張公擒其人致伏
罪論死

節婦妖僧

慈谿張小禹令鉛山鉛山民俗悪薄婦人夫死輒嫁亦有病未
死而先受聘財以供湯藥者獨傅四妻祝氏夫死不嫁舅姑欲
奪其志弗從先是公立二牌于庭諭孀婦有願守者號節字牌

二卷　三二

下願嫁者號羞字牌下署其牒各聽所願舅姑以此紿婦云若
守節須聞官以婦不識字使投願嫁牌公判從其家長乃謂婦
曰父母官命汝改嫁汝安淂違之婦曰唯〻必待吾祭亡夫始
從命舅姑即許受聘至日設奠痛哭潛投後圃池中死家人尋
覓見衣裾露水上乃淂婦屍遂以土并屍填其池自是邑中大
旱百方祈禱不雨公先移文城隍約三日雨不應乃齋宿神府
夜夢婦人衣縞素泣拜陳冤具言其居止姓氏公寤即躬至其
所召其家人詰責皆吐實啓土見屍顏貌如生公哭之慟為文
以祭求訖而大雨如注平地水滿尺因罪其舅姑及同謀者即
殮葬如禮欲飛其事于　朝有楊尚書者沮之不果乃建祠立
碑祀之有妖僧年角禪師號能前知且善呪死術有忤者往[illegible]
之僧削木為札書其人姓名年甲以實年後年死其人死矣[illegible]

五六六

是遠近神之前後縣人皆畏憚不敢問公至任期年有老婦訴僧詛其子子方赴人飲死席上公受其詞僧已知語其徒曰彼公此際正躊躇矣公乃出獄中死囚令擒此僧即貿其死僧乃知之曰彼小遣囚擒我今至矣其徒勸之亡僧曰不可公正人也行將安之且吾數已盡殆不免矣既而囚至遂縛僧到縣治上民觀者如堵皆言僧不可犯公不聽杖之至百僧了無傷而杖隷俱號呼稱痛公釋其縛謂曰汝能呪杖者死復呪其生吾即活汝試之不驗遂收于獄其夜大風撼屋宇公曰是僧所為也乃正衣冠而坐待曙升堂呼僧出厲聲詰責褫其衣縛之以界方拍案僧股栗脇下墜一珠紅光閃爍又墜一小冊乃妖術書也公召同寮至取二物焚之將以斧劈其頭僧曰待其自死遂死公恐其詐使舁至獄中掘地瘞之壓以巨石三日發視屍已腐矣

陳公迂介

南京陳公鎬為山東提學副使時夜至濟陽公館庖人供膳而無箸恐公怒責而公則畧不為意或請啓門外索弗許庖人乃削柳條為箸公曰禮與食孰重竟不夜餐啖果數枚而已善食酒父慮其廢事寓書戒之乃出俸金命工製一大盌鐫八字于內云父命戒酒止飲三盞士大夫聞之互相談咲謂公者真迂介之士矣

陳嗣吟詩

陳嗣初太史家居有求見者稱林甫十世孫以詩為贄嗣初與之坐少選入內出手一編令其人讀之則和靖傳也讀至和靖終身不娶無子客默然嗣初大咲口占一絕以贈云和靖先生不娶妻如何後代有孫兒想君自是閑花艸不是孤山梅樹枝客慚而退

李陸善謔

西涯公善謔多見前輩志述近聞其居政府時庶吉士進見公曰今日諸君試屬一對云庭前花始放衆哂其易各思一語應之曰揔不如對閣下李先生衆一咲而散

陸式齋大參在成化間畱滯郎署最久其遷職方也西涯時為學士戲語之曰先生其知幾乎曷為又入職方也式齋應聲曰太史非附熱者奈何只管翰林耶聞者以為善謔

胡顧不妄祖

胡公同知處州事行縣至青田有縉紳家與公同姓來見請通譜曰先安定教授蘇湖在二州者多其子孫也公謝曰予未嘗受此于先人義不敢許其人強以譜授公公行一驛還人通還之袁州守周山顧公禎其鄉人同姓者以家牒求通云與公族俱出自野王公作詩卻之有周山自是源流淺不向墳頭拜野王之句若韓昌黎不祖稚圭范瀾卿記之矣卓彼三公所見非企羨狄武襄者耶

鶯聲鴈影

何尚書文淵守溫州時屬邑永嘉有百姓朱良觀良東兄弟爭財訟于郡文淵訊知其情皆惑于婦言也乃屬其鄉之耆老立兩人庭下以大誼開諭之因援筆判一詩于其狀後有秖緣花底鶯聲巧致使天邊鴈影分之句良觀兄弟感泣伏謝遂相敦睦其事與蘇瓊無異溫人至今稱賢守必先文淵

判叙記辨

蕭山來主事子爲爲子言孫汝權乃宋朝名進士有文集行、王連則王十朋之女也、十朋劾史浩八罪乃汝權嗾之、理宗維不聽而史氏子姓怨兩人刺骨遂作荆釵記誣之以玉蓮爲十朋妻而汝權有奪配事其實不根之謗也、

蔡西園誅檜詩

秦檜墓在金陵江寧鎮、歲久榛蕪、成化乙巳秋八月爲盜所發獲貨貝以鉅萬計盜被執而司法者未減其罪悪檜也、蔡西園鼎歷事大理、親閱囚牘爲作詩以快之云、 元姦搆虜孤忠殘二帝中原不復還、恨無明王即顯僇至今遺穢江皐間、當時殉葬多奇寶玉䈂金繩恣工巧、荆榛無主野人耕、獸兎爲群石羊倒、一朝被發無全軀、君假盜手行天誅、寧知淅上鄂王墓、報祀應將胥壞俱、

周八尺

周八尺丙情廣長八尺故混名八漁于閶門城濠、忽一夜有青衣散髮者從木箄下起、請周曰某溺死于此有年矣、君肯遺一飯并紙錢當有以報、周如其所須鬼飯訖、爨紙錢灰、問何用、云當錢使、詰朝于某處張網則獲魚若干、果然、是後鬼嘗起箄下塘西周秀才申科貴人也、一夕欣然有喜色、曰明日午時替身來矣、周問爲誰曰挾蠶若及明果有一人至、爲蠶矢汚穢濯諸水濱、周訊之云家有八十老母嘗是以供朝夕、遂去、其夜鬼對周言彼有老親吾故舍之、某月某夕有婦人來吾可取而代也、至期方暮某氏婦與夫爭、競投水、家人奔救、得免、周叩其故、曰此婦有娠何忍害其兩命耶、久之鬼來告別云吾本下鬼以再次放生之仁見録于上帝、勅我爲無錫北門土地、從此逝矣、某日廟中塑像

成衆共賽社即吾到任之期也、君可不來相賀乎、周問已之生業、曰毋栖栖于此、無錫東門乃爾發跡地也、是後無復影響、周如期携麸酒至廟、果像成、建會男女雜遝、見此鬼冠帶而出與之對飲、傾壺而別、他人不見也、此隠泰未事、及天順甲申、兩周秀才瑄觀同舉進士、周到無錫東門傭工于一寡婦之家、遂相與爲偶、經營産業漸至殷富、與婦生一子、焉鬼之言悉驗、

陳鬍子

寧波有陳胡子者以美鬚得名、其人生不識字而有異術能治奇疾、人往求治者不施藥餌、但隨意所用或取壁間泥塗患處無不立愈者、有袁指揮妻患瘰癧延治之即瘥、後袁妻以他病死、一日有巨艦泊陳門請視疾、曰吾㱕店橋楊家也、陳疑此處大族無姓楊者不欲行、強之乃登舟、但聞風水聲、俄頃即至其家、門宇高煥、延入中堂、一婦人出、陳視之乃袁妻也、驚問之、曰吾今爲楊尚書第三子婦、吾夫他適、吾瘰癧病發不及待其歸屈君來治耳、陳爲留七日心神惚惚如醉、既而夫歸、妻言其故即相見欵待殷勤、出金銀糖果爲謝、其妻自餽白金八錢、陳受寘于懷、復命舟送還、未至陳門操舟人遽擁之上岸、金銀糖果俱寘于田間而去、陳仆地昏然、有人行過見而識之扶歸、覺日始蘇、備述其事、視其糖果皆泥所爲、金銀則紙黏者、惟婦所餽乃真銀也、越歲陳死、至今其地有楊三舍人廟云、

孔公報德

侍郎長洲孔公鏞字韶文、爲諸生時家赤貧、至饔飱不給、每詣學則買二餅充饑、五聖閣有道媪見其旦晚經門、一日迎入問故、公以實告、媪心憐之、謂曰吾家晝則有齋、夜則有燈、秀才肯

僑居此乎公從之遂得肆志于學後舉進士歸媼已卒公斬衰冠送葬焉嗟乎是媼之濟孔公也恩深于漂母矣淮陰贈生義重千金節大事死禮齊衰姚古今英雄報德之隆固如是夫

陸公不滛

泰畋太倉陸公容少美風儀弘頂三年應試南京館人有女善吹簫夜奔公寢公紿以疾與期後夜女退遂作詩云風清月白夜窓虛有女来窺笑讀書欲把琴心通一語十年前已薄相如遲明托故去之是秋領薦時年二十四

鄭公正直

鄭公鋼字德新長洲人為人端慤言動一以禮少授徒于富家主婦窺而屬意一日坐讀書有老嫗俯度其足問何為曰娘子欲為君作鞋耳鋼正色叱之即束書歸不復登其門平生自守率類此

王文恪題純陽渡海

王文恪公年十二能詩有以呂純陽渡海像求題公援筆書其上云扇作帆兮劍作舟飄然直渡海洋秋饒他弱水三千里終到蓬萊第一洲識者已知公為遠器矣

盧御史非朱子

東陽盧御史格字正夫著荷亭辨論多非朱子其友某尚書見之寄以詩云桃花開遍玉樓春杜宇聲聲花外聞啼得血流唇舌破桃花依舊發精神識其勞而無益也然盧公自任亦朱子之忠臣豈以是詩為病乎

范昌自嘆

范昌長興縣人工于詩沒世後散逸不傳余少聞五嶽黃山人誦其自嘆一絕云我欲棄短節操瓢乞于市漂母是何人王孫乃國士

陳公錯誤

太常卿陳公音字師召福建莆田人有文行而性恍惚多誤前輩傳其事以為笑近又得數事紀列于左

刑部郎中浙江楊某字文卿又有山西人楊文卿為戶部郎中一日浙江楊氏招飲而師召造山西楊氏時文卿尚寢聞其来亟起迎之坐久師召不見酒殽乃謂曰觴酒豆肉足矣毋勞盛設文卿愕然應曰諾入告家人使治具俄而浙江使人至白以主翁久候師召始悟曰昨日所請者乃汝主耶我誤矣乃一笑而去

嘗檢書得友人招飲帖師召忘其昔所藏也如期而往累茶不退主人請其来故答曰赴君飲耳主人訝之而難于致詰具酒共酌席罷方悟去年今日曾邀陳也

清旦入朝誤寘冠纓于背及覲同列垂纓俯視頷下而駭曰公等悉冠纓而吾獨無何也一人遽持其纓正之曰公自有纓獨無背後眼耳諸公大噱

嘗自院中歸語從者曰今日訪某官從者不聞引轡歸舍師召謂至某官家矣升堂周覽曰境界全似吾家何也又覩壁間畫曰是我家物緣何在此既而家僮出叱之曰汝何為亦来乎僮曰是吾家也師召始悟

兩走書戲與御徽子洋么則指曰吾度其下是六爻之果六也名骰皆然師召大驚語人曰賓之天才也或諭之曰彼紿公耳上一么下六骰之定數何足為異師召笑曰然則我亦可為因…

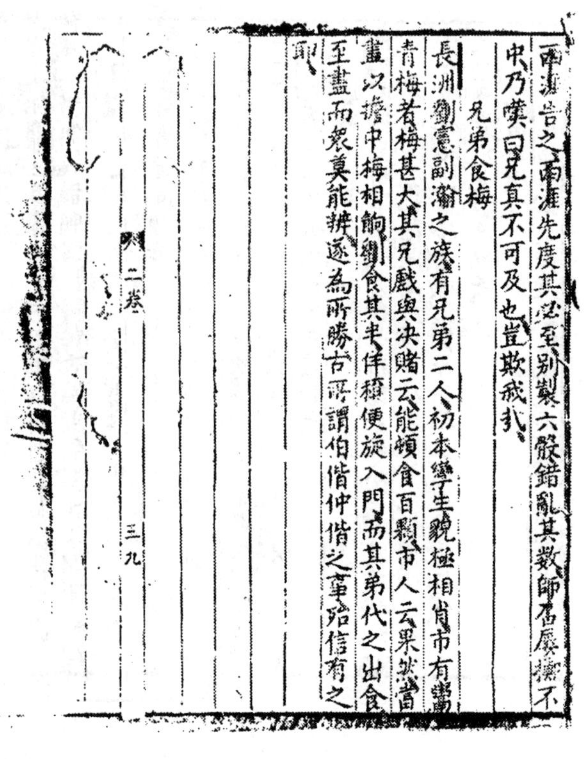

雨淮嘗之雨淮先度其必至別製六骰錯亂其數即居屢擲不中乃嘆曰兄真不可及也豈欺我哉

兄弟食梅

長洲劉憲副瀚之族有兄弟二人初本學生貌極相肖市有鬻青梅者梅甚大其兄戲與決賭云能頓食百顆市人云果然當盡以擔中梅相餉劉食其半佯稱便旋入門而其弟代之出食至盡而衆莫能辨遂為所勝古所謂伯偕仲偕之事殆信有之耶

二卷　三九

三十四左

續耳譚　三四

新刻續耳譚

三卷

李　言
烏程沈　奇
沈　垣
撫東戴君賜
繡谷唐伯成

龍異

正德十三年五月十五未申時常熟有白龍一黑龍二來天地晦冥至俞市村乘雲而下目光如炬吐火燄角皆現轟雷掣電猛雨狂風居民三百餘家屋去船十餘艘墜地為虀粉石梁柱樹木星散十餘人至酉戌時三龍乘雲望東海而去是夜乃止

玉龜

南京紫金山即古之鍾山蔣山也　高皇陵寢土數尺見一玉龜頭頸長數寸口目足尾儼然皆真久晴而腹下有水則雨而腹下燥則晴其異如此余庚子秋謁陵時守者得觀膚理細澤數墨玉然又有九玉龜掘時飛逸其八衆人急掩之僅得一龜存候考

朱塔户

朱達悟滑稽之流雅謔必報或訛呼其名為塔户有與交者折簡畀僕往迷朱欲僕及其門問焉皆是也遂覓一石重百斤書其上曰來人稱塔户

概其先之暴死至歸予已寢矣覓三年始獲聚其屍以祭所其遂吉不出夫夫人暴卒已為異至于以孫弒祖以父殺子其罪慘矣非厲鬼為祟斷不至此嗟乎為鑑者奈何一念吾至此乎

計妖

山之小民也善房中術以白蓮教惑人欲鉤致婦人系亂有傳道者数華事之以為神佛遞鼓動一境皆往從焉其人居一室中人不得妄見以五月五日取蜈蚣蛇蠍壁虎種毒物聚置一甕中閉而封之聽其相食盡其乃取而刺其血和藥浸水貯之令婦人欲求法者必令先洗其目云不爾不清淨不可以見佛洗後入室金光晾然妄見諸鬼神相懸無數者于是深信之以為誠佛也道師坐一大竹筐中令婦人跪不抱持傳道婦人不肯者則請令小兒摸其勢果若天閹者于是覩不疑者及親體則迫而淫焉婦人或聽或不聽無不被污而出不敢語人故其後至者不絕有潘三娘者與之淫尤密每招村之婦女來傳法則並污之人亦數百數時都指揮翁某新至欲以此立功求陞百户之遂白都御史王某張某時以賑濟在蘇亦有喜功遂令乃發衛兵五百人往收之知府汪濟指揮使謝為前哨妖黨初但以淫人故為左道實未敢為兵乃相率遁去居田野中其類惑之者執竹鎗田之前道師坐一石上衛兵列陣而對之其黨曰法寨勿動吾師少誦一咒則汝等來者皆死衛兵惑之果欲退中一卒曰賊首坐在石上何難擒也馳突前至道師所執其衣

綉樓之餘皆盡縛無脫者盡將三百人馬皆以檻車械送上
尚書丁謙在兵部深知其飾功止特奏陞翁一級餘並不賞賊
以逆誅者三四十人淑三娘者亦與在焉

人妖

京師有寡婦善女紅少而艾足纔不盈四寸諸富貴
以數室女刺綉見男子輒羞避有問亦不答夜必與
從教者共寢亦必手自鑰戶歇于目防由是人益重之庠生某
慕寡婦必欲與私乃以厥妻詒為姊賂隣嫗往延寡婦寡婦至
潛戒其妻將寢則啓戶如厠妻如戒生遽入滅燭大呼生扼
其吭強犯之則男子也厥明縶送于官訊鞫之其柔名桑翀年纔
二十四歲自幼即束縛其足為寡裝女態而為是圖富貴家女與
之私者殆以千數法司以其事奏聞憲廟以為人妖著法司
寘諸極典云

李學士體貌

成化間有善摩骨相者過李文達公賢徧身按抚以為此骨法
必是乞兒至唇間大駭長跽曰貴格在此當居一品時賢未第
衆皆疑訝未信後賢登第為大學士始服其神相公生平

六如

以繪則體羸必辭去方止蓋二歸三昧之理中藏巨
壁人耶何其勘破塵世也

貞桑侈甲于西蜀家園周遭數里中蒔花叠石備極
其最勝者仙人塢鴻濺滴翠樓跨虹棧却月亭諸處鑿
巨池四岍各設一院每院歌妓數十以年稍長者主之月夕與
客駕一舟若烟水忘者往來池中凡至一院歌曲喧然與知

實天臺閬苑也所丘矣西吏趣賓花贈以鵬精其色碧绣以油
紫裳之外加錦帶束之臍下狎美人通夕不倦曉則辭之次夕
雍皆不勝者一夕少姬竊精梭之池中主傾淂之取試
余猶夕擁數女而瞻面若桃花豈兼馴内養故耶

凤宄

祭酒應期嘉靖乙丑狀元家居不緝臧獲頗横御史鄭
鋤豪傳風勵名及按湖婁鴞訐告祭酒縣令張
彭貴且厚索未厭槩罪范僕逼其子致熄死所散家貲殆盡
鄉氏循環集呼晋祭酒不堪懸榻而死時萬曆甲午夏其配畢
夫人柢鄭擊鼓鳴冤范自為　今上儲傳聞之震怒將鄭御
官校械鄭張逮獄龍官聚訟遣謂范鄭張乃三應相值亦凤
冤也

巨賈遂妾

惠州山人林以唐妾名紫薇花幼年秀慧林甚愛之嘉靖末移
湖湘舟次龍浦遇盜至家人跳蹌登岸盜刼其貲及盜去索
之失一妾竟無踪跡隆慶己巳林至合浦巨賈手
渭烟感潛潛泱下楨問故林曰此類吾妾手澤語訖不
禁楨為感動頃入見己妾亦悲咽再三詰之妾曰誠實
向緣遇盜失于龍浦為人挾至奉公中楠適聞來客
乃吾夫也楨嗟訝曰有是哉吾為慷慨男子豈以
斷人夫婦耶遂不索其直而還之

典史中狀元

海晋寧人以鄉舉歷代州校官改秦和典史宜聽聞進士

第一官至少宰兼大學士蓋典史乃未入流之官故得與試云
被試云

[illegible]卿堂剛鯁

[illegible]中為左僉都御史嘗掌院印以疾求歸發廣西南丹充軍面刺四字曰南丹正軍後得代歸吳中居于樂橋深自隱諱與齊民共宣德末年猶在西軍之過暴苦民家公奮手歐之西軍訟于察院被逮時御史李主坐堂上公跪陳云老子也曾在都察院勾當來識法度的豈肯如此李問云何勾當底公云老子在洪武時曾都察院掌印今堂上版榜所稱嚴德明者即是也李大驚急扶起之延之後堂請問舊事歡洽竟日而罷後御史纍讌家宴客款於李館上坐致公作陪公特剪其頭戴一帽已破用雜布補之猶易其人見公面上刺字怪而問之云老人家為何事刺此四字公怒因自述老子是洪武遺臣任左僉都御史不幸有疾蒙恩發南丹今老而歸且曰彼時法度利害不比如今官吏犒亦大驚拜而請罪因退避下坐光華朴

[illegible]人有厚德從軍武昌與廬陵楊文貞公布衣為[illegible]量[illegible]壽潛邸官僚居京師乘驢鄰翁老公聞賣驢徒步久雨水流鄰穴垣縮水公家頻公曰天不恒雨晴當自涸鄰葺頹垣侵公地公素不較作詩曰普天之下皆王土再過來些也不妨金水河[illegible]命脩有德者試洪廷臣首推公焉

馬致齋不謡

馬致安其先西域人致安生中國讀聖人書用變夷俗故常大肉訓蒙自給貧不能娶僦敝廬而獨處鄰有娶婦暮夜叩門即之致安曰汝為士人妻今則未亡人矣乃不自檢如此又累士乎而況與汝藁砧為友乎可遽去遂堅扞其戶婦愧而去

吳訥不貪

子敏德蘇之常熟人為御史巡按貴州得代而還例言三司得失其都司官以黃金若干兩乎人迹不到之處追而送之訥不啓其封作詩題其上曰蕭蕭行李向東還要過前途最險灘若有臟私并土物任他沉在碧波間後以都御史致仕為時名臣年九十而終

火異

正德七年三月江西饒千之仙居寒夜震雷颶風西北方有火如箭墜一旗上如燈籠有卒撼其旗火飛上竿首卒[illegible]燃火銳之其火四散各寨鎗上皆有光如星須臾而滅五月廣西萬春北寨鎗上俱有火八月山東泰始皇廟夜鐘鼓自鳴火起桑上[illegible]燔而枝葉無恙廟宇燬而神像如故祝融氏固自變幻然未此之奇者

[illegible]異

[illegible]來遠矣而徽人尤重之其平時構爭結訟強半為[illegible]修民朱裕志并數十人詭知地術杜撰妖書創製鬼印鐵車桿械鑽石掘磚無堅不入窺已驗之地蠱誘豪貪以圖厚利每發塚時必外張皮帳以掩燭光布盛草土以覆故跡穴大如斗而賊徒采明號穿山甲者緣穴出入其捷如神[illegible]

仕從簸弄或男女相混或一擲數骰或入贋骨以襍真或出
骨以入贋如是者數年毒流縉紳之家不下數萬萬曆已亥歲
事發坐死者十六人論遣者四人擬徒者三十餘人其脫逃者
三
左手不刼人之財而刼人之命隊不殺一二人而殺千萬
採生罪浮于刼奪真出于耳目見聞之外而律文不
其切齒可勝道哉

徐文定公

文定公初試京師夢至一所若今文淵閣者上有三老立焉授
公匙鑰一握公出至門客數之曰是得六後公入仕司經局左
右春坊詹事府吏部至内閣司印果六又公為詹事時服闋至
蘇城聞王時勉名醫也令診之時勉以公脉有歇至不敢言公
曰吾脉素有異時勉曰若是則無妨也然終不樂後閱范文正

公廟少憩息忽夢一衣冠偉人来謂曰勿憂也公之壽年還有
兩千覺而思之以為二十年也其後二十二年卒蓋年之為字
兩一合為二十二云其神驗如此

繼子

向希鄧中人為徵仕郎無子不欲以侄繼抱屠家子子之後希
殁年仲冬偶客過訪晉宿側室東方未明聞有奔走聲客起
數輩或仕服或儒服或青服徘徊顧盻若有饑色又
服神一刃長尺許跟蹌而進竟入室後少頃陽陽鼓
數人頓足嘆曰吾矣休矣又不得飧矣婁然而退客驚
怪莫解晉審之伊家老蒼頭云是夜以長至令作祖考祀其持
刀者主人生父也頓足去者其甸氏宗也嗟夫以希之謀謂已
能世享其祭而不知死後之不得一飽也何使以侄為子則

劉原自相過誰能橆之雖不可謂希無子而甸氏之世澤
斬矣張老椽談

捐金活婦

璃偶往江干見水中一少婦起之問所由則夫行賈久
不歸以為死也夫曩稱貸富人金將没入婦義不辱也璃即出
三十金濟之且紿之曰吾于而夫友也而夫實不死此金而夫
所致也婦得金免于難璃竟不言名姓踰月夫果歸婦告之故
則未有所謂友人致金者也婦跡之不可得第日夜爇香禮佛
祝之比璃且死而始以語諸子郡人爭傳其事知為璃異哉為
善而惟恐人之知也後孫時應官吏科給事縉紳滿庭人謂陰
報云鄭參酒談

釋女鞋疑

秀才羅椿晉上黨人館于富翁家忽孩子持女鞋為戲棄之館
椿以為非穉権之床頭以緘其迹一日主人卧其床見之遂疑
椿之私于其妾也是夜家持利刃同妾往書室獨令妾叩門曰
妾豢君久矣願侍枕席椿厲聲曰吾為此狗彘行即人不知能
爾本良家婦何故至此不速去吾當語汝主人然
疑終不盡釋復偶同椿坐談孩子復持一鞋出主人遂
明事盡吐賓主益歡徐青峰談

玉神異

曰李玉專理陜閒賊盜事因為塑像置小輿中往来若
有求者虔心必應萬曆丁丑歲冬王陽流司馬家偶數金置几
上忽不見乃迎之来授牒數紙神即降小輿直入卧房擊碎火
籠金果在灰内又呼衆男婦諸之突撲一婦果盜金者拜地伏

罪後失綠大議請王綵忽見于是人益畏憚之

螻蛄出囚

廬陵守太原龐企自言其祖坐事繫獄而非其罪不堪拷掠誣伏將上有螻蛄行其左右其祖謂螻蛄曰異我爾有神能活我飯與之螻蛄食之而去有頃復來形體稍大異之乃復與食如此數十餘日螻蛄忽大如豕及報當行刑螻蛄忽掘壁成大孔乃破械而出後遇赦得活其家因以四節祀螻蛄于衢至今猶爾

烈鴛

成化六年鹽城太湖漁人見鴛鴦交飛獲其雌烹之雌戀戀飛鳴于釜沸湯而死漁人悲其意爲棄羮不食人稱之曰烈鴛鴦鳥微物乃能如此彼梁冀尚在而孫壽私交于秦宮夫君已亡而息嬀偷生于楚國何哉因賦烈鴛詩以愧不如鳥者烈鴛可悲雌已死雌依依寧同鑊中烹不向湖上飛生来相從不相舍如今喬趙同所歸何事楚宮嬀不語露桃脉脉東風裏

王伯讓

王伯讓行貨于閩度馮公嶺見一人仆于道一婦守而泣一童負行李竚而俟王善醫視其脉暑所中耳即取藥畀之而去仆者遣童子問名氏曰武林人王伯讓也抵閩爲貨滯不即歸明年裝以酒飲即主告别甫散去主邏覘厥妻訟主行劫主被逮郡倅訊鞫之閱牘見王名乃辨其誣乃獲釋倅即向仆者事之相遇如此

徐用禮題劉阮天台詩

徐用禮號雨州能詩往往有佳句本富家子以詩貧晚歲落莫卒藉詩給日充工香奩有南州集嘗題劉阮天台圖曰白雲巻靄迷行路水複山重不知處行過磵谷有人家忽見東風萬桃樹芳香艶態娱青春花間得遇娉婷人五銖衣薄捲烟霧笑語便覺情相親神仙雖遇終離别千古佳名自傳説天台山水至今存桃源望斷空明月亦可詠誦

王尚文詠棉花

王尚文詠棉花曰采采西風雪滿籃禦寒功已倍春蠶世間花艸無補生民也自慙石田沈啓南詠緜曰衣被深動碧窗火煖起眠時顧言努力加餐棄二月吳民要賣二詩亦可傳也

小姐惠日巻題詩

小姐校宫澄女嘗遇惠日巻訪尼僧書其亭曰矮矮墻圍小小亭竹林深處晝冥冥紅塵不到無餘事一炷煙消兩卷經此亦故並傳之

禹季廸詩名宇内

參政金廷臣未領皆議參軍事于吳嘉禹季廸才名三再强而後往因命題倪雲林竹木圖貫試之也且以木爲韻季廸充口答曰主人原非段干木一瓢倒瀉瀟湘緑此爲惜酒在樽飲餘自鼓無絃曲能大驚異其敏捷且嘆賞其詩廷之因勸之仕季廸笑而不答時年纔十六又二年年十八順而長矣未娶婦翁周仲建有疾季廸往唁之周出蘆雁圖命題季廸走筆賦曰西風吹折荻花枝好鳥飛来羽翮垂沙闊水寒魚不見滿身風露立多時翁曰是子求室也即擇吉日以女妻焉

鹿鳴宴素服不簪花

天順末蘇郡舉生陳𤯝夢宴鹿鳴同坐者皆素服不簪花爲諸
朋輩言之咸以爲非吉徵後陳登成化戊子鄉薦揭曉前二日
適　太皇太后崩詔至明日鹿鳴宴果皆素服不簪花其奇驗
有如此

蛇渡船

巳口驛下四十里有舟子夜夢人來渡至巳口謝銀壹錢
怪之天微明舡艙内忽檢得紙包沾水猶濕開視之銀
不知數而覔其人不得忽林莽中有蛇昂頭若欲渡狀舟子曰
求渡者汝耶則容休後艙無驚前艙秀才也蛇如言入伏少頃
巳口舟子以杖叩艙語曰渡船者可上岸矣蛇以頭左揺舟
委蛇而去舟子停棹審偵蛇所往時有修船船隻上人
蛇忽嚙内一人至死後轉竄叢莽中去舟子驚訝以爲
前生孽也劉觀書談

徐天明

徐天明不知何許人上書言國家災祥修禳之數上惡其惑衆
問曰汝自知死所乎對曰臣當死于緋衣小兒之手上故令一
老千户衣青押出斬之斬後方知監斬千户姓裴名婴盖所謂
非衣小兒也

白精

會稽章司理在任時嘗謂上官晚不能前適堡中有官署向以
多祟勿輯章不得已而入宿焉心實畏之張燈危坐堂中隸卒
百人環遶于外更餘惡風驟至燈盡滅是夜微有月色見二門
忽開一白衣者擁數十輩傳呼而進齊至簷下抛磚投石多不
中人郎中者亦不甚傷達旦而去及門而止章即令人掘門下
地深五尺有一古石臼絜白如玉旁有小石堀甚夥並起而碎
之鮮血淋漓祟遂滅章李安談

龍取蛛珠

弘治間登州山中有蜘蛛與龍鬬而龍爲蛛絲所困後有火龍
其絲蛛不能爲遂爲龍取珠去蛛死黑水流山下身徑上
八六尺又上江山間龍與蛛角取其蛛山震木折水湧數里居
有飄沒者吳兩江談酉陽襍俎云蜘蛛大如車輪怪不之信
由此而觀遍知六合之内何異不有未可以不見爲誣也

寄姬不辱

維揚秦君昭少游京師其友鄧載酒祖餞既而舁一姝色小髮
至前令拜秦因指之曰某主事所買姬也幸君便航附秦弟諾
鄧慇之再三姬從之途遲至臨清天漸暄夜多蚊納之幬中直
抵都下定舘往見主事主事以小車載姬踰三日詣謝曰足下
長者也昨已東報鄧公且使知足下不孤鄧公之托矣遂相與
劇飲盡歡而罷竊謂一思之女夜無所適郵亭之女兩無所投
得已而畜之秦于主事非有相知之素鄧友之命峻拒之可
耳雖能爲柳爲顔然非常道也

奇姓

天順甲申進士孟茂音與陜同　英宗改陝　嘉靖己未進士裒
貞吉　世宗改裒　萬曆戊戌進士卄　又休寧醫人圖一元士
人畢自牧與鎭江火桂林者皆奇姓也

夢雲神語

餘姚陽明先生初名雲以太夫人夢五色雲入懷而生也丙

未言有一老僧以名露天機改今名遂言即不凡婿蘇顧未康名金一日鄉間儒生假宿于鄭公祠中似聞神語云明日狀元顧鼎臣來儒生謂庠中無此人早起忽見公入語以夢公曰吾正將易此名耳果以名中狀元

擧子更名

德清金明時初名陵萬曆戊子夢中一金明時遂改名明時是科果中又聞中解元洪世遷夢神語云今科中者洪世武也因改世武及中則嶺南人同名者己卯科武林諸生李茂芳夢閱試錄有李雋才名亦改名雋才及填榜主司見雋才以爲類廝走名置不錄夫夢同改名亦同或中或不中或中他人總有定數浙場揭曉日擧人由貢院迎至文廟每一擧人則執役者千六人以一吏督之近辛卯科予逆旅主人夢解元名周書瀾醒而長鬚者及放榜解元乃毛鳳起而督吏爲周書其貌即夢中所見者由此觀之非但擧子進取有數即一吏之微亦由前定豈偶然哉

諷語

陸式齋先生一日與張給事宴投壺中耳給事曰信是陸丘曾開手便中帖木耳陸荅云可惜張給事開口嘗學磨兜堅給事有慙色

軌格

西川曾孝先善軌格有王叟者行賈成都求爲卦孝先曰教住莫住教浴莫浴一石穀搗得三斗米遇明即活遇暗即死再三戒之令誦此數言足矣叟受教行途中遇大雨憩于屋下路人盈塞乃思曰教住莫住得非此耶遂冒雨而行未幾屋倒獨得免叟之妻已誘鄰人俟旋歸將欲毒之約其私人曰今夕新沐者乃夫也日欲晡呼叟先浴重易巾櫛叟悟曰教浴莫浴得非此耶堅不從婦怒不省因反自浴即受害叟驚愕罔測遂獨囚繫官府拷訊獄就不能自辨郡守錄狀牘叟悲泣言曰死即死矣但孝先所言終無驗矣左右以是語上達翌日郡守命未得刑呼叟問曰汝鄰比何人也曰康七郡守曰殺汝妻者必此人矣遂捕之一訊果然因謂僚佐曰一石谷搗得三斗米非康七乎果既辨雪誠遇明即活之數與明者果也

己丑榜進士

大方伯咸陽雍公世隆爲庠生時嘗夢盜一牛騎歸未至家牛主追及之反縛雍手以杖棰其背遂覺是歲登鄉薦明年己丑第進士乃悟曰身在牛上乃己丑也反縛卿也蓋己丑榜中進士云

死猶顧親

劉福蘇衛人所居值石塔營西貧甚恒稱貸爲薪以給日日以所贏歸貸主滿一券則易券復貸一日貸券滿劉病作力疾齎券復往貸貸主羅洪然慮劉以病費所貸錢無所取償也遂拒劉憤恨劇病死劉之父時爲人家廝卒貧無葬地火其屍後三日貸主暮從石塔醉歸忽見劉搒衣索券羅昏憒仆地舁至家雙目直視以拳擊墻若相搏狀指爪流血曰吝三百文不貸我死何忍也家人知爲劉羅拜乞免焚以楮幣祀以牲牢終不釋良久曰喚吾父來厚贈之家人匍匐強其父往以青蚨五爲饋羅忽醒嗟夫若劉者可謂孝矣既死猶顧其親世之人而不肯顧者愧于劉多矣

犬異

朱明寺前民家有牝犬乳一子，翌日有来詢犬者，徘徊囂嗁，主疑而問之，曰無他求，一見耳，引之見，目睫有淚，主益疑，他日復至，復不言，如次，自後三四日輒一至，至輒以餅餌飼犬，問之終莫言，主紿曰犬必妖也，吾將烹之，遂不令見，其人懼曰犬吾亡父也，夜夢語予曰業緣未盡，墮君家犬胎，明將誕矣，必三載而後釋，覺而怪之，及来詢果符，故不能捨，主惻然欲畀之去，曰向云三載始釋，不及期恐更他墮，莫若君所也，主遂不以犬視犬，省之者亦如故，越三載其人来泣請，主畀之犬，犬不欵從，至家竟斃，然則輪迴之說恐亦不誣也。

黄鐵脚

黄鐵脚穿窬之雄也，鄰有酒肆，黄往貰，肆吝，與黄戲曰必竊若壺，他肆易欵，是夕肆主挈壺置卧榻前几上，鐍户甚固，遂安寢，比曉失壺，視鐍如故，亟從他肆物色，壺果在，問所得，曰黄某，主詰黄問故，黄用一小竿竅其中，俾通氣，以猪溺囊縈竿端，從竇引竿，納囊于壺，乃嘘氣脹囊，舉而升之，故得壺也。

傅海不孝弟

傅俊生二子，長曰海，善經理，足以備養，而沮于其妻，次曰小小，孱且幼，藉其父以食，父老而康，稔歲足自給，且以給其幼，弘治癸丑山東旱甚，比得雨，又浹旬不止，漲溢通衢，生理蕭索，居民艱窘，俊日一饔亦罔繼，往就海養，海初以窶辭，既而曰即養不能及其子，父曰然則汝以養吾者養吾幼，吾自圖之，言訖去，遂不見，已跳入閘河死矣，幼子聞訃来死所，求父屍不獲，遂赴水死，觀者泣下，嗚呼，海不孝而不蒙顯僇，小小死孝而不被旌

司民社者將得辭其責乎。

孝順王

閣揮使李其少孤，賴母氏撫育，得世廕蔭官，母卒，浮屠氏曰滌屍穢水勿污地，則死者釋愆資福，李亟命勿覆，貯畱他器，日以盃飲之，越百日乃竭，八閩咸稱為孝順王云，他行尤有奇絕者，李近四十乏嗣，其妻為納麗寵以進，李具冠裳焚香祝天曰，某實不德，天斬吾後，吾不承天又污一女子，體吾不為也，乃伏地長號，妾懼而還之，後連生二子，噫，孰謂天不可格耶。

徐誥不屈

合肥徐誥勳臣裔也，眇一目，其氣與詩俱豪，少司馬長沙王公儋典相契，景泰中延徐至京，語曰予閱將臣無踰君材者，第失爵久，卒難復，已約大司馬于公矣，翌日畢朝過我，君少屈膝可圖也，非直友義當然，選將亦吾職耳，徐謝曰爵可失，膝不可屈，屈膝得爵，後會當何如，處明日于至，徐竟不出，遂罷，嘗有詩譏邊將曰龍沙逆虜初回馬，麟閣功臣已賜貂，又曰丈夫若得封侯印，不使胡人夜渡關，觀此可想見其為人矣。

詩史

天順中，首相江右陳公薨于位，有吊以詩曰，何事先生蚤盖棺，薤歌聲裡路人懽，填門客散恩何在，負郭田多死亦安，鹽海已無前日利，冰山誰障舊時寒，九泉若見南陽李，為道羅倫已復官，亦詩史也。

題李白墓

采石江頭李太白墓在焉，往来詩人題咏殆遍，有客書一絕云，采石江頭一抔土，李白詩名耀千古，来的去的寫兩行，魯班門

前掉大參亦確論也、

尹岐鳳

宣德中簡太學生年五十以上放回田里而儒士應賢良方正舉者輒得八品官尹翰林岐鳳有詩曰五十餘年做秀才故鄉依舊布衣回回家及早養兒子保了賢良方正來、

于節菴清風滿袖

于節菴以兵部侍郎巡撫河南山西遷大理寺卿前後幾二十年其赴京從不挾土物賂當路時人嘗誦其詩曰絹帕蘑菇共線香本資民用反為殃清風滿袖朝金闕免得閭閻議短長、

鬼詩

有人泊舟釆石夜聞鬼哭既而若謳吟者達旦大書一詩沙上云長鯨吹浪海天昏兄弟同時弔屈原千古不消魚腹恨一家誰識鴈行冤紅粧少婦空臨鏡白髮慈親尚倚門釆石江邊腸斷處一輪明月照雙魂讀之真可憐哉、

呂公井

吳東林山有沈東老者酒壚甚潔有黃緣道人類呂純陽者嘗就飲東老未嘗索金飲三年道人至井口葫蘆中出紅丹一丸擲井而去自是泉水香冽取造酒味極佳日飲者以千計家大饒三年後道人復來語東老曰吾報盡矣以葫蘆吸井紅丹自入道人忽失所在酒不復佳飲者亦稀其地至今有呂公井陳孺完談、

蘆王廟

宣德間錦衣千户孫表使琉球道過白石磯蘆葦叢中一小土墩巨表戲曰可稱蘆王自此蘆遂為祟舳艫往来必虔祀之不則風波掀蕩多不能保遂搆廟曰蘆王廟表使還見神告甚詰之知為蘆王立命毀廟祟遂絕、

吾進士

吾謹姑蔵人中書延年子負奇傲世嘗辭家登少華山學僊不就歸而群俠客擊劍弄丸蹴踘日飲胡姬肆每大醉騎出都門底目之曰此非吾中書兒耶吾氏自是墜矣謹聞遂屏絕外好下帷三月試有司風動衣裾五色爛然有司怒將皆之謹曰請閱謹文後行皆可乎有司閱文奇甚又試五馬賦更奇有司大物色之已而鄉舉第四計偕京師時父故人為相謹往候會故人以事出五往不見後故人過謹亦五至不見故人心銜謹試禮闈不得魁比廷試又抑置第三甲憤志不平試館選詩曰突兀三山近蒼茫五嶽低致身霄漢上一掃净紅霓見者益忌其輕薄又不與選遂大恚不肯仕五上書乞歸乃徧交名流若山人畫士之尤者相與慷慨高唫肆力研摩竟以是死燕人云跅弛之材泛駕之馬以在上所遇之豪舉如謹故人始屈抑之是矣乃卒聽其淪落不收視古休休大臣何如耶屠緯真談

程烈女

程女名菊英興化人雅脩閨德字同里張氏胥陽富人徐某者慕程氏色百計圖之不得則賂權力者言于督府督府檄縣兵圍程氏程氏父死之縶其兄而逼程氏行于是盡縫其相衣固東懷短刀語嫂曰家有老母幸善事之從此逝矣遂行程氏兄赴縣官縣官利富人金五刑畢具程氏行至半途謂侍者曰去城幾何侍者曰十里乃就輿中以帶自縊而絕所司命礼葬之旌其家、

九日壓頂

成化甲午，陸君獻之赴試南畿，夢九日墮壓其頂，陸驚而寤。友人以詢吉凶，莫能詳解。比揭曉，獻之以易列名第八，易之魁則徽州張旭也。旭即九日之徵，而壓陸之頂上，陸是以不漂焉魁之。

斷頭港

東曾張鳴岐以進士來宰吳邑，舟抵縣，將升輿，既曰：事有前定也。學諭汪有本問故，張曰：疇昔將遷時，夢舟泊斷頭港，疑為不祥。今縣當水盡處，適與夢符，故慨云。

再世夫妻

陸源子同舍生洪之凡，源妻娠將娩，源夢見一翁一嫗，翁謂源曰：吾两人當再世夫婦，吾為君之子，妻為東城陳某之女。翌早俱生。有瘞金在陳室左偏石礎下，盍往取之。比曉，源果得子，往詢東城陳某，果得女。陳所夢亦如是。遂相與礎，有石覆一甕，探之則清水也，悵悵而還。是夕又夢前翁云：物各有主，不吾見故。幻第攜吾脫毛衫往，當得金。厥明，源與洪同往陳壁藏數人以俟，源置衫發甕，赤金爛然。壁藏者哄出，又幻非鐵非土，業潸瘵一枚。還，後两家子女竟不育。

蛇附食

都勻有柳王祠，其像獰惡，深目廣顱，喙尖而張，人享之。盛羅牲醴，拜祝畢出，而闔戶，從隙處窺之，見青巨蛇從神口躍出，食盡仍入，只少不虔，輒得禍。祀者接踵。吉安陳僉憲過而聞之，曰：吾當為一方除祟。命具饗，又設麵包中藏寸刃。公為文自禱神，亦闔戶窺之，蛇食如前，未幾有饗神者，蛇不復出。公令毀像，蛇斃

神腹蛇遂殲。

魂附

烏程孝廉閔櫻園公歿數年，忽一夕魂附一婦人，坐中堂，聲音舉止宛然公也。呼三子及群僕處分家事，一一如生前。又語其配曰：吾往時有趙仲穆山水圖，藏某笥；有玉印池，藏某笥。不及與汝言，今猶在否？語畢而婦甦。又余師山陰張廉衢先生言：族叔書殁踰年，魂忽附賣卜人，其故相善族侄聞而往詰之，書語娓娓。侄猶不信，試令誦易，即熟誦。侄又云：前因一察事，叔贈我詩，無人知者，今能成誦乎？賣又誦詩，一字不謬。閔、張俱世家，事甚著。大較人死精英未散，往往憑依于人，乃知漢獻帝死七月，小宮人作帝語，鮮箬無異，不足怪也。

白洋龜異

白洋朱氏為越中名家，甲科奕世。祖塋有石沙臨水，形如龜，每水沒龜族，必登第，如兩御史節菴與太守樊元、縣令瑞鳳登第時皆然。隆慶辛未歲，一巨龜出塚傍，為里人獲而殺之。萬曆乙未，里人復獲一龜，朱氏捐金贖之。大盈一丈二尺，遍體金紋，五色鮮異，目光如電，有四人立背方行，為文奠之，并卜所往，欲之海，遂以舟載將至海，尚餘數十丈，一躍而上，頃聞水聲劃劃，遂不見。

江十八

仁和張瀨與姻家婦潘八婦私，棄其夫出，約以夕至。鄰人江十八知之，詐為張狀，先往求合，婦嚴拒。江素無賴，時佩刀以行，即舉刀斫之，携頭擲怨家李縫工後垣，濺血，驚走，為巡夜者所獲，送之邑。令劉君洪謨鞫知姦情，又不有

血頭濡不勝拷掠竟認殺人第無首獄尚未决曩夕一縫工蚤起見女首亟纍土埋之為隣叟窺見鳴之錢塘令令嚴訊縫工竟不知首從何来姑繫之獄劉令每以灝事未决怏怏于中萬曆己亥夏禱之城隍神夢神語曰俟旦日君有所往獄自明矣及旦劉偶以事至江上見群鴉鳴舞江沙旋遶不去劉數之得十八鴉默念殺人者得非江十八耶數日後閱門夫冊有江十八名竟械之至一訊而伏詢女首所在云拋柳縫工家遂移文錢塘縫工得免焉強暴殺人幾令無辜者受斃神固黙啓之劉悟亦巧矣

米中下水

鎮江城陽世𣂏貿粟為生素性狡詐凡貿先和以水萬曆戊戌六月震雷擊死背有朱書一行如卦文篆觀者如堵皆莫能辨忽一羽人手持一杖来衆詢之羽人咲曰此極明白有何難識遂以杖立竪字中分明米中下水云兼張瑊走談

八童戲死

德清𤩽溪側有村學究課八童子以放膳歸遊中有一樹曲横水涯以索懸魚節大可容百觔一童戲脱屐下節聚魚八童皆下索絶節沉八童皆溺死童家相訐久而不歸一父至館探之學究曰去久矣童父覓至水涯見岸上多屐而節索已絶即呼衆舉節八童死其中慘動行路潸丸秦談

于保兒還鄉

觧州下馮村有于保兒者聘本村涯氏女甫三日而戍南海涯氏家居以紡績為業每飯輒晋米一匙積至月朔市香紙詣武安王廟以祈夫回時保兒在彼為摠戎牧下卯三月昏暮時卜謂保兒曰汝思家否泣而告曰僕離鄉萬里而瀚海隔絶何以能到王曰吾亦觧人寓于此今將西還既欲往當偕行遂帶千馬後瞬息間墜于下馮村之東隴徧體沾濕觔骨楚痛及旦匍匐叩諸耕者始知至家見父母與妻相持而哭備道回家之由乃知神力之祐涯氏至誠之感伍中隨報逃即保兒是夜還家之明日也至今人皆能道達于二家尚有人焉

張進士回生

隆慶丁卯張水部與弟計偕至桃源弟病革未殮恍若有神繞舟呼曰是人且不死關公以王孫友愛故来報汝水部因舁弟屍徙至野廟中走關公祠祝曰俟于先主異姓也猶能情篤其親兄弟柰何相棄于此死之日為孟秋晦日迨是中秋矣水部視其䰟不陽亦不化背腹相凑若無腑臓者水部私念営䰟能無離乎我䠶嗷然隨而哭之䰟不得載營矣偕一僕屏息廟中夜不敢舉烟火旦走候祠捧明水一盂燔祝辭投水中歸以沃屍搦顙扶其口以五分瀝之纔有泚水部喜頷俟彌急一夕屍起勢芃芃立忽仆僕走告水部曰幸矣似有生矣水部急入提其耳曰某在斯締聽之微有息水部又低語曰弟来弟来巳乃喉嗌然聲出謂形不類已詫水部水部按方寸間指之曰是非爾手因撥其目微若欲視者則索鑑求照見其口鳴而鼻張潞潞然循其兩股至于腹流絡轉動忽起坐但服湯數旬而復自死至甦凡十有八日水部名袁大戊辰進士終比部即弟名袁未癸未進士任衢州守昔趙簡子死七日而甦非真死也其猶在夢境乎張仲子既死而力回之神我游神奪舍道家以為恒驗而吾儒以為渺茫六合大矣又有外吾六合者于事何所不

有若張氏伯仲其說足以風世又不特志異也四明俞以待有記予節錄之

髑髏怪

御用監奉御來定五月間差往南海子公幹從五六騎出城昇殺酒爲路食日午至羊房南大柳樹下脫衣卸鞍坐樹根上以柳瓢盛酒擣蒜汁濡肉自啖回顧一髑髏在傍來夾肉濡蒜戲納髑髏口中問之曰辣否髑髏即應之曰辣終食之頃呼辣不已來驚悸令人去其肉呼亦不止遂啓行至海子畢事而回呼辣之聲隨其後還入城始絶來至家得病數日而歿蓋來之將亡陽氣虧矣故陰氣得以干之況冥穢之物不宜相戲戲則吾心有不得其正矣心不正邪必乘之觀此可以爲戒

懸皮袋

河内縣民間牆内得一石碑乃貫休所畫彌勒佛像橫一柱杖挑皮袋于背腰間𢧐一蕉扇筆法乃鐵線描也堪堪居士贊云即此皮袋非此皮袋不屬聖凡不立行解兀兀騰騰處處在在柱杖挑來賜與君天上人間更無外書法高古而書字學米元章流麗勁健亦皆可愛

牌額

正統間京師營造衙門其牌額皆程南雲書時主戴二卿居太常是非七八年下人又多病疫沒二卿爲之弗安問于先考府君府君曰額上常字口不合故多外議又若吊字故人多病損丞脩合之庶保無事二公即令人夜間刊合之後果獲平善余聞宋南渡太學有至樂齋舉人多憚居此易名待聘遂有成名者錢塘一寺極隹而僧好訟衆秦達因閱僧堂見堂字口不合戲

改叅合之字競遂息又聞有火災屢至項州縣牌額焚一二兒晴康元年十二日丙子夜尚書省火延禮祠工刑吏部折尚書省牌擲火中禖之乃息乃知祈禳厭勝理或有之但不知其所以然也

特迦香

戴德潤一日過予曰西域人進駝鷄在會同館中盍往觀焉遂與之偕往至則鷄高四五尺毛紫赤色長距大喙又有鳥如鷹狀頭有二角與鷹無異身皆黄金色解國人語言順其指揮觀畢值通使卜馬琳相遇問其國夷乃西域鉢露那國人也具道其使臣坐卧尊嚴言語不苟飲食絜精過人有禮德潤欲往窺之琳曰彼有擯者不可得窺我輩子見之彼弗敢慢如其教以往及門擯者膝行以告召琳入與語乃具衣帽請見余二人入使乃降牀相揖揖後拱手再四仍升牀蟠膝而坐余二人對牀坐牕下琳坐右側胡床上琳以國語與彼通訪謁意彼復拱手相謝觀其所戴帽如僧家毘盧帽乃白鳥羽爲之者頂上嵌一紅鶻石周圍有金縧相間髮垂向後君四五寸長珥金西環衣淡紫大袖如僧家氅衣内裙繫在胸坎垂兩紫帶甚潤屧革履去履升牀須臾茶至乃巴茶也各注少許于柳杯中啜之茶罷一擯者奉一小黑盒膝行上供果使臣取一枚在手命以取相傳余輩各取一枚果如橄欖形而色黄白彼先食之余輩皆食果味甘杂核如棗心與肉不相粘擯者持盒去不再進蓋珍之也余二人但以目視彼不能通一語坐少頃與琳語欲辭去琳耳語云食彼茶果敬之至也有手帕之類在身可酬謝而去袖中俱無余止有天盭縧所縫褶疊葵葉扇世亦艱得即出以

謝琳致意焉使臣把玩再四拱手稱謝余輩告辭彼命歌晉以
語攅者移薰爐在地中就內取出一黑小盒啓香焚之香雖不
多芬芳滿室即以小盒一枚盛香一枚與琳語久之命以酬扇
琳傳其語云此特迦香也所焚者即是佩服之身體常香神鬼
畏伏其香經百年不壞今以相酬秖宜收藏護體勿焚爇之國
語特迦唐言辟邪香也余締視之香細膩淡白形如雀卵臭之
甚香連盒受之拜手相謝辭退閤使臣從降沐𩜁嚴再揖而出
歸家焚粒米許其香聞于隣屋經四五日不歇連盒奉于先母
先母納篋笥中衣服皆香十餘年後余尚見之先母即世篋中
惟盒在而香已失矣嘗讀博物志云漢武帝時弱水西國有人
乘毛車渡弱水來獻香者帝謂是常香非國所乏不禮其使留
京師久之帝幸上林苑西使奏其香帝取看之大如燕卵三枚
與棗相似帝不悅付外庫後長安中大疫宮中皆疫病帝不舉
樂西使奏見請燒所貢香一枚以辟疫氣帝不得已聽之既焚
香宮中病者登日盡差長安中百里咸聞香氣九月餘日香尤
不歇帝乃厚禮之遣使還國覩于此則香之驅病辟邪理或有
之但偶未之試耳

朔漠三銘

永樂三年　文皇帝北征抵黑松林而還初過禽胡山勒銘云
瀚海為鐔天山為鍔一掃胡塵永清沙漠次立馬峯後銘云惟
日月明惟天地壽勒銘玄石與之悠久又次清流泉銘云於鑠
六師用殲醜虜山高水清永彰我武

常州二守

常州太守莫愚巧于取賄而糾察群吏使無所得然人為之語
曰太守摸魚六房曬網繼莫者曰楊恭有廉操而律下不嚴吏
胥得以行其詐又為之語曰外郎作鮓太守攬罾言勞而無獲也

私印對偶

京師姚生為錦衣指揮門達館客諱文尾用私印曰錦衣西席
吳江井驛丞蜀人也內翰江東之婿亦有私印云翰林東坦于
時傳為的對

徐尚書

江陰徐尚書晞始為郡小吏有富室謀併其鄉某甲田產誣以
人命甲不勝拷掠自引服公心憐之密尋甲家人訴諸憲司而
下文于郡公核實為言其冤于官而釋之甲泣謝而去歲久公
跨驢詣常熟中途遇甲邀公至家公不可甲挽驢不使行時日
暮而前路頗遠不得已從之甲與妻泣拜設雞黍以待公道舉
杯而甲遂問其故妻泣曰吾夫感公活命之仁而家貧無以報
今夕邂逅願以鄙陋之妾侍寢吾夫已假宿鄰家矣公大驚曰
是何言也鬼神昭列使徐晞為是事耶速覓而夫來則罷否則
雖夜必去矣婦依違未應公色愈厲起解驢欲行婦乃呼甲還
公論慰再三乃就枕達曙告去夫婦為之感泣

談公緯

無錫老人談公緯者嘗受憲司命檢災田于淞江夜宿華亭富
人家富人欲饒作虛數厚款之宿之密室夜分一少艾女出其
榻後緯驚叩之女曰妾此鄉某氏女父貸主人粟十石經二歲
積到至三十石而無償因以妾代令夕奉主戒求薦枕席緯聞
之遽起求出而門扃不可啓呼主人又弗應乃諭女曰汝良家
子也吾安肯污汝張燈坐以待旦既而主人啓門入意緯已納

之矣詰其女女以實告主人夫慙服衛因謂曰所須其當代償幸以女還其家主人謝曰公長者也敢不聽命遂焚券而還之

破犂令

鄉進士賈晞彥善謔會飲張漢臣家酒半漢臣奉觴請令晞彥曰予有隱語已諸君射之不中浮以太白乃云天不知地知爾不知我知舉座不能解罰觴請言之晞彥舉一足加几上示人乃犂底一窟孔也滿堂絕倒

王叔英詩

人生天地間所貴大節全爲子必祇慎爲臣必恭虔嗟予事君父自省多過愆有志未及竟奇疾忽相纏泄痢徹晨夕藥石療靡痊賓朋具珍羞對之不能咽意者造化仁有命歸九泉曾聞古夷齊餓死首陽巔周粟豈不佳所見諒有偏高蹤邈難繼偶以無足傳千秋史臣筆慎勿稱希賢此王叔英詩叔英字元采黄巖人建文年間仕爲漢陽知縣一言一動不愧古人縣境旱陳詞禱于山川與神約一日不雨則減一膳二日不雨則減二膳三日不雨則絕粒以待神顯戮夜則寢苫枕塊于齋宮二日果大雨壬午歲作此詩自經死蓋托疾而隱其迹耳

陳通判公廉

蘇州府通判陳信字嚴信杭州人先任大理評事轉兵馬指揮陞令職在任二年有惠政公而廉正統十七年年六十七歲乞致仕蘇之富人以重贐追送毫無所取而其家甚貧人有詩送之曰公辭榮祿賦歸田又却蘇民餽贐錢一任此生貧到骨只留清節與人傳

袁公女

朱政字未理任湘陰縣典史有善政夏尚書原吉薦擢遂安縣令未視篆宿于驛亭夢小兒數十輩皆被血淋漓來挽其衣覺而問故父老言此邑人生女多不舉恐爲資裝之費故也下令嚴禁之後邑人生女皆名爲袁云

割心療病

蘇城織染局匠李伯順之侄李成四歲而失怙恃叔撫之成人成篤孝敬伯順病將死醫巫不能救成于密室操刀破心坎下三寸許以三指探心而出割心肉絜指大一塊復納于內用香灰封其創乃以心肉和豬肉烹之進于叔叔食之而其疾遂愈成亦無恙但面色黃瘦而已成亦未嘗學問乃能爲人所不能爲之事夫人苟傷內膜者立死況剜心傷損者乎然竟不死者得非由鬼神護持之力也乎雖然此事不可爲訓但錄此以敦薄俗耳

半個里長

長興里長某者假以遣稅索里人豬肉金不與先以鐵索自鎖其頸因鎖豬肉將赴官途遇虎先齧里長下截而上截猶連豬肉忽山後又一虎來爭食兩虎相憤豬乘机捧半里長奔訴之令令驗得實遂釋之無賴索人未得金而身先斃報亦神矣灌俌遂談

潘爛頭

德清雷殿潘道士素習五雷法役使神鬼號召風霆一日廁中指畫符口中有詞一金甲神自空而下潘無語第言汝將祠前樹移于後神怒以足踏其首首遂爛流血漿患瘡癤者取林之敷愈至剖決禍福祈晴雨皆立驗至今城隍廟道士守其五二

談事能先知云

雷擊淫男

明郡天風塔巍峩拂雲時現舍利有小優爲遊冶子誘至絶頂淫之須臾雷震擊兩人于地遊冶子死優得復甦時萬曆辛巳年事又己亥季冬金陵兩男子淫于報恩寺塔上亦爲雷所擊併死夫以靈山清境爲無知男子所污褻罪仙聖所不逃誅

僧救公子

廣東張某爲金華郡守清介自持官舍止攜一子公卒其子扶櫬歸路逢僧欲附行家人力拒公子納之凡十許日清供不輟過洋遇盜舟揚帆而來僧取彈一發正中桅樯帆不能下竟去及泊岸僧曰今別公子矣尊人爲廉吏茲來爲免公子難耳公子挽留不獲贈以衣繒不納固請止持一扇去越數日開篋而前扇仍在斯蓋仙眞幻化以祐善者不然以請白吏役人罹患叵測非天理矣涇林明談

蛇鼈交化

山陰魚潭張氏族衆將掃祖塋買數鼈懸柱間俟其畢將烹之其一忽化爲蛇張素爲談又漁人黑哥子月下親見一蛇盤旋而蹼餓頃成鼈矣大較鼈腹紅者多蛇化不可食

雷蓬頭

雷蓬頭者名太雲不知何許人也少爲書生好道術入沙門遊又棄而學仙成化間居太和山中敝衣蓬首行若飄雲人或于山下見之或失所在舉頭望之遙在高崖雲霧中相距萬仞或二三十里許或時假寐一室扃閟如故身已在他處山上同或固鎖鑰每雞鳴諸山法鐘遠近俱發道士驚起曰雷仙人入宮矣荆王求見之固請曰側聞神仙之名久矣願乞片言雲曰予丐人也何足以語仙王曰汝年幾何矣雲曰半歲王曰汝何許人雲曰幽州生建康長廣東編戶遼東應役王憮然不悅曰今日幸逢至人願乞道術雲怒曰吾非俳優何術可施遂大相詆訾王不勝怒密遣人縶之潠以狗血遂裹以革令廝之桎梏置獄中欲殺之夜半忽不見王甚愧焉成化末不知所終

安翁遇仙

福州安翁者以市酤爲業常有道人沽飲輒去不償直翁亦不責久之道人來會翁曰良意久不酬今幸枉過乞遂偕行翁許之須臾至一山下草菴中成賓主畢道人曰有一道友去此甚近亦有仙術僕往邀請共君相娛可乎翁喜諾道人遂去久不來翁且餓覰室中蕭然無供具惟破釜在壁下餘飯可升許仰視屋梁上懸橘數顆壁上張畫梅一軸翁不勝餓取釜中飯食訖道人適至曰道侶不遇無以爲歡不陋貧居可遂留數日耳翁懇辭道人再三曰煩君遠臨無以相贈柰何翁曰可掇壁間畫耳道人曰此吾道友之物柰何與君君既相愛吾當榻之耳既覆之以手拭之宛然如畫因題其上曰爲買東平酒一卮邀來相會話仙機壺天有路容人到凡骨無緣化鶴飛莫道烟霞愁縹緲好將家國認希夷可憐寂寞空歸去休向紅塵說是非翁持此遂別迷道不知所向問野中人曰福州離此四日程耳翁始知遇仙悵恨而歸翁後以壽終于家云

呂堯卷

呂堯卷者不詳其名里成化間嘗遊于襄鄧河洛之間冬

晝夏則被褐好狎兒童且謔且詈競為之結小髻每搖首則髮理如柳復為結之如螺然滿頭時人呼為疙瘩一日履江水上江畔一婦人方晨泣見之曰呂公若能行水耶忽起取其杖笞之復履江去弘治已未相傳于隴右白日上昇云

張皮雀

張皮雀者名道修少從其父參議江西時每聞道院鐘鼓笙磬之音輒往觀焉父不能禁後還吳中為道士師事胡風子胡風子師事莫月鼎授五雷法居玄妙觀弟子甚衆欲密授道修以書置屋上覆瓦中呼道修曰天將雨亟升屋敗隙補之道修如其言往胡公曰得乎道修應曰得之矣于是始得秘訣驅風雷如神常褁一皮雀狎小兒每出則小兒群遶之故時人謂之張皮雀好飲酒食狗肉常有病癰者求治會方啖狗肉遂以汁濡作符以授之曰謹握之及家而後啓其人易之曰何物能治疾耶中途竊視之忽有神人怒撻之幾絶一日行道中見一人責之曰汝婦將死盍返觀邪入寢中婦果自縊忽絶而醒天亢旱太守朱勝求禱道修曰儒輩每毀我欲雨設壇于學宮太守不可然不得已遂強設于里塾又令黃冠輩之以行命置水于兩廡間呼群兒侍諸咲滿前每作符遣一兒投水中則雲氣生其上須臾雷電轟烈大雨如注道修大呼曰請誅貪吏諸吏跪伏莫敢仰視良久曰沾足乎衆曰然雨乃止江陰旱富民周氏請禱道修往視囷廩甚侈怒曰彼囷求福已耳且為之禱雷雨大作道修曰彼為富不仁請焚其廩火繞其廩焚之幾盡吳江旱王道會者禱之雨已作道修曰王道會亦禱雨乎今日避逅誠幸相角法術何如衆驩然建兩壇道修謂道會曰左右何居道會觀東郊已雲遂即左道修在右有頃雲歸于西東望皎然而忽大注道會大慚神驗甚衆不可測也居常忤兒意輒受箠不走但呼大宿世大宿世以壽終翌日人于松陵長橋上見之

趙頭陀

趙頭陀成化間吳中有吃肉和尚自言從終南山來問其姓名荅云是趙頭陀往來僧居不假寢榻常坐于廊廡之間身着單衲不易寒暑性好餔餟無所去擇食如燎毛飲若填壑人莫見其溲溺故呼為吃肉和尚每見輒曰可作一齋耳後供者漸不能繼或絶口累日亦復晏然有一少年惡其無厭欲試若之值大寒月邀請入舍乃款以餘庖羊腊雜物凝貯盂中曰和尚食肉即舉手張口瞬息嗽盡又將取水數升與之曰和尚渴乎便後飲水遂足奉秫飯曰和尚飯乎即飽飫一頓不謝而去亦無所苦嘗跌坐道上有一縣吏呵導而來儼然不動吏怒命撻去鞭笞一十亦無嗔愧舁于故處復還安坐人皆咲之有高媪者時造其家媪輒具食一日忽來呼媪曰吾欲行矣不為他人作取檀越意在相報遂端坐簷下夜半而化晨有群僧舉而去之閉巷男女聞有此事競來觀看投錢萬計媪意始觧册陽都玄敬博識士也嘗摩其顖中圓徑二寸虛通如穴光朗異常竟莫測其為何如人也

張剌達

張剌達者相傳是宋時人為華州椽嘗從州太守入華山謁陳摶先生先生就賓主叙坐訖復設榻于左似有所伺太守不之悟已而一道人至藍袍葛巾蕭如也先生與之揖而坐焉道人趨而左據榻端坐儼然無遜容太守不悦先生事之甚恭因

曰先生袖中攜有何物幸以相貺道人即探出棗三枚顏色各異乃以白者授陳先生赤者自吞食之青者授太守太守意不悅持以授椽椽遂啖之道人遽出太守問于先生曰是何道者先生固為恭乎先生曰此純陽真人也太守悔恨追不能及張公自後得道 國初時往往遊人家每顯異迹 太宗聞即北平嘗召見之語有神異及即位思慕甚篤遣胡尚書濙遍海嶽間求訪之後于秦中邂逅宣述聖意企仰道真乞迴鶴馭以慰眷望張公曰謹奉詔但道遠日久公先就駕予當繼至耳既而胡方入朝張公果至 帝延入問之曰何為是道曰能食能糞此即是道 帝不悅曰卿有仙術為朕試之以為榮觀不亦可乎張公遣侍竪舁一甕來即指之曰臣欲入此以觀造化即投足縮首頃刻不見呼之則諾視之無形 帝命擊破之使人各持破甕一片呼之如月印水在在俱足隨呼而[illegible] 帝曰卿可試出言訖張公忽在前 帝曰卿可[illegible]窮造化之張公曰諾即走入柱中呼之復出 帝嘆曰妙哉張卿出函入冥其至神乎張公復取水噀于中庭[illegible]變成巨川闊岸沙際橫一渡舟張公舉手招之舟忽近人儼登舟而去不知所之尋視庭際了無波痕後 帝患疾食不下始悟張公之言嘆曰張公其能鏡余之死生矣先是張公以草一莖授胡公曰異日陛下若有危疾以此療之于是 帝服之果瘥

陳會元

宦俠

陳文偉馭盜

江西妖術

南京長安街鬼

吳縣知縣許某

滸漕貸銀

前世娘

人痾

金山脫厄

趙洪婺妾

鬼還家

說夢

陳子經

黄提學

五足牛

洞庭雞犬

人痾

真武顯應

穀亭狐

續耳譚

李言
烏程沈奇　仝撰
沈垣
無東戴君賜　參訂
谷唐伯成　校梓

昳路相林武林城西僻静處
死啖其肉次早但見白骨成堆
一人問曰盒何携曰黍團將餉
曰爾能以盒啖我我有女愿
童遽返白之父
乙
盡裹糧周之童
中俱縊死惟女哭于其傍童父
向類誰忍食之又無可食而其
亦謂未覩云

曆甲午春館穀房憲副家
一金花杖呼德曰汝欲知
指空見紅日一輪將墜德惶懼
不知何以能延僧曰特齋則可延也德深信
凡兩月面無神色歸而家人吾勸逐不能忍復嗜葷
又夢盲僧曰汝不用吾言今已矣未幾染痢咋其舌腸腐而死
神僧示夢業有生機乃持志不虔獲罪神理卒不免于死亦可

懼也哉。

谿巧對

知先生少絶敏，額弱冠補博士弟子，與弟偕之城，時
日兄弟手卬方倡戲曰犬雨沉沉二沈伸頭
尚罷不開人稱巧絶後會薦三
聯甲于與

金鼓喧閙忽有白龍自空而
卜仆不省衆扶携灌救半日方
失足下水龍驚而騰又因教場
何乃能攀附御空而行史稱黃

有聲鄉閭嘉靖丙辰倭寇慈谿
已登一街側小樓避之時寇縱
八能脫對天長號為母請命
以萬曆乙酉夏病將終之辰
果徐門兩叔父来否及二
近聞有鼓樂聲從中門而

入以廬州二守駐無為州管盧稅事兼署州印時延
盧江遇颶風暴作，舟覆飄流數里，童兀坐舟內，一吏捧二印
與視見雲氣護之，忘其在鮫鮹帳中也。偶賈者過閘覆舟內

有雲氣擁而出之，童與捧印吏俱獲全。時童以清吏為政，識者以
為循吏之報云。

吹簫狡童

徽有富家兒甫習賈，挾重貲至維陽界，買舟將渡。適一賈客精
悍有心計者欲附舟，徽賈納之矣。須臾又一狡童持紫簫至，亦
客心計其無行者勸徽客拒之，而徽客心艷狡童，竟
一兩日夜相浮甚懽。及舟次曠漭，月光皎潔，狡童立
徽賈方擊掌大快，而賊舟聞簫聲從浦中鼓棹
墜狡童于江，而急回櫓轉操。賊舟至問
浦去矣。賊信之，向浦中往追。徽賈
且艤于遊治，其家難宜矣。

以仍浮入試者甫閱其卷有
遂實第一。時衆論以章冒籍首薦。
一瑫者曰何謂冒籍，瑫者對曰各省士子
有名之為冒。世廟曰：普天下都是我的秀才。
是年試題舜有臣五人而天下治。世廟因閱章
者曰此卷何以冠多士，對曰各卷只言五臣之賢，
惟此卷先發大聖如舜原足治天下，而又得五臣，所以天下益
歸于治，深得尊君之意，允宜首薦。世廟大喜，冒禁遂寢。

感靈幼顯

四明趙甬江為兒時習句讀于鄉塾中，偶與兒童戲于土神廟，
大書其壁曰：發配三千里。夜塾師夢土神叩己，求于趙處解之。

師覺而駭心憶趙之後必貴也第諭之曰孩輩胡㦸于神可往
袜之趙捉筆往改發字為免字是夜師夢神稱謝不已後趙官
至大司空握符勳僚稡郡守今皆貭契先驅國朝文臣威權無
出趙右者

史百户嗜酒

首性嗜飲晝夜沉醉不少醒嘗且謁上官上官與之語
上官怒叱之曰汝醉耶其父聞之遂絶其飲父之
莫療有張致和者深于脉理診之曰夜半當
絶其妻泣曰汝素嗜飲酒今死矣然父
死當無恨遂啓其齒以温酒灌之
唇動又灌之而漸甦以報
絶慎勿棄之當飲以醇酒

進入宮為給事中、孝宗皇帝嘗
佳其發端云甚矣秦之無道也宮豈必
弟一弟濤為貢士就試春宮沈贈以詩云自少
人間天上两依稀朝隨鳳輦趨青瑣夕捧鸞書入
紫微銀燭燒殘空有淚玉釵敲斷竟無聲年來望爾登金籍同
補山龍上袞衣時競傳誦之

孟淑卿詩

孟淑卿姑蘇人訓導澄之女有才辨工詩自以配不得志號曰
荆山居士嘗論宋朱淑貞詩曰作詩須脱胎換質僧詩無香火
氣乃佳女子鉛粉亦然朱生故有俗病李易安可與語耳為士

林所稱然性踈朗不忌刻世以此病之篇什甚富零落已多景
傳者數篇悼亡詩云斑斑羅袖濕啼痕深恨無香使返魂豈意
花存人不見一簾明月伴黄昏又春歸云落盡棠梨水拍堤萋
萋芳艸望中迷無情最是枝頭鳥不管人愁只管啼又長信秋
詞末韻云君恩一如秋節序不教芳艸得長春冬詞末韻云雙
蛾爭似庭前柳臘盡春來又放舒觀此數詩真欲與宋姬爭仙
筆爭長

朱氏過虎丘留題

朱氏海昌人過吴虎丘山題詩壁上云梵閣憑臨入紫霄憑欄
極目渺無涯天連淮海三千里烟鎖吴城十萬家南北舟航揺
落日高低丘壠接平沙老僧不管興亡事安坐蒲團課法華

徐氏春陰詩

錢唐妓者徐氏有文藻作春陰詩末韻云楊花厚處春陰薄清
冷不勝單裌衣亦為清唱

紀異

弘治甲寅遼東大風晝晦雨黍滿地黑穀大如蠅次年乙卯長
沙旱苦竹開花楓樹生李實黄連樹生王瓜苦蕒菜開蓮花七
日而謝又歲丙辰三月欽州楠樹生蓮花五十餘朶李樹生三
實若茗滿枝

雞産異物

弘治甲子蘇州崇明縣民顧氏家雞胎息一物猴頭餘悉如人
狀長四寸許有尾蠕動而無聲是歲海盜作

火鴉

弘治庚戌歲武昌城中飛鴉銜一蕢市人競逐之蕢墮啓視之

火礫五放欻然躍出是歲武昌災者三黃州災漢陽災

周顛仙

太祖皇帝御製周顛仙傳草本未見今姑從所聞述之顛仙不詳何許人混迹行乞擧止譎詭元末往來江楚間每至一處本而呼曰報太平報太平然遇人雖求乞而態度傲慢人皆惡且苦之如是殆十餘年時 皇祖建義顛特來委附 上憫之且獨知其人因送之僧院俾事薪水以糊口顛轉盜肆侮諸髡屢盜常住蔬果日與僧競僧訴諸 上上亦惡其所為召詰而戒之顛態猶如故上將除之諭令遷革顛咲曰公安得死我耶金刃水火何能損我一毛哉 上怒裸置石臼以缸覆之積薪如山熾以烈焰一晝夜啓視之顛兀然坐其中 上咲而釋之使從軍以行亦稍令帥師征討嘗問之曰天下紛紛何時定乎顛

指桶曰破了一箇桶成了一箇桶 上亦不究之然時出沒不恒及討僞漢索之將委以事遂不知所之矣入洪武中 上嘗不豫忽外奏有廬山道士進藥 上令問其詳曰周顛仙使之來言畢將召入忽不見其人 上乃遣行人至廬山求訪之既詣山至廬山觀又見前道士謂行人曰周在竹林寺方與天眼道者對奕因導之往果見顛在寺門與一道流奕行人致 上命顛殊不為禮行人侍良久屢請命顛曰若且入寺游行出當語若行人入門內殿堂軒廡弘麗極至光耀奪視未及登殿循廊而行兩廊皆連室室各有主者行人次第觀之或冠裳或野服侍從甚都旌幢服器珍具堆積行人行且數之左右通二十八室中皆有人物充牣啓門洽事獨一室扃閉覘之中無一人傍一巨甕踞其中而已地有流血若被傷者行人出見顛

命語顛曰若已見矣二十八室者經天之宿所治也遞次來人間為民物主若 主方御宇故其室空稍有血者疾徵也雖然行起矣行人因請曰將何以返 命取驗耶不然且得罪顛乃賦詩與之曰 上覽之當信矣天眼者亦贈一章行人持之去稍去回顧寺亦不復有矣二詩者竟達宸矚云亦淺近語但不知何所指也

蕭公

蕭公撫州人為人坦率惟以利濟為心亦不知其所參脩也一日方與鄉人飲座間隱几少瞑須臾而起顧座客曰適江中有覆舟者吾往救之凡幾人主矣示其足穿芒屨果沾泥水好事者亟往江濵物色之其言信然乃始異之自後往往如是每以救溺為務又能分身四出或一時為人招邀處處赴之後會語

及各有一蕭公也後不知其死時之悉殁遂為神暨 太祖伐偽漢鄱陽之役公擁陰兵助國我師初不悉知而其後敵人言正見空中有數萬甲兵皆衣紅以助戰幟上大書蕭公字由是太祖皇帝加以封爵各軍衛廟祀之其家至今族屬蕃盛子孫家人死者亦多隸公部下為陰官陰兵亦專以拯溺為事今江藩遠近處處事之往往降鸞箕判禍福人有受福欲報以咨于人人亦或判云要銀若干或金或錢粟米之屬或判其數令送抵其家與子孫收之或運箕作家書道及家事又云今遣人送回某物若干每歲恒有數百金寄回家賴以給令凡長年黃帽事之最謹而兵衛將士及漕運官軍尤極誠篤閭外夷之人亦奉祀之

桃園女鬼

蔚州東門外有桃園叢葬處也園中種桃四繚周牆中有
一少年元夕觀燈而歸行經園傍偶舉首見一少女倚墻頭露
半躰容色絕美俯視少年暑不隱避少年暑一顧亦不為意舍
之行前遇一人偕行少年乃衛兵餘丁其人亦同輩也且行且
縱語其人問少年婚乎曰未曰今幾歲曰十九矣又告以時日
八字父之至岐路同輩別而他之少年獨行夜漸深行人亦稀
稍聞後有步屧聲回視即墻頭女也正相逐而來少年驚問之
女言我平日政自識爾自忘之今夜見爾獨歸故特相從且將
同歸爾家謀一宵之歡爾何以驚為少年曰汝何自知吾女因
道其小名生誕家事之詳皆不繆蓋適尾其同輩行得之語其
口出也少年聞之信便已迷惑偕行至家其家有翁媼居一室
子獨寢一室始出時自鑰其戶逮歸不喚翁媼自啓其寢則女
已在室中坐矣亦不悟其何以先在也燈下諦覷之殊倍嬌媚
新粧濃艷衣飾亦極鮮華皆綺羅盛服也翁媼已寢子將往[illegible]
室取飲食女言無須往我已挈之來矣即從案上取一盒子啓
之中有熱雞魚肉之類及溫酒取而共飲食之其殽胾猶熱也
啖已就寢女解衣內外皆嶄然新製乃與之合猶處子爾黎明
自去少年固不知其何人也迨夜復至與之飲食寢合如昨既
而無夕不至稍久之家鄰聞其語咲聲潛窺見之語翁媼云而
子必引誘良家子與居後竟當露禍且及二老柰何翁媼因候
夜同往而覘之果見女在翁媼愛子甚不驚之明日呼子語之
故戒諭之曰吾不忍[illegible]于官令爾獲罪爾宜速拒絕之不然與
其偕爾而累吾二老人當忍情執以聞矣子不敢諱備述前因
然雖心欲絕之而牽戀不忍且彼亦徑自至無由可斷女亦知

之殊不畏避翁媼無如之何復謀諸鄰鄰勸翁首諸官翁從之
展轉達于郡守李袞守召子來不伺訊鞫即自承伏云云然固
不知其姓屬居址也守思之殆是妖祟非人也不下刑蓋教其
子令以長線綴其衣明日驗之子受教歸比夜入室女已先在
迎謂曰汝何忽欲綴吾衣耶袖中鍼線速與我子不能匿即付
之翌日覆于守守曰今夕當以剪刀斷其裾予之翦歸女復迎
接怒曰柰何又欲翦吾衣裾速付翦來吾姑貸汝子亟予之又
復于守守怒立命民兵數人往擒之兵將近其家女已在室知
之時方晴皎忽大雨作衆不可前乃返命于守守益怒命一健
邑丞帥兵數十往必取之女亦在室丞兵將至忽大雷電雨雹
盆而下雷火轟掣殊不能進亦回返以告守曰然則任之呼子
問曰女之姿貌果何似衣裳何緣色子具言如是如是其外內
裳袂一一皆是紵絲悉新裁製也每寢解衣堆積甚多而前後
只此衣未嘗更易一件其間一青比甲密著其體不甚解脫即
脫之與一珈黃袴同置衾畔不暫舍也守曰爾去此後第接之
如常時吾自有所處子去時適判某在座守顧判曰吾有一語
欲語公恐公怒耳判曰何如守沉吟久之曰此人所遇之女殆
或是公愛息小姐者乎判大怒言公何見侮之甚吾縱不肖公
同寅也吾家有此等事耶公亦何乖繆如是守但笑謂言公試
歸問諸夫人判愈怒發欲罵之遽起入內亟呼妻罵守言吾為
老畜所辱乃敢道此語云云妻扣其詳判言老畜先問後生閨
其言女容貌衣飾如此乃顧謂我云云爾妻驚曰君姑勿怒或者
果是吾家大姐乎蓋判有長女未笄而殞攢諸桃園中其容色
衣飾良是也判意少解出語守吾妻云云其當是吾女耶守曰

冥間之且幽明異途公何以怒為第顧公勿恤之任吾裁治可耳判亦姑應之既而無所施設女來如故又久之有巡鹽御史按部事竣而去郡集兵二百護行守與群僚皆送之郊御史去守返兵當散去守命勿散從吾行且迂道從東門以歸至桃園守駐車麾兵悉入園即命發判女冢視之女棺之前有一竅如指大四圍瑩滑若有物久出入者即斵棺視女貌如生因舉而焚之蓋守知女鬼已能神故竊其事乘其不知而忽舉鬼果不能禦也守恐鬼氣侵子深或復來纏潛召入郡中令守郡帑與同役者直宿凡三月無恙乃釋之其怪遂絕後子亦竟無他事在弘治中也

張生

弘治間南京漢西門有張氏子未娶忽爾形氣尫瘁漸成瘵疾

久益沈篤遂將殞殁前後醫禱既竭至是家人審問得疾之由始言初獨寢時有美婦人來挑引好合問其姓居婦曰我即對門史包頭家女耳既而夜夜來處今猶未絕家人令伺其來將彼衣飾稍損敗以驗之子如戒婦復來即潛取其金釵藏去且視之乃磚土也子大驚衆持之徧物色于京城諸寺廟中久之得于倉巷中土地祠夫人之首釵失焉取以補之脗合無間遂碎其像像之腹中當下部置一瓶于其間口向外以為陰藏精液已盈瓶中乃碎像丁川其怪乃絕子亦安愈京師後生多作詞曲以歌之子今在

橫林查老

毘陵之北地曰橫老者居之年踰五十而死死後魂歸于家不見其形但語其音即查之素也凡家事巨細

一稼言之某當行某當止點檢門户什器失物則指其人姓名及物所在是以貨殖獲利為事不誤而無失物之虞家因以致富外人過謁者亦聞其言至于設宴邀賓亦陳一席于主位以為查席仍聞查言勸酒晋客昔了了分明久之人亦不為異也如是及三年一日語家人曰我今去矣遂泯

蛇吸人精

姚江張惟之館于茗溪聞光祿家一館童嘗卧榻側無疾而面目漸黃肌膚日削醫治半年無效忽一夕月光入户惟之開幕視之一巨蛇張口就童子吸其口津惟之輕以杖逐去童不知也惟之亦不言次夕復見蛇將近童子惟之仍逐去自後遷別室童亦尋愈

吳職方弟

南職方郎中吳闇夫季弟敬源延一塾師同諸幼徒宿一室敬源子亦在二鼓時師方就寢恍惚見數青衣狀若公差以繩繫其頸師以為公差誤攝已也大呼我無干數人曰誤矣誤矣遽趨出師惶惑不安諸弟皆起正兩駭異忽聞哭聲從内出其子急叩門入敬源無疾奄忽而逝蓋冥卒欲攝敬源而悞繫師也異哉稗叔古談

誤殺隣兒

烏君山下村農四月間揮鋤田畔一隣家兒拾蚯蚓喚鴨鋤誤擊兒斃時曠野無人知農即埋兒于田兒父母覓之無踪後埋處禾茂特異農方耘其妻携餉至農笑謂妻曰汝知此處苗何獨茂妻曰不知農曰往時隣家兒實誤鋤死埋此處而父若母至今罔知也妻亦不為意忽踰月夫以小忿辱其妻妻遽曰爾

殺隣兒埋之田有天理乎隣家聞之竟往埋處剜得骸骨鳴之
官衆竟服罪

奇鑑

山陰俞僉憲南渠未第時訓徒皆幼齡楚中袁生善相人偶過僉憲公輒許取科第居方面又于衆徒内見羅少康洲張少陽稱俱驚許狀元及第見朱少金庭又驚許翰苑且云三公俱巨卿人人訕笑以為諂誑後南渠果登第官至僉憲羅張相繼擢狀元羅以宗伯終張以侍讀終朱以吉士累進宗伯分毫無爽夫大魁同出一門同聚一堂而師徒皆顯其遇合之奇袁于童稚一一別識術亦神矣

巨魚

江西南埜民陽當年十八萬曆己亥九月入池捕魚一巨魚長丈許狀若小舟噴冷水啐其腹流血淋漓百方治之不愈往萧月餘而死夫有生倫類噬人者多未聞魚能噬且噬之死也即巨海洪森不無吞舟之魚而勺水潛藏異物害生巨測豈厥孽耶予弟希瀛令南埜富妻告守制知之詳

吴仕期

宛陵吴仕期為諸生伉直負氣聞權相張江陵奪情事作書萬言極詆其非為有力者匿不以聞後江陵歛知大恚君矣無何蕪湖縣諸生王律者私草一疏托名嶺南海少瑞事聞之操江都御史胡櫝櫝趨人江陵黨也屬太平同知龍宗武治之宗武希旨窮治王律律波及君謂疏出君手以計紿君至嚴加拷訊下之獄絶其食數日君餒甚齧其衣絮殆盡不死則以囊沙壓其口殺之郡中譌言 朝廷籍沒君家君之女及子乘小舠逃于河上忽兩舟相觸舟人相関視之則舟載君柩還適相值云後江陵死孫御史維城上疏訟君寃有 旨逮龍宗武苛鞫治君弟仕朝相與對簿時有鴉數頭遶廳事飛鳴向問官唾唾若有所訴伍伯以杖逐之不去仕朝曰此即吾兄之寃魂也問官為之蘇蘇隕涕云草茅賤士奮于一念忠憤貫奇禍而不顧若君者與宋陳少陽異代同聲矣暑偶夢談

宋登科録

鴻臚卿張鳳梧公分守浙西時出宋登科録二冊重刻紹興十八年進士五甲共三百三十人宗室登科者十六人下註玉牒所一甲第一人會稽王佐次晦菴先生係五甲九十特奏名二人刊于五甲之後寶祐四年進士五甲共六百一人玉牒所七十四人一甲第一人文天祥各名下俱註治賦治詩治易治書治春秋治禮記治周禮又有一人一兼治者紹興録詳註里居不註治賦共寶祐録無特奏兩録一以晦翁重一以丞相重故自不可泯也

吴小僊

吴偉江夏人少為晨怨遇一羽士言爾有異骨當享大名旦日于猪市大石上相會至則命坐石側袖出一鐵錐刺石傍出泉一線命偉掬飲之乃曰任爾學藝名聞天下遂不見偉後學畫專十二科山水人物入神品性戇直與俗寡偕成國公延見以小僊呼之後 憲宗召至闕下授錦衣鎮撫待詔仁智殿有時大醉蓬首垢面曳破皂履踉蹌行中官扶掖以見上大笑命作松泉圖偉跪翻墨汁信手塗抹而風雲慘淡生屏障間上嘆曰真僊筆也偉出入掖庭奴視權貴求畫又多不與于是權貴人

數短之居無何放歸南都日喜從諸豪客兢集妓館劇飲、孝宗登極復召見命畫稱旨授錦衣百戶賜章曰畫狀元後稱疾歸、武宗復遣使召之使至未就道中酒死偽挾一技辱召者三獎借賜予詞臣所無洵榮遇哉廷賦伉直不諛權貴視今世弄柔翰者瑣尾求榮直蒼素矣聊來命先生傳

夜夢六驢

萬曆已丑冬揚州江都令劉道隆一夕夢遇驢六頭內一小驢向劉叩首覺而疑之思不得其故雞鳴忽悟曰是矣是矣妻叩其故劉述其故且曰今人罵僧為禿驢意者僧作奸乎旦乘小輿出西門果遇六僧因命隸拘之僧稱不入城且無罪奈何拘我劉詒之曰飲爾耳及至縣內一小僧叩首不止曰我非男乃女也吾父青州選貢生二兄亦庠生一日此五僧來家化齋母素信佛因齋之留其誦經禳災令我出拜佛僧見我姿色故沿至晚曰村〻〻無菴觀敢求長者家作宿父不得已令暫宿于門房夜半五僧持刀排闥而入將父母兄嫂并蒼頭數輩悉皆殺死只五歲侄避床下得免將我登時削髮被緇挾之而出晝夜輪姦其時我不難一死以舉家異仇無由伸雪耳每白日置我于僻處二僧堅守三僧化緣供我衣食離家三年所過不入城市日中不見官府故隱忍至今日幸遇爺臺是我報冤時也望為鞫之五僧不待嚴刑已伏辜矣劉乃招詳院道移文青齊核實得報即寘典刑而女號泣數日乃自盡焉夫女不死于前而從僧且隨之三年似一淫婦人耳及仇雪而不惜一死以謝父母豈非從容就義者乎籍令此女不嫁附姑成立而後死若程嬰之撫趙孤則又賢矣雖然徇非劉公神明安能剔奸若此哉

劉善政甚多茲特其一斑耳、

吳駕部女

嘉州吳駕部公擇女適溫太學者博通書史每行必載與俱喜吟咏嘗隨父金陵官舍適季父乞兆歸書烏頭詩曰官舍知秋早那禁骨肉離長江望不到風雨細帆遲予紀此以俟彤管之續吳韓僕談

王太史配死節

山東王太史象節死未殮其配徧召族人為太史立後即自縊而死後太史友人洪瑩之為文葬其墓有玄鶴遶墓飛鳴者三見周吏部傳

頭白夫妻

歸安東林某者為怨家所誣遣戍廣東當行原聘妻未配妻父母以獨女憐恤捐貲買別婦伴成女終不嫁隆慶初恩宥歸年踰六十與前女復諧伉儷人稱頭白夫妻、

大鞋和尚

嵩山少林寺萬曆巳亥歲一僧不知何地來亦不知何名常穿大鞋人呼大鞋和尚飄然夜行不畏蛇虎或六七日不歸日屢飡不飽即數日不食亦不饑寺僧談經亦往聽詰以法旨必答語不多人衆囂喧即避矣寺柴年尼佛缺珠飾項詰登于座下得之行大雨中衣不濡濕壬午春持鉢出遂不復來又十三年寺僧廣慧遇于五臺山下色澤如前第眉長數寸云、

虎山塔異

洪武末僧法慧飾虎丘塔掘得舍利五色爛然創池水湧作遺花狀又正統戊午重葺露盤初上有白鶴數十迴旋塔頂舍利

光連夕燭天閱月復紅白光自塔頂透出横亘牛斗遠近無不驚異張翁林談

試院鶴

江西萬曆辛卯科監臨公入院矣試士名亦足已爲八月六日而陳公幼良與同舍友二人皆在遺矣竟束装歸第幼良因臂瘡未即發猶跛而同遊于院前有泣下者乃院門正送水菜畢從内封鑰脅人三封而庭鶴三啄去監臨正詫曰豈外有遺珠乎命啟門視得幼良三人立試皆佳即屬藩司給卷並入試榜發幼良解元一人第三一人名七十則鶴啄之力也青田仙翁力勝五丁哉不然即青鸞作使北鴈傳書何由啟棘院扉乎

婺州鷹

婺州州治古木之上有鷹巢一卒探其子鷹侯州守王公龍遽案按吏忽飛下攫一卒之巾去已而知其非探巢之卒也啣巾来還乃又攫探巢者之巾擲州守案前守詢問其故杖此卒而逐之鷹之靈識如此其攫探巢者之巾固已異矣其誤攫他卒之巾復啣来還尤爲奇異今人舉動差謬文過遂非不肯認錯者多矣孔子所謂可以人而不如鳥乎

四卷　十六

錢臨江斷鵝

錢公若賡守臨江多異政有一鄉人持鵝入市寄店中他往還索鵝則店主云無之群鵝我鳥耳其人訟于郡公令人取店中鵝四隻各以紙一張給筆硯分四處令其供狀人無不驚訝已退食使人問鵝供狀否皆答曰未少頃出下堂視之曰状已供矣因指一鵝曰此鄉人鵝蓋鄉人鵝食野草糞青店鵞食穀粟色黄店主伏罪

王清

王清係椽吏初授甲官有異林累遷嘉興同知以督責海塘[illegible]功擢兩淮食憲踰年請告歸在嘉時偕太守行香文廟太守戲指先師曰公曾認得這位老先生否清曰認得這老先生人品極是高的只是不曾發科郡人大噱宋甲儀談

吳幼安

吳幼安者毘陵人簪纓三世素有積善名嘉靖甲子幼安試南都時明州汪宗伯典試幼安卷原在額外汪公業置之然暮置去而旦復在案如是者三公重閱之果佳竟取登榜人謂種徳之報云見幼安詩序

腸斷不死

紹興一悪少素無賴與已鄰婦通姦爲夫所執夫先殺其婦悪即脱逃夫追及刃中其腹腸斷而出里人縛送官悪抵婦命囹圄數年終不死每遇會審人見汗穢從斷腸出以鉢盛之衆皆切齒遂避以爲悪報云章[illegible]安談

四卷　十七

小犢鳴冤

陸連浙江秀水人知海州清修鯁介發奸如神一日出向大伊鎮途中有小牛犢鳴于馬前驅之不去使人隨犢至坡間有盗牛者正殺其母驚愕遺皮刀而遁至鎮托疾恩牛肉寄于屠户家浮之因鞫問卒服其罪

盗食腕肉

都匀獄中繫一盗踰年忽自咬兩腕肉盡獄卒報太守鮑公鞫親詰之盗曰其初覺腕間癢不可忍咬盡方已不知何疾也嚴朱鳳談

陳會元

江右陳棟號聿所嘉靖甲子冬以計偕赴燕途中同事是公人而僕從幾三十輩過徐州夜宿一村寺僧治具甚腆謬為恭敬諸孝廉俱懽呼大醉而聿所獨心悸坎不入口時漏已二鼓餘諸孝廉與僕輩俱熟睡而聿所獨醒聞四壁有淬刃聲大恐潛促諸同事及僕者無一應遂密起踰垣墮茅舍下舍中一女見而告曰村寺僧皆無行者君可急走聿所甫出而諸孝廉及僕輩已刎刃矣僧數數知逸其一急追之時聿所戴氈冠披氈衣倉皇匍匐而彼一無賴者攘其冠及衣即服之徐步道間僧以為孝廉也殺之還聿所因得脫晨鳴之官往捕猶橫屍寺中僧遂一一就縶及春闈聿所中彙榜第一納茅舍女以為妾嗟乎以主僕數十人而皆僇于寺豈其共犯三刑者耶乃陳君大羅天下放榜有名遂得獨免因知天之所支不可壞矣

宦俠

中使孫隆號東瀛萬曆初年出監蘇杭織造性凋達好施尤娛情山水嘗泛西湖眺文砌虎岳飄然有天際真人之想遂嘆曰人生何必中貴即老于湖光山色間足矣所餘貲不為第館水紈霧縠之積悉出以點綴名山繕葺梵宇虎林吳苑叢林古制樓觀臺榭逶迤周遭不下百數處悉尋疑布巧結境構奇如築十錦塘建嘉靖閣闢龍井寺拓鄂王祠與昭慶靈隱寺葺千頃雲萬仞閣點綴排列二叟樓遂所尤極壯麗軒敞所費以萬計當戊巳歲時大侵蓋假刱建以賵饑民非秖為遊觀也君施粥施衣仁澤難以枚舉然每念豐豁之叱尤惜東南之財力稅使四出曲為調停使惡少怒逾至者不得擾噪閭里閭豈惟無貽沃山靈抑亦能造福黎庶矣稱為宦中之俠夫豈虛哉

主考死爭

楚人顏中宇諱鯨母黃氏朱字夢真人從月宮娶婆入懷中及孕夢亦如之遂生鯨博學有文望而拙于書嘉靖己酉鄉試一廣文酷愛其卷而主試者以字跡潦草竟落卷廣文屢爭不得欲自縊顏因獲雋旋中丙辰進士為名御史擒伊滿忤江陵即罷歸已老而交章薦揚者十八疏真不負所舉云

陳文儁馭盜

孝廉陳文儁膂力過人嘗五更之田間猛虎撲地而來兩手捧虎肩兩足蹴其勢虎死遂以力名後為山東安丘令流賊百餘掠庫公第勅群吏謹簿書諸寶藏一聽掠之良久問左右賊去幾何曰約三十里矣令左右以一騎一彈來馳赴之問諸賊誰為首者彈中左目又發中右目賊惶駭伏地乞命公曰好為我送庫金還群賊唯命公尾其後抵縣各杖遣之拓弛之士動輒不羈旋縱而旋繫直以此戲劇耳蓋亦其算定也鄭李酒談

棕樹怪

鶴川魏吉慶以貢士授建昌別駕不數日而其配與子女相繼死者五人魏亦尋卒人莫曉其故後輯署舍見亭有棕樹伐之甫奏刃血流滿地枝葉舞動若有聲始知為魏氏害者即此棕也用猛火燔灸怪遂滅

江西妖術

正德初有江西粮長數人運糧數千石赴南都戶部莫倉輸納先入數百石以粟傷濕在倉晾暴就令納者監暴晝夜不出倉余在船未輸五百餘石初糧長帶一小兒未十歲者同入至是倉中人不見小兒亦不省究既而糧長久不出迹邏者疑之試

九納著長耗減不得已少纍之擲告乞收納何此數人安能無歸心且日買酒肉入果何樂如是乎入察之數人散步于庭其倉扃鍵不開邏者窺之闞小兒大呼求救視之乃在梁上急白于官啓而取之下并縛衆出訊之兒云即京師人衆初至時同貲買之既入倉即置之梁每夜用香燭品物供而拜禱其所禱乃是將以殺兒祭鬼至其時殺祭已訖則此鬼能搬運他廒之粟以入此廒因以作數而匿舟中之粟也今時猶少遲未能即殺而事露耳以驗于衆亦伏不敢讟供歸之法司適當事官亦其鄉人以為兒固未死遂止從輕典聞者多惜其漏網云

神讙淫男女

往年兗州有人家贅壻與其妻妹私通事頗露二人屢自分死既而語家人吾二人不能自明當共詣岱頂質諸天齊帝遂與

俱去告于神吾二人果有私乞神明加誅祝訖下山各以為謾衆而已神固何知行至山半趨林薄僻處行淫焉久而不歸家人登山覓之始得于林則皆死矣而其二陰根交接粘着不解方知神讙之以示衆也

南京長安街鬼

弘治中妻父李公貞伯為南京上寶卿居西長安街南嘗半夜命侍婢秉燭下樓入爨室取湯水闌婢呼喚聲良久始來問之云有二皂隸青衣靴遇唱謂汝何敢來此觸犯應受杖去遂執之將撻婢固推拒久之竄後一婦人出貌甚端好冠飾衣服並嚴珍麗狀若貴嬪命婦徐徐而坐二皂供侍婦問故皂言婢犯禁故婦曰罪固應爾姑惟宥之皂執不可婦又諄諭婦旁又隨侍一名傳命令必釋二皂乃聽命舍去婦不暇諦察得脫奔逃

而来矣

張郎中作刑部獄神

南京刑部獄中所事土地之神凡三一曰刑部土地一曰司獄土地一曰某土地相承如此不知其所始正德某歲本部郎中張某明夢入獄中有金紫二人巍然並坐見張來起而相揖甚恭夢中亦省以為土地神問之曰二公必某某二尊神者與同聲曰然曰尚有一公何在二神曰噫今方缺席正幸得公耳張跼蹐曰某無能且無善烏有是哉殆誤乎不然幸為吾地請得除荷誠深二神曰吾二人正以君剛正明白力薦之喜諧所請而復何辭張曰然則當在何時曰期年耳張驚惋而寤頗謂不爽至明年之秋張曰今日殆不免乎沐浴衣冠奄然而殁

某縣知縣許某

鄭君說有書其秀才病時疫死一日復甦語家人曰始為捕卒追去到冥司冥官視之曰誤矣柰何顧左右左右或欲便留之庶免文牘更互官曰不可吾聞之因力自告官曰固不誤爾又顧吏曰無恐或是僉官何可乎且因命引入一庫曰可自細檢之吾入庫滿中皆紗帽也其上各有帖記吾一一舉視後至一冠視其識曰某縣知縣許其吾即出以告官果爾吾固謂不可忽也又命冥卒送歸倏然而寤其後果然偶失録許令名里後問鄭尚可得之

真君療病

南京一民家生子多病術者謂命應出家父母因詣洞神宮禱于上真許為黃冠以事神冀祐其壽康既越童矣頗悔前說欲娶妻作經紀子年十八病瘵甚篤一日無人在室子仰看屋

忽忽見真帝自空而降在承塵之上怒謂子曰汝當來伏侍何忽食言吾今當取汝去子心猶明竊懇告曰誠負神明然此父母意也神曰然固非由汝今吾度汝死有藥一丸吾置之窓櫺間可取服之愈矣愈却當來事我子感謝神去至門際復回曰汝病不消此一丸藥可飲其半其半以救一跛子言畢而往子即開與父母來語之故急趋牖視果得藥色若蜂蠟即剖半呑之入口所患脱然咸驚駭感佩神賜既而家人在肆中坐見一丐者跛而過門求然曰神所命救者此良是已呼之問其疾既痼矣因道其故以藥投之服即入咽便覺脚已舒徐漸次行去擲杖而歸明日來謝步如故矣予聞此于魏府揮使徐公言此子亦與府中有婣然其父母實寔禎子既愈竟負夙約爲之納婦今二十五矣猶未知其後何如耳

濟瀆貸銀

濟瀆祠相傳神通一假貸前後事不一漫誌其槩一二祠有大池凡欲假金者禱于神以珓決之神許則以契券投池中良久有銀浮而出如其數貸者持去貿易利市加倍如期具子本祭謝而投之銀沒而原浮出其券如人間式亦有中保之人若神不許則投券入水頃之券復浮還牛馬百物皆可假借投之復出放不死也嘗有不能償者舍其兒以盆盛之投入俄頃盆子浮起啓視之兒活于中無恙蓋神鑒其誠閔而貸其償也盆外湿而内乾焉其他類此故多

水寳

弘治中有□□入貢道山西某地經行山下見居民男女競汲山下一池□□駐行譯伴者吾欲買此泉可往與居人商評者漫往語民言烏有此買术何爲且何以携去□□言汝毋計我事第請言價民咲漫言須千金□□曰諾立與之衆曰戲耳須二千金□□曰諾即益之民曰戲耳烏有賣理□□怒将相擎民懼乃聞于縣縣令亦令給之曰是須三千金□□曰諾即益之令又反覆言四千以至五千□□亦益之令亦懼以白于府守令語之此直戲耳□□大怒言此豈戲事汝官府皆許我我以此已逗畱數日今悉以貢物充價汝尚拒我我當與決戰即挺兵相向守不得已可之□□即取椎鑿循泉破山入深穴得泉源乃天生一石池水從中出即舁出將去守令問事既成無害矣試問此何物耶□□言若等知天下寳有幾乎曰不知□□曰金貝珠玉萬寳皆虚天下惟二寳耳水火是也假令無二寳人能活耶二寳自有之火寳猶易惟水寳不可得此是也凡用汲者竭而後盈雖三軍萬衆城邑國都只用以給終無竭時語畢欣欣持之以徃

前世娘

宣府都指揮胡縉有妾死後八十里外民家産女生便言我胡都指揮貳室也可喚吾家人來其家來告胡不信令二僕往女見僕遽呼名言汝輩來何用請主翁來僕返命胡猶不信更命二婢素稔者往婢至女又呼之言生前事令必請主翁來婢歸言之胡乃自往女見胡喜言官人汝来甚好因道前身事胡即抱女于懷女附耳切切密言舊事胡不覺淚下頓足悲傷與叙委曲女又言家有某物瘞某地胡遂取女歸女益呼諸子諸婦家人一一慰諭從而發地悉得其貨因呼之爲前世娘女言幽冥間事與世所傳無異又言死者須飲迷魂湯我方飲時爲一

犬遇路而失湯遂不飲而過是以記聽了了既長胡將以嫁人女不肯言當從佛法終身不嫁胡不能強既至十六七胡以事死既而子死家人皆死惟一二婦女在不能活乃強嫁之今安然纔二十餘歲耳時正德己巳所聞

鬼汝家

海寧稱民家王母死而不離其家凡家有所為鬼語于空中譴從之每有利益鬼日夕在室與人雜處第不見其形闇則言明則寂一夕其女婦言試宿火于缶伺其言而啓燭之既而復語婦急發火第見黑氣一道直起三四尺高其上彷彿如人首迹遂行去

人痾

近歲京師又有一人兩體者一頭四背四股自項以下胸腹腰

背相對合為一身其陰一男一女面貌亦男女異相男身全活女身乃死者閉目不言不食不便溺二臂抱男身而已男身全無恙太倉高三舍人親見之時亦長大十七八歲人也後不知何如

兩身兒

弘治末太倉民家生兒兩身背相粘着兩面向外其首如雀其陰皆雄

金山脫厄

西吳文學沈正菴沈李和暨太醫馮心文方舟赴陵抵鎮江暮金山之勝駕輕舠往眺之及回棹舟漏水浸衣履盡濡幾沒于江而水中隱隱若有扶之者遂得抵岸時三君舟次丹陽沈李和夜夢一神謂曰兩日後當有水厄第二君國器偕君亦亡手可保無虞耳夫事固有定數然三君瀕于危而竟藉神助可以占異日之樹立矣

東陽幻術

劉東陽會稽人萬曆辛巳浙省兵變縛撫臣笞其背劉實為倡後朝廷遣少司馬張佳胤撫之佳胤以巨魁不殲無以懾衆心而下車即議勦又恐激變乃密訪首亂者陽尊寵之時東陽與諸同事已散歸稽山佳胤特召用諸同事俱欣欣喜而劉獨心疑之與諸同事聯舟忽墮水中佳胤公差以劉死報佳胤不復究劉伏水三日潛逃寧夏孛承恩之亂劉為鼓噪迨孛氏就擒而劉詐經從逃海中說者謂關白即劉東陽未知是否

滑友全妻

嘉定一鄉民婦甫娠即往金陵應募與同伍吳門二卒相友善二卒偶給假歸囑之曰來時過余里幸視予室人安否二卒如其言往探婦婦為具雞黍留宿別室忽更餘有尼款扉乃素相識者婦延之入尼曰汝先就寢予欲滌體甫聽耳尼出良久婦疑之往偵動定見釜中湯沸內有草履狀而一野僧入與尼縛婦將提履按娠揉之婦大呼二卒驚覺入縛僧尼送縣婦得免時萬曆壬辰進士王福徵尹嘉定讞其獄云

鬼死擇釵

四明諸人言憲副青操自厲囊中不餘一錢後林居致不能炊與夫人凭欄眄水夫人徐謂公曰妾曩時勸君無效陳仲之廉今何自苦如是公佯曰悔之晚矣夫人曰妾僅存金釵一股何不敢言今見君饑甚且有悔心請出釵易米可乎公始許之及得釵竟投水中

周實夫夢

永康周實夫門有小樓諸生肄業其上一夕夢二卿閒士友來訪戴一塵垢冬帽出見各啜粥兩盂時夏月中而不帽而其卿客至絕無啜粥者晨醒方與室人道此夢婢子報云某舉人在[illegible]小訪已在矣周遽披衣起盥櫛取所戴馬尾巾不[illegible]人偶于架上拾一紵絲帽乃笑履周言推而出周與此友且笑且談乃曰斯固異矣然啜粥與否在我夢其如之何因命庖人煑肉炊飯不意友之兄繫獄患病囑其弟邀周同見縣尹求保放時尹正欲出外公幹其兄使人絡繹相請甚急周曰吾最怕空腹晚行連呼酒飯不能就趨趄間諸生有粥在缶乃笑而請曰此友粥姑啜之以應夢何如二人各啜兩盂而去

夢學李老先生

慈邑一秀才以前程叩東嶽神神夜見夢曰來日午時有鄰邑兩縉紳過于河試往問之秀才如其言候于河滸果見兩縉紳方舟而來一姓秦官侍郎一姓李官參政秀才登舟揖見以嶽神語告之二公欲以好言相贈而秦位與年俱尊于李李謙秦言秦曰願君只學李老先生是矣秀才喜而退後補粮以廣文[illegible]盡[illegible]守與[illegible]前所祝者乃學裡老先生其數已前定也神前集以屬九鯉仙豈傳聞之誤耶

預報解元

鄞城豐南陽名坊其發解之年叩于慈之東嶽神先一晚嶽神預夢于主觀者曰詰朝有新解元來汝可報之及南陽至主觀者以嶽神語告南陽大喜遂不宿而返是年南陽果登鄉榜第

一後沈蛟門相公玉堂金馬之學之夢亦嶽神所錫以昔載不述

王翔還珠

翔高邁孤峭人不敢干以私鎮遼東還朝贈遺一無所受有中[illegible]與[illegible]華[illegible]數顆餽之公固辭其人曰我餽不受卻[illegible]也[illegible]死[illegible]不得已納之以綴衣領間即起自隨雖其內子不知也久之中貴人死其從子貧而無依公使人召之還其珠貧得千金夫人情恒以不取示廉而翔始不炫己之廉終不沒人之有廉哉陰行善者矣

伽藍示異

嘉靖戊午歲杭郡學生馮未秋未敘延師周憲長教所浩友姚州守惺初鳳翔讀書法相寺而余大參見齋希周則藏修于寺之南與馮氏諸公相去百武七月七日馮氏家遣僕攜酒餚草師友其僕偶觸犯寺伽藍甫及書房而發顛狂其主人禁之乃直呼主人名且有不遜語衆驚異而周姚二公皆不能禁止亦為所侮于是乃招余公來方令人去請而此僕云陽官來吾且退則仆地而知人事矣余在座不發狂余去而狂顛如故矣乃畱余榻于書舍而此僕置之余榻前一夜無事次日余親送此[illegible]寓而後[illegible]余發解于是周姚二公相向注曰余蓋青[illegible]生[illegible]至辛酉壬戌周公聯捷官至憲長乙丑余始登甲官至大參而姚公至萬曆丙子亦登科官州守亦大夫也不知神人何以獨畏余公而不畏周姚二公耶意者余公為名御史而畏之耶抑其人正大而畏之耶不可曉也鬼神司造化之柄其必有可畏者在矣

夢大貴人

嘉靖丙申歲杭郡王太守策東家一義婦始生產三日而孩不下太守公太夫人夢一神人語之曰汝家義媳俟大貴人至則生男矣毋憂也夢覺而適聞擊門聲甚緊時方五鼓耳令人啓戶至董恭懿與太守公同庠文宗視學來而其媳已產矣嗚呼恭懿公筮仕四十年尚係[illegible]恭揔督兩廣兩淮揔內憲由大司空進位冢宰正色立朝不依阿于世與江陵相牽情事議論不合掛冠而歸江陵沒而存問薦蒸倘徉西湖者二十年而卒神人示夢信不虛矣

奸僧

西吳董平遠萬曆乙未歲巡撫八閩時閩中一山寺素稱靈刹凡宦族姬妾以求嗣至者閹寺守鑰獨宿殿中有絳服真人與合遂淫媾屢往屢驗莫窺其詐董公聞而心疑之覓一妓作良人婦往宿誡之曰夜如有遇可偵所從來及所自往頂上潛以煤記之妓如其言見一僧從繖佛蒲團下絳衣而出淫之後入盖僧通寢殿中以蒲團覆之衆莫覺也董公次日昧爽突至寺衆僧俱長跽迎謁公命去其冠見一黑頂者立拷鞫之得其狀遂屠寺中僧焚荒宇

巷監

[illegible]燕偶與一妓權遂傾貲應悔之一夕挾利匕與妓綢繆數四遂自閹妓大驚曲為調護得不死後入掖庭供搽陰旋紆朱紫貴極中官亦世間一奇事也

神醫

羅鍊故儒家精醫術診脈斷人生死百不失一有李御史診脈之曰是殆有所思不遂李起拜曰神醫也吾少貧約聘某為婦翁所嫌離去婦為語吾不忍婚也服藥而愈又楚王妃周氏微恙召入視曰是殆不起當即在今年時妃猶飲食言笑動履如常王駭不信鍊請速治殮具且出促周氏諸宗人入問疾為餓而中風卒又一傭人告公曰無痛常覺在上鍊俯首良久曰地下鐵杵重六十斤曰若為捧而上捧而下上者三下者三曰愈乎其人曰愈矣首在上足在下矣問故曰汝以用力傷經絡心逆轉為汝反正之耳諸如此類不可殫述著醫書一部授其子其後子爽醉為人視疾鍊大怒曰柰何以人性命為戲乎焚其書又一子其中鄉試官知州郭參潤談

天王冥會

處士張姓者居鴛湖之南葷豆自給日與禪子談禪頗識真乘者萬曆三年秋見里中磨腐屠宿之妻多宣維道倡煽惑男婦從者甚衆張欲挾臂斥叱欲為文刺之其妻阻止後夜對月獨坐見二力士黃巾綉袄向前施禮曰毗沙門天王邀處士一面張倉卒未及致問忽一人牽青鄉來王勒錦鞍轡跽于地力上扶張乘之空濛中覺風雷聒耳雲霞爛目頃至一金城守者森史趨重門其天王循首衆鼻若寺中所塑狀鬢再謂曰今天下羅道肆偽亂吾真教護法者寧不寒心所以奉邀至此者欲勞史筆一正群邪耳即命近侍持白玉硯文犀管并雲箋尺餘列張前張遂俯首聽命數百言一揮而就天王閱畢喜曰此作真能曲表邪衰大轉法輪矣朕將呈覽諸佛開示十方君獲福更無量矣言訖遂行則

韋衡者候于闕下更有擎幡執蓋奏樂傳香[...]者甚衆須臾到家則諸人倏然散去失衣栩栩自得若夢覺益俟佛[...]

叟談

趙琪嬖妾

[...]室妬不令視寢多以白晝乘間私[...]夜有身生[...]角面作藍色啼聲如鬼惡而殺之凡三乳皆然按月令二月雷乃發聲有不戒其容止者生子不備解者謂容止房室之事褻瀆天威故生子形體必有損缺今人于日月雷電之下交接所生男女往往有形怪異者如趙妾事世多歸之妖禍或以爲業致之是殆未究其所以然也

神船

陽山龔瑤說其鄉居一小民以事之京師還至張家灣附船時方黎明見河中一船甚大貴人冠服坐其中侍衛者十數民趨拜船所言欲往蘇州求附載貴人曰吾船今到蘇州爾即命載之民坐船尾良久覺困倦乃脫所着草履置身畔以衣囊爲枕暫睡不覺沉鼾寢悟開目乃見身卧草野中囊藉首如故而草屨不見驚起視而日猶未晡行出官道問人此何處曰楓橋也益大駭循途走至閶門入一廟中步趾舉首見神像儼如舟中[...]入屋儼[...]所見粧飾不少異但加小耳船底及檣[...]此[...]人大驚竦慄下拜問之巫祝云未[...]相[...]廟也

四卷　二十

鬼還家

吳人富某死踰年既葬其子以清明上塚設祭方悲哭塚中忽應諾曰汝毋庸痛哭吾今隨汝歸矣其子哀慕之極不復怖畏即隨聲呼之鬼便向子歷道平生事甚詳悉子到家闔有聲在堂中則其父魂識已歸矣呼妻女出慰問款密宛如生時妻問曰君出世許久亦思食乎鬼曰甚養乃設雞肉于案雖不見形而有頃物自鉤盡及暮曰吾當還可令一僕相送僕送到塚鬼[...]及期候之鬼便逐歸自是晨來暮去稍稍[...]物理其家每逐責貨物商人至鬼便與議價交易初[...]爲怪後亦安之鬼長狗僕送之嘗爲驅狗不令近一夕將去適無送者遂爲群狗所噬叫呼上樹而滅此後竟不復來

牛言

陽山農民養一牛已二年健而善耕一日暮忽失去民出尋之不得到一田畔見一黑衣人立水中民問君見吾牛否水中人曰吾即牛也負君錢合耕作二年以償今滿矣更當入西山霍清家君往得彼錢五千便可責我民聞之大驚反夫巳而顧之又成牛矣呼家人同往縛歸明日牽至清家賣之清一見便忻然肯買酬價恰得五千

四卷　十七

說夢

常熟雙鳳鄉人[...]頓其母老問壽數夢神擲與一布袋即謂所謂滕[...]四卒乃悟擦滕者猶云了滕耳長洲學[...]身事遂報云夢到一高山下但聞大風刮地而巳後十餘年果以蠱病死死後或解其意云易卦山下有風爲蠱也太守林[...]知溫州時遣二吏往問壽數答云問孔老人自知之先是太守命孔老人鋸解一木隸還報知明日太守升堂老人適跪白板數云五十五片與太守年數正合爲之竦

然咱只尚可解乎曰朽爛不堪解末大不樂未幾疽發背卒手御史醵度故謝入而占籍京師既貴嘗有桑梓之思自謂他日得嫁女于謝且有一居宅即晋家于此及知浙之永嘉使從者往乞靈以決二事先問嫁女云白石塔前先唱第也是龍華會 門貼一道家符上有二印後王女歸于 驗矣及買第城東併得一道院入門見把 上有天師印二彼與夢合于是定居焉一鄉前輩忘記女丞閩守使道過家時其妻有娠將產守到官久未得家信使祈所生男女報云是福寧不是福清守大喜曰吾得男矣問之曰吾行離家時語吾妻云生男當名福寧生女當名福清義取閩之二縣也然此言獨吾妻知之耳今仙語云然非男如何數日報至果男也

曰卷　廿二

神册

河陽米商有女年及笄色美忽為神物所憑常見一美丈夫入房與交合自稱為五聖父母為延師巫治之百方不能止後無可奈何亦任之女每有所須雖遠方非時之物一指顧間可致時出金銀珠貝之類充牣于室然一玩即復攝去不肯與女女嘗見 貝至畏盛取之入手便化成瓦石或是紙所為 遺 以塊物遺女其質類石謂女曰此神 後活宜寶之止以濟汝一身雖父母不得與也女收藏之會其伯母卒病死女欲驗其物即出之以示伯母持去置病者身即蹶然複生神來怒責女曰語汝云何安得輕用吾册索而觀之即奪去從此遂絕不來

陳子經

四明陳桱子經嘗作通鑑續編書宋太祖陳橋之事曰黃袍自其所還方屬筆之頃雷忽震其几子經色不變因厲聲曰老天雖擊陳桱之臂亦不改矣後三日子經晝寢夢為人召去至一所 闕壯麗如王者守門者奔入告云陳先生來矣子經進立 冕旒黃袍面色紫黑降坐迎之曰殿何負 小子經具知其宋祖也謝曰死罪臣誠知以 巴下然吏貴直筆陛下雖殺我不可易也王者俯首子經 丁陛因驚而寤洪武中子經為起居注坐法死暗刑上曰吾特為宋祖雪憤矣

一產五男

丙子秋冬間常之武進人張麻妻一乳五男數歲前長洲二都十五圖人吳甫妻一乳四男皆不育姨夫徐大甫嘗見人擔二兒其腹皮相粘不可擘狀若交合者云亦出胎時死

門卷　廿二

黃提學

前南畿提學御史黃先生如金莆田人賠胎甲子舉福建鄉試第一前此有嘯縣儒學一齋僕祈夢於九仙欲知是科解首所在得報云一黃二水桶門裡借問黃如金便是思本學諸生無此姓名者必死已已乃之莆田訪焉侵晨順途而至一所有溺人揖于 有黃如金秀才家乎曰此即是也 葉氏僕也窺門中則有水桶在焉遂以夢告已而黃果占首選

江東籤

蘇州江東神行祠在教場之側以百籤詩决休咎甚著靈驗記所知者數事云長洲耆儒趙同魯年八十下有疾卜籤得詩云

前一二三與後三三是歲辛丑乃九月九日也或言兩三三為九九亦正合趙壽數縣儒居民謝氏為里長當解軍至湖廣五開衛僅遠行所欲規乞浮詩云萬里鵬程君有分既而解至都司門有綽楔其扁曰萬里鵬程謝舉首見之始憶神語長洲

闕士富浮臭 八年問科名浮詩云巍巍獨步向雲

閭實松古郡名 入學憲臣乃被黜為松江府吏而雲

生丁壯累舉不第卜以決進退浮詩云到頭萬事總成空以為終無成矣後應貢初試時編號浮空字遂預貢入太學正德丁卯始領鄉薦其朱卷號亦空字辛未上禮部亦如之遂擢進士壬戌先生歎少時眷一妓情好甚篤妓謀托終身焉私以一釵遺之約以為納資先生持歸意頗猶豫潛往謁禱浮詩云憶昔蘭房分半釵其未云到底終須事不諧先生讀首句為之驚悚下拜時釵猶在袖也于是謝絕之嘗讀祠記云神秦人姓秦名□

五足牛

丙子歲有僧自京師攜一牛至蘇有五足一在後胯下垂不能及地其蹄類人手而五指間有皮連絡僧牽于市乞錢予親見之常閶正德中 東齋先生上京師其子宋庠見道旁人家 一十五 須蹄反向上以告先生先生曰牛 浮無有小人在上而生變者乎役二歲為巳巳其言果驗

變鬼

南京華嚴寺僧惠堂者往年以募緣游食至貴州聞土人言此中夷俗有人能為變鬼法或男子或婦人變形為牛豕驢騾之

一面人至死吮其血食之宣慰二官重法禁之而終不能絕僧云昨時善防之僧與數人坐寺中夜深時聞羊鳴戶外必須一羊入室就瞻者身連鞭之僧念之浮非向人所云乎即運禪杖力擊其腰下一羊踣地遂復本形乃一裸體婦人也執而鞫 明僧人往報其家家人奔來寺兔出白金三 贖婦命僧受之乃釋婦使去郊見土官導從布署械執人生瘞之問旁觀者云捉

庭鷄犬

洞庭山民家有黃犬生小犬長寸餘又一家有母鷄雞化為雄能引吭高鳴道官薛用卿聞其地一巡檢談

當人畢氏家有魚池近外港夏月大雨水溢鯉魚長數尺者率諸魚一一飛出港而去至暮水漸退魚復還巨鯉仍在前諸魚從之飛翔空中如群蝶交舞嘗觀范蠡養魚經中有魚能飛去之 而復還則尤異也

人痾

台中 兒一身兩頭出胎即死人爭往觀有輿錢者氏 狐之乳醫周媼者為予言曾為一產兒有一 驚懼殺之埋藏僻處媼秘其家姓不揚道

黎亭狐

台中杭州衛有漕船自京師還至山東時冬天河凍停舟八里灣其地去于亭鎮八里故名一日薄暮有婦容服妖冶立岸

上呼兵士為首者求寄宿曰見此間鎮上人將歸母家日暮不
能及如見晋不敢忘報兵拒之婦不肯去天益暝請益亟言辭
哀婉兵不覺應曰諾即晋之宿兵所卧處僅與隔一板中夜婦
呼腹痛嬌啼宛轉兵聞之心動乃自起煎姜湯與飲稍逼就之
…倒良以一奇遇也五鼓天大雪
辭歸謂…有心者見今夜當復來耳兵
曰幸甚次…所兩市豬肝肺遺之云千可持歸作羹
奉母也婦…兵寤日晏未起時舟中諸人皆知之或
起循其…有獸跡數十大怪之若計曰彼美而
尤且侵夜来未明輒去寧知非妖乎呼兵起訊之初尚抵諱
登岸指雪跡示焉乃大驚吐實相與到鎮上訪之居人或云此
地有數百年老狐變幻惑人多矣君所遭者將無是乎亟返舟
集衆持器械薪火而行逐其跡至野外轉入幽邃跡窮見大樹
可數抱中穿一穴枕頭豬肝皆掛樹枝上衆喜曰此必狐窟也
環而圍之投薪穴中燒爇良久一狐突烟而出衆格殺之兵病
療旬日

真武

松江富人…子其妾有娠丁禱于所事真武之神
如生男長成…香以謝神既已而果得男長
…皆以子幼道險欲更須數載丁
以初心不可違強欲一行從兩僕攜其子而往甫至舍于旅邸
其子忽疹數日竟死丁悲慟默然曰吾父子至誠數千里而来
神不賜福亦已矣而更使得此禍乎又數日痛稍定乃登山晋
兒柩即屬旅翁善守之越三夕兩僕来詣翁以主命載其柩丁

去詰朝丁至問柩所在翁具言僕故所司曰兩僕從我上山今
尚在後安得有此僕至翁面質之亦駭愕疑翁有他故矢天自
明丁大慟曰吾違妻妾之言強以吾兒來今既死又併骸骨而
失之吾歸何以見家人也吾有死而已既入舟日嘗涕泣不食
…愆使進食抵松未至家數里一
先歸報入門…夫曰汝惟一子行數千里恐
他人挈…且責僕以不諫其主僕驚不知所對
乃奔告其宅…舍舟趨至家妻妾交口出罵問其故
乃言旬日…有二客携兒入門言吾輩武當燒香
遇而主為事所羈付此兒先送回耳丁大駭呼兒出看之疹瘢
猶在面却道前事皆不信請同歸者証之始知其非妄聞兒所
以生情然不知也

楚巫

楚俗好鬼最多妖巫變幻不一人稱曰師公敬畏之甚武岡州
有善鬼者尤黠為城隍廟祝廟與南渭王府近王一日脱足纏
為風吹至…妄曰衣食至矣殺鴨取其首裹以足
纏鐵釘釘之…求見之王慈時足痛至廢寢食延群巫
日夜禱祠…托獄祈往問疾自言能治一内豎出
咐其牲牢…其釘足痛頓瘳獲謝物不貲
…入召鬼禱而止自三月至歲且
盡疾時…必命鬼禱…輒愈王心疑之乃謂鬼來年將大
祭城隍必厚勞汝及是王故過期不祭痛輒大作使人約當以
某日祭則復灑然矣王燭其奸召至晋之使校說誘其妻得三
物以獻王親鞫鬼始猶抵拒出其物示之乃具服獄成馳驛奏

間有　肯因妖人送京至臨清斃焉于時諸巫大抵皆恣横人
家有少酒食巫繆其門必嚳享之或不肯往便持逆其家不然
輒得禍如出而求利遇巫于道懇乞一善言所獲必豐否則多
罹敗及辱暴目聞皆能爲禍福其黨類亦自多讎疾互以術相
法以衣裾承尸氣野外散之經
竟入視屍臭便作矣有知者
此女仆急魚置崖間以水覆之破法者
不惟化作沉香則諸物莫可害然大亦
能藝之山　舉益數十夫自然呼師公祈禳遂
延即行巫云某巫以宿憾移一山置棺上適已爲扶去矣其詭
誕可惡如此自姜聰之敗此輩始爲稍稍斂戢云鄉人吴周侍
其父教授珉府數目擊其事時府校有李武者亦多變幻用嘗
試其術見鵲止屋上令取之武默誦呪鵲旋五其前徒手得之
武云是須避追用之則可若預畜獲食之念則終日不能一二
也他物皆類此
楊中
宋楊寬者常因公宴掌酒見墻角旋風
風中乃有鬼神試瀝瓢酒酬之一風頓
四人詣東岳燒香過二卒山
又
下青　君惠久矣未有以報能同過酒
家少飲乎寬罔識其人意必誤也漫應之同入肆飲罷別去竟
不曾詢其姓名同輩問之寬以不識對皆咲之既而登山
廡下至一神祠二塑卒狀貌儼如向所見者相顧大駭寬自以
遇鬼悒悒不樂還故處復見二卒謂寬曰君毋庸疑戒戒非

君者頻憶往歲事乎我二人嶽帝座下從者也奉使貴縣行經
鐵渦中得君二瓢之賜甚惬所願昨有事四山偶獲相遇故以
杯酒相謝耳非有他也言訖忽然不見

亥卯彌猴

弘治未　蘄州屬縣崇明申報云縣民家
而方　一彌猴纔大如棗來以告
浙江都御史長洲　臣表　朝陳公曰妖異誠當以聞
然其物怪甚度已　一柄臣喜事者奉旨取觀何以
應命某公乃止吴周見其文移云

雀報

鎮江衛左所軍士范某妻患瘵疾瀕死遇楚人與道藥云用雀
日頭以藥未飼之至三七日取其腦服之當瘥然一雀莫滅也
必如數買雀養之有死者則旋買之以充數未旬日范以公差
妻覩雀嘆曰以吾一人殘物命至百甚不仁也吾寧死安忍
爲此開籠放之夫歸怒責其妻妻亦不悔已而病瘥妻久不產
育是年忽有娠生一男男兩臂上各有黑痣如雀形一飛一啄
羽毛分明不啻刻　以此亦放雀之報云

異人占星

夕好微　飼背嘗以夜出暫止逆旅棧
石照卓者　上潛聽之二人在庭中一
人在室中庭中人呼室中人曰今夜此系又出矣吾視玄象當
在民舍中頭枕石脚貳藉而臥室中人咲曰君得無悞耶上
闕而異之即以首足易位而寢俄其人亦至庭中曰君果誤矣
此翁頭枕藉脚踹石耳上聽之不　汗浹于背即夕還宮賜賚

兩人不可得異後微行稍稀

黃村匠人

吳山之西黃村匠者王其夜歸逢一人青衣白束腰如隸卒狀
問所之曰欲至黃村匠者喜曰身亦却歸黃村令相得為伴甚
喜使與 請匠曰君亦思酒食乎吾能
匠曰善 一 酒及一熟鷄來共坐地
食之畢請匠曰 此家了少公事也匠即取鏁
一納着柴積中立伺之 內擲出一人手足束縛繼而卒自
總躍出負之而去其行如飛使聞門內哭聲匠知非人驚而奔
回明日往驗之乃知其家主翁昨晚死矣問得無失物乎乃去
奈五聖失去一鏃酒一鷄匠者告以夜来所見不信採柴積
所鏃鷄骨猶滿地始悟其為冥卒也

四十

犬精

始中究之魚臺縣有民家畜一白犬甚馴其主出行犬嘗隨
之他日主商于遠方既去犬亦不見經兩三日主輒歸妻問其
故曰塗中遇盜財物俱盡今幸得性命耳妻了不疑周旋閱歲
其真夫歸形狀悉 兩人各自爭真偽妻及隣里不能
白于縣縣令達 如之何皆實之從縣一小卒
咕其妻 先歸者殆犬精也欲驗之當
視十歸 是矣蓋犬與人交嘗自後以風
按其腳跡也卒以白令令召其婦問爾家嘗有犬乎曰有白犬
前隨夫出矣課而視其胞有血紋甚多令知是怪密使人以血
污其偽夫卽成犬形立撲殺之令從容問卒汝計善矣何從得
之謝曰吾妻所教也令諭之曰汝妻不與犬通何緣知此汝歸

第容祭之卒歸看妻亦有紋比此婦尤多以令語責之妻窮吐
實乃知亦與一犬通故也妻慚自經死

雷譴道士

玄妙觀李道士早歲頗精于焚修晚更怠忽嘗上青詞既醉戲
日被雷震死背上朱書二行可
曉成化間

稷 步
曰烏有是哉吾久聞此語今
感尚有千渴禱耶然固當一往
視之然後毀除卽命駕以往初見山門崇煥已然比入危急甚
遂入中門廣廷脩廡堂殿宏麗老喀無瞻揖之儀傲睨咿嚌其
後從宇皆視之適返駕 何當命工悉去之及至縣亦無他
明晨方視事忽身畔一門 寸跌仆于地倚其轡而僵乞號開頓

左右應是卒死昇之去左右告非卒死此走無常也翁大怒何
懷為此誑語耶吾固欲當弛此風妄云云者應加以重罰而復
詭爾耶左右言明公姑從衆任之當自起問之可驗苟為之
一移動則即死矣崇何翁令與其父母來語之故人人
之必死矣翁因任 文
徐徐曰

新刻續耳譚卷之五

五卷

續耳譚

李言
烏程沈奇　仝撰
沈垣
撫東戴君賜　叅訂
繡谷唐伯晟　校梓

詩鬼

東海屠儀部緯真萬曆初遊太末同友人寄宿一大家樓中主人同話至丙夜別去方滅燭就寢即有足聲登樓語之至半梯而息少選友人驚呼緯真遽問之云適有一巨手冷如氷鐵摑吾面言訖驚怖異常緯真即起一手加其額二手按其胸而漫為戲語云爾為何物敢無狀乃爾爾或靈異能言吾且與爾縱談通夕不然非英物也緯真詰以神化變幻之說空中一一相答第不見形語訖吟一詩曰寒山驚旅魂年光疾如馳誰卧白雲棲明月弄空水吟畢寂然此樓軒敞甲于城市諺云高明之家鬼瞰其室理或然耶是則鬼之風逆者矣屠緯真談

祝京兆

姑蘇祝京兆名明別號枝山生性恬寂築小圃蒔花卉日徜徉其中書法遒逸冠絕諸家有直指臨郡鴻有司索書不顧強之再三乃潜出命童子駕輕舠携一琴一薰鑪匿蘆葦中追者操筆研徧索至洲旁聞琴聲悠然始獲見遂據小艇運肘如飛若有神云周稚尊談

太白山人

太白孫一元自稱秦人放逸不羈徧歷名勝家于湖遂為湖人

嵩登岱嶽憇日觀視日出處大奇之駭叫狂走與至矣口為詩頃刻千言無不絶倒遊龍井醉題松閒大石曰太白山人醉楷須彌山去其豪致若此又與㠑雲霄泛西湖雲霄着方山冠山人戴華陽巾被高士服把酒四望山人顧謂雲霄曰昔清蓮居士李白與尚書郎張謂泛沔州南湖因改為郎官湖今日予與子追蹤前事西湖固可名高士湖矣正德庚辰山人卒與櫬葬之怪其輕甚豈翩翩羽化歟山人高致類古詩求去劉孟卿諸人真可謂蟬蛻塵涠者王令入桂郡堂輒有青霞白石之思蓋亦奇氣所鍾矣

閔王二生

烏程閔生文齋萬曆癸巳嘗飲胡姬肆側時淮司寇家奴陶洪者挾胡姬劇飲故為老儒令戲閔閔大詬陶洪據上座呼同飲惡少雷秀等鞭閔數十閩郡海泃諸生王紹基輩糾衆訴之載郡守朝用戴置不問諸生擁千餘復訴之督學君督學猶豫未决諸生復具牒辭甚激烈恐罪首事者列名如八卦形鼓譟而前紹基潛削髮披緇外加儒冠服正在詰辨忽去冠服作比丘狀督學大為錯愕然僅薄譴陶洪文齋終怏怏成心疾丁酉浙闈書遁遥遊赤壁賦各一通又大書風花雪月四字揚拳而出至今狂嘯未已也

夢神授方

嵩上洪丰陽司馬曩備兵西粤以征猺獠賊積勞疾鬱胞閒疑結不可解時駐梧州徧召諸名醫療之無效家衆正爾倉惶時公子學憲公卧榻側忽夢一人銅冠野服呼語曰若父病但[illegible]木香五錢半夏三錢則愈矣覺以告公公即召諸醫與語[illegible]驚愕不可公自念諸醫業罔濟遂堅意從夢中方諸醫皆曰果爾罪不在吾儕公曰然遂將二品為末先御其半則腹大痛難堪諸醫皆曰不用吾等言乃爾公曰已無奈矣又逾一二時去宿穢甚夥頓覺爽豁又盡進前藥宿穢頓空藿然痊矣公之貴也每声巨伐食厚報雖當危迫天牖之矣

蠶報

武康徐七家每歲育蠶甚夥萬曆甲午夏蠶將老矣以桑值倍貴棄蠶于水而盡鬻桑操奇贏明年桑賤如土徐多蓄蠶葉槃纍上簇矣越數日蠶不一繭百方穫之忽攢成一繭大可如盤極重不可舉自謂異瑞喜不自勝至暮火煌煌出繭中頃大震一聲繭紛裂有黑物如鴉者無數迸于室間火大熾竟不可撲咸謂棄蠶之報予家老蒼頭目覩言之詳

割股救嫡

震州張思耕配潘氏逮下有思妾惟氏甚德之及思耕死嫡庶相依猶母女嫡疾阽危妾爇香祝神願以身代竟不愈忽引青鋒割股肉投劑嫡遂差古江漢小星皆以詠嫡然直不妒已耳未有能致其感而以身報者雖然親病而子割股者世恒有之若妾為嫡則尠矣

僧報饋饘

隆慶間浙江驛前張信之肆中日炊饋饘出貿有僧至自稱儒之山來每開籠先與一枚如是者三年已收足蒲團不復來自後信之三丘来來乞食食盡忽死隣里將挾詐僧巳知即語徒曰檀越將有難予往救之爾為守户遂出神附馬體馬嘶望江口冉冉而去脫于江信之卒免禍此與郎[illegible]集所載因公想[illegible]

貫重差類即所指甚耿而亦一誠所感終食報云柳大貞談

人化虎

劍州李忠者臥病旬餘令其子市藥子歸而忠化為虎視其子桼顧而涎出子訝而視父乃虎也急趨出與母弟反望閉其室旋聞咆哮之聲穴壁窺之乃真虎也時出時返數月後竟不還張君房談苑曰牛哀病七日而化為虎博物志曰江漢有貙人能化為虎盜氣所感其異如此

数止此

廬陵鄭忠未始就舉時持金劍数隻樓于旅舍同舉者過之請出劍為玩客有壁其一劍于袖中者忠未視之不言衆莫知也旨驚求之忠未曰数止此耳袖劍者媿而舉手忽劍墜于地衆服其量

何吉陽

何吉陽遷故與黃州庠士某者以學問友善吉陽巡撫江西過家某青衫來謁門者不即為通因散步庭上環視壁間懸軸其首則嚴介宜華也遂索前刺書一絕曰椒山已死虹塘謫天下誰人是介谿今日華堂誦詩草始知公度却能容嘱門者投之遂拂衣去吉陽得詩自慙亟遣追之弗去遠矣

龙弘遠

鄉人龙弘遠居東城其隣華氏有女奴與相悅私交信問顧托終身後得嫁為遠妾遠妻妬悍日虐之又為諸厭勝法呪詛于神欲妾速死居無何妾果病死又歲餘而妻病久不瘥厭厭床蓐家人勸于侍乃呼一里嫗使相伴宿及夜見一女子紅裳綠衫冉冉行至遠妻床前視之乃其妾也指妻身訝曰我命未合死爾多為呪詛令我夭殘情理慘㥛我今控訴已得理于岳司必追汝抵命明日晚間令汝腰痛定去矣言訖而滅嫗乎日往來龙氏熟識妾貌其衣乃殮時所服也聞語甚恐不能寐天明即去又兩日来問訊則遠妻果以次日之暮死死時呼腰痛嫗乃具言所見遠聞之心念妾宽而其妻往日所許誓願及文書之類甚多必為已累甚憂之素奉道乃日持誦玉皇經凡数百部謀建法事擇主行者禱于所事真武以珓卜之遂舉数人皆名流不許最後舉玄妙觀道士乃得之因大建水陸道場数晝夜備極誠潔欲以謝前過後遠得病昏迷中見隷卒持帖来勾攝遠隨而行路皆昏黑到一大門闕下扁曰嶽府入門隷令遠跪于庭殿上王者叱問汝妻攀訴汝同為呪詛致妾非命汝知罪乎遠叩頭謝非已過王者呼左右神杖拘遠妻妾來証

之卒奉命去少選押至皆囚首桎梏跪階下王使對証往復甚苦久之妻辭屈妾亦具言罪不在夫王者震怒叱其妻曰汝為人正室生既妬虐強覆鬼神死復誣妾于官府汝罪容可逭乎便令卒押送酆都仍釋妾回判送受生案卒呼遠曰汝雖不知情然此婦人所為呪詛文案甚多如何破除遠未及答王案旁一綠衣判官白王曰高真處已有文書來與準折過矣王令吏檢看乃啓一櫥櫥中文書叢沓吏抽一卷呈王王覽之俾授遠遠惶懼中不暇細讀但見朱字数行在紙尾王曰文移酆都當云呈令乃云咨誤矣此雖行持者之過然亦汝責也遠不知所對俄有甲胄者二神将見庭中遠視之一關公一靈官也二将謂王曰此亦小失不足問王頷之靈官以足蹴遠背曰去遂得出復行冥晦中路數折入一司僧六人坐其中呼遠詰問王者

言且還當入五瘟司去逮曰吾不知所謂五瘟但聞先天一氣耳因具言高真赦罪之故僧曰然汝知奉道而忘却佛耶這邊利害亦非細汝今得歸到家宜急延年高有德僧六員誦法華經六部回向乃可消滅宿愆也命放出遂得活死已踰日矣即請六員僧皆年七十以上者誦經如數迄今每月朔常持念經懺雖極冗不廢

昭陵銀龜

陜西九嵕山唐太宗昭陵在焉嘗有醴泉縣村民取薪于山見白龜突起草中異而逐之龜躍入巨穴民不覺失足亦墜焉乃入隧道中頗覺暗黑其旁累銅缸十數皆盛油設闌楲流注最下一缸中宿火其竅有凝油不下火熒熒欲滅民為通之火復明向所逐龜宛然在旁乃銀鑄者上有刻字云㮣燈人賜銀龜一箇民視四周積金銀珠貝瑰麗萬狀再拜請曰小人貧所賜不足以贍願更益之于是恣意取之懷挾將出而路迷跬步莫辨便舍之乃復有門路然遂攜龜而出隧門旋閉僅有微罅民歸隣居惡少年聞之者競到陵所迹其罅掘之者不可窮事覺皆被逮係民亦幾坐誅云

梁澤

三原縣按察分司素多怪居者輒死使官莫敢入士子梁澤以氣自負常謂諸友吾能宿此諸友出錢以賭之澤許諾以夜入坐堂中三鼓月色明朗闌廡間有人切切私語若相推而前者久之不至澤便厲聲云何不速來俄有三人列跪簷下稍前者一青衣次一黃衣一白衣貌色不可辨識澤罵曰老魅敢數害人青衣曰非敢然也乃見者自怖死耳澤曰汝何為者青衣曰

我筆也居何在曰在儀門屋上第三瓦溝中問黃衣低回未言青衣代答曰彼金釵也在庭中槐樹下問白衣曰我銅瓮在堂東柱礎下汝等今來為欲相苦耶皆曰不敢共獻一紙曰此公一生履歷也今報公令前知澤受而麾之曰去三物各投所言處一時都滅澤便卧達曙諸友私謂必死來見之驚澤為說向所見未信共將人操鍤來按次求之盡得三物出其紙如故楮幣都無一字及夕映視之跡瞭然從是廨中永無害怖澤後登第為御史戍北閒延山東以監試事詿誤謫官卒具如紙上語

嬾魔

西安有嬾魔寺塑大嬾于棟間相傳　國初有女子素不慧病死復生遂明敏以文史知名時有布政適喪偶客以女為言遂娶之月餘日布政方視事有所需使閽人入私廨取之呼夫人不應但見老嬾大如車輪卧于榻閽驚而出以白焉不信叱為妖妄閽請曰他日相公下堂願無聲欬容掩之必可見也如其言果見老嬾伏榻上展轉間又成好女子矣雖抵諱而詞意頗羞澀已而忽失所在是夕人定乃出拜燈下曰身本嬾魔所以負緣見公者非敢為幻惑欲有求耳公能不終拒乃敢輸情許之乃曰昔為魔將罪冥道賴觀音大士救援免于死因假女身為人幸獲侍左右覬公建一蘭若以報大士之德耳今醜迹已彰幸公哀憐布政領之女子忽然不見他日乃命所司建寺至今存焉

人妖公案

都察院為以男裝女魘魅行姦異常事該直隷真定府晉州奏犯人桑冲供係山西太原府石州李家灣文水東都軍籍本

叫任自幼賣與榆次縣人桒茂為義男成化元年跨得大同府山陰縣已故民人谷才以男裝女隨處教人女子生活暗行姦宿一十八年不曾事發沖要得徹做到大同南關住人王長家尋見谷才投拜為師將眉臉絞剃分作三柳帶一鬏髻粧作婦人身首就彼學會女工描剪花樣扣繡鞋頂合包逍飯等項相謝回家比有本縣北家山任茂張虎谷城縣張端大馬站村王本喜文水縣任昉孫成孫原前來見沖學會前情沖與各人言說恁們到各處人家出入小心若有事發休攀出我來當就各散去訖成化三年三月內沖離家到今十月別無生理專一在外圖姦經歷大同平陽太原真定保定順天順德河間濟南東昌等府朔州永年大谷等共四十五府州縣及鄉村鎮店七十八處到處用心打聽良家出色女子設計假粧逃走乞飯婦人

五卷　八

先到旁住貧小人家投作工一二日使其傳說引進教作女工遇晚同歇誆言作戲哄說喜允默與姦宿若有秉正不從者候至更深使小法子將隨身帶着鷄子一箇去清桃辛七箇柳辛七箇俱燒灰新針一箇鐵槌搗爛燒酒一口合成迷藥噴于女子身上默念昏迷咒使其女子手足不動口不能言行奸畢又念解昏咒女子方醒但有剛直怒罵者沖再三陪情女子含忍或住三朝五日恐人識出又行那移別處求姦此得計十年姦通良家女子一百八十二人一向不曾事發成化十三年七月十三日酉時分前到真定府晉州地名聶村生員高宣家詐稱是趙州民人張林妾為夫打罵逃走前來投宿本人仍留在南房內宿歇至更深時分有高宣婿趙文舉潜入房內求姦沖將伊推打被趙文舉將沖摔倒在坑按住用手揣無胞乳摸有腎

囊將沖捉送晉州審供前情是實參照本犯立心異人有類十惡律無該載除將本犯并姦宿良家女子姓名開單連人牢固押法司收問外乞　勅法司將本犯問擬重罪并因具本奏奉

聖旨都察院看了來說　欽此欽遵臣等看得桒沖所犯死有餘辜其所供任茂等俱各習學前術四散姦淫欲將桒沖問擬死罪仍行各處巡按御史挨拏任茂等解京一體問罪以警將來及前項婦女俱被桒沖以術迷亂其姦非出本心又干礙人眾亦合免其查究成化十三年十一月二十日掌院事太子少保兼左都御史王　等具題二十二日于奉天門奏奉　聖旨是這廝情犯醜惡有傷風化便凌遲了不必覆奏任茂等七名務要上緊挨究得獲解來欽此

升遐先兆

五卷　九

弘治十七年蘇城專諸巷俗名鑷有百姓病死到地府見閻君披籍者之言汝算未盡放令却回其家公室服用盡如人世但怪王及卒吏皆着縞素私問之人云陽間天子崩故為帶孝耳百姓得活私為所親說之越明年五月而　至尊厭代○按齊諧錄嵩實時孝宗皇帝升遐知未遐陰吏之迎駕者與俱入寢殿見上升輿中鳥引從而去後數月乃有攀髯之泣今此百姓所見亦陽越半歲其事□□

張潮

監學生張潮惟信戊寅十二月二十八日得寒疾死年止四十二其女痛父之殁號慟隕絕良久復蘇云見父服朱袍張黃蓋後一人青袍青蓋皆乘肩輿從者數十人呵殿而行女望見父在輿中呼問所之曰吾今為衢州知府以正旦到任故急行耳女垂涕問曰父今作官母女孤零無依何不挈之俱行也潮亦

泫然曰未也汝母壽應至七十五至期吾當自來領取吾在彼左右乏人對門署襪鋪王家女子頗淑慧吾欲取之又指示女曰二公乃同知通判一崑山人姓張一太倉人姓王皆秀才也與吾同選後同僚今俱赴任耳言訖馳去時王氏女正得疾甚重未幾果死時有與張潮善者往吊聞女言如此

王貫

王貫字[illegible]之故蜀人係籍錦衣衛居京師舉成化丁未進士知縣到任年餘有廉能稱一日忽語其妻徐氏曰吾當為此地城隍行且與爾別矣妻愕然曰君病狂耶貫曰不然昨夢帝遣使銜命來吾以家累多官業未成力辭不得兌勢必須去期在明夕耳又呼其子永年囑之曰好事若毋力為善人及明夕漏下十數刻冠帶升堂居吏使鳴鼓集僚屬吏白深夜非時貫不聽鼓竟同官畢集貫愁容曰予得與諸公同事幸甚今受帝命為城隍不得復相周旋荷諸公愛甚敢以妻子為托顧薄俸足以為裝但少賜周旋令得歸故里足矣同官方怪愕貫起向之再拜曰予今非狂也今即行矣語訖還內沐浴公服端坐呼妻手與訣了無慘戚容俄而自稱頭眩遂瞑目而逝及明顏色如生同官為殮殯護其妻子還家京師醫士陳希恩貫妻甥也因說張潮事及此

五卷 十

赤肚子

李道人者歙之黟人生于正德庚午望日甫十歲父致道人肆情酒色揮金不惜與俠妓鳳仙善中年病癰七載瀕死忽有丐者門外呼曰小病行藥大病行工李因迎視丐以手摩其項曰若再葷旬日必不救矣乃索鳧蛋五十酒一甕以右手接道人膝左手且剝且吸頃刻而盡初接時皆聞道人骨若然有聲凡坐七晝夜而病霍然問其姓名曰吾乃丘長春十代孫清淨數運頭也問宅里則東指海上而已于是道人與鳳仙皆卒業為徒三年盡得其還丹修煉之術一日同登天目丐者忽不見道人益虔奉之築廬于萬年縣居鳳仙為道姑而自棄妻子華利雲遊天下初走全州之湘山更歷太和山與元時聞道人共證真修從此不着衣履雖嚴冬大雪赤身以為常人皆呼為赤肚子云居十年轉入終南山與鐵帽道人為侶其年可數百不知何許人又十年之匡廬遂遇老者曉懇之歸道人不顧見者曰彼頹然者非爾翁耶道人亦不答及探曉者乃知是道人次子年已古稀矣號泣數日而去又三年始到茅山萬曆己亥大宗伯王忠銘公迎至留都都中上自公卿下及士庶皆以得覩道人為幸予因執弟子禮延入太常署舍居數旬餘大約道人以歡喜作緣以遊戲說法冬夏一衲不襦不袴叩齒掠髮不輟于時浩歌大笑不絕于口能一日九食又能九日一食飲輒數斗葷蔬惟適上不洩而靈根時灌下不漏而洞府常匡贈以金帛多不納即納悉付其弟子隨給道路貧人年九十有奇而氷肌玉骨若四十許每誡予早絕塵緣杜絕惡趣予不覺其而不苦神遊于十洲三島之間也因紀之以傳道人之粟并期自奮以脫此案曰云

五卷 十二

詩嘲朝臣

天順辛巳七月二日曹吉祥曹欽與錦衣衛指揮逯杲都御史寇深謀逆恭順侯吳謹聞變告懷寧伯孫鏜達上不得啓門五鼓欽已橫殺于街舉火攻門朝臣多避走逯寇二公首被殺

李闖老被執得不死比明孫璧會官大戰于四牌樓至暮乃乎恭順亦戰死京師時有詩云曹奴此日發顛狂寵遇諸公死亦當學士叩頭如吠犬（謂宰相李賢）尚書鎖頸似牽羊（謂吏部王翱）萬安叩首班三叔恭順當胞戰一場奇與滿朝當道者將何面目見吾皇嗚呼為人臣者不能制賊于未亂臨難又坐觀成敗若李賢王翱小人之尤也其他諸公薄乎云爾惡得無罪觀此詩詞頗亦厚矣

汝寧異燕

始汝寧蕭秀才夫妻年四十無子一日其巢梁燕產三卵于几上其妻煮而食之一產三男子形貌皆一不少差別始生時悉其父而無別也即畜髮分中左右三髻識之光州守陸公杭郡人聞之因造郡造其家三子出見童非美者以課秖犬加賞譽

一八五卷　十二

解贈而去後生携三子抵州謁謝燕談閒生曰此不足為異聞貴治有一產三女者公以問人曰有之即名其人至乃女父與見同庚益異之曰此天合也即為主婚各以次第配之其婚配後女家云女母食三燕卵而生三女其燕亦其家巢梁燕焉夫簡狄吞燕卵而生契燕之異自古已然哉

王逸季夢

大倉王季州李子士駿素有聲藝林而性甚佻閨近婦人為眉丁酉忽夢閻君逮至庭下叱曰吾姑未罪汝命卒引之一室見辭麗畢集環偏視之皆其生平所暱幻形至者也其一素不識問卒卒曰此即爾暗中誤為其婦與合者毅曰是也吾業悔無及君何以示我卒曰爾第斷葷一更前愆可矣力白王得放歸覺而深自引咎持齋佞佛如是者半載餘一夕闇中邂逅私人父相睥睨遂不能禁不數日奄化慾之于人甚矣哉即聰明男子亦脫此案田冥報無以逃也惜哉

刀筆辨

長洲鐫工馬士龍與錢塘傭書人郭秉民同集吳敬華家馬長而郭幼郭不之讓與爭座馬曰乳臭兒敢我伉耶我聞刀筆吏柳刀在前乎筆在前乎郭曰老賊老賊我有筆如刀柳筆在前乎刀在前乎馬語塞竟讓郭坐即俚語耶然闘捷一時各擅其巧可供談麈

馬報仇

吉水王維楨判夔州會石和尚流劫入夔是時王聞知受牒捕賊性懦而滑托疾不敢出公忿數之曰汝所主何事忍委赤子餓虎口耶時指揮曹能柴成與王素黨結避禍故詭辭激公曰

一八五卷　十三

公誠為國出力乎某等願以身相翼公即日勒民兵與賊邀戰曹柴望走公陷圍中不得脫賊欲降公公大罵賊以刀斷其喉及右臂馬自死所奔至府几三百里府門闔乃長嘶蹄其扉若告急狀守者納之血淋漓毛鬣盡赤後二十五日子廣始得公屍殮之然貧甚不能歸也因鬻馬于王聞知王已得馬而不償值襯既行一夜馬哀鳴不止王命秣者加莝豆亦不止王自起視櫪馬驟嚙其頸不釋口後嚙首擣其胸仆之地翌日聞知嘔血數升死

黠賊

錢塘一黠賊見林中書家銅爐瓶列堂几遂寫林姻家帖投胞前半露外又偽寫林四帖藏于神趨入林家閽人問所自曰会其家主人有帖借爐瓶閽人曰家爺正在廳汝自入見賊緋細

顧盻見林君入即望內作叩頭狀須臾携銅爐瓶將廣圓帳外扱胞從容而出向閽人拱手曰已借得爐瓶矣荒肩之而去又桐鄉一老媼向誦經有古銅磬一賊以石塊作包負之至媼門外人問何物曰銅磬將鬻耳入門見無人棄石于地荷磬反向門內曰欲買磬乎曰家自有賊包磬徑負而出內外皆不覺即穿窬細行非俎詐不能視梁上君子此較巧矣

理齋戲語

歐林夏五名景偕者延師周中維訓子以不稱欲再延妻曰何為又增人口乎不從又延羅成喬時諸理齋先生館于夏戲為口號曰夏五本是五增口却成吾四維又未去如何又請羅又夏五甚短妻極長每同立夫僅齊妻乳先生偶見作歌後語曰夏五官人同談彼夏五娘子靡恃已有病堂前德建名剛剛撞着棗珍李一時哄然

陳明遠

興化陳明遠嘗與其姪士遠泗州遊普照寺見老僧讀金字金剛經嘗顧明遠曰子亦樂此耶遂以授之明年從父鑄官海陵忽病死將大斂子後温移刻乃甦自言見四卒來目虎喙驅之西北行勢甚疾所經皆廣野漸逼大河府治嚴密三卒先入一守明遠于大門外須臾一僧褰廬而來即泗州嘗遇授經者也呼明遠前使自懺悔復有吏馳出呼明遠則其季父鉞也亡已三年矣云我今錄寔簿然非佳職也此局置吏甚多而簿書會稽常若不及言未竟若有呼之者因疾馳去僧引明遠從旁兩廡見囚繫數百亦有禽獸諸蟲悉能人言與囚對辨遂復引出追人東向見冥間人物差類人世但天氣昏慘似欲雨時而途中所逢往往皆昔日豪俠不羈之士趍趄很猥若為物所追求亡匿而不可得者俄及前所過廣野遇溪水漲甚僧執杖端以末授明遠而導之始涉淺水既而漸深將溺因驚呼而始甦見明遠再生傳

張氏子入冥

御史張南銘希載雲南人有季弟年十二三得疾死而屍不冷家人未忍殮三日開目復活母詢其所以答云病中忽忽不自省了但覺二吏夾持我行通衢間人烟市肆不異人世到一公廨制甚卑下吾父及伯父並立于門見我呼問所以來答云適在家為二吏引至此二父且喜且悲詢家人安否及生計甚悉我一一答之父曰汝勿憂汝命未盡到前司當得放還且戒云前頭人與汝湯水却不可食食便不得歸矣吾敬諾吏引向一司主者未出庭中吏卒頭面皆詭異可怖吾見案上有一卷書題曰註死簿楷視之首一行曰某日府學生周某午時死府吏來某戍時死又欲視其次二吏見之呵曰小兒那得看此以手掩之已而主者出呼問姓名檢簿看畢曰非也姓同名異所追誤矣命吏送還仍到向處二父猶在喜謂我曰從此去可速達家遂循而歸不覺便活耳母聞其言不甚信遣人陰察兒所言二人至其日周生者晨自學舍歸及門中風至午死朱生晚間猶無恙至昏時而鎮守內臣過其地朱正輓夫役以人數不足死杖下時刻不爽始大異之時希載從宦于外母貽書令市禓紗五百疋製僧服為兒懺悔希載道吳江以枉盛醫官買之為盛具說如此

嚴震

嚴震直字子敏湖之驛村人有寵　高皇朝累官戶部尚書後奉使安南死于途歸葬郭外他日有舟過其墓側遇一老公附舟云欲至驛村及到嚴氏宅前謂舟人曰吾入內使家人以錢畀汝乃登岸一足踐于水濡其靴既入久而不出因叩其家曰適有老公附舟入門今安在訝曰無之顧地上有足迹循之乃入家廟中視嚴公像一足靴果濕方知是神歸也

唐玘

吳縣吏唐玘嘉定江灣鎮人年十八胥吏事嘗送客入城歸倦其隱几而臥忽寘然如夢見兩皂衣牽馬來曰崑山某官邀君飲玘便上馬馳出嘉定北門入崑山南門逕迤延環城而行忽復有二人出持牒叱曰吾山王遣來追逮限者汝不得復乘馬即捽玘至地出袖中繩縶其頸行抵山王廟門下入報內傳呼召入跪于庭神衣黃袍插金花侍衛甚衆謂之曰知汝有吏才特召來爲我掌四廒八廂公牘指階下竹笥十六示之曰此皆文案也山王爲崑城妖神玘素知自念一承職永不得生矣因力辭曰某素不諳吏事亦不識一字惟大王哀免再三強之固不從神怒叱左右加刑五毒備極痛苦不堪而玘執詞愈堅神無如之何乃令行刑者提置廡下而別書牒令人持去追某縣某人來去約半日追至一人神復以前語語之此人欣然拜命神喜即爲易冠服領十六笥退入司中神呼前兩人送玘付土地祠令轉達東嶽還魂至祠土神冠珮出受牒自達部下兩隸送詣嶽祠既到候門外入投牒未出玘望之見嶽帝冠冕赭袍據案治事侍立皆紫衣紗帽者不知幾百而庭下往來擾擾又數百人玘自念吾方足痛恐入門諸人不堪踐踏躊躇間忽

五卷　十六

內有人出呼曰郎君何爲在此視之乃唐氏故僕也玘具說前事僕曰郎君當復生吾今送歸玘告以足痛僕曰當覓一舟相載也扶玘至岸下一空舟無頭尾僅有艙掖登之縮腳而臥僕立舟上不見其鼓棹而舟自動祠下去家約四十里頃刻已至又掖而升岸回顧失僕及舟所在入門爲門限所礙踣然而寤以手摸四壁不可出已知在棺中也乃以足蹴其板家人聞而駭之亟揭棺蓋視玘已活距死時四十七日矣欲扶出之憊不可起破棺後一板始得出灌以姜汁氣息纔屬而雙目昏暗手足皆傷厭厭未有生意方謀迎醫忽有全真道士過門乞齋聞之謂其父曰吾能治之但須先灸其胞穴若知痛乃可生也父喜引入爇艾灸之火方燃遽呼痛道人曰生矣然猶不能言道人出囊中紫藥一錠形製如墨令研碎以米汁調其半灌之留半以待昏時服藥盡則能言而行矣家人如教治具以待道人不食止啖水果數顆及酒三杯而已抵暮告去去未久家人覓所藏藥已失之于是交相尤恨以爲必無生理詰旦道人至皆以故咲曰不足惜也復出半錠與之正昨所失者家人愚不以爲異贈以十金道人咲曰我方外士安用金爲又以布二十疋曰且留之明日來取遂去竟不復至玘得復生之後備述冥中事如此

五卷　十七

張都憲

都御史張公泰肅寧人少時貌極醜嘗得危疾夢其人以罪被逮當論死已白于官請以身代官聽之即械赴市中就刑揮刀霍然頭落其魂遂入冥司見閻君曰此人無罪應得受生判生山東民家爲男子遣吏卒押送見一大雞前導已隨而行其年

盖扁酉云至其家婦適坐蓐遂投胎而生既浴置坑上家人環視或指之曰好一小兒俄身漸長大又曰何詎如許遂𩈒然而覺乃長眠榻上寘然經日矣旦起家人視之皆驚而不識豊顧偉貌迥異曩時公具言所夢益相怪駭久之稍稍察其聲言居止與舊不殊乃信之公後舉進士歷任至今官。

幼女殺二虎

沿塞居民若虎有穿井以待者虎至則舉家入井匿其旁虎不能害偶一家夫婦已老只育一女甫十五將入井避虎而虎已迫夫婦相携奔山顛只女入井中二虎見之以為奇貨一虎入井以繩縛女一虎居井者携而上解其繩與井中虎自縛併虎復携之將至半而併虎力竭有僨狀幼女伺其倦遂奮力推之下井二虎方計不知所出女即呼父母下山以石亂拋井中二虎俱斃女之父斬二首以獻得厚賞經歷孫全書談、

册客

客有以册術行騙局者假造銀器盛輿從使與妓為妾日欲于西湖鶴首所羅列器皿望之皆朱提白鏹二富翁見而心艷之前揖問曰公何術而富若此客答曰册成特長物耳富翁遂延客并其妾至家出二千金為册使煉之客入鉛汞煉龠十日客約以長鬚笑至紿曰家雅內艱盍急往客大哭謂主人曰事出無奈可煩主君同余婢守爐余不日来耳客實竊册去又囑妓私與主媾而主不悟也遂墮計中與妓綢繆數宵而客至啓爐視之佯驚曰事敗矣汝侵余妾册已壞矣主君無以應復出厚鏹酬客客作怏怏狀去主君猶以得遣為幸卒不悟已為客賣也噫嘻始為利誘既為色迷求羨得亂又奚怪焉、

鬻柑

檇李旅店忽一老人杖策荷篠以賣柑為事及暮必醉醉必浩歌甚樂如是者月餘其柑不販不益而鮮紅美实日滿于器主人疑之夜偵其狀見老人用香爐盛土植柑子内輕手拂拭口若誦呪隨即屈膝偃卧爐中俄而葉俄而花又俄而實遲明則纍纍垂熟矣主人奇其術因與結歡密邀飲願受教老人曰此太上養道法給身有餘給家不足君有家口累縱學無益于君主人哀懇數四拜伏不起老人曰君意既誠當教汝第市肆非煉學之所須往深山援之因與約日偕行主人喜極且私計曰此術甚簡訣若夕種千頭則朝得萬錢不數富可大富何謂止可給身乎及期欲行老人曰君貪心甚熾已為太上所覺事難教矣不然予罪且不免主人嘿然再拜謝過老人曰機心既露雖悔何及越宿老人竟去不復来矣明年有同店者又見老人在廬州賣枇杷云、

還孤地

吉水灘頭一豪家造樓占鄰其孤姪嫠嫂地基僅一間許其孤嫠莫誰何惟旦夕焚香稽首叩天一日半空中忽大雷電風雨移其棧空其地以歸孤嫠至晚衆人視之不失尺寸弘治二年五月十八日事也、

施藥陰功

蕨冢宰滇人父故能醫一日隣有醫者死三日復甦語人云至一大第宅有穹碑主者令亟計碑上語傳示人間語曰醫生蕨用和施藥陰功多自壽添二紀養子登高科薦畢逝瞑已而冢宰生弱冠登甲辰第、

潘婦

肇慶府學生稚衡之妻潘婦，訓導陳紀名之還文昌諭也，寄銀二百于衡，音問不聞越五載，紀名與衡皆死矣，家又犯盗，或謗之，可因而為利，潘曰，利人之有不義，耿夫之名不仁，待紀君子忍忠，至乃舉還之，封識如故，事在隆慶庚午年間也，夫潘非有學問之素，而廉操自其天性，閭閻之內，幽獨之守，亦從心之所安耳，

誤死

少參梁公自言微時曾病死，兩無常縛之以去，見城隍居于側室，梁至案前，隍索籍按之，駭曰，誤矣，公後祿尚遠，何故至此，重撻兩無常，命乘輿而返，掾卒数輩皆索錢，答曰，我得活，願重酬，掾卒又附耳曰，君若不靳，可置廊下受惠多矣，倘一進殿內，當為官物，我輩何有焉，少頃樂蘇，即呼弟持錢十萬化于城隍廟之側，癒及歸言，大殿方在修葺，神選千儀，竟與死時所見相合，後萬曆壬午歲，余宗司馬與梁公同寅，楚藩所談甚悉，梁諱問孟，河南衛輝人，登乙丑榜，官至僉都御史

竹月三無

廣文姓王，號竹月者，老邁而鬢齒已落，更闕一耳，其同僚戲為之語曰，竹月號三無，無耻之耻無，然而無有爾，則亦無有乎，聞者皆稱絕倒，偶繡衣使者涖府，各縣屬僚見于官署中，談及三無之語，以為咲謔，及縣令與竹月同至，繡衣前而覩其状，思及前語，不覺咲有聲，繡衣疑令慢己，詰之，令因以實對，繡衣亦大咲，疑遂釋，

男飾

金陵女黄善聰者，年十一失母，父販為業，乃令為男飾，一年父死，詭姓名為張勝，有李英者亦販自故鄉来，不知其女也，因結為伴，寢食與同，恒稱疾不脫衣襪，踰年與英偕還鄉，已年二十矣，突然裁巾往見其姊，姊謂我本無弟，惟小妹隨父在外爾，胡為来，乃咲曰，我即善聰也，已而泣語之故，姊惡之曰，男女同處，何以自明，因拒不納，善聰不勝其憤，曰，尚有汙，死未免也，姊信之，始返初服，越三日，英来候，善聰出見，英大驚愕，歸悒悒如有所失，英母憂之，以英猶未娶，乃求婚焉，善聰不從曰，此身若竟歸英，人其謂我何，親隣交勸，不得已從之，按女易男飾者，南齊有東陽婁逞，五代有臨邛黄崇嘏，國初蜀有韓貞女，並又見善聰焉

尼計殺賊

語溪東里三元廟女尼，奉神甚虔，五月間繰綵，有人祈籤神前，夜將盜之，尼偶覺，至夜滚燒鑊湯，自匿竈傍，屏息以俟，果有盜穿垣而入，將取綵，尼即以湯潑賊，賊立仆，尼慮累已，移屍于河，明日其兄從縣潭經過，見一屍浮水，有巨蛇繞頸，逼視乃其弟也，縣潭去尼所三十里許，時非急流，不知一夕何以至彼，而又有蛇繞，豈神默佑尼而示之報耶

子娶母

秀水鄉民李供，萬曆庚辰歲祲，不能聊生，一估舟泊河下，以妻易麥十石，子甫離襁褓，舍之而去，未幾父亡，叔撫之，丙申歲子年十九，客河南光山縣，有羡金，欲買婦，里有孀婦將再醮，媒以秀水客言，婦欣然有首丘之思，遂偕伉儷，到家，子先登岸語曰，此行幸獲利，又娶室歸矣，叔欣然曰，幸甚，頃之婦入，叔

大鷩曰此即汝母也子自經死夫毋醮凢三原非完婦遇合不幸無足憫者獨其子無心遭此人倫窮極飲痛以死天何令至此耶

凌司寇殺儒

凌司寇雲翼蘇州人貴介自恣不束其僕吳縣學生童士偉寃副裴中去之子寃副卒偉賃凌别舍初移居偉書春聯數幅擲几上凌僕懷之而去偉詈之竟被凌僕捶楚死諸生聚城隍廟相誓戮力鳴寃誓畢即往詬雲翼翼知諸生之來預集壯僕百許棍杖穢悪等物畢具諸生未及數語翼大詬罵叱入門蚤為擁絜撲擊諸生伶仃狼藉僅啓門檻從下一一攢去巾帽衣靴零落殆盡有被重傷者不數日悉斃郡中刊坑儒圖畫省交章盡詆其悪子僅謫戍以僕塡命云

新羅僧

武林馬生季玉少恭禪理茹素誦經萬曆己亥季冬往栝蒼訪友疑恍惚失足至深谷梵宮隱隱天暮往假宿爲地絕清幽望竹林有佛火小寮閒坐一老僧方瞳脩眉廣顙長耳披布衣一二疊季玉詢知爲新羅國介師合掌再拜力叩禪機師曰汝從何處來曰錢塘汝從何處去曰錢塘師曰汝知所自來知所自去便是禪機次早季玉歸渚以所携金納墨硯下師已知之曰晉此無用命侍者與碎之縫于衲中行未兩日雪下數尺途中僵凍無算季玉得碎金易食免于死以嶂峦峻僻不能再往嘗以爲恨

雌鴦投釜

淮安塩城大縱湖漁父弋一雄鴦剸剝置釜中煑之其雌者隨樹飛鳴不去漁父方啓釜即投沸湯中死漁父見之大駭不敢食并棄之 談

桂林義姑

桂林女年十七未字人父若母皆發殯止一兄客死長洲遺孤僅數歲家貧甚無以供朝夕嫂有異志姑徐謂曰即不幸兄先朝露尚遺此一脉黄口呱呱母氏忍相遺耶我心匪席願矢志終身兩人者相依存此孤遂截髪誓不適人卒以全嫂節而撫兄孤夫姑特一女子耳完節保孤丈夫所難者女子能之史稱齊軍壓魯魯姑棄已子而抱兄子坐卻齊軍而魯以全如桂林姑者不亦千秋比烈哉 祇緑舍談

索柑駢語

德清章選部之弟永建少機敏一日同數友適凌太學家几上見佛手柑一友有睥睨意生平以四六自負者戲曰君第為四六語索之何如永建曰我代為之信口曰觀君佛手頓生盜心若斬分香卑其遺臭一坐絕倒

詠尹字

京兆尹訪蘇瓌既去瓌令男頲詠尹字乃詠曰丑雖有足甲不成身見君無口知伊少人其敏捷如此 張緑舍談

誤解詩

經生多有不省文章嘗一邑有兩人同官其一或舉杜甫鶴詩贊也應無計避征繳之句其一難之曰此詩誤矣野鷹何嘗有征繇乎舉詩者解曰必是當年科取翎毛耳

辯滿四死

吳興滿綸偷子文陽死于非命載前編未確文陽素性殘忍

僕辟當意者萬曆戊子六月輸粟入南都止棋一僕適姑蘇買少年善謳者三人閩中獨挈妾之婢春桃與俱春桃妖而淫與一少年調謔彼此有心而未之遂又諸僕恨主鞭朴且垂涎主人金獨碍故僕難于措手後故僕亦遣歸閏六月間遂以藥酒中文陽與春桃淫畢起剜割主體如女屍藏之地板下共分令闔扉携春桃出門紿逆旅主人曰吾主往淮数日必歸遂中會春桃而各操厚貲還家南邸喧傳淯公子殺春桃逃矣逆旅主人懼累已鳴之官官至啓門止空室獨穢氣從板下起開視一屍類女移牒吳興拘文陽抵罪前歸僕曰彼三惡少必作不軌矣令人偏緝悉獲詰春桃則已賣金華作倚門婦矣遂拘之與三惡少俱坐死是年仲春至孟夏文陽應死者有三殺僕妻一置妾死一盜斧旁一俱幸免乃南行竟罹大禍豈天欲酷示之罰而故緩其死耶余又謂僮僕挑闥者不可暱亦遠害之道也

陸牛臺爲司寇時親鞫

牛王

有客自中原來者云北方有牛王廟畫百牛于壁而牛王居中問牛王爲何人乃冉伯牛

姓名戲

陳亜自爲亜字謎曰若教有口便啞且要無心爲惡中間全沒肚腸外面強生稜角

義鷹

婺州州治古木之上有鷹巢一卒採取其子郡守王雲龍方據案視事鷹忽飛下攫一卒之巾已而知其非採巢者啣巾來還乃徑攫採巢之巾而去太守詢其故因杖此卒夫禽鳥之靈如此攫巾固已異矣誤攫而還還而復攫尤異才堪與談

賢夫人

臨江御史盧秩配蕭氏秩按直隸時保定千户朱剛無辜啟殺三人事露以白金二千兩黃金二百兩僞爲秩家書遺夫人求活蕭得書覺僞令子悰識執送法司坐以律于是秩名位益顯

見王侍郎却金傳

神刀

噶嗒之國有刀如竹葉着刮垢輒如新時壬朱壽柄政僥滑其一癸嘗試予丁家挾之以入與韓應龍聯座中貴人有以蹊貽懋者偶汙朱卷朱方惶恐而申即以刀刮之毫無痕迹是年朱是試第一夫韓宜大魁矣何以俟汙其卷豈天欲以顯小乜之神奇耶然則是刀也來自蠻幕之遐入于黃扉之邃若天預爲朱公設也方韓公傳臚之辰兩燭遶峙而交輝于庭靈異何烱灼哉語稱天下福信非偶矣

厠生

嘉靖末福清葉春陽公配某氏避島寇之外家適彌月俗謂女歸而產于家不利共驅之出林無所依歸貶厠而生兒因名曰厠未幾寇復大至某抱兒徒步足盡瘃匿叢莽中兒啼不止某祝曰爾果吾兒當止啼兒啼遂止賊睨而過之亡何走失道至海壖海水鹹漬膚盡潰頃一老父過而詫曰賊且至爾以兒與我我爲爾負兒前路當還某初不忍賊漸迫乃投涙與之踉蹌行至前則老父以抱兒待矣問姓名不答忽不見某子三其一今少宗伯御高即厠生者史稱稷感帝武契出鳦卵天生偉人固自不凡宗伯生于厠天顯之矣見葉參酒傳

僧化棺

正德間洛中士人張孝賢素奉釋教時有一僧來募化與齋一
食與錢不取曰必一至家人頗厭詑且詰其所以來亦不答如
是者月餘賢先是曾得奇疾幾危置一柩厝于家僧必欲得此
家人又大詫賢獨慨與越十四年賢舉于鄉又六年授某邑令
晉兵部主政奉使琉球遘疾將終忽一僧不知從何來語賢曰
今日送柩還汝柩在廣化刹中語畢忽不見賢云即往時募化
僧也令家人至刹前柩宛然在未幾賢果死迎以貯之異哉余
叔液藝談

兗州嶽廟

兗州府嶽廟素著靈迹弘治中蘇州龔禾之知府事嘗于中夜
聞有鞭朴聲以問左右左右有知者具言廟之神異禾之弗信
也次晨往謁廟無所覩召言者責之其人言但須至誠乃得進
見明日齋沐更衣以夜往祭禱良久門啓而入見五人冕服如
王者出迎延坐賓位禾之辭讓王者曰公陽官予陰官也于職
事無統攝請坐已而進茶禾之未敢飲神曰此齋筵中茶也飲
之無害禾之請曰聞有十王彼五王安在曰已赴齋矣求觀獄
辭曰獄禁嚴不得入有一事當以奉觀耳命舁一僧至熾炭炙
其背曰是此地某寺僧也平日募緣所得皆供酒食費不脩殿
宇故受罰如此問曰猶有解乎曰今改過則可免也遂辭出既
歸使人密訪其僧正患背疽且死告以所見僧悔懼傾貲修建
病卻愈

守銀犬

閶門一民家以開行爲業家畜一犬甚健日卧一檻夾頭刻不
離人有至其所者輒噬之家人相戒莫敢犯有商人至門犬□□
而近之犬噬其股流血商號呼罵其主其主亦惡犬謝曰無□
勿怒明日當烹之共食耳商歸卽中夜夢若有告之者曰吾乃
主人之父也死若干年矣有銀數百兩埋檻下生時不及語吾
子子不知也一念不忘復生爲犬將以朝夕不去者蓋前此冥
數未可傳于子故守以待之耳不意誤犯君今子欲烹我我欲
告以故彼必又見信君幸往見之令不吾殺也商竦然驚覺卽
起奔詣其家叩門主迎商曰犬安在則已被烹且熟矣商人悵
恨具語以所夢其主猶未信商請驗之撤檻果得一瓦鉢盛銀
四百餘兩痛恨無及乃裹其犬而瘞之

村民遇土地

鄉中小民某甞出行遇一老人自稱土地呼某名曰汝將死
矣我特來報汝某曰我方壯年無疾病何爲而死不顧而行老
人忽不見數日他出仍遇之又謂曰汝必死矣某曰我死何如
老人曰汝當落水死某強辭拒之而意甚恐居無何隣村有與
某同姓名者以他事赴水死而某竟無恙豈鬼神亦有誤耶抑
聊戲之也

王絙

長洲學生王絙弘治己酉初應鄉試時有校官托所親當舉于
鄉適無願者亟欲賤售焉同學生姜經來招絙共圖之事瀕就
矣一夕絙夢身中鄉試六十七名甫中試而父死妻繼死妻之
父亦死繼而身亦死及覺心怪之旦往見經秘不言夢絙怒責
以重利輕名曰我即自爲之討所費不過數十金已如果中此
名次正如所夢絙方以爲異既而其父與妻之父相繼皆不

盖異之居無何純竟死絶乃以所夢告人曰使當時我爲之今
已入鬼録矣科名之不可以僥倖得也如此

靈芝

弘治癸亥予里人陸惠家墻下産一芝明年連産九本亦有重
臺者五彩燦然後皆枝去予曾得其一枯莖藏之

三足鼈

庚午夏太倉州有百姓道見漁者持一鼈而三足買歸令婦烹
之既熟呼婦共食婦不欲食出坐門外久之不聞其夫聲入視
已失所在地上止存髮一縷衣服冠履事事皆在如脱形者驚
怖號呼里甲聞之以婦謀殺夫而詐謊也録之官知州蕭田董
建寔鞫之得其情以爲異物理或當有歸婦于獄召漁者立限
令捕三足鼈來數日得之以獻即于官廳召此婦依前烹治而
出重囚令食之食畢引入獄及門已化盡矣所存衣髮皆與百
姓同乃原婦罪漁魚云初被網于川舉網驚其太重及岸視之
見一肉塊如人形五官俱具而無手足閉目蠢動漁大驚怕擲
之水中又别網一所得物狀亦如之群漁懼共買牲酒祭水神
禱曰我輩奉命于官尋三足鼈乃連得怪物如違限必獲罪矣
惟神佑之禱畢而網乃得鼈焉竟不知前二物爲何也按爾雅
曰鼈三足能注云今陽羨君山上有池中出三足鼈又山海經
曰從山多三足鼈是物世亦有但人食而化傳記所無然一舉
而得二異尤前所未聞也

方學

無錫方學少時預選爲諸生其夜夢一人持一桃一梨授之曰
二人之命懸于君手覺而異焉心識之後領鄉書弘治己未

試禮部時江陰士人徐經享主文者有夤緣爲華給事中衆所
奏下制獄驗問華以舉同鄉且素厚援以爲誣將引入庭鞫道
遇鄉人貢主事安甫遺以桃李各一曰事之虚實待君一言彼
二人之命皆懸君手矣學驟憶前夢爲之竦然循安甫所遺而
夢中爲梨似若少異然亦神矣學証獄事人多知之此不復列

周岐鳳

周岐鳳初名鳳江陰之青陽人性敏絶倫身兼百藝詩文筆札
亦可觀平生所服用皆自製嘗與其僕各市一帽既而曰吾帽
竟與汝無别乎即爪分之僕有所如少頃却回岐鳳已縷金縫
而戴之矣其巧捷類此然陰險狡猾挾邪術肆爲奸淫以故不
齒于人寓宿富家與主人劇飲就寢主婦中夜輾轉不寐若聞
有相唤者啓門欲出遅回自疑促其夫起告其故夫往覘之岐
鳳方裸體散髮跳舞爲厭勝執而痛笞之幾死郡守祈雨觀中
岐鳳看道服堅磐負劍往詣守罔識也與之語稍益狎蕩戲擲
其劍躍而凌空而去守大驚謂真仙來也岐鳳去語諸吏輩以
爲笑已而守微聞之将捕執焉則已逸矣後客于新塘陸氏陸
氏弟兄曰季方季圜季圜死季方析産不均季圜妻衛氏忿之
時大理卿熊槩巡撫江南大煽威虐至江陰衛遂列季方不法
事迎訴于水次槩不受衛赴水槩乃受之季方懼以黄金十鎰
托岐鳳入都解營岐鳳浪費殆盡陸氏竟被籍没恨入骨詞連
岐鳳季方既伏法岐鳳變姓名逃匿江湖日無定居鄉一舟自
奉極侈食器皆以金爲之嘗抵蘇蘇人錢曄授之詞曰聞説多
才惜未逢年來何處覓行踪一身作客如飛倦四海何人是孔
方市鶯花春對酒河橋風雨夜推篷機心盡付東流水回首

岱山一夢中岐鳳得詩大慟後入都圖自值竟病死邸中鄉
事理買棺殯之死後三界間有召仙者岐鳳至詞翰多類其生
平所為言事往往奇中一日有詩云長安萬里月杜陵三月春
一茗一爐香清風來故人又云海外獨身遊風雲際會秋我傳
重德去伏劾鬼神愁書其後曰試名與香論此詩吾即至後試
之信然松江守私廨失金首飾請仙問之則大書四句云久旱
逢甘雨他鄉遇故知洞房花燭夜金榜掛名時求釋其意不荅
請書名乃書曰周岐鳳守不悅以為鬼語不足憑間為一學官
言之對曰此世俗所傳四喜詩耳守愕然曰吾家有小女奴賞
名四喜得無是乎執而訊之物果為是婢所竊猶藏廁後灰堆
中乃悟前語

戚編脩

餘姚戚瀾少時常得危疾息已絕踰時復甦自言被人執至一
官府有貴人坐堂上引見問鄉里姓名年幾何具以對貴人曰
非也追誤矣顧吏令釋之得出還至中途遇雨憩佛寺步入一
室中滿地皆紗帽指也以手扳舉之不動旁有人謂曰此非君
物也君所有者在此指一架令取之隨手而得視其內有字曰
七品後瀾果以進士終翰林編脩

臨江狐

臨江富人陳崇吉所居後有果園委一人守之收鬻利息皆由
其手其人年可四十許頗脩整不類庸下人獨居園中小屋間
一夕有美姬來就之自言能飲索酒共酌且求歡其人疑之扣
其居止姓名終不荅曰與君有夙緣故相從無問也遂與狎自
是每夜輒至日久情密如伉儷亦不復扣其所從來也比舍人
怪園中常有人語聲窺見之以告主人主人以其掌財也召責
之其人初抵諱因請主覆視記籍冒無虧漏更加研問乃吐實
主亦任之是夜姬來云而主謂吾誘汝財耶因從容言吾非禍
君者此世界內如吾者無慮千數皆脩仙道吾事將就特借君
陽氣助耳更幾日數足吾亦不復留此于君無妨也他日來劇
飲沉醉談謔益歡其人試挑之曰子于世間亦有畏乎姬以醉
忘情且恃交稔無復防虞直荅曰吾無所畏吾睡時則有光旋
遶身畔人欲不利于我者一蹋此光吾已驚覺終不能有所加
也所最惡者人能遠立以口承其光而徐吸之則彼得壽而吾
禍矣其人唯唯俟其去目逆而送之遥見其踉蹌仆田中往看
姬寐正熟有光照地如月依言吸之覺臟腑隱隱熱下光盡歛
乃歸明日復至其所有老狐死焉景泰中戚子高巡鹽課揚州

隋氏有商于揚者道其事云此人尚在年九十餘矣

西山狐

董蓋者精于脉莫仕元至正間為大都醫官年七十矣嘗有老
嫗詣其門曰家有二女屬病欲請公往治之問其家所在曰西
山益埤途遠以老辭曰必不得已可携來就診耳嫗去良久携
女至皆少艾董診之愕然曰何以俱非人脉必異類也因詰嫗
爾無隱當實告我嫗惶恐跪訴曰妾實非人乃西山老狐也知
公神術能生吾女故來投懇今已覺露幸仁者憐而容之董曰
濟物吾心也固不爾拒然此禁城中帝王所在萬神訶護爾醜
類何得至此嫗曰真天子自在濠州城隍社令皆移守于彼此
間空虛故吾輩不妨出入耳董異其言授以藥嫗及二女拜謝

本祖龍潛淮右云

程學士降筆

弘治己未皇墩程先生主考會試以言者去國未幾卒於家。是年有雪夜祈仙者先生至降筆云夜借東坡遊聞有請仙者予亦論仙之流也事之不偶殆有甚焉者詩以紀之因書一絕云江山何日許重来白骨青林事可哀吾黨莫憐清夢遠海東東去是蓬萊又二律云紫閣勲名近已休文章空自壓儒流孤忠敢許懸天日浩氣還應射斗牛蘇子蛰松遭衆譖杜陵荒草喚窮愁乾坤不盡江流意回首青山一故丘斯文今古亦堪哀道學真傳已作灰鴻鴈未高羅網合麒麟偶見信時猜迅雷不起金縢策紫殿誰知武庫才此氣那同芳草合渾淪来往共盈虧讀者哀之玩其氣格蓋似先生平昔云

蔣生

蔣生者名煥吳人也少年美姿容而性質溫雅弘治辛酉以縣學生領鄉薦會試北上道出臨清日暮憇止道旁民家愛其門户瀟洒延佇移時堂中有女郎方映窻悄悄獨立覩生丰儀注目情動呼青衣邀入中堂女即更衣出拜韶顏稚齒殆若天仙生一見為之心醉逡巡設酒殽延坐談謔稍狎抵夜同入小閣遂偕繾綣時其父適以他往經三日歸為家人所白翁聞之怒甚將執馬既而沉思久之顧生曰爾良家子俊士也吾一女素鍾愛今一旦至此已無可柰何雖非心于子不足贖吾恥顧吾女循未有家子能為吾婿乎不則吾將執汝送縣官矣生唯唯從命遂偕伉儷留連越旬儀迫試期遂辭行登途臨別相顧悽斷雨泣升車而去抵京入試下第還到翁家翁哭而迎曰自子行適吾女朝夕悲思因而成疾今死矣引示以女櫬生揀然汗下仆地欲絕是夕設祭躍慟辭翁登舟女已先在矣從此冊行月餘嘗覺其在旁抵家已復在室中自是動息不離至盥漱亦于杯中見之生迷罔憔悴遂成瘵疾家人研問始具述其事疾益甚乃徙城中寓所女復隨至不久竟死時年二十有三而已

盛氏怪

郡胥官盛早被檄攝獄事有數囚死不以理壬申夏四月盛罷攝携獄中刑具數事歸家囚憑而為厲初有犬自外啣一死狐而入置之地狐忽躍起犬亦人立與之相搏家人擊逐之即不見從此妖變百出器案互相擊撞牀席自移嘗覺有青衣女在室忽鑽于榻下杳不可尋一男子着單衣往来廡間俄變成大豬皆然遂滅諸婦嘗夜坐見牕外立異物如人長丈許皆奔避怪入舉手摵燈其影蔽一屋端午日有醫生饋猪頭置肉杌上連作聲長鳴剖為四懸之鳴如故又有饋齋饅頭者方持之内有聲如鬼如此數月多方禳之不效為徙居城中乃稍止後盛三男連死家俱患病死喪狼藉後乃安

人為牛

蘇城大石巷唐豆腐家以磨麵為生其子婦陸氏有弟死四年矣唐之季子嘗晝寢假寐夢陸子来語之曰予不幸死被罰為牛今賣于君家君以親故善遇我視眼上有白翳者乃我也驚覺問之其家傭工兩日前正買二牛一小者目果有白翳後賣者来說此牛適四歲矣陸子平日與唐交易負其直不時償嘗誓云我若欠錢應作畜生償汝至是人以為果報云嘉靖人王全者嘗夢其亡父曰吾生時欠江陰某甲錢今托生其家為牛以償且滿矣爾往贖吾歸諸牛惟吾身白善記之慎毋給

價全尋到其家視欄内果有一白牛求市之其家惜此牛律而善運不許倍價乃得載歸羆以帷幙擇芻豆精好者以飼之數歳方死、

顧鎮

正德辛未夏疫癘盛行對門瓊姬撖西居民顧鎮家老幼皆染疾因祈于神誓合家茹素以禳災適巡撫開倉賑濟鎮入城關領偶忘其誓于肆中買魚三尾酒一壺飲啖畢附舟而歸不以語家人也是日感疾不食頃而終家人見三小鰟魮㸃其背及殮又見三魚躍入棺中索之則不復有矣問之同入城者乃知鎮前所食正此物也神盖以示警云、

王鑾

對門人王鑾以辛未冬至日詣玄妙观高真殿燒香途中見漁者持一鼈甚肥大鑾素所嗜令從者買之光歸烹庖既入廟一念在是殊不誠恪歸而食罷至暮其陰側忽腫一塊痛不可忍數日幾死禱醫百方不效延巫者周道虎附覡召將判云温元帥下報鼈中時玄天䚡降東南方黒雲為驗至時黒雲起于巽隅隱隱見披髮伏劍者立雲際滿室中檀麝香氣氤氲須臾乩大發入鑾寢所判令其妻被病者以湯洗腫處腫破出一骨首尾形狀宛如一鼈創合而愈自是其家奉真武甚是虔恪

猪犬生兒

壬申春長洲陽城湖旁民家母猪産一雛猪頭而人手足十二月十六日嘉定二十二都民家犬生一兒形狀皆人但足根短皆微有毛或以人與畜交而生理或然也、

梓潼神

康僖敏公鑑父垂圭為人愿慤鄉閭稱善士嘗出行登厠見錢底飯一塊在厠旁拾取于水中滌而食之其平居不欲暴殄率如此是夜夢神人告之曰翁好善如此當獲福報吾梓潼神也將降生以大而門吾在胥門縁香橋人家楼上其家不知奉事翁今速往迎歸爾既覺語其妻則妻夢亦如之即訪至其家主婦出延之登楼壁掛神像塵埃厖落因乞以歸加裝飾奉事甚虔未幾有妊生僖敏任至太子太保左都御史累贈翁如其官母為夫人一品云以予觀之如僖敏公之碩德偉度功在西土民皆尸而祝之為一時名臣殆所謂其生有自来者耶、

婦人生鬚

弘治末隨州應山縣女子生鬚長三寸餘見于邸報予里人卑曲者往年商于鄖陽見主家一婦美色頷下生鬚二縷約數十莖長數寸人目為三鬚娘云、

王主簿

民據蘇日胥門有王主簿者故元官也平日所積倷貲頗厚簿感傷寒七日死既葬二子析産求其貲不得疑母匿之以毋毋無以自明終日喧競主簿對門有徐姓者商于遠方歸金山泊舟五聖廟下黎明時起見一舟上五人冠帯坐皆衣舟中一人則主簿也徐故與王通家主簿其父行也未知其死揖而問曰丈何縁来此主簿呼之前曰君来甚善吾正欲有所懇也吾在此數日矣求時匆遽不及處分家事吾有薄貲若干藏卧榻中板下二子不知乃與母競又要分書一紙藏匣中置房門燕楹上君為我語之又密謂曰君歸告吾家人早晚有太兵到吴城城中人當太半死宜急移居杭州可免也徐唯唯悦

然登舟而別歸到主簿家見其妻說曾相見狀妻忽以為妄言徐具道所以二子聞之發地板果得白金八百兩視盧檻匣子亦如所言家人神之因與徐俱挈家遷于杭未幾數日而大兵圍城矣

鷄精

陳元善蘇之婁門人情度洒允好奉道多學為請仙召將諸術自稱法名洞真往來嘉定諸大家子往與為卿友嘗遇談氏其家畜一鷄已十八年元善方與主人語鷄自庭中飛至其前舒翅伸頸遂死于地夜宿書房中有女子款門哭而入自稱主人之女慕君曠達故來相就元善視之姿色絕妍麗問其年曰十八矣遂留與狎自是晨往暮來荏苒且經歲女間自言命屬鷄元善每有所如女輒隨至意稍疑之而不能絕每一來覺意中昏沉如醉夢去則洒然以語談氏主人驚曰吾家安有此女至比隣人家亦無之必祟也且彼云年十八而屬鷄以今歲計之歲皆不合獨吾家所畜鷄其年正如此數將無是乎康用其枝書符呪水欲以辟之女來如故或密藏符于懷袖間女輒知之怒曰汝乃疑我以手挾而反覆撲之俟符墜地則奪去或擲其以周易一冊置褒肚中女至撲之再三終不墜乃舍去一夕與数友同宿王檟所相戒無睡以覘其來夜中衆聞元善叱罵聲起視見其身偃于牀類交合之狀已而遺精在席上元善如夢覺衆大譟逐之見帳頂一黑團作鷄聲飛出牕外乃相與延術士結壇召將吏遣之女見元善謝曰無逐我我數日將往無錫托生矣汝送我不可至井亭懼為井神所收當送我于野耳如其言以符水祭物送城外數里荒僻處自是遂絕

取債子

長洲陸墓人戴春以燒甕器為業頗足衣食止生一子極愛之衣裘飲饌恣其所需子年十六得疾卧牀褥者半年醫藥禱祠百方不效子竟死夫婦痛惜厚加殮葬誦經建醮費又不貲家具為之一空猶念其子不已終日哭泣一日有媼挐舟艤岸款門而入不忍其夫婦之悲哽因進曰死生常理何悲如此然翁姥愛深難割今念令嗣者亦欲一見之否耶夫婦捧涕謝曰長逝之人今永沉冥漠幽明隔越豈有見期如媼之言非所敢望也媼曰若然亦易事耳戴喜和其說媼曰吾將引到一處即當見之然翁姥不須俱行以一人往可也戴喜即令其妻偕入舟媼戒不得妄窺鼓棹如飛食頃到一處市廛中居民稠密媼導以登遥見其子立米鋪中方持槩為人量米望見母來即趨出渾母喜可知也子言兒今為此家開鋪正念母欲一見母姑留此吾入報主家令相迎也即奔入旋招母入我以著迄容覆嗛舟中沉使潛窺之其子少選便出裝飾大異儼一牛頭夜叉也四顧罵曰老畜安在我少我債二十年尚欠四年未滿今來我一欲報人執之恨少遲令得走却抱怒而入母伏舟中不敢喘媼謂曰已見之乎放舟復還故處述所見于其夫自是悲念始息尋媼舟亦不復見矣

姑嫂殺賊

正德末申閭往賊劉六劉七等嘯聚十餘萬衆殺掠齊魯之境一日次東平州州有一嫂二姑避賊出奔遇其部將于道度勢不可脫即跪俟道左賊悅其色遂至莽地欲汙之時賊大衆已起惟獨所遇賊來搖去嫂不得已聽所為次及大姑姑佯

兒上身即將兩手交按賊頸小姑以死立其身賊時已斃作力不能起妓即以刀砍其首斃之徑報之官準從給賞時皆壯之

讀楊鐵崖濮州娘樂府因知薛花娘之事非誣飾者花娘濮娼也賊朱冀者掠之因與裸飲賊既酣擁花娘臥花娘乘其睡抽佩刀刺殺之乃逃出報官兵因遂進攻盡擒其衆東川婦之事大畧類此然花娘斃賊于醺酣而三婦乃斃賊于倉卒此尤奇快也

新刻續耳譚　六卷

飛魚
主考死

六卷目録

生角　程濟偃術
體玄道遇翁　李茂元
范廣死復治家　趙洎善奕
唐文　鬼頭王
雒卵鴛卵　于子仁異術
新建伯傳畧　尹蓬頭
赤肚子　十七字詩
蘇後湖　坭鬼巫
張道士　岳武穆祠
金箔張　黑厮
上梁日時　張孟介
趙重陽　寡居生犬
居作　擇婿得兩會元
劉僑　不及試期
史御史　王簪妓
馮蝶翠　坎三
鄧成十六變牛　劉僑不死
觀音示夢　陸世明
涯翁　况侯抑中官
王瘋子　劉欽謨穎慧
周昂穎敏　張皮雀
鄒昂　風起文稿
人以魚形　女活佛
[illegible]　水火稱毒

飛魚
主考死

六卷目録

馬生角　程濟偃術
體玄道遇翁　李茂元
范廣死復治家　趙洎善奕
唐文　鬼頭王
雒卵鴛卵　于子仁異術
新建伯傳畧　尹蓬頭
赤肚子　十七字詩
蘇後湖　坭鬼巫
張道士　岳武穆祠
金箔張　黑厮
上梁日時　張孟介
趙重陽　寡居生犬
猴交育子　弘治間異事
顧令却錢　張羅兒
少三兒　鍾髽髻
牛師　白女
金德宣　李百户
岳武穆僇秦檜後　史四
回道人食麪　陳十三老人
欒婆　俞翀假銀買羊
王宗妾　朱某妻顧氏
易外郎婢　周文襄公見鬼

續耳譚

恚谿劉忭

烏程沈遴奇　仝撰

沈儆垣

撫東戴君賜　叅訂

繡谷唐伯成　校梓

沈伯楚遇僊

武陵孝廉沈伯楚任儋州守登北山真覺寺見一丐醉臥廊下伯楚思此僻地何有丐在且神采特異必非常人拱立俟之丐久不醒伯楚附耳輕呼丐大怒以手摸其面伯楚但遜謝問師來何為丐曰為行醫伯楚與語良久異之邀至衙丐連浮十大白而止時州判子弱疾瀕死丐往令扶起出囊鍼插入腦後片時流黄水即能起坐又針頂穴即能掛足下牀又針膝能轉步矣不數日全瘥又人生腸癰針腦穴腸盡出用利刃割去癰毒敷以藥頃轉針腸自縮入癰遂愈又人失趺折左足筋盡出用紅末藥搽上以手按摩良久足如舊醫皆立愈始知為仙居七日療十餘病忽語伯楚欲行伯楚不能挽贈以金不顧出郭數里忽不見伯楚傳得針法歸治病屢獲奇驗

何競復父讐

蕭山庠士何競父為侍御時按浙者亦何姓將臨越蕭山令鄒志遠迎之途遇競父盛騶從來令誤為按浙者長跽道左遂大恚競父誣以不法事密擬遣戍佯召飲文牒預具至即促之行途中令擦其雙目致之死競傷父死非命以姑蘇王某其父執也與謀報復之策王與寢同一室競終夕不寐王試呼之競不應王知其意堅遂夾輔之踰十六年志遠晉江西僉憲尚叅議任競亦探其雙目閑之　朝覲與志遠對鞫藉肱肉擊志遠胸幾盡志遠曰汝何如歐父母官競曰印不在手曰汝何如歐江西僉事曰憑不在手志遠曰汝當念我八旬母競曰吾父死吾止三歲汝何不念我三歲兒志遠無以對坐無辜殺人論死競父冤得白

辨僧冤

臨洮一富家萬曆壬辰十二月廿一夜有僧投宿不許因棲後廂之側有盜闖入携其資并負婦人而去僧慮禍及遂踉蹌而行約二里許忽墮井則前婦先為盜殺投井中僧無計出天明人捕去競云僧見婦姿色刼而求姦不遂因殺之投屍於井問官不能辨竟坐僧死呈監司黃公黃公心念僧既殺婦何故自投井中是夕夢一婦人向公連呼好好三好好三次日公以閱武過塘巷見人家門楣上大書好字蓋其俗每新歲書好字舊書者參差影出連見四好字又掛一牌云何麻六打鐵公猛省夢中云云果即此人耶命擒去果殺婦賊也一訊即伏前贓猶在僧冤得白連仲子談

周腐儒

閩人周腐儒性喜吟詩每遇景物搜奇抉思日肝志迈苟得句則欣然自快嘗野逢一負薪者忽犄之且厲聲曰我得之矣句云子孫何處為閑客松柏被人伐作薪樵夫嬰然驚駭擎臂棄薪而走邏徼卒疑樵者為偷兒執而訊之周徐往告卒曰適見負薪因得句耳卒乃釋之又一士人欲戲之一日跨驢於途見周來故掩面吟周舊詩云禹力不到處河聲流向東周聞遽隨其後

士促驢而去畧不顧行數里追及語曰我詩河聲流向西非向東也、士人頷之而已、閩中傳以為笑、連仲子談

痴主簿

德清有馬主簿本富家子昏愚不肖世事懇一晚三更時扣大令門甚急令以為非火即盜驚惶而出簿云我思四月間田蚕兩值百姓甚忙何不出示使百姓四月種田十月養蚕何如令曰十月間安淂有桑簿無以對但云夜深矣請睡罷自此後每夜出其妻必紿之曰有倭子在外不可出遇　聖節其妻曰可出行禮簿搖手曰且慢且慢有倭子在外

壅水全城

隆慶間廣平滛雨浹旬山水暴漲浸入東門城中男婦嗷號震動天地俄見城上雲霧中關公一脚踢倒城門樓櫓塡塞水頭城不淂陷、

巨鼠

河間士人乍仲驥讀書雲楼僧舍、萬曆庚子夏夜已闔扉寢矣忽聞啾啾聲出自薰籠下驥啓視見巨鼠如小兒起立、即伏劍砍之連砍不中鼠踞地作人語曰予歷八百春秋矣君能活我必有以報君驥異之為木桶畜鼠日啖以脫粟有問輙應凡未來事即能前知遇風清月白人静時悠然而歌若絃管聲驥曰汝既聰明解事能文乎命以題即口誦驥握管書之斐然成章一日鼠為易義驥出示一友友大駭曰此予數日前作何以在子所驥紿曰此予所為爾何攘為己有蓋鼠已成祟能竊人文故也驥將秋試多畜飲食扃門而行及試孟義鼠曾為之[illegible]記憶矣筆直書與別卷雷同不錄緣孟義亦他人作而[illegible]

竊也驥垂翅疑鼠已先期遁矣是不知何怪姑以校全見點之敗匿跡夫亦怪之黠者歟徐惺宇談

獨腕尼

播州宣慰楊應龍叛賴兵楊炯陣亡訃至家妻柳氏殮其衣帽自縊者屢皆為人覺不死豪家兒慕其姿色爭委禽焉柳執不可姑利厚貲潛許之萬曆庚子六月豪家來娶姑逼使升輿柳大詬曰奴子無知犯我我豈為狗彘行豪怒自入牽其手柳佯曰姑徐徐俟我更衣行耳乃跽伺天曰吾實不幸夫死吾腕為人汙矣即引利刀斷去其腕豪驚遁自此祝髮為比丘尼王葆生談

周娘子墓

萊州士人傳稚成遊洛息周園之捫月軒傳散步誦洛神賦不覺深入相近內閫周女名秋鴻者以採茉莉花相遇微笑稚成以為挑已日夕想念至廢寢食女父亦稍覺以生丰神灑逸將有配生意第以母服未闋期以明年八月來諧婚焉生不淂已而歸女憂思成疾不數月溘焉化矣其家葬之二十里外馬首塢新阡生以明年五月入洛至馬首塢已黑昏就一舍求宿頃有人出生詰以何地其人曰此周娘子墓舍也生寢至夜半忽一女子雙鬟縞服冉冉而前曰妾秋鴻也僑寓於此思君無聊圖一會耳相與繾綣至曉女曰妾鬼人知從此別矣生歸訪急至其家知秋鴻死已踰年蓋魂交云此萬曆戊子秉禮王[illegible]談

五穀樹

金陵有丞相府國初胡惟庸舊址也有樹名五穀樹一樹而[illegible]五種為五穀豐歉之徵如其年麥熟則樹發麥其年黍熟則[illegible]

樹生黍葉、五穀皆然、淞人視頫中丞目覩者、

雷丸

淮西士人楊緬中年得奇疾、每發言腹輒有應聲、求戕其浸大、有道士見而驚曰、此應聲蟲也、久不治、延及妻子、宜讀本草遇蟲所不應者、當取服之、緬如言讀、至雷丸、蟲忽無聲、乃頓餌数粒、遂愈、後至長汀、遇一丐者、亦是疾、觀者甚衆、因教之使服雷丸、丐謝曰、某所求衣食於人者、惟藉此耳、竟不肯服、後数年緬復至長汀、見前丐尚在、張穎父談

奇對

武進王本恰公六七歲時、寄學于舅家、一小婢送茶、王戲以手握其手、後為人、舅出對云、奴手為拏、此後莫拏奴手、王應聲曰、人言是信、從今毋信人言、又世傳朝登箕子之山、危如累卵、夜宿丈人之館、安若泰山、

六卷　五

兩世寫經

西陵高麗寺僧永明、形貌頎秀、甚嚴戒律、嘉靖乙丑歲、得圓覺古本、日坐一室、操筆書之、未及半、溘焉化去、隆慶間、三衢王氏子名童、燦者数歲、口誦圓覺朗朗、問之亦不自知、年十五、偶隨父至高麗、見壁間永明彖鎔類己、因詰永明行徑、知有未了經案閱之、宛然手澤也、遂悟前身為僧、因竟其書、與出一手、請之父曰、此吾故址、兒應晉此、以脩凈業、父不可、歸家数年、父卒、為治塋事、一日負瓶鉢飄然、不知所之、御和之談、又太原進士華人、幼能讀番經、恍惚前身為西僧、二事偶同、因並紀之、

女生

弘治末、應山女子生鬚長三寸餘、又吳人卓中者、商于鄭陽、兒王家一婦、美色、頷下生鬚三縷、約数十莖、長可数寸、人呼為三鬚娘云、鷄肋載、唐李光弼母鬚長五寸許、封韓國太夫人、妙來尋載、宋徽宗時、都下朱節妻、鬚長尺許、詔為女道士、豈陰陽反覆事、古亦有之歟、

牛角現異

慈谿張讓中、嘉靖壬辰進士、居鄉仁厚、好施、尤惡食牛、嘗為文、以曉諭閭里、一日過于市、遇屠牛垣、牛望張來、兩淚淋漓長跽請命、張哀而贖之、歸豢于庄、数年死、復理之、後有孫讓光者萬曆壬午、甫十九歲、試子鄉、分考方楊悅其卷、呈主試者、主試謂平平、爾欲裁数四、忽見有二大牛角、橫于卷上、主試大異之、遂以䠶人、咸謂葬牛之報云、

並蓮　六卷　六

成都浣花溪左、相傳處學士故址、人居稠密、蠶紙周奎女甚嬌艷、所居樓臨池、隣子周木澤、隔窓凝盼、目成久之、達于父母、不得遂、後女因賣翠媼、寄期木澤、以布挽之、而上、一夕失手、男墜水、女執短木赴水救之、求深俱溺死、時閧傳以為逃也、池素不植蓮、踰年忽生並蒂蓮、鮮妍特異、又無片葉、人皆駭之、俟水乾去淤泥一二尺、見二屍合抱側臥、蓮俱出臍中、合為一本、情欲之感、幻異若此、昔稱思婦剖心、樓臺見影、要不可謂誣也、萬曆庚子夏事、嚴趣鳳談、

天磯僧

湖州霞霧山天磯僧、少獨身為人、執掃除之役、慨嘆曰、此但能驅地上塵、不能去心中塵、主以為法器、聽之、祝髮為僧、遂屏浴緣、一心證道、未能前知、萬曆己亥冬、黃氏時呼小住持曰、今亡

有人至當具十三人炊并設盂筋如數衆咸竊嗤未信頃又至
可開廒貯粟一囊候之至丙夜有盜十二人各攜一囊至僧曰
爾等饑矣盍啗飯然尚有一人不至何也盖一人以探望後至
食畢僧曰爾等欲得粟耳茲囤檀越所施即以施爾衆可也指
以粟處任取之後至者曰余囊遺于路柰何僧曰吾固先貯以
俟令肩之去群盜出門誡曰大路有虎須從小隘處行群盜相
謀曰若預知吾輩來必于小路暗算吾輩遂從大路行果有虎
搏一盜去衆皆𨍏伏若遊次日為邏者悉獲藏經云定能生慧
天機少不習梵字定後輒解予每聽說般若與吾儒墳典言
下即了又繪大士羅漢像極盡神巧則此第小慧耳

紫簫

毘陵沈某之子甚喜品簫有紫玉簫攜與俱無間寢食自號鳳

六卷 七

簫子簫側因刻鳳簫二字精神悉散于此因勞成疾年十九而
亡父痛傷以簫瘞棺傍後清浦陸坤家生子亦自幼品簫一夕扃
戶將寢矣見紫衣童子蹒跚而來以為魅也叩之忽不見晨起
一紫玉簫宛然在几上有鳳簫字大喜以為吾好在此而神授
之其事聞傳遠近嗟異以輕舸往偵焉見陸氏子形貌儼然已
子遂大慟詰其所生日與其子死時日同索簫觀之即往時
瘞棺傍者也□□以甥女配陸氏子情好甚洽予叔汝藝說

産怪

歸安學齋夫□　萬曆丁酉五月産一物兩面皆具
眉目口鼻又生四足　行頃之行如飛共撲殺之
觀者雲湧予友稀山甫目覩

陸學憲　馮孝廉

學憲□平小公茍上人也應舉時閱者將陸卷批稚作二字擲
之地是夜隱几而臥恍見綠衣小兒亟拜不已視之无所有如
是者三閱者異之謂此必有陰德遂將稚作改雅作果得雋又
萬曆庚子浙闈樵李濤鑑卷主司閱而棄之夢一儒服者長跪
哀懇復閱又棄之亦三懇始錄二事偶同因並載

邦贊戲僧

慈人有邦贊者善為戲言言不經思必令人笑偶入郡而返
遇一僧于道僧問曰相公何來邦贊答曰從府城來僧曰有新
聞否答曰府城東大門被脫去了僧問曰誰脫即答曰賊禿賊
禿越鄉語禿與脫同音

擇婿識兩會元

越有若儒管姓者善丰鑑居介姚江慈水間生一女謂其妻曰

六卷 八

予女異日當極貴第婿未有當意者乃遍訪于慈得袁煒于姚
得胡正蒙歸語妻曰二人皆大魁之器第煒有子而爵位則袁
更顯妻曰試從其驗若竟以女妻袁後袁與胡俱中榜第一
而袁由鼎甲入相采之嗣胡以常伯終有三子云

劉儒

劉先生儒者嘗為侍御為兗州守卒于官大司馬□□□時
為其縣藻實主其喪事或云劉乃不死往往見人間翁不以為
然後參藩山西衛經歷某亦翁鄉人也朔日參謁不至詰之則
云夜因劉先生過訪旦遂起遲耳翁問劉為誰曰前兗州守也
翁大駭異言之方伯參命與俱來既入見即握手縷縷道平
生事且曰子昔癯也今肥矣又曰子記彈琴時事乎我過而翁
家殺鷄為黍命子撫琴子為彈昭君梅花二曲今忘之耶翁曰

然即席惟飲酒肉食皆不御明旦清戎察院聞之曰異哉故靈長也亟遣使招致之遂不知所在徧境內物色卒不可得

不及試期

天順癸未士人上京會試逆旅主人遺寶環于盥器其僕拾而匿之越旬日以告士人驚曰柰何以我故使彼骨肉相傷乎亟反其一僕曰期迫矣姑俟試畢而後返無已我其獨往乎士人不聽親往而歸之環因再拜謝過已不及試矣適棘闈不戒災於燬俄入試者死且大半朝議乃補試而士人與在高選

史御史

東陰佐南京人為御史巡西城而家住東城每出入怒其里人不為起一日執數輩送東城御史御史詰之其居首者對曰民等挽被倪尚書誤却曰尚書何如曰尚書亦南京人其在兵部時每肩輿過里門衆或走匿輒使人諭止曰與爾曹同鄉里吾不能過里門下車乃勞爾曹起耶民等愚意史公猶倪公之以無避不虞其怒也御史內善其言悉解遣之不問倪尚書者諱文毅也

玉簪妓

王某洛陽人寓楊符以販木為業與妓者唐玉簪交俾唐玉簪歌舞雜劇事其曲盡殷勤為之迷戀歲遺白金百兩周府郡王試者扶記封號人稱鼓樓東殿下者以居址得名雅好音樂聞玉簪名召見試其技而悅之以厚價畀其姥遂畱之某悲思成疾賂府中出入之媼傳語妓云倘得見一面使死無恨盡亦求之妓乘間為言殿下首肯且戲云須淨了身進來媼以告某某即割勢幾絕越三月始瘥上謁殿下命解衣視之笑曰世間有此風漢既淨身就服事我某輒諾遂使玉簪立門內見之相向嗚咽而已殿下與貲千金歲收其息焉是事無足書書以發一笑耳

馮蝶翠

洞庭葉某商于大梁眷一妓馮蝶翠者罄其貲迫凍餒為磨傭久之馮騎驢過其處葉適在磑頭曬麥馮下驢走小巷中使驢夫招葉葉辭以無顏相見強而後至馮對之流涕曰君為妾至此乎出白金二兩授葉云以此具禮更衣來訪吾母如言而往馮私以五十兩贈之曰行矣勉為生計葉戀戀不捨隨罄其貲仍傭于磨家歲餘邂逅如初馮謂葉汝豈人耶要之抵家重與十鎰且云囊傾矣倘更番必縊死以絕君念葉遂將金去買布入陝換褐利倍又販藥至揚州數倍貿易三載貲盈數千乃以其千取馮歸老焉彼我以勢利交者盛如趨市衰如棄屣聞斯妓之行能無愧乎

坎三

湖廣棗陽縣主簿朱某真定人也一日命匠人某修馬櫈至晚還家其子問何晏也匠語之故曰得非真定朱三耶父驚問何以知云兒是彼隣王三也朱選官時借我銀三十兩彼處關王廟鼓亦我出錢造者家有祖母母親及二子猶憶穿藍紵衣乘馬何乃在此餘皆可置獨念阿母耳匠往報朱朱云王三者死數年矣借銀造鼓事果有之即召此子至首問母安否朱答以無恙與朱道其前生問身後家事甚悉時吾鄉朱紳為縣令親見此子年五六歲矣

鄧成十六變牛

金壇縣建昌圍有鄧成十六者正德中長鄉賦其鄉小民貸其

貲御重利取之至破其家已而御死俄見夢于子曰吾以刻
剝其甲事為陰司所謫令作畜生于其家初為豕見殺今復為
牛數月矣昨得價若干并毋責與卿人明晨來當牽至某橋下
汝其倍價贖還庶免予苦也其子汗洽而覺白其母母夢亦如
之尤驚亟持銀待于橋下果有人牽二牛至問之正買諸某家
者價亦如數遂增價買歸置之密室中飼以秔飯夏則紗幬帳
之事如生時其犢始至即游行園窖間若巡視者東作時至田
所為一佃僕痛鞭曰汝死作畜生何復嘗吾草耶是夕又夢于
子曰某人無狀嗔我大被鞭策汝為我懲治其子遂笞其僕而
逐之

劉儁不死

劉儁者陝西朝邑人為御史陞兗州太守卒且若干禩矣忽往　六卷　十一
來于山西省城人呼為劉御史或為具飲食即啖之夜莫測其
宿何所已而藩臬諸公皆知之劉同邑韓尚書邦奇時為參議
語參憲使禾祐曰劉公吾父友也吾少常見之死久矣今何以
尚在欲訪之而無由參曰當遣人要致之一承差在傍曰非劉
御史乎某識之矣遂令往劉聞召即至二公先待于布政司劉
戴斗笠野服而入諸公延之上坐請韓云與君契闊多年韓與
言其身後家事劉曰凡子所言吾皆知之至于吾所知者則子
不知也令弟三哥邦靖褒官于此因其易言故不欲見君慎言
之吾將有以告因握韓手與寒語者久之曰願無洩也還坐衆
問之曰公一向山中有何所得曰但能相耳參曰然則視諸同
僚誰先陞曰子問誰先陞即子先矣時僉事張其忽發問曰公
既死安得更生曰我却不死汝到要死遂散未幾參陞郴

病死後有道士至劉家曰老師傳令傳語這番真个死矣從是
不復見于山西云

觀音示夢

嘉靖間判王夜夢人云補我衣裳當保祐王子孫王曰汝何
物人曰但張目而視側耳而聽當自知之覺而不識所謂一日
偶閱書見觀音像頓悟神語曰張目而視非觀乎側耳而聽非
音乎府旁有觀音閣王往視之棟宇毀壞塑像為風雨剝落矣
亟命脩飾立碑記之

陸世明

長洲陸世明俊材藻思聲稱藉甚舉于鄉赴省試下第歸過臨
清鈔關錯認為商令納稅陸即書一絕呈主事云獻策金門苦
未收歸心日夜水東流扁舟載得愁千斛聞說君王不稅愁主　六卷　十二
事見詩驚愧亟迎入款贈甚厚金陵一妓能詩善鼓琴以月琴
自號世明過其家口占點絳唇贈之云三尺冰絃夜深彈破青
天竅意中人杳只有清光到雲雨無緣揺是相思調愁懷抱摘
城心照訢與他知道妓求室中春聯即援筆書云半窗花影人
初起一曲桐音月正中妓讚誦不已徐言中字恐不如高字世
明欣然易之　先君幼善屬對錢濬湖先生秋日過家指庭中
樹曰秋聲在樹鳴金鐵先君即對云山色當窗卷畫圖謝樂全
見其目秀言聰明露在目上先君應聲云錦繡羅于胸中時年
甫六七歲耳稍長同韋參蓀看兩客對奕飲酒參蓀謂客曰圍
棋賭酒一着一酌客無以對先君云何不對坐漏觀書五更五
經他若臣作股肱耳目對予敷心腹賢腸五事貌言視聽思對
七音宮商角徵羽此類甚多不能悉記是時有韋孝若年十一

為府學生遇　聖節赴玄妙觀習儀巡按某御史見二鶴飛遶
三清殿命之屬對云三清殿上棲雙鶴畫隨應以五色雲中駕
六龍御史驚嘆曰他日人中龍也後羮竟夭殁惜哉

涯翁

歐陽中丞重江西廬陵人巡撫雲南不給軍粮為衆奏　聞奪
職歸過公館驛遞中必題詩壁上大抵怨望之辭也時年甫四
十稱涯翁書有無名子書二絶于其詩後云怨辭隨處滿垣飛
聞道先生放逐歸四十稱翁非太早八生七十古来稀醉翁千
古號文宗此日涯翁姓偶同却想齊名誑充老世間安有四詢

况侯柳中官

蘇州古大郡也守牧非名公不授自入我　朝郡守以文化
為治姚少參以忠烈建節赫如也自時厥後乃得况公鍾馬公

本江西人實姓黄氏初以小吏給役礼部同僚每有事白堂上
必引公與俱有所顧問則回詢于公以吕尚書器少宰奇之因
薦為儀制主事　仁宗賓天　宣宗在南京當遣礼官一人迎
駕衆皆憚行吕尚書以公就命公挺然出曰是固非我不可鋪
馬馳七晝夜至南京駕發公紗帽直領綵鞋步扶版轎行千餘
里不辭其勞　宣宗憐之勅令就騎每至頓次則巳先謁道左
宣宗由是知其忠勤可用時承平歳久中使時出四方絡繹不
絶采實幹辦之類名色甚多如蘇州一處恒有五六人居馬由
来内官羅太監尤久或織造或采促織或買禽鳥花木皆倚以
剥民祈求無蓺郡佐縣正少忤則加捶撻雖太守亦時訶責不
貸也其他經過内官尤横至縛同知卧于驛边水次鞭笞他官
動至五六十以為常矣會知府缺楊文貞公以公薦而知蘇州

有内官雖治乃請　璽勅書以行文貞雖其事不敢直言乃以
数毋字假之以柄下車之日首謁一勢宦于驛拜下不答欽揖
起去老太監固不喜拜且長揖既乃就坐與之抗論畢出麾除
屬先上馬入城而已御轎押其後由是内官至蘇皆不得離縣
之吏矣來内官以事杖呉縣主簿呉清况聞之徑往執其兩手
怒数曰汝何得打吾主簿縣中不要办事只幹汝一頭事乎来
惧謝為設食而止於是終况公之時十餘年間未嘗罹内官之
患也然况公為政特尚嚴峻故時有以輕罪而杖死者御史某
巡按在蘇况適過交衢中拱手而過不下轎徑去人乃銜之競
以為謗故久抑遏不迁至九年復留為守卒官然蘇州至今風
俗淳厚則皆其変之也至于減三分糧當一代軍則其恵澤之
在人者不小也然其初非吕尚書之薦　宣廟之知楊文貞之

助則安得如是而九年之間使不滿而他徙則其政未必告成
若此也

王鷹子

王鷹子名臣京中人挾術游江湖　天順初謁大都督董公於金
山公閲其術王出木刻小童置案上長可三寸眉目咸具手足
能動王索碗貯水鼓掌呼童子浴童子躍入水作澡浴状須臾
躍出公太奇之逮北歸公命諸武冑餞于海上賭白金一餅王
受而擲諸海水珠濺坐席武冑皆動色王起謝曰銀在特相戲
耳乃復出諸袖中衆益以為奇　憲廟時用近幸薦拜錦衣百
户尋與巨璫王敬同往江南采办所過括取金帛古玩誅求殆
厭郡邑騷動大冢宰三原王公時以中執法巡抚南畿劾其状
左道惑衆　上海而竟斬之傳首江南敬亦竄逐人心稱快

劉鈇謨頴慧

參政劉公鈇謨頴慧絶倫經書子史過目終身不忘為庠生時出遇雨避于染肆有簿籍公閱之則染帳也少頃晴霽公去未幾染肆田禄諸嘗以衣帛與染而取之者百輩紛競多寡莫能決公閒為楷書一帙畀之毫髮不爽其頴慧如此

周昺頴敏

嘉禾周昺字伯嘉頴敏絶倫初為大司徒山陽金紫襄公幕下士正統末從公討閩中寇師次杭州西明章文仲慕伯嘉名來謁公曰聞有周昺者願與角公作南征詩百韻進兩生於前為誦一過問之皆曰能記遂書一通上之一字不遺周曰吾從末句倒誦至前章謝曰而今而後知讓君矣周以從功為某縣典史廷厲不任事罷歸晚年乘小舟遨遊三吳所至持金幣求詩

六卷　十五

文者甚衆卒藉此以為生涯又以羨餘買田數百畝家遂裕嘗修杭州志年八十餘燈下書蠅頭細字界畫烏闌不折紙為範信手與目毫髮不爽成化間羅田禄詩文稿一無所存周蒙被而卧數日忽起書釐為一十二册不下數千百篇不惟無遺忘而前後次第亦不紊嘗為予作先太宜人壽序文始堂及東樓記卒時年近九十云

張皮雀

張皮雀蘇衛人嘗為胡風子僕從劉術奇訣日賣雷于市市童畀一錢輒以朱書雷字于童掌令握固少縱雷即應聲張從之久劉察其誠恪悉以術授之張貧無完衣鬔髮不冠亦頗輒嗔袖有皮雀時作聲出則群兒相逐宣德癸丑三吳亢旱郡守况伯律延張張曰須道流畀吾往况曰嗟有雨當畀而還張曰諾

翌日結壇於義役倉有司列侍張索酒數十鍾飲盡軒卧天無纖翳衆譁欲散張欠伸索鏡鏡至以墨塗鏡而虚其中天亦黑雲四布惟中天露日張謂守曰是無難俾道官塗之守懇請張握筆一塗滿鏡雲亦忽合電掣霆飛雨如建瓴踰時守焚香告足張拭鏡雨尋止守遣道流畀張還贈以厚幣不納張購沉香自刻小像甚肖刻既即卒像今尚存後數月杭遣使來取天道尺謂張在祈雨家人以死告使遽還已淂雨矣皆傳其淂屍解

鄒昺

吳郡鄒昺富甚舉家入粟拜官昺子璇與璣璣仲子鑑皆七品散官昺徑海與璣冢子鑑皆蘇衛百户昺卒璣頗驕横璣早夭妻李氏年二十貌美端範甚潔就第中構別院奉其姑與居不踰户閾歲時祀祭亦不出惟遣婢捧璣主入院相對長號吳人賢之城有顯宦喪厥配慕李欲繼之挽於嫂往諷李聞蒙被卧不應嫂愧而去後嫂以他事至李亦閉户不納姑年九十餘卒時李年近五十矣天或鑒李苦節特永其姑之年使有所依也時璣與海亦卒家漸落鑑視璇益横嘗被酒陵死其隣朱其瑋金如土僅以身免又徙訟訟輙敗與鑑皆嗜飲博由是囊皆空乏田園鬻盡惟餘所居而已鑑妻周又不以道濟之間謂鑑曰寡婦卧室内聞有瘞金盍取之鑑曰善鑑妹嫁金山者適歸遂與謀翌日妹與周往省李李款留抵暮而散忽報李死吳人咸訝而悲之鑑遽火其柩既乃與周窆李之室迨逾卒無金不數月周死鑑母死鑑亦死鑑之子婦又死與九十之姑五柩同殯一堂鑑子貧無力葬售所居葬焉嘗今纍纍無所棲止孰謂天道果遠耶

六卷　十六

風起文稿

皇朝文臣涛拜極品爵者不數人咸寧伯王公其一也公當廷試日稿甫就忽旋風起掖下騰公卷于雲霄中廷臣與同試者咸仰視彌久彌高至于不能見乃已中官以聞詔許别楷謄進後公由中執法大司馬以進于伯爵書之以志異云

人似魚形

京中有人手足俱無父盛以布囊僅滿二尺儼如魚形挾之出觀者如堵其面甚鉅其聲甚雄能就地打滚世未有如此人也

女活佛

里有貧家女性頗慧數歲時聆其伯母誦佛書輙記不忘里有慕之者以禮聘為婦後伯母死女繼之誦日久不輟文義通曉專心事佛不復有嫁意母恚曰欲辭婚聘禮何償女曰必有施之者毋辞女退未幾一翁以白金来旋覩聘禮倍焉里人與其家咸詫女能前知毋以所施半償聘禮女曰金界之悲亦不得用也乃作偈曰業緣休認是姻緣一念真空已了然遂時與你為媳婦今日身居天外天母携金與偈往遂得辞不數日聘家金為盗持去由是人信女神靈呼為活佛遠近齎香幣来拜謁事者坐以妖人惑衆收下錦衣獄雜治之无驗移繫秋臺莫能行以篚舁至予適試政秋曹嘗一見之鞫亦無驗抑之嫁則請死繼諭之曰君命也乃敢辞遂令邑庠生某娶焉未幾卒

黠僧

黠僧德寵貌美年少能足飛過頂若無骨者與人握手行潛從後竊其帽人不知為竊也尋丈墻垣如趍户限好服緋穿皂舄行市中訕之者輙被拳力愈雄者仆愈重嘗于廟東寄居僧德

六卷 十七

摠兵閫中帳下一旗牌勇甚見竊狀遥呼為輿子大為竊所窘辱旗牌白閫閫遣勇士數人持梃蹊竊于僧舍外竊不知赤手出與鬬擊之竊佯求免擊者少怠忽躍欲一挺遁轉如風傷者過半衆知不敵棄杖伏地歐神其藝羅致門下後擒王賞養竊功居多吾友某鳴鸞從厥考大參公于廣藩目覩其事為予言之

水火稱毒

天竺國人性狷急志尚貞質於財無苟得於義有餘讓政教敦質風俗猶和凶悖之人時虧國憲謀危君父事迹彰明者幽于囹圄無所刑戮任其生死但不齒于人倫而置之度外焉其犯傷禮義悖逆忠孝者則劓鼻截耳斷手刖足或驅出國門或放流荒裔自餘所犯輸財贖罪而已理獄占辭不加榜朴隨問欵對據事平科若拒違而犯恥過飾非欲究情實事須案問者其法凡有四條曰水曰火曰稱曰毒水則將罪人與石盛以連囊沈之深流校其真偽人沉石浮則有犯人浮石沉則無隱火乃燒鐵令罪人踞上復使足蹈既遣掌案又令舌舐虛則無所損實則有所傷懦弱之人不堪炎熾者令捧未開花散之向熾焰虛則花發實則花焦稱則以人石平衡覩其輕重虛則人低石舉實則石重人輕毒則以一羖羊剖其右髀隨訟人所食之分雜諸毒藥置剖髀中令食之實則毒發而死虛則毒歇而蘇上下以此相準永為常法

馬生角

正統戊辰寳坻縣民周本家馬生角長二寸本怪而縱之野外京房易傳曰臣易上政不順厥妖馬生角茲謂賢士不足又曰天子親征伐馬生角是時王振擅權後有北伐之謀其應明矣

六卷 十八

是年巳巳八月八日日晡時金星見于月內月淡而星甚明又官書云太白入月軍出將敗又曰若失行于日之東方而夕見于太陽之後主中國兵敗是月十五日有土木之敗而其所占亦驗

程濟仙術

程濟朝邑人有仙術不知何所承授嘗為四川岳池縣教諭地相去數千里旦暮寢食未嘗離家而日治岳池事不廢革除中上書言西北方兵將起當預為之備 朝廷以其言妖妄惑世禁至京將寘重典濟曰 陛下幸且赦臣及期無驗就戮未晚也及期靖難師起遂赦出之使護軍北行戰于徐州大捷會曹國公師退 文皇至江上濟亡命不知所終初徐州之捷諸將立石紀功具載姓名濟夜潛往祭之人莫測其意 文皇過徐見之命擊碑一再擊遽曰止止為我錄碑來既正位按碑盡族諸將濟姓名正當初擊處字缺不能辨獨得免衆著之癸蓋禳之也

體玄逍遙翁

卓敬字惟恭溫州瑞安人卓本瑞安巨姓所居地因名卓興猶唐之稱杜曲也敬幼警悟絕人讀書能十行俱下過目終身不忘七歲時從群兒遊有異人過而見之曰此兒骨法非常後日當為名公卿惜血不華色恐不能善其終耳年十五讀書寶香山中嘗夜歸遇暴風雨避大樹[illegible]轉遷徙晦冥中竟迷歸路遥見林外有火光急趨赴[illegible]有讀書聲敬心稍自慰扣其門有一童子應聲[illegible]君將來使吾候之於此敬仰覘其門有大書體玄二字為扁遂相揖而入見一老翁坐長明燈下敬往揖之翁起相勞苦曰深山中昏夜遇風雨得無疑懼乎敬曰歸省吾晨昏之常恐貽吾親憂雖甚勞困無恨但得一燭尋路即可歸矣翁咲曰山中那得有燭但有少枯薪郎君且燎溫衣徐為之計敬起解衣問向童子曰翁為誰何姓童子曰先生不欲人知其姓每向人自稱逍遙翁又問汝何名曰吾名少微敬疑其為隱君子者備謹進曰敬家只在山下往來山中甚熟未聞有體玄之院亦未聞有逍遙翁之名敢以為請翁曰昔體玄先生嘗居逍遙谷中吾世業為醫往來中條山中後因避難開門隱居有丹室在此因採藥南來結菴少憩不覺遂淹歲月不久亦還故山耳又問體玄為何人翁曰此吾先世事郎君亦無用知也頃之燎衣乾敬又懇乞還家翁起謂敬曰郎君既不肯留以待旦吾有一牛可騎之而歸昏

夜泥濘當有所恃無懼也敬大喜過望即命少微牽牛出又呼一童名少遠曰汝可將吾舊籠來就籠中出一僧帽謂敬曰既不能留[illegible]請為贈敬辭曰吾為書生平生志氣將匡濟天下翁為[illegible]安得以此相戲翁曰吾昔亦嘗有志斯世後因[illegible]謀禍幾不測得此一籠始獲解脫不然豈復[illegible]君第收此帽他日當自理會也敬堅卻之翁但再三[illegible]遂窺籠中諸物悉箍桶工匠所用及僧家衣鉢耳兩童送至門外敬乘牛致謝而別方出林牛行甚駛勢若飛禽不復能控制身亦安穩無恐須臾已及門矣遂從牛背呼其家家人已就寢驚起隔墻應之曰夜已向闌郎君安得以此時冒風雨獨歸耶敬荅曰吾得遇隱君子借一牛騎歸不然今日必不能還矣舉火將牽牛入牛忽抖擻咆哮化

為一黑虎而去室中人盡震驚而出比明尋訪醴玄山居不可
得數日後乃在縣西四十里門外景丹室故基旁有一古廟彷
彿是雨夜所經行者其壁有潘閬夏日宿西禪院詩即東坡少
日所見夜涼疑有雨院靜若無僧之筆也筆墨猶新循其路歸
見虎蹤歷歷尚存焉

　按潘閬字逍遙大名人通爲詩放尤以詩知名爲王繼恩所
薦太宗召見賜進士第尋察其狂妄追詔罷之又多出入盧
相多遜門下多遜嘗遣吏趙由交通秦王閬預有謀焉多遜
敗宅陂毀廢閬時方在講堂巷藥肆中聞之知事將連逮即
奔入多遜晞家曰萬無搜近之理所謂弩下逃箭也其隣匿
之牆中閬作詩曰不信先生語剛來帝里遊清宵無好夢白
日有閑愁事稍解服僧服髡髮五更人持磬出宜秋門變姓名
入中條山朝廷圖形下諸路捕之不得潛居一寺中題詩鍾
樓上縣令見之曰此必潘逍遙句也命召之又逃去投故人阮
道時爲秦理掾諷秦帥曾武惠上言六宗赦其罪以四門助
教招之乃出真宗朝王繼恩敗籍其家其中緘題往來詩頌
滿門事連宮禁上惡其朋黨禍將不測閬自疑將逃去京兆
尹先收繫獄上聞之詔中外臣僚與王繼恩交識及通書尺
者一切不問釋閬罪以爲滁州參軍卒泗上

　按敬登洪武壬辰進士除給事中遷宗人府經歷建文君登
極上疏言燕藩宜還徙內地以消其萌上不聽靖難師起悔
之陞戶部侍郎　本廟繼統執敬數其罪繫獄將族之卒以
姚廣孝之言不得免禍私謚忠貞

　愚謂閬之素行本無足觀其輔盧相之事亦不可與卓忠貞
同日語然始末大略則頗近之豈寶香山靈先知聖人之將
興憫忠貞忠孝天性欲閬事以發公求生之謀乎然閬之生
終不及忠貞之死忠貞亦將無憾于地下矣鬼神恍惚難以
臆決謹備錄所聞如此

李茂元

李茂元字惟大洛陽人初名原其師曰昔省元有同姓名者其
父曰然則名茂元何如其師復曰此亦近歲本省發解第二人
名也父曰豈以二人故至廢名耶遂以茂元名後果亦鄉試名
第二正德辛巳登進士拜行人嘗使陝浴於故華清宮溫泉其
池中石座上有紅斑文俗訛傳爲楊妃入月痕也茂元見之心
動浴罷登輿帷外有一婦人手熱視之忽不見夜宿公館有
婦人至容貌絕世而肌肉頗豐自稱太真言君一念所及幽明
相感不能忘情遂惑之自是蹤迹所歷每夜必至百方遣之不
能去心志衰亂以疾告歸父之方絕歷南京戶部郎其後終陝
西僉事

死後治家

常州府城北數里地名石柱頭富民芷廣死數日忽自外來家
人初不信呼爲妖怪廣厲聲叱之舉其死後數事訓戒其妻子
各有實據始悉伏罪因爲酒餚雖見廣飲食之狀而物不加損
人近之則屢却不能及其身雖妻子亦令勿親戚餘與生時無
異也自是日坐廳自處分家事畢即忽不見及舉其喪凡葬埋
餽奠亦自臨之一日謂其子曰明日吾有小諸武進縣有公差
二人至汝可預備錢二百爲贈慎弗多與其子如教明日果有
三卒來子述其事卒不信益錢至四百始去中途遇廣謂曰吾

為吾于宿具錢足供二子取酒之費矣柰何欺幼稚多取索耶欲挽二卒還卒懼棄錢水中走自是內外悚畏盜賊不及其門者數年家以大治父漸不見舉人陳獲舊嘗主其塾聞其事往訪之隔座舉茶杯曰幽明相隔不能親奉也

趙消善奕

趙消寧波人其姑少從諸女郎入山中遊人跡既遠忽遇二女子在松下對奕消姑就問之二女子稍為指示行子使絕聯斷之說初亦不知奕為何事也歸以告其父母心異之從親戚家借得棋子試之天無人可與為敵乃以意授兒子消消僅得其髣數日間名著郡中雖素號國手者對消便縮數子當時鄞人據滸遂江陰相于先皆以棋知名得入供奉 憲廟初消至京併召入與二人奕每以金盒盛賞銀多少無定數勝者扣頭啓盒取之二人連日不能勝夜出私叩消曰吾以棋取 上寵願令君累勝名已著矣君數局不一復且將得罪料 上盒子中賞銀雖多不過三兩今願以銀一錠為君壽乞詐敗以示與君能相上下消許之明日入樓先對局消詐敗樓叩頭啓盒中乃補錦衣百戶空名 御札及一牙牌也 帝初意欲官消一竟不得 帝嘆曰孰謂天子能造命哉宰官樓後業洪亦得消分數視消姑高下益懸絕矣

唐文

唐文字儀卿上世華州人徙居河東末少從父官城陽城陽君初無子晚獨生文然性質魯鈍日課誦唐人五言詩二十字師口授數十百過令自誦即茫然不能舉一辭城陽君怒日撻之不能進乙卯歲延庠生章教教之歎患末魯鈍抱以秋將大比讀入定林寺溫習故業定林寺者去城陽西十五里山中古寺也前有大樹巨圍陰蔽數十畝蓋勝境也城陽君遣末從行是秋榜下第九月未望一日再至寺末以父命邀還初文之從章讀書寺中也寺故有梓潼像頗著靈異士子多來祈請末旦暮焚香拜禮乞稍慧以全父子之愛是日早食畢末獨出坐樹下石牀上見有美女子從樹東來意甚閒靜末問之女曰予文曲輔星之精子之配也末不省女又曰今世人所共見七星旁各有一小星文曲旁小星即吾也子即文曲星之精往者歲在戊申紫微初御世土氣掩斗故子蒙塵下謫今蓋八載矣凡貴星有謫者法當夙慧大魁天下位極人臣子孫滿前出入殿陛者多至五六十年少亦不下三四十年但子下謫時值牛女交會之夕潛窺天漢中戲狎之象又愆期五百九十刻被訴于天帝天帝大怒减福之半故暫令子魯鈍不出三四年復本性矣末亦不省謂女子曰何物二人能令吾不慧傷吾父子吾且必報之矣女子笑曰子真所謂下愚者彼天神耳子今下謫塵世將奈彼何哉雖然無庸報也曩昔之事有紀塵緣亦終與子會矣方子潛窺時天孫誤以予為牽牛攬子衣渡河天帝知而醜之亦謫塵中天孫謫時執牽牛手不忍別帝又大怒以為牽牛戀天孫撻其頰傷左眉中血流被體併謫牽牛矣特貫索纏牛女度當幾十六年乃發又牽牛去不得同行後天孫一載耳末曰然則汝為少婦行空山中將何為女曰吾不見子久請于天帝即得下從子矣然山中秋氣早肅子得無寒乎口中吐五色雲手捧雲掣拽之成錦帳長丈餘輝光爍爛覆末身視之目眩忽女子上樹杪末驚異呼寺中人出共觀之已不見女子惟見

彩雲南飛隱隱如聞音樂之聲、章備記其事、及為長歌、遂刻石寺中云、

鬼頭王

南京王指揮敏初無子、以運糧把總至京、過濟寧、買一妾、色美而賢、內外宗姻咸愛敬之、生一子、未幾夫與正室相繼死、妾治家教子、極有法度、既而子襲官、復為把總、部運北上、懇請其外家所在、但言嫁時年幼、已忘之矣、妾之歸王氏者三十餘年、早起必梳沐於榻上幃幔中、至老愈嚴肅、子戶晨省、立於戶外、伺其自出、然後敢前謁拜、近侍有二婢、亦未嘗見其梳沐也、一日晨興頗遲、二婢立榻前、忽風動帳開、乃見一無頭人坐帳中、將髑髏置膝上、粧飾猶未竟、見二婢、倉皇舉髑髏加頸、不及、身首俱仆、婢驚呼、子婦入、則固一枯骨也、人呼其子為鬼頭王、

雞卵鴛卵

嘉靖初年靈壽縣民劉月家雄雞生卵、縣令不肯信、縛雞至官衙、曉亦生一卵、但殼軟耳、嘉靖七年七月十五日、其縣雨雹、大者如牛頭、小者如杯盤、有人拾得二雹、正如鴛卵、積數日不消、置水中不沉、觀者日衆、縣尉不能禁、遂擊破之、其中皆水、更無他異焉、

于子仁異術

于子仁湖廣武岡州人、有雋才、多異術、舉洪武乙丑進士、歷官知登州府、部內有虎患、遣卒持牒入山焚之、明日虎自入府、伏庭下、于仁數其罪、杖百下、厲聲叱出之、虎復循故道去、或以妖術聞、詔下于仁獄、數日瘦死獄中、棄其屍、忽夜歸家、家人悉以為鬼物、閉門拒之、于仁自言吾時在獄、實逃出、請死詐耳、門內人多方辨驗、無他、始納之、後居家不自韜晦、日與故舊遊宴、或泛舟逆水而上、不用帆櫓、或音樂供帳、無人自具、以此為樂、其仇家劉氏繫之、白知州伍秀、請奏聞、秀不從、劉自詣闕告之、命官按狀、來至州之日、失于仁所在、惟遺鐵索而已、劉竟坐欺罔死、于仁自號七十二峯道人、父嘗藝為梓人、或以于仁為梓人誑也、詞翰清妙、人多有藏之者、

新建伯傳畧

新建伯初被謫至杭、寓勝果寺、恐逆瑾遣其後、托投江死、留題于壁、其序畧曰、予餘姚王守仁也、以罪南謫道錢塘、以病且暑、寓居江頭之勝果寺、一日有二校排闥而入、直抵予卧內、挾予而行、有二人出自某山叢篁中、其來甚速、若將尾予者、既及執二校、二校即挺刃厲聲曰、今日之事、非彼即我、勢不兩生、吾奉

吾主命、行萬餘里、至謫所不獲、乃今得見于此、尚可少貸以不畢吾事耶、二人請曰、王公今之大賢、令死刃下、不亦難乎、二校曰諾、即出繩丈餘、令予自縊、二人又請曰、以縊與刃、其慘一也、無已、令自溺江死何如、二校曰、是則可耳、將予鎖江頭空室中、予從牕謂二人曰、予今夕固决死、為我報家人知之、二人曰、使公無手筆、恐無所取信、予告無以作書、二人則從牕隙與我紙筆、予為詩二首、告終辭一章授之、以為家信、詩曰、學道無聞歲月虛、天乎至此欲何如、生曾許國慙無補、死不忘親恨有餘、自信孤忠懸日月、豈論遺骨葬江魚、百年臣子悲何極、日夜潮聲泣子胥、其二曰、敢將世道一身擔、顯被生刑萬死甘、滿腹文章方有用、百年臣子獨無慚、涓流裨海今真見、片雪填溝舊齒談、昔代衣冠誰上品、狀元門第好奇男、其告終辭曰、皇天茫茫降

殃之無憑兮窅莫知其所自予誠何絶於幽冥兮羌無門而周訴臣淂罪於君兮無所逃於天地固黨人之為此兮予將致命而遂志委身而事主兮夫焉吾之可有徇聲折以求容兮非前修之所守吾豈不知直道之殞軀兮庶予心之不忘定予志詎朝夕兮孰顛沛而有忘上窈林之杳杳兮下深谷之冥冥白刃奚其相向兮恍予覩若飄風内精誠以淵靜兮神氣泊而冲容固神明之有知兮起壯士於蒙叢奮前持以相格兮曰孰為事刃於貞忠景冉冉以將夕兮釋予之頹宫曰受命以相及兮非故於子之為攻不自盖以免予兮夕予將浮水於江嗚呼噫嘻予誠愧於明哲保身兮豈效匹夫而自經終不免於鴟夷兮固將遡江濤而上征已矣乎疇昔之夕予夢坐於兩楹兮忽二伻來予覲曰予伍君三閭之僕兮䁥陳辭而加璧啓緘書若有覩

六卷　廿七

兮恍神交於千載曰世濁而不可居兮予奚不來遊於溟海嶼予懷之恍惚兮悵故都之眷眷將曳陰惟命之從兮孰君親而忍捐嗚呼噫嘻命苟至於斯亦予心之所安也固晝夜以為常兮予非死之為難也泥陰壑之岑岑兮徠徠若授予長條慨帝閽而簸濤風兮埽六合之煩苛亂曰予董顯知周知兮恣狂愚以冥行悔中道而改轍兮亦倀倀其焉明忽正途之有覺兮策予馬而遥征捜荆其獨生兮忘予力之不任天之喪斯文兮不畀予於有聞矢此心之無譲兮幾予將來於孔之門嗚呼已矣乎復奚言予耳兮予目予手兮予足澄予心兮肅雍以穆及乎大化兮遊清虚之寥廓、　詩下有隙紙篆書自註云二人一姓盧、一姓嚴、俱往江頭必報吾家必郵吾家紙尾又有篆書云嗚呼公入水、淮王殷計報是歲正德丁卯仲秋當三試之後舉子

畢集於杭、一日忽失王公所在、舍人見所寓僧舍壁上有二紙或又淂其雙履於江上、以為真死矣、告諸其弟伯薇、因西省中皆聞之、親僚四出追訪、士子聚觀前詩辭、隨毀於衆人之手、有一士子、與其弟同舍、見之最先、故淂全録其辭、併淂二詩、其序則但一過目、不及畢録、而群手至矣、前序畧盖寫其意、予為點竄數字、令成文可讀、今人止能知其前詩一首、餘並不復知也、王公七日後至廣信府、自言入江有神人救之、一夕漂至潭州府境、登岸有中和堂主人邀歸山室中、贈以詩曰、十五年前始識荆、此來消息最先聞、君將性命輕毫髮、誰把綱常重一分、寰海已知誇令德、皇天終不喪斯文、武夷山下經行處、好對青尊醉夕曛、公自言從潭至廣信、所經寺觀驛舍、皆有留題、其說甚怪、人頗知其意、不復細驗也、

六卷　廿八

尹蓬頭

尹蓬頭、名繼先、臨洮人、宋元徽象北狩時事至元、淂禮部度牒為僧、遇異人授以接命之術、元末嘗乘黑驢游燕雲間、接命於真定、遇群盗奪其驢、刀傷其身面二三處、遂入滇南山中避亂、永樂中時往來荆襄陝洛間、人尚未之知也、成化末過江西、有宗室叩其術、不荅、宗室怒杖之垂死、令左右置棺中、舁出生焚之、尹容告舁棺人、曰死則死矣、葬欲露竅穴、少便呼吸、其人憐而許之、及舉火特空棺耳、淂南都、成國公見所佩元朝羊皮度牒、始共駭異、知其年且二百餘矣、遣一婦人侍之、將私叩其術也、公始來後在南京、接命浙江鎮守太監劉璟、召之夜過無錫高橋、㓂司詰問不荅、被縛、明日出度牒示之、淂釋、未幾將還南都、道經蘇州、從而拜禮者日無算、知府林世遠收繫獄月餘、璟

間道使至釋之。正德初，太監賴義掌東廠，召至北京，寓瑛府治客，權欲以威刼其術，瑛終無言。瑛怒，遂以妖言惑衆，緝送法司議死。時閔珪為刑書，止令拘年九十，免死，押發原籍鎖束，後居鐵鶴觀中。一日，士民脩殿，發土，土中得鐵鶴，士女競往觀之。瑛笑撫之曰：自我埋汝，忽復二百年矣，幸再相見也。嗟鐵鶴背飛上殿脊，對衆高揖而去。守臣懼，秘其事。初在刑部，問官叩其術合用婦人否，頷之而已。或再三問之，自言每一接命必得齊禍，是獄也，豈其餘殃乎。對問官惟請死期，略無懼色。一食能盡胡餅數十，酒數斗，或數日不與，亦未嘗告饑。平居惟單衣，袍隆冬不寒。及遣發日，忽為人求續襖，或給之，甫出門，脫付解人，且曰：秦地苦寒，特求此贈耳。前所佩羊皮度牒，則瑛收之，後瑛死，用以殉葬。

赤肚子

當今神仙家所共知而目觀者，有赤肚子，不知何許人。正德末，忽至容雲諸人家屋簷下居。冬月雖大風雪，身無寸縷，惟以氈方尺蔽其前後。或一食能兼數人，或數日不食。兩手指常拳曲不舒。人問之，不答。一日，有道士乘驢過之，赤肚遽起，隨入一野廟中，相對悲泣。道士曰：我以汝為死矣，乃尚在耶？講論通夕而別。偏胡子姓許，善相術，比老遇異人，令之相。許答曰：子神清氣清骨清，神仙相也。異人笑，拂其須，凡經掌握處，明日皆黑。因此遂名。後入終南山求道，今人多在齊魯運河中見之。若王野極，憲廟封為太玄真人。今上御極初，前星未耀，或薦之，召至京，不兩月死，其死亦甚異。

十七字詩

偽周用黃敬夫、蔡彥文、葉德新三人謀國事，而抵于亡。丁未春伏誅于南京，風乾蔡葉之屍于稱竿者一月。先是民間作十七字詩云：丞相做事業，專用黃菜葉，一夜西風來，乾癟。後竟驗焉。

蘇後湖

蘇後湖養直高隱文學，舊所知者。近見曾端伯編本朝名士百家詩選，各為傳引，述養高死甚奇，漫錄其槩云：養直事佛甚謹，深契禪說，又得養生之術。三年前盛夏與客對棊，有衣褐者持謁云：羅浮山道人。汪觀潮未及起迎，道人直造就坐，旁若無人。養直驚愕，問所從來。答曰：羅浮黃真人以君不好世人之好，烝母已成，令某持丹度公，可服之。袖中出一小合，藥黃色而膏融。養直疑遲，問道人，曰：此丹非金非石，乃真氣鍊成，疑即且止，俟有急服之。出門逕去，俄頃不見。養直以丹置佛室。後與客飲醉後，食蜜雪和龍腦，一夕暴下而卒。所親記道人之言，急服丹，視其堅如石，磨以飲之，即甦。自是康強異常，齒落者更生，髮白者再黑，眼枯者更明。紹興十七年歲旦日，與家人酌別，且告辭鄉里。一日東方未明，被衣曳杖出門，行步如飛，妻李謹挽其衣，則已逝矣。黃真人者，石晉時為惠州太守，天福中棄官入羅浮山，令居水簾洞，人不得見。養直命畫工齋祭瞑想，以其意為黃真人像，畫畢，則宛然渾道人也。識者以為姓渾，而以夏來，即黃真人矣。以是知養直之亡，豈道家所謂屍解者乎。

捉鬼巫

北濠之東有一巫，人呼為某捉鬼。嘗為人送鬼，自持咒前行，令一童携羮飯香燭紙錢從之。既行，童覺擔漸重，愈前愈重，至不能任。巫乃令置之地，取紙燒之以驗，見紙上黑氣一道卓然如

立至曰此冤鬼難治與童皆怖甚舍擔疾趨而前鬼奔逐之至前轉角三家村巫大呼一家出救扶歸其家既而與童皆死

張道士

太倉沙頭市道士張碧虛早歲遊江湖得異術所居村中一教書學究家僅足衣食嘗有五人泊舟其門衣冠如貴游公子延學究入舟盛設享之學究因亦設酒以謝自是無日不來來必歡飲所費浸多漸不能給至典賣衣物以繼之其所飲酒餅罌堆積滿屋其家苦之而不能遠也鄰人怪之扣以五人居止姓名謝不知乃曰此必祟也聞張碧虛精於斬勘盡招之乃使人請張張先令其家迎所奉王靈官像供其室為怪攝去繼請真武亦如之乃以令牌天蓬尺往夜被攝置梁上張怒自備香紙符檄至其家行持數日忽所攝牌尺自梁上墜下仍用學究舘生所寫倣書裹之張喜曰是計窮矣已而其家一群兒奔入告云有數百箇鬼赤髮藍膚頭目獰惡在場上遊巡又傳報云一將軍紅衣攬鬖從者數百人皆著紅將軍立場間指揮紅衣人將諸鬼一一捽入諸酒餅中諸鬼彷徨呤擬勢甚洶洶張知將軍是靈官神也使兒伺其每一鬼則持餅來書一符封之投于水入便沉下去餅投盡鬼亦盡將軍及從者一時都滅乃設祭謝將未畢學究家忽失其長子遍尋不得數日乃歸問之云被五人著捽我入舟意象迷罔行百數十里身忽在岸恍如夢覺乃在蘇州吳山下因從居民問路得歸吳山地近楞伽疑五鬼者五通也

岳武穆祠

岳武穆王廟食湯陰其地蓋王之故鄉也弘治丙辰樂從父保公以御史巡按河南且滿歲行部至縣經祠所見墻上石刻盡忠報國四大字徑可四尺意將祇謁是夕宿察院夢入祠瞻拜神起迎欵語良久神曰予比觧兵柄時在西湖遊衍甚樂山水之樂恨不久耳公問曰史言王為秦檜謀陷有諸曰誠然然致害者張俊也因請于公曰某棲托于此屋宇傾圮幸公一新之公辭以職非守土且不久當代去恐未易料理神曰正須公一言於守巡耳公唯唯視神目與鼻左右若有四創搆而去遂寤遲明往謁神像與夢中所見肖似祠宇穿漏神面為霖雨摧剥有損傷者四處公異之聞縣庫得羨銀八十兩以托分巡僉事自裕又以書與巡撫陳都御史德修新其祠祠成弘嚴倍勝於舊

金箔張

國初有金箔張者山西人自幼多技能嘗以鄉人不善金箔往學於樵歸以授之用此得名一日經河南濟源其神號靈異人有乞貸貨帛者隨所須浮出水張見之曰是惡足言神蓋伏機耳歸即鑿池做其制為之已而果然每客至玩以為戲嘗過道人引之觀池道人曰吾亦有小術君當過吾所觀之翌日天未明張見空中兩童乘一龍後控一龍下其家請張乘龍龍不服兩童鞭之乃得上須臾至一山草屋三間道人坐其中張再拜請教道人指庭中曰此有冊在子可取之張周視無所見令再尋之終無獲道人問曰此庭東南角不有物乎張對曰但見犬糞耳道人乃嘆曰子無緣且當番形住世耳又曰此中甚寂子欲避名可移家同往也居月餘頗得道人底蘊一日偶出云少頃回顧惟空山而已詢之人乃在大同城外張歸不以

名猶来梳剃金旦乘驢而至暮則還家倏忽數千里或縛草爲龍跨之而行歸則以掛房簷間時作戲術以娱人每適市人爭随求觀孝陵 聞之召至闕下而責以妖術惑衆張謝曰臣非妖術特戲術耳、上欲試之張出袖中小銅瓶以湯沃之瓶口出五色雲光滿殿庭、上悦欲盡其術時正臘月命開荷花張請駕至金水河索乾石蓮子亂撒池中頃刻花開滿池香艷可愛、上亦爲唶賞張索紙剪爲一舫置之水踏而登焉鼓棹放歌往来花叢中倏忽轉向岸中即失所在而荷花亦無有矣亟命四遠索之竟不可得後莫知其所終、

黒厮

黒厮者陝西按察司隸也洪武中有按察使當朝覲詣京籍其從者名黒厮預馬識一夕病死使將擇代者更造其籍是夕恍見黒厮號白曰精無厮役也小人雖死尚能事公所患潼關難過公但於關外大呼吾名即出矣許之比行所經驛傳百需皆備詰之則云適有隸報公將至令治具耳問其狀曰肥短而黒使心知其黒厮也出門呼其名訖使聞鬼語云某已出關矣自陝護至淮安謝不肯行曰都城隍嚴某不敢入京師當止此以俟公使入朝以事收下吏久之黒厮遂降於居民言吾黒厮大王也當血食此土鄉民翕然信之爲立廟憑巫言禍福其驗禱謝無虚日巫積所施予至數百金歳餘使事白復官將渡江黒厮下教於巫曰某日某官將至具宴犒而所有金悉歸之不者吾且罪汝巫不得已往迎焉以金獻前一日使已見黒厮来白曰公謹無洩吾名懼不爲福巫至使受其獻巫不解神意數問焉不答巫隨行數百里固請之乃以實告巫愠歸以語御人

六卷　廿三

相率投詞都城隍訴之毀其廟靈享遂絶、

上梁日時

議事大嘗過吳門中夜聞邪許聲以問左右曰人家上梁也又問其家貧富又屋之豐儉曰貧家數楹屋耳公嘆曰擇日入術精乃爾又曰惜哉其不久也左右問故公曰此日此時上梁最吉家當大發然必巨室乃可若貧家驟富必復更置此屋旺氣一去其衰可待也其後家生計日長不數歲藏鏹百萬果撤屋廣之未久遂貧落如故、

張孟介

潮州張孟介以都御史鎮雲南嘗巡邊徼夜宿軍營人定後自携燈出遊顧一美婦人在旁張驚愕遽以燈授之婦亦不辭執燈侍側既訖麾令前行婦亦如命入帳欲觀書以自持而無書儒得大明律讀之至五鼓不一轉眄婦不能惑擲燈而隱竟不知何怪

六卷　廿四

趙重陽

常熟之直塘今屬太倉有鏹外郎者險人也家居武斷鄉曲其里中有婦曰趙重陽色美鏹心慕之且以其夫貧可餌一旦召語曰聞汝有幹局者何乃坐守困窮吾貸汝錢販布如何夫幸甚即以貲易布使商於臨清鏹遂與婦通預居貨以待其夫歸歸一二日輒具舟遣之如是者數矣里人皆知之而夫了不覺一日在客邸與同伴爭言爲發其事夫忍恥歸鏹又如前遣之既行至本梘港潮落不能去復暫到家鏹方擁趙暢飲見之愕然夫慚且怒然憚鏹之強不敢發旋回舟中鏹陰與趙計夜遣人詐爲盜殺之而以被盜聞官夫之族人知而發其謀縣令楊士富

遂兩人鞫之不承姑繫之獄自是數月亢旱書通判民懼謂于書曰君知所以不雨乎坐枉重囚獄未決耳君能雪此冤雨必至矣于書大悟立加嚴刑始欵服少時大雨如注闔縣歡呼以為神鑑遂訴之上官移獄於府居歲餘有劫盜十餘人入獄鑑享以酒殺從容誘之曰吾知爾輩不過一死能為我認劫殺商人事於爾罪無所加而可以脫我當厚給爾盜許之及被訊時具欵首一如鑑指鑑乃援盜詞以辨太守新蔡東阜鳳召于書詰之于書力言其故曰彼直巧為嘗脫耳於是計不行鑑又訴於朝下南京三法司提問鑑已賂津要為內援竟以盜辭為據鑑與枉皆辜免方出部門少憩是日天色晴明忽疾雷一聲兩人皆震死一時哄傳以為奇異之事由此觀之天道甚迩可謂茫茫乎

寡居生犬

溫州府闔人曹褒其母寡居忽有娠及至臨期産四犬子而其母亦隨死

猴交育子

弘治間洛陽民婦山行遇群猴執歸洞中一老猴妻之群猴敬事不敢犯日採山果為糧或盜得米粟敲石取火煨食之歲餘生一子人身猴面微有毛恒為老猴守視不得脫一旦老猴病目拾毒藥傳而盲之乘群猴出遂携子逃歸夫家氏乳求太守見後隨至洛親覩母子

弘治間異事

胥門外韓氏母豕生子豕身人首又常熟錢氏吉家羊生一兒通體如人俱弘治中事也

弘治四年四月八日西安天雨毛其長尺許黎黑色十六年三月七日南昌縣民塗寬家母豕生子一十二只內有一豕不分陰陽一頭二身八足林見素奏引京房易考云豕生八足下不一也十八年冬吳中地大震産白毛又雨粉黑

顧令却錢

顧先生蒲居吳城臨頓里受性介潔不苟取予宰山東淄川入覲父老為率邑民出數十緡以獻竟賦詩卻之云笑舒雙手去朝天榮辱升沉聽自然珍重淄人莫相贈近来劉寵不收錢竟不受

張羅兒

弘治初汴城張羅兒家歲朝具果餌供祖越兩日漸火張疑之夜伏几下窺伺至二更有白狐来盜食張急起迎狐狐忽變為白髮老人張即以父呼之食飲盡設狐喜云吾兒孝順為之盡醉遂留不去凡有所須必為致之甫三歲貲盈數萬乃構廣廈長子納官典膳次子為儀賓富盛既久張忽念身後子孫若慢狐狐必耗吾家矣乃謀害之戲指窓隙及物空中云能出入乎狐入復出試之數四狐弗疑也乃誘狐入瓶閉置湯鑊內益薪燃之狐呼曰吾有德於若反見殺恥人而不仁天必殃之乃公閱歲三百今為釜中魚悲乎狐死之三日其家失火所蓄蕩然嘀年次子酗酒殺人斃於獄又明年闔門疫死人以為害狐之報云

少三兒

同府伎山狐精與宮女少三兒通弘治間出嫁汴人居富樂

隨之請王屯曰吾能前知兼善醫術汝若供我使汝多財王屯語其夫夫固無賴子也即聽之掃一室中掛紅幔幔內設坐狐至不現形但響嘯呼王屯王屯立幔外諸問卜求醫者號於前狐在內斷其吉凶無不靈驗其家日獲銀一二兩時某參政之妻患血崩衆醫莫能療病危矣參政不得已使問之狐曰待我往東嶽查其壽數去少選復嘯至曰命未絕出藥一丸云井水送下夜半血當止矣果然又服二丸疾已全愈參政乃來稱謝以察之狐空中與參政劇談宋元事至唐末五代則朦朧矣參政嘆服聽民起神堂吳蘇李光壁客于汴病喉勺水不下者七日矣求狐治之以黃金一兩為藥直請益倍與之乃得藥一丸服之即瘥其神效之速不可悉紀正德初鎮守麥太監之弟鵬召富樂索千金富樂言所得財貨隨手費盡無有也鵬怒下之獄狐亦自是不至矣

鍾髽髻

鍾髽髻者乾州人隱于終南山有遁法都御史張泰聞其名召見欲受其術不從乃遣還時大雨左右欲以蓋送之鍾笑曰不須也鍾徑衝雨而出倏然弗見使人往餽以果核室門尚扃而鍾已在內衣裳了無沾濡出攜果核入房身忽又在外莫能測也時與諸生共行至乾陵諸生戲曰先生有奇術盍試之乎謝無有因強之握土一塊遂不見諸生至城門則見鍾卧其下曰君輩來何遲也吾寢一覺矣其幻化若此

牛師

鳳翔有牛師者莫知其年歲鄉里老人云兒時見其狀若是至今猶不改觀貌如嬰孩冬月不挾纊士子數輩欲困之大雪俟其過要與立語踰時雲深尺諸生皆不堪而師略無寒態嘗其立處丈許雪不凝積平生徒飲燒每入城城中數十家爭延致之一時食遍不云飽也居城外故窑中一旦卧疾謂其弟子曰吾病思戌肉所畜黃犬其烹以飼我勿去其皮弟子如命熟犬以獻師食之都盡曰吾病似愈矣可為我具浴坐浴盤中弟子益薪而去湯沸而師不起爛其半體弟子至亟扶出詬之曰吾不覺也潰而成瘡臭不可近弟子厭苦相知問候者亦不敢入門因嘆曰吾乃為人所惡若此耶起易新衣去床褥積污曰可扶我坐坐須臾而逝時正德某年四月十五日也及是月二十七日有人持書至云十五日者見師于其地令達此書于弟子啓之真手書也後衆自他郡還者皆曰見師牽一黃犬在前言為化去不死矣

白女

白女者娼也與其人朱節情好甚篤誓不以身他近其姥阻截百端而白志益堅有富商求偶於白白不從姥箠之成疾以書招節一見節憚姥不敢往白憂念且死囑其姥曰瘞吾須吾朱郎來言終而絕及舉葬柩堅重十餘人不能勝姥曰嘻其是朱郎未至也即促節至撫棺曰郎至矣應聲而起人以為異節為延僧誦經薦之如悲伉儷焉

金德宣

南濠金德宣正德初販豆麥于楓橋下河二晚入酒館忽有客來長身偉貌美鬚髯金默異之揖客共飲歡若平生竟與同歸赴宿客謂金曰吾舟泊滸墅須遣价引之金從之客俟舟至舁雙笥出銀二千并一簿授金曰荷愛長者敢煩派此于機戶金

見之織龍鳳衣数也駭問何為曰身是秦府儀賓也奉殿下命鞲此時已秋杪屈指計六往採姻親官關者初春到吳華預為習成及期已織完畀之客喜謝去金後販布之湖廣江中遇盜金暨同伴俱就縛劫貨將盡矣有舸揚六帆如飛而至中坐衣龍袍者惟言撤却大船来金偶舉頭龍袍者見之大呼曰是吾故人趣解縛一行人盡得釋招金過船相見即向織龍鳳衣客也慰問良久設席款之奏女樂見其妻妾四人酒闌召諭群盜曰吾自替若輩故人物毫毛不許動舉還之尋語金云乘舸浮海未嘗沿汛昨得一姝趁便風遊衍不覺至此殆天假良晤也臨別又贈壓驚黄金一錠衆詢知其故皆曰某等數千金劫去因君復来德君何已願各分半以謝金峻却之曰君然則予亦盜也衆乃止金從此不復為商矣甲戌歲以解户如南京遇諸途盜問其寓所云明當叅候是日盜與其都督飲悖処江察院潜訪擒去金惶懼累日聞杖死始安

李百户

正德初徐州李百户以酤為業一日有人負兒来市飲食年可六七歲矣李疑為盜兒者問兒從何来其人曰此吾主翁子也自任所回覆舟死惟即與其得生流離至此李視其貌秀美曰予無子肯嗣我乎其人幸甚遂畀之銀二兩去留是子從師讀書又買一童隨侍久之有檯大士像擊鼓鈸求施者見兒抱哭頋謂李曰予陜西人失兒兩載餘矣自北而南物色不可得乃假募緣到處引童子出覩冀或相值今何幸得之公家李語之故丞更衣登拜曰公收育吾子非常恩也啓囊出白金二百兩餽李曰周流日久止餘此耳未足為謝將兒去後遣僕夫驅騾五百兩又為買邊功授錦衣衛指揮蓋其家貲百萬僅有此子故報之若是李之任數月即移疾歸安享富貴終其身噫語所謂倘来之物非耶斯亦奇矣

岳武穆僇檜後

秦檜裔孫某宰湯陰綽有政聲每欲謁岳武穆廟逡巡弗果將及瓜謂同僚曰少保雖與先世有惡豈在後嗣耶且吾守官可無愧神明往謁何傷遂為文祭之拜不能起嘔血數升扶出廟門即死事在嘉靖初年魏恭簡公提學河南歸為所親言者

史四

涿州東西素無行在別墅姦其隣人女長兄聞而撻之百餘遂歸死于途家人不知也見其疾趨入門妻在室將產亦去即已回頃忽不見隨生一男面脅皆半青方疑駭而史凶訃至矣舁屍来家其面與脅皆半青與所產之子悉無所異乃知即其父托生也

道人食麵

吳城東有回道院中塑回道人像隔墻賣麵家一日有道裝者至食数盌麵趁入道院顧謂主人曰来償汝錢隨使童子索之衆道士云今日無人外出吾院中亦無有外来者安得有此童子尚不肯信忽仰見塑像指曰此即前賒麵道人何嘿嘿耶衆道士仰視其唇尚有麵在為之駭異神仙遊戲于域中其變化不測若此

陳十三老人

寧波陳十三老人者嘗病瘵經年不瘥有人教以置虎皮鎮之乃坐卧一虎皮十載而病如故後忽見虎皮夜出化虎食物毎

何啻豕至家家人利其所有不問也一日自外負一人欣至其家懼曰老賊作怪矣操杖伏門外俟馬見其蒙虎皮欲化即出擊之時一手尚未變遂躍去竟不復還自後山行者往往見一虎前一足尚是人手有知者則曰陳十三老人吾汝隣也莫作惡虎鬧之弭耳垂尾而去其不識者乃食之如是者數年一夕爲雷山中震死一虎衆視之即人手老人也

變婆

貴州平越山寨苗民有婦年可六十餘生數子矣丙戌秋日入山迷不能歸掇食水中螃蟹充饑不覺遍體生毛變形如野人與虎交合夜則引虎至民舍爲虎啓門攫食人畜或時化爲美婦不知者近之輒爲所抱持以瓜破胸飲血人呼爲變婆歲庚寅先君需其地聞之從郡諸生云

假銀買羊

俞鄉者中書族叔之僕也平生專以假銀騙人戊戌夏月至常州賀刃經賣羊家欲以銀壹兩三錢買四羊主人求益弗許而去明日主人將出囑其妻曰昨買羊者倘再來稍增價可與之鄉果䀛其夫之亡也以壹兩八錢買去夫歸怪其增價太多視之乃假銀也怒罵其妻妻忿縊死夫痛其妻亦縊焉至七月間鄉被迅雷擊死陳湖濱四羊亦死盡鄉尸上遠近快異其事天彰明威以警人如此

王宗妾

南京刑部典吏王宗綱建人一日當值忽報其妾爲人殺死舍館宗奔去旋来告尚書周公用發河南司究問欲坐宗罪宗云聞報而歸衆所共見且是婦無外行素與宗驩何爲殺之拷掠累日終無異辭既數月都察院會審事檄浙江道御史楊逢春揭示約某夜二更時後鞫王宗獄如期鞫之佯命隸云門外有覘視者執以来果獲兩人甲云彼挈某伴行不知其由乃舍之用刑究乙乙具服言與王宗館主人妻亂爲其妾所窺殺之以滅口即置于法而釋宗楊曰若日間則覘者衆矣何由踪跡其人人非切己事肯深夜来瞰耶由是舉稱神明一時聲振都下

朱某妻顧氏

北門橋朱某妻顧氏每夜有巨人来共寢日漸羸憊家人語婦云取其佩戴之物斯知何怪矣婦俟與交時拔其頭上一件藏于席下明視之乃紗帽展翅也朱驗至土地廟中判官正失此翅具報兵馬司轉申刑部問判官杖罪一百成扭拽像至中衢杖而碎之中有血水流出顧氏得無恙

易外郎婢

長洲易外郎己亥年家中怪作所藏穀核皆移置他所器之但聞空中云我食某人矣時有大磚擲下然終不傷人也婣家壹某至戲曰若能取我帽乎言未既帽忽去頂空中曰汝信乎曰信矣與之索帽云在灰堆上可往取之果然易未如之何聞補州某道士有異術致之求治道士曰是鬼物也憑陰人爲祟君能棄之否易曰妻女之外一如法言道士曰定是君家奴輩遂書符化之有婢在厨下直飛墮其身曰即此人也亟當之斯無患矣易呼婢問之云有一人夜夜来與人同睡且戒曰吾與若好也倘泄于人將不利汝見恐故弗敢言易即賣婢與某甲而怪隨撥其室乃以婢歸其母家後不知如何

周文襄公見鬼

正統辛酉秋巡撫周文襄公赴京議事挈予同去訪先師梁少
宰回途至夾馬營晚凉與其家子仵俊在船面侍坐文襄見兩
岸石柳聯靄忽語予曰君曾見鬼乎予曰不曾文襄曰吾曾見
一鬼甚奇異盖吾鄉廬陵老儒周南山之魂也南山在京求仕
不偶都御史劉觀延作館賓與同鄉諸縉紳交往甚久物故于
宣德二年魂忽附于翰林脩撰周鳳岐之次子求見諸故舊於
吾尤切出言成章詞雖俚淺而録之者筆不能及又能言人禍
福周公專請諸公相見欲釋此事吾時為越府長史與文淵衛
御史南雲程中書吏部郭侍郎之弟四人同往但見此子緊閉
双目面壁而卧口不絶言衛執牙牌叱咄之曰甚麼人在此無
礼其子微笑朗吟曰諸公衮衮盡朝臣不信陰陽與鬼神劉觀
家中曾識面如何問我是何人謂吾曰長史先生王佐木連朝

六卷

相請不輕來胞中無限不平事要與從容話一回又吟曰昔年
承著南山文爛若春空五彩雲久在泉臺樂就琢天葩端的出
奇葩又云深厚雄文見遺不曾致謝吾曰今即已送布四端即
曰此土布何足以謝雄文高吟曰蠢子来京帶土宜四端粗布
表相知如何可潤雄文筆地下難忘一寸私又曰抑春為我述
行藏東里與我作墓志并諸公哀挽之作萃成一集煩公序以
冠其端吾曰先生今亦奚用哉答曰九泉之下也是眉目譬如
老君淂一勅命即在地下誇耀于人又高吟曰周公勅命淂焚
黃鬼下逢人炫寵光詩序寫来焚與我九泉之下也煌煌就呼
衛繡衣如何失信不送鳳陽墨與我衛曰我在鳳陽回先生已
捐館故不曾送即訴然曰你欺心你欺心你在鳳陽回我方有
疾因老劉有事故不淺言遂吟曰百煉玄霜出鳳陽君曾許我

形文房今朝竟發欺心話巡按回時始卧床曰老劉何為淂譴
遂叱曰老劉好兒子假如你在浙江巡按回送他二織金段子
他何嘗淂来又吟曰君在浙江巡按回織金段子送都臺如今
却說劉公過此口煩君再莫開衛曰先生你曾央我一事答曰
有表弟王某為學官為進香科歛盤費以我面皮不曾責打也
鈕他一箇徒罪後為何曰你央及我的事如何衛過之曰你又
央我一事答曰有鄒姓者因我死了不曾輕恕他後謂衛曰你
央我的事如何盖因織金段子一事坊中心臍恐泄他事之短
甚難回言吾随沮曰南山先生不必窮此事一向在于何處答
曰我平生不曾信鬼今日輪到我做鬼方才知道有這鬼且人
者日之光鬼者月之光日之光能及物月之光不能及物吾問
何故曰譬如一件濕衣服晒在日之下則乾月之下不能乾又

六卷

問之曰世間多少人死皆無靈異惟先生靈異若此答曰君猶
不詳月有弦望晦朔故鬼亦有靈與寂滅之異也遍問諸故舊
且挽南雲手吟曰南雲内翰鳳池仙筆上生花正妙年我自沉
淪君獨奮人生窮達揔由天又吟曰縉紳知已滿朝端揔是相
思會面難此位郎官不相識丰姿絶似鄭天官盖鄭天官有事
不淂来因遣其弟来致意以其日前不曾會面而起疑似之言
南雲問曰長史先生當如何答曰在京堂上前程萬里吾問南
雲如何答曰也是在京堂上隨問衛繡衣如何答曰我不說我
不說盖憾其初叱咄之意強之曰也是在京堂上徽云可惜可
惜衆莫能喻其意正叙話間忽厲聲曰周公周公我借令子聪
明以發我平生不平之意何故說乃於吾兒而見殃衆愕然未
知其意盖周公以吾輩三四人来聊致小發作祭文遣之文中

云既不念吾同學又不念吾同鄉吾于汝而何負乃于吾兒而見殃然此文尚未終篇脫稿書房與叔語覆又隔遠何遽知其然耶衆皆奇異吾問曰先生欲何為答曰吾無他惟一念不忘故舊欲與一會耳尹公以鄉里之故特此相累可於某日備二十桌盛席延諸公吏煩長史先生為主人會訖則去必不見殃於其子也取紙筆来為吾列諸姓氏首東里次抑菴次鄭公次吾侄淳第十三尹淳第二十三其子淳三十七末席言既其子朐斜而瞻移刻即欠伸張目驚見吾輩在坐起與為禮問其所言惘然莫知也至期諸公畢集惟東里以事不赴其混又附于此子稱吾為主人備談舊事盡歡如散從是降神之事遂息予因進曰淳無尹公家之不祥乎未幾問何為不祥此子其年中舉予驚異其事詳記之心中幾五十矣惟何公可惜之事不解後聞何公以吏部尚書致仕在家其子[illegible]為給事中與張真人結姻真人被其叔毋赴京奏其違去有旨　抄提給事洩其語真人逃竄有　旨窮究其事何恐禍及遂自經死其謂可惜者為此也弘治元年三月望日述